破産管財の実務

第3版

第一東京弁護士会総合法律研究所
倒産法研究部会 [編]

一般社団法人 金融財政事情研究会

はしがき

　第一東京弁護士会では、平成8年に会員の知識・技能を高め、弁護士業務の改善進歩を図る目的で各種法律問題の調査研究等をする委員会として総合法律研究所が設置されました。そのなかの部会の一つである倒産法研究部会では、倒産法をめぐる実務と理論の研鑽の場となるようさまざまな活動を行っています。

　本書は、旧破産法のもと、平成4年に司法研究委員会の「破産管財の実務」研究班において、班長の羽田忠義弁護士を中心に刊行された書籍を原型としています。同書は、平成16年に新破産法が制定された後、平成22年にいったん改訂されましたが、その改訂からもさらに9年の月日が経過しました。その間、社会の変化に伴い、破産管財実務の運用も大きく変化し、従前の法的整理とは異なる、私的整理手続も進展しました。社会の国際化が進んだことにより、破産手続も国際化を余儀なくされています。そのため、破産法をめぐる弁護士業務の改善進歩を図り、会員の実務に役立たせるためには、最新の運用を紹介すべく、今までの書籍を全面的に改訂する必要が生じました。

　第3版においては、日頃から倒産手続を研究し、破産管財実務に精通している総合法律研究所倒産法研究部会が執筆を担当し、章立ても全面的に見直しました。具体的には、「財産換価」「契約関係・訴訟関係」「否認権・相殺禁止」などの実務上重要な部分を補充するとともに、「初期対応・留意点」「事業継続・事業譲渡」「破産手続と税務」「手続移行」といった従来手薄であった部分も大幅に加筆して充実させ、「破産手続と国際化」については新たに1章を設けました。

　この第3版は、総合法律研究所倒産法研究部会の前部会長である小畑英一弁護士が中心となり、倒産法研究部会のベテラン、中堅、若手まで部会員が一丸となって作成した書籍になり、東京地方裁判所民事第20部の裁判官4名にもご協力頂き、完成しました。破産管財人の立場から、東京地方裁判所における破産管財実務について、新しい問題や裁判例にも論及した本書は、破

産管財実務に携わる弁護士の皆様のお役に立てるものと思います。

　最後に、第1版、改訂版の作成に携わった司法研究委員会の弁護士の皆様、本書の細かな部分まで確認し、部会員一同の執筆をリードして頂いた前部会長の小畑英一弁護士を始めとする執筆をご担当頂いた弁護士・裁判官の皆様、また、出版社である一般社団法人金融財政事情研究会の関係者の皆様のご協力に心よりお礼申し上げます。

　令和元年9月

第一東京弁護士会総合法律研究所

倒産法研究部会　部会長　**佐藤　三郎**

編集委員（50音順、所属は2019年9月時点）

赤堀　有吾　弁護士（虎ノ門南法律事務所）

五十里隆行　弁護士（長浜総合法律事務所）

伊藤　　尚　弁護士（阿部・井窪・片山法律事務所）

上田　　慎　弁護士（梶谷綜合法律事務所）

岡　　伸浩　弁護士（岡綜合法律事務所）

小畑　英一　弁護士（TF法律事務所）

加藤　寛史　弁護士（阿部・井窪・片山法律事務所）

佐藤　三郎　弁護士（佐藤三郎法律事務所）

佐藤　　潤　弁護士（弁護士法人関西法律特許事務所　東京事務所）

島田　敏雄　弁護士（LM法律事務所）

鈴木　　崇　弁護士（長島・大野・常松法律事務所）

高尾和一郎　弁護士（永沢総合法律事務所）

野田　聖子　弁護士（永沢総合法律事務所）

堀口　　真　弁護士（阿部・井窪・片山法律事務所）

本山　正人　弁護士（岩崎・本山法律事務所）

渡邊　賢作　弁護士（東啓綜合法律事務所）

執筆者一覧（50音順、所属は2019年9月時点）

青山　雄一	弁護士（加茂法律事務所）
赤堀　有吾	弁護士（虎ノ門南法律事務所）
安部　祐志	弁護士（山崎総合法律事務所）
五十里隆行	弁護士（長浜総合法律事務所）
池田　雅彦	弁護士（あんしんパートナーズ法律事務所）
池田　弥生	東京地方裁判所民事第20部判事
伊藤　信彦	弁護士（光和総合法律事務所）
伊藤　　尚	弁護士（阿部・井窪・片山法律事務所）
井上　　聡	弁護士（長島・大野・常松法律事務所）
岩崎　　晃	弁護士（岩崎・本山法律事務所）
岩知道真吾	弁護士（尾崎法律事務所）
上田　　慎	弁護士（梶谷綜合法律事務所）
上野　尚文	弁護士
上拂　大作	東京地方裁判所民事第20部判事
植村　京子	弁護士（深山・小金丸法律会計事務所）
内田　　実	弁護士（虎ノ門南法律事務所）
大澤加奈子	弁護士（梶谷綜合法律事務所）
岡　　伸浩	弁護士（岡綜合法律事務所）
岡　　正晶	弁護士（梶谷綜合法律事務所）
乙井　秀式	弁護士（虎ノ門南法律事務所）
小畑　英一	弁護士（TF法律事務所）
片山　英二	弁護士（阿部・井窪・片山法律事務所）
加藤　寛史	弁護士（阿部・井窪・片山法律事務所）
鐘ヶ江洋祐	弁護士（長島・大野・常松法律事務所）
神原　千郷	弁護士（光和総合法律事務所）
小林　一輝	弁護士（岡綜合法律事務所）
佐長　　功	弁護士（阿部・井窪・片山法律事務所）
坂下　大貴	弁護士（光和総合法律事務所）
佐古麻衣子	弁護士（桜田通り総合法律事務所）
佐々木英人	弁護士（阿部・井窪・片山法律事務所）
佐藤　三郎	弁護士（佐藤三郎法律事務所）

佐藤　　潤　　弁護士（弁護士法人関西法律特許事務所　東京事務所）

柴田　祐之　　弁護士（TF法律事務所）

島崎　伸夫　　弁護士（TF法律事務所）

島田　敏雄　　弁護士（LM法律事務所）

清水　亜希　　弁護士（明哲綜合法律事務所）

清水　祐大　　弁護士（LM法律事務所）

下田　正彦　　弁護士（TF法律事務所）

鈴木　　崇　　弁護士（長島・大野・常松法律事務所）

瀬戸　英雄　　弁護士（LM法律事務所）

高尾和一郎　　弁護士（永沢総合法律事務所）

高木　洋平　　弁護士（LM法律事務所）

高村　健一　　弁護士（銀座共同法律事務所）

滝口　博一　　弁護士（隼あすか法律事務所）

武田　麻依　　弁護士（みつば総合法律事務所）

田島潤一郎　　弁護士（安西法律事務所）

津守　和樹　　弁護士（ケルビム法律事務所）

土岐　敦司　　弁護士（明哲綜合法律事務所）

鳥山　綾子　　弁護士（岡綜合法律事務所）

永沢　　徹　　弁護士（永沢総合法律事務所）

中田　吉昭　　弁護士（岡綜合法律事務所）

永谷　典雄　　東京地方裁判所民事第20部総括判事

西村　美香　　弁護士（岩崎・本山法律事務所）

野島　達也　　弁護士（窪木法律事務所）

野田　聖子　　弁護士（永沢総合法律事務所）

野村　晃平　　弁護士（敬和綜合法律事務所）

服部　明人　　弁護士（服部明人法律事務所）

樋口　　收　　弁護士（敬和綜合法律事務所）

蛭川　明彦　　東京地方裁判所民事第20部判事

福山　純平　　弁護士（金子博人法律事務所）

藤井　和典　　弁護士（山王シティ法律事務所）

藤井　　哲　　弁護士（永沢総合法律事務所）

辺見　紀男　　弁護士（サンライズ法律事務所）

堀口　　真　　弁護士（阿部・井窪・片山法律事務所）

本多　一成　　弁護士（TF法律事務所）

前田　修志　　弁護士（永沢総合法律事務所）

牧　　恭弘　　弁護士（服部明人法律事務所）

松尾　浩順　　弁護士（シグマ麹町法律事務所）

桝田　由貴　　弁護士（サンライズ法律事務所）

松本　卓也　弁護士（阿部・井窪・片山法律事務所）
三澤　　智　弁護士（阿部・井窪・片山法律事務所）
箕輪　　洵　弁護士（岡綜合法律事務所）
宮本　　聡　弁護士（弁護士法人大江橋法律事務所　東京事務所）
村瀬　幸子　弁護士（九段坂上法律事務所）
村田　和續　弁護士（ケルビム法律事務所）
本山　正人　弁護士（岩崎・本山法律事務所）
森　　直樹　弁護士（LM法律事務所）
森　　倫洋　弁護士（AI-EI法律事務所）
谷貝　彰紀　弁護士（岡綜合法律事務所）
横木　雅俊　弁護士（横木増井法律事務所）
渡邊　賢作　弁護士（東啓綜合法律事務所）
渡邉　義基　弁護士（本多総合法律事務所）

■法令・判例・文献等の表記について

1．法令等の表記
⑴　本文中の法令等の表記
　　本文中の法令等は、原則として略称を用いず、次のように表記した。
　　　例：破産法72条1項1号
⑵　（　）内の法令等の表記
　　法令名等は略称ではなく正式名称を用いた。ただし、破産法及び破産規則は次の
ように略記した。
　　法　　　　　破産法
　　規則　　　　破産規則
　　＊「旧法」「旧○条」「現行法」
　　＊条文は、「ただし書」「柱書」「括弧書」
⑶　改正民法（債権法）等の表記
　　次のように略記した。
　　改正民法　　　　民法の一部を改正する法律（平成29年法律第44号）による改正後
　　　　　　　　　　の民法
　　改正破産法　　　民法の一部を改正する法律の施行に伴う関係法律の整備等に関す
　　　　　　　　　　る法律（平成29年法律第45号）による改正後の破産法

2．判決（決定）の表記
　　判決・決定は、次のように表記した。
　　　例：最高裁判所平成18年12月21日第一小法廷判決　→　最判平18.12.21
　　　　　東京地方裁判所平成12年12月8日決定　→　東京地決平12.12.8
　　最判は、上記のとおり法廷名は記載せず、最判は民集○巻○号○頁まで記した。
　　　例：最判昭43.3.15民集22巻3号625頁

3．判例集・法律雑誌の表記
　　判例集・法律雑誌は、次のように略記した。
　　　・民集　　　最高裁判所民事判例集
　　　・民録　　　大審院民事裁判録
　　　・集民　　　最高裁判所裁判集民事
　　　・下民　　　下級裁判所民事裁判例集
　　　・新聞　　　法律新聞
　　　・金法　　　金融法務事情
　　　・債管　　　事業再生と債権管理
　　　・ジュリ　　ジュリスト
　　　・判時　　　判例時報

法令・判例・文献等の表記について　7

- ・判タ　　　判例タイムズ
- ・金判　　　金融・商事判例
- ・労判　　　労働判例
- ・自正　　　自由と正義
- ・商事　　　旬刊商事法務
- ・法協　　　法学協会雑誌

4．書籍・論文の引用方法

次項（5．主要参考文献とその表記）にない引用書籍は、次のように表記した。
- ・執筆者『書名』（出版社、刊行年）頁数
- ・執筆者名「論文名」編著者『書名』（出版社、刊行年）頁数
- ・編著者『書名』頁数〔引用論稿執筆者〕（コンメンタールなどの場合）

引用論文は、次のように表記した。
- ・執筆者「論文名」『書名』頁数
  - 例：小畑英一「申立代理人、破産者およびその従業員、専門家との連携協働」『債権調査・配当』16頁

5．主要参考文献とその表記

主要参考文献は、原則として次のように表記した。

○破産法
- ・『注解』：斎藤秀夫・麻上正信・林屋礼二編『注解破産法〔第3版〕（上）・（下）』（青林書院、1998年・1999年）
- ・『一問一答』：小川秀樹編著『一問一答　新しい破産法』（商事法務、2004年）
- ・『条解規則』：最高裁判所事務総局民事局監修『条解破産規則』（法曹会、2005年）
- ・『論点解説（上）（下）』：全国倒産処理弁護士ネットワーク編『論点解説新破産法（上）（下）』（金融財政事情研究会、2005年）
- ・『基本構造』：伊藤眞・松下淳一・山本和彦編『新破産法の基本構造と実務（ジュリスト増刊）』（有斐閣、2007年）
- ・『新・実務大系』：園尾隆司・西謙二・中島肇・中山孝雄・多比羅誠編『新・裁判実務大系㉘新版破産法』（青林書院、2007年）
- ・『大コンメ』：竹下守夫編集代表『大コンメンタール破産法』（青林書院、2007年）
- ・『理論と実務』：山本克己・瀬戸英雄・山本和彦『新破産法の理論と実務』（判例タイムズ、2008年）
- ・『運用と書式』：大阪地方裁判所・大阪弁護士会破産管財運用検討プロジェクトチーム編『破産管財手続の運用と書式〔新版〕』（新日本法規出版、2009年）
- ・『破産200問』：全国倒産処理弁護士ネットワーク編『破産実務Q&A200問』（金融財政事情研究会、2012年）
- ・『実践マニュアル』：野村剛司・石川貴康・新宅正人『破産管財実践マニュアル

〔第 2 版〕』（青林書院、2013 年）

・『書記官事務の研究』：裁判所職員総合研修所監修『破産事件における書記官事務の研究』（司法協会、2013 年）

・『破産実務』：東京地裁破産再生実務研究会編著『破産・民事再生の実務〔第 3版〕　破産編』（金融財政事情研究会、2014 年）

・『基本法コンメ』：山本克己・小久保孝雄・中井康之編『新基本法コンメンタール破産法（別冊法学セミナー）』（日本評論社、2014 年）

・『条解』：伊藤眞・岡正晶・田原睦夫・林道晴・松下淳一・森宏司『条解破産法〔第 2 版〕』（弘文堂、2014 年）

・『破産法大系Ⅰ・Ⅱ・Ⅲ』：竹下守夫・藤田耕三編集代表『破産法大系（全 3 巻）』（青林書院、2014 年・2015 年・2015 年）

・『はい 6 民』：森純子ほか編『はい 6 民です　お答えします（倒産実務 Q&A）』（大阪弁護士協同組合、2015 年）

・『注釈』：田原睦夫・山本和彦監修／全国倒産処理弁護士ネットワーク編『注釈破産法（上）（下）』（金融財政事情研究会、2015 年）

・『手引』：中山孝雄・金澤秀樹編『破産管財の手引〔第 2 版〕』（金融財政事情研究会、2015 年）

・『債権調査・配当』岡伸浩・小畑英一・島岡大雄・進士肇・三森仁編著『破産管財人の債権調査・配当』（商事法務、2017 年）

・『申立代理人』：全国倒産処理弁護士ネットワーク編『破産申立代理人の地位と責任』（金融財政事情研究会、2017 年）

・『伊藤』：伊藤眞『破産法・民事再生法〔第 4 版〕』（有斐閣、2018 年）

・『財産換価』岡伸浩・島岡大雄・進士肇・三森仁編著『破産管財人の財産換価〔第 2 版〕』（商事法務、2019 年）

○倒産法全般

・『国際倒産法制』深山卓也編著『新しい国際倒産法制』（金融財政事情研究会、2001 年）

・『個人の破産再生』：日本弁護士連合会倒産法制等検討委員会編『個人の破産・再生手続』（金融財政事情研究会、2011 年）

・『破産民再概論』：山本克己編著『破産法・民事再生法概論』（商事法務、2012 年）

・『ソリューション』：岡正晶・林道晴・松下淳一監修『倒産法の最新論点ソリューション』（弘文堂、2013 年）

・『田原古稀』：一般社団法人金融財政事情研究会編『田原睦夫先生　古稀・最高裁判事退官記念論文集　現代民事法の実務と理論（上）（下）』（金融財政事情研究会、2013 年）

・『倒産と訴訟』：島岡大雄・住友隆行・岡伸浩・小畑英一編『倒産と訴訟』（商事法務、2013 年）

・『倒産判例百選』：伊藤眞・松下淳一編『倒産判例百選〔第 5 版〕（別冊ジュリス

ト No.216)』（有斐閣、2013年）
・『インデックス』：瀬戸英雄・山本和彦編『倒産判例インデックス〔第3版〕』（商事法務、2014年）
・『伊藤古稀』：高橋宏志・上原敏夫・加藤新太郎・林道晴・金子宏直・水元宏典・垣内秀介編『民事手続の現代的使命　伊藤眞先生古稀祝賀論文集』（有斐閣、2015年）
・『最高裁判例解説〔民事篇〕○年度』：『最高裁判所判例解説〔民事篇〕』（法曹会）
・『倒産法概説』：山本和彦・中西正・笠井正俊・沖野眞已・水元宏典『倒産法概説〔第2版補訂版〕』（弘文堂、2015年）
・『一問一答債権法』：筒井健夫・村松秀樹編著『一問一答　民法（債権関係）改正』（商事法務、2018年）

目　次

第 1 章　破産手続一般

Q 1 - 1　破産法の目的と制定経緯 ………………………… 瀬戸　英雄… 2
Q 1 - 2　債権法改正と破産手続の影響 ……………………… 岡　正晶… 6
Q 1 - 3　破産法の今後の検討課題 …………………………… 小畑　英一…11
Q 1 - 4　破産手続の運用 ……………………………………… 永谷　典雄…20
Q 1 - 5　破産手続開始前の保全処分 ………………………… 高木　洋平…25
Q 1 - 6　保全管理命令 ………………………………………… 柴田　祐之…30
Q 1 - 7　破産手続開始決定の効力 …………………………… 柴田　祐之…34
Q 1 - 8　不服申立て …………………………………………… 高木　洋平…39

第 2 章　破産管財人とは

Q 2 - 1　破産管財人の地位 …………………………………… 岡　伸浩…48
Q 2 - 2　破産管財人の義務 …………………………………… 伊藤　尚…52
Q 2 - 3　破産管財人の選任 …………………………………… 上拂　大作…57
Q 2 - 4　破産管財人の報酬 …………………………………… 蛭川　明彦…61
Q 2 - 5　破産管財人の監督 …………………………………… 池田　弥生…64
Q 2 - 6　破産管財人の第三者性（具体的問題）……………… 佐長　功…68
Q 2 - 7　破産管財人代理の地位と職責 ……………………… 岩崎　晃…73
Q 2 - 8　破産管財人の任務終了 ……………………………… 岩崎　晃…77

第 3 章　初期対応・留意点

Q 3 - 1　申立代理人との関係 ………………………………… 岡　伸浩…84
Q 3 - 2　破産管財人の初期対応（自然人）………………… 安部　祐志…89
Q 3 - 3　破産管財人の初期対応（法人）…………………… 安部　祐志…93

Q3-4 多数当事者事件における破産管財人の留意点

.... 内田 実＝赤堀 有吾…99

Q3-5 債権者破産における破産管財人の留意点

.... 土岐 敦司＝清水 亜希…106

Q3-6 準自己破産における破産管財人の留意点 ………… 樋口 收…112

Q3-7 相続財産破産・信託財産破産における破産管財人の留意点

.... 辺見 紀男…115

Q3-8 保全・執行に対する対応 …………… 服部 明人＝牧 恭弘…120

Q3-9 破産管財業務と専門家補助 ………………………… 永沢 徹…125

Q3-10 破産管財業務と従業員の雇用 ……………………… 永沢 徹…128

第4章 財産換価

Q4-1 破産財団の範囲 ………………………………… 佐々木 英人…136

Q4-2 破産財団の換価対象 …………………………… 佐々木 英人…141

Q4-3 不動産売却の留意点 …………………………… 高尾 和一郎…146

Q4-4 別除権対象不動産の売却 ……………………… 渡邉 義基…151

Q4-5 担保対象売掛金の回収 …………………………… 藤井 哲…157

Q4-6 売掛金回収の留意点 ……………………………… 藤井 哲…166

Q4-7 売掛金以外の債権回収の留意点 ………………… 藤井 哲…175

Q4-8 解約返戻金請求権及び保険金請求権の回収 ……… 藤井 哲…181

Q4-9 担保対象動産の換価 ……………………………… 野島 達也…187

Q4-10 動産の換価手法 …………………………………… 渡邉 義基…197

Q4-11 自動車売却の留意点 ……………………………… 野島 達也…202

Q4-12 知的財産権の換価の留意点 …………………… 佐々木 英人…206

Q4-13 不動産と破産財団からの放棄 ………………… 五十里 隆行…213

Q4-14 動産及び債権と破産財団からの放棄 ………… 五十里 隆行…219

第5章　契約関係・訴訟関係

Q 5 - 1 双方未履行双務契約の取扱い ········· 神原　千郷＝伊藤　信彦···226

Q 5 - 2 継続的給付を目的とする双務契約 ····· 神原　千郷＝坂下　大貴···232

Q 5 - 3 賃借人破産 ·· 島田　敏雄···236

Q 5 - 4 賃貸人破産 ·· 島田　敏雄···242

Q 5 - 5 請負人の破産 ··· 渡邊　賢作···247

Q 5 - 6 注文者破産の留意点 ··································· 渡邊　賢作···251

Q 5 - 7 売買契約の当事者が破産した場合の留意点 ······ 横木　雅俊···255

Q 5 - 8 委任契約の当事者が破産した場合の留意点 ······ 横木　雅俊···259

Q 5 - 9 リース契約の取扱い ··································· 高村　健一···264

Q 5 -10 保険契約の取扱い ····································· 高村　健一···269

Q 5 -11 破産手続と意思表示の瑕疵 ·························· 高村　健一···274

Q 5 -12 使用者破産と雇用契約 ······························ 青山　雄一···278

Q 5 -13 労働債権者に対する情報提供努力義務 ············ 中田　吉昭···283

Q 5 -14 労働者破産と雇用契約 ······························ 中田　吉昭···287

Q 5 -15 未払賃金立替払制度の概要 ·························· 谷貝　彰紀···290

Q 5 -16 未払賃金立替払制度を利用する場合の留意点 ····· 谷貝　彰紀···295

Q 5 -17 労働債権の弁済許可制度 ····························· 青山　雄一···300

Q 5 -18 破産手続開始決定と訴訟の帰趨 ···················· 植村　京子···304

Q 5 -19 不動産明渡訴訟への対応 ····························· 植村　京子···309

Q 5 -20 債権者代位訴訟・詐害行為取消訴訟への対応 ····· 植村　京子···312

Q 5 -21 破産手続の終結と訴訟の取扱い ···················· 渡邊　賢作···317

第6章　債権調査・債権者集会

Q 6 - 1 破産債権届出書の送付 ······························ 野田　聖子···324

Q 6 - 2 破産債権の届出の留意点 ····························· 宮本　聡···329

Q 6 - 3 債権届出後の届出事項の変更 ····················· 佐古　麻衣子···335

Q 6 - 4 債権届出の取下げ ····································· 佐古　麻衣子···339

Q6－5	優先的破産債権	西村　美香…341
Q6－6	届出留保型の留意点	本山　正人…347
Q6－7	破産債権の調査方法	藤井　和典…350
Q6－8	破産債権の調査の方式	田島　潤一郎…354
Q6－9	届出期間経過後の破産債権の届出	田島　潤一郎…359
Q6－10	複数債務者がいる場合の債権調査の留意点	藤井　和典…365

Q6－11 複数破産者の破産管財人の債権届出・調査の留意点

野田　聖子…369

Q6－12	別除権付破産債権と破産管財人の留意点	西村　美香…373
Q6－13	手形・小切手債権と債権調査	武田　麻依…378
Q6－14	労働債権と債権調査	田島　潤一郎…384
Q6－15	役務提供請求権（非金銭債権）の債権調査	宮本　聡…390

Q6－16 養育費請求権・婚姻費用分担請求権の債権調査

武田　麻依…395

Q6－17	債権認否の留意点	西村　美香…399
Q6－18	破産債権の確定手続	佐古　麻衣子…403
Q6－19	破産債権に関する訴訟手続への対応	佐古　麻衣子…410
Q6－20	債権者集会への対応	本山　正人…416

第7章　財団債権

Q7－1	財団債権の種類	加藤　寛史…424
Q7－2	財団債権の取扱い	堀口　真…428
Q7－3	公租公課の破産手続における取扱い	堀口　真…430
Q7－4	労働債権の破産手続における取扱い	堀口　真…433

Q7－5 労働者健康安全機構による未払賃金の立替金の破産手続における取扱い

松本　卓也…437

Q7－6	解雇予告手当の破産手続における取扱い	松本　卓也…441
Q7－7	継続的供給契約と財団債権	三澤　智…444
Q7－8	財団債権の代位弁済と破産手続における取扱い	三澤　智…447

第8章 配当

Q8－1　配当手続の種類 ･･････････････････････････････････ 上田 慎…452

Q8－2　配当表作成の留意点 ････････････････････････ 村田 和績…460

Q8－3　配当手続と未確定債権 ･･･････････････････････ 津守 和樹…466

Q8－4　配当表の更正 ･･････････････････････････････ 津守 和樹…472

Q8－5　簡易配当手続 ････････････････････････････････ 村田 和績…475

Q8－6　最後配当手続 ････････････････････････････････ 赤堀 有吾…481

Q8－7　中間配当手続 ････････････････････････････････ 野村 晃平…486

Q8－8　同意配当手続 ････････････････････････････････ 箕輪 洵…490

Q8－9　追加配当手続 ････････････････････････････････ 鳥山 綾子…494

第9章 否認権・相殺禁止

Q9－1　否認権の概要 ･･････････････････････････････ 佐藤 潤…502

Q9－2　支払停止・支払不能 ････････････････････････ 村瀬 幸子…508

Q9－3　詐害行為否認の要件 ･･･････････････････････ 村瀬 幸子…513

Q9－4　否認権と有害性・不当性の要件 ･････････････ 佐藤 三郎…517

Q9－5　離婚・遺産分割による財産移転行為と詐害行為否認

　　　　　 ･･ 佐藤 潤…522

Q9－6　保証行為と無償否認 ･･･････････････････････ 佐藤 三郎…527

Q9－7　破産申立代理人の報酬と詐害行為否認 ････････ 前田 修志…532

Q9－8　偏頗行為否認の要件 ･･･････････････････････ 岩知道 真吾…537

Q9－9　債権譲渡と否認 ････････････････････････････ 岩知道 真吾…543

Q9－10 事業譲渡・会社分割と否認 ･･･････････････････ 森 倫洋…549

Q9－11 執行行為否認 ････････････････････････････････ 佐藤 潤…554

Q9－12 否認と原状回復 ････････････････････････････ 岩知道 真吾…559

Q9－13 三者間相殺と否認 ･･････････････････････････ 高尾 和一郎…565

Q9－14 自働債権が条件付きの場合の相殺の可否 ･･･････ 佐藤 三郎…569

Q9－15 相殺禁止の要件――破産債権者 ･･･････････････ 前田 修志…573

目　次　15

Q9－16 相殺禁止の要件──破産者に対し債務を負担する者

　　　　　　　　　　　　　　　　　　　　　　　　　　前田　修志…579

Q9－17 取立委任手形の取立金と相殺 ‥‥‥‥‥‥‥‥‥‥‥ 井上　聡…585

Q9－18 投資信託解約金と相殺 ‥‥‥‥‥‥‥‥‥‥‥‥‥‥ 井上　聡…589

Q9－19 相殺権の行使と権利濫用 ‥‥‥‥‥‥‥‥‥‥‥‥‥ 森　倫洋…594

Q9－20 破産管財人による相殺 ‥‥‥‥‥‥‥‥‥‥‥‥‥‥ 村瀬　幸子…509

第10章　事業継続・事業譲渡

Q10－1 事業継続の留意点 ‥‥‥‥‥‥‥‥‥‥‥‥‥‥‥ 森　直樹…604

Q10－2 事業譲渡の手続及び方法 ‥‥‥‥‥‥‥‥‥‥‥‥ 森　直樹…609

Q10－3 保全期間中の事業譲渡 ‥‥‥‥‥‥‥‥‥‥‥‥‥ 桝田　由貴…614

Q10－4 保全管理人が事業譲渡を行う場合の留意点 ‥‥‥‥ 野田　聖子…617

Q10－5 破産手続と会社分割 ‥‥‥‥‥‥‥‥‥‥‥‥‥‥ 桝田　由貴…622

第11章　破産手続と税務

Q11－1 租税債権の種類 ‥‥‥‥‥‥‥‥‥‥‥‥‥‥‥‥ 上田　慎…630

Q11－2 法人の破産管財人による税務申告の概要 ‥‥‥‥‥ 上田　慎…632

Q11－3 法人税の申告 ‥‥‥‥‥‥‥‥‥‥‥‥‥‥‥‥‥ 乙井　秀式…635

Q11－4 消費税の申告 ‥‥‥‥‥‥‥‥‥‥‥‥‥‥‥‥‥ 乙井　秀式…639

Q11－5 地方税の申告 ‥‥‥‥‥‥‥‥‥‥‥‥‥‥‥‥‥ 乙井　秀式…644

Q11－6 破産財団不足と税務申告 ‥‥‥‥‥‥‥‥‥‥‥‥ 滝口　博一…648

Q11－7 個人破産と税務申告 ‥‥‥‥‥‥‥‥‥‥‥‥‥‥ 滝口　博一…653

Q11－8 租税の還付手続 ‥‥‥‥‥‥‥‥‥‥‥‥‥‥‥‥ 滝口　博一…656

Q11－9 破産管財人の源泉徴収義務 ‥‥‥‥‥‥‥‥‥‥‥ 赤堀　有吾…662

Q11－10 租税債権の確定手続 ‥‥‥‥‥‥‥‥‥‥‥‥‥‥ 赤堀　有吾…666

Q11－11 延滞税等の免除 ‥‥‥‥‥‥‥‥‥‥‥‥‥‥‥‥ 赤堀　有吾…669

第12章　破産手続と国際化

Q12-1 外国における破産管財業務 ………………………… 片山 英二…674

Q12-2 在外資産処分の留意点 ………………………… 鐘ヶ江 洋祐…680

Q12-3 外国子会社処理の留意点 ……………………… 鐘ヶ江 洋祐…684

Q12-4 外国債権者への対応 ………………………………… 鈴木 崇…687

Q12-5 破産手続開始決定と外国訴訟への対応 ……… 大澤 加奈子…693

Q12-6 外国取引先との契約関係の処理 ………………… 鈴木 崇…698

Q12-7 外国倒産処理手続との競合 ………………… 大澤 加奈子…703

Q12-8 外国当局による法令違反に係る手続への対応 ……… 鈴木 崇…709

Q12-9 在外資産の調査及び否認対象行為への対応 ……鐘ヶ江 洋祐…712

第13章　破産手続終了・免責

Q13-1 同時廃止 ……………………………………… 松尾 浩順…718

Q13-2 異時廃止・同意廃止 ………………………… 松尾 浩順…722

Q13-3 破産手続終結決定の効果 …………………… 池田 雅彦…725

Q13-4 破産手続の終了と破産管財人の残務 …………… 池田 雅彦…728

Q13-5 破産手続の終了後の資料・印章等の保管 ……… 福山 純平…732

Q13-6 破産手続終了後の財産の発見 ………………… 福山 純平…735

Q13-7 免責許可決定の効力 ………………………… 小林 一輝…739

Q13-8 非免責債権の種類 …………………………… 小林 一輝…743

Q13-9 破産管財人による免責調査の留意点 …………… 松尾 浩順…748

第14章　手続移行

Q14-1 倒産処理手続の移行 ………………………… 上野 尚文…752

Q14-2 保全管理人の留意点 ………………………… 上野 尚文…756

Q14-3 共益債権・債権届出等の取扱い ……………… 上野 尚文…758

Q14-4 否認・相殺制限の基準時 …………………… 本多 一成…761

Q14-5 先行手続における訴訟の帰趨 ………… 小畑 英一＝下田 正彦…764

Q14-6 再生手続終結後破産の留意点 ………… 小畑 英一＝清水 祐大…770

Q14-7 破産手続から再建型手続への移行 ……………… 島崎 伸夫…773

事項索引 ……………………………………………………………778

第1章

破産手続一般

Q 1-1 破産法の目的と制定経緯

破産法の目的と現行法の制定経緯について教えてください

瀬戸 英雄

1 破産法の目的と特徴

破産法が定める破産手続は、支払不能又は債務超過にある債務者の財産等の清算手続であり、債権者その他の利害関係人の利害及び債務者と債権者との間の権利関係を適切に調整しつつ、債務者の財産等の適正かつ公平な清算と債務者の経済生活の再生の機会の確保を図ることを目的とする（法1条）。

倒産処理のための主な法的手続としては、清算を目的とする破産手続及び特別清算、再建を目的とする再生手続及び更生手続がある。それぞれ破産手続は破産法、特別清算は会社法、再生手続は民事再生法、更生手続は会社更生法が定める。

このうち、破産法が定める破産手続の特徴は次のとおりである。

① 適用対象となる債務者に限定はなく、自然人及び法人の全てが対象となる（法2条4号）。特別清算も清算を目的とするものであるが、株式会社に限定して適用される（会社法510条以下）。破産法は、対象範囲に限定がない点で、清算型手続の一般法というべきものである。

② 手続開始原因は、支払不能ないし債務超過である。債務者の弁済資力が不足し、通常の清算ではその総債権者に対する債務を完全には履行できない状態に至っていることが手続開始の要件である（法15条1項、16条1項）。

③ 裁判所の選任する破産管財人が債務者財産の管理処分権を有し、破産管財人の管財業務によって清算が遂行される（法74条1項）。

④ 手続が開始すると個別的な権利行使は原則禁止され、破産債権者が権利行使するには破産手続に参加することが求められ、債権額に応じて平等な配当が行われる（法100条1項）。債権者の個別の権利行使である強制執行と異なるところである。

⑤　抵当権などの担保権は破産手続では別除権とされるが、担保機能をもつ
　相殺権については、原則として手続外で権利行使することを認めている
　（法2条9項・10項、65条、67条1項）。
⑥　個人債務者の経済生活に再生の機会を与えるため、債務を免除する免責
　手続が設けられている（法248条1項）。消費者ローン等の債務者による自
　己破産申立て利用の制度的な基盤はここにある。

2　破産手続の沿革

　わが国固有の倒産制度としては、江戸時代の「身代限（しんだいかぎり）」
と「分散（ぶんさん）」が知られる。
　「身代限」は、18世紀初頭（享保年間）に幕府法である公事方御定書に定
められたものであるが、職権による債務者財産の強制的清算であり、懲罰的
色彩の強いものであった。債務者が奉行所の命じる弁済命令に従わない場合
には、名主、組頭などの村・町役人の立会いのもとで債務者の財産目録が作
成され、質入れなどを除き、租税徴収した後の財産ないし金銭を当該債権者
に分配するものであるが、破産手続のように総債権者に対する弁済を行うも
のではない。もとより、債務全額の弁済ができない場合は、債務者は不足分
の債務を別途返済する義務を免れなかった。一方、「分散」は、債務者によ
る債務の完済が困難になった場合、債権者と債務者の合意に基づいて財産を
封印し、村・町役人の立会いのもと、その内容を確認したうえで、債権者が
債務者財産の換金と分配を行う清算手続である。公的機関である奉行所は関
与せず、債権者と債務者の合意を基礎とするものであるから私的整理の一種
である。この場合も、質、租税、奉公人の給金などは、一般の債権者に優先
した。なお、分散に参加しない債権者は、債務者から「出世証文」を得て、
債務者の将来の資力の回復に期待する「跡懸り（あとがかり）」を選択した。
　明治に入り、1872（明治5）年「華士族平民身代限規則」は、身代限に総
債権者による包括執行として破産手続の機能をもたせ、また対象はそれまで
は庶民だけであったものを、華士族及び寺社を含む、全ての国民とした。そ
の一方で、分散は、地域社会と村・町役人の体制の変化によって利用されな
くなり、債権者と債務者のみの合意による任意整理（私的整理）がこれに代

替するようになった。

　近代的な法整備を急ぐ明治政府は、裁判所構成法、民法、民事訴訟法等を1890（明治23）年に制定したが、破産手続としては、フランス法に倣って商人を対象とする「商法第3編破産」を定めた（1893（明治26）年7月施行）。破産手続は、支払を停止した商人を対象とし、裁判所は破産主任官及び管財人を選任する。管財人によって破産管財業務が遂行されることはここから始まった。破産宣告を受けた商人の役員は、公民権としての各種の公的資格や選挙権・被選挙権を奪われるなどさまざまな資格制限を受けた。またこれと同時に、非商人に対しては、宣告のみで管財手続を要しない「家資分散法」を制定した（1891（明治24）年1月に先行して施行）。家資分散は、管財手続を有しないため第三者による財産調査はないものの、家資分散宣告には、破産宣告と同様に各種の資格制限を伴ったため、地域社会のサンクションとして相当の効果をもち得た。

　1922（大正11）年には、ドイツ法の影響を受けた「破産法」が制定された。全ての法人及び自然人を対象とし、破産原因に支払不能を採用し、また別除権、財団債権、否認権などの規定を整備した。また、破産手続の費用を負担できない場合には、破産宣告と同時に破産手続を廃止する「同時廃止」を設けた。敗戦後、1953（昭和28）年に米国法の影響を受けて破産免責制度を導入したものの、その基本部分には大きな改正が加えられることなく、2004（平成16）年まで82年の長きにわたって施行された。

　経済情勢の変動によって事業者倒産は相当数あったが、事業者の破産手続の利用は、昭和後期までは全国で年間1000件ないし2000件程度で推移していた。これは多くの事業者倒産が破産手続を避け、簡易迅速な任意整理（私的整理）で処理されていたことを示すものでもあるが、経済成長によって先進国となった社会の意識変化は、倒産処理に透明性や公平性のある法的手続を強く求めるようになった。加えて、「サラ金」と呼ばれた無担保消費者金融の普及は、破産手続の利用状況に劇的な変化をもたらせた。個人の多重債務者が経済生活の再生のため、破産申立てと免責手続を活用するようになったのである。これらによって、平成に入ると破産事件の申立件数は激増したが、厳格で重厚な従来の破産法では、この状況に現場実務の工夫だけでは臨

機応変に対応するのが困難になってきていた。

3　平成の破産法改正と管財事件の動向

　1996（平成8）年10月、法務大臣の法制審議会に対する諮問によって、わが国の倒産法制の全面的見直し作業が始まった。和議法にかわる民事再生法の創設、国際倒産法制の整備、会社更生法の改正に続いて、改正作業の集大成として、現行「破産法」が策定され、2004（平成16）年の通常国会において成立、翌2005（平成17）年1月1日から施行された。これにあわせて、破産手続の細則的事項を定める最高裁判所規則である「破産規則」も施行された。

　改正の目的は、経済社会の変化に対応した破産手続の現代化であり、透明性と公平性を確保し、それまでの実務で蓄積された合理的な運用を反映させた迅速な手続に再構成することであった。あわせて、否認権や相殺権など倒産実体法に新たな規律を設け、倒産関連の各手続の合理化と整合的な調整を行い、また各手続間の移行に係る規定を整備した。加えて、経済的破綻に陥った者であっても経済生活の社会復帰ができるよう、破産から懲罰的な色彩を除去するよう努めている。

　東京地方裁判所における1989（平成元）年から2017（平成29）年までの破産事件の新受件数と管財事件の推移は、章末の別表「東京地方裁判所における破産事件の推移」のとおりである。破産事件の新受件数は、新破産法の施行前後にピークを迎え、その後は消費者破産の減少もあって全体的に減少傾向を示している。ここからは貸金業法の金利規制や最高裁判例による利息制限法に関する解釈などを敏感に反映していること、また東京地方裁判所の破産事件における管財人の積極的な活用方針により、管財事件の比率はむしろ高まっていることもみて取れる。

第1章　破産手続一般　5

Q 1-2　債権法改正と破産手続の影響

改正民法（債権関係）が2020年４月１日に施行されますが、破産手続に
どういう影響を与えますか

岡　正晶

1　はじめに

　2018年３月に、立案担当者である法務省民事局の筒井健夫・村松秀樹編著
『一問一答債権法』が出版され、いわゆる一般的な解説書ブームは収斂した
と思われる。今後は、「深掘本」（論文、座談会等）のステージに移ると予想
される。その先駆けとして、自正2018年７月号に「特集１　民法（債権法）
改正と倒産手続」が組まれ、11名の弁護士が寄稿した。本稿執筆時点（2018
年９月）ではこれが最もよい「実務本」である。ただ今後も、新たな深掘本
が出てくると思われるので、継続的なチェックが必要である。本稿では、字
数制限の関係で、現時点で、私が重要度ベスト７と考える論点を紹介・解説
する。基本法の改正であり、これ以外にも広く影響が及ぶと考えられるの
で、注意されたい。なお本記述は、改正民法・破産法の適用があることを前
提とするので、個別事案における適用の有無については、経過規定（附則）
を調査されたい。

2　破産管財人に有利な改正

(1)　個人保証人保護の拡充

　個人保証人の破産管財人は、下記の保証債務に係る破産債権届出について
は、異議を述べなければならない。

① 「一定の範囲に属する不特定の債務を主たる債務とする保証契約」で、
　個人が保証人であるのに、極度額が定められていないもの（改正民法465条
　の２第２項）。

不動産賃借人の債務保証が典型例である。なお主債務に金額不特定の債務（損害賠償債務など）が含まれている場合は、上記定義に該当するとの見解も出ているので、今後の議論に注意されたい。

② 主たる債務者が、事業に係る債務につき、将来の個人保証人に、保証・根保証の委託をするときに、法所定の情報提供義務を怠り（不提供・誤提供）、それによって個人保証人が保証等をした場合において、債権者がその不提供・誤提供を「知り又は知ることができた」とき。

この要件を満たす場合に保証等の取消権が改正民法により創設されたので（改正民法465条の10第2項）、管財人としてはこれを活用する責務を負う。なお主債務者が粉飾決算で債権者・保証人双方を欺いた場合、改正民法95条に基づき、保証人が保証等を取り消せることがあり得るので、この詐欺取消しも管財人としては検討する必要がある。

(2) 定型約款における「みなし不合意」規律の導入

法所定の定義に該当する定型約款の条項のうち、相手方の権利を制限し、又は相手方の義務を加重する条項であって、その定型取引の態様及びその実情ならびに取引上の社会通念に照らして、民法1条2項に規定する基本原則（信義則）に反して相手方の利益を一方的に害すると認められるものについては、合意をしなかったものとみなされる（改正民法548条の2第2項）。定型約款・定型取引に限定されるものの、かなり包括的な「内容規制」であり、弱者保護に役立ち得る。契約の締結過程における悪性と契約の内容的悪性とを総合考慮する「併せて一本」論（暴利行為論における判例法理）に立つ画期的な規律とも評価されている。破産管財人としては、本規律に基づいて内容を無効化できる、不当な損害賠償請求権等の破産債権届出には、異議を述べなければならない。

(3) 転得者に対する否認権行使の合理化

改正前は、転得者に対する否認権行使には、転得者が転得の当時、「それぞれの前者に対する否認の原因があること（前者の悪意を含む）を知っていた」ことを主張立証する必要があったが、改正破産法170条の2第1項によ

り、「破産者がした行為が破産債権者を害することを知っていた」ことの主張立証で足りると改正された（民法の詐害行為取消権の改正と平仄をあわせた改正である）。破産管財人の否認権行使を容易にするものであり、今後は、転得者が登場しているからといって、ひるむ必要はない。否認権を行使された転得者の救済範囲（破産財団に対する権利）も明文で整理されたので（改正破産法170条の2、170条の3）、見通しもよくなっている。

3　破産管財人に不利な改正

(1)　債権の譲渡禁止特約の効力の弱体化

改正前は、譲渡禁止特約のある債権の譲渡について、同特約につき悪意又は重過失がある譲受人との関係では、譲渡は無効であり、第三債務者が当該譲渡を承諾する前に、譲渡人に破産手続が開始されれば、破産管財人は当該債権を破産財団帰属財産とすることができた。悪意又は重過失を立証できる場合が結構あり、破産管財人の活躍場面の一つであった。

ところが、本改正により、同種特約につき悪意又は重過失がある譲受人との関係でも、債権譲渡は有効とされた（改正民法466条2項。ただし預貯金債権は例外（同466条の5））。このため、破産管財人として、当該譲渡済債権を破産財団帰属財産とすることができなくなった。大きな変更であり、要注意である。

この点につき、破産管財人としては、当該弁済金を受領する立場でなくなった以上、①債務者に供託するよう促す、②譲受人に供託請求する（改正民法466条の3）よう促す、③受領するとしても分別管理して取戻権行使に備える、という対応が提案されている（森倫洋「譲渡制限特約のある債権の譲渡に関する改正と譲渡人の倒産」自正2018年7月号19頁）。

ただ、破産管財人が債権回収をしたほうが効率的であるときは（債務者からの返品・瑕疵減額等への個別対処が必要となる場合等）、破産管財人が債権回収を行う、その見返りに回収費用等として回収金額の一定割合（例えば20％）を破産財団が受領するなどの和解を譲受人との間で行う実務もあり得よう。

⑵　契約解除の要件の見直し（債務不履行者の帰責事由の不要化）

　改正民法は、相手方の債務不履行を理由とする「契約の解除」の要件につき、①催告解除の要件の明確化（改正民法541条）、②無催告解除の要件の明確化（同542条）、③両解除において債務不履行者の帰責事由は不要であることに見直し（従来は必要と解されていた）、④両解除において債権者に帰責事由があるときは契約解除が許されないことの明確化（同543条）を行った。

　この点に関連し、倒産法においては、契約の相手方が、倒産手続開始時までに法定解除権を取得していないときは、同手続開始後の倒産者の債務不履行を理由として法定解除権を取得することはないと解釈されてきた（通説）。そしてその理由の一つとして、倒産手続開始後の倒産者の債務不履行は、法律の規定によるもので、債務者に帰責事由のある不履行ではないことがあげられていた。今般の民法改正で、この点が改正されたので（上記③）、上記通説が変わるのか、変わらないのかが議論されている。

　現時点では、変わらないとする見解が多数説である（蓑毛良和「倒産手続開始と解除権」自正2018年7月号23頁以下）。

　ただ、相手方の契約解除に基づく原状回復請求権等が倒産債権になることを前提に、解釈論（倒産管財人等が合理的な履行選択をしたときは「履行不能」との認定がされないので心配は不要という）及び立法論（倒産管財人解除の場合の相手方保護規定である法54条2項を削除すること）が一部で唱えられている。

⑶　請負契約の仕事完成前の解除における報酬請求権

　改正民法634条は、請負が仕事の完成前に解除された場合において、請負人が既にした仕事の結果のうち可分な部分の給付によって注文者が利益を受けるときは、その部分を仕事の完成とみなし、請負人は、注文者が受ける利益の割合に応じて報酬を請求することができる、と定めた。従来の判例法理を明文化した新設規定であり、請負人の破産管財人が請負契約を破産法53条に基づいて解除したときにも適用され、改正後は、破産管財人は本条という明文に基づいて報酬請求をすることができる。

　この点に関し、請負契約が請負人の破産管財人によって破産法53条に基づ

いて解除された場合において、注文者が残工事を別の業者に発注せざるを得ず、その結果当初の約定金額を超える支出（超過損害）をしたとき、注文者はその超過損害に係る損害賠償請求権（破産債権）と、出来高部分に係る報酬支払債務とを相殺できるかという論点がある。当該超過損害の賠償請求権は、破産手続開始後に取得されたものであるので、破産法72条1項1号の類推適用により相殺不可とする下級審判決（東京地判平24.3.23金法1969号122頁等）があり、これを支持する見解も多い。ただ、この超過損害は、既施工部分に係る「注文者が受ける利益」の認定の際の減価要因とする旨（相殺を認めたのと同じ結果となる）の下級審判決（大阪地判平17.1.26判時1913号106頁）もあり、これを支持する見解もある。

　筆者は、改正民法634条の新設は、後者の見解と親和性があると考えているが、今後の議論動向に注意が必要である。

4　新たな複合問題（債権譲渡と相殺×破産手続開始）

　改正民法469条は、債権譲渡と相殺につき、差押えと相殺の条文（同511条）を意識しつつ、少し異なる規律を定めた。この論点に関し、森・前掲自正2018年7月号19頁は、次のような問題を提起する。

　①AのBに対するAB債権がCに適法に譲渡され対抗要件も具備された、②Bは①記載の対抗要件具備時より「前の発生原因」に基づいて生じたBA債権（破産債権）を有していた、③①の後Aに破産手続が開始された、④改正民法469条1項によれば、Bは、BA債権（自働債権）と、譲渡ずみのAB債権（受働債権）の相殺をCに対抗できるように読めるが、それでよいか。

　新たな難問である。両説あると思われるが、筆者は、破産手続開始時における債務負担がない（受働債権が譲渡ずみ）以上、破産法67条1項要件を欠くし、上記相殺は破産法100条で禁止されている破産債権（BA債権）の行使にあたり相殺は許されないと解する。しかしBA債権が、AB債権の発生原因である契約に基づいて生じた債権（契約不適合を理由とする損害賠償請求権など、同469条2項2号参照）である場合などは、相殺を認めるほうが公平と感じる。ただ、相殺を認めることは破産法上の条文解釈上無理と思われ、代金減額請求権（改正民法563条、売買以外の有償契約について原則として準用され

る（同559条））が成立する場合に、その範囲でのみ（損害額より小さくなることが多い）、AB債権の減額を認めるしかないのではないだろうか。

Q1-3　破産法の今後の検討課題

破産法について今後検討すべき課題はどのようなものですか

小畑 英一

　第一東京弁護士会倒産法研究部会においては、平成25年に現行倒産法制の問題点を検討するワーキンググループをつくり、部会内の意見を集約して検討を進めた[1]。

　検討結果については「倒産手続きに関する改正検討事項」として部会内報告を行っているが、幅広い周知は行われていない。そこで、本稿において主に破産法について取り上げられた検討事項を紹介し（10項目）、裁判手続全体のIT化を控えた今後の議論の叩き台を提供することとしたい。

1　管轄の特例及び大規模裁判所の競合管轄

(1)　検討事項

① 破産法5条8項及び9項ならびに民事再生法5条8項及び9項の大規模事件管轄の基準を債権者数と負債総額とする。
② 民事調停法4条1項ただし書に相応する規定を新設し、自庁処理を認める。

　　［参考］

　　民事調停法4条1項ただし書

1　ワーキンググループのメンバーは次の8名の弁護士である（敬称略）。
　小畑英一（座長）、岡伸浩、植村京子、高山崇彦、本山正人、森倫洋、上田慎、高尾和一郎

> 「ただし、事件を処理するために特に必要があると認めるときは、職権で、土地管轄の規定にかかわらず、事件の全部又は一部を他の管轄裁判所に移送し、又は自ら処理することができる。」

(2) 補足説明

　平成16年改正により、債権者数が500人以上の事件は高裁所在地を管轄する地方裁判所に、債権者数が1000人以上の事件は東京地方裁判所又は大阪地方裁判所に破産事件の競合管轄が認められることとなった。

　これは、大規模な破産事件を適正かつ迅速に処理するためには、事件処理やノウハウの蓄積等が重要であり、破産事件を専門的・集中的に処理する体制が整っている裁判所で処理するのが有効であると考えられたためである[2]。

　しかしながら、債権者数が多数にのぼる事件でなくても、大規模な案件や否認権行使・役員責任追及が予想される等の複雑な案件については、破産事件を専門的・集中的に処理する体制が整っている裁判所で処理することが望ましく、また、債権者が広範囲に存在する案件では、交通アクセスが向上した現在においては、むしろ東京地方裁判所・大阪地方裁判所のほうが債権者の便宜にも資する場合が多い。

　したがって、管轄については、事件規模や事件の特性に応じて柔軟に対応することを可能とする方向で検討を進める必要がある。

2 文書の閲覧等の制限

(1) 検討事項

① 　現行法上「破産財団の管理又は換価に著しい支障を生ずるおそれがある部分があることにつき疎明があった場合」（法12条）閲覧制限の要件に加え、「債権者の信用又は個人情報を保護する必要があることにつき疎明があった場合」にも事件に関する文書の閲覧等を制限することができるもの

2 　『一問一答』33頁

とする。

② 破産法11条により、破産事件に関する文書の閲覧又は謄写等を請求した利害関係人は、当該文書に係る複製等を、破産手続又はその準備に使用する目的以外の目的で、人に交付し、又は提示し、もしくは電気通信回線を通じて提供してはならないものとする。

(2) 補足説明

倒産事件に関する文書、特に債権者一覧表の記載内容には債権者たる企業の信用情報や、債権者たる個人の個人情報が含まれることに鑑み、閲覧制限の対象を拡大する。

現行法における文書の閲覧等の制限は、信用情報の保護及び個人情報の保護を目的としたものではない。しかし、債権者一覧表や配当表が、債権者や企業信用調査会社等を通じて利害関係人以外の者に提供され、倒産手続に使用する目的以外の目的で利用されている場面があるものと思われる。

この点、申立時に申立人から提出される債権者一覧表は、正確性を欠くケースがあり、誤った信用情報によって、債権者の信用毀損が懸念される事案もみられる。

また、近時、多数の個人消費者を債権者とする倒産事件において、当該債権者を標的として「追加配当の予定がある」などの名目で金員を要求する振り込め詐欺事件の発生も確認されており、債権者一覧表や配当表が悪用されている可能性が否定できない事案も報告されている。

そのため、上記のとおり、閲覧制限の対象を拡大するとともに、閲覧等に供された文書の目的外利用を規制する両面からの検討が必要である。

3 電磁的記録の提出

(1) 検討事項

手続開始の申立書の添付書類について、「特に必要があると認められること」を要件として電磁的記録での提出を認めるものとする。

第1章 破産手続一般 13

⑵ 補足説明

　倒産処理手続に関する申立て、届出、申出及び裁判所に対する報告は、特別の定めがある場合を除き、書面でしなければならない（規則１条１項、民事再生規則２条１項・２項、会社更生規則１条１項）とし、必要があると認めるときは、書面とともに、情報内容を記録した電磁的記録を提供するよう求めることができるとしている（規則３条１項、民事再生規則２条４項、会社更生規則１条３項）。

　しかし、債権者が非常に多数にのぼる事件等において（消費者金融業、ゴルフ場等）、債権者一覧表の添付書類を書面によって提出しても物理的に不相当であるばかりか、書面上で債権者を把握することも困難である。

　そこで、手続の合理化、個々の債権者の把握の迅速化・容易化、文書複写コストの削減等を図り、債権者の利益にも資すべく、手続開始の申立書の添付書類を電磁的記録で提出することを認めるものとする方向での検討が必要であり、倒産手続のIT化の推進に資するものである。

4　包括的禁止命令における通知

⑴ 改正提案

　包括的禁止命令については、これを知れている債権者に通知しなければならないが（法26条１項）、これを公告及び周知で足りるものとし、公告及び日刊新聞紙への掲載又はインターネットを利用する等の方法での周知により行うことを可能とする。

⑵ 補足説明

　包括的禁止命令における全債権者に対する通知は、利害関係人に周知を図り、包括的禁止命令の実効性を担保するために定められた付随的なものであるが[3]、そうであるならば、利害関係人への周知方法は通知に限られるもの

3　『伊藤』110頁

ではないと考えられる。

また、消費者金融業やゴルフ場等多数の債権者が存在する場合、全債権者に対する通知が事務手続及びコストの面で実務上大きな負担となっていることに鑑み、個別通知を不要とする提案である。

5　保全管理人による事業譲渡に係る代替許可制度の新設

(1)　検討事項

保全管理人による事業譲渡に係る株主総会決議にかわる許可制度（代替許可制度）の新設。

(2)　補足説明

再生手続が廃止された場合において、破産手続開始決定まで保全管理人が選任され、事業譲渡が必要不可欠なときは、保全管理人がこれを行う運用がなされている。

この場合、保全管理人は、裁判所の許可を受けて事業譲渡を行うこととなる（法93条3項、78条2項3号）。破産手続開始決定前であることを理由に、株主及び株主総会の権限は失われておらず、事業譲渡に係る株主総会決議が必要とする見解が多数であるが、不要とする見解も有力である[4]。

この点、再生手続廃止決定がなされた場合、事業価値劣化が著しく進行すると考えられ、一刻も早い事業譲渡が要請されることから、①債務超過であること、②事業譲渡の必要性、緊急性が認められることを要件として、株主総会の特別決議による承認にかわる許可の制度を新設することを提案するものである。

4　島岡大雄「東京地裁破産再生部（民事第20部）における牽連破産事件の処理の実情等について（上）」判タ1362号18頁

6　破産手続開始決定の通知

(1)　検討事項

大規模事件において、裁判所が特に必要があると認めるときは、
① 知れている債権者に対する手続開始の通知を留保することができる。
② 通知について相当と認める方法で行うことができる。
とする規定を新設する。

(2)　補足説明

現行法においては、知れている債権者等の数が1000人以上であり、かつ相当と認めるときは、一定の通知を省略することが認められているが（法31条5項）、手続開始の決定の通知については省略できないと解されている（法32条3項）。

しかし、極めて多数の債権者が存在する事案では、通知自体に多額の費用を要すること（数万名の案件は多数存在し、100万名を超える案件もある）、通知を受けた債権者が一斉に裁判所や管財人等に連絡を行うことにより、管財業務等に重大な支障が生じるケースが存在すること、プライバシー等の観点から通知を望まない債権者も多数存在する事案もあること等の事情から、「特に必要がある」場合は、開始決定通知を留保する、あるいは相当な方法で通知することを認める必要がある。

7　破産手続における債権調査における期日方式の再検討

(1)　検討事項

破産手続における債権調査手続を調査期間方式に一本化し、調査期日方式を廃止する。

(2)　補足説明

民事再生手続及び会社更生手続（再建型手続）では調査期間方式（書面に

よる調査）が導入され、実務的にも債権調査の方式として定着している。

破産手続においても調査期間方式を債権調査における原則的な方式とする改正がなされたが（法117条以下）、実務運用として定着していた調査期日方式を並存させることとなり、緩和措置をとったものである。

ところが、破産手続の実務においては、調査期日方式が原則的形態となっており、調査期間方式の運用はほとんどなされていない。

一連の倒産法改正において調査期間方式が採用された趣旨は、期日方式による債権調査手続が形骸化していた点にある。

すなわち、債権者の関心は自己の債権が破産管財人に認められているかにあり、他の債権者の債権に異議を述べる例はほとんどないこと、仮に異議を述べようとする場合には調査期日に必ず出頭しなければならず負担が大きいという点である。

このように法の趣旨と実務の運用がかい離している現状に鑑みれば、破産手続における債権調査手続を調査期間方式に一本化することが相当と考えられる。

8　破産債権届出期間について

（1）　改正提案

破産手続においても、破産債権の届出の終期を定めるとともに、優先的破産債権たる租税債権についても届出期間の終期を定める規定を新設する。

（2）　補足説明

①　破産法は、民事再生法、会社更生法と異なり、破産債権届出期間の終期は定めておらず、解釈上、最後配当の除斥期間満了時が届出の終期と解されている[5]。これは、最後配当から除斥される破産債権のために調査確定手続を行うことを破産法は想定しておらず、調査確定手続を行わない以上、届出に時効中断効を付与するのは相当ではないことを理由としたものである。

5　『条解』762頁

しかしながら、このような解釈が可能であるとすると、最後配当が実施される直前まで破産債権の届出が可能となり、その後、期限後届出の要件を満たしているかを判断したうえで、さらに特別調査を行う必要があり、破産手続の進行を遅滞させることとなるため、破産債権の届出の終期を設ける必要がある。

② 租税債権は、公法上の請求権であり、債権の存否に関する真実性が一応推定されるため、債権調査や債権確定に関する規定の適用がない（法134条）。

そこで、破産法は、破産債権たる租税債権について、一般破産債権のように届出期限は法定せず、「遅滞なく」債権を届け出なければならないと規定するにとどまる（法114条）。

「遅滞なく」の解釈については、(i)破産法112条に準じて解釈されるべきとの見解[6]、(ii)租税債権については、その存否及び額を請求権者において調査し、相手方の手続権を保障したうえで額を確定する必要がある場合や、額等が確定するまでに時間を要する場合等特殊な場合もあるため、個別に判断するべきであるとする見解がある。

しかし、優先的破産債権たる租税債権の届出が遅滞した場合、破産管財人が配当計画を誤るおそれが生じる可能性があり、また、一種の公法上の債権としての性質から、一般の破産債権者の届出よりさらに遅れて届出をしても遅滞がないと解するのは合理的とはいえない[7]。

優先的破産債権たる租税債権についても、届出期間の終期を設けるべきである。

9 債権査定制度のあり方

(1) 検討事項

破産、民事再生、会社更生手続において、債権確定手続の迅速化を図るべく、債権査定申立後3カ月を経過した場合には、債権確定訴訟の提起ができ

---

6 『基本構造』152頁
7 『基本構造』152頁

るか、又は債権確定訴訟に移行するとの規定を新設する。

（2） 補足説明

　債権査定制度の立法趣旨は債権確定手続の迅速化にあるとされるが、開始決定から数年を経ても査定決定が出されていないケースがあるなど、事案によっては債権確定が非常に遅れている例が見受けられる。かつての債権確定訴訟のほうが債権確定手続は迅速に行われていたのではないかと考えられる事案もある。

　事案によっては、多数の査定申立てが行われることがあり（武富士の会社更生事件では614件の査定申立てがあった）、当該裁判所の裁判官の構成等を勘案した場合に、迅速な決定を行うことが物理的に困難な場合も現実化している。

　また、耐震強度の内容について争われた事案のように、債権確定の前提条件として高度の専門性を要する査定事件もあり、通常の査定手続で決定を行うことがむずかしい問題も現実化している。

　債権査定制度は、同じく簡易な決定手続が予定されている、否認の請求及び役員等の損害賠償責任査定制度とは異なり、査定手続以外の方法が予定されていない。そのため、迅速な査定決定が出ない限り債権確定手続が進まないこととなる。

　このように、査定決定が迅速になされない場合には、それにかわる手段を設ける必要性は現実化しており、3カ月経過しても査定決定がなされない場合には、債権確定訴訟の提起を行うことができるとの規定又は債権確定訴訟手続へ移行するとの規定を新設すべきである。

10　財団債権確定手続について

（1） 検討事項

　財団債権の確定のための簡易な決定手続（査定制度）を創設する。

（2） 補足説明

　平成16年破産法改正によって、財団債権の種類が増加したことにより、財

第1章　破産手続一般　19

団債権の該当性について争いが生じる場面が増えている。また、財団債権相互間における優劣が問題となる事案も出てきている。

例えば、破産会社の従業員から未払残業代の請求がなされた場合、あるいは、換価業務の過程で破産管財人に対し損害賠償請求がなされた場合において、破産管財人から財団債権の不存在確認訴訟を提起しなければならない事態も想定されるところである。

また、異時廃止事案において、財団債権であることには争いがないが、当該財団債権が優先的財団債権（法148条1項1号・2号）に該当するかどうかが争われる場合が想定される。破産管財人の行為による債権が、破産法148条1項2号に当たるか5号に当たるかが争われる場合が典型である。

これまで、財団債権については、通常訴訟において決着が図られてきたが、財団債権に該当するか否か、また、財団債権の優先性の判断が迅速になされなければ、破産手続が渋滞し、配当手続が遅れるという意味では、破産債権の確定手続と同じく迅速な確定が求められている。

財団債権は、破産手続外での行使が認められてはいるが、何が財団債権に該当するかは、破産法において規律されているのであり、財団債権か否か、また、優先する財団債権に当たるか否かは、破産法の規律の問題であるから、破産手続において確定手続を導入しても不相当とはいえない。

そこで、破産手続の迅速化を図るべく、財団債権の確定手続（査定制度）を創設することを提案する。

Q 1-4　破産手続の運用

東京地方裁判所破産再生部における破産手続の運用を教えてください

永谷 典雄

1　即日面接と少額管財手続の導入経緯

破産財団をもって破産手続の費用を支弁するのに不足すると認めるとき

は、破産手続開始の決定と同時に破産手続は廃止（同時廃止）されるが（法216条1項、旧法145条参照）、申立人において最低限の管財手続費用（破産管財人の報酬相当額）を予納できると判断される場合には破産管財人を選任して管財手続を進めることになる。

東京地方裁判所破産再生部では、かつて、その基準となる予納すべき管財手続費用の金額を、債務者が個人の自己破産の場合であっても最低50万円としていたが、その一方で、破産管財人による徹底した調査と換価が行われるのが一般的であり、時間がかかるという問題があった。また、債務者の自由財産から一定額を積み立てさせ、債権者に弁済（自主配当）させたうえで同時廃止の決定をするという運用も行われていたが、この運用は、債務者限りの情報で作成した債権者一覧表に基づいて行われるため、債権者間の平等に反する配当がなされるおそれがあると指摘されていた。

そこで、急増する個人の自己破産事件を全体として適正かつ迅速に処理するために考案され実施されるようになったのが、「即日面接」と「少額管財手続」であり、東京地方裁判所破産再生部における破産手続の運用の柱となっている。この運用は、在京三弁護士会の理解と協力のもとに平成11年4月から試行され、同年9月から本格的に実施された。少額管財手続は、平成12年から法人破産事件についても適用されるようになり、平成14年以降は破産事件についての標準的な手続となっている。

2　即日面接

即日面接とは、同時廃止の処理が相当であるとして申し立てられた個人の自己破産事件について、破産手続開始の申立てがされた当日又はその後3営業日内に裁判官が申立代理人弁護士と面接をして、同時廃止が相当か、それとも管財手続で処理するのが相当かの振り分けを行い、当該面接によって同時廃止にすべきと判断できる事案については、その日のうちに破産手続開始とともに同時廃止の決定を行う運用をいう。この運用は、法律の専門家である弁護士が申立代理人として同時廃止を希望して破産手続開始の申立てにかかわる場合は、資産、負債及び免責の各点について十分な調査を行うとともに、その調査結果に基づいて、法的にも検討を加え、裁判所が同時廃止の可

第1章　破産手続一般　21

否を判断するために必要な事実関係等を申立書に漏れなく記載しているのが通例であるとの弁護士に対する信頼を基礎とするものである。

現在では、管財手続の処理が相当であるとして申し立てられた個人又は法人の自己破産事件についても、即日面接を行って破産管財人選任に必要な情報等を収集している（法人については、財産状況の把握が困難であるとして同時廃止としない扱いをしているため、同時廃止の処理が相当であるとして申し立てられる事件はない）。また、そこで聴取された事項のうち、破産管財人において速やかな対応が必要となる事項等は、破産管財人候補者に対し就職依頼の電話をする際に情報提供され、事案に応じた適正迅速な処理を可能にしている。

3　少額管財手続

少額管財手続とは、①申立代理人である弁護士が、事実関係及び法律関係についての問題点をふまえたうえで同時廃止が相当でないと判断した個人の自己破産の事案や、②即日面接により同時廃止が相当ではないと判断された個人の自己破産の事案、③資産が乏しく、あるいは多少の財団収集業務があるものの管財業務に困難をきたさないことが見込まれる法人の自己破産の事案等を対象として始められた管財手続の運用をいう。最低20万円という従前より少額の予納金（破産管財人に引き継がれ報酬に充てられるため「引継予納金」ともいう。法人とその代表者個人の申立てや家計を同一にする複数の個人の申立ても、合わせて最低20万円の予納金で足りることとしている）の納付により管財事件として破産手続開始の申立てを受理する一方で、破産管財人の負担がそれに見合ったものとなるように個々の手続を簡素化することによって、事件が迅速に終局を迎えることができる管財手続（個人の管財事件の場合は、免責許可の決定まで最短で2カ月あまり、法人の管財事件の場合は、3カ月で終局することを想定している）として考案されたものである。例えば、①管財業務の効率化をふまえた「個人破産の換価基準」の設定[1]、②債権者集会での口頭による報告・決定の多用、③異時廃止事案における債権調査の結果発表

1　『手引』Q25参照

の留保といった運用が行われ、管財手続の簡素化とそれによる迅速化が図られている。少額管財手続も、弁護士である申立代理人により資産、負債及び免責関係の調査が行われている事件を対象としているから、破産管財人としては基本的には疑問点のみを調査すれば足り、管財業務に関連する個々の手続に関しても申立代理人から協力を得ることができる。このように申立代理人から協力を得られることが、少額の費用による管財手続の実施を可能にしており、少額管財手続を運用する前提となっている。

　現在では、財団規模の大きな法人破産事件も、管財手続の簡素化及び迅速化が図られ、個別の進行管理が必要な管財事件や大規模な管財事件等を除き[2]、少額管財事件と区別されることなく通常管財係で処理されている。

4　個人の少額管財事件の類型化

　東京地方裁判所破産再生部では、個人の破産事件のうち少額管財手続の対象とすることが適切な事件の類型について、次のように整理している。

(1)　清　算　型

　①20万円以上の換価対象資産、すなわち、「預貯金」「未払報酬・賃金」「退職金請求権」「貸付金・売掛金等」「積立金等」「保険の解約返戻金」「有価証券・ゴルフ会員権等」「自動車・バイク等」「不動産」「相続財産」「事業設備・在庫・什器備品等」「その他破産管財人の調査によって回収となる財産（過払債権、否認権行使の対象となる財産等）」がある場合、②33万円以上の現金がある場合をいう。①については、資産全体ではなく、上記資産類型ごとに20万円以上あるか否かが検討されている。従前は、現金についても20万円を基準にしていたが、平成29年4月から②のとおり33万円に改められた[3]。

2　債権者申立事件、弁護士代理人申立てではない自己破産事件、牽連破産事件その他事案の内容や規模等から個別の進行管理を必要とする管財事件は、特定管財係が担当し、特に社会的に注目される複雑困難な管財事件や極めて規模の大きい管財事件は、合議係が担当している。

3　同時廃止事件と管財事件の振り分けの詳細は、『手引』Q6参照

第1章　破産手続一般　23

⑵ 資産調査型

申立代理人の調査を経たものの20万円（現金は33万円）以上の資産を有していないことが明白でなく、破産管財人による調査が必要と判断される場合をいう。現在又は過去に事業を営んでいる個人は、事業の遂行に伴い資産が形成されるのが通常であり、財産状況の把握も困難なことが多いため、原則として管財事件とされる。

⑶ 法人併存型

法人とその代表者をあわせて管財事件とする場合をいう。法人について管財事件とする場合にはこれとあわせて代表者も管財事件とする扱いである。法人の代表者は、法人に対する事業資金の貸付や株式等の持分権等の資産を有していることが多く、資産調査が必要となることが多いためである。

⑷ 免責調査型

免責不許可事由の存在が明らかであって、裁量免責の相当性についての破産管財人の調査が必要と判断される場合をいう。20万円以上の換価対象資産がないと認められる場合でも、破産管財人に対する説明義務及び調査協力義務を尽くしたことが裁量免責を認めるにあたっての積極的な事情の一つとして考慮されるため、管財事件とする扱いが定着している。

5 破産事件の動向と少額管財手続の意義

東京地方裁判所破産再生部における破産事件の新受件数等の動向は、章末の別表のとおりであり、平成10年と比較すると、最近は、破産事件全体に占める管財事件の割合が増えていること、少額管財手続及び即日面接導入後、管財事件も同時廃止事件も年間の新受件数に占める年末の未済件数の割合が大きく減少しており、事件が迅速に処理されていることがわかる。平成29年の新受件数に占める管財事件の割合は約65％であるところ、管財事件の大半は少額管財手続によって処理されている。

最低20万円という低廉な費用で利用可能な簡易かつ迅速な少額管財手続が

用意されたことによって、同時廃止とすることに問題のある事案が申立代理人の判断で最初から管財事件として持ち込まれるようになり、また、即日面接で同時廃止として処理するのが相当ではないと判断された事案についても、申立代理人に少額管財手続の利用を勧めることによって比較的容易に管財手続に移行することができるようになっている。また、このように少額管財手続が広く利用されるようになった結果、債権者に破産手続に参加する機会を保障して情報の開示（情報の配当）を図ることができるようになっており、少額管財手続は、破産手続の透明性や公正さを確保することに寄与しているということができる。

Q 1-5　破産手続開始前の保全処分

破産手続開始前の保全処分にはどのようなものがありますか

高木 洋平

1　破産手続開始前の保全処分

破産法は、債権者に対する公平な配当・弁済を実現し、破産手続の円滑な進行を図るために、破産手続開始の効力として破産者の財産処分行為を制限し（法78条1項参照）、債権者に対しても個別的な権利行使を禁じている（法100条1項）。

しかし、破産手続が開始されるまでの間に、債務者が財産の隠匿や特定の債権者に対する偏頗弁済を行い、また、債権者が強制執行等によって自己の債権の優先的な満足を図れば、破産財団は散逸し上記の目的を達成することが困難になる。そこで、破産法は破産手続開始の申立てを基準時として、同申立てがあった場合における特殊保全処分の制度を設け（後記3以下）、かかる事態を防ごうとしている[1]、[2]。

1　『伊藤』147頁、『条解』178、212頁

2 民事保全法上の保全処分との相違

　民事保全法上の保全処分は、被保全権利を有する個別の債権者のために行われる。

　これに対して、破産手続開始前の保全処分の制度は、申立人のみではなく、総債権者の利益のために、破産財団となるべき財産を保全するために行われる点で大きく異なる。破産手続開始前の保全処分では、原則として担保の提供が不要とされ[3]、職権による発令が認められ（法24条1項、28条1項、171条1項、177条2項）、発令後の変更・取消しも職権によってなされる（法24条2項、28条2項、171条3項、177条3項）。

3 債務者の財産処分行為を制限する保全処分

(1) 債務者の財産に関する保全処分（法28条）

a 破産手続開始の決定によって、破産者の財産管理処分権は奪われ、破産管財人に専属する（法78条1項）。破産法はこの効果を破産手続開始前の段階に及ぼし、破産手続開始の申立てがあった場合に、債務者の財産に関し、処分禁止の仮処分その他の必要な保全処分を命じることができるものとする（法28条1項）。代表的な例として、財産の仮差押えや処分禁止の仮処分、執行官保管の仮処分、商業帳簿等の執行官保管又は債権者による閲覧に供する仮処分、弁済禁止の仮処分などがある[4]。

b 弁済禁止の保全処分はその効果が法定されており、悪意の債権者は、破産手続の関係においては、保全処分に反してされた債務消滅行為の効力を主張できなくなる（法28条6項）。その結果、債務者は履行遅滞による損害賠償

2　実務では、保全の必要性が高い事案では、保全処分を発令するのではなく、早期に破産手続開始決定を行うことで対応することが多い（『伊藤』147頁、『手引』80頁）。もっとも、債権者申立事件の場合は、破産手続開始原因の審理に一定の期間を要するため、破産法上の特殊保全処分の要否が問題となる（『手引』80頁参照）。

3　否認権のための保全処分は、民事保全法上の保全処分と同様、担保提供を条件として発令することもできる（法171条2項）。

4　『伊藤』151頁、『条解』215頁

26

責任を負わず、これを理由とする債権者からの契約解除も許されないと解されている（最判昭57.3.30民集36巻3号484頁参照）[5]、[6]。その他の保全処分の効力は法定されておらず、保全処分の内容や趣旨に応じて考える必要がある[7]。

(2) 保全管理命令（法91条）

破産法は、個別の財産保全処分によっては財産の保全を図ることができない場合を想定し、債務者が法人である場合に保全管理命令の制度を設け、破産手続開始の申立てがあった場合において、債務者の財産の管理及び処分が失当であるとき、その他債務者の財産の確保のために特に必要があると認めるときは、保全管理人が債務者の財産を包括的に管理することを認めている（法91条1項）。

4　債権者の権利行使を制限する保全処分

(1) 他の手続の中止命令等（法24条）

a　破産手続開始の決定があった場合には、破産債権又は財団債権に基づく個別執行は禁止され（法42条1項、100条1項）、既に開始されている手続はその効力を失う（法42条2項本文）。破産法は、かかる個別的権利行使の制限の効果を破産手続開始前の段階にも及ぼし、債権者等に不当な損害を及ぼすおそれがない場合に限って、①債務者の財産に対して既にされている強制執行、仮差押え、仮処分、一般先取特権の実行もしくは民事留置権による競売（以下「強制執行等」という）、②債務者の財産に対して既にされている企業担保権の実行手続、③債務者の財産関係の訴訟手続等の中止を命じることができるものとした（法24条1項）。中止命令が発せられた場合、対象とされた手

5　『伊藤』152頁、『条解』219頁
6　履行遅滞責任を負わない理由として、違法性に欠けるとする考え方（東京地判平10.4.14判時1662号115頁）と、帰責性に欠けるとする考え方（『伊藤』152頁、『条解』219頁）がある。改正民法は、解除に債務者の帰責事由を不要としたため、後者の考え方に立つ場合、従来の解釈が変更される可能性がある。
7　『伊藤』152頁、『条解』218頁

続はそれ以上進行できなくなり、中止命令に違反した手続は無効となる[8]。

　上記①及び②の手続については、破産債権のみならず財団債権に基づくものや財団債権を被担保債権とするものも含まれる。破産財団が不足する場合に、債権者間に不平等が生じることは財団債権であっても異ならないためである（法42条1項・2項参照）。別除権（法2条9項、65条1項、66条1項）[9]や、既にされている国税滞納処分（法43条2項）は破産手続開始決定の影響を受けないことから、中止命令の対象とされていない。

b　中止命令はあくまで強制執行等の続行を禁じるものにすぎない。財産を早期に処分する必要がある場合など[10]、債務者の財産の管理及び処分をするために特に必要があると認めるときは、保全管理人の申立てにより強制執行等の取消しが認められる（法24条3項）。取消命令は債権者に与える効果が大きいため立担保が要求され、財産管理を徹底する趣旨から保全管理命令の発令が要件となる。

(2)　包括的禁止命令（法25条～27条）

a　執行対象となるべき財産が複数あり、多数の債権者から強制執行等の申立てがなされる事態が想定される場合、個別に中止命令（法24条1項・6項）を申し立てるのみでは債務者の財産を十分に保全できない。そこで、破産法は、包括的禁止命令の制度を設け、中止命令によっては破産手続の目的を十分に達成することができないおそれがあると認めるべき特別の事情があるときは、全ての債権者に対し、債務者の財産に対する強制執行等の禁止を命じることができることとした（法25条1項本文）[11]。包括的禁止命令が発令された場合、将来の強制執行等及び国税滞納処分は禁止され（法25条1項）[12]、既

8　『大コンメ』97頁〔杉浦徳宏〕、『伊藤』154頁

9　民事再生法及び会社更生法には、特定財産上の担保権の実行に関しても中止命令の制度が置かれている（民事再生法31条、会社更生法24条1項2号、2条10項12項）。会社更生手続では、担保権は更生担保権として実行が禁止され（会社更生法50条1項）、民事再生手続では、担保権消滅請求が認められること（民事再生法148条以下）を反映したものである（『伊藤』156頁）。

10　『伊藤』157頁

11　債権者等の利害関係人の利益を保護すべく、債務者の主要な財産に対する保全処分又は保全管理命令の発令が要件となる（法25条1項ただし書）。

にされている強制執行等の手続等は中止する（同条3項）。ただし、破産手続開始の決定によっても影響を受けない既にされている国税滞納処分（法43条2項）は対象に含まない（法25条3項）。

b　個別の中止命令の場合と同様に、債務者の財産の管理及び処分をするために特に必要があると認めるときは、保全管理人の申立てにより、立担保を要件として、中止した強制執行等の取消命令が認められる（法25条5項）。

5　債務者及び債権者以外の第三者に対する保全処分

（1）　否認権のための保全処分（法171条）

a　否認権は、破産手続開始の効果として生じるため、破産手続開始前は被保全権利がなく、民事保全法上の保全処分の申立てができない。また、転得者に対する否認権の行使には一定の主観的要件が必要とされる（法170条）。そこで、否認権行使の実効性を確保すべく、否認権のための保全処分の制度が設けられた（法171条）[13]。破産管財人は、破産手続開始後、当該保全処分に係る手続を続行するか否かを選択でき、開始決定から1月以内に続行しなければ、保全処分は失効する（法172条1項）。

b　否認権行使に基づく原状回復請求権が金銭債権の場合（詐害行為否認において価額償還を求める場合、偏頗行為否認において金銭の支払を求める場合等）には仮差押えが、特定物の引渡し・明渡し及び否認の登記手続を求める請求権の場合は処分禁止の仮処分が発令される[14]。

（2）　役員の財産に対する保全処分（法177条）

a　裁判所は、法人である債務者について破産手続開始の申立てがあった時から当該申立てについての決定があるまでの間において[15]、緊急の必要があると認めるときは[16]、債務者（保全管理人が選任されている場合は保全管理人）

12　東京地方裁判所破産再生部では、法人の民事再生事件で再生手続が廃止された場合で国税滞納処分のおそれがある場合には、保全管理人の意見を聴いて包括的禁止命令を発令する運用を行っている（『手引』84頁）。

13　『伊藤』165頁、『条解』1158頁

14　『条解』1160頁

の申立てにより又は職権で、当該法人の役員の責任に基づく損害賠償請求権について、当該役員の財産に対する保全処分をすることができる（法177条2項）。

b　金銭債権たる損害賠償請求権を被保全権利とするため、通常は、役員の財産を対象とする仮差押命令が発令されるが、執行官保管など必要に応じて仮処分も許される[17]。

Q 1-6　保全管理命令

保全管理命令が発令されるのはどのような場合でしょうか。また、保全管理人の権限はどの範囲まで及ぶのでしょうか

柴田　祐之

1　保全管理命令

裁判所は、破産手続開始の申立てがあった場合において、債務者（法人に限る）の財産の管理及び処分が失当であるとき、その他債務者の財産の確保のために特に必要があると認めるときは、利害関係人の申立てにより又は職権で、破産手続開始の申立てにつき決定があるまでの間、債務者の財産に関し、保全管理人による管理を命ずる処分をすることができる（法91条1項）。破産手続開始前の段階において、破産手続が開始された場合と同様に、財産の管理処分権を債務者から剥奪し、保全管理人に付与するものである。

保全管理命令は、債務者が法人の場合に限り認められる。その理由としては、以下のものがあげられる[1]。

15　役員の財産に対する保全処分は、破産手続開始決定後も「必要があると認めるとき」に認められる（法177条1項）。

16　「緊急の必要」とは、被保全権利たる損害賠償請求権を請求する必要性・蓋然性が高く、かつ相手方がその個人財産を隠匿・処分・消費等するおそれが切迫して存在する場合などをいう（『条解』1190頁）。

17　『条解』1190頁

① 債務者が個人の場合、保全管理命令まで必要とされる事案が一般的には考えにくいこと。

② 破産手続前の段階では、個人の自由財産とそれ以外を峻別することが困難であること。

③ 法人の財産は事業活動のために存するものである一方、個人の場合、それが事業者であっても、その財産は生活の維持のためのものとの側面があり、事業活動のための財産との区別が判然としないこと。

2　保全管理命令が発令される場合

保全管理命令は、①債務者の財産の管理及び処分が失当であるとき、②その他債務者の財産の確保のために特に必要があると認めるときに発令される。

①の債務者の財産の管理及び処分が失当であるときの典型例は、債権者から破産手続開始の申立てを受けた債務者が、その資産を不当に第三者に流出した場合である。債権者申立ての事案以外にも、例えば、破産手続開始の申立てをすることについて役員間の意思の一致が図れず、代表者が準自己破産を申し立てた会社について、第三者が経営に関与して資産を散逸させた場合などが保全管理命令発令の対象となり得る[2]。

上記②「債務者の財産の確保のために特に必要があると認めるとき」の例としては、破産手続開始決定による営業免許の取消しを回避する必要が存する場合があげられる。債務者が市場内の仲卸業者であり、破産手続開始決定を受けると条例により仲卸業者の事業権が取り消されてしまう場合において、保全管理命令を発令して保全管理人が同業者への事業権の譲渡を行ったうえで破産手続開始決定を行うケースがこれに当たる。

また、①病院を経営している債務者について、保全管理命令を発令し、保全管理人によって入院患者の転院等を行った後に破産手続開始決定を行う場合、②証券会社の破産手続開始申立てにおいて、一般投資家から預託を受けた資産の返還について、保全管理人の弁済禁止の対象から外したうえで、こ

1　『一問一答』140頁
2　『破産実務』86頁

第 1 章　破産手続一般　　31

れを返還し、その後破産手続を開始する場合、なども保全管理命令発令の例としてあげられる[3]。

　ところで、既述のとおり、保全管理命令が発令されるのは法人のみであり、自然人は対象外である。しかしながら、例えば上記仲卸業者のケースにおいて、当該業者が自然人である場合も、破産手続開始に伴う事業権取消しを回避する必要性が存することは、法人である場合と異なるところはない。そこで、このような場合に、保全管理命令ではなく、事業権という財産を保全するための破産法28条1項所定の「その他の必要な保全処分」として、管理人を選任して、破産手続開始前に事業権の譲渡を図った事例がある[4]。

　また、民事再生手続が廃止され、破産手続開始決定がされる場合において（民事再生法251条1項）、再生手続廃止から同廃止決定確定・破産手続開始決定までの間、再生債務者に財産管理等を委ねることは相当でないとして、保全管理命令が発令されることもある[5]。

3　保全管理人の権限と地位

　保全管理命令により、債務者の財産の管理処分権は、保全管理人に専属する（法93条1項本文）。

　債務者の財産の管理処分権は、破産手続開始決定によって破産管財人に専属することになるが、保全管理命令は、その効果をいわば前倒しするものである。このため、破産手続開始前の段階であるものの、保全管理人は、破産手続上の機関と位置づけられており、その地位は、破産管財人に準ずるものとされている（法96条）。保全管理人が任務終了時に計算報告義務を負うこと（法94条1項）、保全管理人の権限に基づく行為による請求権が財団債権とされること（法148条4項）はその表れである。

　保全管理人は、上記権限の範囲においてその職務を遂行することになるが、常務に属しない行為を行う場合は、裁判所の許可を得なければならない（法93条1項ただし書）。常務とは、事業の遂行に伴い必然的に生ずる事務を

3　いずれも東京地方裁判所の事例。『破産実務』86、87頁
4　『破産実務』86、87頁
5　東京地方裁判所の運用例。『破産実務』87頁

意味するとされ、通常の程度の原材料の仕入れや弁済期の到来した債務の弁済などは常務に当たるが、重要な財産の譲渡などは常務に該当しない[6]。

　債務者の事業の譲渡については、常務に当たらないが、事業価値保全等の必要性が存する場合は、裁判所の許可を得て、これを行うことができる。その場合に、株主総会の特別決議という会社法所定の手続の履践を別途要するかが問題となる。これについては、会社法上の手続は不要とする見解[7]と、手続を必要とする見解[8]がある。

　許可を要するにもかかわらずそれを得ないでした保全管理人の行為は無効であるが、その無効は善意の第三者に対抗できない。この点は、破産管財人の行為の場合と同様である（法93条3項、78条5項）。

4　保全管理命令の効力

　保全管理人による債務者の財産の管理処分権を十全なものとすべく、保全管理人は、債務者の役員らに対して、財産状況等の報告を求め、帳簿等の検査を行うこと（法96条1項、83条1項）、債務者の子会社に対しては同様の措置をとり得ること（法96条1項、83条2項）ができる。

　保全管理人は、その職務執行について、裁判所の監督に服する（法96条1項、75条1項）。また、職務を遂行するにあたって、善管注意義務を負い（法96条1項、85条1項）、その懈怠が存する場合には、利害関係人に対し損害賠償義務を負うこととなる（法96条1項、85条2項）。

　既述のとおり、保全管理人は破産手続における機関として位置づけられていることから、費用の前払い及び裁判所が定める報酬を受けることができる（法96条1項、87条1項）。

　債務者の財産に関する訴訟手続や行政手続については、破産手続開始と同様に中断及び受継がされる（法96条2項、44条）。債務者の財産の管理処分権が保全管理人に移転することに伴い、当事者適格が保全管理人に帰属すると

6　『伊藤』173頁
7　『伊藤』173頁は、裁判所が債務超過を認めて許可をする場合は会社法上の手続は不要とする。
8　『一問一答』142頁、『条解』708頁

第1章　破産手続一般　33

されたものである。ただし、債務者の財産に対する強制執行手続は、保全管理命令の発令によっては失効しない。この点は破産手続開始決定の場合（法42条）と異なる。債権者に対する強制執行中止命令（法24条1項）や包括的禁止命令（法25条1項）は保全管理命令が発令された後もその効力が維持される。他方、債務者に対する処分禁止や弁済禁止の保全処分（法28条）については、保全管理命令の効力中に吸収され、効力を失う。

5　保全管理人の任務終了

　保全管理命令の取消し（法91条4項）、辞任（規則29条、23条5項）、解任（法96条1項、75条2項）により、保全管理人の任務は終了する。また、破産手続開始決定により保全管理命令が失効すると、保全管理人の任務も終了することとなる。

　任務終了の際には、破産管財人と同様、計算報告等の義務が課される（法94条）。

Q 1-7　破産手続開始決定の効力

破産手続開始決定は、破産者と破産債権者にどのような影響を与えますか

柴田　祐之

1　破産者に対する破産手続開始決定の効果

(1)　財産管理処分権の破産管財人への専属

　破産手続開始決定により、破産者の財産の管理処分権は破産管財人に専属する（法78条1項）。破産手続は、破産管財人が破産財団に属する財産を換価し、債権者に配当するものであるから、財産管理処分権の破産管財人への専属は、破産手続開始決定の中心的効果である。

対象となる「財産」は、破産財団についてのものに限定される。自由財産や、破産財団に関しない人格権などについて、破産管財人が管理処分権を有するものではない。

(2)　説明義務

　破産者は、破産管財人もしくは債権者委員会の請求（法144条2項参照）又は債権者集会の決議に基づく請求があったときは、破産に関し必要な説明をしなければならない（法40条1項1号）。これは、破産者の財産内容や破産の経緯などについての情報の提供をさせることで、破産者財産の管理処分をはじめとする破産管財人の管財業務を十全にするためのものである。

　破産者のほか、次の者も説明義務を負う。過去にこれらの地位にあった者も同様である（同条2項）。

・破産者の代理人（同項2号）

・破産者が法人である場合のその理事、取締役、執行役、監事、監査役、清算人（同項3号）、及びこれらに準ずる者（同項4号）[1]

・破産者の従業者（同項5号）

　このうち破産者の従業者については、裁判所の許可がある場合に限り、説明義務が課される（同条1項柱書ただし書）。破産手続においては破産手続開始後に雇用契約が解消され関係が希薄化していることが通常であり、また、従業員全員が重要な情報を有していることは考えにくいことから、従業員全てを刑事罰の制裁のある説明義務者とすることは酷だからである[2]。裁判所の許可がされた事例として以下のものがある[3]。

①　破産管財人を当事者とする訴訟で、元従業員からの事情聴取書を破産管財人が証拠として提出するため、裁判所の許可によって説明義務を課した事例

②　破産者の代表取締役の体調不良により、従業員がかわって経理作業を

1　「準ずる者」とは、取締役の職務代行者（会社法352条）、株式会社の会計参与・会計監査人（会社法374条、396条）など（『条解』311頁、『伊藤』184頁）

2　『一問一答』70頁

3　『破産実務』112頁

第1章　破産手続一般　35

行っていたが、その作業内容に不明な点があったため、裁判所の許可により説明義務を課した事例

説明義務に違反した場合、破産犯罪（法268条1項・2項）となる。また、破産者による義務違反は免責不許可事由となる（法252条1項11号）。

(3) 重要財産開示義務

破産者は、破産手続開始の決定後遅滞なく、その所有する不動産、現金、有価証券、預貯金その他裁判所が指定する財産の内容を記載した書面を裁判所に提出しなければならない（法41条）。

前項の説明義務と異なり、破産管財人等から求めがあったか否かにかかわらず、一律に、財産に関する事項の裁判所への開示義務を破産者に課したものである。

この義務違反も、破産犯罪（法269条）となり、また、免責不許可事由に該当する（法252条1項11号）。

(4) 通信の秘密の制限（郵便物等の転送）

裁判所は、破産管財人の職務の遂行のため必要があると認めるときは、信書の送達の事業を行う者に対し、破産者に宛てた郵便物や信書便物を破産管財人に配達すべき旨を嘱託することができる（法81条1項）。破産管財業務の適正な執行等のため、破産者の通信の秘密（憲法21条2項）に合理的制限を及ぼしたものである。郵便物等の転送の嘱託は、裁量的なものとされているが、東京地方裁判所では、全件において同嘱託を行う運用となっており、法人の事件については、手続終了まで、個人の事件については、原則として第1回債権者集会まで実施し、その後資産調査等の必要に応じて延長する取扱いとしている。

破産管財人は、破産者に宛てた郵物等を受け取ったときは、これを開いて見ることができる（法82条1項）。転送郵便物の開披は破産管財人が破産者の財産等を確認する重要な手段であり、例えば、銀行からの通知によって預金口座が、証券会社からの通知で有価証券の存在が明らかになることもあり、また、固定資産税の課税通知によって、不動産の存在が確知されることもあ

る。債務者の任意の協力が得られ難い、債権者による破産手続開始申立ての事案などにおいては特に有用である。

破産者は、破産管財人に対し、破産管財人が受け取った前項の郵便物等の閲覧又は当該郵便物等で破産財団に関しないものの交付を求めることができる（法82条2項）。破産管財人は、破産者の生活に支障をきたすことのないよう、例えば自由財産から支出される光熱費等の支払通知や、投票所入場券などについては、早期に破産者に返還することが求められる。

⑸　法人に対する効果

破産手続開始の効果には、破産者が法人か個人かで異なるものがある。まず、法人に対する効果を説明する。

法人が破産手続開始決定を受けると、法人は解散する（会社法471条5号、641条6号等）。通常、法人の解散後は、清算手続がなされるが、破産手続が開始した場合は、破産管財人による清算がこれにかわる（会社法475条1項、644条1項等）。破産手続開始決定を受けた法人の法人格は、破産手続開始後も破産の目的の範囲内で存続するとみなされる（法35条）。

配当が行われ、破産手続終結の公告（法220条2項）がされると、法人格が消滅し、裁判所書記官は破産手続終結の登記嘱託をする（法257条7項）。破産手続廃止及び異時破産手続廃止の場合は、同廃止決定確定によって法人格が消滅し、同様に裁判所書記官による登記嘱託がされる（法216条、217条、257条7項）。

⑹　個人に対する効果

a　居住制限

破産者は、その申立てにより裁判所の許可を得なければ、その居住地を離れることができない（法37条1項）。破産者に説明義務の履行等をさせるためには裁判所による所在の把握が必要となるからである。法人の理事等、破産者に準ずる者に対しても同じ制限が課される（法39条）。

破産者が居住地を離れることの許可については、裁判所が明示的に決定するのではなく、破産管財人の同意をこれにかわるものとする運用例もあ

第1章　破産手続一般　37

る[4]。この場合の同意・不同意の判断は、例えば債権者集会に近接する時期における長距離の旅行等、破産手続や管財業務に支障をきたすおそれが存する場合には慎重な対応を要し、状況に応じて裁判所との協議等を行うことが求められる。

申立てを却下する裁判に対しては即時抗告が認められる（法37条2項）。

b 引 致

裁判所は、必要と認めるときは、破産者の引致を命ずることができる（法38条1項）。引致の必要性が認められる例としては、破産者が説明義務を尽くさない場合、あるいは、破産者が破産財団の管理等を妨害している場合等があげられる。

c 資格制限

破産手続開始決定による資格の制限について、破産法上の規定はないが、各種法令において、政策的な目的から、一定の資格制限が設けられている。弁護士（弁護士法7条5号）、公認会計士（公認会計士法4条4号）、弁理士（弁理士法8条10号）などの公法上のもの、後見人、保佐人、後見監督人遺言執行者（民法847条3号、876条の2第2項、852条、1009条）など私法上のものがある。

株式会社の取締役、執行役、監査役、清算人については、破産手続開始は欠格事由とされていない（会社法331条、402条4項、478条6項等）。

2 破産債権者に対する破産手続開始決定の効果

(1) 個別的権利行使の禁止

破産手続開始により、破産債権者の個別の権利行使が禁止される（法100条1項）。破産手続は、総債権者への公平な弁済を目的とするものであるから、これは破産債権者に対する破産手続開始決定の効果の中心的なものである。破産債権者による破産手続中の強制執行の開始はできず、既に開始されている強制執行手続は失効する（法42条1項・2項）[5]。

---

4 東京地方裁判所の運用例（『破産実務』112頁、『手引』133頁）
5 詳細は、本書Q3-8参照

(2) 破産手続への参加強制

破産債権者がその権利を行使するには、裁判所に債権を届け出て配当を受けるしか途はなく、破産手続への参加が強制されることとなる（法111条以下、124条以下等）。

(3) 破産債権の現在化

期限未到来の債権について期限が到来したものとみなされる（法103条3項）。また、非金銭債権や不確定債権についての金銭化（同条2項1号）、条件付債権や将来請求権の無条件化（同条4項等）がなされる。

Q 1-8　不服申立て

破産手続における不服申立ての方法として、どのようなものがありますか

高木 洋平

1　不服申立ての方法

破産法は、不服申立ての方法として、①即時抗告、②異議の訴え、③裁判所書記官の処分に対する異議、及び、④配当表に対する異議を規定する。また、破産法に定めがない場合であっても、⑤民事訴訟法の規定の準用（法13条）によって不服申立てが認められる場合がある。

2　即時抗告（法9条）

(1) 即時抗告による不服申立て

破産手続等に関する裁判（以下、破産手続（法2章以下（12章を除く））、免責手続（法12章1節）及び復権手続（同2節）を総称して「破産手続等」という）

第1章　破産手続一般　39

は、迅速かつ効率的な手続の進行を図るべく、任意的口頭弁論の方式で審理される（法8条）。任意的口頭弁論における裁判は決定又は命令で行われ（法13条、民事訴訟法87条1項）、これらの裁判に対する不服申立ての方法は、民事訴訟法上、抗告期間の有無によって通常抗告（同法328条）と即時抗告（同法332条）に区別される。破産法は、裁判を早期に確定させ、迅速に手続の進行を図るべく、破産手続等に関する裁判の不服申立ては、申立期間に制限のある即時抗告に限定した（法9条）。

(2) 即時抗告の対象となる裁判

a　破産法に特別の定めがある場合に限り、破産手続等に関する裁判に対して即時抗告をすることができる（法9条）。「破産手続等に関する裁判」とは、破産手続等が係属している裁判体が、破産手続等の目的との関係で、手続内においてする裁判のことをいう[1]。

b　破産法は、即時抗告の対象となる裁判を列挙する。一例をあげると次のとおりである[2]。

① 他の手続の中止命令・変更・取消決定及び取消命令（法24条4項）
② 包括的禁止命令・変更・取消決定及び取消命令（法25条6項）
③ 債務者の財産に関する保全処分・変更・取消決定（法28条3項）
④ 破産手続開始申立てについての裁判（法33条1項）
⑤ 自由財産の範囲の拡張の申立てを却下する決定（法34条6項）
⑥ 保全管理命令・変更・取消決定（法91条5項）
⑦ 否認権のための保全処分・変更・取消申立ての裁判（法171条4項）
⑧ 役員の財産に対する保全処分・変更・取消決定（法177条4項）
⑨ 担保権消滅許可申立てについての裁判（法189条4項）
⑩ 配当表に対する異議申立てについての裁判（法200条3項）
⑪ 破産手続廃止の決定（法216条4項、217条6項等）
⑫ 免責許可申立てについての裁判（法252条5項）

c　破産法が列挙する裁判以外に、即時抗告の対象となる裁判を解釈によっ

1　『大コンメ』48頁〔榎本光宏〕
2　『破産実務』22頁以下・資料5-1「即時抗告が認められている裁判」参照

て認めることができるかについては、不服申立ての対象を限定して手続の円滑かつ迅速な進行を図ろうとした破産法の趣旨に鑑み、否定すべきと解されている[3]。これに関連して、債権調査期日終了後にされた債権届出（法112条1項）を却下した決定に対する即時抗告を不適法とした裁判例がある（東京高決平22.10.21金法1917号118頁）。

(3) 不服申立権者及び不服申立ての方式

a 不服申立権者

即時抗告をすることができる者は、破産手続等に関する裁判について「利害関係」を有する者である（法9条）。「利害関係」とは、当該裁判の結果に対して、自らの法律上の地位に影響を受けることをいい、事実上の利害関係では足りない。法律上の利害関係の有無は、対象となる裁判ごとに個別に判断する[4]、[5]。

b 不服申立ての方式

即時抗告の申立ては、利害関係人が原裁判所に対して抗告状を提出する方法により行う（法13条、民事訴訟法331条本文、286条1項）。

(4) 不服申立期間

a 即時抗告期間は、破産手続等に関する裁判の公告の有無によって異なる。すなわち、破産手続等に関する裁判について公告がされず、送達等の相当と認める方法（民事訴訟法119条）によって告知がされる場合、即時抗告は、裁判の告知を受けた日から1週間の不変期間内にしなければならない（民事訴訟法332条）。他方、公告がある場合は、公告の効力が生じた日から起算して2週間の不変期間内にしなければならない（法9条）。公告は、官報に掲載して行われ（法10条1項）、掲載があった日の翌日に効力を生じる（同2項）。公告の効力は午前0時に生じるため、期間の算定に際しては初日を

---

3 『条解』77頁
4 『条解』79頁、『大コンメ』50頁〔榎本光宏〕
5 破産手続開始申立てについての裁判に対して不服申立てを認められる利害関係人の範囲について、『伊藤』194頁参照

第1章 破産手続一般 41

算入する（法13条、民事訴訟法95条1項、民法140条ただし書）。

b 破産手続等に関する裁判について、送達等による告知と公告の双方がなされた場合、送達等を受けた者の即時抗告期間をいずれの方法によって算定すべきかが問題となる。

判例は、免責許可決定について送達及び代用公告の双方がなされた旧法下の事案において、多数の利害関係人について集団的処理の要請される破産法上の手続では不服申立期間も画一的に定まるほうが望ましいとして、公告が効力を生じた日から起算して2週間である旨を判示した（最決平12.7.26民集54巻6号1981頁）。破産宣告決定を受けた破産者の即時抗告期間についても同様の判断がされている（最決平13.3.23判時1748号117頁）[6]。

c 即時抗告権者が責めに帰することができない事由により不変期間を遵守することができなかった場合、その事由が消滅した後1週間以内（外国に在る当事者は2月）に限り、訴訟行為の追完をすることができる（法13条、民事訴訟法97条1項）。

(5) 執行停止効

即時抗告には、執行停止の効力があるが（法13条、民事訴訟法334条）、迅速な進行が求められる破産手続では、例外的に執行停止の効力を有しない旨の規定が個別に置かれている。執行停止効のない裁判の例としては、次のものがある[7]。

① 他の手続の中止命令・変更・取消決定及び取消命令（法24条5項）
② 包括的禁止命令・変更・取消決定及び取消命令（法25条7項）
③ 債務者の財産に関する保全処分・変更・取消決定（法28条4項）
④ 破産手続開始の決定（法30条2項）
⑤ 保全管理命令・変更・取消決定（法91条6項）
⑥ 否認権のための保全処分・変更・取消申立ての裁判（法171条5項）
⑦ 役員の財産に対する保全処分・変更・取消決定（法177条5項）
⑧ 同時廃止決定（法216条5項）

---

6 『条解』80頁参照
7 『破産実務』22頁以下・資料5-1「即時抗告が認められている裁判」参照

⑹ 審理・裁判

a 原裁判所は即時抗告に理由があると認めるときは、更正決定を行う（再度の考案。法13条、民事訴訟法333条）。

b 再審理の結果、即時抗告の全部又は一部を不適法もしくは理由がないと認めるときは、その旨の意見を付して事件を抗告裁判所に送付する（規則12条、民事訴訟規則206条）。このとき、原裁判所が破産手続等に係る事件の記録を送付する必要がないと認めたときは、抗告事件の記録のみが送付される（規則5条1項）。事件記録を全て送付することにより破産手続等の事件処理に支障が生じることもあるためである。ただし、抗告裁判所が破産手続等に係る事件の記録が必要であると認めたときは、速やかに送付する措置がとられる（規則5条2項）。

c 抗告審の審理は任意的口頭弁論によって行われる。抗告裁判所は、口頭弁論をしない場合には、抗告人その他の利害関係人を審尋することができ（法13条、民事訴訟法335条）、実務上は、書面又は口頭による審尋によって審理されるのが通例である[8]。抗告裁判所は、抗告が不適法であれば却下し、理由がなければ棄却する。理由があれば原裁判を取り消し、自判又は差戻しの決定を行う。不利益変更禁止の原則により、抗告裁判所は、抗告人の不服申立ての限度で裁判を行わなければならない（法13条、民事訴訟法331条、304条）。

d 抗告審の裁判に対する不服申立ての方法として、最高裁判所に対する特別抗告（法13条、民事訴訟法336条）と許可抗告（法13条、民事訴訟法337条）があるが、いずれについても執行停止の効力はない。

3 異議の訴え

破産法は、破産債権査定申立てについての決定、否認の請求を認容する決定、及び、役員責任査定決定に対する不服申立ての方法として、異議の訴えを認めている（法126条1項、175条1項、180条1項）。これらの決定は実体的

---

8 『注釈（上）』56頁〔山崎昌彦・吉川武・馬杉栄一〕

な権利義務の内容にかかわることから、判決手続による不服申立てを保障するためである。いずれの異議の訴えも、破産手続の遅延を避けるため、決定の送達を受けた日から1カ月の不変期間内に提起しなければならない。

4　裁判所書記官の処分に対する異議

破産法は、裁判所書記官の処分に対する不服申立てについて、①破産手続開始申立書の補正処分等（法21条3項）、②特別調査期間・特別調査期日に関する費用の予納についての処分（法120条3項、122条2項）、③簡易配当の許可（法206条）については特別の規定を置いている。これらの処分以外にも、破産手続等で裁判所書記官がした処分に対しては異議を申し立てることができる（法13条、民事訴訟法121条）[9]。

5　配当表に対する異議

届出をした破産債権者で配当表の記載に不服がある者は、裁判所に対し、異議を申し立てることができ、裁判所は、異議の申立てを理由があると認めるときは、破産管財人に対し、配当表の更正を命じる（法205条、200条1項）。

6　民事訴訟法の規定の準用

破産手続等に関しては、特別の定めがある場合を除いて民事訴訟法の規定が準用される（法13条）。準用される民事訴訟法の規定に不服申立てに関する規定がある場合、当該規定に基づく不服申立てが認められる場合がある[10]。

9　『条解』103頁
10　管轄違いを理由とする移送決定に対する即時抗告の可否については争いがある（『条解』64頁）。

別表　東京地方裁判所における破産事件の推移

年	破産受理件数　新　受	管財事件　新　受	法　人	自然人
1989	824	200	111	89
1990	1,109	241	145	96
1991	2,369	500	253	247
1992	4,134	851	408	443
1993	3,918	768	390	378
1994	3,858	890	462	428
1995	3,996	983	487	496
1996	4,885	1,090	542	548
1997	5,945	1,299	673	626
1998	8,777	2,122	890	1,232
1999	10,081	1,853	727	1,126
2000	12,903	3,379	1,356	2,023
2001	16,585	6,436	2,106	4,330
2002	22,317	9,075	2,834	6,241
2003	25,684	9,055	2,676	6,379
2004	25,509	9,266	2,508	6,758
2005	25,153	9,380	2,434	6,946
2006	25,694	9,669	2,421	7,248
2007	26,561	10,971	2,750	8,221
2008	24,476	12,856	3,178	9,678
2009	24,447	13,920	3,525	10,395
2010	22,215	12,058	3,228	8,830
2011	18,512	10,454	2,909	7,545
2012	15,923	9,335	2,866	6,469
2013	14,293	8,276	2,614	5,662
2014	13,063	7,566	2,394	5,172
2015	11,332	6,802	2,106	4,696
2016	9,496	5,905	1,673	4,232
2017	9,801	6,367	1,736	4,631
2018	9,888	6,595	1,574	5,021

第1章　破産手続一般　45

第 2 章

破産管財人とは

Q 2-1　破産管財人の地位

破産管財人の地位について説明をしてください

岡　伸浩

1　はじめに

　破産管財人は、破産手続遂行の中心的存在として管財業務を遂行する主体である。破産法は、「債権者その他の利害関係人の利害及び債務者と債権者との間の権利関係を適切に調整し、もって債務者の財産等の適正かつ公平な清算を図るとともに、債務者について経済生活の再生の機会の確保を図ること」を目的とする（法1条）。破産管財人は破産手続開始決定と同時に破産財団に帰属する財産の管理処分権（法78条1項）を専有し、財産の換価や回収業務を行い、また否認権を行使して破産者の財産を原状に復させることを通じて破産財団の増殖を図る。また、双方未履行双務契約（法53条）等の実体的法律関係の整理や第三者による取戻権への対応、財団債権の弁済等を行う。さらに、破産債権者の債権の内容を調査し確定することも重要な業務である。破産者が個人であれば免責申立てについての調査、報告や意見申述（法250条、251条）を行う。破産管財人は、以上のように広範かつ多様な業務を、破産債権者の利益のみならず、破産者その他利害関係人全体の利益や社会正義の実現にも配慮しながら行う必要がある[1]。

2　破産管財人の法的地位

　破産管財人は、破産財団に属する財産管理処分権を専有し（法78条1項）、破産財団に関する訴えにつき当事者適格を認められている（法80条）。また否認権（法160条以下）や双方未履行の双務契約における履行と解除の選択権（法53条）等の特別の権能を有している。このような破産管財人の法的地位

1　『伊藤』202頁、『破産実務』160頁

をいかに解するかについては、従来からさまざまな学説上の対立が存在する。この破産管財人の法的地位についての議論は、破産財団の管理処分権の破産管財人による行使、裁判所や破産債権者と破産管財人の関係、否認権の行使主体、財団債権の債務者等といった、破産手続の内部的法律関係を統一的ないし体系的に把握するについての理論構成の問題であり、破産関係の個別的事項に関する解釈において結論の差異を導くものはほとんどないとの指摘もある[2]。しかし、例えば、財団債権の債務者は誰かといった個別の論点については、依拠する学説によって結論を異にするとも評価し得るし、また現に近時の最高裁判所の判例（最判平26.10.28民集68巻8号1325頁）においても、破産管財人の法的地位に関連して、破産者の第三者に対する給付に不法原因給付性が認められる場合における破産管財人による不当利得返還請求の可否が問題とされ、管理機構人格説に親和性を有すると評価し得るものがある[3]。さらに、清算型倒産手続の中核をなす破産手続の遂行を担う破産管財人の法的地位を分析し考察することは、民事再生法上の再生債務者の法的地位、公平誠実義務の内実などの諸問題との対比においても倒産法制の理解のために不可欠の重要論点であると考える。

破産管財人の法的地位をめぐっては、主に以下の学説が主張されている[4]。

(1) 職 務 説

破産管財人に選任された私人や法人が、法律上の職務として破産財団についての管理処分権能を自己の名において行使するとする見解である[5]、[6]。

職務説は、職務の性質の理解の違いにより、破産管財人が国家の執行機関としてその権限を行使するとする公法上の職務説[7]と、破産管財人は法律で

---

2 山木戸克己『破産法』（青林書院新社、1974年）83頁、『財産換価』621頁〔伊藤眞〕
3 この点に関する指摘として、伊藤・前掲注2・621頁以下、特に623頁
4 破産管財人の法的地位に関する従来の学説を概観、検討したうえで、通説的見解である管理機構人格説について考察を加えるものとして、岡伸浩「破産管財人の法的地位・序説—管理機構人格説の再定位と信託的構成との調和」慶應法学40号23頁以下
5 『条解』575頁
6 わが国の判例は、職務説に立つとされる（中野貞一郎・道下徹編『基本法コンメンタール破産法〔第2版〕』（日本評論社、1997年）40頁〔池田辰夫〕。大判昭3.10.19民集7巻801頁）。

定められた公的な職務を国家機関たる裁判所から委託された私人であるとする私法上の職務説に分かれる[8]。

(2) 代 理 説

破産管財人は、破産者又は破産債権者など利害関係人の代理人であるとする説である[9]。誰の代理人であるかに関する理解の違いから、破産者代理説と破産債権者（債権者団体）代理説に分かれる。

破産者代理説は、破産管財人を破産者の代理人とする見解である。破産債権者（債権者団体）代理説は、破産手続開始決定によって破産債権者が破産財団所属財産上の差押質権を取得し、破産管財人が破産債権者の代理人として差押質権を行使すると説明する。

(3) 破産財団法主体説

破産財団という財産の集合体に法主体性を認め、破産管財人をその代表機関であると位置づける見解である[10]。破産財団という財産の集合体はいわば暗星的法人として法人格を認めることができると説明する。

(4) 法定信託（受託者）説

破産者を委託者、破産管財人を受託者、破産債権者を受益者とする法定信託の成立を認める見解である[11]。

7　国家機関説とも呼ばれる（『条解』575頁）。
8　籠池信宏「破産管財人の法的地位—通説に対する批判的考察」『ソリューション』243頁は、職務説を妥当であるとしつつ、「『公法上の職務説』、『私法上の職務説』という紋切り型の分類は適切とはいえず、折衷的な理解が妥当であると考える。」とする。
9　『条解』574頁
10　『条解』576頁、兼子一「破産財団の法主体性—目的財産論を背景として」『民事法研究Ⅰ〔15版〕』（酒井書店、1965年）421頁以下
11　霜島甲一『倒産法体系』（勁草書房、1990年）44頁以下、特に54頁。加藤哲夫『破産法〔第6版〕』（弘文堂、2012年）78頁、中野貞一郎・道下徹編『基本法コンメンタール破産法〔第2版〕』（日本評論社、1997年）40頁〔池田辰夫〕、中島弘雅『体系倒産法Ⅰ〔破産・特別清算〕』（中央経済社、2007年）95頁

⑸　破産団体代表説

破産管財人は、破産者及び破産債権者から構成される権利能力なき社団である破産団体の代表機関であると説明する見解である[12]。

⑹　管理機構人格説

破産財団所属財産について管理処分権を行使する、管理機構たる破産管財人自身に、私人とは別の法人格を認める見解である[13]。現在の通説的立場である[14]。

3　破産管財人の第三者的地位ないし第三者性

以上は、破産法律関係の内部関係をめぐり破産管財人の法的地位をいかに理解するかという問題であるといえる。これに対して、破産手続開始決定前に破産者とある者との間で一定の法律関係が生じた場合に当該法律関係の相手方との関係で破産管財人を第三者と認めることができるか、という問題がある。例えば、物権変動等の対抗要件と破産管財人の地位、破産手続開始決定に先行する差押えの効力の援用、第三者保護規定（虚偽表示、詐欺、強迫、錯誤、解除）と破産管財人の地位等について議論がある[15]。これは破産管財人の第三者的地位又は第三者性といわれ、この問題に関する具体的な議論の内容については、本書Q2-6を参照されたい。

12　『条解』576頁、宗田親彦「破産団体理論」『破産法研究』（慶應通信、1995年）376頁以下

13　『伊藤』218頁、『条解』576～577頁

14　私見は、管理機構人格説に立脚しつつも、その帰結とされた破産管財人の法人格の内実や財団債権の債務者といった問題について再定位しつつ、法定信託（受託者）説との調和を考察するべきであると考える（岡・前掲注4・37頁以下）。このように解することにつき、伊藤眞教授は、「受託者説と管理機構人格説の統合を説き、受託者的地位に立つ管理機構としての破産管財人は、委託者的地位にある破産者の財産の管理処分権を付与され、受益者的地位にある破産債権者に対し適正かつ公平な配当を実施する職務を負うと説く」ものとしたうえで、「このように考えれば、破産者代理人の任務との連続性が確保されることになろう。」と指摘する（『伊藤』218頁注47））。

15　『伊藤』357頁以下

Q 2-2　　破産管財人の義務

破産管財人は、その職務上どのような義務を負っていますか

伊藤 尚

1　はじめに

　破産管財人の義務として論じられるものの中心は、善良なる管理者としての注意を尽くす義務（善管注意義務。法85条）であるが、その他にも、情報提供義務、公正中立義務、公法上の義務などが指摘される。また、破産管財人は、破産者が負っていた契約上の義務を承継している。以下に、これらの義務の内容や、その関係などについて整理する。

2　善管注意義務

(1)　善管注意義務の内容と性格

　破産管財人は、「善良な管理者の注意をもって、その職務を行わなければならない」（法85条１項）。この義務は、「民法644条の受任者の注意義務に源を発し、破産債権者や破産者などの利害関係人のために破産手続の目的（破１）を実現すべき責務を負う破産管財人がその職務を遂行する際の注意義務を意味する」[1]。

　その内容は、「破産管財人としての地位、知識等において一般的に要求される平均人の注意義務を指す」とされるが[2]、その具体的なレベルに関して、最判平18.12.21民集60巻10号3964頁の才口千晴裁判官の補足意見では、「破産管財人は、…（中略）…各種の権利関係に細やかな目配りをして公平かつ適正な処理をすべきであり、特に法律の専門家である弁護士が破産管財人となっている場合には、その要請は高度のものとなるというべきである」

1　『伊藤』207頁
2　『大コンメ』359頁〔菅家忠行〕

とされている。破産法1条は、破産法の目的として、「債権者その他の利害関係人の利害及び債務者と債権者との間の権利関係を適切に調整し、もって債務者の財産等の適正かつ公平な清算を図る」等としていることから、そのために法律家として必要な配慮と注意が求められているといえよう。

(2) 善管注意義務の相手方

破産法85条1項により破産管財人が善管注意義務を負うのは、「利害関係人」に対してである。この「利害関係人」とはどの範囲の者を指すかについては、いくつかの見解がある。

その一つは、破産債権者、財団債権者、破産者のほか、別除権者、取戻権者も含まれるが、債権回収や財団資産売却の相手方（債務者、買主）は、破産管財人が通常の取引関係上の義務を負うにとどまるもので、破産管財人が職務としてその利害を適切に調整すべき対象者とはいえないとして、破産法85条の「利害関係人」には含まれないとする見解である。この見解は、破産管財人が不法行為を行った場合の被害者も、その者に対する損害賠償債務は民法709条に基づく債務であり、破産法85条の「利害関係人」からは外れるものととらえているようすである[3]。

これに対して、破産債権者、財団債権者、破産者は、「破産手続内の利害関係人」として破産管財人の善管注意義務の対象となるが、別除権者、取戻権者は、「破産手続外の利害関係人」と理解され、これらの者の権利を害さない義務の違反は、破産管財人が破産者から承継した担保権設定契約や寄託契約上の既存債務の不履行であって、破産法85条の義務ではないとし、また、破産管財人の不法行為に基づく責任も破産法85条の義務ではないとし、ただ、そのような行為を破産管財人がなしたことにより財団が負った財団債務（法148条1項4号）を破産管財人が財団から担保権者等に弁済したときは、その財団の減少について、破産管財人は、破産債権者、財団債権者、破産者に対して、破産法85条の善管注意義務違反の責任を負うとの見解がある[4]。

3　『条解』668頁

前掲最判平18.12.21は、破産者が担保権者に質入れした敷金に関して、破産管財人が破産宣告後に財団資産があるのに滞納した賃料債務を敷金に充当したために担保対象たる敷金の価値が減じた事例において、破産管財人の善管注意義務違反が問われた事案である。最高裁判決は、破産管財人は、質権設定者たる破産者が質権者に対して負っている担保価値維持義務を承継しているとしつつ、なおそのように破産管財人が承継した契約上の義務と、破産管財人の職務上の義務との関係について論ずる学説や判例に乏しかったことを理由として、破産管財人の善管注意義務違反を認めなかった。

(3)　善管注意義務違反の有無が論じられる事例

a　善管注意義務の対象

　これまで、さまざまな事例について、破産管財人の善管注意義務違反の有無が論じられてきた。そこでは、破産管財人による民法上の不法行為責任などについても、善管注意義務違反に該当しないかという観点から論じられたものもある。ただ、厳密には、前段で指摘した、破産法85条の利害関係人とは誰か、破産法85条にいう善管注意義務違反とはどういう範囲のものを含むのか、という議論をどう解するかによって、破産法85条2項の対象は変わり得る。ただ、このような議論が深まってきたのは最近であり、議論も尽きていないと思われるので、ここではその点はおき、これまで善管注意義務の対象かが論じられた事例のうち主なものを、鳥瞰しておくこととする[5]。

b　破産財団の管理、換価関係

　債権回収のための適切な調査や必要な手段を講じずに債権を消滅時効にかからしめた場合[6]、破産者が所有又は使用する自動車の管理を怠り、これが事故を起こして自動車損害賠償保障法などによる損害賠償義務を負った場合[7]、資産価値が劣化したり陳腐化したり腐敗しやすい在庫商品などを早期に換価せず、そのために財団の増殖又は維持に障害をもたらした場合[8]、借

4　伊藤眞・伊藤尚・佐長功・岡伸浩「破産管財人の善管注意義務─『利害関係人概念』のパラダイム・シフト」金法1930号66頁
5　以降の脚注引用の文献のほか、事例については、『条解』663頁、『伊藤』207頁以下なども参照されたい。
6　東京高判昭39.1.23金法369号3頁

地上の建物について、財団に資力があるのにその地代の支払を怠り借地上建物の価値を維持することを怠る場合、財団資産をできるだけ高額に換価するよう入札などの方法で配慮すべきなのにそれを怠る場合などが指摘されている[9]。

c 債権調査などの関係

破産者が異議を述べた債権について漫然と認める旨の認否をした事案で、傍論として善管注意義務に言及した判例がある[10]。

d 別除権者との関係

前掲最判平18.12.21において、最高裁は、「破産管財人は、職務を執行するに当たり、総債権者の公平な満足を実現するため、善良な管理者の注意をもって、破産財団をめぐる利害関係を調整しながら適切に配当の基礎となる破産財団を形成すべき義務を負うものである」としつつ、破産管財人は、質権設定者たる破産者の負う担保価値維持義務を承継しているが、破産管財人の行為が担保価値維持義務に反した結果となっていても、「破産債権者のために破産財団の減少を防ぐという破産管財人の職務上の義務」と破産者から承継した「質権設定者が質権者に対して負う義務」との関係をどのように解するかについてその時点では議論が尽くされておらず、破産管財人について善管注意義務違反を認めることはできないとしたものである。破産管財人の職務上の義務を「破産債権者に対する義務」としているが、判決が破産法85条の責任の相手方を誰と考えているか、なお明示的ではない。

また、担保権者が別除権確定不足額の立証をしなかった事例において、さらに問い合わせるなどして不足額の立証を促さずにこの別除権者を除いて配当した破産管財人について、善管注意義務違反を認めた判例がある[11]。

---

7 『注釈（上）』599頁〔石井三一〕はこれを指摘する。ただし、それにより財団が減少した場合の破産債権者らに対する責任を指す趣旨か、それとも自動車損害賠償保障法上の事故被害者に対する賠償義務自体について善管注意義務を論じているのか、明確ではない。

8 『注釈（上）』599頁〔石井三一〕

9 『注釈（上）』599頁〔石井三一〕。不法占拠者がいる等の特殊な事情がある資産の売却換価と破産管財人の善管注意義務に関して、東京地判平8.9.30判タ933号168頁

10 名古屋地判昭29.4.13下民集5巻4号491頁

11 札幌高判平24.2.17金法1965号130頁

第2章 破産管財人とは 55

e　取戻権者との関係

取戻権者との関係では、破産者が貸与を受けていた特殊金型の管理を怠り、価値を喪失させた破産管財人について、当該事例における事情を考慮して善管注意義務違反を否定した裁判例がある[12]。

f　破産管財人の不法行為

破産管財人が第三者に対してその破産管財人としての業務遂行上不法行為をなせば、それによる相手方の財団に対する損害賠償請求権は財団債権（法148条1項4号）となる。と同時に、破産管財人は個人として、相手方に対して、その故意・過失による不法行為に基づく損害賠償義務を負うものと解される。後者は、破産法85条の責任とは別物と解される。

3　情報提供努力義務

破産法86条は、破産管財人は、破産債権である給料又は退職手当の請求権を有する者に対し、破産手続に参加するために必要な情報を提供するよう努めなければならないとする。条文の文言からしても、これは訓示規定であり、努力義務であると解されている。

しかし実際には、労働債権者は、自身の有する給料の債権の内容や額、例えば残業手当などの詳細や、退職金債権の額などについて十分な資料と情報を有していないことが多い。そのため、破産管財人は、破産者の人事給与担当者などの助力も得ながら、債権届出のための金額や届出書の記載要領を案内することが多い。そして、その範囲は、届出の必要な破産債権部分のみならず、届出のいらない財団債権部分や、独立行政法人労働者健康安全機構の未払給与の立替払制度の適用申請の案内にまで及ぶことも多い。

4　公正中立義務・忠実義務／公法上の義務

このほか、破産管財人の義務として、公正中立義務・忠実義務が論じられることがある。資産換価などに際して、特定の業者と特に懇意にして公正を欠く疑いを生じたりしてはいけない。この義務は、条文上の明示はないが、

12　東京高判平9.5.29判タ981号164頁

その職責に照らして求められる義務であり、これに適正を欠いて破産管財人として適格でないとされるときは、解任事由の有無が論じられよう（法75条2項）。収賄などの行為に及ぶことは、むろんその義務に違反することであり、刑罰規定が存するが（法273条1項）、これは論外である。

また、破産管財人は、その職務遂行に際して、公法などの法律上求められている義務を遵守する必要がある。財団所属資産の廃棄に際して、廃棄物処理に関する法令上の義務を遵守するなどはその典型である。

Q 2-3　破産管財人の選任

破産管財人は、誰がどのように選任するのでしょうか

上拂 大作

1　破産管財人の選任

破産管財人とは、破産手続において破産財団に属する財産の管理及び処分をする権利を有する者をいう（法2条12項、78条）。裁判所は、破産手続開始の決定と同時に、同時廃止の決定（法216条1項）をしない限り、破産管財人を選任する（法31条1項、74条1項）。

破産管財人は、裁判所の監督下にあるとはいえ、破産手続全体において中核的な役割を果たしている。すなわち、破産法は、「債務者の財産等の適正かつ公平な清算」という破産手続の目的（法1条）について、破産管財人の管理処分権の行使を通じて実現することを予定しているところ、具体的には、破産管財人は、破産財団に属する財産を管理し、これを換価して配当の基礎となる財団を形成するとともに、配当を受領すべき破産債権者の範囲及びその債権額を確定したうえ、配当に関する職務を行うものである。したがって、適正かつ迅速な破産手続を実現できるか否かは、ひとえに破産管財人の能力や経験等によるものであるから、裁判所としては、事案に適した破産管財人を選任することが肝要となる。

第2章　破産管財人とは　57

2 破産管財人の資格

破産管財人の資格に関する法律上の規定は設けられていないが、破産管財人が行う業務には法律的な専門知識や公正中立性が要求されることから、もっぱら弁護士が破産管財人に選任されている[1]。

東京地方裁判所破産再生部では、原則として、在京三弁護士会に所属し、東京23区内に法律事務所を設けている弁護士を破産管財人に選任している。新たに破産管財人として選任されることを希望する弁護士については、弁護士登録後4年目以上で、東京地方裁判所破産再生部において破産手続開始の申立てをするなどした活動実績があり、弁護士会が主催する破産管財人実務に関する研修に参加し、弁護士会の推薦を受けた候補者のなかから選任する扱いとなっている[2]。裁判所としては、初めて破産管財人を務める弁護士に対しては、破産財団が小規模であるため異時廃止が予想される事件など、管財業務が複雑でない事案を依頼し、その後、破産管財人としての技量・経験を積み重ねるのに応じて、簡易配当を実施できる程度の破産財団の形成が見込まれる事案、法人と代表者の管財事件をあわせて同時に進める事案、多数の債権者に対する対応が問題となる事案、否認権の行使や破産者の事業の継続により破産財団の増殖が見込まれる事案など、次第に複雑さを増す管財業務が想定される事案を依頼しており、若手又は中堅クラスの破産管財人育成に配慮するよう努めている。

また、破産管財人は中立公平な職務執行をすべき義務を負っていることから、当該破産事件に直接の利害関係がある弁護士（破産者又は破産債権者の代理人となっている場合など）を破産管財人に選任することができないため、裁判所から破産管財人就任の打診を受けた弁護士は、まず、当該破産事件と利害関係がないか否かを確認する必要がある[3]。

---

1 『破産実務』163頁、『条解』600頁
2 『破産実務』163頁
3 『破産実務』163頁、『条解』601頁、『注釈（上）』534頁〔佐藤昌巳〕

3 破産管財人を選任する際の具体的な手順と考慮事項

　裁判所は、破産手続開始の決定を行うに際し、破産管財人の選任が必要な事案（管財事件）であると判断した場合には、適任と考えられる破産管財人候補者に電話連絡をし、債務者の属性（法人か自然人か、自然人であっても事業者か否か等）や、財団の規模・内容、予想される管財業務の内容、手続開始当初に必要な準備等を説明したうえで就職を依頼し、当該候補者から内諾が得られた場合には、破産手続開始決定の日時や第1回債権者集会期日等を打ち合わせたうえ、破産手続開始決定と同時に当該候補者を破産管財人に選任している。東京地方裁判所破産再生部では、申立代理人との即日面接の結果、管財事件として扱うのが相当であると判断すると、その後速やかに破産管財人候補者へ就職依頼のため電話連絡をしているが、財産保全の必要性が高い等の理由により破産手続開始決定を急ぐ事案もあることから、破産管財人候補者としては、上記就職依頼には速やかに応対することが求められる。

　破産管財人を選任する際には、裁判所は、「その職務を行うに適した者を選任する」ものとされている（規則23条1項）。具体的には、裁判所は、債権者数、負債総額、予想される財団の規模や管財業務の多寡、難易等事案の内容のほか、選任される弁護士の破産管財人としての経験や実績、手持事件数、専門分野（渉外、特許、労働、民事暴力介入など）の知識・経験、所属事務所の規模や事務員の状況等を考慮して、当該事件に適した弁護士を選任している[4]。とりわけ全国規模で展開する企業などの大型破産事件では、後記4のとおり多数の弁護士を破産管財人代理として動員し破産管財人団を組成できる規模の事務所に所属する弁護士や豊富な人脈をもつ弁護士を選任するのが適切であろう[5]。

　東京地方裁判所破産再生部では、最低20万円の引継予納金の納付をもって破産手続開始の申立てを受理する、いわゆる少額管財手続を実施する一方で、例えば、債権者数が100名を超える場合、否認権行使のため相当程度の調査を要する場合、売却対象不動産が遠方にある場合などには、管財業務の

4　『破産実務』164頁、『条解』598頁、603頁、『注釈（上）』533頁〔佐藤昌巳〕
5　『条解』604頁

第2章　破産管財人とは　59

負担からみて20万円の引継予納金では見合わないため、申立代理人に対して、事案の難易や規模に応じた適切な引継予納金を確保するよう求めている[6]。もっとも、債務者の経済的破綻の状況等から、予想される管財業務の難易等に見合った引継予納金を確保できない事案もあり、そのような事案の破産管財人に選任された弁護士に多大な負担をかけることもある。東京地方裁判所破産再生部において速やかに破産管財人を選任できるのは、日頃よりあらゆる事案に対応する破産管財人候補者を輩出する在京三弁護士会の理解・協力によるところが大きい。

破産管財人の選任決定に対する不服申立てはすることができないと解される[7]。そのような不服申立てを認めれば手続の遅延につながるし、破産管財人の業務等に問題があれば、解任の申立てをすること（法75条2項）が可能であるからである。

4 破産管財人の人数

選任する破産管財人の人数は1名に限られず、裁判所が必要と認めるときは複数の破産管財人を選任することもできる（法31条1項柱書）が、大規模事件や複雑困難な問題を有する事件であっても、破産管財人代理を選任することにより対処できる場合がほとんどであり、東京地方裁判所破産再生部では、複数の破産管財人が選任される例は見当たらない。すなわち、東京地方裁判所破産再生部では、破産管財人候補者を多数有していること、破産管財人候補者同士の連携、ネットワーク等が存することなどから、破産管財人としては弁護士1名を選任し、選任された破産管財人が裁判所の許可を得て別の弁護士複数名を破産管財人代理に選任し、破産管財人団を組成して債権者対応や資産保全・換価等にあたることが通例である[8]。

5 法人の破産管財人選任

破産法は、再生手続及び更生手続と同様に（民事再生法54条3項、会社更生

---

6 『手引』18、30頁
7 『条解』604頁、『注釈（上)』536頁〔佐藤昌巳〕
8 『破産実務』164頁、『手引』370頁

法67条 2 項）、法人を破産管財人として選任することができるものとしている（法74条 2 項）。その趣旨は、大企業の破産事件で破産者の事業が継続される場合等では、破産管財人の職務の執行に法律的知識、経営能力、企業会計に関する知識等が必要になることがあり、これら各方面についての専門家を擁する法人を破産管財人に選任することができれば、大規模・複雑な破産事件の手続を円滑に進めることが可能になるからとされている[9]。

東京地方裁判所破産再生部では、在京三弁護士会の協力により多数の破産管財人候補者を有し、そのなかには大規模な破産事件の破産管財人や通常再生事件の監督委員の経験が豊富である等、倒産事件に精通した弁護士も数多く、また、1 名の破産管財人のみでは職務の執行が容易でない場合も、破産者の事情に通じた元従業員を補助者として使用したり、複雑困難な会計調査や税務申告等の業務を公認会計士、税理士に依頼したりするなど履行補助者を活用し、さらには、上記 4 で言及したとおり、破産管財人の職務につき包括的な代理権限を有する破産管財人代理を活用した破産管財人団を組成することにより、大規模・複雑な破産事件の手続にも十分対応できることから、法人を破産管財人に選任した例はない[10]。

Q 2-4 破産管財人の報酬

破産管財人の報酬は、どのように決定されるのでしょうか

蛭川 明彦

1 報酬の意義

破産管財人は、その職務遂行の対価として、裁判所が定める報酬を受け取る権利を有する（法87条 1 項）。

破産管財人の報酬請求権は、破産財団の管理、換価及び配当に関する費用

---

9 『一問一答』128頁
10 『破産実務』163頁

第 2 章 破産管財人とは 61

の請求権として財団債権となり（法148条1項2号）、破産債権者の共同の利益のためにする裁判上の費用の請求権とともに、他の財団債権に先立って破産財団から弁済されるもので、破産管財人の報酬分を確保したうえで他の財団債権の支払・按分弁済がされる（法152条2項）。

2 報酬額の決定

破産管財人の報酬請求権は、裁判所の決定に基づいて発生し（法87条1項）、その決定にあたっては破産管財人の職務と責任にふさわしい額を定める（規則27条）とされているところ、その報酬額の決定については裁判所の自由な裁量に委ねられている。通常は収集した財団の金額等を考慮して破産管財人の報酬額が定められている。

東京地方裁判所破産再生部においては、破産管財人が収集した財団の金額に加え、管財業務の難易度や手間、破産管財人の職務執行の適切さ、財団増殖や早期処理の面における功績、配当額や配当率との均衡、関連破産事件等諸般の事情を考慮して、破産管財人の具体的報酬額を決定している[1]。

破産管財人の報酬決定には、破産管財人及び利害関係人である破産債権者、破産者及び財団債権者は即時抗告をすることができる（法87条2項）。即時抗告の起算点は、告知を受けた時、又は報酬決定を知った時であるが、任務終了の計算報告がなされ（法88条、89条）、異議が述べられずに破産手続が終了した場合は、それ以降即時抗告ができないと解されている[2]。

3 支払時期

破産管財人の報酬の支払時期については法律上の定めがなく、その報酬の決定時期は裁判所の自由な裁量に委ねられている。

報酬の決定時期は、通常は、配当（中間配当、最終配当、追加配当）が行われる場合は配当の許可申立ての前であり、異時廃止の場合は廃止の申立てがあった時であるが、やむを得ない事情により業務が長期化し、配当も困難な事案では、配当に至る前の適当な時期に中間的な報酬決定がされることもあ

---

1 『破産実務』174頁
2 『条解』677頁、『大コンメ』371頁〔園尾隆司〕、『注釈（上）』613頁〔国分史子〕

る。また、破産管財人がその任務の途中で死亡や辞任等の理由でその地位を喪失した場合は、任務終了時までの事務処理の状況に応じて相当の報酬が決定され、支払われる。

東京地方裁判所破産再生部では、原則として、裁判所が破産管財人に対して事前に報酬額を内示したうえで、報酬決定をする扱いとしている。

4　破産管財人代理の報酬

破産管財人代理（法77条）は、破産管財人とは別個に裁判所が定める報酬を受けることができる（法87条2項）とされ、その報酬決定においては破産管財人代理の職務と責任にふさわしい額を定める（規則27条）とされている。破産管財人代理の報酬請求権は、破産財団の管理、換価及び配当に関する費用の請求権として財団債権となる（法148条1項2号）。

東京地方裁判所破産再生部においては、破産管財人と破産管財人代理との職務分掌等については、破産管財人が最もよくわかっており、裁判所でその把握をすることが困難なこともあるため、通常は、破産管財人代理の報酬について、破産管財人報酬と分けて定めることはせず、破産管財人の報酬に含めてこれを定めており、破産管財人と破産管財人代理との間で報酬の調整がされている[3]。

5　補助者の報酬

破産管財人は、個々の事務処理や訴訟事件処理等のため、個別の訴訟処理について弁護士に委任したり、破産管財人の業務を事実上補助したりするために破産管財人の裁量により弁護士を使用することがあるが、その際の弁護士の報酬は財団債権となる（法148条1項2号・4号）。

東京地方裁判所破産再生部では、破産管財人の報酬から補助者の報酬を支出し、破産財団から報酬を支払わない場合は、裁判所の許可は不要とするが、補助者の報酬を破産財団から支払う場合は、その報酬額が100万円を超えるときは財団債権の承認として裁判所の許可を必要とし、その報酬額が

3　『破産実務』174頁

100万円以下の場合には、着手金及び報酬の取決めを明示して裁判所に事前に相談し、収支計算書にその明細を記載して債権者集会で報告することを求めている[4]。

また、破産財団が大規模であり、経理に関する計数処理や税務申告等の税務処理に高度の専門性が必要な場合、破産手続開始前の財産管理や会計帳簿の整理が混乱しており、財産隠匿や否認対象行為の存否を判断するのに調査が必要である場合及び税務申告等により財団に相応の利益が見込まれるものの、その税務処理が複雑多岐にわたる場合などは、破産管財人は、公認会計士や税理士を補助者として使用することがあるが、その際の公認会計士や税理士の報酬は財団債権となる（法148条1項2号・4号）。その報酬額が100万円を超えるときは財団債権の承認として裁判所の許可が必要となり、その報酬額が100万円以下の場合にも、東京地方裁判所破産再生部では、収支計算書にその明細を記載して債権者集会で報告することを求めている[5]。

Q 2-5　破産管財人の監督

裁判所は、破産管財人に対し、どのように監督権を行使するのでしょうか

池田　弥生

1　裁判所の監督権

破産管財人は、裁判所が選任し（法74条1項）、裁判所が監督する（法75条1項）。

裁判所は、破産管財人の職務執行が適正になされるように監督する権利・権限を有し、義務・責任を負う[1]。

4　『破産実務』176頁
5　『破産実務』177頁
1　『条解』607頁

破産管財人は、破産財団に属する財産の管理処分権を専属的に有する破産手続上の機関であって、その権限の行使につき一定の裁量があり、善管注意義務を負い、裁量の範囲内で破産管財人の判断で管財業務を行う（法78条1項、85条）。

　裁判所が行う監督は、管財業務全般にわたるが[2]、一般的なものであって、破産管財人に裁量の範囲の逸脱や権限濫用がない限り、裁判所が破産管財人に対して具体的な指揮命令を行うことはない。

　裁判所は、破産管財人の権限行使が不適法・不適切で、是正することが困難であるなどの場合には、破産管財人を解任することができる（法75条2項）。

2　監督の方法

　裁判所は、適切な破産管財人を選任し（法74条1項、規則23条1項）、破産管財人の重要な職務執行につき許可をし（法78条2項等）、破産管財人から報告を受け（法157条等）、破産手続の円滑な進行等のために必要があれば破産管財人と協議を行い（規則26条）、破産管財人の報酬を定める（法87条1項、規則27条）。

　裁判所は、破産管財人に対する監督に関する事務を裁判所書記官に行わせることができる（規則24条）。

(1)　破産管財人の重要な行為についての許可

　破産管財人が行う行為のうち重要なものについては、裁判所の許可を要する（法78条2項等）[3]。許可を得ないでした行為は無効とされる（法78条5項）。

a　要許可行為の類型

　①不動産等の任意売却（法78条2項1号）、②特許権等の任意売却（2号）、③営業又は事業の譲渡（3号）、④商品の一括売却（4号）、⑤事業の継続（法36条）等については、その価額を問わず、裁判所の許可を要する。

　(i)動産の任意売却（法78条2項7号）、(ii)債権又は有価証券の譲渡（8号）、(iii)双方未履行双務契約の履行の請求（9号）、(iv)訴えの提起（10号）、(v)和解

2　『大コンメ』324頁〔中澤智〕
3　裁判所の許可を要する行為等につき、『手引』126頁の一覧表参照

第2章　破産管財人とは　65

又は仲裁合意（11号）、(vi)権利の放棄（12号）、(vii)財団債権、取戻権又は別除権の承認（13号）、(viii)別除権の目的である財産の受戻し（14号）等については、価額が100万円[4]を超える場合、裁判所の許可を要する（法78条3項、規則25条）。

b　東京地方裁判所破産再生部の運用（事前協議等）

東京地方裁判所破産再生部の運用として、③と⑤については、許可申請前の裁判所との事前協議が求められている。(iii)、(iv)についても、価額にかかわらず、裁判所との事前協議が求められている[5]。

①、②、④、(i)、(ii)、(vi)、(vii)、(viii)については、特段の事情がない限り、許可申請前の事前協議は不要である。また、自動車の財団放棄など、放棄日を明確にする必要があるものについては、価額にかかわらず、許可を要する扱いである。

東京地方裁判所破産再生部における許可申請の方法は、許可申立書をファクシミリ送信等により裁判所に提出する方法で行う。また、破産財団からの権利放棄の許可申請については、放棄を急がない場合は（上記自動車の財団放棄は速やかな対応が求められる）、管財事務の簡素化と債権者の意向聴取のため、債権者集会で破産管財人が口頭で許可申請をし、これに対して裁判所が口頭で許可をする方法によっている。この方法により財団放棄する場合は、債権者集会で提出する財産目録において、放棄対象財産を特定する必要がある。特に不動産を財団放棄する場合の特定は、物件目録を作成する際に求められている特定要素を記載することが必要である。

(2)　破産管財人からの報告

a　報告義務

破産管財人は、破産手続開始後遅滞なく、破産手続開始に至った事情、破産者及び破産財団に関する経過及び現状、役員の財産に対する保全処分又は

4　東京地方裁判所破産再生部では、100万円の価額基準について、実際の資産の売却価格ではなく、時価相当額であるとし、対象資産が複数ある場合は、対象資産の種類ごとに100万円基準を超えるか否かを判断することにしている。

5　『手引』123頁

役員の責任査定決定を必要とする事情の有無、その他破産手続に関して必要な事項を記載した報告書を裁判所に提出し（法157条1項各号）、財産状況報告集会において、その要旨を報告しなければならない（法158条）。

また、裁判所は、破産管財人に対して、破産財団に属する財産の管理処分状況等の管財業務の遂行状況につき報告を求めることができ（法157条2項）、破産管財人はこれに応じて報告をする義務がある。

b　東京地方裁判所破産再生部の運用（報告の方法、進行協議等）

東京地方裁判所破産再生部では、管財業務の合理化等の観点から、破産管財人の報告は、チェック方式の書面による破産法157条所定事項の報告書あるいは財産目録に報告事項を付記したものを第1回の財産状況報告集会当日に持参し、集会時に報告することで足りることにしている[6]。破産管財人は、債権者集会期日の1週間前までに、打合せメモを裁判所に提出して、債権者集会の進行について打合せを行い、債権者集会期日において、財産目録、収支計算書、破産法157条の報告書、破産管財人口座の通帳の写しを持参して関係者に状況を報告する。

そして、第1回債権者集会後も、破産手続が終了するまでは、債権者集会を続行して定期的に開催する運用である。この集会の続行方式を採用することにより、集会の期日前などに進行協議・報告がされるため、定期的な報告書提出や面談は不要としている[7]。

裁判所と破産管財人は、債権者集会の開催時期にかかわらず、破産手続の円滑な進行を図るために必要があるときは、協議を行うこととされており（規則26条）、管財業務及び手続進行等に関して、適宜打合せをする[8]。

6　『手引』134頁

7　『大コンメ』325頁〔中澤智〕

8　通常管財係の事件では、破産管財人が裁判所に破産管財人連絡書（『手引』435頁書式4）をファクシミリ送信したうえで、裁判官と電話等で打合せをすることが一般的であり、特定管財係の事件では、破産管財人連絡書の送信による方法のほか、電話や面談による打合せも行っている（『手引』312頁）。

Q 2-6　破産管財人の第三者性（具体的問題）

破産管財人の第三者性が問題となるのはどのような場合でしょうか

佐長 功

1　はじめに

　破産管財人に就任した際、破産財団に帰属する不動産について破産者と金融機関との間で抵当権設定契約が締結されているが、その登記が留保されたままになっているという事態にしばしば遭遇する。また、破産手続開始申立直前に破産者が資金繰りのために診療報酬債権等の将来債権を集合債権譲渡担保に供して資金を調達したが、債権譲渡登記（動産及び債権の譲渡の対抗要件に関する民法の特例等に関する法律（以下「動産債権譲渡特例法」という。4条1項）完了前に破産手続が開始されているということも、ままある。このような事態に直面した場合に、破産管財人としてはどのように対処すべきか。

　破産手続開始によって破産財団帰属財産に対する管理処分権が破産管財人に付与されるだけであり、破産管財人を破産者と同視すべきであるとすれば、破産管財人は物権変動あるいは債権譲渡における第三者には当たらず、抵当権や譲渡担保権の設定を受けた者は、登記なしにその権利を破産管財人に対抗できるはずである。とすれば、破産管財人は、金融機関から登記に応じるよう依頼があればそれに応じる必要があるし、譲渡担保権者の設定を受けた者から求めを受ければ、譲渡登記に応じ、もしくは個別に譲渡通知を発する必要があることになる。他方で、破産管財人に付与される管理処分権が、破産手続を通じて破産債権者の利益を実現するためのものであることに着目すれば、破産管財人は差押債権者と同様に物権変動や債権譲渡における第三者として取り扱われてしかるべきであり、したがって、登記未了である限り、抵当権や譲渡担保権の設定を受けた者はその権利を破産管財人に主張することはできないという結論になる。いずれを是とすべきか。これが、対

抗問題における破産管財人の第三者性の問題である。

　このほかにも、破産管財人を民法94条 2 項や同96条 2 項における善意の第三者として取り扱うべきか否かも、しばしば問題となる。破産者が破産手続開始前に一定の法律関係を結んだ場合に、当該法律関係の相手方との関係で破産管財人を第三者とみるべきか否かという問題であり、これが、第三者保護規定における破産管財人の第三者性の問題である。

2　破産管財人の法律上の地位と第三者性

　破産管財人の第三者性の問題は、破産管財人の法律上の地位に関する理論との関連で論じられることが多い。破産管財人の法律上の地位については、職務説、代理説[1]、破産財団法主体説、破産団体代表説、法定信託説、管理機構人格説等の諸説がある[2]。近時の通説は、管理機構人格説である。同説は、破産財団法主体説のように、財産の集合体としての破産財団に法人格を認め破産管財人をその代表機関とするのではなく、むしろ財団財産について管理処分権を行使する管理機構たる破産管財人自身に法人格を認めようとする考え方である[3]。この管理機構人格説を前提とすると、破産管財人は破産法律関係においても、破産者や破産債権者とは独立の主体としてみなされるし、外部者との実体的法律関係においても、独立の法主体とみなされるとされている。しかしながら、この説によっても、物権変動や債権譲渡などの場合について、破産管財人が第三者とみなされるのか、それとも破産者と同視されるのかが当然に決定されるものではないとされている[4]。

　要は、破産管財人の法律上の地位に関していずれの説に立つかにかかわらず、その問題となる個々の財産関係ごとに、その実体法上の規律と関係して、破産的清算における実質的利益の帰属を斟酌して個別実体的に決定されなければならないものといえる[5]。

1　代理説には、破産債権者代理説と破産者代理説の 2 つがある。
2　破産管財人の法律上の地位に関する諸説の詳細については本書Ｑ 2 - 1 及び『伊藤』
　216〜220頁参照
3　『伊藤』218頁
4　『伊藤』220頁

3 第三者性が問題となる具体的な局面

(1) 対抗問題における破産管財人の第三者性

破産管財人は、民法177条、178条及び467条の対抗要件なくして物権変動もしくは債権譲渡を対抗できない第三者に当たるとするのは判例[6]が示すところであり、通説的な理解でもある[7]。冒頭にあげた例でいえば、破産手続開始決定までに抵当権設定登記を経ていない抵当権者は、破産管財人に対して自らが抵当権者であることを対抗できないし、債権譲渡登記（動産債権譲渡特例法4条1項）を経てない譲渡担保権者は、破産管財人に対して譲渡担保権者であることを対抗できない。破産管財人が、対抗問題において第三者として取り扱われる理由としては、破産手続開始決定によって破産者が有するとされる財産につき破産管財人にその管理処分権が帰属し、破産管財人は、破産債権者全体のため当該財産に対し直接一種の支配関係を取得した者として差押債権者と同様の地位に立つからである、と説明されている[8]。

なお、この点に関連して、破産手続開始決定に先行して、破産財団帰属に属すべき財産に対して破産債権者たるべき者の1人が差押えをしていた場合、破産管財人が先行する差押えの効力を自己に有利に援用できるかという問題も議論されている。もし、自己に有利に援用できるのであれば、差押後に当該財産に対して抵当権設定登記がされ、その後に破産手続開始決定があったとしても、破産管財人は、当該抵当権の効力を否定できることになる。破産管財人は、かかる場合に抵当権設定登記に先行する差押えの効力を援用できるとする有力な説[9]があることを紹介しておく。

5　桜井光一「破産管財人の第三者的地位」道下徹・高橋欣一編『裁判実務大系6破産訴訟法』（青林書院、1985年）170頁

6　破産法177条につき大判昭8.7.22新聞3591号14頁、破産法467条につき大判昭8.11.30民集12巻2781頁、建物保護法1条の第三者につき最判昭48.2.16集民108号215頁

7　『伊藤』357〜359頁

8　桜井・前掲注5・177頁

9　『伊藤』359、360頁

(2) 第三者保護規定における破産管財人の第三者性

a 通謀虚偽表示（民法94条2項）

　破産者が破産手続開始決定前に財産を譲り受けたが、それが相手方との通謀による仮装譲受けであった場合に、相手方は破産管財人に対し、当該法律行為の無効を主張できるかが、通謀虚偽表示における破産管財人の第三者性の問題である。民法94条2項の善意の第三者とは、虚偽の意思表示の当事者及びその包括承継人以外の者で、外形的行為によって形成される法律関係に対して、別の法律原因によって新たに法律上の利害関係を有するに至った者をいう（最判昭42.6.29判時491号52頁）ものとされている。そのうえで、差押債権者は、目的物について強制的換価を求める法律上の地位を有することから第三者に含まれるとされており、破産管財人は差押債権者と同視されるという基本的理解を前提とすれば、相手方は破産管財人に対して無効を主張できない。判例も同旨である（最判昭37.12.13集民63号591頁）。この場合、善意・悪意の判断がなされるべき主体をどのように考えるかが問題となるが、破産管財人の善意・悪意を問題とするのではなく、破産債権者中に1人でも善意の者があれば破産管財人は善意を主張できるとする考え方が通説である[10]。

b 詐欺取消し（民法96条2項）

　詐欺及び脅迫に基づく意思表示は、いずれも取消しの対象となるが（民法96条1項）、詐欺による取消しは、善意の第三者には対抗することができないとされている（同条2項）。破産管財人がこの場合の第三者に当たるか否かがここでの問題である。詐欺の被害者を救済するという観点から、虚偽表示の場合と異なり、差押債権者や破産管財人は第三者たり得ないとする説が近時の有力説[11]であるが、詐欺によって作出された外観を責任財産と信頼した差押債権者及びそれと同様の地位を認められる破産管財人を、取引行為によって目的物について権利を得た者と区別することができるかどうか疑問で

10　『条解』548頁
11　竹下守夫「取戻権の意義と種類」斎藤秀夫・伊東乾編『演習破産法』（青林書院新社、1981年）316、318頁

あるとして、通謀虚偽表示と同様に理解する説[12]も有力である。

c 錯誤無効（民法95条）

錯誤無効については、現行民法では第三者保護に関する規定がなかったが、善意又は善意無過失の第三者が保護されるとする説が通説であり[13]、破産管財人は錯誤無効の主張においても第三者に含まれるものと解されていた[14]。改正民法95条１項では錯誤による意思表示は取り消すことができるものとされ、同条４項では、意思表示の取消しは、善意でかつ無過失の第三者に対して対抗することができないとされているので、改正民法での錯誤については、通謀虚偽表示と同様の解釈となるものと考えられる。

d 解除（民法545条１項ただし書）

契約解除によって、各当事者は相手方を原状に復させる義務を負うが、第三者の権利を害することはできない。解除される契約に関して利害関係を有する第三者としては、解除までに新たな権利を取得した者と、解除後に新たな権利を取得した者に大別できる。後者の場合は、いわゆる対抗問題として取り扱われるべきものであるから、ここでは、前者の場合において破産管財人が第三者に含まれるかが議論の対象となる。近時は、民法545条１項ただし書の第三者には差押債権者も含まれるとの説が一般的であり、同趣旨の裁判例もある[15]。これを前提としつつ、破産管財人は差押債権者と同視されるとの原則的理解を前提とすれば、破産管財人も第三者に該当することとなる[16]。

4　結　語

破産管財人の第三者性が問題となる局面を、場合に分けて概観してきた。詐欺取消しにおける第三者性の問題にみられるように、破産管財人が第三者性を有するか否かは、理論から一律に決せられる問題ではない。第三者性を検討するにあたっては、その事案に即して、実体法上の規律と関係して、破

---

12 『伊藤』362頁
13 我妻栄『民法総則』（岩波書店、1965年）303頁
14 『伊藤』363頁
15 名古屋高判昭61．3．28判時1207号65頁
16 『伊藤』363、364頁

産的清算における実質的利益の帰属をも斟酌して個別実体的に解決すること
が求められる[17]。

Q 2-7　破産管財人代理の地位と職責

破産管財人代理の地位と職責はどのようなものでしょうか

岩崎　晃

1　選任手続

⑴　地　　位

破産管財人代理とは、破産管財人から、破産管財人の職務に関して包括的
な代理権を授与されたものをいう（法77条１項）。この点において、個別の法
律事務について代理権を授与された代理人、破産管財人の職務を事実上補助
するための補助者（弁護士が選任される場合、しばしば、管財人補佐という名称
が用いられることがある）とは異なる。

旧破産法165条は、破産管財人に「臨時故障アル場合」に代理人を選任す
ることができる旨規定していたが、現行法では、特別な要件を設けず、「自
己の責任で」１人又は数人の破産管財人代理を選任することができると定め
られた。

事件の規模、内容、事務所の事情等によって破産管財人代理を選任するの
が相当な場合があり[1]、破産管財人としては、当該事件の職務遂行に必要な
識見、能力、人格を有しているか否か、破産管財人との緊密な連絡がとれる
か否かを慎重に検討して選任することが求められている[2]。

17　このほかにも、動産売買先取特権と第三取得者との関係における破産管財人の第三者
　　性の問題も議論されているが、これについては動産売買先取特権について論じた本書Q
　　4 - 5 参照
1　『手引』Q 19、122頁
2　『破産実務』176頁

第 2 章　破産管財人とは　73

実務上は、これらの事情等を勘案して、破産管財人において、破産管財人の職務の全体を補助させることを目的とし、あるいは、特定の一部の職務（例えば、事業譲渡、役員の責任追及等）を補助させることを主たる目的として（この場合であっても、責任の限定は第三者に対抗できないことは後記のとおり）、破産管財人と同一の事務所、あるいは、他の事務所の弁護士が選任される事例がみられる。

なお、破産管財人代理は、破産管財人の指導のもと、将来の同様な大規模、複雑な事件の破産管財人となり得るよう、職務の経験を積むという副次的な効果を期待されて選任される場合もある[3]。

(2) 破産管財人による選任

破産管財人代理は、破産管財人がその責任で選任するので、破産管財人と破産管財人代理との関係は委任契約となる。したがって、破産管財人代理は、破産管財人の監督に服することになり、裁判所から破産管財人代理への監督は、裁判所による破産管財人に対する監督（法75条1項）を介して行われることとなる。

破産管財人代理の選任に人数の制限はなく、法律上、特定の要件も定められていないが、破産管財人の職務を補助するという観点から、裁判所が破産管財人を選任する際の要件、すなわち、「その職務を行うに適した者」（規則23条）である必要があると考えられる。

破産管財人代理は、個別の法律事務について代理権を授与された代理人とは異なり破産管財人の職務に関して包括的な代理権を授与されたものであるから、破産管財人の担当する職務を限定し、あるいは、権限を制限していたとしても、それは、破産管財人と破産管財人代理との関係において効力を有するにすぎず、これらを善意の第三者に対抗することはできない[4]。

(3) 裁判所による許可

破産管財人による破産管財人代理の選任については、裁判所の許可を得る

---

3 『注釈（上）』550頁〔室木徹亮〕
4 『条解』617頁、『注釈（上）』551頁〔室木徹亮〕

必要があるが（法77条2項）、許可の要件は法規上定められておらず、前記の
とおり、破産管財人選任の際と同様、「その職務を行うに適した者」（規則23
条）か否かが基準とされているものと思われる。

破産管財人代理については、裁判所による選任決定は存在しないので、資
格証明書、印鑑証明書（規則23条3項・4項）は発行されない。自らが破産
管財人から包括的な代理権を授与されることについて裁判所の許可を得てい
ることを第三者に対して示すためには、選任許可証明書の発行を求めること
が通例である（法11条2項）[5]。

2　職務権限

破産管財人代理は、破産管財人の職務について、包括的な代理権を授与さ
れているので、破産管財人代理の行為は破産管財人の行為と同一の効力を有
する。

ただし、破産管財人代理の選任権は、法律により破産管財人に認められた
ものであるうえ、選任に裁判所の許可を要することからみて、破産管財人固
有の権限と解するべきであって、破産管財人代理に復任権はないと考えられ
る[6]。

破産管財人代理には、破産財団に関する訴訟の当事者適格はなく[7]、破産
管財人代理が訴訟を担当する場合は、破産管財人代理が破産管財人から包括
的な代理権を授与されていることから、裁判所発行の選任許可証明書を提出
することで訴訟代理権の存在を疎明することができると考えることも可能で
ある。しかし、場合によっては、裁判所の許可は、破産管財人が特定の者を
破産管財人代理に選任することを許可するものであり、これに基づき選任さ
れたことを疎明するには足りないとして、訴訟委任状の提出を求められるこ
ともある。

破産管財人代理の行為は、破産管財人の行為と同一の効力を有するから、
これに対する妨害は免責不許可事由となり（法252条1項9号）、破産犯罪を

5　『手引』Q19、122頁
6　『注釈（上）』551頁〔室木徹亮〕
7　破産法80条、『条解』617頁、『注釈（上）』551頁〔室木徹亮〕

第2章　破産管財人とは　75

構成し（法272条）、また、破産管財人代理は、収賄罪の主体となる（法273条
1項・2項）。

　破産管財人は、その責任において破産管財人代理を選任するものであるか
ら、破産管財人代理の過失ある行為については、その選任監督に過失がなく
とも責任を負う[8]。

3　責　　任

　破産管財人代理は、破産管財人同様善管注意義務（法85条1項）を負うか
否かは問題ではあるが、多数説はこれを肯定しており、実務上の運用も肯定
することを前提としていると思われる[9]。

　破産管財人と破産管財人代理との間が委任関係にある以上、管財業務に関
する善管注意義務は、裁判所からの直接の受任者である破産管財人が負うも
のと考えることもできるが、破産管財人代理の存在が法定されているうえ
（法77条1項）、選任に裁判所の許可を要すること（法77条2項）、前記のとお
り職務の遂行が刑事罰によって保護されていること、報酬も破産管財人代理
の独自の職務と責任を考慮して定められること（法87条3項・1項、規則27
条）から、破産管財人代理が破産管財業務の遂行について、固有の善管注意
義務を負い、これに反した場合は、損害賠償義務を負う（法85条2項類推）
と考えるべきである[10]。

4　報　　酬

　破産管財人代理の報酬については、破産管財人とは別に規定が設けられ
（法87条3項による同条1項の準用）、裁判所により、その職務と責任にふさわ
しい額が定められる（規則27条）。なお、利害関係人は、破産管財人代理の
報酬の決定に対して即時抗告できる（法87条3項による同条2項の準用）。

　ただし、実務上は、特に、東京地方裁判所破産再生部においては、裁判所
が破産管財人のもとでの当該破産管財人代理の職務、責任の内容を具体的に

8　『条解』618頁、『破産実務』176頁
9　『破産実務』176頁
10　『伊藤』195頁、『注釈（上）』552頁、『条解』618頁

把握することが困難であることなどから、原則として、破産管財人代理の報酬は、破産管財人の報酬のなかに含まれるとする取扱いとなっており、特別の事情がある場合、破産管財人と裁判所が協議することとなっている[11]。

5 終 了

破産管財人代理と破産管財人との間は委任契約関係にあるので、正当な理由や裁判所の許可を要せずに辞任、解任（委任契約の解除）することができる（民法651条1項）。ただし、委任契約である以上、やむを得ない事情がないにもかかわらず辞任、解除した場合には、相手方に発生した損害を賠償する義務を負う場合がある（民法651条2項）。

選任した破産管財人が辞任、解任、死亡によってその地位を失った場合には、破産管財人と破産管財人代理の関係が委任契約に基づくものである以上、破産管財人代理の地位（権限）も消滅すると考えるべきである[12]。

Q 2-8 破産管財人の任務終了

破産管財人の任務が終了するのはどのような場合でしょうか

岩崎 晃

1 任務終了の原因

破産管財人は、裁判所により破産管財人として選任され（法74条1項、31条1項）、破産財団に属する財産に対して管理処分権限を有することとなって（法78条1項）任務が開始し、管理処分権限を失う事由が発生したことにより終了することとなるのが原則である。そして、管理処分権限を失う事由としては、破産管財手続自体が終了する場合と破産管財人自身に発生した事由により破産管財人の地位を失う場合が考えられる。

---

11 『破産実務』174頁、『手引』Q19、122頁
12 『条解』619頁

第2章 破産管財人とは 77

2 破産管財手続の終了する場合

⑴ 破産管財手続が終了する事由

a 破産手続の終結（法220条1項）

裁判所は、最後配当、簡易配当又は同意配当が終了した後、破産管財人の任務終了による債権者集会への計算の報告を目的する債権者集会（法88条4項・3項）において計算報告に異議が述べられなかったとき、あるいは、計算の報告を目的とする債権者集会に代えてなされた計算報告書の提出（法89条1項）の後、1カ月の不変期間内に異議が述べられなかったときには、破産手続終結の決定をしなければならない。したがって、この時点で、破産管財人は破産財団に対する管理処分権限を失い、破産管財人の任務は終了する。

ただし、破産手続が終了し、破産管財人の任務が終了した後も、以下の業務については、継続して破産管財人が義務を負うこととなるから、その範囲において、破産管財人の任務は終了しない。

⒜ 帳簿類の保管

本来、破産手続が終了すると、帳簿類の保存義務は法人の場合は法人の元代表者に、自然人の場合は破産者本人に移るが、帳簿の引渡しができない場合、重要なもののみ破産管財人が保存することとなる。なお、東京地方裁判所破産再生部では、破産手続の終了時から3年を経過した場合は破産管財人において廃棄してさしつかえないという取扱いとなっている[1]。ただし、医療法人等他の法律により破産者自身に保管義務が課されている場合等については、当該法律の定めに従った期間の保存が必要となる場合がある。

⒝ 係属する債権確定手続

破産手続終結決定の時点で、破産管財人が当事者となっている破産債権査定決定（法125条）、破産債権査定異議の訴え（法126条）、受継された訴訟手続（法127条1項、129条2項）が係属している場合、これらの手続は、係属し

---

1 『手引』Q78、354頁

（破産債権査定異議の訴え、受継された訴訟手続においては法44条4項による中断もしない）、これら手続との関係においては、破産管財人は管理処分権限を失わず、したがって、破産管財人として、当事者の立場でこれら手続を遂行することになる（法133条1項・3項）[2]。

(c) 追加配当

破産手続終結決定後であっても（法律上は、最後配当にあっては法201条7項による配当額の通知を発した後、簡易配当にあっては法205条において準用する201条1項に規定する期間経過後、同意配当にあっては法208条1項の規定による許可があった後と規定されたうえで、破産手続終結決定後であっても同様とする旨定められている。）、新たに配当に充てることができる相当の財産があることが確認されたとき、破産管財人は、追加配当を実施することとなる（法215条1項）。この場合、破産手続終結決定後であっても、破産管財人の当該財産に対する管理処分権は消滅しないとの考え方が示されている[3]。

b 破産手続廃止（法217条1項、218条1項）

裁判所は、破産手続開始決定後、破産財団をもって破産手続の費用を支弁するのに不足すると認めるときは、破産管財人の申立てにより又は職権で、破産手続廃止の決定をしなければならない（法217条1項・異時破産手続廃止）。また、裁判所は、破産手続を廃止することについて、債権届出期間内に届出をした破産債権者の全員の同意を得ているとき、あるいは、同意しない破産債権者に対して担保が供されているときは、破産手続廃止の決定をしなければならない（法218条1項・同意廃止）。したがって、これら決定が確定した時点で、破産管財人は破産財団に対する管理処分権限を失い、破産管財人の任務は終了する。

ただし、破産管財人は、破産手続が廃止された場合、財団債権者に対して弁済（債権額に争いがある場合は供託）する必要があり（法90条2項）、この範囲で、破産管財人の管理処分権限は消滅しない[4]。これらを完了した後、任務終了の報告のための債権者集会を開催し（法88条4項・3項）、あるいは、

---

2 『条解』927頁以下
3 最判平5.6.25民集47巻6号4557頁、『手引』Q78、354頁以下
4 『条解』1444、1445頁

第2章 破産管財人とは 79

これにかわる計算報告書の提出を行う（法88条1項）。

　なお、自然人の破産者は、破産手続廃止決定の確定により破産財団に属する財産に対する管理処分権限を回復するが、破産者が財産の引継ぎを受けることが困難であるなどの急迫の事情があるときは、破産管財人は、破産者が財産を管理することができるに至るまで必要な処分をしなければならない（法90条1項）。

　なお、破産手続廃止後に、新たに配当に充てることができる相当の財産があることが確認されたとき、破産管財人は、追加配当を実施することとなる（法215条1項）ことは、破産手続の終結の場合と同じである。

c　取消決定（法33条3項）

　破産手続開始決定に対してなされた即時抗告（法30条1項）につき、破産手続開始決定を取り消す決定がなされ、これが確定すると、当該破産手続開始決定の効果は、破産手続開始決定時にさかのぼって消滅することになる[5]。したがって、破産管財人は、その法的地位を失い、破産財団に属する財産に対する管理処分権限を失うので、破産管財人としての任務は終了する。

　なお、破産管財人の破産財団に属する財産に対する管理処分権限も遡及的に失われるが、破産手続開始決定後、取消決定の確定までの間になされた破産管財人の財産の管理処分行為は、取引の安全の保護のため取消決定の確定によって効力を失わないとするのが判例、通説の立場である[6]。

　取消決定確定後、破産管財人は、財団債権者に対して弁済（債権額に争いがある場合は供託）する必要があり（法90条2項）、弁済に必要な範囲で破産財団に属する財産を換価することができると解されているので、この範囲で、破産管財人の管理処分権限は消滅しない。

d　破産手続の失効（民事再生法39条1項、184条、会社更生法50条1項、208条）

　破産手続は、民事再生手続の開始決定、会社更生手続の開始決定によって中止され（民事再生法39条1項、会社更生法50条1項）、再生計画認可決定の確定、更生計画認可決定によって効力を失う（民事再生法184条、会社更生法208

5　『条解』296頁
6　大判昭13.3.29民集17巻6号523頁、『条解』298頁

条）。効力を失うとは、当然に終了することを意味し、破産管財人の管理処分権限は、終了により消滅して、破産管財人の任務は終了する[7]。

中止するまでの間に破産管財人が行った破産財団に属する財産の管理、換価について、破産管財人が計算報告を行う義務を負うかについては明文の規定がなく、学説上も争いがあるが、仮に義務を負わない立場に立ったとしても、破産管財人としては、自らの行った行為が適切であったことを明らかにするためにも、裁判所あるいは再生債務者、更生管財人に対してなんらかの報告を行うべきであろうと考えられる[8]。

(2) 破産管財人に発生する事由

a 辞任（規則23条5項）

破産管財人は、正当な理由があるときは、裁判所の許可を得て辞任することができる（規則23条5項）。したがって、破産管財人は、裁判所の許可を得て辞任した時点で、その法的地位を失い、破産財団に属する財産に対する管理処分権限を失うから、その任務は終了する。

破産管財人は、辞任後、任務終了の報告のための債権者集会を開催し（法88条4項・3項）、あるいは、これにかわる計算報告書の提出を行う必要があり（法88条1項）、さらに、選任された後任の破産管財人に対して、破産財団に属する財産を含む破産手続に関連する資料などを引き継ぐことが必要であり（民法646条）、選任されて財産を管理することができる状態になるまでの間、急迫の事情があれば、破産財団に属する財産を管理する必要がある（法90条1項）。

b 解任（法75条2項）

裁判所は、破産管財人が破産財団に属する財産の管理及び処分を適切に行っていないとき、その他重要な事由があるときは、利害関係人の申立てにより又は職権で、破産管財人を解任することができる（法75条2項）。この場合、破産管財人は、解任の時点で、その法的地位を失い、破産財団に属する財産に対する管理処分権限を失うから、その任務は終了する。

---

7 『注釈（下）』449頁〔安田孝一〕
8 『注釈（下）』449頁〔安田孝一〕

第2章 破産管財人とは 81

なお、解任された後、破産管財人が、任務終了の報告、後任の破産管財人
への引継ぎ、急迫の事情がある場合は破産財団に属する財産の管理を行わな
ければならないことは、上記 a の辞任の場合と同じである。

c　死亡、破産手続開始の決定、後見開始の決定

　死亡、破産手続開始の決定、後見開始の決定は、これらの事由が発生した
時点で、委任契約の終了事由に該当する（民法653条）ため、破産管財人たる
法的地位が失われ、破産財団に属する財産に対する管理処分権限を失うの
で、破産管財人としての任務は終了する。

　これらの事由の場合（特に、死亡、後見開始の決定の場合）、破産管財人に
よる任務終了報告、引継ぎなどは期待できないので、可及的速やかに、後任
の破産管財人が選任されることとなる。

第3章

初期対応・留意点

Q 3-1　申立代理人との関係

破産管財人と申立代理人との関係はどうあるべきでしょうか

岡　伸浩

1　破産管財人と申立代理人の協働と連携

申立代理人[1]と破産管財人は、「債権者その他の利害関係人の利害及び債務者と債権者との間の権利関係を適切に調整し、もって債務者の財産等の適正かつ公平な清算を図るとともに、債務者について経済生活の再生の機会の確保を図る」という破産法の目的（法1条）を実現するために互いに協働し、連携する必要がある[2]。

2　申立代理人に対する引継ぎ・協力要請

破産管財人は、破産財団に属する財産の管理処分権を専有し（法78条1項）、就職の後直ちに破産財団の管理に着手する義務を負う（法79条）。また、職務の遂行につき善管注意義務を負う（法85条1項）。破産管財人は管財業務を円滑・迅速に進めるために早期に重要性の高い業務を把握し、的確に管財業務を遂行する必要がある。

そこで、裁判所から破産管財人就任の連絡を受けた破産管財人候補者は、破産手続開始決定後、破産管財人として破産財団の換価、債権者からの問合せへの対応等の管財業務を直ちに遂行することができるよう破産手続開始決定前の段階から申立代理人と適時に連絡をとり、管財業務の遂行に必要な情

1　申立代理人と破産管財人の協働が重視され、破産管財業務の分業体制が確立されつつあるとの認識から、もはや破産手続開始申立代理人との名称は適切性を失い、「破産者代理人」との呼称が適切となっているとの指摘がある（伊藤眞「破産者代理人（破産手続開始申立代理人）の地位と責任─「破産管財人に対する不法行為」とは何か。補論としてのDIP型破産手続」『申立代理人』19頁）。

2　『手引』88頁〔草野克也〕、『申立マニュアル』22頁〔長島良成〕、岡伸浩「申立代理人、破産者およびその従業員、専門家との連携・協働」『財産換価』37頁

84

報を得るため、申立代理人から適正かつ円滑に引継ぎを受ける必要がある[3]。そのため、破産管財人候補者は、就職内定後直ちに申立代理人との間で申立書類の副本（疎明資料を含む）[4]の受領時期や受領方法を確認し、打合せの期日等を調整する[5]。申立代理人から申立書の副本の直送を受けた後、速やかに申立書を精読し、事件の概要を把握したうえで、申立代理人と打合せを行う[6]。なお、東京地方裁判所破産再生部では、申立代理人から破産管財人への円滑な引継ぎに役立てるために申立代理人から破産管財人に対して申立書類の副本とともに打合せ補充メモを交付する運用を採用している[7]。破産管財人は、申立書類の副本、申立代理人が作成した打合せ補充メモや事件の処理事項をまとめた引継書をもとに申立代理人と面談を行い、当該事件において優先順位や重要性の高い業務や、管財業務上問題となる事項の把握に努めることとなる。この際、破産管財人から申立代理人へ事案に応じてさまざまな協力要請が必要となる[8]。

3　申立代理人と破産管財人の緊張関係

申立代理人は、依頼者の利益を擁護実現するという代理人的役割のみならず、弁護士が担う公共的役割を果たすことが期待され、信義に従い誠実かつ公正に職務を行う義務（公正誠実義務）を負っている（弁護士法1条、30条の2第2項、弁護士職務基本規程5条参照）。そのため、債務者が偏頗弁済や財産の不当処分等の債権者の利益・平等を損なう行為をしないように指導する

3　岡・前掲注2・38頁
4　引き継ぐべき具体的な申立書類につき、『手引』95～96頁〔草野克也〕
5　仮になんらかの事情で破産手続開始決定前に打合せを実施できない場合でも、破産手続開始決定前に、申立代理人から破産財団の状況や管財業務上の問題点の説明を受ける等適宜の方法により引継ぎを受けたうえで、破産手続開始決定後直ちに打合せを行うことが求められる（『破産実務』103頁）。
6　申立代理人、債務者との初回打合せに関する日程調整や準備等に関する具体的な留意点につき、『手引』98～101頁〔草野克也〕参照。
7　申立書副本や打合せ補充メモの受領に関する留意点につき、『手引』95頁〔草野克也〕参照
8　破産管財人から申立代理人に対する協力要請の具体的な内容につき、参考になるものとして『手引』88～90頁〔草野克也〕、岡・前掲注2・43～45頁、三森仁「申立代理人、破産者およびその従業員、専門家との連携協働」『債権調査・配当』16～18頁、『実践マニュアル』82～83頁

第3章　初期対応・留意点　85

とともに、破産財団が債務者により不当に減少・散逸し、債権者に損害が発生しないように財産保全に努め、可及的速やかに破産申立てを行って財産を損なうことなく破産管財人に引き継ぐことが求められる[9]。

　申立代理人がかかる職務を全うしない場合には、債権者や破産管財人に対する関係で損害賠償責任を負う場合がある。このような場面では、破産管財人と申立代理人の間に緊張関係が生じることとなる。例えば、破産管財人から申立代理人に対し、申立代理人の報酬に対する否認権行使や申立代理人の財産散逸防止義務違反に基づく損害賠償請求を行う場面が考えられる[10]。

(1)　申立代理人の報酬に対する否認権行使

　東京地判平22.10.14判タ1340号83頁は、破産者から自己破産の申立ての委任を受けて、破産手続開始の申立前に資産の換価や売掛金の回収等を行った申立代理人に対して、破産者から支払を受けた報酬のうち破産申立てに係る弁護士報酬として相当な額を上回る部分につき、破産管財人が詐害行為否認ないし無償行為否認に該当するとして、否認権を行使した事案である。東京地方裁判所は、自己破産の申立てをした弁護士が破産者から支払を受けた報酬のうち、破産申立てに係る適正報酬額を超える部分につき、役務の提供と合理的均衡を失するものであり、詐害行為否認（法160条1項1号）に該当するとして、破産管財人による否認権行使を認めた[11]。

　日本弁護士連合会が定める「弁護士の報酬に関する規程」（平成16年2月26日会規第68号）2条は、「弁護士等の報酬は、経済的利益、事案の難易、時間及び労力その他の事情に照らして適正かつ妥当なものでなければならない。」

9　『手引』14頁〔草野克也〕、『実践マニュアル』47頁、望月千広「東京地方裁判所における破産事件の運用状況」金法1965号25頁

10　岡・前掲注2・39〜43頁

11　なお、破産手続開始の申立て等に対する弁護士報酬のうち合理的限度を超える部分について無償行為否認の対象となる旨を判示した裁判例として、神戸地裁伊丹支決平19.11.28判時2001号88頁、東京地判平23.10.24判時2140号23頁がある。もっとも、報酬と不均衡であっても対価としての役務は提供されているのであるから無償行為否認は成立しないのではないかとの批判につき、『条解』1079頁参照。本文中で取り上げた裁判例も、無償行為否認の成否について「対価性を有する行為のうちの相当額を超える部分だけを取り上げて」、無償行為否認を定めた破産法160条3項によって否認することはできない旨判示している。

と定める（弁護士職務基本規程24条も同旨）。したがって、申立代理人は、債務総額や債権者数、債務者数、営業の終了・事業所の閉鎖の有無等の諸要素を考慮し、破産管財人に対して資産及び事務を引き継ぐための業務の多寡を検討したうえで、報酬を定めることが考えられる[12]。

　破産管財人としては、破産者から申立代理人に支払われた報酬金額が役務の提供と合理的均衡を失する場合には、破産債権者の利益を害する行為として否認権行使を検討すべきこととなるといえよう。

⑵　申立代理人の財産散逸防止義務

　近時、破産手続開始の申立ての委任を受けた弁護士（申立代理人）は、財産散逸防止義務という法的義務を負い、これに違反した場合、破産管財人が当該申立代理人に対して不法行為に基づく損害賠償請求をすることができるとした下級審裁判例が存在する[13]。東京地判平21．2．13判時2036号43頁は、平成17年12月、衣料雑貨の卸売り等を業とする訴外有限会社Ａ社が弁護士法人Ｙに対して自己破産申立てを委任したところ、委任から2年後の平成19年12月、弁護士法人ＹはＡ社の代理人として破産手続開始申立てをし、Ａ社は平成20年1月16日、破産手続開始決定を受け、破産裁判所がＸを破産管財人に選任したところ、破産管財人Ｘは、弁護士法人Ｙを被告として、被告が破産財団を構成すべき財産の管理を著しく怠り、破産財団に損害をもたらしたと主張して、不法行為に基づく損害賠償を求めた事案である。

　同判決は、「破産申立てを受任し、その旨を債権者に通知した弁護士は、可及的速やかに破産申立てを行うことが求められ、また、破産管財人に引き継がれるまで債務者の財産が散逸することのないよう措置することが求められる。これらは、法令上明文の規定に基づく要請ではないが、上述の破産制度の趣旨から当然に求められる法的義務というべきであり、道義的な期待にとどまるものではないというべきである。そして、破産申立てを受任した弁護士が故意又は過失によりこれらの義務に違反して破産財産を構成すべき財

12　『申立マニュアル』78頁以下〔松尾幸太郎〕
13　その他申立代理人の責任をめぐる下級審裁判例の概観につき、岡伸浩「『財産散逸防止義務』再考」『倒産法の実践』26頁以下参照

産を減少・消失させたときは、破産管財人に対する不法行為を構成するものとして、破産管財人に対し、その減少・消失した財産の相当額につき損害賠償の責を負うべきものと解する。」として、財産散逸防止義務違反を理由として不法行為に基づく損害賠償責任が発生することを認めた。

　上記判決を前提とした場合、破産管財人としては、申立代理人が適切に職務を遂行しないために、破産財団を構成すべき財産が散逸したと認められる事情が存在する場合には、申立代理人に対して損害賠償責任を追及することが考えられる。もっとも、上記判決のいう申立代理人の財産散逸防止義務について、その法的根拠、違反の場合の効果、財産散逸防止義務と委任契約に基づく破産者に対する善管注意義務や先に述べた公平誠実義務との関係をどのように理解すべきであるかは必ずしも明らかではない。また、そもそも申立代理人は誰に対して財産散逸防止義務を負うかといった点についても問題となるといった批判がなされている。財産散逸防止義務の法的根拠は、「破産制度の趣旨」に求めるというよりは、依頼者である債務者と申立代理人との間の委任関係（民法643条）に求め、委任契約における「委任の本旨」（民法644条）の解釈に破産手続の目的である総債権者に対する適正かつ公平な弁済の実現（法1条）が反映し、受任者の善管注意義務（民法644条）の内容を形成すると考えるのが合理的であると解する。そのうえで、破産管財人は、破産手続開始決定とともに、破産財団に属する財産の管理処分権（法78条1項）を専有することから、かかる債務者の申立代理人に対する財産散逸防止義務ないし善管注意義務違反を理由とする損害賠償請求権を取得すると構成することが可能であると考える[14]。

14　岡・前掲注13・25頁以下。なお、『伊藤』200頁、伊藤・前掲注1・24頁、加藤新太郎「破産者代理人の財産散逸防止義務」高橋宏志先生古稀祝賀論文集『民事訴訟法の理論』（有斐閣、2018年）1154頁以下

Q 3-2　破産管財人の初期対応（自然人）

　自然人の破産管財人に就任した場合における初期対応の留意点を教えて
ください

安部　祐志

1　序

　自然人の破産事件においては、法人の場合と異なり破産手続開始決定後も
破産者が就業や生活など活動を継続し、ひいては経済活動や一定の資産の保
有を続ける点で、破産管財人の業務上、法人の場合と異なるむずかしさもあ
る。

　破産法の目的である債務者の財産等の適正かつ公平な清算を図ることと、
債務者について経済生活の再生の機会を図ることの両面（法１条）につき、
破産管財人として適切に職務を果たしていかなければならない。

　自然人の破産事件については、法人との関連事件である場合（多くは会社
代表者）、自然人のみの事件であっても事業者（自営業者）である場合、クレ
ジット・消費者金融などの多重債務者である場合などいくつかのパターンが
ある。それはパターンの別も念頭に置きつつ破産管財業務の初期対応を検討
するが、破産者が事業者の場合は法人の破産管財業務と共通する部分が多
い。そこでここでは、破産者が事業者である場合を含め自然人特有の破産管
財業務の事項を述べることとしたい。

2　開始決定前の業務

　東京地方裁判所破産再生部の場合、破産管財人選任の内示から開始決定ま
でに数日間の余裕があることは法人の場合と同様である。破産者が事業者で
ある場合、破産管財人就任直後より充実した活動をするために、この期間に
おける準備活動は極めて重要であることも破産者が法人である場合も同様で
ある。また、法人の関連事件としての自然人の破産事件の場合、法人に関す

第３章　初期対応・留意点　89

る準備に付随して自然人に関する準備もすることとなるが、法人の破産事件と自然人の破産事件をひとまとめにとらえたうえで、破産管財業務の全体像及び当面の優先事項の選択をしていくことになろう。ただ、自宅不動産をはじめとする固有資産を申立人（自然人）が有している場合や、法人を主債務者とする連帯保証債務以外に自然人を債務者とする多額の債務を有している場合など、自然の固有の破産管財業務がある場合もあり、後回しになり過ぎぬよう注意する必要がある。

3 破産財団を構成する財産と構成しない財産・自由財産の分別

　破産者が自然人の場合、業務や生活が破産手続開始後も継続することから、債務者及びその家族の生活のため、破産財団から除外される財産がある。99万円以下の金銭及び差押禁止財産がこれに当たる（法34条3項）。

　破産者が破産手続開始決定当時保有している個々の資産が破産財団を構成するか否かは破産者においては重要な点であり、かつ生活や事業の継続の可否に直結するものであるので、破産管財人は迅速かつ慎重に検討し、判断する必要がある。十分検討したうえでも判断に迷ったときは破産裁判所に相談すべきである。

　なお、破産管財人や担当裁判所による扱いの差異が生じないよう換価を要しない財産の範囲については換価基準が定められている[1]。

　例えば20万円を超える額の預貯金や解約返戻金のある保険契約を破産者が有している場合で、その破産者の保有現金は40万円であるという場合（つまり、破産者の保有資産の合計額は60万円相当）、前出換価基準に従い保険につき解約のうえ返戻金を破産財団に帰属させるという扱いをすると、破産者が現金90万円のみを有している場合（その場合は、破産財団を構成する部分は存在しない）と均衡を害するとも考えられる。このような場合は、破産者やその家族の生活や扶養、保険利用の必要性などの諸事情を総合的に判断し、場合によっては自由財産の拡張（法34条4項）の手続により換価の対象から除外

1　『手引』Q25

することも検討してよい。ただし、預貯金額はもとより保険契約で返戻金が
高額である場合など、破産者に99万円を超える資産が残ってしまう場合など
は、自由財産の拡張には慎重になるべきである[2]。

破産者が自営業者である場合や職人である場合、その所有動産が、民事執
行法131条所定の動産に該当性が認められ破産財団を構成しないという場合
が考えられる。具体的には、農業機具・肥料・家畜・飼料等（4号）、漁業
器具等（5号）、技術者・職人・労務者等の業務に欠くことができない器具
（6号）などがあるが、東京地方裁判所の破産事件において、現れる可能性
があるのは民事執行法131条6号所定の器具等であろう。大工の工具、料理
人の包丁といったものの該当性について問題は少ないが、料理店における厨
房設備一式、工務店の各種工具となると価格が高価なものもあるので慎重な
判断が迫られる。ここでもその価値が破産者が確保している自由財産部分と
あわせて99万円を超えるか否かを目安として、差押禁止財産該当性を判断す
るのが実際的であろう。

なお、本来破産財団に属する資産であっても、例えば破産者が破産手続開
始前に履行した業務の対価としての他者への債権につき、その回収によって
破産者やその家族の生計が成り立つ場合は、給与所得者との均衡から、自由
財産の拡張の手続により、その全部又は一部を破産者に帰属させるのが相当
という場合もある。いずれにしても債権者の利益と破産者の利益の衝突する
場面であるので、一方の利益のみの重視に偏らぬよう留意して検討すること
となる。

ところで、自由財産の拡張の裁判につき、破産法は開始決定後1カ月を経
過するまでと定めるが（法34条）、東京地方裁判所では、黙示の伸長決定を
し、第1回債権者集会での報告に基づき裁判するという扱いである。

4 転送される郵便物の扱い

東京地方裁判所破産再生部は、法人・自然人を問わず、全件、破産者宛て
の郵便物につき破産管財人宛て転送するよう郵便事業者に嘱託している。

---

2 『手引』Q26

そのため破産者宛ての郵便物が破産手続開始後から破産管財人宛てに転送されてくるようになる。もとより、破産者宛ての郵便物を開披点検することで、破産者が申告していなかった資産や債権者の存在を把握することができる[3]。

　他方で、破産者の生活上、必要以上の不便を強いるべきではないので、点検開披のすんだ郵便物は、速やかに破産者に引き渡すことが望ましい。あらかじめ初回打合せの際、その引渡方法や頻度につき、取り決めておくとよい。また破産者の家族宛ての郵便物が転送郵便物に混在していたり、払込期限の定めのある納付書などが転送されたりしているうちに期限が切迫してしまう場合などもあり、破産者とのトラブルのもとともなるので、転送郵便物の早期対応は怠らないよう心がけたい。なお、開封した郵便物を画像に取り込みメールに添付して破産者に送信し、郵送は、原本が必要なもののみとするという方法も便利であろう。

5　調査型の事案対応

　破産管財人が選任される事件のうち資産等調査型や免責調査型に分類されるものがある[4]。該当する案件では、破産者からの聞き取り、通帳やクレジットカードの取引履歴、有価証券の取引履歴、転送郵便物の精査などより精力的に破産者の経済活動の解明に努める必要がある。また、必要に応じて、債権者から聞き取りを敢行し、債務発生時の業務内容や実績、資産状況などを把握することも有意義である。限られた資金での調査活動となるためおのずと調査には限界もあるが、漫然と破産者からの聞き取りだけに終始しないようにすべきである。

3　『手引』Q22
4　『手引』Q1

Q 3-3　破産管財人の初期対応（法人）

法人の破産管財人に就任した場合における初期対応の留意点を教えてください

安部　祐志

1　開始決定前の業務

(1)　内示段階における準備

東京地方裁判所の場合、破産管財人選任の内示から開始決定までに数日間の余裕がある。破産管財人就任直後より充実した活動をするために、この期間における準備活動は極めて重要である。また、開始決定と同時に破産管財人に正式に就任すると、当然対外的な活動が開始するが、内示段階は申立人や申立代理人から落ち着いて聞き取り等ができる貴重な期間でもある。ここでは、開始決定後の管財業務をイメージして準備するとよい。

(2)　具体的な諸活動

具体的な諸活動を述べると、次のようなものがあげられる。諸準備のうえ、この段階で、破産原因、債権者構成、破産財団の状況、その他直ちになすべき事項の把握ができることが望ましい。

a　情報の収集に係る事項

(a)　記録の読み込み等

まずは速やかに申立書副本及び添付資料を受領し、読み込むことが必要である。

また、申立人がウェブサイトを開設している場合、そこに参考となる情報が掲載されていることもあるので、閲覧・保存するとよい。破産開始決定後しばらくするとアクセスできなくなることが多い。

第3章　初期対応・留意点　93

(b) 申立人、申立代理人との面談

開始決定を待たず速やかに面談をする。経理担当者など会社の業務を把握しているキーパーソンを同行してもらうとよい。

対応すべき債権者、開始直後の状況などは申立代理人から有益な情報が得られることが多い[1]。

ただし破産申立ての準備は密行性をもって行われることから、情報の正確性には限度があることは認識しておかなければならない。

(c) 裁判所からの指示事項

内示の際、裁判所が特に破産管財人に伝える注意点・留意事項は、特に重要な事項と認識して、業務全般を通じて重点的に対応し、第1回債権者集会で報告できるようにする。

b 業務開始に向けた準備に係る事項

(a) 印鑑、通帳、手形帳、権利証・登記識別情報、保険証書、株券、会員権、鍵などの引継ぎ

開始決定後、それらが逸失したり、債権者の手に渡ったりしないよう、破産管財人があらかじめ占有を確保しておくとよい。

(b) 帳簿、電子データなどの引継ぎの準備

近時は各種情報は帳簿ではなくパソコン上で管理されていることが多く、破産管財人はそのパソコンのデータを利用できると業務の能率を図ることができる。ただ、パソコンや使用ソフトがリースである場合など継続的利用につき制約やコストが発生する場合もあるので、開始決定前にデータの保存・複製や出力などを含めた情報の保存の措置をとっておく。

(c) 会社の体制の活用

従業員との雇用契約の状況を確認する。既に解雇ずみ、解雇予告ずみ、双方とも未了のいずれかであろう。雇用契約が継続している従業員がある場合、そのまま開始決定を迎えると、従前の条件による賃金が破産開始決定後も財団債権として発生し続けることとなる。また、退職が開始決定後となると退職金が全額財団債権となる。管財業務を補佐する従業員の確保をするこ

---

1 『手引』Q11、1項(2)、Q14

とは必要であるが、その業務の対価としての賃金が不合理に高額とならないよう注意しなければならない。その観点からは、開始決定前に解雇により雇用契約が終了しており、破産管財人としてあらためて補助者として短期雇用するのが一般的であろう。

(d)　事務所の体制の準備

　管財人代理を選任できる環境の場合、破産管財人と管財人代理の役割分担、作業の連携の仕組みをつくることが必要である。

　事務局に作業を任せる部分もあろうが、債権者の問合せについては破産管財人が直接話を聞くことで有益な情報に接することもある。

(3)　開始決定の前倒し

　これらの諸事項の検討の結果、当初予定された開始決定の日時を待たず、速やかに開始決定をすべき事情を発見した場合は破産裁判所に報告し、前倒しの決定を受けるのが相当の場合もある。

(例)

・公租公課の債権者による差押えが想定される場合

・破産者名義の委任状が出回り不動産に登記がされることが想定される場合、同じく債権譲渡通知などが作成されてしまい、発信されることが想定される場合

2　口座の開設と予納金・現金の引継ぎ

　破産管財人選任後は速やかに破産管財人口座を開設し（規則51条1項）[2]、申立代理人から予納金や預り金の引継ぎを受ける。

　破産者が国税・地方税の滞納をしており、交付要求を受けることが通常であるが、破産管財人が国税徴収法上の執行機関であるという性質から、破産管財人が交付要求を受けた国税・地方税の本税の全額を納付した場合、当該金額が破産財団に確保できていた時点以降の延滞税は免除を受けることができる[3]。そのためにも1日も早く、破産財団に帰属する現金は破産管財人口

2　『手引』Q13

3　『手引』Q89、2項

座に集約することが望ましい。

なお、破産財団の額が大きくなる場合や長期化が想定される場合などは、当面支出の予定のない額を定期預金として保管することも考える。

ところで、金融機関に開設された破産者名義の口座は、破産手続開始決定後の引落しを避けるため、また、破産管財人口座による一元管理の必要性から、解約するのが原則であるが、取引先からの振込みが予定される場合など、円滑な債権回収のため、当面そのまま維持することが適当な場合もある。その場合も引落しがされぬよう手続をとっておくことが必要である。なお、残高が乏しい破産者名義の口座につき、手間及び費用省略から解約せず、破産財団から放棄するということもあるが、思わぬ入金の存在を破産管財人が見落とすなどということのないよう注意が必要である。

3　管財業務の全体計画と当面の優先事項の選択

破産管財人就任後は、就任前の打合せ段階に続いて破産者・申立代理人から詳しく事情を聴取する。この段階では密行性はなくなるので、会社の資料や従業員・関係者からの聞き取りに発展させて破産管財人が情報の精度を上げていくことができる。

そのうえで、破産管財業務の全体像の把握と優先度の高い事項の選択をしていくこととなる。財産の存在が相当程度把握されている場合は、破産財団の充実を図るべく工夫して換価回収する作業が重要となる。財産の存否、ひいては偏頗弁済・資産の不当流出などが疑われる場合は、その調査が重要となる。

4　破産財団の散逸防止・保全

(1)　散逸防止の必要性

破産管財人は、破産手続開始決定後、直ちに破産財団の占有管理に着手しなければならない（法79条）。破産財団を構成する資産が散逸したり、特定の債権者に入手されたりするなどという事態は厳に防ぐ必要がある。もし、かかる行為が行われると、その回復の実現のため少なくない労力や時間、さ

らには費用を費やすことが余儀なくされかねない。また、仮に回収が頓挫するなどとなれば、財団の毀損は回復できず、いわば無法者が利を得ることになり、破産手続に対する債権者の信頼が害されよう。破産管財人の不手際による破産財団の散逸だけは厳に防ぐことが必要である。

(2) 実際の業務

実際の業務としては次にあげるものが主なものとなろう。

a 財産価値のある商品・在庫・自動車等に関する債権者による持出しの防止

商品を納入した業者が商品の引上げに及ぼうとしたり、債権者が担保の私的実行名下に商品の搬出をしようとしたりするケース、あるいは従業員による持ち去りなどもあり得る。破産管財人としては、倉庫等の封印や掲示をし、商品等の保管場所の施錠など厳格な管理を施すこととなる。また、開始決定早々にそれらの保管状況を映像・画像に記録をしておくと後々当時の状況を確認するのに役立つ。

b リース物件の引上げ、所有権留保・取戻権による権利行使への対応

いずれも前提となる契約関係や物品の特定など、権利の行使を主張する者の権利内容・対象物件を確認できることが先決である。安易にそれらの権利行使を許すと、破産財団が不当に特定の債権者に流失しかねない。他方、確認を怠ったまま、本来破産財団に属さない動産等を破産管財人が処分すると善管注意義務違反による賠償義務を負う危険もある。商品の価値の毀損を防ぐため早期の処分を目指しつつ、他者の権利を害さぬよう注意することは困難な場合もあるが、法律実務家としての手腕の見せどころでもあるので、可能な限り迅速かつ確実な処理を行いたい。

c 債権証書・伝票・納品記録・取引記録の確保

破産財団に債権がある場合、それを証明できる資料（証拠資料）が必要であるので、散逸しないよう保管する。また、破産者が有する債権につき消滅時効の完成間近なものについては時効中断の措置をとる。

第3章 初期対応・留意点 97

5 契約関係の把握

　破産者は多数の契約を取り交わしている。これらのうち双方未履行双務契約があれば早急に発見しておく必要がある。建築請負契約、売買契約、賃貸借契約などが要注意である。これらについては、破産管財人が履行か解除の選択をする必要がある。継続的契約については、解消の方向となることが多いであろうが、その終了事由については検討が必要である。約定解除権を行使するほか、上記法定解除権による解除が有意義な場合もある。相手方に求められるままに約定解除（解約）をし、不利な条件での契約終了・清算を強いられないよう注意する必要がある。

6 労働者対応

　労働債権者については、情報提供義務があること（法86条）、その債権を把握しないと破産財団が負担する債務の全体像、財団債権・優先的破産債権の概要が把握できず、ひいては配当の見込みの把握にも支障が出ることから、破産管財人としては第1回債権者集会期日までに全容を把握する必要がある。そして、労働債権者は時間の経過とともに破産者と疎遠となること、倒産直後がいちばんその協力を得やすいことから、元従業員の協力を得ての雇用関係の業務は早い段階で取り組むとよい。

　具体的には、離職票・源泉徴収票の作成と交付、未払賃金・解雇予告金・退職金等の債権の申告と届出受付、未払賃金立替払請求の申請や証明などにつき、労務関係を担当していた元従業員の協力のもと作業をするとスムーズである。

7 見 通 し

　以上の諸活動を精力的かつ迅速に実施し、まずは開始後1カ月程度でなすべき業務の内容、障害の有無に関する見通しを立てる。それにより、第1回債権者集会までの業務のおおむねの見通し、破産財団の形成の見通しや配当の実施の可否の見通しが立つこととなる。指定される債権者集会が数カ月先であることに予断し、業務の着手や遂行を疎かにすると、本来短期間で相当

の成果を上げることができる事案について、破産手続が長期化したり、破産財団の形成が不十分に終わったりすることもあり得る。破産管財人の職務の重要性を十分認識し、善管注意義務（法85条）を怠ることがないよう常に心がけたい。

Q 3-4　多数当事者事件における破産管財人の留意点

消費者被害等の債権者多数の事件において、破産管財人はどのような点に留意する必要があるでしょうか

内田 実＝赤堀 有吾

1　債権者多数の破産事件の特徴

債権者が多数となる破産事件（以下「債権者多数の事件」という）としては、消費者金融、旅行会社、英会話教室、ゴルフ場や投資詐欺等の消費者被害を引き起こした会社等が破産した場合があげられ、とりわけ消費者金融や消費者被害の事案では、債権者が数千人から数万人にのぼることもある。このような破産事件では、裁判所・申立代理人との申立前打合せも含め、通常の破産事件とは異なる対応が必要となることが多い。そこで本稿では、筆者の経験もふまえながら、大型事件における破産管財人として留意すべき事項を概観する。

2　多数の債権者に対応する体制の整備

(1)　破産管財人団の組成・役割分担

債権者多数の事件では、裁判所から破産管財人就任の打診があった時点で、直ちに管財人団の構成を考えなければならない。破産管財業務が複雑多岐にわたることが予想されるため、一定数の破産管財人代理を選任する（法77条）ことは必須である。特に、全国各地に事業所や子会社を有する破産会

第3章　初期対応・留意点　99

社の場合、破産手続開始直後の保全措置だけでなく、その後の事業所の処理（所有不動産の処分、資産の換価、賃借物件の明渡し、従業員の解雇あるいは雇用継続など）が必要となり、そのための人員の確保を迫られる[1]。

　破産管財人代理には倒産事件に精通している弁護士を選任することが多いが、破産管財業務の内容や各弁護士の取扱分野や経験等を勘案して、倒産事件以外の分野（渉外業務、知財業務、刑事事件など）を専門とする弁護士を代理とすることもある。また、管財業務の進展（関連子会社の破産手続開始決定など）によっては、破産管財人代理を追加選任する場合もある。

(2)　専用電話・ファクシミリの開設

　債権者多数の事件では、破産手続開始直後には債権者、取引先、報道機関等から破産者に関する情報、破産手続の流れや今後の予定等についての問合せが殺到するほか、破産手続の進行に応じて、債権届出書用紙への記入方法や配当の見込みについて多数の問合せが寄せられることになる。

　これらに適正に対応するためには、窓口を一元化して情報を集約し統一的に対処することが重要となるが、破産管財人の属する法律事務所での対応は事実上困難であるため、新たに当該破産管財事件専用の電話回線を設けて対応した例や、破産手続開始通知書に破産管財人の所属する法律事務所の電話番号ではなく、ファクシミリ番号を掲載した例がある[2]。

(3)　破産管財人室・コールセンターの設置

　債権者多数の事件では、新たに破産管財人室を賃借するか、破産会社内にコールセンターを設置し、一定数の補助者（破産会社従業員や派遣社員など）を配置することで、大量の問合せに対処することが必要である。

　この場合、①担当者によって回答に差異が生じないよう、FAQや対応マ

1　このようなケースでは、開始当初は、一部業務を継続するなどして、清算型ではなく再建型の事件での対応が必要となり、筆者の経験でも5人ないし10人の弁護士で管財人団を構成して対応している。

2　『手引』366頁、『書記官事務の研究』328頁。筆者の事務所では、通常の破産事件は専用の電話回線を1ないし2本引けば対応可能であるが、債権者多数の事件では、後述する管財人室を設けるか破産会社内にコールセンターを設けることで対応している。

ニュアルを作成する、②問合せの内容をデータで一元管理し、破産管財人において対応が必要なものを選別し破産管財人団に適時に共有するなど、統一的対応ができるような工夫が必要になる。破産会社が既にコールセンターを設けて対処している場合もあり[3]、その活用は考えるべきであるが、破産開始決定により状況は変化しているので、破産管財人の考える電話対応方法を徹底する必要がある。

(4) ウェブサイトの開設と情報提供

債権者多数の事件では、債権者や世間の関心も高く、通常の事案以上に情報を適時に提供することが求められる。そこで、破産会社が開設しているウェブサイトを利用し、あるいは破産管財人自ら専用のウェブサイトを開設して、これらのウェブサイト上に、破産手続が開始された事実や手続の流れ、FAQ、破産管財業務の進行状況等を掲載することが行われている。債権者集会期日に出席できない債権者もいるため、期日での配布資料（貸借対照表や損益計算書だけでなく破産法157条の報告書の要旨など）をウェブサイト上に掲載することもある[4]。

3 破産手続開始通知書の発送事務等

(1) 破産管財人による発送

東京地方裁判所では、債権者多数の事件では破産管財人の理解・協力が得られる場合には破産財団の費用で破産手続開始通知書等の発送事務を破産管財人が行っている（規則7条）[5]。事案によっては、債権者への情報提供のために破産管財人が作成した文書を破産手続開始通知書等に同封することもあ

---

3 消費者金融会社ではもともとコールセンターを有しているところが多いし、事業会社でもマスコミ報道などで既に多数の問合せや抗議が殺到してコールセンターを設けている会社がある。

4 裁判所や破産管財人の名前をかたった者が、債権者に対して被害回復ができると謳って金銭の支払を要求するなどの事例が存在するようである。二次被害を防ぐべく、筆者は、破産管財人から金銭の支払を要求することはないこと等をウェブサイト上で明記する等して、債権者に注意喚起することとしている。

5 『手引』367頁、『条解規則』19頁参照

るが、その適否や内容について事前に裁判所と協議する必要がある[6]。

　債権者多数の事件では後記(2)の債権調査留保型が選択されることがあるが、この場合でも、知れている破産債権者に対して破産手続が開始されたこと等を通知する必要がある（法32条3項1号）。この通知は、裁判所の封筒を用いて普通郵便で行うのが一般的であるが、債権者多数の事案で破産財団が乏しく異時廃止見込みの場合には、普通郵便よりも費用を抑えることができる圧着はがきの形式で破産手続開始通知書を準備し、破産債権者に対し通知をする事務を行うこともある[7]。

　通知事務を破産管財人が行う前提として、債権者多数の事件では、破産会社には債権者の住所氏名、債権額などのデータが存在するか、紙ベースやエクセルファイルその他のいかなる形態で存在するか、社員の誰がその内容や使用方法を把握しているか、などは、破産開始決定からすぐに破産管財人が確認すべき重要事項である。また、これらは債権届出書の送付や債権調査を円滑に行うためにも必要である[8]。

(2) 債権調査留保型の選択

　債権者多数の事件では、当初から異時廃止が見込まれる事案や配当見込みが明らかではない事案もあるところ、このような場合には、管財業務の負担軽減のために破産手続開始時に債権届出期間及び債権調査期日の指定が留保されることがある（法32条1項。いわゆる「債権調査留保型」）[9]。この場合、破産管財人において破産財団の調査を進め、債権者に対する配当の見込みが生じた場合に、債権届出期間及び債権調査期日を指定し（法31条3項）、破産

6　破産手続開始通知書や破産管財人が作成した文書には、上述したウェブサイトのURLを掲載することもある。

7　『手引』367頁、『書記官事務の研究』329頁。圧着はがきによる場合、実務上は、破産手続開始通知書の文字を拡大しレイアウトを工夫してみやすくする、破産管財人の説明文を併記する、台風等により悪天候が見込まれる時期を避ける、表紙に水濡れ注意といった表記をする等の工夫がなされている。

8　これらの情報が電子データで存在していても、それがそのまま破産事件の債権調査に利用できるかは問題で、破産会社の情報処理システムを利用可能とするシステムが別途必要になったこともある。

9　『手引』368頁、『破産実務』146頁。債権調査留保型の場合の留意点については本書Q6-6参照

債権届出書を知れている債権者に発送することになる[10]。

(3) 破産債権届出書

　消費者金融や消費者被害の事案等では、裁判所が準備した定型の債権届出用紙を用いず、債権の属性に応じた異なる扱いをすることも認められている。例えば、消費者金融における過払債権者や消費者被害の事件における被害者債権者を対象に、あらかじめ破産管財人において債権額を計算し必要な情報を印字した債権届出書を送付し、債権者が異なる金額で届出をしたい場合には訂正・加筆した債権届出書を返送するよう求めることにより、債権者の負担や債権認否の負担を軽減することが可能となる[11]。

4　補助者の活用

　破産会社の業務の実態や破産手続開始前の資金の流出等の調査のためには破産会社の役職員の協力が不可欠であることが多い（役職員の説明義務につき、法40条参照）。また、債権者多数の事案では破産会社に相応の資産が存在することも多く、資産換価や決算業務のためにも破産会社の業務に精通した役職員の協力が必要となる。そこで、破産手続開始後も補助者として雇用を継続するなどして役職員の協力を得ることを検討することになる[12]。

　また、多数の債権者からの問合せや債権調査・配当業務のために、派遣会社から派遣社員を受け入れて電話対応、債権届出書等の管理、データ入力等の事務に従事してもらうこともある。

　さらに、資金流出の実態の解明や過年度に納付した税金の還付等のためには、公認会計士・税理士といった専門家の補助を得ることが有益である[13]。

10　この発送事務は破産管財人の同意を得て破産管財人において行う扱いとされている。『手引』368頁

11　『手引』369頁。また、『書記官事務の研究』331頁では、債権届出書にバーコードを付す方法や窓あき封筒を利用する方法、整理番号を付す方法なども紹介されている。このほか、破産債権届出書の用紙の色や様式を債権の属性や破産会社ごとに分けることもあり、実務上はこれらの方法を併用して、事案に応じた効率的かつ過誤の生じにくい処理を行っている。

12　この場合、誰が必要な人員か、誰の協力を得られるか、その給与はどうするかなど、むずかしい選択が必要になる。社員の再就職の妨げにならないこと、補助者給与もなるべく従前の給与に近いことが望ましいが、財団形成との関係もあり、簡単ではない。

とりわけ、消費者被害の事案では、債権者の関心が破産会社の資産の換価の
みならず破産前の資金の流れの解明に寄せられることも多いため、破産財団
の形成状況や専門家に支払う費用も勘案したうえで、できる限りの調査を尽
くすことが求められる。

5 捜査機関その他の行政機関への対応・刑事事件との関係

消費者被害の事案などでは、捜査機関による捜査が先行すると関係資料が
押収されていることがあるため、捜査機関に協力を要請して資料や情報の開
示を求めることになる[14]。

他方で、捜査機関から破産管財人が資料の開示を求められることもある
が、破産管財業務への影響や債権者の意向・関心等も勘案して、どの範囲
で、どのような手順を経て開示に応じるべきかを慎重に検討することになろ
う[15]。

役職員を被告人とした刑事訴訟が係属している場合には、これらの刑事手
続の進行を注視し、資料を入手する等して破産会社の事業の実態解明に努め
ることも重要である。また、組織的詐欺を行っていた破産会社などの場合に
は、役員や幹部従業員に対する損害賠償請求等を検討することもある。

このほか、捜査機関のみならず消費者庁、金融庁等からの調査への協力要
請や報告命令を受けることもあるので、破産管財業務への影響等を勘案して
対応することになる。消費者保護団体への相談窓口に多数の相談が寄せられ
ることも多いため、破産管財人から当該団体に情報提供を行うことも検討す
る必要がある。

---

13 通常の破産事件でもそうであるが、破産会社は直近の決算期では無理な会計処理をし
て利益を計上していることが多く、法人税、消費税など（債権者多数の事件ではその額
も大きい）の還付の要件に当たるかの検討は必須である。
14 捜査が先行すると関係資料も手元になく、関係者も逮捕されていて、管財業務に支障
をきたすことになる。ただ、筆者の経験では、バブル期の大型破産事件でも、最近の消
費者詐欺事件でも、捜査機関に押収資料の開示を求めたときには、おおむねご協力いた
だいているし、逮捕者への面会も適宜行えている。
15 破産管財人としては、なぜ当該資料の開示が必要かを尋ねることになり、捜査機関の
関心がどの点にあるかを知ることになりかねないので、むずかしい立場にある。

104

6 財産状況報告集会

債権者多数の事件では、裁判所内ではなく、多数を収容できる外部の施設で財産状況報告集会を開催することがある。破産管財人は、「情報の配当」として、貸借対照表や損益計算書だけではなく、裁判所に提出する破産法157条の報告書についてその要旨をまとめた書面を用意し、来場者に配布するなど、情報提供に努める必要がある。

また、集会で質問が予想される事項も多岐にわたるので、あらかじめ詳細なQ&Aを用意して質問に備えることになる。集会では、わかりやすい説明を心がけなければいけないが[16]、趣旨が不明な質問や重複する質問などもままあるので、その対応には注意が必要である。

7 配当手続

債権者多数の事件では、簡易配当や通知型の最後配当では届出破産債権者に対する通知事務等の負担が大きいことから、官報公告型の最後配当手続を選択することが原則となる[17]。

消費者被害の事件では、資産換価業務及び債権調査業務のいずれにも時間を要することが多いため、早期に被害回復をするために中間配当を実施するかを検討する[18]。

配当対象となる債権者が多数の場合、金融機関によって1日に受け付ける配当金の振込手続の件数を制限していることがあるため、振込みのスケジュールについて金融機関と事前に調整すべきである。

また、投資詐欺事件などは債権者が高齢であることが多いため、管財業務に時間を要すると、配当を実施するまでに債権者に相続が発生することが一

---

16 筆者の扱った最近の事件では、破産法157条報告書の要旨に従って報告する際、会場のスクリーンに報告の要点や関係施設の写真等を映写して報告した。

17 『手引』373頁、『債権調査・配当』474頁。官報公告型の最後配当手続については本書Q8-6参照。

18 『手引』374頁。中間配当については本書Q8-7参照。ただし、筆者の経験では、債権者多数の事件では1回の配当についての事務負担（手間と費用）が大きいので、中間配当を選択しないこともある。

定数ある。その場合には、相続人から戸籍謄本・除斥謄本や遺産分割協議書などの資料を入手する作業が必要になる[19]。なお、債権者が死亡していることは明らかであるものの相続人が不明な場合には、債権者不確知を理由とする供託（民法494条）を実施することになろう[20]。

Q 3-5　債権者破産における破産管財人の留意点

債権者申立事件において、破産管財人はどのような点に留意する必要があるでしょうか

土岐　敦司＝清水　亜希

1　債権者申立事件の特徴

破産手続開始の申立ては、債権者からも行うことができる（法18条1号）が、債権者申立事件は、債務者（被申立人）の意に反して破産手続が開始されることが多いという点で、自己破産事件とは異なる。そのため、破産者の協力が得られない可能性があり、また、申立時の資料が不足しているケースが多いという特徴がある。一方で、破産者による財産処分や財産逸失のおそれが高いため、破産管財人としては、かかる特殊な状況を踏まえての対応が必要となる。

2　債権者申立事件の主な類型

債権者申立事件には、次のような類型がある。

19　遺産分割協議が調っていない場合には法定相続人全員の押印のある振込送金依頼書の提出を受ける等して、相続人間の紛争に巻き込まれないようにする必要がある。

20　縣俊介ほか編『倒産債権の届出・調査・確定・弁済・配当マニュアル』（三協法規出版、2017年）381頁〔今井丈雄〕

(1) 消費者被害型・詐欺型

違法なマルチ商法ないし詐欺事件により、消費者被害が生じている債権者が、経営者の不正追及及び経営の実態解明を目的として、債権者申立てを行うことがある。債権者申立事件においては、この類型が最も多く、かつての豊田商事やL&Gの事件がある。これらの事件は、債権者（被害者）が多数であること、債権者（被害者）・破産者間の対立が大きいことが特徴としてあげられる。この類型においては、破産者の協力を得られないほか、事業実態のない詐欺型の事件もあり、管財業務の遂行には困難を伴う。

なお、大型の消費者被害型の管財業務の処理の留意点については、本書Q3-4（多数当事者事件における破産管財人の留意点）も併せて参考にされたい。

(2) 経営陣等が失踪したような場合

経営陣が失踪して、事業が中断しているような場合に、債権者がその有する債権の会計処理や税務処理ができないなどの理由や、債務者財産の散逸の防止のために破産手続開始を申し立てることがある。このような類型においては、債務者側で破産手続開始決定を積極的に争わないことも多いが、早期に調査にあたることが重要である。なぜなら、手続開始前に、他の債権者が債務者の財産を勝手に持ち去っていたり、債務者と共謀してこれを隠匿（存在しない債権に基づく、虚偽の内容の「即時に強制執行が可能な公正証書」を作成して、売掛金に債権差押えを行っていた事例も過去に見受けられた。）したりしていることもあるからである。

(3) 経営陣があくまで事業の継続に固執していた場合

破産原因たる事実が存在し、それ以上の事業継続が会社財産の劣化をもたらすことが明らかであるにもかかわらず、債務者の経営陣が事業の継続に固執する場合に、債権者が破産手続開始の申立てを行わざるを得ないことがある。特に、このような状況の下、破産手続開始申立ての準備をしている段階で、債務者がその事業の一部又は全部を第二会社に移してしまうことも見受けられる。そのような場合には、否認権の行使や、適正な事業譲渡代金が未

第3章　初期対応・留意点　107

払いであることを理由とする損害賠償請求も考慮する必要がある。

3　破産会社の現状把握において留意すべき事項

(1)　初動において把握すべきこと

　債権者申立事件の場合には、破産手続開始の原因につき争いのある事件が多いため、裁判所は、申立債権者や債務者に対し、事前に発令の見込みや時期を伝えないことが一般的である[1]。そのため、破産管財人候補者の段階では、申立債権者と面談したり、債務者から事情を聴いたりすることはむずかしい。しかも、申立段階では、資料が十分にそろっておらず、財産状況等を十分に把握できない一方で、破産者による財産の処分や散逸のおそれも強いため、破産管財人就任後の初動が重要となる。

　まず、破産者（破産会社）において、経理やコンピュータ（システム）に精通している者を把握し、協力を仰ぐとともに、情報収集に努めるべきである。

　また、破産財団の保全と確保の観点から、執行機関による封印執行（法155条1項）や裁判所書記官による帳簿閉鎖（同条2項）も検討すべきである。

(2)　破産管財人の権限の活用

　債権者申立事件においては、破産者からの事情聴取すら実現できない場合も少なくない。そのため、破産管財人の権限を活用し、関係者を説得することが重要である。具体的には、破産者、破産者の代理人、理事及び取締役等には説明義務（法40条1項）があり、また、重要財産開示義務（法41条）があることを説明するとともに、これに違反した場合には、情報収集を阻害する罪（法268条1項ないし5項、269条）に該当するとともに、個人の場合には免責不許可事由に該当する（法252条1項11号）可能性があることを説明して協力を求めることになる。なお、破産者が破産管財人との面談に応じない場合は、破産者を裁判所に呼び出し、裁判所で審尋を行う事例もある[2]。

1　『手引』362頁
2　『手引』155頁

(3) 経理調査の必要性

債権者申立事件においては、経理調査の必要性は高い。その方法として、まず、会社内における協力者を探すこと、また、早急に顧問税理士と面談し、過去の税務申告書や関連資料の提供を依頼することが有用である。税務申告書には債権者も記載されているため、これらの債権者に債権届出書や通知を出し、情報を得ることもできる[3]。なお、税務申告書については、税務署でも閲覧が可能である。預金取引明細書や銀行照会も、否認行為や相殺禁止対象行為を確認する資料としては重要となる。

転送郵便物も貴重な情報源となる。破産手続開始決定直後には、裁判所は破産者の本店所在地や住所地にしか回送嘱託をかけていないことが多いが、支店、営業所、居所などにも広げることにより、より有意な情報が得られることがある。その際、役所に対する固定資産税の課税の有無の照会や、水道局に水道供給契約の有無を照会することにより、営業所等の存在が判明することもある[4]。

なお、債権者申立事件の場合、債務者が、破産申立ての事実を知って、詐害行為や偏頗行為に及ぶ可能性は高いため、かかる行為を疑いながら経理関係の調査をする必要がある。

(4) 電子データの解析

債権者申立事件においては、申立時の情報や資料が乏しいため、電子データ（コンピュータ）の解析も重要となる。システムを外注している場合には、当該外注先も含めて調査し、協力を依頼すべきである。特に、経理書類や財産関係の書類について、改ざん等が行われていることが疑われるときは、デジタル・フォレンジックにより、電子データの復元を行うことで、実態を解明することが可能となる場合がある。また、同様の方法により、直前の経営陣等のメールを調査することにより、財産隠匿の事実を発見することもある。

---

3 福田大助「債権者申立の破産事件に関連する諸問題」自正2010年8月号43頁以下
4 『破産200問』78頁〔中西達也〕

⑸　従業員の協力

　経理やシステムや財産状況に詳しい従業員の協力を得ることはもちろん、従業員の未払賃金等（残業手当を含む）を確定するため、破産者（破産会社）の従業員の勤務実態や労務管理に精通している従業員の協力を得ることも必要である。従業員が雇用されている、又は直前まで雇用されていた場合には、履行補助者としての協力を依頼することが考えられるが、その際にも、従業員には、破産管財人は裁判所から選任された公正な立場で職務にあたっていること、決して従業員の敵ではないことを理解してもらい、信頼関係を築くことが重要となろう。

　この点、消費者被害型、詐欺型の事件においては、従業員が不法行為に関与している可能性もあるため、履行補助者として適切に業務を遂行できるのか、許容性と必要性の判断をする必要がある[5]。

4　取引先などとの関係

　取引先に対しては、個々の取引内容や契約関係を精査の上、未処理案件の適正な処理を申し出ることも重要である。未収金の存在が発見されたり、在庫商品が破産財団のうちかなりの割合を占めている事案などでは、従前の取引先に商品の引取りなどの協力を要請することにより、一括の処分よりも有利な価格で換価できる場合が多い。

5　旧代表者などに対する責任追及

⑴　役員に対する責任追及

　破産管財人において、破産手続開始に至った事情及び破産者ならびに破産財団に関する経過を調査した結果、旧代表者など取締役等に責任追及（損害賠償請求）すべき場合がある。役員の責任追及の方法としては、損害賠償請求訴訟のほか、破産法上の役員の責任の査定手続（法178条1項）が定められ

5　福田・前掲注3・45頁

ている。もっとも、法人の役員については、法人と同時に破産手続が係属するのが大半であり、その回収可能性に乏しいことから、申立てがされる事例は多くない[6]。

(2) 破産犯罪・刑事告訴等

破産法は、破産債権者を害する行為のうち、特に違法性の強いものについて、破産犯罪の規定を設けている。破産者が、債権者を害する目的で、財産隠匿行為や、財産を物理的に損壊したり、現状を改変して経済的価値を毀損する行為をした場合、また、破産者の財産を不利益に処分したり、不利益な債務を負担する行為、不利益でなくても財産譲渡又は債務負担を仮装する行為も詐欺破産罪を構成する（法265条1項各号）。破産者の業務及び財産の状況に関する帳簿、書類その他の物件を隠滅、偽造、変造した場合にも処罰の対象となる（法270条）。管財業務の過程で、これらの行為を確認した場合には、刑事告訴等も検討すべきである。

6 その他の留意点

(1) 第三者予納の予納金の処理

債権者申立事件の予納金は、破産管財人報酬などの手続費用を確保するために申立債権者に予納させたものであり、当然に破産財団に属するものではない（予納の段階で返還を求めるか否かの意思確認がなされていればそれに従う。）。申立債権者が支出した予納金は、破産管財人報酬に次ぐ第2順位の財団債権となり（法148条1項1号）、破産管財人の報酬を確保した後、予納金を申立債権者に返還した上で、公租公課等の他の財団債権の支払や破産債権への配当がされるため、破産管財人は注意を要する[7]。

(2) 免責申立て

破産者が個人の場合、自己破産事件とは異なり、債権者申立事件において

---

6 『手引』235頁
7 『手引』155頁

は、みなし免責申立ての規定の適用はなく（法248条4項）、破産者及び代理人が、破産手続開始決定の確定から1カ月以内に自ら免責許可の申立てを行わなければならない（法248条1項）。債権者申立事件では、破産者の誤解又は失念により、申立てがないまま申立期間が経過する事例もあり、免責許可の申立てがされない場合には、破産管財人としては、免責許可申立てには期間制限があることを説明し、その意思確認をするなど、注意を払っておく必要がある[8]。

Q 3-6　準自己破産における破産管財人の留意点

準自己破産申立事件において、破産管財人はどのような点に留意する必要があるでしょうか

樋口　收

1　準自己破産手続の意義及び手続

　破産法は、破産手続開始の申立てを行う権限を、破産しようとする債務者自身及び当該債務者に対する債権者に与えている。前者による場合を通常自己破産、後者による場合を債権者破産と呼んでいる。ところで、自己破産申立ては、申立人である債務者が株式会社のような法人の場合、その経営にかかわる重大な事項であるから、株式会社であれば取締役会の決議等の機関決定によってなされるのが原則である。しかし、実際には代表者が死亡していたり、病気等による長期療養等の事情で会社の経営に長期間関与できなかったりする状況が継続していて、いざ破産申立てを行うとしても、取締役全員での機関決定ができない場合がある。また、特定の取締役が破産申立てに反対している等の事情で、機関決定ができない場合も考えられる。このような場合、仮に当該会社自体に、真実は破産原因があるにもかかわらず、機関決

8　『実践マニュアル』33、84頁以下

定ができないことを理由に事態を放置すると、財産の散逸はもちろん、偏頗弁済などがなされることで、法定財団が不当に歪められるおそれがあり、その結果、債権者その他の利害関係人の利害及び債権者と債務者との間の権利関係を適切に調整し、もって債務者の財産等の適正かつ公平な清算を図るとの破産法の目的を逸脱するおそれがある。

そこで、破産法は、法人については、当該法人の理事、清算人等も破産手続開始の申立てをすることができるとした。具体的には、①民法34条の規定により設立された法人にあっては理事（一般社団法人及び一般財団法人についても同様である）、②株式会社又は相互会社（保険法2条5項）にあっては取締役、③合名会社、合資会社又は合同会社にあっては、業務を執行する社員（会社法593条1項）、④①ないし③の法人が清算手続中の場合にあっては清算人（会社法593条2項）に、それぞれ破産手続開始の申立権が認められており、その者が代表権を有するか否かは問わないとされている。実務上は、理事等による申立てを「準自己破産」と呼んで、自己破産とは区別している。

2　準自己破産申立ての手続

準自己破産の申立てを行う場合には、破産手続開始の原因となる事実を疎明しなければならない（法19条3項）。理事、清算人等の一部の者から破産手続開始の申立てがなされた場合に理事、清算人等の間で破産手続開始の原因となる事実の有無に関する意見が相違する場合もあり、一般に破産手続開始の原因となる事実の存在が必ずしも明白ではないこと、また実際に、破産手続が経営権をめぐる係争に利用されるおそれがあることから、適法要件として、その疎明をする必要があるというのがその理由とされる。

破産原因の疎明は即時に取り調べることができる証拠によってしなければならない（法13条）。疎明資料としては、債権の存在につき確定判決、和解調書、公正証書、手形・小切手、契約書、請求書、売掛台帳などがこれに当たるとされる[1]。

なお、準自己破産事案で、申立ての結果、破産手続が開始した場合、代表

1　『条解』136頁、『大コンメ』75頁〔世森亮次〕等

取締役が存在しない、あるいは代表取締役が破産手続による清算処理自体を
争う等の事情で、後々、手続的瑕疵が主張される可能性に備え、申立人側
で、あらかじめ、破産手続開始決定の送達先として、特別代理人を選任する
場合がある。しかし、破産手続開始の決定はその決定の時から効力を生ずる
のであり（法30条2項）、決定書の送達が効力要件となっていない以上、特別
代理人の選任が理論的に必要不可欠とはいえないとの立場もあろう。ちなみ
に、東京地方裁判所の実務では、特別代理人の選任を求めていない。

3　準自己破産事案における破産管財実務上の留意点

　ところで、準自己破産は、上記のとおり、法人の業務執行機関内に機関決
定ができない事情がある場合に認められる制度であるが、同じく機関決定が
できない場合でも、代表者をはじめとした特定の理事が死亡したまま欠員と
なっていたり、長期療養中や海外渡航中、さらには音信不通などの事情で、
仮に機関決定をしたくても物理的にできなかったりする場合には、欠員や不
在の理事以外の理事間には、破産申立てについて意見の一致がある場合も多
く、そのような事情があれば、破産手続開始後、破産管財人としてもその時
点で事実上存在する理事らの協力を得て破産管財業務を遂行することはさほ
ど困難ではないが、問題は理事の間に破産申立てについて激しい意見の対立
がある場合である。
　上記のとおり、準自己破産申立事例では、破産開始のためには破産手続開
始の原因となる事実を疎明しなければならないとされているから、破産管財
人が就任した時点で、破産原因の疎明は既に完了しているはずである。しか
し、例えば上場企業でありながら、適時開示を履践できない、粉飾決算等経
理面の不正が連続し、また経営陣について刑事責任が発生する等、上場の維
持が極めて困難となった企業について、上場を維持するか否かで経営陣の間
で激しい意見の対立が起こることがある。実際に、代表取締役社長が単独で
準自己破産申立てを行ったのに対し、他の取締役らが外部資本の注入等によ
る再建が可能として、上記代表取締役の職務執行停止の仮処分の申立てを
行ったといった事案も存在する。このような事案では、破産手続の開始を留
保し、いったん保全管理命令を発令して、破産手続開始の原因となる事実の

114

疎明がなされるのかを確認し、そのうえで破産手続を開始して破産管財人が選任される場合もあろう（東京証券取引所の規程上は、「上場会社が法律の規定に基づく会社の破産手続、再生手続若しくは更生手続を必要とする場合又はこれに準ずる状態になった場合」を、上場廃止事由としているが（有価証券上場規程（東京証券取引所）601条1項7号、同施行規則601条7項）、その規定振りからして、債権者破産や準自己破産によって申立てがなされた場合は、直ちに廃止とならないとの解釈も可能であり、混乱を最小限にするためにいったん保全管理命令の発令をブリッジする扱いにも一定の合理性があろう）。

　ただ、最終的に破産管財人に就任しても、経営を司る取締役らがそれぞれ裁判所に独自の主張を展開し、管財業務への協力を事実上拒んだり、管財業務の遂行が妨げられたりする事態が想定される。破産財団に属する財産の管理処分権は破産管財人に専属するので（法78条1項）、破産管財人はその権限を背景に、ある時は、民事保全法上の断行仮処分や、破産法上の責任査定制度の適用等を上手に匂わせながら、必要な情報開示を求める等厳しい姿勢で協力を求めたり、ある時は破産手続の趣旨を理解させたりすることを通じて、より積極的な管財業務への協力を説くことで、最終的には破産財団の充実を目指すことになる。

Q 3-7　相続財産破産・信託財産破産における破産管財人の留意点

相続財産破産申立事件において、破産管財人はどのような点に留意する必要があるでしょうか。信託財産破産申立事件の留意点についても教えてください

辺見　紀男

1　はじめに

　相続財産破産及び信託財産破産は、各財産自体に破産能力を認め、これを清算対象とする手続である[1]。これらの手続では、関係者につき一般の破産

手続とは異なる利害調整が必要であることなどから、破産法は特則を設けて
いる。破産管財人は、これらの特則の趣旨を理解し、破産財団の範囲、関係
当事者の地位、債権の優劣、否認権規定の適用関係等一般の手続と異なる扱
いに留意する必要がある。

2 相続財産の破産

(1) 相続財産に関する破産法の特則

相続の開始により、被相続人に帰属したいっさいの権利義務（相続財産）
は、相続人に承継されることから（民法896条）、相続財産か相続人の財産の
いずれか又は双方の経済状態が悪化している場合には、各関係者間で利害が
衝突するおそれがある。

この場合、民法は、相続人及び受遺者に対しては、承認（単純、限定）、相
続放棄の制度を設け（民法915条～940条、986条～990条）、各債権者に対して
は、財産分離の制度（第一種財産分離（民法941条～949条）、第二種財産分離
（民法950条））を用意している[2]。

一般にこれに対し、破産法は、これら関係者の利害調整を積極的に図り、
相続財産の終局的清算を行うものとして、相続財産の破産（法222条～237
条）、相続人の破産（法238条～242条）及び受遺者の破産（法243条、244条）に
ついて特則を設けている。

相続財産の清算は、民法上の上記各制度によることも可能であり[3]、手続
が簡易で時間的、費用的な負担も少ないことなどから、相続財産の破産の事
件数は少ないといわれている[4]。

しかし、破産手続では、公正中立な機関である破産管財人による債権確定

---

1 相続財産破産における「破産者」については、相続人破産者説、被相続人破産者説、
　相続財産破産者説（多数説、裁判例（高松高決平 8 . 5 .15判時1586号79頁））の議論が
　ある（『条解』1474頁、『伊藤』86頁、『破産200問』173頁〔栗原守之〕）。
2 『注釈（下）』498頁〔平岩みゆき〕
3 限定承認者や相続人には、債権者に対して公平な弁済をなすべき義務が課されている
　（民法929条、947条 2 項、950条 2 項）。
4 『条解』1473頁、『注釈（下）』499頁〔平岩みゆき〕

手続が行われ、より平等な弁済が期待でき、また否認権や相殺制限による権限の適切な行使により、分配原資たる相続財産の増殖を図ることも期待できる[5]。ただ、実務上は、その資産、負債の状況につき、通常最もよく知る被相続人自身から事情聴取ができないことなどから、破産管財人には、一般の破産手続とは異なる業務遂行の困難が伴うことも想定され[6]、客観的証拠に基づくより慎重な調査等が求められる場面も少なくない。

(2) 相続財産の破産が生じる場合

相続財産に対する破産手続開始決定は、「相続財産をもって相続債権者[7]及び受遺者に対する債務を完済することができないと認めるとき」に行われる（法223条）[8]。

相続財産の破産が生じるのは、次の4つの場合である[9]。

① 債務者の死亡後、当該相続財産に対して破産手続開始申立てがなされる場合（法224条）。

② 破産手続開始の申立後、開始決定前に債務者について相続が開始し、当該相続財産について破産手続が続行される場合（法226条）。

③ 破産手続開始決定後に破産者が死亡し、当該相続財産について破産手続を続行する場合（法227条）[10]。

④ 相続人のあることが明らかでないために相続財産が法人となり（民法951条）、相続財産管理人が破産手続開始申立てをした場合（法224条）。

---

5 『注釈（下）』500頁〔平岩みゆき〕、『条解』1472頁、『基本法コンメ』522頁〔笠井正俊〕。相続財産破産が開始されれば、限定承認や財産分離に優先するとされている（法228条ただし書）。

6 相続人等には、説明義務等が課されている（法230条）。

7 相続人の債権者は相続債権者（破産債権者）ではない（法233条）。

8 「支払不能」は、信用や労力等による将来の財産増加の可能性を考慮する概念であることから破産原因とされていない（『注釈（下）』509頁〔石部雄一〕）。

9 『注釈（下）』499頁〔平岩みゆき〕

10 この場合の破産財団の範囲については、旧破産財団が拡張するとの見解もあるが、通説は、固定主義（法34条1項）及び新債権者保護の観点から、破産手続開始決定時に成立した破産財団所属財産に限られると解している（『条解』1494頁、『大コンメ』967頁〔中島弘雅〕）。

第3章 初期対応・留意点 117

(3) 破産財団の範囲

相続財産破産における破産財団の範囲については、基準時について特則が設けられていないことから、一般原則（固定主義、法34条1項）に従い、手続開始時を基準に考えるのが通説である（法229条1項前段）[11]。

破産財団の範囲に関連して、被相続人が相続人に対して有していた権利が混同（民法179条1項本文、520条本文）によって消滅しないことや（法229条1項後段、相続人の被相続人に対する権利については法232条）、相続開始後、破産手続開始決定までの間に、相続人が行った相続財産の処分の効果についても定めがある（法229条2項・3項）。

なお、破産者たる相続人も、相続について放棄や承認等の選択権を有するが、破産債権者の利害にかかわることから、破産者が破産手続開始決定後にした単純承認や相続放棄は破産財団に対しては限定承認の効力を有するとするほか（法238条1項）、破産管財人に相続放棄に関して、裁判所の許可を得て承認する権限を与えるなど（法238条2項、78条2項6号）、特則を設けている（法238条以下）[12]。

(4) 免責手続、配当における優劣、否認権に関する特則

破産法227条により破産手続が続行された場合は、免責手続は当然に終了する[13]。この場合、相続人は限定承認や相続放棄の手続をしないと相続債権者が相続人の固有財産に対して権利行使することを阻止できない点に留意しなければならない[14、15]。

---

11 『伊藤』88頁、『条解』1498頁。相続開始時を基準とする見解もある（『大コンメ』972頁〔中島弘雅〕）。

12 破産手続開始時に遺産分割が未了の場合、破産管財人が遺産分割協議に加わることができるかについては、肯定するのが通説である（『注釈（下）』544頁〔松永和宏〕）。

13 『注釈（下）』521頁〔渡辺耕太〕

14 『破産200問』174頁

15 この場合、相続人の債権者は、第二種財産分離の請求が必要である（民法924条、941条1項）。他方、破産手続の廃止や破産管財人の財産放棄がなされた場合、破産手続開始決定後の相続開始など相続財産が自由財産となる場合などは、相続債権者及び受遺者は第一種財産分離の請求が必要となる（『注釈（下）』523頁〔渡辺耕太〕）。

そのほか、相続財産の破産手続における配当に関する相続債権者と受遺者の優劣（法231条2項）、否認権に関する特則（法234条〜236条）にも留意する必要がある。

3　信託財産の破産

(1)　信託財産の意義、信託財産破産の特則

「信託財産」とは、「受託者に属する財産であって、信託により管理又は処分をすべき一切の財産をいう。」（信託法2条3項）。信託財産は、信託者に属する財産ではあるが、当該信託の目的に従って管理、処分されるべき財産であるから、受託者の責任財産とならず、当該信託に関連して発生した債権（信託財産責任負担債務（信託法2条9号）に係る債権）の引当となる財産である。したがって、受託者が破産しても、その破産財団に属さない（信託法23条1項参照）。他方、信託財産が、信託に関連して発生した債権を満足させるに足りる弁済能力を欠くに至った場合は清算手続が必要となる。

信託については、新たな信託法（平成18年法律第108号）の成立に伴う破産法の改正により、信託財産に破産能力を認め、信託財産の破産に関する特則（法10章の2）が設けられた。

(2)　破産管財人の権限、破産財団の範囲

信託財産に属する財産の管理処分権は、原則として受託者に属するが（信託法26条）、信託財産について破産手続が開始された場合は[16]、信託財産に属するいっさいの財産（信託法2条3項、16条〜19条、226条3項、228条3項、254条2項）は、破産財団を構成し（法244条の5）、その管理処分権は破産管財人に専属することになる（法78条1項）。したがって、受託者が信託行為により管理処分権が制限されている場合でも、破産管財人は制限を受けることなく管理処分権を行使することができる[17]。破産管財人は、破産財団を確保するにあたり信託法の規定に留意する必要がある[18]。

16　信託財産について破産手続が開始されると、信託は終了する（信託法163条7項）。

また、信託財産破産において、破産管財人には、受託者に対するさまざまな権限が与えられていることに留意する必要がある。すなわち、信託において、受託者は受益者に対して忠実義務を負う（信託法30条）一方、受益者には受託者に対する監督権限（信託法27条、31条、32条）や責任追及又は免除する権限（信託法40条、41条、42条）が与えられているが、破産手続開始後はこれらの権限は破産管財人が行使する（法244条の11第1項）[19]。

(3) 配当における優劣、否認権に関する特則

そのほか、破産管財人は、信託債権と受益債権における配当に関する優劣（法244条の7）、否認権に関する特則（法244条の10）にも留意が必要である。

Q 3-8　保全・執行に対する対応

破産手続開始決定時に保全処分あるいは強制執行等がなされていた場合、破産管財にはどのように対応すべきでしょうか

服部 明人＝牧 恭弘

1　総　論

破産手続開始の決定があった場合、破産債権又は財団債権に基づく「強制執行、仮差押え、仮処分」等で、破産財団に属する財産に対して既にされているものは、破産財団に対してはその効力を失う（法42条2項本文）。した

17　『注釈（下）』599頁〔深山雅也・俣野紘平〕、568頁〔深山雅也〕。信託の変更や併合に同意する権限（信託法149条、151条）や信託の変更を命ずる裁判の申立権（信託法150条）など信託財産に属する財産の管理及び処分をする権利とは関係ない権利について、受託者がなお保有するか否かについては争いがある（肯定的見解として『大コンメ』1016頁〔村松秀樹〕、否定的な見解として『条解』1550頁）。

18　対抗要件につき信託法14条、受託者の固有財産と信託財産が識別不能となった場合等につき信託法18条、破産管財人による受託者に対する損失補填責任の追求（法244条11、信託法40条）など。

19　受託者等には、破産管財人に対する説明義務等が課されている（法244条の6）。

120

がって、破産管財人は、特別の手続を要することなく、「強制執行、仮差押え、仮処分」等の個別執行の効力を否定できる。

　もっとも、仮差押え及び強制執行については、各保全裁判所・執行裁判所にて、個別の運用が存在することがある。以下では、東京地方裁判所民事第20部、東京地方裁判所民事第9部（以下「保全部」という）及び東京地方裁判所民事第21部（民事執行センター。以下「執行センター」という）における運用を前提として説明する。

2　仮差押えに関する東京地方裁判所における運用

(1)　不動産の仮差押え

a　不動産の仮差押えの執行としての仮差押えの登記（民事保全法47条）は、例えば破産手続開始の決定が取り消された場合（法33条3項）等には仮差押債権者のために効力が復活すると解されており、また、破産管財人が仮差押えの効力を破産財団のために有利に援用する場面があり得ると考えられている（名古屋高決昭56.11.30金法1007号54頁）。

　このため、保全部においては、このような配慮が不要となった時点、つまりは、破産管財人によって不動産の任意売却がされた後に、裁判所の嘱託で仮差押登記を抹消する運用である[1]。

b　ゆえに、破産管財人は、不動産の任意売却をする前には、不動産の仮差押えの登記に関する処理をする必要はなく、これを無視して任意売却をしてよい。任意売却をした後に、保全部宛てに、「仮差押えの登記の抹消を嘱託すること」の上申をすることになる[2]。この上申書の添付書類は、破産管財人資格証明及び印鑑証明書1通である。

(2)　債権の仮差押え

a　債権の仮差押えの執行として第三債務者に対し債務者への弁済を禁止す

1　八木一洋・関述之『民事保全の実務〔第3版増補版〕（下）』（金融財政事情研究会、2015年）289頁以下〔野口忠彦〕
2　『手引』【書式15】参照

第3章　初期対応・留意点　121

る命令（民事保全法50条）が発令されていても、破産管財人は、破産法42条2項本文に基づき、これを無視して第三債務者に対して支払を求める（又は供託所で供託金の還付手続をする）ことができる。もっとも、運用上、破産管財人は、第三債務者に対して支払を求める（又は供託所で供託金の還付手続をする）のに先立ち、①仮差押債権者による任意の仮差押命令の取下げ（同法18条）、②保全部による失効通知、③保全部による取消決定（同法38条）のいずれかの手続を経たうえで、第三債務者に対して支払を求める（又は供託所で供託金の還付手続をする）こととされている[3]。

b　ゆえに、破産管財人は、まずは、上記①ないし③の手続を行う。例えば、②の手続は、保全部宛てに、「破産法42条2項により、仮差押えの効力は、破産財団に対する関係では、消滅したことを当事者に通知すること」の上申をすることになる[4]。この上申書の添付書類は、破産管財人資格証明及び印鑑証明書1通である。

　実務上は、仮差押債権者による任意の仮差押命令の取下げ（上記①の手続）に応じてもらえることが多い。債務者につき破産手続開始が決定した以上は、仮差押命令が仮差押債権者のために効力が復活する場面はまれであることや、仮差押命令の発令を受けるために仮差押債権者が多額の担保金を供託するのが通例であるところ、破産管財人から担保取消しの同意を受けることができれば、直ちに当該担保金の返還を受けることができるためである。なお、担保額が100万円を超えている場合には、担保取消しの同意について事前に破産裁判所の許可が必要となる（法78条2項12号・3項1号、規則25条）。

c　第三債務者が供託をしており、供託所で供託金の還付手続をする必要があるときには、保全部の失効証明書が必要となる。ゆえに、この場合には、破算管財人は、保全部宛てに、上記②の手続に係る上申書を提出し、これとあわせて、失効証明申請書を提出して[5]、保全部より失効証明書を受領することになる。

3　『手引』112頁
4　『手引』【書式19】参照
5　『手引』【書式20】参照

3 強制執行に関する東京地方裁判所における運用

(1) 不動産の強制執行

a 執行センターでは、不動産執行の方法としての不動産の強制競売（民事執行法43条、45条）について、破産管財人から強制執行「停止」の上申書を受けてから、当該強制競売を停止するという運用である[6]。この上申書の添付書類は、破産手続開始決定の正本、破産管財人資格証明及び印鑑証明書を各1通である。

b ゆえに、破産管財人は、係属している強制競売を破産財団のために利用する場合を除き（法42条2項ただし書）、直ちに、執行センター宛てに、強制執行停止の上申書を提出することとなり、そのうえで、不動産の任意売却を進めることになる。

(2) 債権の強制執行

a 執行センターでは、債権執行の方法としての債権差押命令（民事執行法143条）について、破産管財人から強制執行「取消し」の上申書を受けてから、当該債権差押命令を取消決定するという運用である[7]。この上申書の添付書類は、破産手続開始決定の正本、破産管財人資格証明及び印鑑証明書を各1通である。債権差押えの場合には、不動産の強制競売の場合と異なり、手続の停止ではなく、職権で当該債権差押命令の取消決定がされる。

b ゆえに、破産管財人は、直ちに、執行センター宛てに、強制執行取消しの上申書を提出することとなり、そのうえで、第三債務者に対して支払を求める（又は供託所で供託金の還付手続をする）ことになる。

c なお、第三債務者が供託をしており、供託所で供託金の還付手続をする必要があるときには、執行センターの払渡額証明書が必要となる。ゆえに、この場合には、破算管財人は、執行センター宛てに、払渡額証明に係る上申

---

6 相澤眞木・塚原聡編著『民事執行の実務【第4版】不動産執行編（上）』（金融財政事情研究会、2018年）280頁以下
7 『手引』【書式16】参照

書を提出して[8]、執行センターより払渡額証明書を受領することになる。供託書へのその他の添付書類は、破産管財人資格証明書（自宅住所入りのもの）と破産管財人個人の印鑑証明書（市区町村発行のもの）である。

4　個別の論点

(1)　扶養義務等に係る定期金債権の差押えの場合の取消し範囲

　差押債権者が破産者に対して扶養義務等に係る定期金債権（以下「定期金債権」という）を有しており、これを請求債権として、破産者の給料債権を差押えしている場合に（民事執行法151条の2）、破産者に破産手続開始が決定したとき、破産管財人が当該債権差押命令の取消しを求める範囲については、議論がある。確定期限が到来していない定期金債権についても、債権執行が認められているためである（同条1項）。

　この点、執行センターでは、定期金債権の性質について、所定の親族関係の存在や要扶養状態という事実関係に基づき日々新たに発生する性質の権利であることを重視して、破産手続開始後に支払期限の到来する定期金債権については、破産債権該当性（法2条5項）を否定する運用である[9]。この結果、破産手続開始決定後に支払期限の到来する定期金債権に基づくもので、かつ、破産手続開始決定後の給料債権については、差押えの効力が維持されるべきことになる。

　したがって、破産管財人としては、破産手続開始決定前に支払期限の到来する定期金債権に基づくもの、又は、破産手続開始決定日の前日までの給料債権を差し押さえるものに限って、当該債権差押命令の一部取消しの上申をすることとなる。

(2)　給料債権差押えの取消し又は失効の時期についての留意

　破産者の給料債権が差押えされている場合（上記4(1)と異なり請求債権の内

8　『手引』【書式17】参照
9　相澤眞木・塚原聡編著『民事執行の実務【第4版】債権執行編（上)』（金融財政事情研究会、2018年）334頁

容を問わない）に、破産者に破産手続開始が決定したとき、管財事件であれば、直ちに破産管財人が執行センターに対して強制執行取消しの上申書を提出し、執行センターによって当該債権差押命令の取消決定がされるので、破産者は、破産手続開始決定後、適宜に給料債権を取得することができる。

　一方で、同時破産廃止事件（法216条）であれば、破産手続が開始決定と同時に終了となるため、破産法42条2項本文の効力が生じない。通例、あわせて申立てがされる免責許可の申立てに係る免責許可決定が確定してはじめて、当該債権差押命令が失効することになる（法249条2項）。ゆえに、破産者は、破産手続開始決定後も免責許可決定が確定するまでの期間は、給料債権を取得することができない。

　申立代理人としては、破産者において、差押えに係る給料債権を適宜に取得しなければならない個別の事情がある場合には、管財事件を選択することを検討する必要がある[10]。

Q 3-9 破産管財業務と専門家補助

　破産管財業務において、専門家の補助はどのような場合に必要でしょうか

永沢 徹

1　はじめに

　破産管財業務は多岐にわたることから、自ら研鑽を積むことは当然として、専門性の高い業務については、専門家に補助を依頼することが適切な場合もある。以下、専門家ごとに述べる。

10　『破産200問』81頁〔三枝知央〕

第3章　初期対応・留意点　125

2 公認会計士・税理士

　破産管財人としては、破産の際における税務申告の要否や還付の可能性の判断を適切に行うことができるよう、税務に関する基本的事項については理解をしておく必要がある。そのうえで、実際の申告業務が必要な場合（どのような場合に申告を行うべきかに関しては、法人について本書Q11-2、個人について本書Q11-7参照）は公認会計士や税理士に委任することになろう。

　この点、破産者が前事業年度や前々事業年度に法人税を納付していた場合や、法人税や消費税等の中間納付をしている場合、仮装経理による過大申告を行っていた場合等、税金の還付が見込まれる場合には、破産財団の増殖に直結することから、早い段階で公認会計士や税理士に委任を行うことが重要である（破産手続開始決定後2カ月以内に解散事業年度の確定申告を行わないと、青色申告の承認が取り消され、還付を受けられなくなる可能性がある）。予想される破産財団の額との関係で、税理士等への報酬の支払に懸念がある場合であっても、還付の可能性が高ければ、完全成功報酬ベースで依頼を行うことも検討に値する。

　税理士等に委任する場合、もともと破産者が従前委任していた顧問税理士等にそのまま委任する場合と、破産管財人が新たな税理士等に委任する場合がある。従前の税理士等に委任する場合、破産者の業務の内容を理解しており、また資料の引継ぎも不要なことから破産管財人としては手間がかからず、また新たな税理士等に委任する場合と比較すれば費用も低廉にすむことが多いと思われるが、顧問料等の未払いがある等の理由により当該税理士等の協力が得られない場合もある。また、そのような場合でなくても、粉飾決算等を理由として更正の請求を行い、払い過ぎていた税金の還付を受けようとする場合等、倒産に伴う税務について一定の知識・経験があることが望まれる場合には、新たな税理士等に委任することが適切な場合もある。したがって、破産管財人としては、いざというときに迅速に依頼できるよう、日頃から倒産事件における税務に精通した税理士等との関係を構築しておくことが望ましい。

3 弁　護　士

　破産管財人は、必要があるときは、裁判所の許可を得て1人又は数人の破産管財人代理を選任することができ（法77条1項・2項）、破産管財人代理は、破産管財人からその職務に関して包括的な代理権限を授与される[1]。破産管財人と同じ法律事務所に所属する弁護士が管財人代理に選任されることが多いが、倒産事件に精通した他の事務所に所属する弁護士が選任されることも少なくない[2]。

　これに対し、特定の法律関係に関する委任で足りる場合には、弁護士に個別案件を委任する場合もある。特殊な分野（知的財産権等）に詳しい弁護士に、その分野の換価等に関してのみ委任したり、破産前に訴訟が係属しており、そのまま従前の訴訟代理人に委任を行ったりする場合などが想定される。

4　ファイナンシャル・アドバイザー（FA）

　破産事件でFAを起用する事案は少ないとは思われるが、仮に事業自体は優良で譲渡が可能な場合、早期に多数の候補者に声をかけ、取引を完了させるためにFAを選任することも考えられる。この点、（会社更生の案件ではあるが）FA報酬について、売却目標価格（ターゲットプライス）以上での事業売却となれば相当価格の報酬を支払うが、ターゲットプライス未満での売却となった場合はそれより低い割合の報酬しか支払わない前提で、FA自体を公募し、ターゲットプライスを各FA候補に提示してもらい、その金額も参考にしてFAの選定を行った案件がある。事業が高く売却できると考える（よい買い手候補者に心当たりがある）FAほどターゲットプライスを高く設定でき、またターゲットプライスを超えた価格での売却に尽力するインセンティブが生じることから、買い手が多く集まると思われるケースでは検討に値しよう。

　なおこの手法は、人気が高い不動産を売却する際に、依頼する不動産仲介

1　『条解』616頁
2　『手引』370頁

業者の選定及びその仲介手数料にも応用が可能である。

5 その他専門家

破産者に従業員が多数おり、給料等の未払いがあるような場合、従前破産者が委任していた社会保険労務士がいれば、協力を依頼することも検討する。

その他専門業者については、不動産仲介業者、自動車や動産の買取りを行う業者、事務所等の明渡作業及び廃棄物の処理を行う業者、土壌汚染の調査・対応を行う業者等、必要に応じて、また財団の規模を勘案しつつ依頼することになる。これらの業者については、多数の業者のなかから、管財業務の経験を重ねる過程で、信頼できる業者を選定していくことになろう。

Q 3-10 破産管財業務と従業員の雇用

破産管財業務において、従業員の雇用が必要になるのはどのような場合でしょうか

永沢 徹

1 破産者従業員との協働の重要性

破産管財人は、破産法の目的（法1条）を実現するために、破産財団に帰属する資産の調査と管理換価を行って、その維持・増殖に努めるとともに、破産債権の範囲及び債権額を確定させて、破産財団を原資とする公平な配当を実現することを主たる職責としている[1]。かかる職責を適正に果たすため、破産管財人は、破産手続開始後直ちに、破産者の事業及び資産等を把握して、これを引き継ぎ、その資産等の劣化・散逸を防止しつつ、破産者をめぐる利害関係人の多種多様な法律関係を公正公平に配慮しながら整理してい

---

1 『伊藤』187頁

かなければならない。特に破産手続開始から1カ月間の初動において、いかに破産管財人が管財業務を迅速に遂行し得るかが、円滑かつ適正な破産手続の処理の成否にかかっているといっても過言ではない。

そのためには、破産管財人が、従前の破産者の事業や資産状況等の情報（具体的には、破産者の本社・事業所、工場等の現況や、保有資産の保全状況、従前の経理状況、利害関係人の動向、否認該当行為の有無、その他換価すべき資産やその証憑の散逸防止のために講じるべき措置等）を正確に把握したうえで、遂行すべき管財業務を適切に把握して、その優先順位を判断し、これを実行することが必要不可欠となる。しかし、選任後間もない破産管財人が、これらの情報を直ちに収集し、十分に把握することは必ずしも容易ではなく、また破産管財人や破産管財人代理だけでは、必要人員に不足する事態もあり得る。特に破産者の事業や破産財団の規模が大きければ、それに伴って債権者を中心とする利害関係人は増加し、権利関係も複雑となることから、破産管財人が初動の段階で把握すべき情報も、遂行すべき管財業務も多岐にわたることになる。

そこで、破産管財人には、破産者本人（法人破産の場合には代表者）や申立代理人に加えて、破産者の従業員とも協働し、その協力を得られる体制を速やかに整えることが求められる。

具体的には、総務経理担当者からの協力を確保することが、破産財団の規模にかかわらず、多くの破産事件において必要となる。総務経理担当者は、会社の経理処理や税務申告、従業員の退職事務処理（離職票や雇用保険被保険者資格喪失届の作成、社会保険の切替え、源泉徴収票の発行等）を行ううえで、協力が欠かせないことが多く、帳簿からの換価対象資産の把握、債権調査・認否の段階における破産者側の認識や証憑の有無を確認するうえでもその協力を得る必要が生じる。また総務経理担当者は、会社の内情や破産に至る経緯・事情に通じていることも多く、これらの担当者から代表者等による資産の隠匿や否認該当行為の有無、役員責任査定の要否にかかわる情報が得られることもある。さらに、破産者において、過年度に粉飾決算が行われていた場合には、還付金の請求を行うために、総務経理担当者からの協力を確保することが必須となる。

第3章 初期対応・留意点 129

また、大量の在庫処分を要する破産事件においては、出庫や納品作業のための人員確保の要請に加え、破産者の業務やその業界に習熟している営業担当者の協力を得ることで、従前の販路や処分価額の目線等の把握も可能となる。加えて、破産者の事業所や店舗が各地に多数点在する場合には従前の破産者の組織体制を活かして、従業員の協力を確保し、これらの事業所等の現況保全や閉鎖業務を遂行することが、適当である。特に生鮮食品を取り扱う飲食店の場合には、食品の処分を急ぐ必要があり、店長を中心とする従前の店舗従業員の協力が欠かせない。

　一方で、破産者の事業や業種、専門性との関係で、従業員との協働、協力の確保が必要となるケースも少なくない。例えば、建設会社や建築会社の破産事件において、仕掛り工事がある場合には、発注者及び引継業者との間で当該工事にかかる出来高査定を行って、破産者の有する請負代金債権額を確定させることが求められる。そのため、破産手続開始時に、当該工事内容を把握している施工監理の担当者等の現場従業員を確保して、査定を実施しておく必要があり、かかる出来高査定を初動の段階で実施しなければ、主要な換価対象資産である請負代金債権の立証自体が困難となるおそれが生じる。また、病院の破産事件の場合には、病院という組織自体が各種の専門家を中心に構築されており、医師、看護師、薬剤師等の医療従事者だけでなく、レセプト（診療報酬明細書）作成業務をはじめとする医療事務についても専門的知識を要する特殊性がある。破産手続開始時に入院患者がいる場合、破産管財人は、患者の身体生命の安全確保のため、従業員の理解と協力を得て、入院患者の転院が完了するまでは診療体制の維持に努めなければならないし、既に診療業務が停止している場合であっても、管財業務を遂行するうえで、各種の医療関係者の協力が欠かせないことが多い。

2　管財業務遂行のための従業員の確保と雇用

(1)　従前の雇用契約が終了している場合

　破産管財人は、従業員からの協力を確保するため、破産手続開始の申立てを受けて、破産管財人への就職が内定した段階で、従前の破産者と従業員と

の雇用関係が終了しているのか否か、また未払労働債権や解雇予告手当の有無等を確認する必要がある[2]。

　破産者が破産手続開始の申立前に、全従業員を解雇している場合、破産管財人は、管財業務の遂行に必要となる元従業員を補助者としてあらためて雇用し、その協力を得ることになる。しかしながら、既に従前の雇用契約が終了している場合、元従業員が再就職ずみ、または再就職活動に入っているため、協力が得られない場合や、転居して連絡がとれない場合など、破産管財人が、円滑な管財業務の遂行に必要な補助者を確保できないケースも少なくない。そのため、申立代理人は、破産手続開始後の管財業務の遂行に一定の人員を要すると見込まれる場合には、総務経理担当者を中心とするキーマンの協力を確保するとともに、申立後に破産管財人候補者が内定するまで、全従業員の解雇を保留し、当該破産管財人候補者と打合せのうえ、その判断を仰ぐことが望ましいように思われる。

　破産管財人が元従業員を補助者とする場合には、あらかじめ補助業務の作業量、必要日数等を正確に把握することがむずかしいため、日給制又は時給制でのアルバイトとして雇用することが少なくないと考えられる。

　なお、元従業員から十分な協力が得られるように、雇用保険の基本手当（いわゆる失業手当）の受給との関係に配慮を要する場合がある。失業者が失業手当を受給するためには、公共職業安定所（ハローワーク）に対し、雇用保険被保険者証や離職票等の必要書類を添えて求職の申込みをした日から通算して7日の待機期間に、失業していることが必要とされており（雇用保険法21条）、待機期間中にアルバイトで収入を得ると待機期間が延長され、失業保険の受給開始が延びることになる。そのため、管財業務の遂行上、待機期間中に補助者の協力を得る必要がある場合には留意が必要である。また、元従業員が失業手当を既に受給している場合に補助者としてアルバイト収入を得ることにつき不安を覚えることも少なくない。この点、失業者が失業手当給付期間中にアルバイトで収入を得ること自体は認められているが[3]、1週間の所定労働時間が20時間以上に及ぶなどアルバイト先での雇用保険の加

2　『手引』207頁

入要件を満たしてしまうと「就職」と判断され、失業手当給付が停止される
可能性がある。また、1日4時間以上のアルバイトで収入を得た場合には、
当該労働日数分の失業手当の支給が先送りになるにとどまるが、1日4時間
未満のアルバイトで収入を得た場合には、収入額に応じて失業手当給付額が
減額される場合がある（雇用保険法19条）ので、これらをふまえて雇用条件
を定めることが望ましい。

(2) 従前の雇用契約が終了していない場合

　破産手続開始時点で、従前の破産者と全従業員との雇用関係が終了してい
ない場合、雇用契約は、破産手続開始決定によって、当然には終了しないこ
とから、破産管財人において、雇用契約の終了について判断する必要があ
る。この点、労働基準法20条は、使用者が労働者を解雇しようとする場合に
おいては、少なくとも30日前にその予告をするか、予告せず即時解雇する場
合には30日分以上の平均賃金（解雇予告手当）を支払わなければならない旨
を定めている。そのため、破産管財人は、①全従業員を即時解雇したうえ
で、必要な従業員のみを補助者として再雇用するか、②全従業員に対して、
30日以上前の解雇予告を通知して、解雇予告期間中の雇用契約を維持し、同
期間の経過をもって解雇するか、のいずれかの措置を講じることになる[4]。

　破産管財人が、①の即時解雇の措置を講じた場合には、上記(1)の破産手続
開始前に全従業員が既に解雇されていた場合と同じ取扱いとなる。

　もっとも、破産者の事業や財団の規模次第ではあるが、選任間もない破産
管財人が、適材の従業員を判断して、補助者として確保することは必ずしも
容易でない。また、即時解雇した従業員に対しては、財団債権（法148条1項
2号・4号）としての解雇予告手当の支払を要するが、これに加えて補助者
となる従業員の賃金の支払も生じるため、むしろ破産財団の負担は大きくな

3　なお、失業者は、失業手当給付期間中4週に1度、公共職業安定所に対して提出する
　失業認定書において、対象期間中の就労等の有無や収入額を申告する必要がある（雇用
　保険法15条3項、19条3項）。
4　なお、解雇予告手当を支払った日数分だけ、解雇予告日数を短縮することができる
　（労働基準法20条2項）ことから、①、②の折衷的な運用も紹介されている（野村剛司
　『法人破産申立て実践マニュアル』（青林書院、2016年）35頁）。

る。一方で、従業員にとっては、即時解雇されることで、早期に再就職活動が可能となることや失業手当受給開始を早めることができるメリットはあるが、解雇予告手当は、独立行政法人労働者健康安全機構による未払賃金立替払制度の対象とならないため、特に財団債権を全額弁済できるだけの破産財団の形成が見込めない事案では、かえって不利益を被るおそれがある。加えて、解雇予告手当を支払うことなく、即時解雇を行った場合には、そもそも解雇自体の有効性に疑義が生じかねない点にも留意を要する。

②の解雇予告の措置を講じた場合には、従前の破産者の組織体制を活かして、管財業務を遂行できるため、一般には混乱が少なく、換価業務や事業所等の清算業務、債権者対応もスムーズであることが多いと思われる。ただし、一部の総務経理担当者等に業務が集中する傾向がみられることもあるため、業務の分担や人員の配置については、従業員間の取扱いに不公平が生じないよう、柔軟な配慮が求められる。

なお、破産者の従業員は、就業先の破産によって、既に生活基盤を失っており、不慣れな倒産手続のなかで将来に対する大きな不安を抱えているため、士気が低いことが多い。破産管財人は、管財業務の遂行によって、破産財団が維持・増殖し、労働債権に対する弁済や配当率の向上につながることを説明し、理解を得るように努めることになる。また、破産手続開始時点で未払労働債権がある場合には、破産財団の形成状況をふまえて、裁判所とも協議のうえ、破産手続開始後に発生する労働債権部分について前払いに応じるなどの配慮が適当な事案もあると考えられる。

第3章　初期対応・留意点　133

第4章

財 産 換 価

Q 4-1　　　破産財団の範囲

破産財団の範囲はどこまでですか、換価の基準はありますか

佐々木 英人

1　破産財団

　破産財団とは、破産者の財産又は相続財産もしくは信託財産であって、破産手続において破産管財人にその管理及び処分を権利が専属するものをいい（法2条14項）、日本国内にあるかどうかを問わず、破産者が破産手続開始の時において有するいっさいの財産が破産財団とされる（法34条1項）。この点、破産管財人は、法人の破産事件においては全ての財産を換価の対象とするが、他方、個人の破産事件においては、自由財産（後述）は換価対象とならず、自由財産以外の財産を換価対象とすることになる。

2　自由財産

　個人の破産事件においては、差押禁止財産等は、自由財産として破産財団を構成せず、破産者が自由に管理及び処分できる。破産手続開始決定時点から自由財産となる財産には以下のようなものがあり、さらに、破産管財人が破産財団から放棄した財産、及び後述する自由財産の範囲の拡張の裁判がされた財産（法34条4項）も自由財産を構成する。

①　破産者が破産手続開始後に新たに取得した財産（新得財産）
②　99万円以下の現金（法34条3項1号、民事執行法131条3号、民事執行法施行令1条）
③　民事執行法やその他の特別法に基づく差押禁止財産及び権利の性質上差押えの対象とならない財産（法34条3項2号）

3　自由財産の範囲の拡張の裁判

　自由財産の範囲の拡張の裁判がされた財産は、自由財産となり、破産管財

人の管理処分権は及ばないこととなる。裁判所は、破産者の個別の事情に応じて柔軟に、破産者の生活の状況、破産者の自由財産の種類及び額、破産者が収入を得る見込みその他の事情を考慮して、自由財産の範囲の拡張の裁判をすることができる（法34条4項以下）[1]。この裁判は、破産手続開始の決定が確定した日以後1カ月を経過する日までの間に行うものとされているが（法34条4項）、この期間は不変期間ではないため、裁判所の裁量によって伸長できるものとされている（法13条、民事訴訟法96条1項）。この点、東京地方裁判所では、伸長のための手続も要せずに黙示の伸長決定を行うとの取扱いが定着していることは参考になる[2]。

4　東京地方裁判所における換価基準[3]

東京地方裁判所では、破産者の生存権の保障、現金について99万円まで自由財産とされていることとの均衡、同時廃止事件との均衡、及び管財業務の効率化という観点から、以下のような個人破産の換価基準（以下「換価基準」という）を定め、自由財産の範囲を拡張している[4]。

【個人破産の換価基準】

1　換価等をしない財産

(1)　個人である破産者が有する次の①から⑩までの財産については、原則として、破産手続における換価又は取立て（以下「換価等」という。）をしない。

①　99万円に満つるまでの現金

②　残高が20万円以下の預貯金

③　見込額が20万円以下の生命保険解約返戻金

④　処分見込額が20万円以下の自動車

⑤　居住用家屋の敷金債権

1　『手引』145頁、『破産実務』377頁
2　『手引』146頁
3　大阪地方裁判所においても、予測可能性のある運用を目指し、「自由財産拡張制度の運用基準」が定められている（『はい6民』140頁）。
4　『手引』138頁、『破産実務』373頁

⑥　電話加入権

⑦　支給見込額の8分の1相当額が20万円以下である退職金債権

⑧　支給見込額の8分の1相当額が20万円を超える退職金債権の8分の7

⑨　家財道具

⑩　差押えを禁止されている動産又は債権

(2)　上記(1)により換価等をしない場合は、その範囲内で自由財産の範囲の拡張の裁判があったものとして取り扱う（ただし、①、⑨のうち生活に欠くことのできない家財道具及び⑩は、破産法34条3項所定の自由財産である。）。

2　換価等をする財産

(1)　破産者が上記①から⑩までに規定する財産以外の財産を有する場合には、当該財産については、換価等を行う。ただし、破産管財人の意見を聴いて相当と認めるときは、換価等をしないものとすることができる。

(2)　上記(1)ただし書により換価等をしない場合には、その範囲内で自由財産の拡張の裁判があったものとして取り扱う。

3　換価等により得られた金銭の債務者への返還

(1)　換価等により得られた金銭の額及び上記1(1)①から⑦までの財産（⑦の財産の場合は退職金の8分の1）のうち換価等をしなかったものの価額の合計額が99万円以下である場合で、破産管財人の意見を聴いて相当と認めるときは、当該換価等により得られた金銭から破産管財人報酬及び換価費用を控除した額の全部又は一部を破産者に返還させることができる。

(2)　上記(1)により破産者に返還された金銭に係る財産については、自由財産の範囲の拡張の裁判があったものとして取り扱う。

4　この基準によることが不相当な事案への対処

　この基準によることが不相当と考えられる事案は、破産管財人の意見を聴いた上、この基準と異なった取扱いをするものとする。

上記の換価基準については、主として以下のような点に留意が必要である[5]。

(1) 預 貯 金

預貯金は破産法上の自由財産ではない。したがって、それぞれが20万円以下の預貯金が複数あって総額が20万円を超えるときは、全ての預貯金について換価を要するのが原則である（換価基準1(1)②参照）。しかし、破産者の生活費の決済に利用されているような流動性のある預貯金については、破産者の生活に必要か否かを調査したうえで、換価基準2(1)ただし書によって換価しないことも検討する必要のあることが多い。

(2) 解約返戻金

預貯金と同じく、1つ1つの解約返戻金の見込額が20万円以下であっても、複数の保険契約の解約返戻金の見込額の総額が20万円を超えるときは、全ての保険について換価をするのが原則である（換価基準1(1)③）。ここにいう解約返戻金は、生命保険、医療保険、学資保険、個人年金等名称のいかんを問わず合算され、また、損害保険に解約返戻金がある場合にも合算対象となる。しかし、とりわけ、破産者やその家族が現に保険を使用していたり、破産者等の健康状態によっては、解約してしまうと同程度の条件の生命保険や医療保険にあらためて加入することがむずかしいといった場合があったりするため、破産管財人としては、破産者の意向を慎重に確認する必要がある。そのうえで、破産者が解約を希望しないときは、破産手続開始決定時点の解約返戻金相当額を破産財団に組み入れることにより、解約返戻金を換価しない（破産財団から放棄する）との取扱いをすることとなる[6]。

(3) 自 動 車

処分見込額が20万円以下の換価不要の自動車は換価基準により自由財産の拡張の裁判があったものとされ、特に裁判所の許可を得なくとも、自由財産

---

5 『手引』139頁
6 簡易生命保険の還付金請求権の取扱いについて『手引』140頁参照

第4章 財産換価 139

として破産者が現に管理することになる。しかし、破産管財人としては、運行供用者責任による損害賠償や自動車税の課税を明確にするためにも、早期に書面により破産財団からの放棄許可を申し立て、放棄日を明確にしておく必要がある。

(4) 退職金債権

退職金債権については、本来、退職金請求権の4分の1相当額が20万円を超えるときは4分の1相当額が破産財団を構成する（民事執行法152条2項）。しかし、換価基準においては、将来の不確実性を勘案し、破産手続開始後に退職した場合又は近く退職予定の場合を除き、支給見込額の8分の1が20万円を超える場合の8分の1のみが破産財団を構成することとしている（換価基準1(1)⑦又は⑧）。ただし、退職金支給見込額が相応の額にのぼり、しかも破産者が退職を予定していないような場合には、破産者が現に退職金相当額を保有していないことも多く、破産管財人としても、回収が困難となることも多い。したがって、そのような場合には、破産者及び申立代理人とも協議のうえ、自由財産の範囲の拡張の検討が必要となることが多い。

(5) 差押えを禁止されている動産又は債権

換価基準1(1)①ないし⑨のほか、民事執行法における差押禁止動産（民事執行法131条）及び差押禁止債権（民事執行法152条）も換価の必要はない。

慰謝料請求権は行使上の一身専属権であることから、原則として差押禁止財産に該当するが、慰謝料請求権について当事者間で具体的な金額が確定して現実の履行を残すのみとなった場合には行使上の一身専属性を失って破産財団を構成するために換価が必要となることに留意が必要である[7]。

企業年金については、確定給付企業年金法34条1項、確定拠出年金法32条1項や民事執行法152条1項・2項によって差押えが禁止されている場合があることに留意が必要である[8]。

---

[7] 最判昭58.10.6民集37巻8号1041頁参照。交通事故による人的・物的損害に関する損害賠償請求権の破産財団帰属性については議論がある（小野瀬昭「交通事故の当事者につき破産手続開始決定がされた場合の問題点について」判タ1326号54頁）。

5　自由財産の範囲の拡張の裁判の運用状況

　破産者が自由財産の範囲の拡張を希望する場合には、申立代理人は、破産管財人とその要否について協議を行う。破産管財人としては、当該協議をふまえ、破産法34条4項所定の破産者の生活の状況、破産手続開始時に破産者が有していた財産の種類及び額、破産者が収入を得る見込みその他の事情を考慮したうえで意見を述べることになるが、自由財産の範囲の拡張の裁判に対して破産債権者からは不服申立てできないことから、破産債権者の利益が不当に害されることがないよう留意しなければならない。

　この点、東京地方裁判所においては、99万円までの現金が自由財産とされていることとの均衡から、自由財産の総額が99万円以下となるような自由財産の拡張については比較的緩やかに判断できるとされていること、他方、自由財産の総額が99万円を超えるような拡張の裁判については慎重に判断するとされていることは参考になる[9]。なお、実務上問題となる場面や自由財産の範囲の拡張が問題となった具体例については、『手引』148頁以下及び『破産実務』381頁以下に詳しい。

Q4-2　破産財団の換価対象

破産管財人は換価対象財産をどのように把握すべきですか

佐々木　英人

1　財産目録その他申立書類の確認、及び利害関係者からの事情聴取

　破産管財人は、破産財団について管理処分権を有し、破産手続開始決定後

8　社会保険としての公的年金等の詳細については、相澤眞木・塚原聡編著『民事執行の実務〔第4版〕債権執行編（上)』（金融財政事情研究会、2018年）221頁以下に詳しい。

9　『手引』147頁

直ちに破産財団の管理に着手する義務を負っており（法79条）、破産管財人
の候補者となった場合には、破産手続開始決定前に、あらかじめ破産財団の
状況を把握しなければならない。

　破産管財人候補者としては、申立書添付の財産目録を中心に、決算書ある
いは税務申告書等の申立代理人からの引継ぎ資料、ならびに、破産者及び申
立代理人からの事情聴取によって、破産財団の概要を把握したうえ、財産の
占有管理や換価にあたって支障となる事情があれば、申立代理人に可能な範
囲で破産手続開始前の対処を示唆する必要があることもある。

　ただし、とりわけ法人の破産手続開始の申立てにあたっては、事業が危殆
時期にあることもあって、必ずしも十分な準備ができないままに申立てをせ
ざるを得ないこともまれではなく、申立書類である財産目録等の記載が十全
ではないことも十分にあり得ることには留意は必要である。また、破産者が
財産の隠匿を図っていたり、破産手続開始申立以前の否認対象行為や相殺禁
止に当たる相殺によって申立時点では破産財団を構成すべき財産が財産目録
等に記載されていなかったりすることもあり得る。したがって、破産手続開
始決定があったときは、破産管財人としては、財産目録や破産者及び申立代
理人その他関係者からの事情聴取を中心としつつも[1]、次項以下の調査を通
じ、自ら積極的に換価の対象となる破産財団を把握する必要がある。

　なお、破産事件の帰趨に高い関心を有する破産債権者等の利害関係者から
の情報提供も申告外の破産者の財産を発見する重要な端緒となることがある
から（例えば、取引先であった破産債権者から、数カ月前まで破産者が高級自動
車を常用していた、といった情報が寄せられることもある）、破産債権者をはじ
めとする利害関係者からの情報提供にも注意を払わなければならない。

　とりわけ、債権者申立てに係る破産手続開始申立事件においては、申立債

1　破産法40条は、破産者、破産者の代理人、破産者が法人である場合のその理事、取締
　役、執行役、監事、監査役及び清算人、これらに準じる者、ならびに、これらであった
　者の説明義務を定めており、裁判所の許可があった場合には、破産者の従業者にも説明
　義務が課される（同条1項ただし書）。また、破産者は重要財産開示義務も負っている
　（法41条）。破産者がこうした説明義務あるいは重要財産開示義務に違反した場合には、
　免責不許可事由に該当し（法252条1項11号）、刑罰が科されることもあることから（法
　268条、277条）、説明義務等の実効性が担保されているといえる。

142

権者が有する破産者の財産の情報は限定的であることが多く、また、破産者の協力が必ずしも得られるわけではないことから、破産手続開始前後に得られる情報は極めて乏しいことが多い。したがって、破産管財人としては、破産手続開始後直ちに現場に臨場し、後述する預貯金通帳等、決算書・税務申告書・会計帳簿類、金庫等を速やかに確保して破産財団の把握と保全に努めなければならない（債権者申立てに係る破産事件について本書Q3-5参照）。

2　破産財団の把握にあたって調査すべき客観資料

(1)　郵便物

　破産手続開始に伴い、破産者宛ての郵便物は破産管財人に転送され、破産管財人はこれを開披することができる（法81条1項、82条）。転送郵便物によって、申告外の破産者の財産が発見される場合も多く、重要な調査対象資料となる。

　例えば、不動産については、毎年1月1日基準の所有者に対しておおむね同年5月頃に、管轄する地方自治体等から納税通知書が送付され、自動車についても、毎年4月1日基準の所有者に対して同じく同年5月頃に、管轄する自動車税務署等から納税通知書が送付され、これらを端緒として不動産や自動車が発見されることもある。また、銀行、証券会社あるいは信託銀行等の証券代行会社からの配当金通知やその他の通知によって投資信託、株式、個人向け国債等が、ゴルフ場、リゾート会員権施設の運営会社、別荘地等の管理会社からの年会費等の請求書からゴルフ会員権、リゾート会員権、別荘地などが発見される例もある。その他、信用金庫からの配当金通知から出資金や配当金が、保険会社からの保険料請求書・保険金払込証明書・控除証明書等から保険契約が、水道光熱費の請求書から不動産が、各種請求書に記載された引落し口座の記載から銀行口座が発見されることもある[2]。

　破産管財人は、これらの郵便物を丹念に調査するとともに、本来であれば転送されるべき郵便物が届かない場合には、破産者の郵便物が送付されてい

2　『実践マニュアル』133頁

る他の住所がないか、破産者に確認しなければならない。

　なお、東京地方裁判所破産再生部の運用[3]では、裁判所からは、通常、法人の場合には商業登記簿上の現在の商号を対象として商業登記簿上の本店及び支店の所在地、ならびに現所在地の郵便局に宛てて、個人の場合には住民票上の現在の氏名を対象として住所・居所の郵便局に宛てて郵便転送嘱託がなされているから、破産管財人としては、商号変更や通称名の相違、破産手続開始申立直前の転居等によってその他の名称・住所地による郵便転送嘱託が必要と判断した場合には、その旨を裁判所に上申する必要がある。また、個人の場合には、原則として第1回の債権者集会までの期限付きで郵便転送嘱託がなされているから、資産調査を継続する必要がある場合には、破産管財人から転送嘱託延長を上申する必要がある。

(2)　預貯金通帳等

　預貯金通帳あるいは当座勘定照合表は、第三者である金融機関が作成する資料であるから信用性が高く、また、破産者が預貯金通帳等を紛失していても、金融機関は一定の期間、当該口座に係る取引履歴を保管しているため、取引履歴を取り寄せて確認することも容易である。その上、預貯金通帳等は、破産者の事業あるいは経済生活に関する入出金の記録の宝庫であるから、破産管財人としては、申告外の破産者の財産がないか、丹念に取引履歴を調査しなければならない。例えば、破産者名義の口座から保険料の支払がある場合には破産財団に属する保険契約の存在が疑われるし、また、多額の支払や入金がある場合には否認対象行為が疑われることもある。したがって、破産管財人は、少なくとも破産手続開始決定から2年程度の入出金記録を確認することが望ましいといえる（法176条参照）。

(3)　決算書・税務申告書・会計帳簿等

　破産者が法人または個人であっても事業者である場合には、決算書・税務申告書やその附属明細書・勘定科目内訳明細書、又は総勘定元帳、現金出納

3　『手引』129頁

帳、固定資産台帳などの会計帳簿類や各種の資産台帳等の精査によって、申告外の破産者の財産を発見できることも少なくない。

　また、所得税の予定納税や消費税・法人税の中間申告を行っていた場合や、過年度に売上げや利益を水増し（粉飾決算）して過大な申告を行っていた場合[4]には、税金が還付されることもある。こうした事情がある場合には、破産者のみならず、顧問税理士への事情聴取や資料提出を求めることもある[5]。

　なお、紛失等を理由に破産者から税務申告書が提出されない場合であっても、破産管財人は管轄する税務署にて破産者の税務申告書を閲覧することが可能である。

(4)　金庫・貸金庫

　破産者が金融機関と貸金庫の利用契約を締結していたり、破産者の金庫に高価品等を保管したりしていることがある。こうした場合には、破産管財人の立会いのもとに貸金庫・金庫を開披して内容物を確認する必要がある[6]。

3　調査の方法

(1)　任意の照会

　財産の存在が明らかになった場合でも、当該財産の換価に必要な情報に不備がある場合には（例えば、保険契約の解約手続には証券番号等の情報が必要であるし、売掛金の回収にあたって債務者による検収や報告が必要な場合がある）、破産管財人は、当該財産の換価に先立って相手方に対して任意に情報提供を求める必要がある。破産管財人から任意の情報提供を求めるに際しては、破産管財人が破産者の財産について管理処分権を有していること（法78条1項）を説明するとともに、相手方の求めに応じて、権限のある破産管財人か

4　粉飾決算発見の端緒としては、連結決算からの除外、簿外債務、決算期の変更、決算期の異なる関連会社、実際の商流と異なる経理処理などが典型例といえる。

5　顧問税理士も破産法40条1項2号の規定により説明義務があると解されている（『条解』331頁）。

6　調査対象となる資料については、『実践マニュアル』132頁以下に詳しい。

らの照会であることを証する書類（破産手続開始決定、破産手続開始通知書、あるいは管財人証明書の写し等）の提出が必要となることもある。

(2)　弁護士会照会（弁護士法23条の 2 ）

照会先が任意の照会に応じない場合には破産管財人も弁護士としての資格で弁護士会照会[7]を行うことができる。この場合、公務所などの照会先は、照会に対する報告義務を負っていると解されていることから、有力な調査方法となる[8]。

(3)　調査嘱託申立て（法13条、民事訴訟法186条、226条）

破産事件が係属する裁判所に照会先を嘱託先とする調査嘱託や文書送付嘱託を申し立てる方法もある。

Q4-3　不動産売却の留意点

不動産の売却にあたり、どのような点に留意すべきですか

高尾 和一郎

1　はじめに

不動産は一般的に高価であり、その売却は破産管財業務のなかでも重要な業務の一つである。破産管財人に求められる基本姿勢は、「できる限り売る」「できる限り高く売る」ということであるが[1]、そのためには押さえておかなければならないポイントも多い。

不動産を換価するためには、資料の収集に始まり、仲介業者への依頼、別

7　『財産換価』32頁〔進士肇〕
8　佐藤三郎・加藤文人・京野垂日編著『弁護士会照会ハンドブック』（金融財政事情研究会、2018年） 3 頁、第一東京弁護士会業務改革委員会第 8 部会編『弁護士法第23条の2照会の手引〔六訂版〕』（第一東京弁護士会、2016年） 3 頁
1　『財産換価』123頁〔清水祐介・三枝知央〕、204頁〔北村治樹〕

除権者との協議等が必要であり、換価の完了までに一定の時間を要する。また、不動産の任意売却が可能か、それとも破産財団から放棄すべきかについては、原則として第1回債権者集会までに見極めをつけることが求められていること[2]にも鑑みれば、破産管財人は受任後速やかに換価に向けた準備を開始することが重要である。

なお、不動産は一般に破産財団の重要な財産であることから、その任意売却は売却価格を問わず、常に裁判所の許可事項である（法78条2項1号）[3]。

2 初　　動

(1)　資料の確保

不動産の売却に必要又は有益な資料等について確認し、物件の概要を把握する。登記簿謄本や鍵といった必須のもののみならず、公図、測量図面、建物図面、建築確認、開発許可、検査済証などの建築図書一式、賃貸借契約書や境界立会い確認書等があれば、初動の段階で確保すべきである。

(2)　現地確認

資料によって物件の概要を把握した後の初期の段階で、破産管財人はできるだけ自ら現地を確認することが望ましい。不動産は一つとして同じ物件はなく、自らが実際に確認しておくことで、その後の仲介業者や買主、別除権者といった関係者との意思疎通もスムーズになるし、逆に撤去すべき動産や危険物の有無といった売却に向けた課題を早期に把握できるなど、その効果が大きいからである。

破産管財人が現地に赴いた場合には、告示書を貼付するなどして、破産管財人が管理していることを公示したうえ、施錠して不法占有等を防止するのが一般的である。

なお、不動産が共有である場合や、借地権付きの建物である場合、売却に

2　『手引』153頁
3　これに対し、動産や債権等の売却は、価格が100万円以下の場合は裁判所の許可は不要である（法78条2項7号・8号・3項、規則25条）。

第4章　財産換価　147

あたり共有者や地主の意向は非常に重要である（有力な買受候補者[4]でもある）。現地確認に赴いた際、可能であれば共有者や地主に面談し、その意向を確認しておくことがスムーズな売却のためには望ましい。

(3) 自宅の立ち退き

破産者の自宅についても管理処分権は破産管財人に専属し、破産者に占有使用の権限はないことから、破産手続開始後速やかに、遅くとも決済時までには立ち退きを完了させる必要がある。申立代理人が破産者に適切な説明を行っている場合はよいが、そうでない場合、転居には一定の時間を要することから、初動の段階で破産管財人が説明を行い、協力を求める必要がある[5]。

3 不動産仲介業者の選定

(1) 業者の選定

任意売却において、どの仲介業者に依頼するかということは、その後の売却のスピードや手間、売却価格に影響を及ぼすため重要である。破産管財人自身の経験から、フットワークが軽く破産事件の特殊性（瑕疵担保免責、スピード重視のスケジュール等）を理解している業者を選定すればよいが、適当な業者の心当たりがない場合は、他の破産管財人経験のある弁護士に紹介を受けることも有用である。別除権者が希望する業者や、遠隔地の場合の地元の業者等にあわせて依頼することも行われる。

契約は一般媒介契約にとどめ、専任媒介や専属専任媒介にはしない。ただし、一般媒介にするからといって、破産管財人が依頼する業者の数が増えると、業者からの問合せ対応の手間が増え、また破産管財人からの連絡の先後や情報の不均衡などで業者間に不公平感が生じる等のデメリットがある。そのため、実務的には信頼できる業者1社に絞るか、複数の業者に依頼すると

---

4 なお、隣地所有者も有力な買受候補者であり、特に放棄の前には、手紙を送付する等して、その意向を確認することが望ましい。
5 立ち退きを求める際の説得の材料について、『手引』155頁、『財産換価』139頁〔清水祐介・三枝知央〕

しても2、3社程度にとどめることが多い[6]。また後述する簡易入札を行う場合は、窓口となる業者は1社に絞ることが多いようである[7]。

(2)　仲介手数料

仲介手数料は、売買代金が400万円以上の場合「売買代金の3％＋6万円（消費税別）」が上限である（宅地建物取引業法46条、平成26年国土交通省告示172号）。あくまで上限にすぎないことから、当初から仲介業者と打合せを行い、上限額未満で取り決めるケースもあるとされる[8]。

ただし、仲介手数料を減額することで業者のモチベーションを下げてしまっては意味がないので、実務上減額が検討されるのは、高額での売却が期待できる人気物件ということになろう。

なお、仲介手数料について、ある一定の価格（ターゲットプライス）を超えて売却できた場合は3％支払うが、ターゲットプライス未満での売却だった場合は低い金額（例えば0.5％）しか払わないものとし、ターゲットプライス自体を業者に入札させて、高いターゲットプライスを入れた業者を売主側の仲介業者として選定するという高額での不動産の売却に向けた工夫がなされる例もある[9]。

(3)　販売方法

破産管財人としては、仲介業者から簡易査定を得て、販売価格の目安をつけることになるが、そのうえで、販売方法については、売出価格を決めて行

6　複数の業者に依頼する場合、その旨を依頼する全業者に説明すべきことについて、『手引』156頁

7　『手引』156頁。長島良成「倒産事案における不動産処分の注意点　できるかぎり売却するために」自正63巻8号44頁は、特に入札事案に限定せず、窓口は1社に限定すべきと述べる。

8　『財産換価』128頁では、消費税込みで売買代金の1.5％相当とすることが例示されている。

9　例えばターゲットプライスが4億円だった場合、4.2億円で売却できた場合はその3％（1260万円）が支払われるが、3.8億円での売却だった場合はその0.5％（190万円）しか支払われないことになる。この場合、高く売れると考える業者ほどターゲットプライスを高く設定できることになり、またターゲットプライスを超えた価格での売却に尽力するインセンティブが生じる。

第4章　財産換価　149

う場合と、特に決めずに開始する場合がある。オーバーローンの不動産については、後から別除権者が価格について不満をもち、任意売却のための受戻しに応じないといったリスクを避けるため、先に別除権者の意向を確認し、価格について同意を得て進めることが必要である。

売出価格を決めずに販売活動を行う場合、期限を区切って買受希望者から買付証明の提出を受け、金額が最も高かった買受希望者と売却の交渉に入るのが通常である。買付証明における提示額の条件をそろえ、また後の交渉の手間を省くためにも、買付証明の段階で現状有姿売買、瑕疵担保免除について明記させることが望ましい。

多数の買受希望者が見込まれる人気物件については、簡易入札もよく行われる。期限を区切って買付証明の提出を受けるのは売出価格を決めずに販売活動を行う場合と同様であるが、入札要項[10]を明示し、同じ情報は同じタイミングで仲介業者に開示する等、手続の透明性・公正性をより意識することが必要である。

4 売買契約

買受人が決まったら、売買契約書を締結することになるが、破産手続の性質上、破産管財人が売主として売却後に責任を負うことは避ける必要がある。そのため、現状有姿売買とし、瑕疵担保責任をいっさい負担しない旨の特約を付すことは必須である[11]。

また、売買契約の締結に関連して破産財団に損害が生じた場合、破産管財人の善管注意義務違反を問われるおそれがある。そのため、契約を決済に先行させる場合は、手付金はとらず破産管財人からいつでも無条件に解除ができるようにしておくか、手付金を受領する場合は倍返し条項を排除したうえで、手付金同額を返還することで破産管財人が無条件に解約できる条項とする必要がある。

---

10 入札要項に記載すべき事項について、『破産200問』149頁〔御山義明〕参照
11 『手引』157頁。また、かかる特約は消費者契約法8条1項5号との関係で議論があるが、正面から破産管財人の任意売却の特殊性を買主に説明し、瑕疵担保責任の免除について理解を得るべきことについて、『財産換価』137頁〔清水祐介・三枝知央〕参照

同様の理由から、契約解除の際に違約金を支払う旨の条項も避けるべきである[12]。

　その他、買主に対し境界を明示しないこと、公簿面積を売買対象として現況（測量免責）との差異を問わないこと、別除権者の了解及び裁判所の許可を停止条件とし、条件不成就の場合破産管財人は無条件で解約できること、残置物があった場合売主は所有権を放棄し、撤去費用は買主負担とすること等について定めを置くことが一般的である。

Q4-4　別除権対象不動産の売却

別除権対象不動産の売却の場合、どのような点に留意すべきですか

渡邉　義基

1　はじめに

　破産管財業務において、不動産を売却しようとする場合、抵当権等の別除権[1]がついていることが多く、オーバーローンであることも多い。このような場合、破産管財人は、別除権者と協議し、全ての担保権を抹消したうえで、任意売却を行い、その売却額の一定割合の金員を破産財団に組み入れ、財団の増殖に努めることとなる。

　なお、不動産の任意売却（法78条2項1号）及び別除権の目的物の受戻し（法78条2項14号、78条3項1号、規則25条）は、裁判所の許可事項である。

12　『手引』157頁。なお、買主の事情で解除する場合には違約金条項の適用があるが、破産管財人は違約金なしに一方的に解除できるという、片面的に破産管財人に有利な条項が望ましいことを述べるものとして、『財産換価』135頁〔清水祐介・三枝知央〕参照
1　任意売却しようとする不動産に仮登記担保が設定されている場合、仮登記担保権者には、抵当権者に関する規定が適用され（仮登記担保契約に関する法律19条）、仮登記担保権者は別除権者として扱われることになる（法65条）。

第4章　財産換価　151

2 対抗要件の具備の確認

担保権者が、破産法上の別除権者として認められるためには、対抗要件を具備していなければならない[2]。

不動産の物権変動の対抗要件は登記であり（民法177条）、破産管財人としては、不動産の登記事項証明書（共同担保目録が記載されているものを確認すべきである）等により、不動産の対抗要件が具備されているか否かを確認する必要がある。

なお、担保権設定に係る登記の具備が、破産手続開始決定直前になされた場合等は、否認権（法162条1項、164条1項等）の対象行為に当たるか否かの検討を要する[3]。

3 担保権者との交渉

(1) 全　　般

別除権付きの不動産の任意売却にあたっては、全ての担保権者から担保権を解除することについて同意を得る必要がある。そのため、破産管財人は、随時、担保権者に対して丁寧に説明や情報開示をしつつ、売却手続を進めていくことが肝要である。

破産管財人が担保権者と交渉すべき内容は、買主の探索方法（入札によるか、不動産仲介業者を利用するか等）、売却活動のタイムスケジュール、売却価格（最低入札価格や不動産仲介業者による販売価格）、財団組入金等の売買代金から控除する項目、売買契約の具体的内容、決済後の登記手続等の調整等の多岐にわたる。

(2) 財団組入金等の売買代金から控除する項目

任意売却の手続においては、破産管財人は、売買代金のなかから一定の金

2　『伊藤』468頁、『条解』499頁、民事再生手続に関する判例であるが、最判平22.6.4
　民集64巻4号1107頁参照
3　『財産換価』150頁〔相羽利昭〕

員を控除したうえでその残額を、別除権者に対して、受戻金として支払うこととなる。

　売買代金から控除する金員には、以下に記載するとおり財団組入金をはじめさまざまな項目があるが、担保権者としては弁済金額に直結する問題であるため、担保権者が売買代金から控除することに消極的な項目もある。破産管財人としては、売買代金からの控除について担保権者の同意を得るべく、その必要性を説明し粘り強く説得する必要がある。このような交渉は、売却活動開始前の早い段階から始めておくことが望ましい。

a　財団組入金

　破産管財人として、財団組入額の最大化が非常に重要である。

　具体的な財団組入金額は、実務的には、売却価格の５～10％の範囲で定められることが多い。大阪地方裁判所においては、売却価格の３％を下回る場合には任意売却を許可しない運用を行っている[4]。

　財団組入金の組入率について、破産管財人は、当該不動産の売却の難易度、当該不動産の売却価格、不動産仲介業者の利用の有無、後順位抵当権者や公租公課庁等の利害関係人との交渉の難易度等の事情をもとにして、担保権者と交渉する[5]。破産管財人の努力により、高額の売却が実現できた場合や売却がむずかしい物件を売却できた場合等には、売却価格の10％を超える財団組入金を実現した事例もある[6]。

b　売却諸経費

　仲介手数料、売買契約書貼付の印紙代、抹消登記手数料、測量費については、当然必要な経費として、売買代金から控除する項目とすべきである。

c　精算金（固定資産税・都市計画税、管理費・修繕積立金等）

　固定資産税・都市計画税や区分所有建物の管理費・修繕積立金については、決済日の前日までを売主が負担し、決済日以後の分を買主が負担することとするのが一般的であり、売主負担分については、売買代金から控除する

4　『運用と書式』133頁

5　『破産200問』149頁〔御山義明〕、『財産換価』155頁〔相羽利昭〕

6　不動産ではなく漁船の売却の事例であるが、高額の財団組入金を実現した事例が報告されている。詳細は、佐藤三郎「珍しい業種の破産事件と弁護士同士の情報交換─宗教法人・漁業会社等を題材にして─」債管157号17頁参照

項目として計上すべきである。なお、固定資産税・都市計画税の日割計算の起算日は、関東が1月1日、関西が4月1日とする商慣習があるとされている[7]。

　破産手続開始決定前の管理費・修繕積立金が未払いの場合、建物の区分所有等に関する法律7条1項に基づき、別除権である特別の先取特権が成立し、同法8条に基づいて、管理組合等は、この未払金を当該区分所有建物の特定承継人である買主に対して請求できる。破産管財人としては、管理費・修繕積立金の精算ができないと売却が困難となることもあるため、売買代金から控除する項目として担保権者と交渉すべきである。

d　退去に要する費用

　退去に要する費用としては、引越費用、転居先住居の賃借に要する費用（敷金、礼金、前払賃料等）、当該不動産の残置物の撤去費用等がある。当該物件の居住者において、これらの費用を捻出できない場合も多く、破産管財人としては、これらの費用も売買代金から控除する項目として担保権者と交渉すべきである。

　退去に要する費用を売買代金から控除することについて担保権者からの同意が得られない場合、担保不動産の売買契約締結を延期し、延期した期間に支払を免れた賃料相当額を引越費用等として積み立ててもらう等の工夫が行われているようである[8]。居住者の事情によっては、居住者に生活保護の申請を行ってもらい、引越費用等の転居に要する費用について扶助を受けてもらうことも考えられる。

e　建物消費税

　個人の居住用不動産を売却する場合には建物消費税は発生しないが、法人が所有する建物や個人が事業用で所有する建物を売却する場合には、建物消費税が発生する（消費税法4条1項）。土地を売却する場合には消費税は発生しない（同法4条1項、6条1項、別表第一）。

　建物消費税は、売主たる破産管財人が税務申告し納付を行うものとされていることから、売買代金から控除する項目とすべきである。

7　『財産換価』156頁〔相羽利昭〕
8　『財産換価』157頁〔相羽利昭〕

⑶ 後順位担保権者が存在する場合

任意売却にあたっては、後順位を含めて全ての担保権を抹消する必要がある。担保権の目的物を強制執行手続や任意売却で換価しても配当や弁済を受ける見込みのない後順位の担保権者がいる場合、実務上、先順位の担保権者の同意を得て、後順位の担保権者に、担保権の抹消の承諾料（いわゆるハンコ代）を支払う必要がある。承諾料の金額は、物件の規模や被担保債権額その他の事情によりさまざまであるが、おおむね10万円から30万円程度である[9]。

⑷ 受戻金の充当

別除権者に支払う受戻金が、別除権者のどの債権に充当されるかという問題がある。

充当に関する合意がない場合、民法488条ないし491条（改正民法488条、489条、491条）の規定に従うことになるが、一般破産債権ではなく劣後的破産債権に充当されることがある。破産管財人としては、受戻金を元本等の届出債権（一般破産債権）に充当するという合意が得られるよう、別除権者と交渉すべきである[10, 11]。

4 担保権消滅許可

担保権消滅許可の制度は、破産管財人が担保権消滅許可の申立てをし、裁判所から許可を受けて、破産財団に属する財産につき存在する全ての担保権を消滅させ、当該財産の任意売却によって取得することができる金銭の一部を担保権者への弁済に充てずに破産財団に組み入れることで、破産債権者への配当原資とすることができる制度である（法186条以下）。

この制度は、担保権の目的物を強制執行手続や任意売却で換価しても配当

---

9 『実践マニュアル』194頁
10 『手引』159頁
11 民法（債権関係）改正により、弁済をする者と弁済を受領する者との間に弁済の充当の順序に関する合意があるときは、その順序に従い充当することが条文上明確化された（改正民法490条）。

や弁済を受ける見込みのない後順位の担保権者が、不当に高額の担保権の抹消の承諾料（いわゆるハンコ代）を求めて任意売却が困難となる場合や、破産管財人と別除権者との間で財団組入金に関する合意ができない場合等に対応する方策として制定された。

この制度の存在により、担保権者は任意売却における交渉において不当な要求をすることができなくなった。そのため、破産管財人としては、担保権者に対して、必要に応じて担保権消滅許可の制度の存在を指摘しつつ、担保権の抹消を含む合意形成に向けて交渉を行うべきである。

担保権消滅許可の申立ての検討をする場合には、担保権消滅許可の申立てから配当終了まで3カ月程度の期間を要することや、被申立担保権者の対抗手段である担保権の実行の申立て（法187条）又は被申立担保権者やその他の者による当該不動産を買い受ける旨の申出（法188条）によって、破産財団への組入金がなくなること等を考慮する必要がある[12]。

5 別除権付きのままの譲渡

例外的に、担保権がついたまま任意売却をするケースがある。例えば、住宅ローンを親族が債務引受することを条件として担保権者も担保権の実行を控える場合に、財団組入金相当額で親族に売却する事例[13]や、リゾートマンションを、競売手続が進行して落札されるまでの期間のみ利用することを目的とする買主に売却する事例[14]等が考えられる。この場合、任意売却の2週間前までに、担保権者に任意売却する旨及び任意売却の相手方の氏名又は名称を通知しなければならない（規則56条）。売却後も別除権者が有する別除権はそのまま存続するため（法65条2項）、別除権者は配当手続に参加するためには、不足額確定の疎明（法210条1項）又は証明（法198条3項、205条）を行う必要がある（法108条1項。不足額責任主義）。

---

12 担保権消滅許可の制度の詳細な手続につき、『破産実務』201頁以下
13 『実践マニュアル』196頁
14 長島良成「倒産事案における不動産処分の注意点」自正63巻8号47頁

Q4-5　担保対象売掛金の回収

売掛金の回収にあたり、どのような担保権が問題となり得ますか

藤井 哲

1　売掛金を目的とする担保権

　売掛金を目的とする担保権には、法定担保権である動産売買先取特権の物上代位権、約定担保権である権利質（質権）と譲渡担保権がある。もっとも、売掛金を目的とする約定担保権としては、譲渡担保権が、いわゆる集合債権譲渡担保の方法で設定される例が多く、破産実務上もその取扱いが問題となる。そこで、本稿では、動産売買先取特権の物上代位権と集合債権譲渡担保を中心に説明する。

2　破産手続と動産売買先取特権の物上代位権

(1)　動産売買先取特権の物上代位権

　動産売買先取特権（民法321条）は、売買代金債権（動産の代価及び利息）を被担保債権として、当該売買の目的動産から優先弁済を受けることができる法定担保物権である。動産売買先取特権には、物上代位性（民法304条）が認められているため、動産先取特権者は、目的動産が売却された場合、ほかに優先する担保権がない限り、目的動産の交換価値である売掛金（転売代金債権）に物上代位して、先取特権を行使することができる。

　もっとも、動産売買先取特権者が物上代位権を行使するためには、交換価値の「払渡し又は引渡し」前に差押えをしなければならない（民法304条1項ただし書）。そのため、差押前に売掛金が回収された場合や第三者に債権譲渡され第三者対抗要件が具備された場合には、もはや動産売買先取特権者が、物上代位権を行使することはできない[1]。

第4章　財産換価　157

⑵　破産手続における取扱い

　特別の先取特権である動産売買先取特権は、別除権（法２条９項）として破産手続によらないで行使することができるところ、判例は、物上代位権についても、破産手続開始決定後にこれを行使することができるとしている[2]。

　その結果、破産財団に帰属する財産として売掛金がある場合、破産管財人による換価回収が、仕入先等の動産売買先取特権者による物上代位権に基づく差押えよりも早ければ、売掛金からの回収金は破産財団に組み入れられるのに対し、物上代位権に基づく差押えが破産管財人による換価回収よりも早ければ、動産売買先取特権者が売掛金から優先弁済を受けることができることになっており、いずれが先後するかによって、結論の帰趨が異なる。

　そのため、破産実務では、破産管財人は、破産手続開始決定後直ちに売掛金の換価回収業務に着手し、これを実行することが求められる。

　一方で、仕入先等の動産売買先取特権者が破産管財人に対して、物上代位権を行使予定であることを理由に売掛金の回収を控えるよう通知するケースや、動産売買先取特権者が売掛金の第三債務者に対し、債権差押命令が発令されるまで破産管財人に弁済しないよう申入れを行うケースもみられる。このようなケースでも、①動産売買先取特権者は、差押えをすることなく、物上代位による優先弁済権を主張できる立場にはないこと[3]、②破産管財人には第一次的に破産債権者のために破産財団を適切に維持・増殖すべき義務があること[4]、また、③物上代位による債権差押命令の申立てにあたっては、担保権証明文書（民事執行法193条１項）の提出や差押債権の特定（差押債権が動産売買先取特権の目的動産の交換価値であることの特定）ができるか等の手続負担の問題もあり[5]、仕入先等が実際に差押えをするか否かは、破産管財

1　最判平17．2．22民集59巻２号314頁
2　最判昭59．2．2民集38巻３号431頁
3　東京地判平３．2．13判時1407号83頁、東京地判平11．2．26金判1076号33頁、『手引』181頁、『伊藤』483頁
4　最判平18.12.21民集60巻10号3964頁・才口千晴裁判官補足意見
5　相澤眞木・塚原聡編著『民事執行の実務【第４版】債権執行編（下）』（金融財政事情研究会、2018年）268頁、「動産売買先取特権の物上代位に基づく債権差押手続の実務」NBL915号18頁〔中田朋子〕

人には明らかでないことなどをふまえると、破産管財人としては、自らに適法な回収権限がある以上、差押債権命令の送達を受けるまで、利害関係人に上記事情を丁寧に説明して、売掛金を約定の支払期日どおりに回収すべきである[6]。もっとも、事案の個別事情[7]をふまえて、円滑な管財業務の遂行の観点から破産管財人と動産売買先取特権を主張する仕入先等との間で、和解的処理を検討することが適当である事案もあると考えられる[8]。

3　破産手続と集合債権譲渡担保

(1)　集合債権譲渡担保

集合債権譲渡担保とは、特定の債権ではなく、債務者が有する流動性のある現在及び将来保有する一定の範囲内の債権群（集合債権）を担保の目的として、譲渡担保権を設定するものであり、企業の流動資産担保化の手法として活用されている。集合債権譲渡担保には、譲渡担保契約時から譲渡担保権者に目的債権の取立権限が生じる方式もあるものの、一般には、譲渡担保権実行に至るまで債務者（設定者）に目的債権の取立権限を付与して回収金を運転資金等に充当することを許容し、これと入れ替わるように設定契約上の範囲内で新たに発生する債権が目的債権に加わる方式（循環型）が広く利用されている[9]。

集合債権譲渡担保に限らず、破産財団に属する財産を目的とする担保権は、破産手続上、別除権（法2条9項）として取り扱われ、破産手続によらないで行使することができるが（法65条1項）、担保権者がその権利を破産管財人に主張するためには、第三者対抗要件を具備する必要がある。そのため、破産管財人は、当該担保権が有効に成立しているか、また第三者対抗要

6　『財産換価』284頁〔大澤加奈子〕、『ソリューション』29頁〔松下満俊〕

7　第三債務者が、今後も目的動産と同品種の動産の仕入れを必要とする等の事情がある場合には、仕入先等である動産売買先取特権者の意向を反して、破産管財人に売掛金を支払うことに躊躇する例などが実務上見受けられる。

8　小林信明「動産売買と買主の倒産手続」ジュリ1443号61頁、荒井正児「事業会社のための倒産手続と動産・債権担保の実務　第1回動産売買先取特権」NBL924号38頁

9　「倒産と担保・保証」実務研究会編『倒産と担保・保証』（商事法務、2014年）546頁〔杉本純子〕ほか

第4章　財産換価　159

件を具備しているかについて、慎重に確認・検討したうえで、担保権者との協議・交渉に臨む必要がある[10]。

(2) 有 効 性

a 目的債権の特定性

集合債権譲渡担保が有効であるためには、目的債権の範囲が特定されなければならない。判例は、特定の程度について「目的となるべき債権を譲渡人が有する他の債権から識別することができる程度に特定されていれば足りる」とし[11]、特定の要素を必須として判示していないが、実務上は、債権の種別、発生原因、発生期間又は弁済期の始期・終期、債権額、第三債務者等の要素をもって特定される[12]。

そのため、破産管財人は、集合債権譲渡担保の設定契約書における目的債権の特定の程度を確認し、担保権が有効に成立しているか、そして担保権が及ぶ目的債権の範囲を把握する必要がある[13]。

b 譲渡禁止特約のある売掛金

売掛金のような指名債権には、商慣習上、譲渡禁止特約が設定されていることも少なくない。そして、債権譲受人が譲渡禁止特約の存在につき悪意又は重過失である場合、当該債権譲渡は無効であり（民法466条2項）、債権譲渡担保も同様である。

この場合、譲渡人（設定者）である債務者は、自ら債権譲渡禁止特約に反する債権譲渡の無効を主張し得ないが[14]、破産管財人は、債務者と同視されず、総破産債権者の利益のため、債権譲渡の無効を主張して、目的債権の破産財団への回復を求めることができるとする裁判例[15]もあることから、破産管財人としては、目的債権に譲渡禁止特約が設定されているかを確認のう

---

10 『財産換価』256頁〔池上哲朗〕
11 最判平12.4.21民集54巻4号1562頁
12 なお、目的債権に将来債権が含まれる場合、将来債権の発生可能性や確実性は、譲渡担保の効力に影響を与えないとされている（最判平11.1.29民集53巻1号151頁）。
13 『破産実務』218頁
14 最判平21.3.27民集63巻3号449頁
15 大阪高判平29.3.3金法2076号73頁

160

え、担保権者の悪意重過失の有無を検討することが必要である。

ただし、改正民法は、従来の規律を変更し、譲渡禁止特約に反する債権譲渡も有効としており（改正民法466条2項）、同特約違反の債権譲渡が行われた場合に弁済先に迷う第三債務者は供託することができるが[16]、当該供託金の還付請求権は債権譲受人（譲渡禁止特約の存在につき悪意重過失である者を含む）にのみ帰属することとしている（改正民法466条の2）。その結果、改正民法施行後[17]は、破産管財人が、譲渡禁止特約違反を理由に債権譲渡の無効を主張して、当該譲渡債権を請求することや、第三債務者が供託した場合にその還付を請求することはできない。仮に破産管財人が第三債務者から当該譲渡債権の弁済を受けた場合、債権譲受人に対し、財団債権（法148条1項4号・5号）としての不当利得返還義務を負うことになるため、注意が必要である。

c 否認権行使の可否

破産管財人は、他の担保と同様、集合債権譲渡担保についても否認権行使の対象とならないか検討する必要がある。

この点、危機時期に担保供与された集合債権譲渡担保は、偏頗行為否認（法162条1項1号・2号）の対象となり、破産管財人は否認することができる。また、支払停止等があった後に第三者対抗要件の充足行為が行われている集合債権譲渡担保は、対抗要件否認（法164条）の対象となる。さらに、集合債権譲渡担保の設定契約自体が否認権行使の対象とならない場合でも、破産者が譲渡担保権者の利益を図るために意図的に目的債権を増加させたと認められる事案は、詐害行為否認（法160条2項）の類推適用の余地があると解されていることから[18]、破産管財人は、このような事情の有無の確認・検討も行う必要がある。

なお、対抗要件否認（法164条）を回避するために、かつては停止条件型

---

16 なお、債権譲渡人に破産手続開始決定があった場合に限り、第三者対抗要件を具備している債権譲受人（譲渡禁止特約の存在につき悪意重過失である者を含む）は、第三債務者に対し、供託を請求することができるとされている（改正民法466条の3）。
17 改正民法は、経過措置に関する附則22条により、債権譲渡の原因である法律行為がなされた時が施行日以後の債権譲渡に適用される。
18 『伊藤』579頁

第4章 財産換価 161

や予約型の集合債権譲渡担保の設定契約が締結される運用がみられたが、こ
れらは対抗要件否認の潜脱であり、いずれも危機時期が到来した後に行われ
た債権譲渡と同視され否認権行使の対象となることで実務上の取扱いが確定
している[19]。

(3) 対抗要件の具備

集合債権譲渡担保の対抗要件を備える方法としては、民法467条2項に基
づく、確定日付のある証書による第三債務者への通知又は第三債務者の承諾
のほか、法人がする債権譲渡に限り、「動産及び債権の譲渡の対抗要件に関
する民法の特例等に関する法律」(以下「動産債権譲渡特例法」という)によ
る方法が可能とされている。

動産債権譲渡特例法による方法では、第三者対抗要件と債務者対抗要件が
区別されており、債権譲渡登記により第三債務者以外の第三者(破産管財人
を含む)に対する対抗要件が具備され、登記事項証明書の交付を伴う第三債
務者への通知又は承諾により第三債務者に対する対抗要件が具備される(動
産債権譲渡特例法4条)。なお、動産債権譲渡特例法による債権譲渡登記で
は、将来債権譲渡の場合、既発生債権の譲渡と異なり、譲渡に係る債権の総
額は登記事項でなく、また債務者不特定の登記も可能とされている。

破産管財人としては、上記の集合債権譲渡担保の対抗要件が適切に具備さ
れているか、特に債務者不特定の将来債権譲渡の登記については、債務者以
外の要素で目的債権が特定されているか確認する必要がある。この点、債権
譲渡登記の登記事項である「債権の種別」を報酬債権とすべきところ、売掛
債権としていた事例につき、報酬債権としての対抗力を否定した裁判例[20]
や、将来債権の「債権発生年月日」の始期は記録したものの、終期を記録し
なかった事例につき、始期当日以外に発生した債権の譲受けについて、対抗
力を否定している判例[21]もあることから、債権譲渡登記の確認の際には留意

---

19 停止条件型の集合債権譲渡担保につき最判平16.7.16民集58巻5号1744頁、予約型の
   集合債権譲渡担保につき東京地判平22.11.12判時2109号70頁参照
20 東京高判平13.11.13判時1777号63頁
21 最判平14.10.10民集56巻8号1742頁

が必要である。

⑷ 破産手続開始後の集合債権譲渡担保の効力

a 目的債権回収の可否

　循環型の集合債権譲渡担保の場合、通常、担保設定契約に定める一定の事由が生じるまで債務者に目的債権の取立権限があり、その回収金を自らの運転資金等に充当することが認められている。

　したがって、破産管財人は、有効な集合債権譲渡担保が設定されている場合でも、担保設定契約上の取立権限が失われるまで、目的債権を取り立て、その回収金を破産財団に組み入れることができる。

　一方、既に債務者（破産者）の取立権限が失われている場合には、原則として、譲渡担保権者が、登記事項証明書の交付を伴う第三債務者への通知（動産債権譲渡特例法4条2項）を行って、債務者対抗要件を具備したうえで、自ら目的債権を回収することになる。なお、破産手続開始後に、債務者の取立権限が失われているにもかかわらず、破産管財人が目的債権を回収した場合には、破産管財人は譲渡担保権者に対して、回収金相当額につき、財団債権としての不当利得返還義務（法148条1項4号・5号）を負うことになる。

b 目的債権の固定化の問題

　売掛金が循環型の集合債権譲渡担保の目的債権である場合、破産手続開始後に破産管財人が、破産財団に帰属する資産を売却したことにより発生する売掛金にまで譲渡担保権の効力が及ぶのか、破産手続が開始された後、目的債権が固定化されるのかが問題となる。かかる固定化の問題は、現時点で法的解釈が確定しておらず、破産手続開始とはかかわりなく、譲渡担保権者自身の意思に基づく譲渡担保の実行によって固定化が生じるとする有力な見解（否定説）[22]がある一方で、将来債権が譲渡担保設定時に譲渡担保権者に確定的に譲渡される[23]ことなどを理由に、譲渡担保権の効力は、倒産手続開始後に発生した債権にも及ぶとする見解（肯定説）[24]が、特に再建型倒産手続における議論を中心に多数になっているとされる[25]。

---

[22]　伊藤眞「倒産処理手続と担保権─集合債権譲渡担保を中心として」NBL872号60頁
[23]　最判平19. 2 .15民集61巻 1 号243頁

再建型倒産手続と異なり、破産手続の場合には、開始決定後に目的債権が生じる事態はそれほど多くないと考えられるが、在庫商品の換価を要する事案や開始後も一定期間、事業継続を行う事案などでは、肯定説に従えば、破産管財人が行った換価業務の成果が、もっぱら集合債権譲渡担保権者に吸い上げられることになりかねないことになる。このような場合、破産管財人は、担保権者と協議のうえ、譲渡担保権の効力が及ぶ時的な範囲等につき、あらかじめ合意により確定させるなどの和解的処理を講じることが必要となる。

c 目的債権に関する情報提供義務

集合債権譲渡担保の担保権者が、担保権を実行して、自ら売掛金等の目的債権を回収するためには、目的債権の明細及び回収状況等が正確に把握できる証拠書類や電子データのほか、第三債務者の抗弁や反対債権の有無等の債務者（設定者）が保有する情報が必要となる。

そのため、集合債権譲渡担保の設定契約では、債務者（設定者）に対し、明示的に目的債権の情報提供義務や証拠書類の提出義務を課していることが多く、破産手続開始後の破産管財人もこれらの義務を承継しているかが問題となる。しかし、破産手続開始後に破産管財人が、設定契約上の情報提供義務等を履行するためには、調査のための時間と労力に加え、従前の経理担当者らを補助者として引き続き雇用するなど金銭的なコストを要することが想定されるところであり、総破産債権者のための限られた破産財団の負担のもとで、破産管財人が当然にこれらの義務を負担すると解することには疑問がある[26]。

一方で、破産管財人は、担保価値維持義務を負担していると解されることから[27]、担保設定者と同様の設定契約上の情報提供義務まで負わないとしても、破産手続開始後に破産者から引き継いだ目的債権に関する証拠書類等を

---

24 山本和彦「倒産手続における集合債権譲渡担保の扱い」NBL854号64頁、東京地裁会社更生実務研究会編著『会社更生の実務〔新版〕（上）』（金融財政事情研究会、2014年）317頁〔真鍋美穂子・氏本厚司〕ほか

25 『条解』516頁、杉本・前掲注9

26 『伊藤』499頁、『財産換価』261頁〔池上哲朗〕、『破産200問』123頁〔中井康之〕

27 最判平18.12.21民集60巻10号3964頁

いたずらに廃棄、散逸させるなどの事態が生じないように注意する必要がある[28]。

d 担保権者との協議

　以上をふまえ、破産管財人は、集合債権譲渡担保の有効性や対抗要件の有無に争いがある場合だけでなく、争いがない場合でも、担保権者との間で、目的債権の特定や立証に要する証拠書類等の提供範囲・方法等につき協議し、事案に応じて、合意により目的債権の範囲を確定、固定化させる等の措置を講じることが必要になる。

　また、売掛金等の目的債権の現実の回収については、金融機関等の担保権者が自ら回収を行うことは実務上、大きな負担となることに加え、破産管財人が、弁護士としての法的な専門知識を用い、破産者から引き継いだ証拠書類や情報に基づき、従前の経理担当者等の協力を得るなどして回収を行ったほうが、回収業務の迅速処理と回収額の最大化に資することが少なくない。そこで、破産管財人が担保権者に対し、実回収額の一定割合を破産財団に組み入れることを条件として、回収業務への協力を申し出、和解的処理を図ることが適当である事案が多い[29, 30]。

28　池上・前掲注26は、破産管財人が、正当な理由のない返品等を受け容れたことにより目的債権が減額する事態となった場合にも、担保価値維持義務違反が問われる可能性を指摘している。

29　『破産実務』219頁

30　かかる和解的処理にあたり、別除権の目的の受戻し等の法的構成により、目的債権である売掛金を破産財団に帰属させた場合には、当該売掛金が、集合債権譲渡担保に劣後していた動産売買先取特権の物上代位の対象になり得ることに留意を要するケースがある。

第4章　財産換価　165

Q 4-6　　売掛金回収の留意点

売掛金の回収にあたり、どのような点に留意すべきですか

藤井 哲

1　迅速な回収業務の着手

法人破産や個人事業主破産の場合、売掛金の回収が、破産管財人による主要な換価業務となることも少なくない。

売掛金に限らず、金銭債権は、時間が経つほど後発的な事情の発生によって、債務者の財産が流出するなどのリスクが高まり、その回収可能性や資産価値は劣化する傾向にある。そのため、破産管財人は、自らの回収業務への着手が早ければ早いほど、円滑かつ確実な回収可能性が高まることを念頭に、初動の重要性を認識して、破産手続開始決定直後から迅速に回収業務に着手することが適当である。

2　売掛金の把握と証拠書類の確保

破産管財人は、売掛金の回収を始める前提として、破産財団に帰属する売掛金を把握し、その証拠書類を確保する必要がある。

破産管財人は、通常、申立書の売掛金目録から回収を要する売掛金を認識することになるが、破産手続開始決定にあたり、破産者やその代表者から売掛金台帳や管理データを引き継ぎ、売掛先の名称・住所・電話番号・ファクシミリ番号・金額等を正確に把握する必要がある。この点、継続的な取引に係る売掛金の場合、「月末締め翌月末払い」等の支払サイトが設けられていることが一般的であるが、事業停止から間もない破産事件の場合には、売掛金目録や管理データに直近の締め日以降に発生した売掛金や回収状況が反映されていないケースがある。破産管財人は、このような事情がある場合、速やかに破産者や従前の経理担当者の協力を得て、破産手続開始日時点を締め日として、売掛先ごとの売掛金の残高を確定させ、請求未了分の売掛金があ

れば、その請求書を作成する必要がある。

また、破産管財人は、売掛金を裏付ける証拠書類として、請求書の写し、注文書、納品書、取引基本契約書等の契約書類を確保したうえで、破産者の元担当者等から早期に事情聴取を行って、売掛金の有無、支払条件及び金額が争いとなった場合に備えて、破産管財人側で十分に立証可能な売掛金であるか、その立証難易度をあらかじめ把握しておくことが適当である。

なお、破産管財人は、破産者の事業所や倉庫を引き払うに際し、上記の証拠書類等を廃棄処分しないように注意しなければならない。売掛金の管理データ等が保存されているパソコンやサーバーについても、同様に廃棄処分又はリース会社に返却する前に、当該データを移管するなど、バックアップの措置を講じておく必要がある。また、破産財団に帰属する売掛金のなかに、約定の支払期日経過後も支払が滞っている滞留債権が含まれている場合、売掛金には、債権種類に応じて短期消滅時効（民法170条ないし174条）[1]が適用される可能性があるため、破産管財人は、その時効管理にも留意を要する。

3 破産管財人からの請求・交渉

破産管財人は、把握した売掛金について、各売掛先に対し、破産管財人名義の通知書（請求書）を送付する[2]。

そして、破産管財人から売掛先に対する通知書（請求書）の発送に際しては、債権確認のための照会事項を記載した回答書（売掛先が認識する①破産者に対する債務の有無、②債務額、③支払方法その他支払条件、④支払期日、⑤支払を拒む場合にはその理由等の照会事項を設ける）を添付して、売掛先に一定期限内での回答を求めることが適当である[3]。このような売掛先からの回答

1　ただし、改正民法では、短期消滅時効に係る条項が削除され、債権の消滅時効は、債権者が権利を行使することができることを知った時（主観的起算点）から5年間、権利を行使することができる時（客観的起算点）から10年間に統一されている（改正民法166条1項）。

2　破産財団の費用負担を抑える観点から、売掛先のファクシミリ番号を把握している場合には、破産管財人からの通知書（請求書）をファクシミリで送付することも少なくない。

第4章　財産換価　167

書は、訴訟提起に至った場合や債権回収会社（債権管理回収業に関する特別措置法３条、以下「サービサー」という）に売却する場合に、売掛金の有無・金額等を裏付ける証拠書類になるほか、債務承認行為として消滅時効の中断効（民法147条３号）も生じることから、非常に有用である。

　売掛先から回答書が提出された場合、破産管財人は、売掛金の金額や支払方法、支払期日等に関する破産者と売掛先との認識の差異を確認し、任意の支払を拒む売掛先を特定して、争点を把握したうえで交渉を開始する。また、売掛先から指定期限までに回答書が提出されない場合には、回答書の提出を促すことになるが、これを無視する売掛先に対しては、書面及び電話連絡により繰り返し売掛金の支払催告を行うほか、内容証明郵便により法的措置も辞さない旨の厳しい態度を示すことが適当なケースもある。支払を渋る売掛先に対しても、破産管財人が、小まめに支払催告や交渉を繰り返すことで回収可能性が高まる傾向にあることから、まずは手数を惜しまずに督促することが肝要である。また、売掛先が多数の事案では、売掛先からの回答の有無や交渉結果等、回収業務の進捗状況をエクセルファイル等で一元管理しておくことが適当である。

　破産管財人が、交渉の結果、迅速かつ確実な回収確保のため、売掛先に譲歩して、一定の減額等で和解する場合、売掛先相互間に横のつながりがある可能性を考慮すべきケースもある。そのため、減額事由や和解時期に応じて、ある程度、和解条件の統一的な取扱いを図ることが、回収の最大化や効率性、また公平性の観点から望ましい場合もある。

4　売掛先からの反論等の検討

(1)　返品特約の主張

　商品等の売買取引に係る売掛金の場合、売掛先（買主）が、当該商品の返品特約を主張して、売掛金の支払を拒むことがある。

　破産管財人としては、取引基本契約書等の証拠書類にて、破産者と売掛先

3　『手引』書式39及び書式40（ただし、書式40記載の照会事項には「支払期日」がないので加筆の要否につき検討を要する）

との間で返品特約の合意が認められるかを確認し、売掛先が主張するような返品特約の合意が確認できなければ、返品を拒否して、把握している売掛金を請求すべきである。また、あらかじめ売掛先からの返品要請が想定される場合には、上記3の破産管財人からの通知書（請求書）に、①破産者が既に売却ずみである商品の返品要請にはいっさい応じることはできず、②仮に破産者又は破産管財人宛てに一方的に返品しても受領しかねる旨を記載しておくことが望ましい。

　取引基本契約書等に返品特約の定めがない場合でも、破産手続開始前まで、破産者が継続的に返品を受け付けていた事実をもって、売掛先が、返品の黙示の合意又は商慣習の存在を主張することも少なくない。しかし、破産手続開始前に破産者が返品を受け付けていたのは、将来の取引継続を確保するために、破産者が任意に応じていたサービスとみるのが相当であり、契約条件として、破産者に返品に応じる法的義務があると認められるケースは例外的と考えられる[4]。この点については、返品の商慣習の存在を否定し、破産管財人による売掛金の請求は信義則に反しない旨を判示している裁判例[5]もあり、実務上参考となる。

　一方で、取引基本契約書に明示的に返品特約の定めがある場合でも、破産管財人は、当該特約が、下請代金支払遅延等防止法4条1項4号違反（親事業者による返品禁止）や、私的独占の禁止及び公正取引の確保に関する法律2条9項5号違反（優越的地位の濫用）に該当する可能性はないか、その特約の有効性を慎重に検討し、安易に返品に応じないように留意を要する[6]。

　なお、売掛先が、取引基本契約上の倒産解除特約（売主が破産した場合に買主が取引契約を解除できる旨の特約）に基づき既存の売買契約を解除したとして、破産管財人に対し、商品の返品を主張したり、売掛金の支払を拒んだりした場合もあるが、東京地判平10.12.8金判1072号48頁は、かかる倒産解除特約はメーカー倒産に伴う商品の値崩れによって生じる損失を売主に転嫁することを目的として、その実質は、買主の損害賠償請求権と売主の代金債

4　『手引』186頁、『実践マニュアル』168頁
5　東京地判昭61.3.28金判762号35頁
6　『財産換価』280頁〔大澤加奈子〕、『破産200問』121頁〔縣俊介〕

権とを相殺することにより、代金債権を引当として損害賠償請求権を担保しようとしたものだとしたうえで、商品の値崩れを理由とする損害賠償請求権の成立が認められるかどうか自体が疑わしいうえ、仮に認められるとしてもその金額は多様な条件に依存する不確定なものであるにもかかわらず、解除によって一律に未払代金債務を免れさせることに合理性があるか疑問である等として、破産管財人に対する関係で倒産解除特約は無効であると判断していることから、このような売掛先の主張に対しても、破産管財人は、返品を拒否して、売掛金を請求すべきである[7]。

(2) 委託販売の主張

売掛先が、破産者との売買の取引形態が委託販売であったと主張し、商品の返品を主張することがある。委託販売の場合、売主（委託者）から販売業者（受託者）に対する商品納品後も、販売業者によって当該商品が小売店や消費者等の第三者に販売されるまでは、売主が商品の所有権を留保しており、販売業者が委託品である商品を販売した時点で、売主に売上収益が生じ、売主から販売業者に対する売掛金が発生することが一般である。そのため、売れ残った商品は、販売業者から所有者である売主に返品されることになる。特に書籍などの出版物や衣料品、化粧品などを取扱商品とする場合に、このような委託販売の取引形態がとられているケースがみられる。

破産管財人は、売掛先主張の委託販売による取引形態の事実が認められるのか、単に平常時に任意のサービスとして返品に応じていたにすぎないのか、取引基本契約書や請求書等の記載内容、破産手続開始前までの実際の取引の態様や流れ、破産者における売掛金や商品の経理会計処理の方法、破産者の元担当者の認識をふまえて、事実関係を確認、検討する必要がある。

委託販売の事実が認められた場合、破産管財人は、返品に応じざるを得な

---

7 なお近時、取引基本契約等に、売主の倒産手続開始を違約金の発生事由とし、かつ当該違約金の額を倒産手続開始時の未払代金債務の額と同額とする違約金条項を設けたうえで、売掛先（買主）が、当該違約金と売掛金との相殺を主張する例も見受けられるが、前掲東京地判平10.12.8の趣旨はこのような事例にも妥当すると考えられることから、破産管財人は、破産債権者全体の衡平の観点からも、当該違約金条項の有効性を争い、売掛金を請求すべきである。

いことになるが、返品される在庫商品の種類・性質、分量等をふまえて、その換価可能性を検討し、既存の販路を有する販売業者に当該商品の買取りを打診して交渉することが適当か、検討することになる。

(3) 瑕疵担保責任等の主張

売掛先が、売主の破産手続開始による廃業によって、将来の瑕疵担保責任が追及できなくなったことを理由に、売掛金の支払拒否や減額、相殺等を主張することがある。

しかし、現実に商品に瑕疵が生じている場合であれば格別、売掛先は、将来瑕疵が発生する抽象的な可能性のみを理由に、損害賠償請求権との相殺や売掛金の支払を拒むことはできないのであるから、破産管財人は、売掛先の主張に法的根拠がないことを説明し、早期の売掛金の支払を求めるべきである。

同様に、売掛先が、破産者の廃業や破産手続の開始により、商品のブランド価値の劣化、仕入先変更による混乱、今後アフターサービスが受けらない事態等を招いたことにより損害を被ったとして、売掛金の支払拒否や相殺を主張する場合が見受けられるが、売掛先の主張する損害が立証されていないことが多く、また相殺禁止（法72条1項各号）に該当する主張もあることから、破産管財人としては、法的根拠が確認されない限り、かかる減額主張等に応じる必要はなく、売掛金の支払を求めることになる[8]。

(4) 支払能力不足の主張

売掛金の有無・金額には争いがないものの、売掛先に支払能力がなく、事実上支払えない場合、破産管財人は、財団組入額の最大化、破産手続の進行、費用対効果も考慮して、条件交渉のうえ、一定額の減額での一括払いや分割払いでの和解に応じることを検討する。

この点、破産手続中に全額回収することが困難と見込まれるような長期分割払いでの和解[9]に応じる場合には、最終的にサービサーに売却することを

8　大澤・前掲注6
9　100万円を超える和解は、裁判所の許可を要する（法78条2項11号）。

第4章　財産換価　171

視野に入れて、和解契約書（債務弁済契約書）はもちろん、売掛金に関する証拠書類、売掛先の資力状況等に関する書類を売掛先からも提出させるなどして、確保しておく必要がある。

なお、売掛金に債権譲渡禁止特約がある場合には、将来の債権譲渡に備えて、分割払いに応じるにあたり、和解契約において、これを解除しておくべきである。

⑸　手形払い等の場合の対応

破産者と売掛先との間の従前の約定により、売掛金が約束手形や小切手で支払われる場合もある。破産管財人は、約束手形で売掛金の支払を受けた場合、支払呈示期間内に、管財人口座を開設している金融機関に持参し、取立手数料を支払って、取立委任する。また、小切手で売掛金の支払を受けた場合には、支払呈示期間内（振出日から10日間内）に、支払人である金融機関に持参して、支払を受ける。

もっとも、特に約束手形が長期の支払サイトである場合、回収の確実性に加え、破産手続の進行にも影響を与えることから、破産管財人は売掛先との間で売掛金の支払方法に関して交渉し、中間利息等を参考に一定の減額に応じてでも現金での短期回収を確保することが望ましいと考えられる[10]。

なお、破産手続開始決定時点で破産者が、債権者である金融機関に約束手形を取立委任していた場合には、当該手形を目的とする商事留置権が成立し、金融機関は、当該手形上に優先する他の特別の先取特権者が存在せず、かつその処分が適正妥当なものであるときは、銀行取引約定書の定めに基づき、手形金を取り立てて、これを自己の債権の弁済に充当することができるとされている[11、12]。

10　『実践マニュアル』153頁
11　最判平10.7.14民集52巻5号1261頁
12　ただし、取立委任先が信用金庫や信用組合等であった場合、これらの金融機関は商人に該当しないため、そもそも商事留置権が発生しない（最判昭63.10.18民集42巻8号575頁）。

5 訴訟による回収の検討

　破産管財人は、売掛先が任意の交渉でも支払に応じない場合には、訴訟も辞さない態度を一貫して示すことが重要であるが、それでも支払の見込みがない売掛先に対しては、裁判所の許可（法78条2項10号）[13]を得て、訴訟提起[14]のうえ、売掛金を回収すべきか検討する。

　この点、訴訟提起した場合には、管財業務が長期化する可能性が高まり、破産手続の進行にも大きな影響を与えることから、勝訴の見込み（争点の立証難易度、破産管財人が確保している証拠書類の有無・内容等）、売掛先の資力状況も考慮した回収見込額、破産債権者に与える影響の程度（回収による配当可能性等）、訴訟提起から回収までに見込まれる必要時間等の事情を総合考慮のうえ、破産管財人において、十分な検討が求められる。判断に迷う場合には、裁判所との協議に加え、債権者集会等で破産債権者の意向を確認する方法もある[15]。

　なお、破産管財人が訴訟提起するにあたり、破産財団が乏しい場合、破産管財人は、訴訟提起にあたり、破産裁判所から無資力証明書の発行を受けたうえで、訴訟提起と同時に係属裁判所に訴訟救助の申立て（民事訴訟法82条）を行って、訴訟費用（主に貼用印紙代）の支払猶予を受けることを検討することになる。

6 サービサーに対する売却

　破産管財人による回収業務の遂行にもかかわらず、回収が容易でない売掛金については、これをサービサーに売却（債権譲渡）して換価することを検

13　100万円以下の価額に関する訴訟提起については、破産法上、許可を要しないが（法78条3項1号、規則25条）、東京地方裁判所破産再生部では、金額にかかわらず、裁判所と破産管財人との事前の協議を必要とする運用としている。また、破産管財人が、訴訟追行後、和解又は訴えの取下げを行う際にも、裁判所の許可を要するが（法78条2項11号・12号）、この場合も同様に、東京地方裁判所破産再生部では、金額にかかわらず、裁判所との事前の協議を必要とする運用としている（『手引』225頁）。

14　仮差押えや仮処分の申立てといった保全手続の申立て、反訴、訴訟参加についても、裁判所の許可が必要と解されている（『条解』635頁、『破産実務』194頁）。

15　『手引』224頁

第4章　財産換価　173

討することになる。検討対象となる売掛金（債権）としては、破産手続中の全額回収が困難と見込まれる長期分割債権や支払期日未到来債権、また売掛先の資力その他費用対効果等の観点から訴訟による回収が現実的でないと判断される債権などがあげられる。

　債権の売却金額は、適正価額の判断がむずかしく、同じ対象債権でもサービサーによって、評価に大きな差が生じることもあることから、換価業務の公平性の担保と売却価額の最大化を確保するため、基本的には、守秘義務契約を締結したうえで、複数のサービサーに相見積りを依頼し、最も有利な条件を提示したサービサーに売却する方法が望ましい。また、破産管財人が、より高値での売却金額を確保するためには、既述のとおり、売掛金の金額や支払条件を裏付ける契約書等が確保されていることや、これまでの支払実績の有無が影響することから、破産管財人としては、最終的にサービサーに売却する可能性があることも念頭に、当初から売掛金の回収業務を遂行することが適当である。

　破産管財人は、サービサーに売却する際に、債権譲渡契約を締結することになるが、不動産等の売却と同様、破産管財人の瑕疵担保責任は免責とし、売却する売掛金の存在や金額、支払条件等につき表明保証は行わず、現状有姿での売却を条件とすることに留意すべきである。また、対抗要件具備のために破産管財人が譲渡人として行うべき措置や費用負担の範囲についても、債権譲渡契約であらかじめ合意しておく必要がある[16]。加えて、100万円を超える売掛金（債権）の売却は、破産裁判所の許可が必要となるため（法78条2項8号）、破産管財人とサービサーとの間の債権譲渡契約では、破産裁判所の許可を停止条件としていることも少なくない。

16　『財産換価』252頁〔上野保〕、『破産200問』128頁〔南賢一〕

Q 4-7　　売掛金以外の債権回収の留意点

預貯金・有価証券・出資金の回収にあたり、どのような点に留意すべきですか

藤井 哲

1　預貯金

(1)　資産調査

　預貯金は、法人破産、個人破産を問わず、破産管財人において換価回収を要する債権の一つである。

　破産管財人は、通常、破産財団に帰属する預貯金の有無を申立書の財産目録等から把握することになるが、預貯金口座の取引履歴、確定申告書の内訳明細書や転送郵便物等を確認して、報告漏れの預貯金口座の有無について調査を行い、給与や売掛金等の本来あるべき入金が、報告ずみの預貯金口座の取引履歴から確認できない場合等には、破産者に事情聴取を行い、理由を特定することが求められる。また、債権者申立ての場合など、破産者から積極的な協力が得られない事案では、破産管財人は、破産者との取引の可能性がある金融機関に対し、預貯金口座の有無について、広く書面で照会を行うことも必要となる[1]。

(2)　回収方法

　破産財団に帰属する預貯金は、破産管財人が口座を解約し、預金残高の払戻しを受けることで回収する。口座の解約手続は、当該口座開設の支店に限らず、最寄りの支店や郵送でも取扱可能とする金融機関もあるため、つど、

---

[1]　破産者の財産管理処分権限は破産管財人に帰属していることから、金融機関も破産管財人からの照会に応じるが、金融機関によっては、開設口座の支店の特定を求められるケースもある。

第4章　財産換価　175

解約必要書類とあわせて、事前に確認することが適当である。また、自動引落しが設定されている預貯金口座がある場合、破産管財人は、破産手続開始後直ちに金融機関に連絡して当該口座の出金停止を依頼し、口座解約までに自動引落しが行われないように措置を講じる必要がある。

なお、預貯金口座のある金融機関が破産債権者である場合、当該金融機関によって、破産債権（自働債権）と破産者の預金返還請求権（受働債権）との相殺が行われることになるが、破産管財人は、①危機時期以降の預金口座入金分を対象とする相殺につき、破産法上の相殺禁止（法71条）に該当しないか、②破産手続開始後に生じた利息債権（劣後的破産債権）を自働債権に含めた相殺が行われていないか[2]について、特に検討する必要がある。

2 有価証券

(1) 株　　式

a　資産調査

上場株式の場合は、証券会社の証券口座にて保管されていることから、証券会社が発行する取引残高報告書等から過去の取引履歴も含めて把握することができる。非上場株式の場合には、申立書の財産目録や添付書類、転送郵便物、破産者本人からの事情聴取等により確認する。破産財団に帰属する株式がある場合には、過去の株式配当金の有無とその受領方法も確認する必要がある。

なお、破産者が、従業員持株会を通じて勤務先の株式を保有していることもあるため、破産管財人は、破産者の給与明細の控除項目に株式購入資金の積立金等が含まれていないか確認する必要がある。また、破産者が法人や個人事業主である場合でも、得意先の取引先持株会に加入して、その株式を保有していることもあるため、留意が必要である。

b　回収方法

上場株式の場合には、破産管財人名義の証券口座を開設し、取引市場に

2　大阪地判昭56．2．12判タ452号140頁、『条解』543頁、『伊藤』507頁

て、売却する。上場株式は市場価額が存在することから、破産管財人による売却時の注文方法としては、値段を指定しない成行注文（指値注文に優先して売買が成立する）が適当である。

　非上場株式の場合には、取引市場が存在しないため、破産管財人において、譲渡先と譲渡価額の検討が必要となる。譲渡先については、当該株式の発行会社に対し、譲渡先の紹介や自己株式の取得が可能でないか、打診することも有用である。譲渡価額については、市場価額が存在しないため、その評価が問題となる。主な評価方法としては、①インカムアプローチ（DCF方式、配当還元方式、収益還元方式）、②コストアプローチ（簿価純資産方式、時価純資産方式）、③マーケットアプローチ（類似上場株式方式、取引先例価格方式）があり、これらの評価方法を単独又は複数を折衷して総合評価することが多い[3]、[4]。破産管財人としては、発行会社の計算書類等から直近の財務状況や業績の推移も確認のうえ、現実的な換価可能性や換価見込金額、破産財団や破産手続の進行に与える影響の程度等もふまえて、検討することになる。発行会社の規模が大きく、株式価値が高いことが想定される場合には、公認会計士等の専門家の補助を受けることが適当な事案もある。なお、非上場株式は、譲渡制限株式（会社法2条17号）であることが多いため、株式譲渡にあたっては、発行会社の承認を要し（会社法139条）、発行会社が承認しない場合、株主は、発行会社又はその指定する者が当該株式を買い取るよう請求することができる（会社法138条各号）。この場合の株式売買価額につき、当事者間の協議が調わないときは、裁判所に対し、株式売買価格決定の申立てを行うことができるため（会社法144条2項）、破産管財人は、かかる会社非訟手続を利用して、非上場株式の換価を図ることもできる。

　破産者が従業員持株会等を介して株式を保有していた場合には、持株会の規約を確認して、破産者の持分の引出しや譲渡などの方法により換価回収す

3　東京地方裁判所商事研究会編『類型別会社非訟』（判例タイムズ社、2009年）88頁ほか

4　発行会社による自己株式の買取りやその紹介先（既存株主や役員等が多い）からの買取打診の場合、配当還元方式による算定株価が提示されることも少なくないが、配当還元方式は、配当金額を抑えて、社内留保が行われている会社では、算定株価が過小となるため、低廉な評価となっていないか、慎重な検討が必要である。

第4章　財産換価　177

ることになるが、規約上、これらの換価処分手続に時間を要することがあるため、早期に着手しておくことが望ましい。

また、未受領の株式配当金がある場合には、証券会社又は発行会社の証券代行機関（信託銀行等）に問い合わせて、回収することになるが、一般に株式配当金の除斥期間は支払開始日から満3年とされているため、留意を要する。

(2) 投資信託

投資信託の受益権は、販売会社（証券会社や銀行等の金融機関）によって募集・販売されている金融商品であり、販売後も販売会社の顧客口座で管理され、販売会社が、顧客に対する分配金等の授受や受益権に関する各種手続の取次を行っている。そのため、投資信託の取引明細や残高の有無は、販売会社から定期的に交付される取引残高報告書等によって確認が可能である。

投資信託の受益権の換価は、販売会社に対して解約請求を行って、解約金の返還を受ける方法により行うことになるが、投資信託によっては、解約請求できない期間（クローズド期間）が設定されている商品もあるため、換価回収にあたり、留意が必要である。

なお、販売会社である金融機関が、破産債権者である場合には、投資信託の解約金を融資回収に充てるため、①破産債権（自働債権）と破産者の解約金請求権（受働債権）との相殺や、②投資信託受益権に対する商事留置権を主張する場合がある。しかし、①の相殺については、民事再生手続に係るものであるが、販売会社である金融機関が、支払停止を知った後に債権者代位により投資信託の解約請求を行ったうえで、再生債権を自働債権とし、解約金支払債務に係る債権を受働債権とする相殺を主張した事案につき、判例は、販売会社である金融機関は、相殺の担保的機能に対して合理的期待を有していたとはいえないとして、相殺禁止除外事由（民事再生法93条2項2号）には当たらず、相殺は許されないと判断している[5]。かかる判例は、相殺禁止の枠組みについて同趣旨の規定（法71条）を設けている破産手続にも妥当

5　最判平26.6.5民集68巻5号462頁

すると解されることから[6]、破産管財人は、相殺が禁止される場合に当たるとして、解約金の支払を求めるべきである。また②の商事留置権についても、販売会社が管理している顧客の投資信託の受益権（現在、ペーパーレス化により受益証券は発行されておらず、振替機関や口座管理機関の電子帳簿（振替口座簿）に記録する方法で受益権は管理されている）が、「自己の占有に属した債務者の所有する物又は有価証券」（商法521条）に該当すると認めることは解釈上、困難といわざるを得ず[7]、破産管財人は、商事留置権の成立を否定して、解約金を請求すべきである。

3　信用金庫等の出資金

(1)　資産調査

信用金庫や信用組合、各種協同組合等（以下「信用金庫等」という）から融資等を受けるためには、信用金庫等に出資して、その会員や組合員、准組合員（以下「会員等」という）になる必要があるため、破産手続開始前に信用金庫等と取引があった破産者は、出資金を保有していることになる。

なお、信用金庫等に預金口座のみを開設する場合には、必ずしも出資を要するわけではないが、破産者が信用金庫等の預金口座を保有している場合、破産管財人は、出資金の有無につき、念のため、確認しておくことが望ましい[8]。

(2)　回収方法

信用金庫等を脱退した場合、会員等は、信用金庫等に対し、出資金の払戻しを請求できる（信用金庫法17条1項2号、中小企業等協同組合法19条1項2号

6　『手引』190頁、山本和彦「相殺の合理的期待と倒産手続における相殺の制限—最一小平26・6・5を契機として」金法2007号14頁、『伊藤』524頁
7　『実践マニュアル』147頁、『ソリューション』106頁〔木村真也〕、渡邉一平「投資信託解約金相殺について（下）（最高裁第一小法廷平成26年6月5日判決）」銀行法務21・788号32頁、『伊藤』471頁
8　定期預金などで会員等対象の優遇金利の受けることを目的に出資を行う場合もある。なお、出資証券は、信用金庫等によって、これを不発行としている場合もある。

第4章　財産換価　179

等）。法人破産の場合には、破産手続開始決定又は法人の解散が法定脱退事由とされているため、脱退手続が不要である場合が少なくないが、個人破産の場合には、破産管財人が任意脱退の手続を行う必要がある。もっとも、具体的な出資金払戻請求権は、脱退した事業年度終期における信用金庫等の財産によって定まるため、信用金庫等から払戻しを受けるためには、当該事業年度の終了まで待つ必要がある。そのため、破産手続の進行上、早期の換価を要する場合には、出資金払戻請求権を破産者の関係者等やサービサーに債権譲渡することを検討せざるを得ない。

　なお、出資金のある信用金庫等が破産債権者である場合には、当該信用金庫等によって、破産債権（自働債権）と破産者の出資金返還請求権（受働債権）との相殺が行われることになる[9]。この点、裁判例は、出資金払戻請求権の法的性質につき、破産手続開始後の脱退によって発生した債権ではなく、破産者による出資持分取得時に発生した停止条件付債権と解したうえで、信用金庫等による上記の相殺は、相殺禁止（法71条1項1号）に該当しないとして、破産法67条2項に基づく相殺として認めている[10、11]。

9　破産管財人は、信用金庫等による届出債権の認否に際して、出資金の相殺が反映されているか確認する必要がある。

10　東京地判平15.5.26金判1181号52頁

11　信用金庫等は、停止条件の利益を放棄して、破産手続開始後直ちに相殺を行うことも、条件成就を待って、その時点で相殺を行うことも可能である（『破産200問』213頁〔小畑英一〕）。

Q 4-8　解約返戻金請求権及び保険金請求権の回収

保険契約に基づく解約返戻金請求権及び保険金請求権の回収にあたり、どのような点に留意すべきですか

藤井 哲

1　解約返戻金請求権

　破産者が保険契約者である保険契約[1]は、これを任意に解約することによって、保険約款に基づき解約返戻金[2]の返還を受けることができる場合がある。そのため、破産管財人は、破産手続開始前に成立した破産者を保険契約者とする保険契約及びその解約返戻金の有無を把握し、保険契約の解約の要否を判断する必要がある。解約返戻金の有無及び金額は、通常、保険会社に照会することで正確に確認可能である。

　この点、破産者が保険契約者であるか否かは、原則として、保険証券上の名義人を基準に判断することになるが、名義上の保険契約者と保険料の出捐者が異なる場合には、破産管財人において慎重な検討を要するケースもある。一般には、出捐者が保険料相当額を贈与したものであり、名義人に保険契約を帰属させる意思があったと評価できる事案が少なくないが、保険契約締結の経緯、名義人と出捐者の関係、出捐の動議・目的、契約者貸付の受領者等の具体的な事情をふまえて、保険契約者が破産者であるか否か、すなわち、当該保険契約の解約返戻金が破産財団に帰属するか否かを判断する必要がある[3]。

---

[1]　本稿の「保険」には取扱いを同じくする共済も含まれるものとして論じることとする。

[2]　損害保険の場合、積立保険等を除き、解約返戻金は生じないことが多いが、保険料を保険契約締結時に一括払いしている場合には、解約時に未経過分の保険料相当額が返金される。なお、火災保険に質権が設定されているときでも、質権の範囲が解約返戻金や保険料返戻金にまで及んでいない場合があるため、確認を要する。

[3]　『はい6民』40頁、『財産換価』311頁〔神原千郷〕

第4章　財産換価　181

もっとも、個人破産の場合、東京地方裁判所破産再生部では20万円以下の解約返戻金（保険契約が複数ある場合には解約返戻金の総額が20万以下か否かで判断される）については、自由財産の拡張の裁判があったものとして取り扱い、破産管財人による換価を要しない運用としている[4]。また、既往症があるため新規の保険加入が困難である場合など保険契約の継続を必要とする破産者の個別事情によっては、20万円を超える解約返戻金がある場合でも、当該保険契約を解約せず、自由財産の拡張を認めるべきか検討を要する事例もある[5]。

　なお、法律上の差押禁止財産に該当する小規模企業共済及び中小企業退職金共済[6]の保険金請求権又は還付請求権も自由財産であり、破産財団には帰属しない。ただし、破産管財人は、これらの共済と、法律上の差押禁止財産には該当しない中小企業倒産防止共済（経営セーフティ共済）とを混同しないように注意する必要がある。

2　保険金請求権

(1)　概　　要

　保険金請求権は、保険契約の成立とともに、保険事故の発生等の保険金請求権が具体化する事由の発生を停止条件とする債権として発生していると解されており、具体化する事由の発生前の保険金請求権を抽象的保険金請求権、具体化した後の保険金請求権を具体的保険金請求権という[7]。

　破産手続開始前に保険契約の成立のみならず、保険事故等が発生しており、破産者が具体的保険金請求権を有する場合には、その保険金請求権は、

4　『手引』140頁
5　破産者が解約返戻金相当額を破産財団に組み入れることを条件に、破産管財人が、破産財団から放棄する場合もある。また、生命保険契約等については、保険金受取人が、一定の要件のもとで保険法上の介入権（保険法60条）を行使して、解除権者である破産管財人に対して解約返戻金相当額を支払うことで、保険契約の解除の効力を生じさせないことができる。
6　平成3年3月31日以前に効力が生じた簡易保険契約の保険金請求権又は還付請求権も、法律上の差押禁止財産として自由財産となる（旧簡易生命保険法50条）。
7　山下友信『保険法（上）』（有斐閣、2018年）541頁

当然、破産財団に帰属する。

　また、保険手続開始前に保険契約は成立しているものの、保険事故等が発生していないため、破産者が抽象的保険金請求権を有するにすぎない場合についても、判例は、抽象的保険金請求権は、質権設定等の処分が可能であることや法律で禁止されていない限り差押えを行うことも可能であり、一定の財産的価値を有することから、「破産手続開始前に生じた原因に基づいて行うことがある将来の請求権」（法34条2項）として、破産手続開始決定により破産財団に属する財産となると判断している[8]。そのため、破産手続開始時の抽象的保険金請求権が、破産手続開始後の保険事故の発生等により具体化した場合、その保険金請求権は、破産財団に帰属し、破産管財人が保険会社（保険者）から回収すべきことになる。

　この点、同じ保険契約から発生する権利ではあるが、保険金請求権と解約返戻金は別個の財産的請求権である点には留意を要する。解約返戻金が20万円以下のため、自由財産の拡張がなされたとして扱われる場合であっても、当然に抽象的保険金請求権まで自由財産に該当することにはならないと解される（現在の東京地方裁判所破産再生部の運用基準においても、20万円以下の場合に自由財産の拡張の裁判があったものと取り扱われるのは、あくまで「保険契約に基づく解約返戻金請求権」とされている[9]）。そのため、解約返戻金が20万円以下の保険契約について、破産手続開始後に保険事故が発生した場合、その具体的保険金請求権は破産財団に帰属することとなり、仮にこれを破産管財人が換価回収することで不都合が生じる事案については、あらためて自由財産の拡張の可否を個別具体的な事情をふまえて判断すべきことになると考えられる。破産管財人は、保険契約に基づく権利について自由財産の拡張がなされる場合には、いかなる権利が対象となるのかについて、意識的に把握しておくことが望ましい[10]。

---

[8]　最判平28.4.28民集70巻4号1099頁、東京高決平24.9.12判時2172号44頁、札幌地判平24.3.29判時2152号58頁
[9]　『手引』140頁

(2) 損害保険の場合

損害保険契約では、被保険者が保険金請求権を有する。そのため、破産管財人は、破産手続開始時に保険事故が既発生か否かにかかわらず、破産者を被保険者とする損害保険契約の有無について、確認しなければならない。なお、損害保険契約の契約者と被保険者は、必ずしも同一であるとは限らないため、留意を要する。

損害保険契約のうち、物保険[11]の場合に、保険金を破産財団に組み入れることについては、通常、不都合は生じないと考えられるが、責任保険[12]の場合、被害者の損害填補に充てられるべき保険金が、破産財団に組み入れられ、総債権者の配当原資となることは、被害者保護の観点から不都合な結論を招来する。かかる不都合を回避するため、保険法は、責任保険に基づく保険金請求権について、被害者に特別の先取特権を認めており[13]（保険法22条1項）、被害者は、別除権者（法2条10項）として、破産手続によらずに、保険金から自己の債権の弁済を受けることができる（法65条1項）。

このような事例の実務的な処理としては、まず、破産債権者である被害者と破産管財人との間で、被保険者（破産者）の被害者に対する損害賠償義務の存在及び賠償額につき、保険会社の承諾を得た内容で示談し、保険会社から被害者が任意の弁済を受けることができるように試みることになる。

賠償額等で折り合いがつかず、示談が成立しない場合、被害者は、法定の先取特権の実行手続として、裁判所に「担保権の存在を証する文書」（民事執行法193条1項）を提出して、債権差押命令の申立てを行うことで、保険金請求権を直接取り立てることになる。この場合の「担保権の存在を証する文

10　なお、保険契約の継続を必要とする破産者が、解約返戻金相当額を組み入れたことにより、破産管財人が、解約返戻金を破産財団から放棄している場合には、保険契約の解約にかえて解約返戻金を換価したと評価できることや当事者の合理的な意思解釈からして、放棄後は同保険契約に基づく保険金請求権も破産財団に帰属しないと解するのが妥当であると思われる。

11　火災保険や車両保険等、財物に生じた事故による損害を填補する保険をいう。

12　自動車保険の対人・対物賠償責任保険や製造物責任保険等、被保険者が法律上の賠償責任を負担することによって生じる損害を填補する保険をいう。

13　萩本修編著『一問一答保険法』（商事法務、2009年）133頁

書」は、被害者が責任保険の対象となる損害賠償請求権を有することを証明するものである必要があり、執行実務上も公文書に限らないとされているが、その証明の程度は高度の蓋然性の立証を要すると解されていることから[14]、破産管財人との間で示談が成立しない場合には、判決文や和解調書の膳本等がこれに当たると解される[15]。そのため、被害者は、被保険者（加害者）の破産手続にて、損害賠償請求権につき破産債権の届出を行い[16]、破産管財人が届出債権に異議を述べたうえで、債権査定手続や破産債権査定異議の訴え[17]で、判決文等の「担保権の存在を証する文書」を取得して、先取特権を行使することになると考えられる[18]。

このように被害者が、実際に破産手続開始後に先取特権を実行することは、必ずしも容易でないと考えられることから[19]、その手続負担も考慮すると、できる限り和解的処理を検討することが適当である事案が少なくない。なお、被害者から保険会社に対する直接請求権を認める責任保険（特別法に基づく自動車賠償責任保険のほか、任意自動車保険の賠償責任保険にも通常、被害者の直接請求権を認める条項が設けられている）の場合には、破産管財人から直接請求権の制度を説明し、被害者に対し、破産手続外での解決を促すことが望ましいと考えられる。

(3) 生命保険及び傷害疾病定額保険の場合

生命保険契約及び傷害疾病定額保険（医療保険や傷害保険）契約の保険金請求権は、損害保険契約と異なり、被保険者ではなく保険金受取人が有する。そのため、破産管財人は、破産手続開始時に保険事故が既発生か否かに

---

14 相澤眞木・塚原聡編著『民事執行の実務〔第4版〕債権執行編（上）』（金融財政事情研究会、2018年）290頁

15 山下友信・永沢徹『論点体系 保険法1』（第一法規、2014年）209頁〔野口夕子〕

16 なお、被害者の損害賠償請求権は、別除権付破産債権に該当するところ、別除権の対象である保険金請求権の額が未確定であるため、不足額責任主義（法108条1項）により配当からは除斥されることになる（法198条3項）。

17 破産手続開始前に訴訟が係属していた場合には、当該訴訟を破産債権確定訴訟として受継することになると考えられる。

18 『債権調査・配当』285頁〔玉山直美〕

19 『破産200問』92頁〔粟田口太郎〕

かかわらず、破産者を保険金受取人とする生命保険契約等の有無について、確認しなければならない。

　もっとも、これらの保険契約では、必ずしも保険契約者、被保険者及び保険金受取人が同一とは限らず、保険契約者が第三者を保険金受取人とする場合[20]に、保険金受取人の受益の意思表示も不要とされている（保険法42条、71条）。そのため、破産者が保険金受取人であったとしても、破産者本人も当該保険契約の存在を認識していない場合が十分にあり得る。破産管財人としては、破産者に対し、このような第三者のためにする生命保険契約等の有無につき、特に破産者の近親者（両親や祖父母等）を保険契約者とし、破産者を保険金受取人とする契約がないか確認を求めるとともに、そのような保険契約に基づく保険金請求権も破産財団に帰属し[21]、仮に破産手続開始後の保険事故の発生等により具体化した場合には、破産管財人による換価回収の対象となることを説明しておくことが望ましい。

　また、破産財団に帰属する抽象的保険金請求権が破産手続終了後の保険事故の発生により具体化した場合に追加配当（法215条）に充てられるべき財産に該当するのかについても問題となり得る[22,23]。

　この点、破産手続中に抽象的保険金請求権が具体化していない場合、当該請求権自体にはいまだ金銭的価値がなく、これを破産管財人が換価することは困難である。そのため、近い将来において保険事故の発生が予想される特別な事情がある場合を除き、破産管財人が、異時廃止決定（法217条1項）又は配当許可（法195条2項、204条1項、205条）を得る段階であらかじめ破産財団から抽象的保険金請求権を放棄しておくことも検討に値するが[24]、仮に

20　保険契約者と保険金受取人が同一である契約を「自己のためにする生命（傷害疾病定額）保険」といい、両者が異なる場合を「第三者のためにする生命（傷害疾病定額）保険」という。

21　前掲注8・最判平28.4.28参照

22　『伊藤』255頁

23　なお、破産手続開始後に保険期間が満了し、保険契約が更新された場合には、補償内容がほぼ同じであっても、更新後の保険契約は、更新前の契約とは異なる、新たな別個の独立した契約であり、これに基づく保険金請求権は破産財団に帰属しないことから、仮に破産手続終了後の保険事故の発生により具体化したとしても、追加配当に充てられるべき財産に該当するか否かの問題は生じないと考えられる。

破産管財人が明示的に放棄していない場合であっても、抽象的保険金請求権の換価が困難である以上、黙示的に放棄したと評価できる場合や、追加配当の対象とすることを予定しておらず[25]、破産管財人には当該保険金請求権に対する管理処分権限が残っていないと解される場合も少なくないと考えられる。もっとも、破産手続中に破産管財人が保険契約の存在自体を把握していなかった場合には、通常、破産財団からの放棄等は観念し難いことから、当該保険契約に基づく具合的保険金請求権が追加配当に充てられるべき財産に該当する場合もあると考えられる。

Q 4-9　担保対象動産の換価

動産類の換価にあたり、どのような担保権が問題となり得ますか

野島　達也

1　はじめに

　動産類には、在庫商品、原材料、什器備品から車両、大型の機械までさまざまな物があるが、破産手続開始決定後早期に売却しなければ急速に資産価値を失い、最終的には換価不能になって破産財団の増殖ができなくなるばかりか、保管費用、保険料、税金等の費用が発生、増大して破産財団を毀損することもある。

　そこで、破産管財人は、破産手続開始決定後迅速に換価処分するようにしなければならない。また同時に、換価業務の基本である価値の最大化及びコ

24　「現代型契約と倒産法」実務研究会編『現代型契約と倒産法』（商事法務、2015年）278頁〔神原千郷・上田慎〕、石井教文「死亡保険金請求権の破産財団帰属性に関する最高裁判決が破産実務に及ぼす影響―最一小判平28．4．28の検討」金法2077号36頁

25　最判平5．6．25民集47巻6号4557頁は、破産手続終結後であっても、「破産管財人に当該財産をもって、追加配当の対象とすることを予定し、又は予定すべき特段の事情があるとき」は、当該財産に対する破産管財人の管理処分権は消滅しない旨判示している。

第4章　財産換価　187

ストの最小化を図るための適切な換価方法を選択しなければならない[1]。

他方で、動産類に担保権が設定されている場合には担保権者との調整が必要となるが、動産類には公示方法のない担保権が設定されていることがある。

そこで、破産管財人は、①破産手続開始申立書類、会計帳簿、固定資産税台帳、契約書等の書類の確認、②破産者又は関係者からの聴取、③現物の確認を行い、換価対象の動産類に担保権が設定されているか、設定されている場合にはその内容を確認することが必要である[2]。

2 動産類に設定されている可能性のある担保権の種類

動産類に設定されている可能性のある非占有担保権で実務上よく問題になるのは、（集合）動産譲渡担保、所有権留保、動産売買先取特権であり、占有担保権で実務上よく問題になるのは、商事留置権である。

担保権は、破産手続上別除権（法2条9項）として扱われるときには、破産手続によらずに行使できる（法65条1項）。

ただし、担保権者が破産管財人に対して別除権の行使を主張するためには、担保権が有効に成立しており、かつ、対抗要件を備えているか又は対抗要件なくして破産管財人に主張できることが必要である。

そこで、破産管財人は、契約書等の書類及び目的物の保管状況などから、担保権者が別除権を行使できるかを判断しなければならない。

また、後述のとおり、破産管財人は、別除権の行使を争うことができない場合であっても、別除権者と交渉し、目的物の処分価格の一定割合を破産財団に組み入れることと引き換えに、破産管財人において任意売却し又は担保権の実行に協力することを合意するのが一般的である[3]。

1　『破産実務』215頁

2　『財産換価』353頁〔蓑毛良和・志浦治宣〕

3　『手引』219頁。この合意において、売却先の選定方法、弁済額、充当関係、別除権不足額又はその確定方法などについて定める必要がある（『財産換価』362頁）。また、実務上、破産管財人が任意売却するよりも担保権者に処分を委ねたほうが破産財団にとって利益となる場合には、担保権者の取戻権（法62条）を認めて目的物を引き渡し、その価値と被担保債権額との差額の清算を受けるという方法もとり得る（『手引』217頁）。

188

3 各担保権の内容

(1) (集合) 動産譲渡担保

　譲渡担保とは、担保目的で、設定者から譲渡担保権者に対して目的物の所有権を移転する形式をとる非典型担保権であり、被担保債権が弁済されれば所有権は設定者に復帰し、弁済されなければ債権者が自ら目的物を処分するか（処分清算型）又は目的物の所有権を確定的に自己に帰属させて目的物の客観的な価額と被担保債権との清算を行う（帰属清算型）。

　特に倉庫内の在庫商品など継続的な取引により目的物が変動する集合動産に設定されていることが多い。

　その法的構成にはさまざまな見解があるが、破産手続上は別除権とするのが実務及び多数説である[4]。

　譲渡担保権が有効に成立するためには目的物が特定されていることが必要であり、集合動産譲渡担保については、「種類、所在場所、量的範囲を指定するなどの」方法により目的物の範囲が特定されていることが必要である[5]。また、対抗要件は、引渡し（民法178条、（占有改定（民法183条）も含まれる[6]））のほかに、法人の場合には動産譲渡登記[7]（動産及び債権の譲渡の対

---

[4] 『伊藤』490頁。判例は、更生手続の事案において更生担保権とし（最判昭41.4.28民集20巻4号900頁）、再生手続の事案において別除権とする（最判平18.7.20民集60巻6号2499頁）。なお、破産手続開始前に譲渡担保権の実行が終了している場合、すなわち、破産手続開始前に、帰属清算型では清算金の支払がなされ又は清算金が発生しない場合には目的物の所有権を譲渡担保権者に帰属させる旨の意思表示が設定者に到達し、処分清算型では第三者への処分契約が締結されていた場合には、目的物の所有権は譲渡担保権者又は譲受人に確定的に帰属するため、別除権は問題とならず、取戻権の対象となる。

[5] 最判昭54.2.15民集33巻1号51頁、最判昭62.11.10民集41巻8号1559頁

[6] 銀行が輸入業者から依頼を受けて輸入商品に関する信用状を発行し、当該輸入商品について譲渡担保の設定を受けて占有改定の方法により引渡しを受けた場合に、輸入業者が直接占有を取得したことがなくても対抗要件を具備したといえるかという問題について、最決平29.5.10民集71巻5号789頁は、一定の事実関係のもとにおいて対抗要件の具備を認めた（森田修「判批」金法2075号10頁）。

[7] なお、動産譲渡登記の存続期間は、契約によって定められるが、原則として10年を超えることができない（動産債権譲渡特例法7条3項）。

第4章 財産換価　189

抗要件に関する民法の特例等に関する法律（以下「動産債権譲渡特例法」という）
3条1項）もある。

　目的物の変動がない動産譲渡担保では、通常目的物は特定されており有効
性に問題が生じることは少ない（ただし、後述の担保権の競合の場合を除く）
のに対し、目的物が変動する集合動産譲渡担保では特定を欠き又は担保の目
的外の物件についてまで別除権を主張する者もいる[8]。いずれにしても契約
書の内容及び対抗要件の具備をよく確認することが必要である。

　なお、破産者が、危機時期に特定の既存の債務について集合動産譲渡担保
権を設定した場合や危機時期前に設定されていた譲渡担保権の目的物を増加
して債権者の利益を図った場合には、譲渡担保権設定契約又は動産の流入行
為について否認権行使を検討する必要がある[9]。

　また、破産管財人は、譲渡担保権者による別除権の行使を争うことができ
ない場合[10]に譲渡担保権者が目的物の引渡しを求めてきたときであっても、
安易に応じるべきではない。目的物について被担保債権額を超える金額で譲
渡できるときは、譲渡担保権者が換価処分をし又は清算金を支払うまでに被
担保債権を弁済して目的物を受け戻すことを検討すべきである（法78条2項
14号）。また被担保債権額が目的物の価額を超えているときであっても、目
的物を譲渡担保権者が別除権を行使するためには破産管財人の協力が不可欠
であるから、目的物の保管場所への立入り、売却先の紹介など別除権の行使
に協力するかわりに処分価額の一定割合を財産に組み入れるように譲渡担保
権者と交渉すべきである[11]。

　次に、集合動産譲渡担保において破産手続開始決定後に破産管財人が目的

8　『手引』219頁

9　『伊藤』579頁、『手引』219頁

10　この場合には、通常、契約において破産手続開始は目的物の搬出禁止事由とされるこ
とから、破産管財人は目的物を搬出することができないと解される。これに対し、契約
において譲渡担保権者が権利実行した場合には、以後、目的物の処分のために保管場所
を無償で使用できる旨や譲渡担保権者に目的物の明細を提出しなければならない旨が定
められている場合に、破産管財人がこれらの義務を負うかについては議論があるが（『財
産換価』355頁〔蕢毛良和・志浦治宣〕）、前記搬出禁止義務とは異なり譲渡担保の本質
的義務ではないといえることから、義務を負わないと解すべきである。

11　『手引』219頁

物と同種の財産を取得した場合には、当該財産に譲渡担保権の効力が及ぶかについて議論があるため、破産管財人は、あらかじめ譲渡担保権者と協議して和解し、又は担保対象とされている場所とは異なる場所に搬入するなどして争いが生じないようにすべきである[12]。

また、集合動産譲渡担保の目的物が滅失した場合に支払われる損害保険金は譲渡担保権に基づく物上代位の対象になり得るため[13]、破産管財人は当該保険金請求権に対して差押えがなされる前に支払を受けることを検討する必要がある[14]。

さらに、破産管財人は、目的物が第三者所有の倉庫などに保管されている場合には、早期に処理しないと譲渡担保権者が目的物の撤去義務や不法行為責任を負うことになり得る[15]ことを説明し、譲歩を引き出すことを検討する[16]。

(2) 所有権留保

所有権留保とは、売買契約において、売主は代金完済前に買主に目的物を引き渡すが、所有権の移転時期を代金完済時とし、留保された所有権（留保所有権）をもって代金債権の担保とするものである。買主が代金の支払を遅滞した場合、売主は、留保所有権に基づき目的物を引き上げて換価して残代金債権に充当し、目的物の価値が残代金額を上回っていれば買主に清算金を交付する。

自動車、機械などの割賦販売契約、クレジット契約において用いられることが多い。

買主について代金完済前に破産手続開始がなされた場合[17]、留保所有権は別除権であり[18]、所有権留保売買契約は登記、登録を対抗要件としない目的

12　『条解』514頁、『注釈（上）』454頁〔伊藤尚〕
13　最決平22.12．2民集64巻8号1990頁
14　『破産実務』217頁
15　所有権留保の事案について、最判平21．3．10民集63巻3号385頁
16　『財産換価』362頁〔蓑毛良和・志浦治宣〕
17　破産手続開始前に留保所有権者が買主の債務不履行等を理由に契約を解除している場合には、留保所有権者は、完全な所有権を有しているため、取戻権を行使できる。
18　再生手続の事案について、最判平22．6．4民集64巻4号1107頁

第4章　財産換価　191

物についてはもちろん[19]、代金完済時に登記、登録を買主に移転する旨の契約内容であってもそれが担保権としての留保所有権の表章にとどまる場合には双方未履行双務契約には該当しないとするのが実務及び多数説である[20]。

また、破産管財人に所有権留保を主張するためには対抗要件を必要とするのが判例及び多数説である[21]。

在庫商品のような登記登録制度のない目的物については、占有改定により対抗要件を具備し得るが、留保所有権の対象となる目的物がその他の物と判別できない状況である場合には、留保所有権者は、破産管財人に留保所有権を主張できないと解すべきである[22]。ただし、どの目的物が留保所有権の対象になるかの立証責任については見解が分かれるため、交渉により決すべき場合が多いと思われる。

なお、自動車の割賦販売契約における、信販会社、販売会社、購入者の三者間契約については、本書Ｑ４-11を参照されたい。

破産管財人は、留保所有権者の別除権の行使を争えない場合には、目的物について被担保債権額を超える金額で譲渡できるときは、担保権消滅許可の申立て（法186条類推）や目的物の受戻し（法78条２項14号）を検討する。また、自ら換価するより留保所有権者に換価させたほうがよい場合には、清算金の支払と引き換えに目的物を引き渡し[23]、被担保債権額が目的物の価額を超えている場合には、取戻権を承認して留保所有権者に目的物を引き渡すことも認められている[24]。

以上に対し、売主が買主に対して商品を供給するものの、買主が第三者に

---

19 更生手続の事案について、大阪高判昭59.9.27金法1081号36頁

20 『破産実務』346頁、『伊藤』485頁及び486頁、札幌高決昭61.3.26金法1149号42頁。これに対し、留保所有権者に代金完済時に登記、登録を移転する義務が残存するときには双方未履行双務契約に該当するという見解もある（『条解』521頁、『大コンメ』282頁〔野村秀敏〕。会社更生の事案について、東京高判昭和52.7.19判時865号52頁）。

21 『注釈（上）』459頁〔伊藤尚〕、前掲注18・最判平22.6.4

22 ①留保所有権者から購入したか判別できない場合と②留保所有権者から購入した物であるが既払いかが判別できない場合があり得る。①について、東京地判平22.9.8判タ1350号246頁、②について、東京地判平16.4.13金法1727号108頁参照

23 清算金支払債務と目的物引渡義務は、同時履行の関係に立つ。『大コンメ』282頁〔野村秀敏〕

24 『手引』182頁

当該商品を売却した時点で売買契約が成立するとされている委託販売契約の場合、売主は、買主のもとにある商品の所有権を有しているため、取戻権を行使できる。ただし、売主が委託販売契約であると主張しても実質は通常の売買契約である場合もあるため、契約書の記載内容、委託販売手数料の支払実績の有無などの事情を確認する必要がある[25]。

(3) 動産売買先取特権

動産の売主は、当該動産の代金債権について動産売買先取特権を有し（民法311条5号、321条）、破産手続開始決定後は破産財団中に当該動産が現存すれば、動産売買先取特権は特別の先取特権[26]として別除権として取り扱われる（法2条9項、65条1項）。実行方法は、動産競売の申立て（民事執行法190条)[27]又は物上代位権に基づく差押え（民法304条）である。

破産管財人に動産売買先取特権を主張するために、対抗要件は不要である。

目的物が第三者に引き渡されると先取特権の追及効は消滅する（民法333条）が、破産管財人は目的物について一般差押権者類似の地位を認められるにすぎず第三取得者とは認められないことから[28]、動産売買先取特権者は、破産手続開始決定後も目的物が破産財団中に現存すれば別除権を行使できる[29]。

そこで、破産管財人は、動産売買先取特権者により目的物が差し押さえられる前に、目的物を売却して破産財団の増殖を図るべきである[30]。

また、動産売買先取特権者は、破産管財人が第三者に目的物を譲渡した場

25　大阪地判平6.3.7金判972号18頁参照

26　なお、一般の先取特権は、総財産から優先弁済を受ける権利であることから、別除権にはならず、優先的破産債権として扱われるにすぎない（法2条9項、65条2項、98条1項）。

27　担保権者は、執行裁判所に「担保権の存在を証する文書」を提出して申立てを行い、執行裁判所が動産競売の開始を許可することで動産競売を開始できる（民事執行法190条2項・1項3号）。なお、「担保権の存在を証する文書」は、売買契約書、注文書その他担保権の存在を証明するに足る文書で足りるとされている。『破産実務』362頁

28　最判昭59.2.2民集38巻3号431頁

29　『条解』506頁

第4章　財産換価　193

合には転売代金債権を[31]、目的物が滅失・毀損により損害賠償請求権に転化した場合には当該請求権を、物上代位に基づき差し押さえることができる[32]。

そこで、破産管財人は、動産類を売却する場合には、可能な限り現金と引き換えで行うべきである[33]。

(4) 商事留置権

商事留置権（商法521条[34]、31条、557条、562条、589条、753条2項、会社法20条）は、破産手続開始により特別の先取特権とみなされて（法66条1項）、別除権として取り扱われる（法2条9項）[35]。ただし、順位については他の特別の先取特権に後れる（法66条2項）。実行方法は、競売の申立て、又は、約定により法定の方法によらずに目的物を処分する権利が与えられている場合には、当該約定の方法によることも可能である。

30　この点について、動産先取特権者が、競売を申し立てるので売却しないようにしてほしい旨を記載した内容証明郵便や動産競売開始の許可決定書の写しを破産管財人に示した場合に、破産管財人は目的物を売却し、あるいは代金を回収することが動産先取特権者との関係で不法行為、不当利得を構成するかという問題があるが、動産先取特権者を法律の規定以上に優遇することは他の債権者との公平を害することから、破産管財人は、動産先取特権者の担保権の実行を積極的に妨げる意図で行うものでない限り、執行官が目的物を差し押さえるまでは売却し、代金を回収できると解すべきである。ただし、執行官が執行に着手する直前に目的物を別の場所に隠匿するような積極的な執行妨害行為を行った場合には、不法行為に該当する可能性がある（大阪地判昭61.5.16判時1210号97頁、名古屋地判昭61.11.17判時1233号110頁）。

31　ただし、実質的に転売代金に当たることが必要であり、目的物の譲渡先との間の契約が請負契約の形式をとっていても、代金の主たる部分が目的物の譲渡代金であって、工事の請負代金が従たる部分にすぎない場合には物上代位権の行使は認められ（最判平10.12.18民集52巻9号2024頁）、請負代金が主たる部分を占め又は目的物に加工を加えて譲渡した場合などには認められない（東京高決平20.5.26金法1863号29頁、大阪高決昭63.4.7金法1212号35頁）。

32　前掲注28・最判昭59.2.2

33　『手引』181頁、『破産実務』218頁

34　商人間の留置権（商法521条）が成立するためには当事者双方が商人であることが必要である。判例上、信用金庫、信用協同組合、農業協同組合、漁業協同組合はいずれも商人ではないとされている（最判昭63.10.18民集42巻8号575頁、最判昭48.10.5集民110号165頁、最判昭37.7.6民集16巻7号1469頁、最判昭42.3.10民集21巻2号295頁）。

35　なお、民事留置権（民法295条）は破産手続開始により消滅するため、破産管財人は債権者に対して目的物の引渡しを求めることができる（法66条3項）。ただし、被担保債権が財団債権である場合には、留置権が存続するとする見解（『大コンメ』290頁〔上原敏夫〕）と消滅するとする見解（『条解』531頁）がある。

194

商事留置権は、商品や原材料を寄託している倉庫業者から主張されることが多い。

商事留置権は第三者所有物には成立せず（商法521条）、また、「取引行為」による占有ではないことから即時取得（民法192条）は成立しないと解されるため、目的物に所有権留保や譲渡担保権が付されている場合には商事留置権の成立を否定し得る。

破産管財人は、商事留置権者の別除権の行使を争えない場合には、目的物について被担保債権額を超える金額で譲渡できるときは、目的物の受戻し（法78条2項14号）を検討する。また、原材料など目的物が継続されている事業（法36条）に必要なものであるとき、その他目的物を回復することが破産財団の価値の維持又は増加に資するときは、商事留置権の消滅請求（法192条）をすることができる。この場合には、当該請求ができることを理由に被担保債権の一部の弁済と引き換えに受戻しに応じるよう留置権者と交渉すべきである。

(5) その他（工場抵当権）

工場の土地・建物に備え付けられた機械・器具などについては、前記(1)ないし(3)で述べた担保権のほかに、工場抵当権の効力が及んでいることがある。

工場の土地・建物に設定された工場抵当権の効力は、別段の定めがあるときを除き、土地・建物に備え付けられた機械・器具などにも及び（工場抵当法2条）、工場抵当権者が前記機械等について抵当権の効力を破産管財人に対抗するためには、目録が作成され、目録に抵当権の効力が及ぶ機械・器具などを記載することが必要である（同法3条2項）。

そこで、破産管財人は、工場の土地・建物に備え付けられた機械・器具などを工場と別個に売却する場合には、工場財団登記簿に目録が作成されているか、作成されている場合には売却予定の機械・器具が目録に記載されているかを確認する必要がある。

なお、機械・器具を個別に売却した場合には多数の売れ残りが生じることが見込まれ、工場の土地・建物とともに備え付けられた機械・器具を一括して売却したほうが個別で売却した場合の売れ残りの機械・器具の処分費用を

第4章　財産換価　195

考慮すると破産財団にとって利益になる場合もあり得るため、工場の土地・建物に備え付けられた機械・器具などの処分方法については、事前に複数のパターンを検討すべきである[36]。

4　担保権の競合

　同一の動産類について同種の担保権が複数設定された場合には、対抗要件（民法178条など）を備えた時の先後により優劣を決すべきである。

　次に、同一の動産類について集合動産譲渡担保と所有権留保が競合した場合、判例は、売主（留保所有権者）に対する代金が完済されるまで目的物の所有権は買主に移転しないため、買主が譲渡担保権者との間で当該目的物が買主のもとに搬入された時点で譲渡担保の目的となる旨の譲渡担保権設定契約を締結していたとしても、譲渡担保権を主張することはできないとしている[37]。よって、この場合、破産管財人は、留保所有権者だけが別除権を行使し得るものとして扱う[38]。

　動産売買先取特権の目的物が集合動産譲渡担保の目的物に含まれている場合、判例は、譲渡担保権者は譲渡担保権設定者から占有改定により引渡しを受け、動産先取特権は第三取得者たる譲渡担保権者への引渡しによって消滅することから（民法333条）、譲渡担保権者だけが別除権を行使できるとしている[39]。

　商事留置権と他の担保権が競合した場合、特別の規定（民法334条、337条、338条、自動車抵当法11条等）がある場合にはそれにより、ない場合には対抗要件を備えた時の先後により優劣を決すべきと解されている[40]。

36　『財産換価』408頁〔佐藤三郎〕参照

37　最判平30.12.7金法2105号6頁。同判例の評釈につき、印藤弘二「判批」金法2106号4頁参照

38　ただし、前記3⑵のとおり、留保所有権者が破産管財人に対して留保所有権を主張できるかについては確認する必要がある。

39　前掲注5・最判昭62.11.10

40　『破産実務』365頁

Q 4-10 動産の換価手法

動産類の換価の手法には、どのようなものがありますか

渡邉 義基

1 はじめに

　動産類の換価の手法には、個別での売却、一括での売却、入札・オークション、相対売買、バーゲンセール・販売会開催、インターネット等を通じた通信販売等のさまざまな方法がある。

　破産管財人としては、動産類の換価にあたり、①迅速性、②売却金額の最大化、③コストの最小化、④手続的適正、⑤社会的責務を考慮する必要があり、迅速性と売却金額の最大化という、相反する要請の調整も求められる[1]。どのような換価手法をとるかについては、動産類の内容、性質、数量、保管方法、保管場所等に応じて検討することになるが、この判断は、破産管財人の裁量による部分が大きく、管財人としての力量が問われる部分でもある。

　なお、動産類の売却にあたっては、破産管財人は、破産財団への不測の負担を避けるため、契約条項に売主としての瑕疵担保責任[2]を負わない旨を加えることや、売買代金債権に対して動産売買の先取特権に基づく物上代位により差押えを受ける危険を回避するため、売却代金の支払方法を、商品と引き換えでの現金一括払いとすべきこと等に留意すべきである[3]。

1　『財産換価』362頁〔蓑毛良和・志浦治宣〕
2　民法（債権関係）改正により、「隠れた瑕疵」という用語は使用されなくなり、「契約の内容に適合しないもの」という用語が使用されるようになった（改正民法562条）。引き渡された売買の目的物が、種類、品質又は数量に関して契約の内容に適合しないものであるときは、買主は、売主に対して、①修補や代替物引渡し等の履行の追完の請求、②損害賠償請求、③契約の解除、④代金減額請求ができることが条文上明記される（改正民法562条ないし564条）等、現行民法における売主の瑕疵担保責任に関して全般的な見直しがされている。改正民法においても、現行民法と同様、売主が担保責任を負わない旨の特約は原則として有効であると考えられる（改正民法572条参照）。

第4章　財産換価　197

また、破産管財人が、商品の一括売却をする場合は、商品の価額を問わず、裁判所の許可を要し（法78条2項4号）、動産の任意売却をする場合は、100万円を超える価額を有するものについて、裁判所の許可を要する（法78条2項7号、78条3項1号、規則25条）。

2 実際の売却方法

(1) 在庫商品・原材料

在庫商品や原材料について、適切な売却方法、売却先、商品知識等の多くの情報を有しているのは、従前から商売をしていた破産者、破産会社の役員、従業員であり、まずはこれらの者から情報提供を得ることが重要である。また、メーカー、納入業者、発注者、同業者、製造下請業者等からも売却に関する有益な情報が得られることもあり、これらの者は、売却先となる可能性もある。例えば、メーカーや納入業者は在庫商品が倒産品として市場に流れ値崩れすることを防ぐため、発注者は一定量の在庫商品の確保の必要から、同業者や製造下請業者は安価での仕入れを求めて、それぞれ買取りを希望する場合がある[4]。

破産管財人としては、できる限りの多くの購入希望者を探索し、売却価格を競わせることにより、より高額での売却をすべく努力すべきである。

在庫商品や原材料を売却する方法としては、一括して売却する方法と、個別に売却する方法がある。一括して売却する方法は、早期の売却を期待できるが、売却金額が低くなりがちである。これに対して、個別に売却する方法は、高額の売却を期待できるが、売れ残りが生じ、保管費用や廃棄費用等のコストが生じるリスクがある。在庫商品・原材料は、性質上、価値の劣化が早いことが多く、また保管料を要することも多いことから、売却に時間をかけ過ぎることには注意すべきである。

売却にあたり特に注意を要するものとして、次のようなものがある。

---

3 『破産実務』216頁、越塚和男「破産管財人の執務上の問題（Ⅱ）資産の換価」『新・実務大系』163頁
4 『破産実務』216頁

食品については、食中毒等の食品事故のリスクがあることから、廃棄をせざるを得ないことが多い。売却をする場合は、保管状況、賞味期限・消費期限、保険の付保の有無等を十分に検討したうえで行うべきである[5]。

季節性や流行性のある商品（カレンダー、手帳、衣服等）については、売却時期を失しないように注意する必要がある[6]。

販売に許認可を必要とする酒類、たばこ等については、許認可を受けていない破産管財人が販売を行うことに制限がある場合がある。破産管財人が販売に許認可を必要とする物品を売却しようとする場合には、適宜、許認可に係る行政機関に確認や相談をしつつ進めるのが望ましい[7]。

(2) 機械・工具・什器備品等

機械・工具については、流通性に乏しく売却が困難な場合もあるが、メーカー、同業者、製造下請業者等に売却の可否を確認する等して、適切な価格で売却できることがある。これがむずかしくとも、複数の買取業者から見積りをとる等して売却に努めることになる。

なお、工場に設置された機械については、工場抵当法3条2項の目録に定める目録に、当該機械が記載されている場合、工場抵当法2条により、工場抵当権の効力が及ぶとされているため、破産管財人としては売却にあたって注意を要する。

什器備品については、換価価値が低廉な場合が多いが、複数の買取業者から見積りをとる等して売却することになる。

パソコンについては、売却前に記録されている個人情報、顧客情報等のデータを消去する必要がある。通常の消去方法では、後にデータを復元される可能性もあるため、復元を防止するデータ消去の専門業者や専用ソフトの利用等を行うことが望ましく、費用等の関係でデータの消去が困難な場合は、記録媒体の物理的な破壊をしたうえで廃棄をする等の対応をとるべきである[8]。

5　『財産換価』364頁〔蓑毛良和・志浦治宣〕
6　『手引』181頁
7　『破産200問』139頁〔竹下育男〕、『財産換価』368頁〔蓑毛良和・志浦治宣〕

第4章　財産換価　199

⑶ **生 き 物**

　生き物は維持するために大きなコストがかかることに特殊性がある。破産
管財人として、換価する方針をとる場合には、裁判所の許可を得て事業継続
（法36条）を行い、生き物の換価価値を維持しつつ、従前の売却先、同業者
ないし愛好家等への売却、又は事業体を維持したまま事業譲渡による一括換
価等を検討することになる[9]。

　生き物はもし死なせてしまうと、産業廃棄物として処理問題や、悪臭や水
質汚濁等周辺環境への影響があり、場合によっては、マスコミや動物愛護団
体等に関心をもたれることがある。破産管財人の社会的責任を大きく問われ
る場面の一つといえる[10]ため、細心の注意が必要である。

3　入札・オークション

　動産類の換価において、破産管財人が相見積りをとることはよく行われて
いるが、より競争原理を働かせて高額で売却するために入札という方式がと
られることがある。特に、希少価値が高く、かつ、買受希望者が多くいる場
合には、入札によって売却先を定めることが考えられる。一方で、入札を行
うと時間を要することもあるため、入札に要する期間、保管コスト、時間経
過による商品の劣化等を十分に考慮して入札の実施を判断する必要がある。

　また、入札者等からのクレーム等のトラブルを避けるため、手続の透明
性・公正性を確保することが重要である。入札の案内は書面で行うことが望
ましく、入札対象の物品に関する情報、内覧日、入札期日、開札日、決済
日、最低入札価格、再入札の有無、売却条件（瑕疵担保免責、引渡しの方法、
費用負担等）等の入札に係る諸条件を明記して周知する必要がある。

　実務上の工夫として、購入意欲の高い買受希望者に限定して入札に参加し
てもらうため、入札にあたり保証金を支払ってもらう方法や、より高額での

8　『破産200問』146頁〔蓑毛良和〕
9　生き物の換価方法を紹介するものとして、『財産換価』603頁以下〔小畑英一〕
10　『財産換価』608頁〔小畑英一〕、三村藤明「ペットのテーマパークの事例紹介」東京
　　弁護士会研修センター運営委員会編『倒産法の実務』（ぎょうせい、2009年）240頁

売却をするため、入札を行った後、上位2社で競りをさせ、当初の入札額よりも高額で売却できた事例が報告されている[11]。

なお、本物であると確認できた絵画等の美術品・骨董品についてはインターネット等を通じたオークションを利用することで高額の売却を目指すことも考えられる。この場合、落札されなくとも手数料を要する場合があることには注意すべきである[12]。

4　バーゲンセール

大量の在庫商品がある場合等で、通常の販売価格より値下げすることにより、多くの需要が見込める場合、バーゲンセールを行って換価する方法がある。貴金属品、高級衣料品・食器、家具等がこれに適しているといえる。

バーゲンセールの実施場所は、既存の店舗設備を利用することが多いが、既存の店舗がない場合には、商品の移動費用、実施会場の賃料等のコスト、実施会場の商圏の大きさ、顧客のアクセス等を勘案して、実施場所を選定する。また、バーゲンセールの集客方法としては、新聞の折り込みチラシ、ウェブサイトでの告知、口コミ等が考えられる[13]。

なお、バーゲンセールは、消費者に向けて行われることが多いが、この場合、破産管財人が瑕疵担保責任をいっさい負担しない旨の特約を設けたとしても、消費者契約法8条1項との関係で議論があるところである。もっとも、破産管財人は、事実上、瑕疵担保責任を負担することができないので、バーゲンセールの来客にはその旨を十分に周知して納得を得ることが必要である[14]。

11　トロール船等の入札での売却事例として、佐藤三郎「珍しい業種の破産事件と弁護士同士の情報交換―宗教法人・漁業会社等を題材にして」債管157号17頁
12　『実践マニュアル』164頁
13　『破産200問』135頁〔和田正〕
14　『手引』157頁、『財産換価』363頁〔蓑毛良和・志浦治宣〕、『破産200問』151頁〔柴田眞里〕

Q 4-11　自動車売却の留意点

自動車の売却にあたり、どのような点に留意すべきですか

野島 達也

1　はじめに

　破産手続開始決定後に破産財団に属する自動車により交通事故が生じると、破産管財人が運行供用者として自動車損害賠償責任を問われる可能性があることから（自動車損害賠償保障法3条）、破産手続開始決定後直ちに、自動車の有無、台数、種類及び保管状況を確認し、鍵、車検証（自動車登録事項等証明書[1]）、保険証券などを確保して、破産者及び第三者が使用できないようにする必要がある。

　また、自動車は、保有しているだけで、自動車税、軽自動車税（自動車税は車両の定置場所在の都道府県、軽自動車は市町村において、4月1日を賦課期日として、所有者（売主が車両の所有権を留保しているときは、使用者）に対して課税される。地方税法145条1項・2項、148条、442条の2第1項・2項、445条1項）、保険料及び駐車場代などの負担が生じるため、破産手続開始決定後速やかに換価又は放棄をする必要がある。

　換価と放棄のいずれを行うべきかについては、車検証（自動車登録事項等証明書）、契約書、査定書などを確認し、車両の所有者が破産者か、車両に別除権を行使し得る担保権が設定されているか、設定されている場合には被担保債権額が車両の価値を上回っているか、設定されていない場合には換価

1　自動車登録事項等証明書の交付請求をするためには、原則として自動車登録番号及び車台番号の記載が必要になるが、通達（「登録事項等証明書の交付請求にあたっての具体的な事務処理について」平成19年11月16日付国事情第43号各運輸局自動車技術安全部長、沖縄総合事務局運輸部長宛て自動車交通局技術安全部自動車情報課長通達）により、裁判手続の書類として同証明書が必要な場合（管財事務に必要な場合も含まれると考えられる）で、車台番号を明示することができないときは、申立書を提出することにより自動車登録番号のみを明示すればよいとされている。『手引』183頁

可能かなどを考慮して判断することになる。

2　登録自動車

　登録自動車の場合、自動車登録ファイルの登録が第三者対抗要件であり（道路運送車両法 5 条 1 項）、即時取得は成立しないため[2]、自動車登録ファイルに所有者として登録されていない者は、破産管財人に対して所有権を主張できない。

(1)　破産者が所有者として登録されている場合

　自動車の所在が判明している場合には、2 社以上の業者から査定を取得したうえで、通常は最高額を提示した業者に譲渡するが、破産者又はその親族などが取得を希望する場合には譲渡価額以上の金員を財団に組み入れさせて破産者又はその親族などに譲渡することもあり得る。

　売却して運輸支局等に移転登録申請をする場合には、100 万円を超える自動車については、原則として裁判所の許可書原本の提出又は原本の提示及び写しの提出が必要であるが、裁判所の許可を受けている旨を記載した破産管財人名義の申立書を提出してもよい。また、100 万円以下の自動車については、原則として査定書の提出が必要であるが、破産法78条 3 項に該当する旨を記載した破産管財人名義の申立書を提出してもよい[3]。これらの申立書は、運輸支局のウェブサイトからダウンロードできる。

　自動車の所在が不明の場合、まずは発見、回収に努めるべき（自動車登録ファイルから発見できた例がある）であるが、発見できない場合には前記のとおり管理上のリスク及び負担を回避するため、早期に、法人の破産事件では廃車手続を行い、自然人の破産事件では放棄手続を行う[4]。

　この場合の廃車手続については、盗難により所在不明の場合には警察へ被害届を提出してその受理証明を添付して申し立てればよいが、債権者が代物弁済として持ち去ったような場合には警察が被害届を受理しないことも多

2　最判昭62.4.24集民150号925頁
3　『破産200問』120頁〔井上玲子〕
4　『破産実務』214頁

第 4 章　財産換価　203

く、この場合には破産財団からの放棄許可の証明書だけで廃車手続ができるように運輸支局と協議する。なお、自動車税については、所在不明により破産財団から放棄したとの事情を都道府県の自動車税事務所（東京都では都税事務所）に説明して自動車税を課税しない措置を講じてもらうことも可能である[5]。

(2) 所有権留保が設定されている場合

a 所有者と所有権留保権者が同一である場合（売主所有権留保）

所有権留保は別除権として取り扱われるため、目的物について被担保債権額を超える金額で譲渡できるときは、担保権消滅許可の申立て（法186条類推）や目的物の受戻し（法78条2項14号）を検討する。また、自ら換価するより留保所有権者に換価させたほうがよい場合には、清算金の支払と引き換えに目的物を引き渡し、被担保債権額が目的物の価額を超えている場合には、取戻権を承認して留保所有権者に目的物を引き渡すことも認められている。

b 所有者と所有権留保権者が異なる場合（第三者所有権留保）

販売会社、信販会社、購入者の三者間で、購入者が販売会社から自動車を買い受け、信販会社は販売会社に対して売買代金を立て替えて支払い、購入者は、自動車の所有権の登録名義のいかんを問わず、販売会社に留保されている自動車の所有権が売買代金の立替払により信販会社に移転し、購入者が立替金債務を完済するまで信販会社に留保されることを承諾するという内容の契約（旧立替払方式）が締結されることがある。

前記契約締結後に購入者が売買代金を完済せずに破産した場合、所有権の登録名義を得ていない信販会社は別除権を行使できるかが問題となる。

この点、再生手続の事案において、判例は、三者間契約は、販売会社において留保していた所有権が代位により信販会社に移転することを確認したものではなく、信販会社が、売買残代金に手数料を加えた金員（以下「本件立替金等債権」という）を担保するために、販売会社から本件自動車の所有権

---

5 『手引』182頁、『破産実務』214頁

の移転を受け、これを留保することを合意したものと解するのが相当であり、信販会社が別除権として行使し得るのは、本件立替金等債権を担保するために留保された所有権であると解すべきであるとして、信販会社は、購入者の再生手続開始の時点で自動車について信販会社を所有者とする登録をしていない限り、所有権留保を別除権として行使することはできない旨を判示した[6]。

よって、破産管財人は、三者間契約において、信販会社が行使し得る所有権留保の被担保債権として売買代金だけでなく手数料等が含まれており、販売会社が取得した所有権留保の被担保債権の範囲と異なる場合には、別除権の行使を否定できる。なお、所有権を信販会社に留保し、自動車の登録名義を販売会社としつつ、購入者は当該登録を信販会社の対抗要件として認める旨の特約がある場合でも、前記判例の理由からすると、別除権を否定できると考える[7]。

しかし、前記判例は個別の事案における契約解釈をふまえて別除権の行使を否定したものであると解されていたため[8]、前記判例以後、販売会社及び信販会社は、①旧立替払方式の条項を基礎としつつ信販会社が取得する所有権留保の被担保債権の範囲を販売会社と同一にする（新立替払方式）、②信販会社が購入者の販売会社に対する売買代金支払債務について保証するとともに販売会社から売買代金の集金委託を受ける（保証委託方式・集金委託方式）、③契約締結時に、販売会社が購入者に対して有する割賦金等債権を信販会社に譲渡することを購入者が異議なく承諾するとともに、販売会社から信販会社に留保所有権を移転する（債権譲渡方式）などの契約をするようになった。

これらの契約が締結されている場合に信販会社が別除権を行使できるかについては、裁判例によって判断が分かれており[9]、また契約書の条項、文言

6　最判平22．6．4民集64巻4号1107頁

7　『破産実務』213頁

8　山田真紀「判批」『最高裁判例解説〔民事篇〕平成22年度』390頁

9　①の方式について、大阪地判平29．1．13金法2061号80頁は別除権の行使を認め（なお、販売会社が取得した所有権留保の被担保債権の範囲を超える部分への充当については相殺合意の結果とされている）（確定）、②の方式について、名古屋高判平28.11.10金法2056号62頁は信販会社に別除権者としての地位は認められないとしたが（確定）、最判平29.12.7民集71巻10号1925頁は別除権の行使を認めた。

第4章　財産換価　205

の表現によっても結論が異なると解されるため、破産管財人は、契約書など
を精査したうえで、信販会社と交渉すべきである。

　なお、信販会社による別除権の行使が認められない状況で、信販会社が、
購入者が支払不能になった後に自動車を引き上げて弁済充当した場合には、
破産管財人は、否認権を行使し得る[10]。

3　軽自動車等

　軽自動車など登録制度がない車両（道路運送車両法4条、5条参照）につい
ては、軽自動車検査協会発行の自動車検査証上の名義は対抗要件とはならな
いと解されており、一般の動産と同様に引渡し（民法178条）が対抗要件とさ
れる[11]。

　そこで、破産者が占有している車両について、留保所有権者が存在する場
合には、契約書に留保所有権者たる販売会社又は信販会社が占有改定（民法
183条）により引渡しを受けた旨の記載があれば、別除権の行使が認められ
ると考えられる[12]。

Q 4-12　知的財産権の換価の留意点

知的財産権の換価にあたり、どのような点に留意すべきですか

佐々木 英人

1　総　　論

　知的財産権とは、特許権、実用新案権、意匠権、商標権、あるいは著作権
（以下、総称して「知的財産権」という）といった各種の権利をいい[1]、いわゆ

10　前掲注9・名古屋高判平28.11.10
11　『手引』221頁
12　この点、契約書に占有改定について明記されていない場合であっても、所有権留保特
　　約付きの売買契約であれば、破産者は留保所有権者のために占有する意思表示をしたも
　　のと解されるという見解もある（『財産換価』393頁〔内藤滋〕）。

206

る無形資産であって、不動産をはじめとする有形資産とは異なり、その存在を認識しづらいうえ、それ単独では評価も換価も容易ではない。

破産管財人としては、破産財団に関して知的財産権が問題となる場合には、その換価の可否や換価額の妥当性についてはもちろんのこと、その前提として、知的財産権の有効性・内容及び権利帰属についても、慎重に確認する必要がある。

2　知的財産権の内容及び権利帰属の確認

有形資産と同様に、まずは、財産目録をはじめとする申立書類、破産者等の関係者からのヒアリングを中心に知的財産権の内容・権利帰属を確認することが重要である。加えて、登録制度のある知的財産権については、特許登録原簿、実用新案登録原簿、意匠登録原簿、もしくは商標登録原簿、あるいは特許情報プラットフォーム（J-PlatPat）[2] といった公的な登録情報を確認し、共有者はいないか、登録が完了しているか、実施権が設定されていないか等についても確認する。

3　知的財産権を換価する場合の留意点

(1)　破産者の事業の一部としての知的財産権

破産財団に知的財産権が属している場合であっても、必ずしも、知的財産権のみを切り出して譲渡しなければならない例は多くはない。というのも、一般的に、知的財産権は、破産者の行っていた事業を競合相手の事業と差別化し、あるいは競合相手からの知的財産権の権利主張から自らの事業を防御するために権利化されており、通常は、破産者の事業と密接不可分なものとして、当該事業とその命運をともにすることが多いからである。つまり、当該事業が事業譲渡される場合には、これに関連する知的財産権も同時に譲渡されることが、その価値を最大化することにつながるものであり、他方、や

1　いわゆる「ノウハウ」も含めて知的財産権と呼ばれることもあるが、破産事件においてノウハウを換価することは、本文に掲げた権利以上に困難である。

2　独立行政法人工業所有権情報・研修館が運営している。

第4章　財産換価　207

むなく当該事業の廃止に至る場合には、事業廃止とともに、これに関連する知的財産権も無価値化する例が多いといえる。

したがって、破産管財人としては、個々の知的財産権の譲渡によって破産財産の最大化を目指すよりも、まずは、破産者の行っていた事業そのものの譲渡の可能性を模索し、当該知的財産権の組み込まれた事業価値の最大化を目指すことが望ましいといえる。

(2) 知的財産権の評価

知的財産権を事業から切り離し、単独で譲渡するため、知的財産権を単体で評価しなければならない場合がある。この点、知的財産権についても、他の資産と同様に、マーケットアプローチ、インカムアプローチ、あるいはコストアプローチといった評価方法があげられているが[3]、いずれも確立されたものとはいえない。

そのため、現実的な破産管財実務としては、可能な限り市場の評価に依拠すべく、複数の買受希望者による競争を経た価格による売却を検討することが望ましい。とはいえ、実際には、複数の買受希望者が競争するような市場価格が成立するような知的財産権は極めてまれであるといえ、買受希望者がいないような場合に共有者に買い取ってもらう場合などは、申請費用、滞納のある管理費用相当額など、数万円程度での譲渡に合理性がある場合もあるとされていることは参考になる[4]。さらに、知的財産権がライセンスの対象となっている場合には、ライセンシーへの売却も有力な選択肢となる。

(3) 知的財産権の譲渡契約及び譲渡手続における留意事項

一般的な知的財産権の譲渡にあたっては、例えば、①当該知的財産権に無効原因及び取消原因が存在しないこと、②第三者に実施権や使用権を許諾していないこと、③当該知的財産権が第三者の知的財産権を侵害していないこと、あるいは④第三者が当該知的財産権を侵害している事実はないこと、と

3　(社) 日本不動産鑑定協会調査研究委員会鑑定評価理論研究会編著『知的財産権の適正評価システム』（住宅新報社、2008年）27頁以下参照
4　『財産換価』449頁〔木村匡彦〕

いった事項について、譲渡人が譲受人に対して表明保証することがある。他方、破産管財人が破産財団に属する資産を売却する場合には、瑕疵担保責任を負わない旨の条項を定めるのが一般的である。破産管財人としては、知的財産権を処分するにあたっても、上述のような事項についていっさい責任を負わないことを明記しておく必要がある。

　また、登録制度のある知的財産権（特許権、実用新案権、意匠権、商標権）については、移転登録が効力発生要件となっているため（特許法98条1項1号、実用新案法26条、意匠法36条、商標法35条）[5]、譲渡人である破産管財人は、譲渡を完了するためには移転登録をしなければならず、さらに、これらの知的財産権について共有者がいる場合には譲渡にあたって共有者の同意が必要とされていることにも留意が必要である（特許法73条1項、実用新案法26条、意匠法36条、商標法35条）。

　なお、知的財産権の譲渡に関する破産手続上の取扱いについては、100万円以下の価額を有するものに関する裁判所許可不要の規定（法78条3項、規則25条）の適用がないため、常に裁判所の許可を得なければならないことには留意が必要である（法78条2項2号）。

(4)　ライセンシーがいる場合の特記事項

　知的財産権についてライセンシーがいる場合には、当該ライセンシーは有力な売却候補先であるといえ、破産管財人としては、総債権者の利益を確保しつつ、将来的な法的紛争を極小化するためにも、当該ライセンシーを有力な売却候補先として、当該知的財産権の売却交渉を行うことが望ましいことが多い。ただし、以下のとおり、ライセンシーの通常実施権が破産管財人や破産管財人からの譲受人に当然に対抗できるとされている点（当然対抗制度）には留意する必要がある。

a　当然対抗制度の概要

　平成23年特許法改正により、「通常実施権は、その発生後にその特許権若しくは専用実施権又はその特許権についての専用実施権を取得した者に対し

5　なお、著作権登録は対抗要件である（著作権法77条1号）。

ても、その効力を有する。」（特許法99条。実用新案法19条3項及び意匠法28条3項も同旨）ものとされた。これは通常実施権者は、登録その他のなんらの要件を備えなくても、特許権の譲受人等に対して通常実施権を対抗できることを意味する。

　本来、破産管財人は、双方未履行双務契約について解除権を有し（法53条1項）、その例外として、「賃借権その他の使用及び収益を目的とする権利を設定する契約」については、第三者対抗要件を備えた相手方との関係では当該解除権を行使できないとされている（法56条1項）。知的財産権に関するいわゆるライセンス契約も、破産法56条1項にいう「賃借権その他の使用及び収益を目的とする権利を設定する契約」に該当し、平成23年特許法改正前は、通常実施権について採用されていた登録対抗制度の利用が低調だったこともあって、ライセンサー破産の場合に、登録を備えないライセンシーが破産管財人による解除権の行使を甘受せざるを得ない立場にあることが多かった。当然対抗制度は、こうした事態が不都合ではないかとの問題意識を受け、平成23年特許法改正により創設されたものである。

b　ライセンス契約の概要

　ライセンス契約[6]は、民法上の典型契約ではなく、いわゆる非典型契約であり、特許発明、考案、意匠等の使用又は利用等の権限を相手方に付与し、その対価として、実施料（ロイヤリティー）を支払うとするものが典型的である（ただし、クロスライセンス契約等では対価の支払を伴わないことも多い）。そして、その内容も多種多様であり、通常実施権の設定に関する規定のみならず、むしろ、これに関連するさまざまな契約条件が数多く規定されていることが通常である。

　例えば、特許権のライセンス契約においては、特許権の実施に必要な部品や原材料等をライセンサーのみが調達可能な場合があり、こうした場合にはライセンサーがライセンシーに対して原材料等供給義務を負うことがある。また、特許権者であるライセンサーは、特許発明の実施に必要な技術情報、ノウハウ、技術者等を有していることも多く、特許発明を効率的に実施する

6　「実施許諾契約」と名付けられることもある。また、ソフトウェアの開発委託契約や共同研究開発契約のなかに通常実施権の設定に関する条項を定めるものもある。

ため、ライセンサーがライセンシーに対して情報等提供義務を負うこともある。さらに、ライセンサーに特許料の支払継続義務を課した特許維持義務が定められていることも多い。また、知的財産権のライセンス契約一般の問題として、ライセンシーにサブライセンスの権限を付与することや、当該ライセンシー以外の第三者に実施権を付与しない旨の独占的ライセンスなどが定められることもある。

c　破産管財業務における留意事項

当然対抗制度のもとで破産管財人が通常実施権の主張を受けるとしても、ライセンス契約に定められた以上のような付随的な契約条件や拡張された通常実施権についてまで、破産管財人がこれらに拘束されると考えることにはおおいに疑問がある[7]。したがって、破産管財人としては、ライセンシーから通常実施権の当然対抗の主張がなされたとしても、ライセンス契約に定められたライセンサーの義務を破産管財人やその譲受人が承継するものと安易に考えることなく、当該ライセンス契約の内容を子細に検討のうえ、譲受人のみならず、ライセンシーも交えて協議を行い、知的財産権の換価を進めることが望ましい。

4　換価にあたってのその他の留意点

(1)　商標の付された商品の換価

破産者が商標権者ではない場合であっても、わが国の商標権者が商標を付して流通に置いた商品（真正商品）については、破産管財人がこれを転売しても商標権侵害にはならない[8]。他方、真正商品ではない商品[9]については、商標権侵害の責任を問われる可能性があるため[10]、換価を断念して廃棄

7　樋口收ほか「ライセンス契約と当然対抗制度の限界についての一考察」「現代型契約と倒産法」実務研究会編『現代型契約と倒産法』（商事法務、2015年）311頁

8　外国における商標権者が商標を付した商品である並行輸入品の換価について『財産換価』440頁を参照

9　偽ブランド品はもちろんのこと、商標権者の承諾のもとに製造されたとしても、流通に置くことが想定されていないサンプル品や廃棄予定の商品も真正商品とはいえない。

10　大阪地判平7.7.11判時1544号110頁参照

第4章　財産換価　211

せざるを得ない。

　また、OEM製品については、委託者が買取りに応じない場合には、商標権侵害や不正競争防止法にいう混同惹起行為（不正競争防止法2条1項1号）に明らかに該当しないといえる例外的な場合は別として、換価を断念して廃棄せざるを得ない。

(2)　著作権の換価をめぐる特有の問題

　著作権法は、翻案権（著作権法27条）又は二次著作物の利用に関する権利（著作権法28条）が譲渡の目的として特掲されていないときは、これらの権利は譲渡人に留保したものと推定している（著作権法61条2項）。したがって、破産管財人は、これらの権利が破産財団に残存することのないよう、譲渡契約中に著作権法27条及び28条に定める権利も譲渡対象に含まれることを明記しなければならない。

　また、著作者人格権は譲渡することができないため（著作権法59条）、譲渡契約中に著作者人格権の不行使を定めることが一般的である。この場合、著作物が法人著作であれば、破産管財人が著作者人格権の不行使を約すれば足りるが、自然人の破産者が著作者かつ著作権者であるときは、著作者人格権は帰属上の一身専属権として自由財産となることから、破産者に著作者人格権の不行使を約してもらう必要があることに留意しなければならない。

　なお、著作権の処理が問題となる事案のうち、映画の著作物に関する諸問題については、『財産換価』443頁以下に詳しい。

Q 4-13　不動産と破産財団からの放棄

不動産の放棄についてどのような点を検討すべきですか

五十里　隆行

1　はじめに

　破産事件では、破産財団に属する財産を換価してより多くの配当を実現するという要請と迅速な換価手続によって破産手続を速やかに終了させるという要請があるところ[1]、破産管財人としては、不動産を破産財団から放棄するか否かの判断にあたっては、不動産を保有し続けることにより固定資産税等が発生して破産財団の負担が増加する可能性、配当時期が遅くなることによる債権者の不利益、また不動産を放棄した後に当該不動産を管理する者が不在となる場合の問題、不動産に土壌汚染や危険物が存する場合は放棄することによって生ずる社会的な問題などを念頭に置きつつ、総合的に判断する必要がある[2]。

2　放棄手続

(1)　放棄許可、放棄時期等について

　破産管財人が、不動産の放棄を行う場合には裁判所の許可を得なければならない（法78条2項12号）[3]。

　また、許可の要否にかかわらず、不動産の放棄を行う際には、事前に破産裁判所と協議を行うべきであり、事案によっては債権者集会において破産債権者からの意見を聞いたうえで放棄することが望ましいこともある。

1　『手引』160頁
2　『破産法大系Ⅰ』300頁〔小畑英一〕
3　ただし、100万円以下の価格の不動産を放棄する場合には、裁判所の許可は不要である（法78条3項1号、規則25条）。

不動産放棄許可申請の際には、破産管財人が作成する財産目録の備考欄を利用するなどして放棄対象不動産を明確に特定することが必要であるが、特に競売手続中の不動産放棄許可申立てについては、後に執行債権者から放棄ずみであることの証明を求められることがあるので、地番や家屋番号を正確に記載する必要がある[4]。また、原野や山林などの不動産放棄許可申請に際しては、対象不動産の現況を確認し、放棄を行っても問題のないことを明らかにした上申書などを裁判所に提出することも検討すべきである。

放棄時期に関し、一般論としては、第1回債権者集会までに不動産を換価するか破産財団から放棄するかどうかを見極めることが求められる[5]。

⑵　別除権者に対する放棄の事前通知

破産者が法人である場合に、担保付不動産の放棄を行うときは、放棄後の別除権者の地位に配慮する必要があり、破産管財人は、破産財団からの放棄許可の2週間以上前に全別除権者に放棄の通知を行う必要がある（規則56条後段）。この趣旨は、法人の破産において、破産財団からの担保付不動産放棄後は、別除権者が担保権実行や破産配当を受けるための別除権の放棄等を行うためには、特別代理人の選任や清算人の選任を行わなければならないことから、破産財団からの放棄前に別除権者に対して権利行使の機会を確保するためである。

3　破産財団からの不動産放棄の効果と放棄後の権利関係

⑴　自然人の場合

破産者が自然人の場合、破産者の権利能力は破産手続開始決定によって制限されることはないため、破産管財人が、破産財団帰属の不動産を放棄したときは、破産管財人の管理処分権が破産者に移転し、自由財産として破産者が管理することになる。

4　『手引』164頁
5　『手引』153、162頁

⑵ 法人の場合

破産者が法人の場合、放棄された不動産の管理処分権は破産者たる法人に復帰し、法人の機関である清算人に帰属するが（会社法477条、481条等）、清算人は従前の取締役が当然になるものではないため、放棄後は不動産を管理する者が不在となることがあり、利害関係人の請求によって裁判所が清算人を選任することとなる[6]。

4 不動産放棄の具体的留意点

⑴ 固定資産税等の負担

固定資産税は、賦課期日である1月1日に所有名義人である者に4月1日から始まる年度1年分が課税され（地方税法359条、343条1項・2項）、年度途中で対象不動産の所有権を移転した場合であっても、1月1日時点の所有名義人が1年分の納税義務を負う。所有名義を有していた期間分の固定資産税のみを日割り計算して納税することは認められない[7]。したがって、不動産放棄の検討にあたっては固定資産税の発生時期や負担額を考慮し、放棄する場合には年内に放棄の手続をとることが望ましい。

破産財団に属する不動産が共有持分権の場合であっても、固定資産税は共有者全員が固定資産税全額につき連帯納付義務を負うことから（地方税法10条の2）、破産財団が固定資産税全額を負担することにならないように注意しなければならない。

建物の区分所有等に関する法律に基づく区分所有者の場合は、区分割合に

---

6 『破産法大系Ⅰ』314頁〔小畑英一〕では、清算人の選任手続について、最判昭43．3．15民集22巻3号625頁、最決平12．4．28集民198号193頁、最決平16.10．1集民215号199頁の理論的帰結であると述べられており、これに対し学説は判例に反対する見解が強い（『伊藤』760頁）。学説の実質的根拠は、僅少の残余財産についてあらためて清算人を選任することは不合理であるから、従来の取締役に清算を行わせるのが妥当であるという点にあるが、加々美博久「破産財団の放棄」『理論と実務』418頁、『破産法大系Ⅰ』316頁〔小畑英一〕では、実務上は清算人の選任に伴う特段の不都合は生じておらず、清算人選任説に基づく運用が既に確立されていると指摘されている。

7 『手引』165頁

よって課税される（地方税法352条）[8]。

　破産者が法人の場合で、競売手続により建物が売却されると、破産財団の増殖とは無関係に消費税が賦課される場合がある（消費税法2条、4条、5条1項）。そこで、当該建物につき消費税賦課の可能性のある価格で買い受けられそうな場合には、剰余金交付の可能性がないことを確認したうえで、買受人の代金納付前（民事執行法79条）に破産財団から放棄して消費税の負担を回避する必要がある[9]。

(2)　賃貸不動産を放棄する場合

　賃貸不動産が破産財団に存する場合、破産財団に賃料収入がある一方で、破産管財人は賃借人に貸し続ける義務があり、また当該不動産を管理する義務を負うことになるので、放棄するまで物件の維持管理費用が破産財団の負担となる点には注意が必要である。

　賃貸不動産を放棄する場合には、放棄後に当該不動産を管理する者が不在となる可能性のあることを念頭に置き、放棄前に対応策を検討しておくべきである[10]。

　また対象不動産に賃料収入があるときに、当該賃貸不動産を何の手当も講じないまま放棄すると、放棄後の賃料が破産者に帰属することになり不合理な結果を生ずることから、破産管財人は放棄後の賃料の帰属先について手当をしたうえで放棄することが望ましい[11]。

8　西謙二・中山孝雄編『破産・民事再生の実務［新版］破産編Ⅰ』（金融財政事情研究会、2008年）247頁〔片山憲一〕

9　『手引』165頁、『破産200問』161頁〔綾克己〕

10　「パネルディスカッション　破産事件における管理・換価困難案件の処理をめぐる諸問題」債管151号29頁〔中山孝雄発言〕では、賃貸不動産の放棄に際し、賃借人に対し管理のための任意組合を結成するよう促し、組合が水道光熱費契約や管理契約の当事者となったうえ、賃借人が負担した維持管理費を賃料から控除して支払う体制を構築した事例があげられている。

11　『手引』165頁では、第1順位の抵当権者が賃料債権について物上代位による差押え（民法304条、372条）を行うように求め、賃料が上記抵当権者に帰属するように手当したうえで放棄するか、又は、抵当権者が賃料債権の差押えを行わないときは、破産管財人が将来の賃料債権を当該抵当権者に債権譲渡するという方法が指摘されている。ただし、抵当権者が物上代位による差押え等を行わない場合には、賃料について特段の手当をせず放棄することもやむを得ない場合がある。

(3) 借地権付建物を放棄する場合

借地権付建物が破産財団に存する場合、これを換価するときは建物の売却とともに借地契約の処理をあわせて行う必要があるところ、放棄する場合も、単に建物の放棄だけでは足りず、借地契約の処理を行う必要がある[12]。

借地契約の処理について、双方未履行の双務契約の解除（法53条）によって借地契約を解除した場合には、建物を収去し土地を明け渡すことになるが（民法616条、597条1項、598条）[13]、土地所有者と交渉するなどして建物収去費用が発生しないよう工夫すべきである[14]。

また、破産手続開始決定直後は換価可能性があって借地契約を解除（法53条）することができないときは、いったん履行選択を行うことになる。この場合、借地契約において中途解約条項が存在するか、又は土地所有者と別途合意できない限りは、借地契約を解除することが困難となる。そこで、破産管財人としては、破産手続開始直後から土地所有者と協議を開始し、土地所有者の意向を聞きつつ財団負担が少ない最善の換価方法を交渉し、また換価が困難な場合に備え、破産財団の損失を最小限にすべく土地所有者に対して建物の無償譲渡を行うなどの方法を同時に交渉していくべきである[15]。

5 放棄予定の不動産が空き家の場合

近年、空き家が増加傾向にあり社会的な問題となっているところ、破産財団のなかに管理者不在で近隣に被害を及ぼしかねない空き家が存する場合

---

12 この点、借地権付建物が一体として放棄の対象となる見解や敷地占有権を放棄してその管理処分権を破産者に復帰させることにより、敷地の占有を喪失し、土地明渡義務を免れるとする裁判例も存在するが（大阪高判昭53.12.21金法918号33頁）、『大コンメ』338頁〔田原睦夫〕では賃貸借契約における賃借人は、賃貸借終了時に目的物返還債務を負担しているのであり、これらの見解は債務及び義務の「破産財団からの放棄」を認めることにほかならず、許容されないと解する見解が多数であると述べられている。
13 建物収去土地明渡費用については、財団債権とする見解と破産債権とする見解（『論点解説（上）』111頁〔小林信明〕、『新・実務大系』215頁〔富永浩明〕）がある。
14 前掲注10・債管151号35頁〔中山孝雄発言〕では、土地所有者との交渉に関する具体的な事例が掲載されている。
15 『破産法大系Ⅰ』306頁〔小畑英一〕。前掲注10・債管151号34頁以下〔中山孝雄発言〕では、土地所有者との間における具体的な和解事例があげられており参考となる。

第4章 財産換価 217

に、換価可能性がないとしてなんらの手当をすることなく放棄すると、近隣に迷惑や危険を生じさせる可能性があることから注意が必要である。

破産管財人としては、上記のような空き家に対し、破産財団を使って近隣に被害が生じないよう手当したうえで放棄をすべきであるが、破産財団が乏しい場合には、国、自治体、住民と協議し、また空家等対策の推進に関する特別措置法の適用可能性、又は各自治体の補助金制度の有無などを検討し、具体的な危険をできるだけ除去してから放棄すべきである。

6　放棄予定の不動産に土壌汚染・危険物がある場合

破産財団のなかに土壌汚染や危険物のある不動産が含まれている場合に当該不動産を放棄すると、空き家の場合と同様管理者が不在のまま放置されることとなり、さらに周辺住民に対する生命身体に対する危険を生じさせることになる。そこで、破産管財人としては、問題の重大性、公害の防止・除去が第一次的に事業者負担とされていることや[16]、破産管財人の社会的責任に鑑み、土壌汚染の場合はその調査を行って土壌の改良を行い、また危険物の場合は危険物の除去など可能な限り具体的危険性を除去するように努力することが求められ、安易に破産財団から放棄してはならない[17]。

破産管財人としては、担保権者、所轄官庁及び当該物件の購入希望者などと費用負担等についても十分な協議を行って対応を検討し[18]、放棄する場合であっても、破産裁判所と事前に協議をしたうえで、破産管財人報酬見込額を除く全ての換価回収金を投入して具体的危険性の除去に努めたうえで放棄手続を行うことになる。

他方で、当該不動産の具体的危険性を除去するための費用を破産財団で負担できない場合は、最終的には放棄せざるを得ないものの、そのような場合であっても所轄官庁、地方自治体、地元住民に必要な措置をとるように協力を求め、できるだけ被害が生じないような体制を整えるよう努めるべきであ

16　廃棄物の処理及び清掃に関する法律 3 条 1 項、公害防止事業費事業者負担法 2 条の 2
17　『破産実務』224頁、『手引』166頁
18　危険物の含まれている財産が担保目的物であるときは、破産債権者の犠牲のもとに担保権者を不当に利することになるとの問題点を指摘するものとして、伊藤眞「破産管財人の職務再考」判タ1183号35頁

る[19]。

Q 4-14　動産及び債権と破産財団からの放棄

不動産以外の財産の放棄についてどのような点を検討すべきですか

五十里 隆行

1　自動車の放棄

(1)　注意点

　破産財団に属する自動車について交通事故が発生した場合、破産管財人が運行供用者として自動車賠償責任を問われるおそれがあることから（自動車損害賠償保障法3条）、破産管財人としては、破産手続開始決定直後、直ちに自動車の保管状況を把握したうえで、鍵・車検証・自賠責保険証券・任意保険証券等を確保して破産管財人の管理下において、自動車を破産管財人の許可なく使用されないようにしなければならない。

　自動車税又は軽自動車税は、賦課期日（4月1日）の所有者に対して賦課されることから（地方税法145条1項、148条、442条の2、445条1項）、賦課期日を念頭に、換価又は放棄を検討する必要がある。

　また、駐車場を借りて自動車を保管している場合には、破産手続開始決定後の駐車場代が財団債権となることから、自動車の換価可能性を直ちに検討し、破産財団の負担を極力軽減するよう努めなければならない。

(2)　放棄手続等

　自動車を放棄する場合には、上述した運行供用者責任との関係で放棄日を明確にするために、価額が100万円以下で破産裁判所の許可が不要な場合で

---

[19]　『手引』167頁、『破産法大系Ⅰ』312頁〔小畑英一〕参照

第4章　財産換価　219

も、許可をとるべきである。

さらに、法人事件における自動車の放棄については、単に放棄するだけでは、運行供用者責任等の問題が生じたり、自動車税が課されたりすることもあるので、廃車手続まで求める裁判所も多い[1]。

2　債権の放棄

破産財団に属する債権について、疎明資料が不足する場合、債務者に資力がない又は所在不明で回収可能性が低い場合など財団の増殖可能性が低いと判断される場合には、債権を放棄することになる。

また、回収可能性があったとしても、債務者の資力が乏しく長期分割回収事案の場合には、サービサーへの譲渡を検討するが、サービサーへの譲渡も困難な場合には、裁判所及び破産債権者の意見を聞いたうえで放棄せざるを得ない場合もある。特に、放棄を行う債権について破産債権者の関心が強い場合には、放棄前に債権者集会などで意見聴取を行うなど、具体的事案に応じて放棄までの手順を検討すべきである[2]。

3　動産の放棄

(1)　動産一般

換価可能性のない動産については、放棄後の管理者の有無、所有権留保や動産譲渡担保などの担保権者の有無、裁判所の許可事項か否かといった点に注意しつつ、放棄手続を行うことになる。

しかし、後述する産業廃棄物又はPCB廃棄物の問題においては、放棄手続だけでは足りず、廃棄手続までを検討しなければならない。

(2)　産業廃棄物

a　廃棄物の処理及び清掃に関する法律と破産管財人の立場

破産者が工場などを有していた場合、工場内に原料や燃料などのいわゆる

1　『財産換価』422頁〔都野道紀〕
2　『財産換価』345頁〔石井芳明〕

産業廃棄物[3]を残したまま破産するケースがある。産業廃棄物を有する事業者には厳格な義務が課されているところ[4]、当該事業者が破産した場合に、破産者が行っていた事業活動について、破産管財人が法令上の事業者として責任を負うのか否かが議論されることもあるが、破産管財人は事業の清算のために活動しているにすぎず、事業活動を行っているわけではないことからすれば、否定されるべきである[5]。

b　破産管財人としての具体的対応

　他方で、破産管財人の社会的責任や公益性を考えると、法令上の事業者としての責任を負わないとしても、産業廃棄物の処理についてなんらの責任も負わないと考えるのは妥当ではない。破産管財人としては、破産財団が負担できる範囲で、産業廃棄物の調査をして資格を有する適正な産業廃棄物処理事業者に処理・処分を委託する必要があり[6]、単に放棄するのではなく、できる限りの範囲で廃棄手続まで実施する必要がある。

　廃棄まで行うことがむずかしいなかで破産財団から放棄するとしても、事前に所轄官庁、地方自治体、地元住民と協議をしてできるだけ近隣に被害が生じないような体制を整えてから放棄をすべきである。

(3)　PCB廃棄物

a　ポリ塩化ビフェニル廃棄物の適正な処理の推進に関する特別措置法

　産業廃棄物のなかには、人の健康又は生活環境に被害を及ぼすPCB（ポリ塩化ビフェニル）[7]を含む産業廃棄物がある。

　PCBに関しては、2001年6月に廃棄物の処理及び清掃に関する法律の特別

3　産業廃棄物とは、事業活動によって生じた廃棄物のうち、燃え殻、汚泥、廃油、廃酸、廃アルカリ、廃プラスチック類その他政令で定める廃棄物をいう（廃棄物の処理及び清掃に関する法律2条4項1号）。

4　事業者は、産業廃棄物を処理・処分できる許可を受けた産業廃棄物処理事業者に処理・処分の委託をしなければならず、委託をする場合、収集運搬業者、処分業者とそれぞれに、必ず書面を取り交わして契約をしなければならない。また、排出事業者には、産業廃棄物管理票（マニフェスト）を作成して、委託した産業廃棄物が適正に処理されたか否かを確認する義務が課せられている。『破産200問』112頁〔長島良成〕参照

5　『財産換価』396頁〔佐藤三郎〕

6　『手引』166頁、『財産換価』396頁〔佐藤三郎〕。産業廃棄物処理施設として使用していた借地の明渡しが問題となった事例の紹介として『手引』174頁参照

法として、ポリ塩化ビフェニル廃棄物の適正な処理の推進に関する特別措置法（以下「特別法」という）が制定されている[8]。

b　特別法と破産管財人の立場

この点、破産管財人が、特別法の事業者として責任を負うのか否かが問題となるが、破産管財人は破産者の財産関係の清算と債権者に対する配当のため活動しているにすぎず、事業活動を行っているわけではないので、否定されるべきである[9]。

c　破産管財人としての具体的対応

他方で、破産管財人としては、特別法の事業者や承継人としての責任が認められないとしても、有害物質が破産財団に帰属する不動産内に存在する以上は、近隣住民の生命身体に被害が及ばないよう、破産財団が負担できる費用の範囲内で、PCB廃棄物の適正な保管のために必要な調査や措置を行う必要がある[10]。

PCB廃棄物該当性が判明し、PCB廃棄物が存する不動産の任意売却が可能

7　PCBは、絶縁体・不燃性に優れており、変圧器やコンデンサなどの電気機器の絶縁油、加熱・冷却用の熱媒体等として幅広く用いられてきた歴史がある。毒性が強く、脂肪に溶け体内に蓄積されやすいという性質をもつことから癌、皮膚障害、内臓障害、ホルモン異常を引き起こす要因となる。

8　特別法では、自己の事業活動に伴ってPCB廃棄物を保管する事業者（特別法2条2項）は、その保管に係るPCB廃棄物を自らの責任において確実かつ適正に処分する義務を負い（特別法3条）、保管及び処分の状況を都道府県知事に届け出ることを義務づけられている（特別法8条）。また、PCB廃棄物の譲渡・譲受けは、地方公共団体に対する場合等のほかは厳しく禁止されている（特別法11条、特別法施行規則8条）。

9　『財産換価』397頁〔佐藤三郎〕。『破産200問』114頁〔進士肇〕では「特別法12条1項所定の承継人に破産管財人が該当するか否かが問題となるが、同条項が排出者以外の者に責任を承継させるという特別の定めであって、承継人に該当する者が限定的に列挙されていることからすると、破産管財人が同条項の「承継人」に該当すると解することは困難である」と指摘されており、破産管財人は特別法の責任を負わないと理解されている。

10　『破産200問』114頁〔進士肇〕。同115頁〔進士肇〕では、「高濃度PCB」（PCBが意図的に使用されている物）については、一般社団法人日本電気工業会（JEMA）のウェブサイト「PCB使用電気機器の判別について（外部サイト）」や製造メーカーのウェブサイト等で公表されている情報と、機器の銘板等に記載されている情報とを照合して、該当性を確認する必要があると指摘されており、また「高濃度PCB」のみならず、「微量PCB」（意図しない混入により絶縁油中のPCB濃度が0.5mg /kgを超えている物）の処理方法についても言及がある。

な場合には、PCBの存在について事前に十分な情報を開示して、担保権者と協議をすることによって不動産の任意売却のためにかかる経費の一部としてPCB廃棄物の保管措置や除染除去措置のための費用を支出することを認めてもらうことが考えられる。

他方で、任意売却を通じた処理が困難、又は破産財団から十分に処理費用を捻出できない場合は、所轄官庁との間でPCB廃棄物の引取りや早期処理への協力について交渉をしつつ、必要に応じて財団の許す限り調査等を行い、処理施設での処理を検討することが必要である[11]。

4　個人情報が含まれた物の放棄

事業者の多くは、個人情報を取得して事業活動を行っていることから、破産者が使用していたパソコンや顧客名簿等の資料には顧客データその他の個人情報や秘密情報が保存されていることが多い。

そこで、破産管財人が当該パソコンや資料を処分するにあたり、これらの重要な情報が流出しないように注意する必要がある。特に、重要情報が残っているパソコンの放棄手続を行う場合、ある程度の専門知識があれば削除したデータを復旧させることは容易であることから、パソコン上においてデータを削除するだけでは足りず、破産管財人としては、専門家の手を借りるなどして初期化やデータの抹消等の処理をして確実に廃棄手続を履行して、放棄の手続を行うべきである[12]。

---

[11]　『破産200問』115頁〔進士肇〕、『手引』171頁では「破産者のPCB廃棄物を破産管財人が保険する場合には、PCB廃棄物の処理費用について独立行政法人環境再生保全機構（ERCA）の運営する中小企業等処理費用軽減制度の適用により、処理料金の95％の軽減を受けることができる場合があるため、同制度の申請の可否について検討する必要がある」との指摘がある。

また、『手引』169頁以下では、PCB廃棄物の処理が問題となった事例を列挙している。例えば、高濃度のPCBを使用して製造された電気機器について、日本環境安全事業株式会社（JESCO）において処理がされており、既に破産手続開始前にJESCOに登録がされていた機器について、中小企業等処理費用軽減制度を利用して処理委託契約を締結することにより早期に低廉な費用で処理を完了することができた事例、低濃度PCB廃棄物について、環境大臣が認定した無害化処理施設と処理委託契約を締結することにより、破産手続開始決定後、わずか3カ月半で処理を完了し、マニフェストを受領するまでに至った事例が掲載されている。

[12]　『財産換価』425頁〔都野道紀〕

第 5 章

契約関係・訴訟関係

Q 5-1　双方未履行双務契約の取扱い

双方未履行の双務契約は、破産手続においてどのように扱われるので
しょうか

神原　千郷＝伊藤　信彦

1　双方未履行双務契約

(1)　意　　義

双務契約について、破産者と相手方がいずれも破産手続開始決定時におい
て各自の債務を履行していない場合、破産管財人は、その契約を解除し、又
は破産者の債務を履行して相手方の債務の履行を請求することができる（法
53条1項）。

双務契約とは、契約に基づく双方の当事者の債務が対価的な牽連関係にあ
るものをいう。売買、賃貸、請負などの典型契約のほか、非典型契約でも、
契約当事者の契約上の債務が対価的な牽連関係にある場合は双務契約に当た
る[1]。

双方の未履行とは、破産手続開始決定時において、当事者双方において全
部又は一部の債務を履行していない場合である。この未履行の債務は契約の
本質的・中核的な債務であるか、牽連関係にある債務であることが必要であ
る[2]。もっとも、一応の履行はされたが、債務の本旨に沿った給付でなかっ
たため履行が不完全な場合も含まれる。

---

[1]　会員制レジャークラブの入会契約（会社更生法に関する東京地判平11.1.27金商1078
号37頁参照）のような非典型契約も双務契約に含まれ得る。なお、フルペイアウト方式
によるファイナンス・リース契約について、判例は、旧会社更生法103条（現61条）の
双方未履行双務契約に該当しないとする（最判平7.4.14民集49巻4号1063頁）。

[2]　『大コンメ』208頁〔松下淳一〕参照

⑵　双方未履行双務契約の該当性

双方未履行双務契約に該当するかどうかの判断は、実際上、容易ではない場合がある。双方未履行双務契約の該当性が争われた裁判例[3]では、債務者が物流サポートシステムを導入するために、ソフトウェア、パソコン等の機器を購入した売買契約につき、売主は当該契約に基づいて一定期間メンテナンス等を行う付随的債務があるとしたうえで、当該売買契約の目的等より、機器引渡し後のメンテナンス等に要する費用も売買代金に含まれており、メンテナンス等の付随的債務も売買代金債務と対価関係にあるとして、開始決定当時における当該期間の未経過や売買代金の分割金の未払いという事実をふまえて、双方未履行双務契約であると結論づけている。そのため、双方未履行双務契約の該当性を判断するにあたっては、当該契約の目的等をも考慮すべきことに留意すべきである。

その他、双方未履行双務契約の該当性が問題となった裁判例としては、ゴルフクラブの会員契約[4]、自動車の所有権留保付売買契約[5]などがある。

2　破産管財人の選択権

⑴　破産法の規律

破産管財人は、破産手続開始決定時における双方未履行双務契約につき、解除又は履行請求の選択権を有する。履行請求をするにあたっては裁判所の許可が必要であるが（法78条2項9号、ただし、その価額が100万円以下の場合は不要である（同条3項1号、規則25条））、解除を選択する場合には不要である。

3　東京地判平18.6.26判時1948号111頁（再生事件）
4　最判平12.2.29民集54巻2号553頁、最判平12.3.9判時1708号123頁
5　東京高判昭52.7.19判時865号52頁、東京地判平18.3.28判タ1230号342頁

⑵ 選択権行使の方式

　破産管財人が履行を選択した場合には相手方の債権は財団債権になるが（法148条1項7号）、破産管財人による選択権の行使には特に方式の定めはなく、黙示的なものでもかまわないとされている。

　この点、前掲東京地判平18.6.26（再生事件）の裁判例では、再生債務者が少額債権の弁済許可を得ずに4カ月間にわたって分割金の弁済を継続したこと、その間、再生債務者の社員が相手方に対してメンテナンスの問合せなどを行っている等という点から、黙示的な履行の請求をしたと判示している。無用の財団債権を増加させないために、破産管財人としては、黙示的に履行選択をしたと評価されないように留意すべきである。

⑶ 履行と解除の選択の判断

　破産管財人が選択権を行使するにあたっては、履行請求と解除のいずれが破産財団の増殖又は減少の防止に資するかを比較検討したうえで、いずれかを選択する。

　その判断は、単なる収支上のプラスマイナスだけでなく、破産者の債務を履行する実際上の負担の程度、相手方からされる履行の結果を換価するのに要する期間等を総合的に勘案してなされるべきである[6]。

　例えば、破産者が売買契約の売主であれば、契約時から目的物の時価が高騰していない限り、売買代金をいっさい受領していなければ、多くの場合、動産であれば引渡し、不動産であれば所有権登記の移転といった債務を履行すれば、直ちに配当原資となる現金を得られる。そのため、原則としては、履行を選択するという判断になろう。目的物が高騰している場合には解除を検討することになろうが、破産者が代金の一部を受領している場合に解除を選択すれば、相手方の返還請求権は財団債権になる[7]（法54条2項）。そのため、換価の手間や時間に加えて、当該返還金額を前提にして実質的な破産財

6　『破産実務』230頁参照

団の増殖の見込みを検討しなければならない。

他方で、売買契約の買主の場合、破産管財人は配当原資となる現金を支払う代わりに不動産等を取得し、これを換価する負担を負うことになるので、原則として解除を選択することになろう。破産管財人が履行を選択するのは、破産者が一部代金を支払ずみなどのため管財人が支払う残代金よりも高額で売却できる見込みがあることが必要であるほか、売却までの期間などを検討したうえでなければならない。

(4) 解除権の制限

双方未履行の双務契約であっても、破産管財人が、破産法53条1項に基づく解除権を行使できない場合がある。

すなわち、判例[8]は、年会費の定めのある預託金会員制のゴルフクラブの会員契約において、ゴルフ場施設を利用可能な状態に保持して会員に利用させる義務と会員が年会費を支払う義務とが破産法53条1項にいう双方の未履行債務に該当するとしたが、双方未履行の双務契約を解除することによって相手方に著しく不公平な状況が生じるような場合には、破産管財人は、同項（現行破産法53条1項）に基づく解除権を行使できないというべきであるとし、破産管財人の解除権が制約される場合があることを許容しているので、留意を要する。

7 　請負人が前払報酬金を受領している場合に解除選択によって発生する相手方の前払報酬金返還請求権が財団債権になるのかどうか争いがあるものの（『大コンメ』223頁）、判例（最判昭62.11.26民集41巻8号1585頁）は財団債権になると判示しているので、留意を要する。

8 　前掲注4・最判平12.2.29、『破産実務』231頁、『条解』409頁、『大コンメ』213頁〔松下淳一〕、『伊藤』384頁参照。なお、同判例は、著しく不公平といえるか否かについて、解除による原状回復等としてすべき給付内容が均衡しているかどうか、破産法54条等の規定により相手方の不利益がどの程度回復されるか、破産者の側の未履行債務が双務契約において本質的・中核的なものかそれとも付随的なものにすぎないか、等を総合的に考慮すると判示している。

3　選択権行使の効果

(1)　履行請求

　破産管財人が履行の選択をすると、破産管財人は、破産者に代わってその義務について履行の提供をし、相手方に対してその義務の履行を求める。相手方が有する請求権は財団債権となる（法148条1項7号）。

(2)　解　　除

　破産管財人が契約の解除をした場合、解除によって相手方に生じる損害賠償請求権は破産債権となる（法54条1項）。相手方は、破産者の受けた反対給付が破産財団に現存するときはその返還を請求することができ、現存しないとき[9]はその価額について財団債権として行使することができる（同条2項）。

4　相手方が行使し得る権利

(1)　催　告　権

　双方未履行の双務契約の相手方は、破産管財人に対し、相当の期間を定め、その期間内に契約の解除をするか、又は債務の履行を請求するかを確答すべき旨を催告することができる（法53条2項前段）。この場合に、破産管財人がその期間内に確答をしないときは、契約の解除をしたものとみなされる（法53条2項後段）。

　このように、破産管財人は、主体的に選択権を行使しない場合でも、相手方の催告権の行使によって判断を迫られる立場にある。そのため、破産管財人は、就任後直ちに、双方未履行双務契約に関する選択権の行使につき、その方針を立てておく必要がある。

---

[9]　破産者の受けた反対給付が現金である場合や消滅又は転売されているような場合である。

⑵ 債務不履行による解除権

　破産手続開始前に履行期が到来して債務不履行状態が発生し、解除権発生の要件が満たされている場合、弁済禁止の保全処分がされた場合を別として、相手方は、破産管財人に対して、解除権を行使し、原状回復を求めることができるとするのが多数説である。ただし、破産管財人は民法545条 1 項ただし書の「第三者」に該当するから、目的物の返還を破産管財人に請求することはできないと解されている[10]。

5　関連する論点

⑴ 約定解除に関する違約金条項等の適用

　例えば、賃貸借契約において、解除の場合の違約金条項等（中途解約の場合、6 カ月分相当の賃料相当額を支払う必要があるとか、敷金の全部又は一部を没収するなどの条項）が存在する場合、破産管財人が破産法53条 1 項に基づき解除した場合に、このような違約金条項の適用があるか否かについて争いがある。当該契約の目的・内容や賃貸借期間、賃料額、解除後の残存期間等の諸事情を考慮して、個別具体的に検討する必要があると解される[11]が、下級審では、適用を認める（制限的を含む）裁判例[12]と認めない裁判例[13]に分かれている。なお、仮に適用を認めた場合、違約金は損害賠償の一種であることから破産債権になると解される[14]。

10　破産管財人が民法545条 1 項ただし書の「第三者」に該当することを理由とする（『伊藤』387、363頁、『大コンメ』215頁〔松下淳一〕参照）。

11　『手引』193頁参照

12　大阪地判平21. 1 .29判時2037号74頁、名古屋高判平12. 4 .27判タ1071号256頁、東京地判平20. 8 .18金法1855号48頁、東京高判平24.12.13判タ1392号353頁等

13　名古屋高判平23. 6 . 2 金法1944号127頁、東京地判平21. 1 .16金法1892号55頁、東京地判平23. 7 .27判時2144号99頁、札幌高判平25. 8 .22金法1981号82頁等

14　違約金支払請求権は、破産手続開始前の原因に基づく（『条解』414頁）、損害賠償の一種であると解される（『注釈（上）』354頁〔加々美博久〕）ことを理由とする。

第 5 章　契約関係・訴訟関係　231

⑵　いわゆる倒産解除特約の適用

　双務契約において、破産手続開始の申立て等が解除権の発生原因として定められている場合（いわゆる倒産解除特約）について、このような特約の内容は、双方未履行双務契約に関して破産管財人に履行の請求、解除の選択権を与えた趣旨に反するとして、破産手続との関係では、解除権行使の効果を破産管財人に対して主張することを原則として否定する見解が有力である[15]。

Q 5-2　継続的給付を目的とする双務契約

　継続的給付を目的とする双務契約は、破産手続においてどのように扱われますか

神原　千郷＝坂下　大貴

1　継続的給付を目的とする双務契約

　破産法55条は、双務契約のうち、破産者に対して相手方が継続的給付義務を負い、破産者がその対価の支払義務を負う契約（以下「継続的給付契約」という）について規律している。

　同条の適用を受ける継続的給付契約としては、電気、ガス、上下水道の公共的契約、電話、インターネットのプロバイダ等の私的契約のほか、破産者が事業者の場合は、原材料や部品等を継続的に供給する契約、運送、警備、清掃、エレベーターの保守管理等の役務を継続的に供給する契約があげられる[1]。

---

[15]　『伊藤』387頁、『条解』413頁参照。なお、判例は、再建型倒産手続である民事再生法や会社更生法の事案で、所有権留保等の担保権実行の前提となる倒産解除特約の効力を否定している（最判昭57.3.30民集36巻3号484頁（旧更生事件）、最判平20.12.16民集62巻10号2561頁（再生事件））。

[1]　『条解』434頁、『破産200問』239頁〔森拓也〕、『大コンメ』226頁〔松下淳一〕参照

他方、同条は、反復継続される可分的給付を前提としているため、賃貸借契約、リース契約、ライセンス契約等の不可分的給付に係る契約は含まないと解されており[2]、また、労働契約については、明文で適用が除外されている（法55条3項）。

2 破産法の規律

(1) 規律の概要

破産法55条は、破産手続開始申立前の給付に係る代金債権については、これを破産債権とし、相手方は、その弁済がないことを理由として破産手続開始決定後の給付義務の履行を拒絶することができないとする（法55条1項）。これによって、破産管財人が継続的給付契約を履行選択したときでも、円滑に業務を進めることが可能になる。

一方、破産手続開始申立てから破産手続開始決定までの給付に係る代金債権については、財団債権とすると定めている（法55条2項）。そして、破産法55条1項の反対解釈として、相手方は、この財団債権の弁済がなされない場合、破産管財人が当該継続的給付契約について履行の選択をしても、破産手続開始後の給付を拒絶することができる。

また、例えば電気やガス等のように、一定期間ごとに債権額を算定すべき継続的給付については、破産手続開始申立日の属する期間内の給付に係る代金債権が財団債権となる（法55条2項括弧書）。例えば、電気やガスのように1カ月ごとに料金を支払う継続的給付契約の締め日が毎月末日であるとして、破産手続開始申立日が15日である場合、当月の1日から15日までの料金は破産手続開始申立前であっても財団債権になる。

(2) 破産手続開始申立前の給付に係る代金債権の取扱い

上記のとおり、破産手続開始申立前の給付に係る代金債権は破産債権となるが（法55条1項）、破産者が自然人の場合、例えば電気、ガス、上水道等の

---

2 『大コンメ』226頁〔松下淳一〕、『伊藤』395頁注84参照。旧会社更生法に関する東京高判昭51.12.1判タ349号246頁参照

第5章 契約関係・訴訟関係 233

ように「日用品の供給」（民法306条4号、310条）に該当する継続的給付に係る代金債権は、破産手続開始前6カ月分については一般先取特権の対象となり、優先的破産債権として取り扱われる（法98条1項・3項）。一方、判例は民法310条にいう「債務者」には法人を含まないとし、破産者が法人の場合、当該法人の規模、経営態様等のいかんを問わず、一般先取特権の対象にならないとする[3]。

　また、下水道の代金債権については、地方税の滞納処分の例により徴収することができる請求権に当たり、租税等の請求権として取り扱われるため（地方自治法231条の3第3項、同法附則6条3号、下水道法20条）、破産手続開始当時に納期限が到来していないもの又は納期限から1年を経過していないものは財団債権となり（法148条1項3号）、それ以外のものは優先的破産債権となる。

(3)　破産手続開始申立てから破産手続開始決定までの給付に係る代金債権の取扱い

　破産管財人が継続的給付契約につき解除の選択をした場合は、破産法55条2項は適用されず、破産手続開始申立てから破産手続開始決定までの給付に係る代金債権は破産債権になる[4]。そこで、破産管財人は、管財業務に不必要な継続的給付契約を解除することにより、当該契約に係る代金債権を破産債権として取り扱うこととなる。

(4)　破産手続開始決定後の給付に係る代金債権の取扱い

　破産管財人が履行を選択した場合における破産手続開始決定後の給付に係る代金債権は財団債権となるが、その適用条文については、破産法148条1

3　最判昭46.10.21民集25巻7号969頁
4　『手引』282頁、『基本コンメ』135頁〔水元宏典〕参照。もっとも、解除選択の場合にも同条項は適用されるとする見解もある（『大コンメ』227頁〔松下淳一〕）。なお、破産法55条2項の適用範囲に関し、管財業務のためには必要がないものの、自然人である破産者の日常生活のために、破産手続開始申立てから破産手続開始決定まで維持されている給付に係る代金債権（例えば、破産者が自然人の場合における携帯電話の使用料等）について、財団債権として取り扱わなければならないか否かは問題となる余地がある（『はい6民』243頁、『伊藤』391頁注78）。

項2号を指摘する見解が有力である[5]。破産管財人としては、破産財団の負担を回避するため、より早期に解除できるように実情を把握することが重要である。

なお、自然人である破産者の日常生活のために継続的給付契約を維持する場合は、破産管財人と破産者が協議して、自由財産での負担を求める例が多い[6]。

3　破産管財人の留意点

上記のとおり、継続的給付契約は、破産管財人が履行の選択をするか否かにより、破産手続開始申立後の給付に係る代金債権が財団債権になるか否かが分かれることになる。

したがって、破産管財人は、財団債権の無用な増殖を防止するため、就任後速やかに、破産者（代表者や経理担当者等）に聴き取りを実施したうえ、契約書、請求書、発注書、勘定科目内訳明細書、台帳及び口座振替案内の郵便物等を確認し、継続的給付契約の存否を把握する必要がある。もちろん、破産者が使用していた事務所や工場があればこれに赴くべきである。

そのうえで、現存する継続的給付契約については、要否の判断を早期に行い、不要なものを直ちに解除する。

例えば、借りている工場を家主に明け渡す場合には、工場に設置している屋内クレーンを使用できなければ工場内の機械設備を撤去できない場合がある。このような場合には、撤去を依頼する業者とともに現地を視察し、電力の供給停止時期を決めることが必要になるので、留意を要する[7]。

また、法人である破産者の名義で多数の携帯電話契約を締結し、その従業員等が携帯電話を使用し続けている場合には、当該契約の存否や携帯電話の所在を確認して早期に契約を解除し[8]、あるいは、契約者を当該使用者に変更する手続をとることを検討すべきである。破産者が自然人の場合には、契

5　『はい6民』315頁、『実践マニュアル』640頁参照。なお、破産法148条1項4号の適用を指摘する見解もある（『破産200問』240頁〔森拓也〕）。

6　『手引』283頁参照

7　電力供給については、契約条件の変更（『実践マニュアル』86頁）やスポットでの供給（『破産200問』239頁〔森拓也〕）といった工夫がある。

第5章　契約関係・訴訟関係　235

約上の地位を譲渡し、あるいは、電話料金相当分を財団に組み入れさせることを検討すべきである[9]。

Q5-3 賃借人破産

賃借人が破産した場合、どのような点に留意して対応すべきですか

島田 敏雄

1 賃貸借契約の状況確認

破産者が法人や個人事業主である場合、事務所、店舗、倉庫などを賃借していることが多い。この場合、賃貸借契約を早期に終了させ、敷金の最大回収に努めるのが破産管財人の基本的対応であるが、具体的な対処方法は個別事案によるため、状況確認が先決となる。

なお、自然人の破産において破産者が居住用不動産を賃借している場合、破産者が引き続き居住を希望する場合には、敷金は自由財産として扱い[1]、賃貸借契約を手続から切り離し、破産者において賃料の支払を継続する処理がなされるのが一般である。

(1) 契約内容・賃借物件の状況の確認

賃貸借契約書を必ず確認し、賃料／共益費等の額（未払いの有無）、敷金の額及び回収見込み（いわゆる敷引特約や没収条項の有無）、賃貸借期間、解約予告期間、違約金条項、その他の特殊な条項（原状回復義務の範囲についての定めなど）の有無を確認する。また、破産者本人（代表者）、申立代理人からのヒアリング等により、賃借物件の占有状況、賃貸借契約の内容、契約の状

---

8 『破産200問』104頁〔近藤直生〕、『注釈（上）』380頁〔植村京子〕、『実践マニュアル』87頁参照

9 『破産200問』104頁〔近藤直生〕、『はい6民』244頁、『注釈（上）』380頁〔植村京子〕参照

1 『手引』141頁、『実践マニュアル』217頁参照

況（未払賃料の有無、解約申入れの有無、賃貸人からの解除通知の有無等）を正確に把握しておく必要がある。

(2) 現地確認

早期に賃借物件を現地確認し、明渡しに向けて必要となる作業を洗い出しする。たとえば、賃借物件内に換価すべき動産がある場合は早期の売却あるいは別の場所への移動が必要であるし、リース物件などの第三者の所有物は返還を要する。また、経理資料などの管財業務に必要な資料と廃棄対象となる資料との選別、破産者が設置した造作の有無など原状回復工事が必要となる部分の確認も必要となることから、明渡しを依頼する業者を同行させることもある。

(3) 賃貸人との交渉

賃貸人との交渉は早期に着手し、状況を丁寧に説明して管財業務への理解を求めるとともに、契約の処理に関する賃貸人の意向（たとえば、速やかな退去を望むのか、第三者への承継可能性がある場合はこれを許容するのかなど）も確認しておく。

2 処理方針の決定

破産管財人は、状況確認後、速やかに賃貸借契約の処理方針を決定する。

(1) 通常の場合

破産手続開始決定後の賃料債権は、財団債権となるため（法148条1項2号・4号・8号）、破産管財人としては管財業務や明渡し作業に必要となる最低限の期間を経過した後は、速やかに賃貸借契約を終了させて明渡しを完了させるのが原則である[2]。

2　特段の事情がなければ開始決定から1カ月程度で明渡しを完了させるのが相当であろう。

なお、敷金に質権が設定されている場合に、破産手続開始から約9カ月後に契約を解約し、その間の賃料等を敷金に充当する合意をした破産管財人の責任が問題となった事案もあるので注意を要する（最判平18.12.21民集60巻10号3964頁）。

第5章　契約関係・訴訟関係　237

⑵ 事業譲渡を予定する場合

事業譲渡の対象となり得る店舗用不動産などを賃借している場合、事業譲渡の可能性、第三者への承継についての賃貸人の意向等をふまえて、使用を継続するか否かを判断する。継続する場合は、事業譲渡が奏功しない場合の処理方針やその見定めの時期についてもあらかじめ検討し、開始決定後の賃料の負担を合理的範囲にとどめるよう努める必要がある。

使用を継続するにあたり、違約金条項などの特約がある場合には、賃貸借契約を履行選択するかどうかは慎重に判断すべきである[3]。物件の使用が長期に及ばない場合は、暫定的な使用にすぎず、賃貸借契約を履行選択する趣旨ではない旨を明確にしたうえで使用を継続する場合もある。

⑶ 賃貸借契約が終了していた場合

破産手続開始決定時に既に賃貸借契約が終了していた場合には、明渡しに向けた対応を粛々と進め、早期に明渡しを完了させるのが通常の対応である。

ただし、賃借物件において事業を営んでいた場合など、賃借権あるいは賃借物件内の資産等に換価価値を見込むことができる場合には、賃貸人と協議したうえで、承継先を選定し、破産財団の増殖を図るケースもある。また、破産財団の増殖にはつながらなくても、居抜きの状態で使用する承継先を選定することにより、原状回復の負担を軽減できる可能性もある。

⑷ 借地上に建物を所有している場合

破産者が借地上に建物を所有している場合は、明渡しのために建物収去が必要となるため、当該建物を第三者に処分することによって財団の増殖と収去費用の発生回避に努めるのが原則的対応である[4]。売却候補者への承継に賃貸人が難色を示す場合は、承諾にかわる裁判所の許可制度（借地借家法19

3　いったん契約を履行選択すると、その後に破産法53条1項による解除を行うことはできないことに注意が必要である。

4　建物に抵当権が設定されている場合の地代の代払い制度等につき、『手引』195頁参照

条）の利用も検討する。建物の処分ができなかった場合には、借地契約及び建物の権利関係について、賃貸人との間で協議を行いながら、適切な処理を行うべきである（本書Q 4-13参照）。

3　賃貸借契約の解除方法

　賃貸借契約は双方未履行双務契約に当たるため、破産管財人は破産法53条1項に基づいて解除又は履行を選択することができる。この解除権は、破産法が破産管財人に付与した法定解除権であり、後記のとおり、賃借人に不利な条項についても適用が排除又は制限されるとするのが多数的見解である。したがって、破産管財人としてはこの解除権の行使を前提とした処理を検討するが、実務上は、賃貸人との円満な解決を視野に入れ、いきなり解除権を行使せずに賃貸人と協議を行うのが通常である。

　実務上、賃貸人が破産手続開始申立てなどを解除原因とするいわゆる倒産解除特約に基づいて賃貸借契約を解除してくる場合があるが、このような特約は、破産法53条1項が破産管財人に付与した選択権を無意味にするものであり、無効と解すべきである[5]。

4　敷金の回収

　賃借物件の明渡しを完了したら、賃貸人から敷金の返還を受けることとなるが、敷金から控除（充当）する費用等の範囲や、敷金でまかなうことができない費用等の弁済の要否について争いが生じる可能性がある。破産管財人としては、以下の点をふまえて、賃貸人との協議により円満な解決に努めるべきである。

(1)　賃料等の扱い

　破産手続開始決定後の賃料は財団債権となる（法148条1項2号・4号・8号）。

---

[5]　東京地判平21.1.16金法1892号55頁、『伊藤』393頁脚注82。同脚注は、倒産解除特約を無効とすべき根拠として、賃貸人に解約権を与えていた民法旧621条が削除されたことも指摘する。

第5章　契約関係・訴訟関係　239

破産手続開始決定前の賃料については、破産法53条1項により賃貸借契約を解除した場合は破産債権になる。一方、賃貸借契約を履行選択した場合には、開始前の未納部分も含めて財団債権になるとする見解もあるが[6]、破産手続開始決定前の部分は破産債権とするのが通説であり、実務上の扱いも通説に従っている[7]。なお、通説を前提とした場合、破産手続開始決定日をまたぐ期間の賃料については、日割り計算によって財団債権と破産債権部分に分けるという考え方と、財団債権とする考え方がある[8]。

(2) 原状回復費用について

賃貸借契約終了に基づく原状回復費用請求権の性質については、破産手続開始前に賃貸借契約が終了していた場合には、原則として破産債権になると解されるが、賃借物件内に破産者の所有物が存在する場合は、破産管財人が賃借物件を占有しているものとして、原状回復が完了するまでの賃料相当損害金が財団債権になる[9]。この場合、破産管財人としては、残置物の所有権を破産財団から放棄することにより原状回復義務及び費用負担を免れると主張する余地がある[10]。

他方、破産手続開始決定後に賃貸借契約が終了した場合は、原状回復費用請求権は原則として財団債権であるとする見解[11]と、その発生原因である損傷行為や改修工事が破産手続開始決定前に存在する場合は破産債権になるとする見解[12]がある。

6　『伊藤』393頁
7　『条解』444頁、『大コンメ』234頁〔三木浩一〕
8　『条解』444頁。加々美博久編著『契約類型別　取引先破綻における契約の諸問題』（新日本法規、2006年）72頁〔小畑英一〕。なお、継続的給付を目的とする双務契約についての特則である破産法55条は、賃貸借契約には適用されない。
9　最判昭43.6.13民集22巻6号1149頁
10　大阪高判昭53.12.21判タ384号110頁、『新・実務大系』214頁〔富永浩明〕
11　『伊藤』393頁脚注83、東京地判平20.8.18金法1855号48頁、『ソリューション』27頁〔水元宏典〕
12　『条解』444頁、『新・実務大系』215頁〔富永浩明〕、『破産200問』108頁〔小林信明〕、『運用と書式』115頁、『はい6民』146頁

(3) 解約予告期間条項、違約金条項、敷金没収条項等の特約が
ある場合

　賃貸借契約上、賃貸借契約の中途解約に一定の予告期間を要するとの条
項、中途解約の場合に違約金の支払義務を負うとの条項、敷金等の一部（又
は全部）の没収条項などが定められていることが少なくない。

　破産法53条1項により解除した場合にこれらの条項が適用されるかについ
ては争いがあり、適用を否定する裁判例と肯定する裁判例に分かれる[13]。実
務上は、適用を否定する立場も有力である[14]。

　実務上は、単に適用の有無だけが問題になるとは限らず、適用を肯定した
場合には違約金請求権の法的性質（財団債権か破産債権か）、敷金等との精算
（相殺又は充当）の可否が、適用を否定した場合には破産法53条1項による解
除により発生した相手方の損害賠償請求権（破産債権。法54条）と敷金等と
の精算の可否などが問題となる[15]。

　破産管財人としては、違約金条項の目的や解除により賃貸人が受ける不利
益（たとえば、次の賃借人の選定に要する期間など）の内容・程度等、敷金等
の回収可能性、手続開始後の賃料や原状回復費用請求権などを財団債権とし
て負担する可能性の程度などを総合的に勘案して、賃貸人と協議を行い、適
切な処理に努めることが求められる。

13　適用を否定する裁判例として、①名古屋高判平23.6.2金法1944号127頁、②東京地
　判平21.1.16金法1892号55頁、③東京地判平23.7.27判時2144号99頁、④札幌高判平
　25.8.22金法1981号82頁等がある。適用を肯定する裁判例として、①大阪地判平
　21.1.29判時2037号74頁、②名古屋高判平12.4.27判タ1071号256頁、③東京地判平
　20.8.18金法1855号48頁、④東京高判平24.12.13判タ1392号353頁、⑤東京地決平
　28.12.9金判1515号36頁等があり、②と④は、違約金条項等の目的等を考慮して限定的
　な適用を認めることで事案に即した判断をしている。
14　『運用と書式』116頁。『破産200問』250頁〔伊山正和〕。この問題の議論の状況につい
　ては、『伊藤』393頁脚注83参照
15　『伊藤』393頁脚注83は、違約金条項等の特約の適用を肯定したうえで、これらの違約
　金請求権等の法的性質を財団債権ではなく破産債権であるとし、かつ、実損を超える部
　分は劣後的破産債権であり、敷金などとの精算（相殺又は充当）による優先的回収もで
　きないとする。

第5章　契約関係・訴訟関係　　241

⑷　賃料相当損害金に関する特約がある場合

　賃貸借契約終了後、明渡しが完了するまでの賃料相当損害金を賃料の倍額等と定める特約について、破産法53条1項に基づく解除の場合に適用されるかは争いがある[16]。

　事案によっては解除通知と明渡しの時期を近接させるなどの工夫も検討する必要がある。

Q 5-4　賃貸人破産

賃貸人が破産した場合、どのような点に留意して対応すべきですか

島田　敏雄

1　賃貸借契約の状況確認

　破産者が賃貸用不動産を保有している場合には、適切に換価することが必要となる。破産管財人は、就任後速やかに、賃貸用不動産の権利関係（抵当権の有無、共有者の有無など）、管理状況（管理上の問題点など）、処分可能性、賃貸借契約の内容、対抗要件の有無、賃料等の支払状況、敷金[1]の有無・金額などを確認し、当該不動産の処分方針を検討する。

2　賃貸借契約の扱い

　賃貸人が破産した場合、多くのケースでは賃借人が第三者対抗要件を具備しており[2]、破産管財人は破産法53条1項の規定により賃貸借契約を解除することができない（法56条1項）。したがって、破産管財人としては、賃借人

16　財団債権となるのは破産管財人の行為と相当因果関係のある損害額、すなわち、賃料相当額であるとした下級審判例がある（東京高判平21.6.25判タ1391号358頁）。
1　契約上「保証金」と明記されているものであっても、その性質上敷金と認められれば敷金として扱うこととなる。

の債務不履行などの他の解除事由が存在しない限り[3]、賃貸借契約の継続を前提とする収益不動産として任意売却を行うのが原則的対応である。もっとも、賃借人が存在しないほうがより高額で売却できると予想される場合は、一定の立退料等の支払と引き換えに賃借人の退去を求める場合もある[4]。

賃借人が第三者対抗要件を具備していない場合（たとえば、土地の賃貸借契約で賃借権の登記も借地上建物の登記もない場合など）は、破産法53条の適用があり、破産管財人は同条1項により賃貸借契約を解除するか履行するかを選択することができ、これを前提に不動産の処分方針を検討することとなる。

3　賃貸用不動産の管理

賃貸借契約の継続を前提として不動産を任意売却する場合には、収益不動産としての換価価値を維持するため、売却完了までの不動産の管理が重要となる。不動産の維持管理に必要となる契約（たとえば、電気・ガス・水道等の供給契約、エレベーターの保守契約、清掃、火災保険など）については、破産管財人において継続することが必要である。また、管理会社に不動産の管理を委託している場合は、委託料の適否や代替手段の有無等を検討したうえで、委託を継続するかどうかを判断する。

4　賃貸用不動産の換価

(1)　抵当権者との協議

賃貸用不動産に抵当権が設定されている場合、破産管財人は、任意売却を望むかどうかについて、抵当権者の意向を確認する。抵当権設定登記に劣後

2　賃借人が第三者対抗要件を具備している場合とは、①賃借権について登記がある場合（民法605条）、②建物所有目的の土地賃貸借契約で賃借人が借地上に登記ある建物を所有している場合（借地借家法10条1項）、③建物賃貸借契約で賃借人が建物の引渡しを受けている場合（借地借家法31条1項）などの場合である。

3　賃貸人の破産は、借地借家法所定の解約申入れの正当事由には該当しないと解されている。

4　実務上、賃借人が敷金を放棄するかわりに、破産管財人が敷金相当額の立退料を財団債権として支払う旨の和解をすることがある（『破産実務』240頁）。

第5章　契約関係・訴訟関係　243

する賃借人は、担保権実行後、買受人に対して賃貸借契約を対抗できないことに留意が必要である（民法395条1項）。

また、抵当権者は不動産競売、物上代位による賃料の差押え、担保不動産収益執行を行うことができるところ、物上代位による賃料の差押えがなされた場合には、不動産の維持管理費を捻出できなくなる可能性がある。そこで、破産管財人としては、抵当権者との間で、差押えの取下げを要請し、あるいは賃料の分配と管理費の負担等について協議を行う必要がある。

⑵ 任意売却と敷金の扱い

賃貸用不動産を任意売却するにあたっては、賃借人から預託を受けている敷金の扱いが問題となる。この点、賃貸建物を第三者に譲渡して所有権を移転した場合は、特段の事情がない限り、賃貸人の地位が当然に第三者に移転し、敷金に関する権利義務関係も当該第三者に承継されるとするのが判例であり[5]、実務上も、賃借人との賃貸借契約を買主にそのまま承継させ、敷金返還債務については買主に免責的債務引受の方法により承継させる処理を行うのが通常の処理方法である。

5 賃借人対応と敷金返還請求権の扱い

⑴ 賃料の回収と敷金の扱い

破産管財人は、管理会社に回収を委託している場合を除き、賃借人に対して賃料の支払先が破産管財人口座に変更される旨の通知をするのが通常である。この場合、賃借人が敷金返還請求権の回収不能を懸念して、賃料と敷金との相殺を主張することがある。賃貸借契約でこのような相殺が禁止されている場合はもちろん、そうでなくとも、敷金返還請求権は、賃貸借契約終了後、賃借物件明渡時に未払賃料その他の賃借人の債務を控除した残額がある場合に発生する停止条件付債権であるから[6]、明渡前に賃料と敷金とを相殺することはできない。破産管財人は、この点を賃借人に丁寧に説明して賃料

5　最判平11.3.25集民192号607頁
6　最判昭48.2.2民集27巻1号80頁

の支払を求めることとなる。

賃料の前払い又は将来の賃料債権の処分（債権譲渡による流動化）がなされていた場合、その効力は破産管財人に対しても及ぶ。破産管財人としては、賃料を収受できないまま賃貸物件の管理義務を負うこととなるため、債権譲渡等の有効性（否認権行使の可能性）を検証するとともに、破産財団からの放棄についても検討する必要がある。

(2) 寄託請求の対応

賃借人は、将来の敷金返還請求権との相殺のために、賃料支払時に寄託請求（法70条後段）を行うことができる。この場合、破産管財人は、受領した賃料を寄託金として管理しておき[7]、最後配当の除斥期間満了までに賃貸物件が明け渡され、停止条件が成就した場合には、賃借人は敷金返還請求権と寄託していた賃料債務を相殺し、破産管財人から寄託金の返還を受けることとなる。

(3) 敷金返還請求権の債権届出・債権調査・配当

敷金返還請求権は、上記のとおり停止条件付きの破産債権であり、賃借人は債権届出を行うことができる。

届出があった場合、債権調査においては、既に明渡しが完了していれば未払賃料その他の賃借人の債務を控除（敷引特約があればそれも反映させる）したうえで残額を債権として認めることとなる。他方、明渡しが完了していない場合には、①届出額の全額について異議を述べる方法、②契約上の返還予定額を認めたうえで、備考欄に「停止条件付債権」と付記する方法などが考えられる[8]。②の場合、配当除斥期間経過前に明渡しが完了し、敷金が現実化したときは、現実化した金額を債権認否一覧表の備考欄に記入するとともに、その額に基づいて配当表を作成する。

最後配当（又は簡易配当）の除斥期間内に条件が成就しないときは配当か

---

7 東京地方裁判所破産再生部では、寄託金を破産財団の保管口座とは別口の預金口座において分別管理する運用である（『手引』203頁、『破産実務』241頁）。

8 『手引』202頁

第5章 契約関係・訴訟関係 245

ら除斥される（法198条2項、205条）。破産管財人としては、条件成就の証明
があった場合に限って配当の対象に加える必要がある。

なお、任意売却に伴い、敷金返還債務が第三者に承継された場合には、債
権届出の取下げを受ける必要がある。

6　破産財団からの放棄

不動産の換価が困難な場合や、任意売却について抵当権者との間で合意が
形成できない場合、あるいはそもそも不動産の維持管理費用を捻出できない
場合（賃料債権が流動化されている場合など）は、破産財団からの放棄を検討
することとなる（本書Q4-12参照）。

7　賃借人兼転貸人の場合

賃貸人からビルを一棟借りしてこれをテナントに転貸することを目的とす
るいわゆるサブリース物件のように、破産者が賃借人兼転貸人である場合に
は、賃貸人との関係においては賃貸借契約を破産法53条1項により解除でき
る可能性があるものの、転借人との関係においては前述のとおり破産法53条
の適用がないことから、破産管財人としては、①賃借人兼転貸人の地位を第
三者に譲渡することによる換価、②賃貸人と転借人との直接契約への切替え
による契約関係からの離脱などの処理を検討することとなる。②の方法によ
る場合、原賃貸借契約と転貸借契約における敷金、賃料の額に差異がある場
合は、賃貸人・転借人双方に対し、条件についての譲歩を求めることもあ
る。

Q 5-5　請負人の破産

　工事の途中で請負人が破産した場合、どのような点に留意して対応すべきですか

渡邊 賢作

1　処理方法の選択

　請負人が破産した場合について民法や破産法には特別の規定が置かれておらず、破産法53条以下の規定の適用が問題となる。最判昭62.11.26民集41巻8号1585頁は、契約の目的である仕事が破産者以外の者において完成することのできない性質のものでない限り、双方未履行の双務契約に関する破産法の規定が適用されるとしている[1]。

　したがって、破産者が法人の場合、破産法53条以下の規定が適用され、破産管財人は工事ごとに履行か解除かを選択することになる。破産者が自然人の場合、仕事が代替的な性質のものであることが明確な場合に破産法53条以下の規定の適用があり得るが、実務上は、自然人の破産の場合（大工・左官など）、業務の代替性も明らかでなく、雇用契約との異同も判別しにくいため、特段の事情がない限り、破産法53条以下の規定は適用されない処理がなされることが多いとされている[2]。

　破産管財人として、履行選択をする工事が多数にのぼる場合、裁判所の許可を得て事業を継続することもあり得る（法36条）。個々の請負契約を履行選択する場合には、従前の従業員を履行補助者等として雇用し、従前の下請業者に依頼をするなどして仕事を完成させ報酬を財団に帰属させる。他方、破産管財人が解除を選択する場合には、出来高に相当する額の報酬を注文者に請求することになる。

　破産管財人がいずれの方法を選択するかについて、未完成の程度、履行の

1　『条解』419頁、『伊藤』411頁、『注釈（上）』359頁〔加々美博久〕参照
2　『破産実務』248頁、議論の状況については『伊藤』412頁脚注118参照

第5章　契約関係・訴訟関係　247

現実的可能性、履行にかかる費用（財団債権）と時間、履行による財団増殖の確実性等の観点から判断される[3]、通常は瑕疵担保責任や事故発生時の労災補償の問題などを考慮すると工事続行は困難であることから解除を選択することが多い[4]、請負契約の場合は、仕事の完成前でも出来高精算を受けることができること、仕事の途中で他の業者に引き継ぐと当初の契約金額を超える費用がかかり破産財団に不利益が生じることから多くの場合には契約の解除を選択することになる[5]、とされている。

2　破産管財人が解除を選択した場合

破産管財人が解除を選択した場合、出来高に相当する報酬請求を行うため、出来高の査定が重要となる。出来高査定は、工事現場を保全し、発注者立会いのもと写真撮影をするなどし、事案に応じた適切な方法により行うこととなる。

出来高査定自体、発注者と破産管財人との間で利害が対立するものであるため、発注者との間で根拠資料を開示して双方の認識の相違点を解消していく交渉が行われる[6]。

破産管財人が解除を選択し、出来高に相当する報酬請求を行う場合、発注者より工事が未完成であるとして出来高に相当する報酬請求に応じないと主張されることがあり得る。この点については、工事が可分であること、発注者が既施工部分を受領して残工事を続行する場合には既施工部分について引渡しがなされているので出来高部分の支払を拒むことはできないと考えられる[7]、[8]。

3　『破産実務』248頁、『条解』419頁参照

4　『手引』204頁

5　『破産200問』258頁〔野澤健〕、『実践マニュアル』106頁、『はい6民』93頁参照

6　『手引』205頁、『実践マニュアル』107頁、『はい6民』267頁参照

7　『手引』205頁、『注釈（上）』359頁〔加々美博久〕参照

8　改正民法634条は、一定の場合、「請負人が既にした仕事の結果のうち可分な部分の給付によって注文主が利益を受けるときは、その部分を仕事の完成とみなす。この場合において、請負人は、注文主が受ける利益の割合に応じて報酬を請求することができる。」と規定し、仕事が完成しなかった場合等であっても報酬を請求することができることを明文化した。

また、破産管財人の出来高に相当する報酬請求に対して、発注者より残工事のために要する超過費用相当額の損害賠償請求権を自働債権とし出来高報酬請求権を受働債権として相殺の主張がなされることがある。東京地判平24.3.23判タ1386号372頁は、破産法72条1項1号の趣旨からすれば、破産債権者が自ら新たな破産債権を取得した場合であっても、同号の類推適用により相殺は禁止されるところ、上記損害賠償請求権を破産手続開始前に取得していたものと同視することはできないし、注文者が保護に値する相殺に対する期待を有していたものとも認められないとして、同号の類推適用により相殺は許されない、とした。また、札幌地判平25.3.27金法1972号104頁は、破産債権者の相殺権は、破産法67条2項の場合を除き、破産手続開始の時において相殺適状にあることを要するところ、上記損害賠償請求権は破産手続開始の決定後の事由である破産管財人の解除によって発生したものであり、破産手続開始の時において相殺適状にないから相殺は許されない、とした。破産管財人としては粘り強く交渉することが望まれ、実務的には出来高査定の段階において超過費用を要する点などを柔軟に考慮するなどして注文者と和解交渉が行われている[9]。

　発注者より、出来高部分に瑕疵があるとの主張がなされることがある。仕事の瑕疵に基づく損害賠償請求権を自働債権とする相殺は許されるものと考えられるが、瑕疵の認定や損害額の算定は困難な事柄であり、和解的解決が相当な場合も多いとされている[10]。

　約款ないし契約条項上、請負契約の解除に係る違約金が定められている場合があり、破産管財人が解除を選択した場合に適用されるかどうかについて議論があるが（賃貸借契約における違約金条項の有効性については、本書Q5－3参照）、基本的には契約解釈の問題であり、当該条項自体が破産管財人には適用されない、あるいは適用範囲を限定的に解することも可能な事案もあると思われる[11]（違約金条項の適用を否定したものとして名古屋高判平23.6.2金法1944号127頁、札幌高判平25.8.22金法1981号82頁）。

9　『破産200問』258頁〔野澤健〕
10　『手引』205頁
11　『破産実務』249頁

請負人が発注者から前渡金の支払を受けている場合がある。破産管財人が解除を選択し、出来高に相当する報酬請求を行う場合において、前渡金と出来高報酬とを比較して出来高報酬が上回るときは破産管財人が残報酬を注文者に請求する。前渡金に応じた出来高がないときは、注文者が前渡金から出来高報酬を控除した差額の返還請求権を行使することになる。この請求権は、破産手続開始時に請負契約が存続し、双方未履行状態にあり、かつ請負人の破産管財人が解除した場合に限り、財団債権となる（法54条2項。ただし、財団債権となることに反対の見解もある。）[12、13、14]。

3　元請・下請・孫請で下請会社が破産した場合

元請会社・下請会社・孫請会社という商流において、下請会社に信用不安が生じた場合、孫請会社としては下請会社から確実に工事代金が支払われるか不安になり、工事の進行にあたり元請会社に対し直接代金を支払ってほしいと要請する場合がある。元請会社としても、そうした孫請会社の不安を払拭し工期内の工事の完成を企図して、元請会社が孫請会社に直接工事代金を支払うことがある。その後、下請会社が破産した場合、下請会社の破産管財人が、元請会社及び孫請会社との契約の解除を選択し、元請会社に対し出来高に相当する報酬請求を行った場合、元請会社から下請会社の孫請会社に対する工事代金債務を立替払したことによる立替金求償金債権を自働債権として相殺の主張が行われることがあり、かかる相殺が破産法72条1項2号ないし4号の相殺禁止に該当するかが問題となる。

この点について、①元請会社と下請会社との間の請負契約で、下請会社の危機時期における元請会社の孫請会社に対する立替払の条項と、立替金求償金債権と元請会社の下請会社に対する工事代金債務等とを対当額で相殺する

12　『破産実務』249頁、『条解』421頁、『注釈（上）』360頁、『実践マニュアル』106頁参照

13　破産手続開始決定前に合意解除が成立していると認定して前払金返還請求権の財団債権該当性を否定した近時の裁判例として東京地判平27.7.30金法2035号86頁参照

14　建築工事の共同企業体の代表者である組合員が破産し、破産管財人が共同企業体に帰属する請負代金を破産財団に組み入れた場合、共同企業体から破産管財人への不当利得返還請求権が悪意の不当利得返還請求権（法148条1項5号）として財団債権になるとした裁判例として福岡高那覇支判平28.7.7判時2331号49頁参照

旨の条項が設けられている場合には、この合意が破産法72条2項2号の「前に生じた原因」に該当するかが問題になり、事案や条項によるものの「前に生じた原因」に該当し得ると解されており[15]、該当する場合であってもさらに相殺権の濫用になるか検討を要する、とされている[16]。②他方、危機時期以前にこのような請負契約上の合意がされていない場合は、下請会社の危機時期に元請会社がかわって立替払をして下請会社に対して求償権を取得したとしても、破産法72条1項2号ないし4号の相殺禁止に文言上該当するところであって、かつ、同条2項のいずれの例外事由にも該当しないことから、相殺禁止に当たる、とされている[17]。

Q5-6 注文者破産の留意点

注文者が破産した場合、どのような点に留意して対応すべきですか

渡邊 賢作

1 処理方法の選択

注文者が破産した場合、破産法の特則である民法642条が適用されるため、破産管財人が解除を選択する場合には、同条1項前段による法定解除をすることになる[1]。

いずれの当事者も契約の解除を選択しない場合には、請負人は仕事を完成させる義務を履行することとなり、その報酬等の請求権は破産手続開始後の

---

[15] 『破産実務』249頁、伊藤尚「下請事業者再生申立後の元請事業者による孫請代金の立替払いと、その求償権に基づく相殺について」事業再生研究機構編『民事再生の実務と理論』(商事法務、2010年) 137頁は、「前に生じた原因」に該当するのは、孫請事業者等に連鎖倒産や事業停止等のおそれがあり、かつ同じ業務や原材料をほかの業者によってまかなうことが困難であるなど注文者が立替払を余儀なくされる事情がある場合に限るとする。

[16] 『破産実務』249頁、東京高判平17.10.5判タ1226号342頁は、立替払の必要性ないし合理性がない場合には相殺権の濫用になると判示する。

[17] 『破産実務』249頁

第5章 契約関係・訴訟関係 251

出来高に対応する部分は財団債権となる（法148条1項7号）。破産手続開始前の出来高に対応する部分については、全体が不可分であるとして財団債権になるとの見解と、出来高による分割も可能であるとして破産債権となるとの見解がある[2]。

破産管財人が解除を選択した場合、既にされた仕事の出来高は破産財団に帰属し（最判昭53.6.23金法875号29頁）、請負人が既にした仕事の割合に応じた報酬や費用の請求権は破産債権となる（民法642条1項後段）。

破産管財人がいずれかの方法を選択するかについて、実務上、破産管財人に請負契約の完成物の処分の予定があり、その処分価格が請負人へ支払うべき報酬（財団債権）を上回る場合、破産管財人が双方未履行の請負契約の履行を選択して財団を増殖させるが、それ以外の場合は解除を選択したうえで請負人に報酬や損害賠償を破産債権として行使させることになる（注文者が前渡金を渡している場合は相殺がされ、過払いとなっていれば破産管財人が返還を請求する）とされている[3]。

2 破産管財人が解除を選択した場合

(1) 請負人の敷地に対する商事留置権

a 商事留置権の成否

破産管財人が解除を選択した場合、既にされた仕事の出来高は破産財団に帰属し、破産管財人が目的物の管理処分権を行使するが、工事目的物を占有する請負人が商事留置権（商法521条本文）を主張する場合が考えられる。こ

1　改正民法642条1項は、「注文者が破産手続開始決定を受けたときは、請負人又は破産管財人は、契約を解除することができる」との本文に続き、新しく、「ただし、請負人による契約の解除については、仕事を完成した後は、この限りでない」と規定を追加した。旧法のもとでは、文言上の限定がないために仕事の完成後であってもこれを行使できると解されていたが、仕事の完成後には請負人が仕事の完成に向けて新たな役務の提供をすることがなく、損害の拡大を避けるために契約の解除を認める必要がないことから、規定が追加された（『一問一答債権法』336頁、『注釈（上）』357頁〔加々美博久〕参照）。

2　『破産実務』247頁、『条解』395頁

3　『破産実務』247頁

の場合に、請負人の敷地に対する商事留置権が認められるためには、①商法521条の「物」に不動産が含まれ、②請負人が敷地所有者との間における商行為により敷地を占有しているといえ、③請負人の敷地の占有態様が商法521条の占有に当たるといえる、という点がいずれも満たされる必要があるため、破産管財人はこれらの点を検討する[4]。

①については、不動産についても商事留置権が認められるかどうかは判例・学説上争いがある（肯定例として東京高決平10.11.27金法1540号61頁、否定例として東京高判平13.1.30金法1622号46頁)[5]。

さらに、仮に①について含まれるとする見解に立った場合でも、②、③の観点から、建物の敷地についてまで商事留置権を主張できる事案であるか否か検討する（否定例として、東京高決平6.12.19金法1438号38頁、東京高決平11.7.23金法1559号36頁)。③については、商法521条の「占有」としては排他的な支配関係が及んでいることが必要であり、請負人に間接占有が認められるとしても、建物未完成の間は、建築のための土地立入りが許されているにすぎず、土地に対する独立した占有があるとはいえないため[6]、留意する必要がある。

b　商事留置権が成立する場合の効果

商事留置権は、破産財団に対しては特別の先取特権とみなされ（法66条1項）、請負人は担保権実行の競売を申し立て、競売代金の配当を求めることができる。ただし、その先取特権は民法その他の法律の規定による他の特別の先取特権に劣後する（法66条2項）。商事留置権が転化した特別の先取特権と抵当権との優劣については、商事留置権の成立時期と抵当権設定登記の先後により決するものとされている（前掲東京高決平10.11.27）。

商事留置権の留置的効力が破産手続開始決定後も存続するかどうかについ

4　『ソリューション』64頁参照

5　最判平29.12.14民集71巻10号2184頁は、不動産が商法521条の「物」に当たる旨一般論として判示したうえで、土地について商事留置権の主張を認めているが、土地が賃貸借されていたこと、被担保債権が運送委託料債権であること等から、典型的な事例とは異なるため、射程は限定的であると考えられる（野澤大和「商人間の留置権の目的物と不動産」金法2083号4頁、山下眞弘「商人間留置権の目的物に不動産が含まれるとされた事例」金判1556号2頁参照）。

6　『ソリューション』64頁

第5章　契約関係・訴訟関係　253

て争いがあるが、破産法改正により商事留置権消滅請求制度（法192条）が新設されたことから、留置的効力が存続するものと解すべきである、とされている[7]。ただし、抵当権に劣後する場合は、抵当権及び買受人に留置的効力を主張することはできない。

(2) 対　応

　請負人により商事留置権の主張が行われた場合、破産管財人は、受戻し（法78条2項）又は商事留置権消滅請求（法192条）を検討する[8]。

　破産管財人は、商事留置権の成立に疑問があることをふまえて請負人と協議交渉のうえ、裁判所の許可を得て商事留置権の目的物である建物を受け戻し、建物（及び土地）を任意売却して、売却代金の一部を破産財団に組み入れることになる。建物を請負人が所有している場合には、建物と土地を同時に売却することになる。請負人としても、建物について商事留置権を有するとしても、敷地利用権までも有するとは考え難いため、そのような建物のみを競売により売却したとしても高額での売却は期待できず、任意売却に応じるのが通常である、とされている[9]。

　請負人との間で受戻しの条件について合意することができない場合、破産管財人には商事留置権消滅請求（法192条）という対抗手段がある。すなわち、破産管財人は、裁判所の許可を得て、留置されている財産の価格に相当する金銭を弁済することにより、商事留置権を消滅させることができる。ただし、商事留置権の消滅請求を行うことができるのは、破産手続開始時において商事留置権が存在し、当該財産の回復が破産財団の維持又は増加に資する場合に限られる（法192条1項）。

　建築途中の建物について、任意売却できない場合は、破産管財人としては、土地工作物責任が問題になることから、請負人である破産債権者に商事留置権を認めて管理を任せて財団から放棄するか、取壊し等を検討することになる[10]、とされている。

7　『破産200問』257頁〔野澤健〕
8　『手引』206頁
9　『破産200問』257頁〔野澤健〕、『実践マニュアル』106頁参照

Q 5-7　売買契約の当事者が破産した場合の留意点

　代金未払い又は引渡し未了のまま売買契約の売主又は買主が破産した場合、どのような点に留意して対応すべきでしょうか

横木　雅俊

1　売主が破産した場合（売主の破産管財人の場合）

(1)　売主の引渡義務、買主の代金支払義務がいずれも未履行の場合

　売買契約は双務契約の性質を有するところ、売主の引渡義務と買主の代金支払義務がいずれも破産手続開始決定時に未履行（一部未履行を含む）の状態にある売買契約は、双方未履行の双務契約として、破産法53条の適用を受ける。したがって、破産管財人は、双方未履行の双務契約の処理に関する留意点（本書Q5−1参照）をふまえて、売買契約の履行請求又は解除のいずれかを選択することになる。

　そして、破産管財人は、売買契約の履行請求を選択した場合には、買主の目的物引渡し請求権を財団債権として扱い（法148条1項7号）、反対に、買主に売買代金を請求することになる。

　他方、破産管財人は、売買契約の解除を選択した場合には、買主の損害賠償請求権を破産債権として扱い（法54条1項）、また、代金の一部の前払いがあれば買主の前払代金返還請求権を財団債権として扱うことになる（同条2項）。さらに、破産管財人は、破産者が売買の目的物の一部を買主に引き渡していれば、買主に対して原状回復請求として当該目的物の返還を請求することができる（民法545条1項本文）。

　以上をふまえ、破産管財人は、目的物の調達可能性や時価変動、前払代金

10　『破産実務』247頁

第5章　契約関係・訴訟関係　255

の有無・金額、換価の手間・時間等を考慮のうえで、履行請求と解除のいずれを選択するかを検討することになる。一般的には、履行請求を選択する場合が多いであろうが、例外的に、目的物を調達できない場合や、目的物の時価が売買契約締結後に高騰しており、かつ転売が可能である場合などには、解除を選択することになろう。

なお、買主は、破産手続開始決定後の債務不履行を理由に売買契約の解除をすることはできないのに対し、破産手続開始決定前の債務不履行を理由に生じた解除権を、破産手続開始決定後に行使することはできるところ[1]、買主により解除がされた場合には破産法53条の適用がなく[2]、また、同条の適用を前提とした破産法54条2項の適用もないため、前払代金返還請求権の財団債権化は生じない。そこで、破産管財人としては、事案によっては、買主による解除によって契約関係の解消を実現するように誘導することも検討すべきである[3]。

(2) 売主の引渡義務が未履行、買主の代金支払義務が履行ずみの場合

この場合、破産法53条の適用はなく、破産管財人は、買主の売買契約に基づく目的物の引渡し請求権を破産債権として扱うことになる（当該破産債権の破産手続開始の時における評価額が破産債権額となる（法103条2項1号イ））。また、破産管財人は、売買契約の目的物をあらためて売却して、破産財団の増殖を図ることができる。

ただし、売買の目的物の所有権が買主に移転しており、かつ、買主が対抗要件（例えば、自動車の所有権移転登録）を具備している場合には、買主は、破産管財人に対して、取戻権に基づいて目的物の引渡しを請求することができる。なお、売主の破産管財人は物権変動において対抗要件の欠缺を主張する正当な利益を有する第三者であるから、買主が目的物の所有権を取得しているものの、対抗要件を具備していない場合には、破産管財人は、買主から

1　『伊藤』387頁参照
2　『実践マニュアル』118頁参照
3　『運用と書式』111頁参照

の引渡し請求を拒むことができるが（民法177条、178条）、目的物の換価が容易でなく、かえって保管費用がかかるなどの特段の事情があるときは、破産管財人は、あえて対抗要件の欠缺を主張せず、買主の取戻権を承認して目的物を引き渡すことも検討すべきである[4]。このような検討が必要な場面としては、例えば、新たに買主を見つけることが容易でないもの（季節物商品や消費期限の近い食品など）が売買の目的物であり、それを保管し続けるためには外部倉庫の保管料の支出が必要であるケースなどがあげられる。

(3) 売主の引渡義務が履行ずみ、買主の代金支払義務が未履行の場合

この場合、破産法53条の適用はなく[5]、破産管財人は、買主から、売買代金（売掛金）を回収することになる（本書Q4-5、Q4-6参照）。

もっとも、買主が代金の支払に応じない場合で、買主からの売買代金（売掛金）の回収を試みるよりも、目的物を第三者に転売したほうが破産財団の増殖に資する場合には、破産管財人は、買主の債務不履行を理由として売買契約を解除し（民法541条）、目的物の返還請求や損害賠償請求をすることも考えられる。

2 買主が破産した場合（買主の破産管財人の場合）

(1) 売主の引渡義務、買主の代金支払義務がいずれも未履行の場合

この場合、破産管財人は、前記1(1)と同様に、双方未履行の双務契約の処

4　『破産実務』251、252頁参照
5　登記・登録を権利移転の対抗要件とするものを売買の目的物とする場合には、引渡しがすんでいても、登記・登録の移転が未了であれば、売主の債務の履行は未了と評価すべき（すなわち、双方未履行双務契約性を肯定すべき）と解されている（『条解』416頁、『注解（上）』293頁〔斎藤秀夫〕）。また、所有権留保売買においては、目的物の引渡義務が履行ずみであれば、代金の支払が未了であるために目的物の所有権が売主に留保されていたとしても、売主の債務は履行が完了していると評価すべき（すなわち、双方未履行双務契約性を否定すべき）と解されている（『条解』416頁、『注解（上）』292、293頁〔斎藤秀夫〕、『大コンメ』208、209頁〔松下淳一〕）。

第5章　契約関係・訴訟関係　257

理に関する留意点（本書Q5-1参照）をふまえて、売買契約の履行請求又は
解除のいずれかを選択することになる。

そして、破産管財人は、売買契約の履行請求を選択した場合には、売主の
代金支払請求権を財団債権として扱い（法148条1項7号）、反対に、売主に
目的物の引渡しを請求することになる。

他方、破産管財人が売買契約の解除を選択した場合には、売主の損害賠償
請求権を破産債権として扱い（法54条1項）、また、目的物の一部の引渡しが
なされていれば売主の目的物返還請求権を取戻権として扱い、当該目的物が
破産財団に現存しなければ、売主の価額償還請求権を財団債権として扱うこ
とになる（同条2項）。さらに、破産管財人は、破産者が代金の一部を売主
に支払っていたときには、売主に対して原状回復請求として前払代金の返還
を請求することができる（民法545条1項本文）。

以上をふまえ、破産管財人は、目的物を高値で転売できる見込みの有無、
換価の手間・時間等を考慮のうえ、履行請求と解除のいずれを選択するかを
検討することになる。一般的には、解除を選択する場合が多いであろうが、
例外的に、目的物の管理の負担が小さく、かつ高値で転売できる具体的な見
込みがある場合などには、履行請求を選択することになろう。

(2) 売主の引渡義務が未履行、買主の代金支払義務が履行ずみ の場合

この場合、破産法53条の適用はなく、破産管財人は、売主に対し、目的物
の引渡しを請求することになる。

もっとも、目的物を第三者に転売して破産財団の増殖を図ることが現実的
でない場合には、売買契約を合意解除したうえで支払ずみの代金の全部又は
一部を返還するよう売主と交渉することも考えられる。

(3) 売主の引渡義務が履行ずみ、買主の代金支払義務が未履行 の場合

この場合、破産法53条の適用はなく、破産管財人は、売買契約の目的物を
転売して破産財団の増殖を図るとともに、売主の売買契約に基づく売買代金

請求権（買掛金）を破産債権として扱うことになる。

　なお、売買契約の目的物が動産である場合には、売主が動産売買先取特権を有することに留意が必要である（本書Q4-5、Q4-9参照）。

Q 5-8　委任契約の当事者が破産した場合の留意点

　委任者又は受任者が破産した場合、どのような点に留意して対応すべきでしょうか

横木　雅俊

1　委任者が破産した場合（委任者の破産管財人の場合）

(1)　原則的な取扱い

a　委任契約は、その内容が無償・片務契約であるか有償・双務契約であるかを問わず、委任者が破産手続開始決定（以下、単に「開始決定」という）を受けたことによって当然に終了する（民法653条2号）。そして、委任契約に基づいて受任者に代理権が付与されている場合は、委任契約の終了によってその代理権も消滅する（民法111条2項）。

　この場合、開始決定前に受任者が行った事務処理に関する費用償還請求権や報酬請求権（民法648条、650条）は、破産債権となる[1]。

　なお、受任者は、委任者につき開始決定がなされた後に、その旨の通知を受けず、かつ、開始決定を知らずに、事務処理を継続することもあり得る。この場合、処理した委任事務の破産手続における有効性については、破産法47条を理由に無効とする見解[2]と、民法655条を理由に有効とする見解[3]が

1　ただし、「破産債権者の共同の利益のためにする裁判上の費用の請求権」であれば、財団債権になる（法148条1項1号）。
2　『注解（上）』338頁〔吉永順作〕参照
3　『条解』448、449頁参照

第5章　契約関係・訴訟関係　259

あるが、いずれの見解によっても、受任者の費用償還請求権や報酬請求権（民法648条、650条）は、原則として破産債権として扱われる（法57条）。ただし、この債権が事務管理の費用償還請求権として財団債権と認められる場合（法148条1項5号）や、急迫の事情があるために受任者が必要な処分を行ったものとして財団債権と認められる場合（法148条1項6号。民法654条も参照）もあり得る[4]。

b 受任者の報酬請求権に関し、民法648条3項は、履行の中途で委任契約が終了した場合の報酬の処理につき、契約上の報酬の定め方を問わず、「委任が受任者の責めに帰することができない事由によって履行の中途で終了したときは、受任者は、既にした履行の割合に応じて報酬を請求することができる」と定めている。

この点、改正民法においては、①委任事務により得られる成果に対して報酬を支払うことを約する成果報酬型の委任契約と、②それ以外の委任契約とに区別したうえで、前者（①）においては、委任者の責めに帰することができない事由によって委任事務を履行して成果を得ることができなくなった場合、又は成果が得られる前に委任が解除された場合に、受任者が既にした委任事務が可分でその部分によって委任者が利益を受けるときは、その利益の割合に応じて報酬を請求することができるとされ（改正民法648条の2第2項、634条）、後者（②）においては、委任者の責めに帰することができない事由によって委任事務の履行をすることができなくなった場合、又は履行の中途で委任が終了した場合に、受任者が既にした履行の割合に応じて報酬を請求することができることとされた（改正民法648条3項）。

---

4 『条解』449頁、『大コンメ』238頁〔三木浩一〕、『破産実務』254頁、『注釈（下）』36、37頁〔籠池信宏〕、『基本法コンメ』139頁〔水元宏典〕、『理論と実務』213頁〔中島弘雅〕参照。なお、受任者が、委任者に開始決定があったことにつき悪意となった後に行った委任事務処理であっても、その費用償還請求権や報酬請求権は、法148条1項5号や同項6号により財団債権となる可能性がある（『条解』449頁、『基本法コンメ』139頁〔水元宏典〕参照）。

(2) 例外的な取扱い①（破産手続開始を委任の終了事由としない旨の特約がある場合）

a 委任契約には、委任者が開始決定を受けたことを契約の終了事由としない旨の特約が定められることがある。この特約の効力について、破産財団の管理処分権に属する事項に関する委任については、当該管理処分権が破産管財人に専属している（法78条1項）ことを理由に無効とする見解[5]もあるが、民法653条は任意規定である以上有効とする見解[6]が有力である。

この有効説に立つと、まず、有償委任で双方が未履行の場合には、破産法53条が適用されることになり、破産管財人は、同条に基づいて解除と履行請求のいずれかを選択することになる（本書Q5-1参照）。次に、委任事務が履行ずみであるのに対して報酬の支払が未了である場合には、破産管財人は、受任者の報酬請求権を破産債権として扱うことになる。そして、委任事務の履行が未了であるのに対して報酬が支払ずみである場合には、破産管財人は、受任者に対して委任事務の履行を請求することになるが、委任事務の履行が財団の増殖につながらないときには、受任者と交渉をして、支払ずみの報酬の返還を求めることも考えられる。

b 他方、破産財団の管理処分権に属しない事項に関する委任については、かかる特約は有効とされる[7]。破産財団の管理処分権に属しない事項としては、例えば、個人の人格権、身分上の権利（離婚請求権、認知請求権等）、帰属上・行使上の一身専属権（ただし、一身専属性を失った時点以後は破産財団に属する）、差押禁止財産、自由財産がある[8]。

---

5 『注解（上）』338頁〔吉永順作〕参照
6 『大コンメ』239頁〔三木浩一〕、『条解』448頁、『伊藤』421頁参照。なお、代理受領（債権者が、債務者（破産者）に対する債権を確保するため、債務者が第三債務者に対して有する債権について取立ての委任を受け、第三債務者から受領した金銭を自己の債権の弁済に充当するという担保の一態様）も、その法形式は委任契約であるため、民法653条の適用を受ける。そして、かかる代理受領について破産手続開始を委任の終了事由としない旨の特約があっても、その効力は第三者たる破産管財人には対抗できないと解されている（『注解（上）』348頁〔吉永順作〕、『伊藤』424頁、『条解』453頁）。
7 『注解（上）』338頁〔吉永順作〕、『大コンメ』239頁〔三木浩一〕、『条解』448頁、『破産実務』253頁参照

この場合は、破産法53条の適用はなく、破産者自身が、従前どおり委任者として管理処分権を行使するとともに、受任者に対する報酬等を負担することになる[9]。

(3) 例外的な取扱い②（株式会社と取締役の関係）

株式会社と取締役の関係は委任に関する規定に従うが（会社法330条）、会社が開始決定を受けたとしても、取締役は当然にその地位を失うわけではなく、破産財団とかかわりのない事項については、取締役が引き続きその権限を行使することができると解されている[10]。そのため、例えば、株主総会の招集及び開催、役員の選任及び解任その他の組織法上の事項で破産財団とかかわりのないものについては、開始決定後も、破産管財人ではなく、取締役において対応することになる。もっとも、実際には、破産管財人の権限事項と取締役の権限事項を区別することが困難な場合もあることから、破産管財人は、必要に応じて、取締役との協議、又は取締役に対する指揮を行うことも検討すべきである[11]。

開始決定前の原因に基づく取締役の報酬請求権は、破産債権となる[12]。

2 受任者が破産した場合（受任者の破産管財人の場合）

(1) 原則的な取扱い

受任者が開始決定を受けた場合にも、上記1(1)と同様、委任契約は、当然に終了する（民法653条2号）。これは、取締役が開始決定を受けた場合でも、

8　なお、弁護士が破産者から破産手続開始の申立ての委任を受けた場合の委任契約も、委任の趣旨やその性質上、委任者が開始決定を受けても終了しないものと解される（『条解』450頁、『破産実務』253頁）。
9　『注釈（上）』392、393頁〔高尾和一郎〕、『条解』450頁、『伊藤』421頁参照
10　大判大14.1.26民集4巻8頁、最判平16.6.10民集58巻5号1178頁、最判平21.4.17金法1878号39頁、『伊藤』423頁、『注釈（上）』394、395頁〔高尾和一郎〕、『破産実務』254、255頁、『理論と実務』213頁〔中島弘雅〕参照
11　『条解』452頁、『伊藤』423頁参照
12　なお、開始決定後に取締役が業務を行った場合の報酬請求権については、破産財団にとって有益な活動である場合には、法148条1項5号により財団債権となる可能性も否定できないとの指摘がある（『条解』453頁）。

同様である（もっとも、退任した取締役が、あらためて選任の手続を履践して取締役に再度就任することは妨げられない）。そして、受任者に代理権が付与されている場合は、その代理権も消滅する（民法111条1項2号・2項）。

この場合、受任者（破産者）の破産管財人は、未払いの費用又は報酬があれば、それを委任者から回収し、破産財団の増殖を図ることになる。

(2) 例外的な取扱い（破産手続開始を委任の終了事由としない旨の特約がある場合）

受任者が開始決定を受けても委任契約が終了しない旨の特約は、委任者が受任者を信頼する以上委任関係の継続を認めても不都合はないため、有効とされる[13]。

そして、この特約がある委任契約が有償で双方未履行の場合には、破産法53条が適用され[14]、破産管財人は、同条に基づいて解除と履行請求のいずれかを選択することになる（本書Q5-1参照）。また、委任事務が履行ずみであるのに対して報酬の支払が未了である場合には、破産管財人は、委任者に対して報酬を請求し、逆に、委任事務の履行が未了であるのに対して報酬が支払ずみである場合には、破産管財人は、委任者の委任事務履行請求権を破産債権として扱うことになる。

もっとも、特約の趣旨が、受任者が開始決定を受けた後も受任者本人に委任事務を履行させることを意図したものと評価できる場合（例えば、勤務先との間で上記特約付きの委任契約を締結して執行役員として勤務している個人が、開始決定を受けた場合）には、当該委任契約は、労働者が破産した場合の雇用契約の取扱い（本書Q5-14参照）と同様に、破産管財人の管理処分権に服さないものとして取り扱われ、破産法53条の適用を受けないこともあると考えられる。その場合には、破産者自身が従前どおり受任者として委任事務を履行することになり、報酬については、開始決定前の事務処理に対するものは破産財団に帰属するのに対して、開始決定後の事務処理に対するものは破

---

13 『大コンメ』239頁〔三木浩一〕、『注解（上）』338頁〔吉永順作〕、『破産実務』255頁参照
14 『大コンメ』239頁〔三木浩一〕、『注釈（上）』393頁〔高尾和一郎〕参照

第5章　契約関係・訴訟関係　263

産者に帰属することになると考えられる。

　なお、受任者の破産管財人は、委任契約を破産財団に属さないものとして取り扱う場合には、その旨を確認する覚書を委任者及び受任者（破産者）との間で締結する等して、書面上で関係当事者間の認識の共通化を図ることも検討に値する。

Q 5-9　リース契約の取扱い

　ユーザー又はリース会社が破産した場合、リース契約は、破産手続においてどのように扱われるのでしょうか

高村　健一

1　リース契約の取扱い

(1)　リース物件引渡し前に破産した場合

　リース契約[1]が締結され、リース物件の引渡しが完了する前にユーザーにつき破産手続開始決定があった場合、破産管財人は、双方未履行の双務契約として、リース契約の解除又は履行の請求を選択する（法53条1項）。

(2)　リース物件引渡し後に破産した場合

a　リース契約が締結され、リース物件の引渡しが完了した後にユーザーにつき破産手続開始決定があった場合、双方未履行の双務契約に関する規定（破産法53条等）が適用されるか否かが問題となる。これを肯定する見解もあるが[2]、最判平7.4.14民集49巻4号1063頁は、フルペイアウト方式によるファイナンス・リースについて、その実質はユーザーに対して金融上の便宜

1　ここでは実務的に重要なフルペイアウト方式のファイナンス・リース契約を扱う。意義については『破産実務』242頁

2　『伊藤』406頁

264

を付与するものであるとして、双方未履行の双務契約に関する規定は適用されないとの判断を示した。

b 破産手続開始決定前にユーザーが債務不履行に陥っている場合、リース会社は、債務不履行に基づいてリース契約を解除することができる[3]。

c 破産手続開始決定前にユーザーが債務不履行に陥っていない場合に、倒産手続開始申立てがあったことを解除事由とする特約（倒産解除特約）により、リース会社がリース契約を解除することができるか否かが問題となる。最判昭57.3.30民集36巻3号484頁は会社更生の事案について、最判平20.12.16民集62巻10号2561頁は民事再生の事案について、倒産解除特約の効力を否定した。破産や特別清算のような清算型の倒産手続について倒産解除特約の有効性を判断した最高裁判例は見当たらないが、倒産解除特約の効力は否定されるものと解される[4]。

d 破産手続開始決定前にユーザーが債務不履行に陥っていない場合に、倒産手続開始申立てがあったことを期限の利益喪失事由とする特約（期限の利益喪失条項）により、リース会社は、債務不履行に基づいてリース契約を解除することができるか否かが問題となる。前掲最判平20.12.16の田原睦夫判事補足意見は、弁済禁止の保全処分発令中を除き、倒産手続開始申立てを理由とする期限の利益喪失条項の効力は否定されないとしており、債務不履行に基づいてリース契約を解除することができると解される。

2 未払いリース料の取扱い

リース期間中にユーザーが破産手続開始決定を受けた場合、未払いのリース料は、別除権付破産債権として取り扱われる（前掲最判平7.4.14）。

リース契約に、物件の返還がなされたときの清算に関する規定がない場合でも、リース会社は、返還により取得した利益を清算する義務を負い、その場合、清算の対象となるのは「リース物件が返還時において有した価値と本来のリース期間の満了時において有すべき残存価値との差額」となる（最判

---

3 『破産実務』244頁。催告などの解除権発生の要件も満たされている必要がある（『伊藤』387頁）。
4 『破産実務』348頁、『伊藤』387頁。本書Q5-1も参照

第5章 契約関係・訴訟関係 265

昭57.10.19民集36巻10号2130頁）。

3 リース物件の取扱い

(1) リース物件を返還する場合

a 破産管財人は、リース物件が管財業務に必要ではなく破産財団の増殖に寄与することがない場合、リース契約を合意解除し、リース会社にリース物件を返還することになる（この合意解除は、実質的には、リース会社による取戻権の行使又は別除権の行使に応じるということである。したがって、取戻権又は別除権の承認として裁判所の許可が必要となる場合がある（法78条1項13号））。

b リース物件を返却する際には、リース会社から受領書を受け取る必要がある。リース物件がパソコンやサーバーの場合で、管財業務に必要なデータが存在するときには、返却前にバックアップをとる必要があるが、パソコンにインストールされている特定のソフトウェア（経理用ソフトなど）を使用しないとデータを再現できない場合があるので注意が必要である。個人情報などが含まれているときには、リース物件の返却にあたり、リース会社に、パソコンやサーバー内のデータを消去するよう求める必要がある。

c リース会社から引揚費用は財団債権であるとして支払を求められることがある。しかし、リース物件の引揚費用は、法的性質としては取戻権の行使又は別除権の行使費用であり、破産法が規定する財団債権（法54条2項、148条、149条等）のいずれにも該当しない。引揚費用を請求できる根拠はリース契約における約定であり「破産手続開始前の原因に基づいて生じた財産上の請求権」（法2条5項）として、破産債権になると解される[5]。

(2) リース物件が紛失している場合

破産事件においては、リース物件が紛失している場合が少なくない。この場合、リース会社から紛失届の提出を求められることがあるが、これに応じる場合であっても、破産財団に不利な条項がないかを確認し、不利な条項が

---

5 『破産200問』264頁〔熱田雅夫〕

あればリース会社に対して削除・修正を求める必要がある。協議が調わない場合、不利な条項を削除・修正したうえで、リース会社に紛失届を送付するということも行われている。

(3) リース物件を処分する場合

a リース物件につき、購入や引継ぎを希望する者がいる場合、リース会社との間で調整を行うことになる。具体的には、①破産管財人がリース会社からリース物件を買い取り、買受希望者に売却する方法（売却額と買取額の差額が財団増殖額になる）、②破産管財人が紹介した買受希望者とリース会社との間で直接売買契約を締結してもらう方法（売却代金の一部を財団組入れしてもらうことになる）、③リース物件の使用を希望する者がリース契約の契約上の地位を免責的に承継する方法（承継された破産債権が取り下げられることによって配当率が向上することになる）などが考えられる[6]。

b リース物件に価値がない場合や引揚げに費用を要する場合、リース会社が引揚げに難色を示すことがある。このような場合、リース会社から放棄書を取得して、破産管財人が処分することがある。リース会社が無価値と判断したリース物件であっても、買取業者が値段をつけてくれることがあるので、積極的に売却処分することが求められる。

(4) リース物件の使用を継続する場合

a 事業を継続する場合等、リース物件の利用が必要になることがある。その場合の方法としては、①事実上、引揚げを猶予してもらい利用する方法、②使用料を支払う旨合意して利用する方法（別除権協定の締結（法78条1項14号）ないし和解契約の締結（法78条1項11号）になると考えられる）、③買い取る方法、④適法に処分することを約束して放棄してもらう方法などがある[7]。破産管財人としては、できる限り破産財団に有利な方法を実現できるよう努めるのが相当である。

b 破産管財人がリース物件を使用するために支払った使用料は、リース物

---

6 『財産換価』387頁〔島田敏雄〕
7 『破産200問』75頁〔金山伸宏〕

第5章 契約関係・訴訟関係 267

件の引揚げの猶予を求めるための別除権協定に基づく支払ないし和解契約による支払であり、財団債権（法148条1項2号又は同項4号）の支払になる。

c　使用に必要な期間を終えた後のリース物件の引揚費用については、リース物件の使用を継続していたとしても法的性質に変わりはなく、破産債権（法2条5項）であると解される[8]。

4　リース会社が破産した場合

(1)　リース会社とユーザーとの関係

リース契約には双方未履行双務契約の規定が適用されないと解されるので、破産管財人は解除するかどうかの選択権はない。したがって、ユーザーがリース料を支払っている限りリース契約は存続することになる。そうすると、リース契約が終了するまで破産手続を終結することができないので、破産管財人としては、リース会社の契約上の地位を他のリース会社に譲渡することを考える必要がある。

(2)　リース会社とサプライヤーとの関係

a　サプライヤーがリース物件をユーザーに引き渡す前にリース会社が破産した場合、双方未履行双務契約の規定（破産法53条）が適用される。

b　サプライヤーがリース物件をユーザーに引き渡した後にリース会社が破産した場合、双方未履行双務契約の規定（破産法53条）の適用はなく、サプライヤーの売買代金債権は破産債権になる。

(3)　リース会社と一般債権者（特に金融機関）との関係

リース会社は、通常、金融機関から融資を受けてリース物件を購入しており、融資するにあたり金融機関はリース物件やリース料債権等に担保を設定することになる。したがって、リース会社が破産した場合、金融機関による

8　『破産200問』264頁〔熱田雅夫〕

268

担保権の実行が問題となる[9]。

Q 5-10　保険契約の取扱い

破産者が締結していた保険契約は、破産手続においてどのように扱われるのですか

高村　健一

1　総　　論

保険契約者が破産した場合、破産管財人は保険契約を処理する必要がある。保険契約は、保険料が一時払方式の保険契約は一方既履行であるが、分割払方式の保険契約は保険料の支払と保険金の支払の双方が未履行の双務契約であり破産法53条が適用される[1]。破産管財人は、保険契約を継続するか、解約して解約返戻金や未経過保険料の還付を受けるか選択することになる。

もっとも、破産者が個人の場合、解約返戻金が一定額以下であれば自由財産として換価不要であるし、破産者が解約返戻金相当額を財団に組み入れれば保険契約を解約する必要はなくなる。解約する場合には、保険法上の介入権の期間を念頭に置く必要がある。破産管財人は、解約の必要性・相当性、解約の時期等について適切に判断することになる。

これに対して、破産財団から保険料を支出して保険契約を新たに締結したり継続したりすべき場合がある。例えば、①破産財団に属する不動産に火災保険が付されていないような場合、任意売却が完了するまでの間、破産財団から保険料を支出して火災保険を付したり、②破産財団に属する車両の自動車保険が満期となったが事業継続等のために当該車両を使用したりしなけれ

9　山岸憲司ほか編『リース・クレジットの法律相談』（青林書院、2010年）160頁〔渡邉敦子〕
1　『伊藤』413頁、『理論と実務』227頁

第5章　契約関係・訴訟関係　269

ばならないような場合、破産財団から支出して自動車保険を継続することがある。

2　解約返戻金の取扱い

(1)　請求手続

a　破産管財人は、保険契約を、保険約款、保険法27条（損害保険契約）、同法54条（生命保険契約）、及び同法83条（傷害疾病定額保険契約）に基づいて解約することができる。保険料支払ずみの場合は破産法78条1項に基づいて解約することもでき、支払未了の場合は破産法53条に基づいて保険契約を解除するか継続するかの選択をすることになる[2]。

b　保険法は、破産管財人等の契約当事者以外の解除権者が保険金積立金のある死亡保険契約又は傷害疾病定額保険契約を解除する場合、保険者（保険会社）が通知を受けた時から1カ月を経過した日にその効力を生じるものとし、保険金受取人が解除の効力発生までに保険契約者の同意を得て解約返戻金等に相当する金額を解除権者に支払い、保険者に対して通知した場合は、解除権者による解除の効力は生じないものとしている（介入権。保険法60条、61条、89条、90条）[3]。破産管財人は、介入権の期間を念頭に置いて管財業務を進める必要がある。

(2)　財団に組み入れる範囲

a　破産者が法人の場合、破産者が締結していた保険契約は解除のうえで、解約返戻金を財団に組み入れる。

b　破産者が個人の場合については本書Q4-8を参照のこと。

(3)　換価の時期

a　破産管財人は、破産手続開始決定後、速やかに保険契約の解除をするのが通常である。もっとも、事業継続や任意売却を予定している不動産の火災

2　「現代型契約と倒産法」実務研究会編『現代型契約と倒産法』288頁〔神原千郷ほか〕
3　『財産換価』314頁〔神原千郷〕

保険や車両の自動車保険等は、事業継続終了時あるいは売却時まで解除しないことになる[4]。

b　強制加入である自動車損害賠償責任保険（自賠責保険）にも解約返戻金はあるが、車両の時価に評価し尽くされているといえるから、車両を売却する際に車両の名義とともに名義変更手続を行えば足りる[5]。

3　保険金請求権の取扱い

破産手続開始決定の前後に保険事故が発生した場合の保険金請求権の取扱いについては、本書Q4-8を参照のこと。

4　解約返戻金等[6]との相殺

(1)　相殺の可否

a　破産手続開始決定後に負担した債務で相殺することはできないことから（法71条1項1号）、破産手続開始決定後に満期が到来した満期返戻金、破産手続開始決定後に解約されて発生した解約返戻金又は破産手続開始決定後の保険事故により発生した保険金請求権を受働債権とする相殺をすることができるのかが問題となる[7]。

この点について、最判平17.1.17民集59巻1号1頁は、保険金詐取の損害賠償債権を自働債権、破産手続開始決定後に満期が到来した満期返戻金又は破産手続開始決定後に解約されて発生した解約返戻金を受働債権とする相殺について、期限の利益又は停止条件不成就の利益を放棄したときだけでなく、破産手続開始決定後に期限又は停止条件が成就したときも、当該債務を受働債権とする相殺は破産法67条2項後段により可能であると判示した。

4　『財産換価』305頁参照〔神原千郷〕
5　『実践マニュアル』293頁
6　以下では、解約返戻金、満期返戻金、及び保険金をあわせて「解約返戻金等」という。
7　解約返戻金と保険金は停止条件付債務、満期返戻金は期限付債務である（「現代型契約と倒産法」実務研究会編『現代型契約と倒産法』288頁〔神原千郷ほか〕）。

第5章　契約関係・訴訟関係　271

b 　自働債権としては、他に未払保険料などが考えられるが、多くを占めるのは契約者貸付による請求権である。

契約者貸付の法的性質については、相殺予約付消費貸借説[8]、前払説[9]、特殊給付説[10]があるが、相殺予約付消費貸借説が現在の通説的な見解である。前払説、特殊給付説によれば、貸付の金額だけ既に解約返戻金等が減額されていることから、破産管財人が保険契約を解約すると、減額された解約返戻金等が支払われることになる。これに対して、相殺予約付消費貸借説によれば、破産手続開始決定後に期限又は停止条件が成就した解約返戻金等と相殺の効力が発生するのかが問題となるが、前掲最判平17．1．17によれば、相殺の効力が発生すると考えられる。

(2) 相殺の範囲

解約返戻金等から破産手続開始決定後の遅延損害金を控除しようとする保険会社が見受けられるが、劣後的破産債権（法99条1項1号、97条2号）となる遅延損害金を自働債権とする相殺は認められないと解される[11]。

5 保険契約者の判断

(1) 判断基準

名義上の保険契約者と保険料の出捐者が異なるような場合に、破産財団に帰属するか否かをどのように判断するのかが問題となるが、保険料を誰がど

8 　解約返戻金等債権が具体化した場合にこれを貸付金債権と相殺する旨の予約がつけられた特殊な消費貸借契約であるとする見解。この相殺の予約は、保険者の将来の債務の発生を条件として、その時に貸付金債権の履行期が到来し、自動的に相殺の効力が発生するというものである（大澤康孝「保険契約者貸付」金判1135号116頁、竹濱修「契約者貸付」金判986号141頁）。

9 　契約者貸付の経済的実質を重視して、契約者貸付は消費貸借ではなく、解約返戻金等債権の前払いであるとする見解（大澤・前掲注8・116頁、竹濱・前掲注8・141頁）。

10 　消費貸借説と前払説のどちらか一方の性質を有すると割り切るのではなく、契約者貸付は保険契約に基づく特殊な給付であるとみる見解。もっとも、契約者貸付が返済されなかった場合は、解約返戻金等と差引計算されるという点では前払説と同じである（大澤・前掲注8・116頁、竹濱・前掲注8・141頁）。

11 　『財産換価』314頁〔神原千郷〕、『伊藤』507頁

272

のような財産から支払ったのか、保険契約を締結した事情、破産者が保険契約者となった理由、破産者の関与の程度等の事情を考慮して、個別具体的に判断することになる[12]。

(2) 具 体 例

a 破産者が保険契約者であり親族等が保険料を支払っていた場合。保険料を支払った親族等は破産者に保険料を贈与したものであり、保険契約は破産者に帰属すると考えられる。もっとも、破産者がまったく保険契約の存在を知らなかったような場合には、親族等に贈与の意思はなく、親族等は破産者名義を借りただけであり、破産財団に帰属しないと考えることができる。

b 親族等が保険契約者となっている保険の保険料を破産者が支払っていたような場合。通常の家計支出の範囲内であれば、破産財団に帰属すると考える必要はない。保険料支払は贈与ではあるが、相当性があることから、無償行為否認(法160条3項)を検討する必要もない。もっとも、危機時機になって親族名義の過大な保険に加入したり、分割払いだった保険料を一括払いしたり、契約者名義を破産者から親族等に変更したような場合には、無償行為否認を検討する必要がある[13]。

---

12 『手引』188頁。『はい6民』39頁
13 『実践マニュアル』145頁

第5章 契約関係・訴訟関係 273

Q 5-11　破産手続と意思表示の瑕疵

破産者が破産手続開始前に締結した契約につき、虚偽表示、錯誤、詐欺、強迫があった場合、破産手続においてどのように扱われるのですか

高村　健一

1　虚偽表示の場合

(1)　破産管財人による無効主張

甲と乙が締結した契約について、虚偽表示があり、甲に破産手続開始決定がなされた場合、甲の破産管財人は、乙に対して意思表示の無効を主張することができる（民法94条1項）。

(2)　相手方による無効主張

破産者の相手方は破産管財人に対して意思表示の無効を主張することができるのか。これは、民法などの実体法に、取引の安全を図るために善意の第三者を保護する規定（民法94条2項、96条3項等）が設けられている場合に、相手方との関係で破産管財人を「第三者」とみることができるか、という問題として提起されている[1]。

判例は、民法94条2項の「第三者」とは、当事者及びその包括承継人以外の者で意思表示によって形成される法律関係につき新たに利害関係を有するに至った者をいうとしている（最判昭42.6.29判時491号52頁）。そして、破産管財人は、破産手続開始時における差押債権者と同視されるという基本原則によれば第三者に該当すると解される[2]。民法96条3項の「第三者」についても同様に解されている[3]。

1　『伊藤』360頁参照
2　『伊藤』361頁。判例も、破産管財人は民法94条2項の第三者に該当するとする（大判昭8.12.19民集12巻2882号、最判昭37.12.13判タ140号124頁）。

次に、善意・悪意の判断をする主体をどのように考えるかが問題となる。この点について、破産管財人自身の善意・悪意を基準とする見解もあるが、破産債権者を基準として、そのなかに1人でも善意の者がいれば破産管財人は善意を主張することができるとするのが通説である[4]。

善意の判定時期は、破産管財人が第三者となった時、すなわち破産手続開始決定の時である[5]。

以上のところから、相手方は、破産債権者のなかに1人でも善意の者がいれば、虚偽表示を理由とする無効を破産管財人に対して主張することができない[6]。

なお、第三者として保護されるには登記は不要である。権利保護資格要件としての登記が必要との見解も有力であるが、法律上当然に差押債権者と同様の地位に立つ破産管財人には適用できない[7]、[8]。

2 錯誤の場合

(1) 破産管財人による無効主張

甲と乙が締結した契約について、甲の意思表示に錯誤があり、甲に破産手続開始決定がなされた場合、甲の破産管財人は、乙に対して意思表示の無効を主張することができる（民法95条）。

---

3 『条解』588頁。なお、消費者契約法4条に基づく消費者の意思表示の取消権は、善意の第三者に対抗することができないと定められており（同条6項）、この場合も同様であると解されている。

4 『伊藤』361頁。伊藤眞教授は通説を支持する。

5 『条解』586頁、前掲最判昭37.12.13参照

6 東京地判28.2.23金法2048号75頁は、法律行為の当事者双方について破産手続開始決定がなされ、一方当事者の破産管財人が当該法律行為に基づく債権を破産債権として届け出たときに、当該法律行為が虚偽表示に当たる場合であっても、破産管財人が善意の第三者に該当すれば、当該破産債権届出は否定されないとしている。

7 『条解』588頁

8 改正民法（令和2年（2020年）4月1日施行）において虚偽表示に関する規定は改正されていない。

第5章 契約関係・訴訟関係 275

⑵ 相手方による無効主張

乙の意思表示に錯誤があった場合、乙は破産管財人に対して意思表示の無効を主張することができるのか。

錯誤による意思表示の無効については、明文で善意の第三者の保護規定が置かれていないため、善意の第三者にも無効を主張することができるとの見解もあるが[9]、民法96条3項を類推適用して善意の第三者保護を図るとする見解が有力である。有力説をとる場合、破産管財人は第三者に該当することから、破産債権者のなかに1人でも善意の者がいれば、乙は甲の破産管財人に対して無効を主張することができない[10,11]。

3 詐欺の場合

⑴ 破産管財人による取消し

甲と乙が締結した契約について、甲の意思表示が詐欺によってなされ、甲に破産手続開始決定がなされた場合、甲の破産管財人は、乙に対して詐欺による意思表示の取消しの効果を主張することができる（民法96条1項・2項）。

---

9 『条解』589頁

10 『破産実務』264頁

11 改正民法によって錯誤に関する規定は大きく改正された。すなわち、①錯誤の効果が無効から取消しに変更され（改正民法95条1項）、②動機の錯誤について明文の規定が設けられ（改正民法95条1項・2項）、③錯誤者に重大な過失がある場合の取消しの主張制限について、相手方が悪意又は重過失の場合、共通錯誤の場合は取消しを主張することができることが明文で規定され（改正民法95条3項）、④錯誤取消しは、善意無過失の第三者に対して主張できないことが明文で規定された（改正民法95条4項）（『一問一答債権法』19頁、四宮和夫・能見善久『民法総則〔第九版〕』（弘文堂、2018年）244頁）。

④の改正民法95条4項における「第三者」の意味や、対抗要件の要否については、詐欺取消しの場合と同様の解決をすることになる（四宮・能見・262頁）。

すなわち、乙の錯誤取消し前に甲について破産手続開始決定がなされた場合、善意無過失の第三者は改正民法95条4項で保護されることになる。破産管財人は第三者に該当することから、破産債権者のなかに1人でも善意無過失の者がいれば、乙は錯誤取消しによって遡及的に権利を回復したことを破産管財人に主張することができない。

これに対して、乙の錯誤取消し後に甲について破産手続開始決定がなされた場合、乙と破産管財人は対抗関係（民法177条、178条）に立つ。

(2) 相手方による取消し

乙の意思表示が詐欺によってなされていた場合、乙が甲の破産管財人に対して詐欺による意思表示の取消しの効果を主張することができるか否かは、乙による取消しと甲の破産手続開始決定の先後によって異なる。

乙の取消し前に甲について破産手続開始決定がなされた場合、善意の第三者は民法96条3項で保護されることになる。破産管財人は第三者に該当することから、破産債権者のなかに1人でも善意の者がいれば、乙は破産管財人に対して取消しの効果を主張することができない。

これに対して、乙の取消し後に甲について破産手続開始決定がなされた場合、乙と破産管財人は対抗関係（民法177条、178条）に立つと解される[12]。民法177条、178条の第三者に差押債権者が含まれることは判例・通説によって承認され、破産管財人も第三者に含まれる[13]。したがって、乙は対抗要件を具備しない限り破産管財人に対して取消しの効果を主張することができない[14]。

4 強迫の場合

(1) 破産管財人による取消し

甲と乙が締結した契約について、甲の意思表示が強迫によってなされ、甲に破産手続開始決定がなされた場合、甲の破産管財人は、乙に対して強迫による意思表示の取消しの効果を主張することができる（民法96条1項）。

---

12 『破産実務』264頁
13 『伊藤』357頁
14 改正民法によって詐欺に関する規定も改正された。すなわち、①第三者詐欺の場合に取り消すことができるのを、相手方悪意の場合に加えて、過失がある場合に拡張し（改正民法96条2項）、②取消しの効果を主張できない第三者は、善意だけでは足りず、無過失が必要となった（改正民法96条3項）（『一問一答債権法』24頁、四宮・能見・前掲注11・269頁）。
　甲について破産手続開始決定がなされたときに乙が甲の破産管財人に対して詐欺による意思表示の取消しの効果を主張することができるか否かは、錯誤取消しの場合と同様に解決される。

⑵ 相手方による取消し

　乙の意思表示が強迫によってなされていた場合、乙が甲の破産管財人に対して強迫による意思表示の取消しの効果を主張することができるか否かは、詐欺の場合と同じく、乙による取消しと甲の破産手続開始決定の先後によって異なる。

　乙の取消し前に甲について破産手続開始決定がなされた場合、詐欺の場合と異なり、第三者保護規定が存在しない以上、乙は破産管財人に対して強迫による意思表示の取消しの効果を主張することができる。

　これに対して、乙の取消し後に甲について破産手続開始決定がなされた場合、詐欺について述べたのと同様に、乙は対抗要件を具備しない限り破産管財人に対して取消しの効果を主張することができない[15][16]。

Q 5-12　使用者破産と雇用契約

　使用者が破産した場合、雇用契約は、破産手続においてどのように扱われるのですか

青山 雄一

1　使用者の破産と雇用契約の帰趨

　破産事件においては、破産手続が開始する前に労働者が解雇され、または退職ずみであるというケースが多い。しかし、破産手続開始時点においても雇用契約が存続している場合には、使用者の破産によっても雇用契約は当然には終了しない。したがって、破産管財人が雇用契約を終了させるためには、破産管財人において解雇を行う必要がある。

　さらに、事案によっては、管財業務に従業員の協力を求める必要から、雇

15　『破産実務』265頁
16　改正民法において強迫に関する規定は改正されていない。

用の継続を検討すべき場合もある。このように、事案の特質や具体的事情を
ふまえて適切な雇用契約の処理を行うことが求められる。

2　破産管財人による雇用契約の処理

（1）解　　雇

a　使用者が破産した場合、民法631条により、労働者又は使用者である破
産管財人の双方が、民法627条に基づく雇用契約の解約権を行使することが
でき、かつ、いずれからも解約に基づく損害賠償請求はできない。また、本
来、民法627条は期間の定めのない雇用契約に関する規定であるが、民法631
条が適用される場合には、期間の定めの有無を問わない。したがって、破産
管財人は、雇用期間の定めの有無を問わず、本条を根拠として従業員を解雇
することができる[1]。

　ただし、この場合も解雇予告に関する労働基準法20条の適用は受けるた
め、少なくとも30日前に解雇の予告をするか、30日分以上の平均賃金（解雇
予告手当）を支払わなければならない（労働基準法20条2項の定めに従い、予
告期間と予告手当を併用することも可能である）。

　このとき、解雇予告手当を支払わず、かつ予告期間も置かずに解雇をした
場合の解雇の効力については議論があるが、最高裁は、使用者が即時解雇を
固執する趣旨でない限り、通知後30日の期間を経過するか、または通知の後
に解雇予告手当の支払をしたときは、そのいずれかの時から解雇の効力を生
ずると判断している（最判昭35.3.11民集14巻3号403頁）。一方で、同最判は
労働者が解雇の効力を争った事案に関するものであるところ、裁判例におい
ては、労働者が解雇の効力を争わずに解雇予告手当の支払を請求することも
認められている（東京地判昭41.4.23判時446号58頁、東京地判昭51.12.24判時
841号101頁）。そこで、従業員としては、解雇は無効であるとして通知後30
日間の休業手当（労働基準法26条）を請求する[2]か、解雇の効力を争わず解
雇予告手当を請求するかを選択することとなるが、実務上は、従業員は後者

1　なお、雇用契約は双方未履行双務契約とみなされ得るが、使用者の破産に関しては民
　法631条が法53条の特則であるため、破産法53条の適用はない（『条解』422頁）。

（解雇予告手当の請求）を選択するのが通常であるから、破産管財人として
は、解雇の効力が発生し、解雇予告手当の請求権が存在するものとして手続
を進めればよいと考えられる[3]。

b　なお、破産管財人が解雇を行う場合も、解雇権の濫用に関する労働契約
法16条の規制は及ぶと解されるが、使用者が破産し事業が廃止される以上、
通常は破産管財人による解雇が権利濫用とされることはないと考えられ
る[4]。さらに、破産者と労働組合との間の労働協約において解雇制限条項又
は協議条項が定められていても、破産管財人による解雇権の行使は妨げられ
ない（また、破産管財人は、双方未履行双務契約として労働協約を解除すること
もできる）との見解が有力である[5]。

(2)　雇用の継続

a　上記のとおり、管財業務において従業員の協力を求める必要がある場合
には、特定の従業員につき雇用を継続することも検討し得る。

この場合、①従前の雇用契約を継続する方法と、②従前の雇用契約をいっ
たん解約したうえで、破産管財人が時間給または日給を定めて[6]新たに補助
者として雇用する方法のほか、③解雇予告を行い、その予告期間中に従業員
を清算業務に従事させることで、最大30日間にわたる従業員の協力を得なが
らも、支出は解雇に要する分に抑えるという方法等が考えられる。しかし、
いずれの方法であっても破産手続開始後の労務の対価は財団債権となり（法
148条1項2号・4号・8号）、財団財産を消費することになるため、漫然と雇

2　民法536条2項に基づき30日間の未払賃金を請求することも考えられるが、倒産によ
　る事業廃止については、特段の事情がない限り、同項の「債権者の責に帰すべき事由」
　には該当しないと解される（東京地判昭51.12.14判時845号112頁参照）。
3　この点につき、破産手続における休業手当と解雇予告手当の取扱い上の違いについて
　も述べるものとして、『破産200問』322頁〔秋山和幸〕
4　長島良成「破産管財人の執務上の問題（Ⅰ）」『新・実務大系』137頁参照。また、倒
　産手続における解雇につき、整理解雇と普通解雇に分けて分析するものとして、森倫洋
　「倒産手続における解雇（整理解雇及び普通解雇）」「倒産と労働」実務研究会『詳説
　倒産と労働』（商事法務、2013年）131頁
5　『破産実務』257頁参照
6　従業員を補助者として雇用する場合の報酬額の定め方について述べるものとして、野
　村剛司『実践フォーラム　破産実務』（青林書院、2017年）75頁

用を継続することは避けなければならず、従業員を確保する必要性、従事させる業務の内容、これによる財団増殖の見込み、破産財団の規模及び従業員の協力を得られる見込み等を勘案し、雇用継続の有無、人選、方法及びその期間を判断すべきである[7]。例えば、比較的短期間や限定的な業務への従事を求める場合であれば、①の方法よりも②や③の方法が適するであろう[8]。

b　雇用を継続する場合における実務上の注意点としては、協力が必要となる有能な従業員ほど転職も容易であることが多いため、破産管財人としては、速やかに協力を要請するとともに、雇用期間の見通しや給与等の雇用条件、雇用保険等の今後の取扱い等について、可能な限り明確に説明し、従業員の協力の確保に努めることが重要である。

また、破産管財人が雇用を継続しても、従業員においては、破産した使用者に対する不信、不安や、生活のため転職活動に迫られる等の事情により、管財業務に協力する意欲に乏しいことも珍しくない。その場合、従業員が自主退職したり、年次有給休暇を取得したりすることにより、事実上協力を得ることができなくなることも想定される。そこで、破産管財人としては、破産手続において労働債権が厚く保護されていることや（労働債権の取扱いについては本書Ｑ７－４を参照）、取引先や同業者は倒産後の対応に注目しているものであり、最後まで責任をもった対処をすることが従業員にとっても今後の信頼につながる（ひいては転職先の確保にもつながり得る）ことを説明するなどして、また必要に応じて破産者の代表者や役員からも説得してもらうことにより、従業員のモチベーションの確保及び維持に努めることも必要となる。

(3)　破産手続開始前における申立代理人との協議

なお、従業員の雇用契約の取扱いについては、破産申立ての段階において

7　雇用継続の必要性について具体例をあげて述べるものとして、長島・前掲注４・141頁

8　『伊藤』431頁は、従来の雇用契約について履行の選択（法53条１項）をした場合、破産手続開始決定前の給料債権等につき、財団債権となるか、一部は優先的破産債権となるかという問題が生じるので、このような問題の発生を避けるために、実務上は、①の方法でなく②の方法が用いられることが多いといわれるとする。

も検討される事項である。そのため、破産手続開始前に、破産管財人候補者として申立代理人や破産者と打合せを行う際には、いまだ従業員の雇用契約が存続している場合であれば、雇用継続の要否や方法、また解雇を行う時期（破産手続開始前に解雇するのか、雇用契約を存続させ破産管財人において処理するのか）等についても協議しておくことが有益である（詳細については本書Ｑ3-10参照）。

3 その他の雇用契約に関連する問題

(1) 従業員の退職に際しての手続

破産管財人は、雇用契約の終了時期と破産手続開始との先後にかかわらず、従業員の退職に際し、退職に伴う諸手続が円滑に行われるように助力することが求められる。具体的には、①失業保険の給付に必要な雇用保険被保険者資格喪失届、離職証明書の発行、②保険の切替えに必要な健康保険・厚生年金保険被保険者資格喪失届の発行、③税金の処理に必要な給与所得者異動届出書や源泉徴収票の発行、④退職所得控除を受けるために必要な退職所得の受給に関する申告書・退職所得申告書の受領があげられる。

(2) 情報提供努力義務

従業員が破産債権である給料債権等を有している場合、破産管財人は、破産手続への参加に必要な情報を提供する努力義務を負う（法86条）。そこで、破産管財人としては、未払賃金の金額等、債権届出に必要な情報を適切に提供することが求められる（詳細については本書Ｑ5-13参照）。

Q5-13 労働債権者に対する情報提供努力義務

　破産管財人には労働債権者に対する情報提供努力義務がありますが、具体的にどのような対応が望まれますか

中田　吉昭

1　破産管財人の情報提供努力義務

　破産管財人は、破産債権である給料の請求権又は退職手当の請求権を有する者に対し、破産手続に参加するのに必要な情報を提供するよう努めなければならない（法86条）。これを破産管財人の情報提供努力義務という。この趣旨は、破産管財人に対して、破産債権届出を怠った場合には失権するおそれのある労働債権者に、破産債権届出をするのに必要な情報を提供するよう努める義務を定めることで、労働者の権利の保護を図る点にある[1]。すなわち、労働債権者は破産債権である給料や退職手当の請求権について配当を受けるためには、自ら破産債権の届出をする必要がある。しかしながら、届出に必要な賃金台帳やタイムカード、退職金規程等の資料は使用者（破産者）側に存在し、労働者側に十分確保されていないことが多い。そこで、使用者より資料を引き継ぐ破産管財人に対して、労働債権者に対して適切な情報を提供することを求めることで破産手続の公正さを確保するとともに、資料に乏しい労働者に対する情報提供を支援することにより債権者平等原則の実質的な保障を図ったものである[2]。

2　情報提供努力義務の対象

(1)　破産債権

　破産法86条は、情報提供努力義務の対象を「破産債権である給料の請求権

1　『一問一答』137頁
2　『条解』671頁

第5章　契約関係・訴訟関係　283

又は退職手当の請求権」と定める。そこで、破産管財人が同条に基づいて提供すべき情報とは、破産債権の届出をするのに必要な情報であり、労働債権の額及び原因（法111条1項1号）、優先的破産債権であるときはその旨（同項2号）に関する情報であると解される。具体的には、出勤日数・残業時間・早退時間等の集計、未払給料や未払退職金の金額、基本給や各種手当の金額、就業規則や退職金規程、労働協約等の内容が挙げられる[3]。

　破産管財人は、賃金規程や帳簿等から未払給料等の具体的金額を算定することができる場合には、労働債権者に対して届出債権額自体を開示したり、あらかじめ届出債権額を記載した破産債権届出書を送付したりすることが考えられる。他方で、金額の算定等にあたり、金額の認識に齟齬が生じる可能性がある場合には、例えば、労働債権者に送付する破産債権届出書に破産管財人の解釈を前提とする具体的金額を記入したうえで、労働債権者側が異なる解釈をするのであれば、その解釈に基づき記入されたいとの注意書きを付すことも考えられる[4]。

　また、破産規則は、破産債権届出に破産債権に関する証拠書類の写しを添付することを求めている（規則32条4項1号）。そこで、破産管財人は、労働債権者に対する情報提供の一環として、証拠書類の写しを提供するよう努めるべきであると解される。

　破産管財人が破産者における従来の人事担当者を確保できず、書面作成等ができない場合には、賃金台帳等の資料の写しを労働債権者に直接交付して債権届出書の作成を求めることも考えられる。この場合には、他の労働債権者のプライバシーを害することのないよう留意すべきであり[5]、例えば、他の労働債権者の部分を黒塗りにする等の配慮をすることが肝要である。

(2)　財団債権

　破産法は、財団債権を情報提供努力義務の対象に含めていない。これは、

3　『破産200問』313頁〔服部千鶴〕、『条解』672頁
4　岡伸浩「破産管財人の情報提供努力義務」『詳説　倒産と労働』（商事法務、2013年）119頁
5　『条解』673頁

破産債権に関しては、破産手続に参加するには債権届出（法111条）を行わなければならず、届出をしなければ失権することとなる（法112条）ため、早期に必要な情報を取得する必要があるのに対し、財団債権に関しては、届出の制度及び失権のおそれがなく、破産管財人の調査によって原則として随時弁済されるため、情報提供の対象としなかったものである。

　もっとも、財団債権である給料や退職手当の請求権についても、使用者側に情報が偏在すること、労働債権者が具体的金額を把握していないことが多いことは破産債権と異なるものではない。労働債権には破産債権部分と財団債権部分が混在することが多く、破産債権部分を正確に算出するためには財団債権部分を正確に計算する必要がある。また、破産管財人は使用者から労働時間や給与等に関する情報を一括して引き継ぐのであるから、労働債権者に提供すべき情報を破産債権部分に限定する意義は乏しいと解される。

　したがって、破産管財人は、財団債権について破産法上の情報提供努力義務を負うものではないとしても、労働債権者に対して、財団債権に関する情報についても可能な限り提供するよう努めることが望ましいと解される[6]。

3　情報提供努力義務の内容

　破産法86条の「提供するよう努めなければならない」という文言からも明らかであるとおり、同条は訓示的な義務を定めたものである。前述のとおり同条の目的は労働者の権利の保護を図る点にあるが、具体的な破産事件において、破産管財人が労働者に対してどのような情報を提供すべきであるかは事案によってさまざまであり、あらかじめ義務の具体的な内容を一義的に定めるのは困難である。そこで、破産管財人の義務を法律上の確定的な義務とすることは相当でないことから、訓示的な規定としたものである[7]。

　実務上、具体的事案によっては、未払給料の額を算定するに足りる資料が乏しい場合（破産者が法律に違反して賃金台帳を作成していない場合等）や資料が散逸して情報の引継ぎを受けられない場合もある。このように破産管財人が十分な情報を入手できない場面においては情報提供努力義務の履行に一定

6　『条解』672頁
7　『一問一答』137頁

の限界があるといわざるを得ない。そこで、破産管財人が調査努力を尽くした結果として、情報を収集できなかった場合には、労働債権者に十分な情報を提供できなかったとしても、情報提供努力義務に違反するものではないと解される[8]。破産管財人は、資料が乏しい場合には、労働基準監督署に就業規則（給与規程、退職金規程等の付属規程を含む）の届出がされているか確認を求めること、定期賃金や退職金の口座振込みが行われていた預金口座の取引履歴の照会を行うこと、元従業員に問合せ・照会を行うこと等を検討し、適切な対応に努めることが考えられる[9]。

　破産管財人が情報提供努力義務を尽くさなかった結果として、労働債権者が、本来であれば届出可能であった破産債権の届出をなし得なかった場合には、「その責めに帰することができない事由」（法112条1項）によって一般調査期間の経過までに債権届出ができなかったものとして、届出の追完を認める事情となり得るとの見解がある[10]。

　また、破産管財人が情報提供努力義務を容易に尽くすことができる状況にあるにもかかわらず、労働債権者に正当な理由なく労働債権に関する情報を提供せず、そのために当該労働債権者が失権して配当を受けられなかった場合は、破産管財人の善管注意義務違反の問題となり（法85条2項）、破産管財人が当該労働債権者に対し、同条に基づく損害賠償義務を負う場合もあり得ると解される[11]。

8　『条解』673頁、『債権調査・配当』144頁
9　『破産200問』313頁〔服部千鶴〕
10　『基本構造』173頁〔松下淳一発言・伊藤眞発言〕
11　『条解』673頁

Q 5-14　　労働者破産と雇用契約

労働者が破産した場合、雇用契約は、破産手続においてどのように扱われるのですか

中田　吉昭

1　雇用契約の取扱い

労働者が破産した場合でも、雇用契約は終了することなく存続する。雇用契約は双方未履行双務契約の一種であるが、労働者が破産した場合には破産法53条以下の規定は適用されず、破産者自身の管理処分権に属する[1]。したがって、破産管財人は雇用契約の解除権を有しない。

また、使用者側から、労働者の破産を理由として労働者を解雇した場合、解雇権の濫用（労働契約法16条）の問題が生じることとなる。この点について、労働者が破産したとしても直ちに労務の提供が期待できなくなるとはいえないこと、また、破産の事実から直ちに会社の信用を失墜させるともいえないこと等の理由から、労働者の破産の事実のみを理由とした使用者による解雇権の行使は認められないと解されている[2]。

2　労働債権

(1)　給料債権

破産手続開始前に生じた賃金は、差押えが可能な範囲で破産財団に属する（法34条3項2号、民事執行法152条1項）。他方で、破産手続開始決定後の労務の提供により生じた賃金は新得財産となり、労働者の自由財産を構成する。

そこで、破産手続開始決定日をまたいで月払いの給与が算定される場合等

1　『伊藤』426頁
2　『破産実務』256頁、『伊藤』426頁

第5章　契約関係・訴訟関係　287

には、当該月の給料債権のうちで破産財団に属する部分を特定するために、破産手続開始前の部分を日割り計算することが必要となるが、破産管財人としては、その金額の多寡や事案によって具体的な破産財団への組入れを検討すべきこととなる[3]。

(2) 退職金債権

退職金は賃金の後払いとしての性質を有するため、破産手続開始前の労働の対価とみなされる範囲で破産者に帰属し、かつ、退職という将来の事実によって現実化する権利であることから、破産法上における「将来の請求権」（法34条2項）に該当する[4]。したがって、破産手続開始時に破産者が有する退職金債権は、差押えが可能な範囲で破産財団に属することとなる（法34条3項2号、民事執行法152条1項）。

破産者が破産手続開始後に自発的に退職した場合には、破産管財人は退職金債権を破産財団に組み入れることになる。これに対して、破産者が自ら退職しない場合には、破産管財人は雇用契約の解約権を行使することができないため、退職金債権をどのように現金化するかが問題となる。

東京地方裁判所では、退職金債権が将来債権であること等を考慮して、原則として退職金債権の8分の1相当額（差押可能部分〔4分の1〕の半額）が破産財団を構成すると評価し、破産者の自由財産から同額を破産財団に組み入れさせ、これを条件として破産財団から退職金債権を放棄する運用を図っている[5]。具体的な運用は以下のとおりである[6]。

① 破産手続開始時における支給見込額の8分の1相当額が20万円以下である退職金債権は破産財団を構成しない。

② 支給見込額の8分の1相当額が20万円を超える場合は、その8分の

---

3 『破産実務』256頁
4 『伊藤』255頁
5 『手引』149頁、『破産実務』256頁
6 『手引』141頁

１相当額全額が破産財団を構成し、その余の８分の７は破産財団を構成しない。

③ 破産手続開始後に退職した場合又は退職予定の場合で、退職金債権の４分の１相当額が20万円を超えるときは、４分の１相当額の全額が破産財団を構成する。

破産管財人としては、破産者の資力状況から一括での破産財団への組入れが困難である場合には、月々の収入を積み立てて破産財団への組入れを求めることのほか、破産者の親族等に援助を求めて破産財団に一括で組み入れてもらうことを検討することが考えられる[7]。

また、退職金の金額が高額な場合は、退職金相当額の積立期間が長期にわたることもあり得る。この場合には、破産者の収入や生活状況等を考慮し、組入額が退職金の８分の１相当額の全額に満たなくとも、一定額の組入れがあれば、その余については、自由財産の範囲を拡張するのが相当なときもある。破産管財人としては、事案ごとの個別の事情をふまえて、全額の回収が困難であると判断した場合には、申立代理人と協議の上、自由財産の拡張をすべきであるかについて裁判所と十分協議の上で検討すべきである[8]。

以上は、破産手続開始時において退職金債権が現実化していない場合の取扱いである。これに対して、破産手続開始時に既に退職し、退職金を受領ずみである場合は、退職金債権ではなくなっているため、現金や預金等として取り扱うこととなる。

(3) 引継予納金と退職金債権の関係

東京地方裁判所では、管財事件について、最低20万円の予納金を申立代理人から破産管財人に引き継ぐこととしている。そのため、引継予納金は、破産財団を構成する財産とは別に引き継ぐ必要がある。

他方で、引継予納金を自由財産から拠出する場合は、換価対象部分の退職金債権の全部又は一部の財団組入れがあったものとした上で、引継予納金が

---

7 『実践マニュアル』149頁
8 『手引』142頁

第５章 契約関係・訴訟関係　289

自由財産を超える部分から拠出している場合には、原則どおりの取扱いとする運用を図っている[9]。

Q 5-15　未払賃金立替払制度の概要

独立行政法人労働者健康安全機構の未払賃金立替払制度は、どのような制度ですか

谷貝 彰紀

1　未払賃金立替払制度とは

未払賃金立替払制度とは、事業主の倒産に伴い、賃金や退職金が支払われないまま退職した労働者に対し、「賃金の支払の確保等に関する法律（以下「賃確法」という）」に基づいて、独立行政法人労働者健康安全機構（以下「機構」という）が事業主にかわってその未払賃金の一部を立替払する制度をいう[1]。労働者とその家族の生活の安定を図る国のセーフティネットとして機能している。

2　立替払の要件

立替払を受けるためには、次の全ての要件を満たす必要がある。

① 労働者災害補償保険（労災保険）の適用事業で、1年以上の事業活動を行っていた事業主が倒産したこと

② 請求者が、労働基準法9条に規定する労働者であること

③ 請求者が、各倒産手続開始の申立て、又は、「事実上の倒産」の認定申請が行われた日の6カ月前の日から2年間の間に退職した者であること

9　具体的な場合における引継予納金と自由財産及び退職金債権の関係については、『手引』144頁参照

1　船員については、地方運輸局等が窓口となるので注意を要する（『実践マニュアル』341頁）。

290

④ 基準退職日の6カ月前の日から立替払請求日の前日までの間に支払期日が到来している賃金、退職金が未払いであること（総額2万円未満は除く）

⑤ 破産手続開始決定日（又は「事実上の倒産」の認定日）等の翌日から2年以内に立替払請求が行われること

3 事業主の倒産（①について）

　立替払の対象となる倒産とは、法律上の倒産と事実上の倒産（中小企業事業主のみ）に大別される。法律上の倒産とは、破産手続開始決定、特別清算手続開始命令、再生手続開始決定、更生手続開始決定があった場合をいう（賃確法7条、賃金の支払の確保等に関する法律施行令（以下「賃確令」という）2条1項1号ないし3号）。事実上の倒産とは、事業活動が停止し、再開する見込みがなく、かつ、賃金支払能力がない状態になったことについて労働基準監督署長の認定があった場合をいう（賃確令2条1項4号、賃金の支払の確保等に関する法律施行規則（以下「賃確規則」という）8条）。以下、破産手続の場合に限って説明する。

4 労働者（②について）

　労働者とは、「職業の種類を問わず、事業又は事務所に使用される者で、賃金を支払われる者」（賃確法2条2項、労働基準法9条）をいう。パート・アルバイト等はこれに含まれる。事業主（個人事業主や法人の代表取締役、業務執行取締役等）は、「使用される者」に当たらず、労働者には該当しない。事業主の同居の親族は、事業主と一般的には居住及び利益を一にするものであり、原則として労働者には該当しないが、常時同居の親族以外の労働者を使用する事業において一般事務又は現場作業等に従事し、かつ、事業主の指揮命令に従っていることが明確であり、かつ就労の実態が当該事業場における他の労働者と同様であって賃金もこれに応じて支払われている場合には「労働者」として取り扱われる場合もある[2]。また同居ではない親族は、実際に就労していないにもかかわらず、税金対策等の目的で賃金台帳等に記載

2　吉田清弘・野村剛司『未払賃金立替払制度実務ハンドブック』（金融財政事情研究会、2013年）43頁、昭54.4.2基発153号労働省労働基準局長通達参照

第5章　契約関係・訴訟関係　291

されている場合もあるため、実際の就労の有無につき慎重に判断される[3]。家内労働法による内職等に従事する家内労働者は対象外とされる[4]。

5　労働者の退職時期（③について）

　請求者である労働者は、破産手続開始申立日の6カ月前の日から2年間の間に退職をした者であることが必要である（賃確法7条、賃確令3条）。

6　立替払の対象となる未払賃金（④について）

　立替払の対象となる未払賃金は、退職日の6カ月前の日から機構に対する立替払請求の日の前日までの間に支払期日が到来している賃金及び退職手当である。ただし、未払賃金総額が2万円未満の場合は立替払の対象とならない（賃確法7条、賃確令4条2項）。

（1）　定期賃金

　定期賃金とは、労働基準法24条2項に規定する、毎月1回以上定期的に決まって支払われる賃金（例：基本給・家族手当・通勤手当・時間外手当等）をいう。

　月給制において、賃金計算期間の途中の日に退職した場合は、退職日以前に労働した部分につき、日割り計算した額となる。

　賞与その他臨時的に支払われる賃金、解雇予告手当、賃金の延滞利息、年末調整の税金の還付金、慰労金・祝金名目の恩恵的又は福利厚生上の給付金、出張旅費や業務で使用するガソリン代・駐車場代等は、定期賃金（労働基準法24条2項本文）又は労働の対償として支払われる賃金（同法11条）に当たらず、立替払の対象とならない[5]。

　立替払の対象となる未払賃金額は、所得税、住民税、社会保険料等の本人負担分その他の控除を行う前の使用者が支払うべき定期賃金の総額が基準と

3　吉田・野村・前掲注2・43頁
4　労働者性について、本書Q6-14参照
5　『手引』214頁、『破産実務』17頁、吉田・野村・前掲注2・66頁、独立行政法人労働者健康安全機構『未払賃金立替払制度における破産管財人等の証明の手引き』2頁

【表】

退職日における年齢	未払賃金総額の限度額	立替払の上限額
45歳以上	370万円	296万円
30歳以上45歳未満	220万円	176万円
30歳未満	110万円	88万円

なる。もっとも、支払われるべき定期賃金（及び退職手当）のうち既に支払を受けた場合や事業主が従業員に対する債権に基づき労働者の同意を得て賃金から控除しているもの（社宅料、会社からの物品購入代金、貸付金返済金等）がある場合は、これらを差し引いた後の額が未払賃金額の基準となる[6]。

(2) 退職手当

退職手当は、労働協約、就業規則（退職金規程）等に基づいて支給される退職金をいう。事業主が、社外積立の退職金制度（中小企業退職金共済制度等）を利用していて、社外の制度から退職金の一部が支払われる場合は、社外の制度から支払われる額が確定した後、その額を差し引いた額を立替払の対象とする[7]。

7 立替払の請求ができる期間（⑤について）

労働者が立替払の請求を行うには、裁判所の破産手続開始決定日の翌日から起算して2年以内に未払賃金の立替払請求書を機構に提出することが必要である（賃確規則17条3項）。

8 立替払される金額

立替払される金額は、未払賃金総額の100分の80である（賃金法7条、賃確令4条1項柱書）。ただし、立替払の対象となる未払賃金総額には、退職日における年齢に応じて限度額が設けられている。未払賃金総額がその限度額を

---

6 『手引』214頁、『破産実務』18頁、吉田・野村・前掲注2・66頁、独立行政法人労働者健康安全機構・前掲注5・2頁

7 独立行政法人労働者健康安全機構・前掲注5・2頁

第5章 契約関係・訴訟関係 293

超えるときは、立替払される金額は限度額の100分の80（立替払の上限額）となる（賃確令４条１項各号。表参照）。

9　立替払の請求手続

立替払請求者は、証明者である破産管財人に対して、立替払請求の必要事項についての証明を申請する。破産管財人は、立替払請求者から立替払の申請を受け、必要事項について証明する。破産管財人から証明を受けたら、立替払請求者は、「立替払請求書」及び「退職所得の受給に関する申告書・退職所得申告書」に必要事項を記入し、機構に送付する[8]。

10　立替払後の取扱い

機構が立替払を行うと、事業主に対して求償権を取得するとともに、立替払金に相当する金額について立替払を受けた労働者の承諾を得て賃金債権を代位取得する（民法499条１項）[9]。この代位取得した債権の破産手続上の扱いについて、最判平23.11.22民集65巻８号3165頁は、従業員らの給与債権（財団債権）を破産者のために弁済した者が、弁済による代位により取得した原債権を行使して破産管財人に対してその支払を求めた事案において、「弁済による代位により財団債権を取得した者は、同人が破産者に対して取得した求償権が破産債権にすぎない場合であっても、破産手続によらないで上記財団債権を行使することができる」と判示した。これを受けて、機構は財団債権部分について財団債権者として破産財団から弁済を受け、あるいは優先的破産債権部分について届出債権者の名義変更手続を経て、優先的破産債権者として配当手続に加わるという運用を行っている。また、機構の取扱いによると、立替払の充当の順位は、退職手当、定期賃金の順であり、退職手当又は定期賃金に弁済期が異なるものがあるときは、それぞれ弁済期が到来した順としている[10]。

8　なお、立替払金は、課税上、租税特別措置法29条の４により退職手当等の金額として取り扱われる（『破産実務』18頁、『実践マニュアル』344頁）。
9　改正民法では、弁済するについて正当な利益を存する以外の者が代位する場合でも、債務者の承諾は不要となった（改正民法499条）。
10　独立行政法人労働者健康安全機構・前掲注５・13頁

11 不正受給

偽りその他不正の行為により機構からの未払賃金の立替払を受けた場合や、事業主が偽りの報告又は証明をしたため機構から未払賃金の立替払がなされた場合、これらの行為により立替払を受けた者及び偽りの報告又は証明をした者は詐欺罪に該当する可能性がある（刑法246条）。また、政府は、当該行為者らに対して立替払金の返還及びそれに相当する金額の納付（いわゆる倍返し）を命ずることができる（賃確法8条）。

Q 5-16 未払賃金立替払制度を利用する場合の留意点

労働債権者が、未払賃金立替払制度の利用を希望する場合に破産管財人としてどのような点に留意すべきですか

谷貝 彰紀

1 未払賃金立替払制度の利用の検討

破産手続開始前3カ月間の給料の請求権及び破産手続の終了前に退職した使用人の退職手当の請求権のうち退職前3カ月間の給料の総額（その総額が破産手続開始前3カ月間の給料の総額より少ない場合は破産手続開始前3カ月間の給料の総額）に相当する額は、財団債権となる（法149条1項・2項）。また、破産手続開始前に発生したそれ以外の未払労働債権は、優先的破産債権となる（法98条、民法306条2号、308条）。破産管財人としては、労働債権を弁済・配当するに足りる破産財団の増加が見込まれない場合や、財産換価・回収に時間を要するため早期の労働債権の弁済・配当が困難な場合には、元従業員の生活の安定のため元従業員に対して未払賃金立替払制度の利用を勧めることを検討する[1]。具体的には、事案によるものの、破産手続開始決定

---

1 『手引』215頁。吉田清弘・野村剛司『未払賃金立替払制度実務ハンドブック』（金融財政事情研究会、2013年）25頁

第5章 契約関係・訴訟関係 295

から約２、３カ月以内に労働債権を弁済・配当する目処が立たない場合には、破産管財人は、就任後速やかに未払賃金立替払制度の利用に向けて活動することが望ましい[2]。

従業員は、未払給与や退職手当の額を正確に把握していない場合がある。また、その額を正確に調査するための資料等を有していない、あるいは未払賃金立替払請求手続になじみがなく知識が不足していてどのような手続を行えばよいかわからないというケースも多々ある。そのような場合には、破産管財人は、調査によって把握した労働債権の額を未払賃金立替払請求書用紙に記載し、労働者がどの部分に何を記載・押印すべきかを明示して、当該用紙を労働者に郵送する等の工夫や配慮をすることが考えられる[3]。

2　労働債権に関する資料の確保

労働者が独立行政法人労働者健康安全機構（以下「機構」という）に未払賃金の立替払を請求するには、未払賃金立替払請求書に未払の定期賃金や退職手当（あわせて以下「未払労働債権」という）の有無及び額について破産管財人の証明書を添付する必要がある（賃金の支払の確保等に関する法律（以下「賃確法」という）7条、同法施行規則17条2項）。破産管財人は就業規則や賃金規程、賃金台帳、出勤簿やタイムカード、労働者名簿等を調査・確認し、未払労働債権の有無及び額を把握して証明書に記載する。また、これらの情報がパソコンのデータとして残っている場合もある。したがって、破産管財人は、破産会社又は申立代理人からこれらの資料・情報を引き継ぐことが考えられるが、申立代理人が保管していない場合は破産管財人自ら破産会社の事業所に赴いたり、あるいは給与計算を行っている社会保険労務士や税理士等から引き継いだりするなどして収集・確保する必要がある[4]。

3　補助者の活用

破産会社や個人事業者は、短時間のうちに限られた人員で従業員や取引先

2　吉田・野村・前掲注1・25頁

3　『はい6民』318頁

4　『破産200問』332頁〔山田尚武〕

などに秘密裏に準備して破産申立てを行う場合が多く、また給与の締め日の関係等から、給与計算が適切に行われないままとなっている場合がある。このような場合でも、破産管財人は、賃金台帳等の客観的資料はもとより、破産会社の代表者や人事、経理担当者等の関係者から事情を聴取する等して、適切に未払労働債権を把握する必要がある。

もっとも、未払賃金立替払制度の対象となる労働者が多数に及ぶような事案では、未払労働債権の額の把握や計算に膨大な労力を要する場合がある。このような場合、破産管財人は、人事、経理担当者等の元従業員、あるいは破産会社から給与計算業務の委託を受けていた社会保険労務士等がいるときは当該社会保険労務士等を補助者として利用し、給与計算や給与計算に基づく未払賃金立替払請求書用紙への未払労働債権額の記載等を依頼することも考えられる[5]。

4 不正請求の防止

未払賃金立替払制度については、不正請求の事案が後を絶たない。例えば、会社としての実体がないにもかかわらず、建設関係の会社が倒産し労働者17名に未払賃金があったように装って未払賃金立替払制度を利用し、未払賃金立替金約3000万円を詐取したという事案が実際に存在する。同事案では首謀者6名が詐欺罪で起訴され全員有罪が確定しているとのことである[6]。破産管財人としては、このような不正請求を防止するとともに、不正請求に巻き込まれないように十分に注意をする必要がある。

(1) 根拠資料の確認等

不正請求の手法には、上記事案のように会社としての実体があるかのように偽装する手法や、未払労働債権の額や未払いの期間、対象となる労働者数を水増しする手法等がある。このような事例では、賃金台帳や労働者名簿といった労働債権に関する資料が偽造・変造されていることが疑われる。したがって、破産管財人は、未払労働債権の把握の根拠となっている賃金台帳、

---

5 『実践マニュアル』329頁、『破産200問』314頁〔服部都〕
6 吉田・野村・前掲注1・144頁

労働者名簿、出勤簿、タイムカード、就業規則等の資料を、確保した給与振込口座への振込みの記録、社会保険・雇用保険等の納付記録や、労働者の手元にあった給与明細書等といった客観的な資料と突き合わせる、あるいは破産会社の関係者に事情聴取をするなどして、賃金台帳等の資料が事業活動中から継続的に作成・使用されていたものであるかを慎重に確認することが必要である[7]。

(2) 退職手当制度の存在・内容・実績の確認

また、退職手当制度については、実際には退職手当制度がなかったにもかかわらず、インターネット上で取得した無関係な会社の退職金規程や市販されているモデル退職金規程等を破産手続開始前から破産会社の退職金規程であったかのように偽装し退職手当制度が存在するように見せかけて、退職手当の立替払を不正に請求することがある。このような不正を防止するためには、退職手当制度が実在していたか、当該制度が実際に運用されていたかを確認することが必要となる。具体的には、当該退職金規程が破産手続開始前から労働基準監督署へ届け出られているか否か、退職手当引当金が破産手続開始前から計上されているか、破産手続開始前に退職した従業員に対し退職手当が実際に支給された実績があるか等の事実を、労働基準監督署への照会や、通帳等の支払履歴の確認等を通じて調査することが考えられる[8]。

5 立替払の際の充当関係

機構は、未払労働債権のうち財団債権部分を立替払した場合は当該部分につき財団債権者となり、優先的破産債権を立替払した場合は当該部分につき優先的破産債権者となって弁済や配当を受けることとなる。もっとも、破産財団をもって財団債権の全てを弁済できずに按分弁済を行う必要がある場合や、財団債権部分を全て弁済できるが優先的破産債権部分について全額の配当ができない場合は、機構が立替払をした未払労働債権が財団債権部分と優先的破産債権部分のいずれに充当され、元従業員に残っている未払労働債権

---

7 吉田・野村・前掲注1・22頁
8 『手引』216頁。吉田・野村・前掲注1・22頁

がどの部分かを確定する必要がある[9]。

　機構の取扱いによれば、立替払の充当順位は、退職手当、定期賃金の順であり、定期賃金に弁済期が異なるものがあるときは、それぞれ弁済期が到来した順に充当するものとされている（機構指定充当説）[10]。

　しかし、1つの退職金債権や1つの定期賃金のなかで財団債権部分と優先的破産債権部分とに分かれる場合、機構指定充当説だけでは対応できない。このような場合、労働者保護の観点からまず優先的破産債権部分から充当すべきであるとの見解もあるが、一般的には立替払の対象となる労働債権における財団債権部分と優先的破産債権部分の比率と同一比率で財団債権と優先的破産債権に按分して充当するという処理がなされている[11]。

　計算が複雑になるため、ミスが生じないよう慎重に対応する必要がある。

6　機構への事前相談

　証明書が交付された元従業員は、証明された額どおりに立替払が受けられるものとの期待を持つ。仮に、その後、立替払を受けられない事態や追加で事実確認の調査が必要となる事態が生じると、元従業員からの問合せ・督促等への対応や訂正理由などの説明に苦慮することになりかねない。

　このような事態を回避し、迅速な立替払を進めるため、破産管財人が立替払に関する証明を行うに際しては、事実確認に慎重を期す必要がある。特に、代表者の親族や実態として労働者性を有するかが問題となる業務執行取締役、請負業者の従業員や一人親方が請求者となり労働者性が難しい場合、立替払の件数が多数となる場合、客観的資料に乏しく証明が困難な場合などは、事前に機構に相談することが有効である[12]。

9　『実践マニュアル』345頁、『破産200問』333頁〔松田太源〕、吉田・野村・前掲注1・146頁

10　独立行政法人労働者健康安全機構業務方法書40条。『手引』216頁

11　『破産200問』336頁〔小川洋子〕。吉田・野村・前掲注1・151頁。具体的な計算方法を例示するものとして、『実践マニュアル』348頁、『破産200問』337頁〔小川洋子〕

12　『手引』216頁、吉田・野村・前掲注1・23頁

第5章　契約関係・訴訟関係　299

Q 5-17　労働債権の弁済許可制度

労働債権の弁済許可制度はどのような場合に利用できますか

青山　雄一

1　労働債権の弁済許可制度とは

　労働債権のうち、財団債権となるもの（法149条等）は破産手続によらない随時弁済が可能であるが、優先的破産債権である労働債権（法98条、民法306条2号、308条）は、その満足につき配当手続の実施まで待たなければならないのが原則である。しかし、労働債権は労働者及びその家族の生活の基礎となっているものであるところ、長期間にわたり同債権が支払われないとなれば、労働者の生活の維持に困難をきたすおそれがある。そこで現行破産法においては、労働者の生活保護の観点から、優先的破産債権である労働債権についても、裁判所の許可を得て、配当の実施を待たずに弁済をすることができる制度が創設された（法101条）。

2　労働債権の弁済許可の要件

(1)　優先的破産債権である給料の請求権又は退職手当の請求権

　破産法101条1項は、本制度による弁済の対象を「優先的破産債権である給料の請求権又は退職手当の請求権」と限定している。

　そのため、解雇予告手当については、労働の対価としての「給料」や「退職金」に該当するとは言い難く、本制度の適用対象となるかについて疑問のあり得るところである。しかし、大阪地方裁判所の運用では、労働債権保護の趣旨は解雇予告手当についても及ぼすべきものとして、解雇予告手当についても、破産法101条1項の類推適用を認めている[1]。

1　『はい6民』375頁参照

300

なお、東京地方裁判所では、解雇予告手当も破産法149条1項の「給料」に当たるとして財団債権の承認許可の申立てを認める運用をしているため（この点の詳細については本書Q7-6参照）、本制度を利用して解雇予告手当の弁済を行う場面は少ないと考えられる。また、交通費等の実費の立替金が本制度の対象となると主張されることもあるが、対象とはならない。

(2)　優先的破産債権である給料の請求権又は退職手当の請求権の届出

　本制度は、対象となる労働債権につき優先的破産債権としての届出がなされていることが要件とされている（法101条1項）。もっとも、債権調査、確定の手続までは必要とされていない。

(3)　生活の維持を図るのに困難を生ずるおそれ

　本制度による弁済をするには、弁済対象となる労働債権の弁済を受けなければその生活の維持を図るのに困難を生ずるおそれがあることが必要である（法101条1項）。

　ここでいう「生活」には、本人及びその扶養家族の生活が含まれる。また、維持を図るべき生活の水準としては、最低生活を考える必要はなく、配当期日までの間に住宅ローン等の弁済期が到来し、その支払に窮するといった場合等もこの要件を充足するが、倒産の場面であるからある程度の生活水準の低下は受忍せざるを得ず、また一部の労働債権は財団債権として支払われることも考慮して生活維持の困難性を判断する必要がある。しかし、現行破産法の改正における中間試案の段階では、本制度につき、生活の維持を図るのに「著しい」困難を生ずるおそれが要件とされていたところ、意見照会の結果や、他の債権者の利益を害しないことが前提となっていることをふまえ、「著しい」の文言が削除されて要件が緩和されたという経緯に鑑みれば、この要件につき厳格な解釈をとることは相当でないといえる[2]。

　また、本来、生活維持の困難性は各労働者の収入、資産等の個別事情によ

2　『条解』749頁、『大コンメ』424頁〔堂薗幹一郎〕参照

第5章　契約関係・訴訟関係　301

り異なるものであるが、現実に破産管財人が各労働者の収入等の事情を個別的に検討するのは困難であることや、上記の経緯に鑑みれば、原則として労働者の個別的事情により本制度利用の可否を振り分ける必要まではなく、概括的な判断で足りると解される[3]。

実務的にも、大阪地方裁判所では、給料や退職手当が未払いであった場合は、貯蓄等による生活費等の補填の必要や生活設計への影響が生じたと考えられること、近時の雇用情勢等に鑑みると、労働者が既に再雇用されて従前以上の収入を得ているとか、従前相当高額の給与を得ていたために相当額の貯蓄がなされていたなどの特段の事情がない限り、「生活の維持を図るのに困難を生ずるおそれ」があると解することができるとされ、このことを前提に、本制度の弁済許可を申請する際の破産管財人の疎明としては、労働者に給料等の未払いがあり、解雇に伴って生活が困窮していることを上申する程度で足り、個々の労働者の個別事情についての資料の提出までは求めない運用がなされている[4]。

⑷　他の債権者の利益を害するおそれがないこと

本制度は、破産手続上の配当の前倒しを認めるにすぎず、その優先順位に変更を加えるものではない。したがって、財団債権及び当該労働債権より先順位の優先的破産債権の全額につき弁済又は配当が確実に見込まれ、かつ、同順位の優先的破産債権についても同一の割合以上の配当が確実に見込まれることが、弁済許可の要件とされている（法101条1項ただし書）。

したがって、本制度の弁済許可を申請する際には、財団債権ならびに当該労働債権と先順位及び同順位の優先的破産債権（法98条2項等）を漏れなく把握し、また配当財団の規模もふまえた上で、財団債権の弁済及び優先的破産債権に対する配当率の見込みが立てられている必要がある。また、当該労働債権についても、（債権調査、確定の手続までは不要であるとはいえ）その存在及び内容が疑われない程度に確認されていることが必要と考えられる[5]。

3　木内道祥「労働債権と破産」『理論と実務』179頁、『注釈（上）』677頁〔野村剛司〕参照
4　『はい6民』374頁、『破産200問』340頁〔佐藤昌已〕参照

⑸　最初の配当の許可がされていないこと

配当の種類を問わず、最初の配当の許可がなされれば、本制度によって前倒しの配当を実施する意義は認められない。したがって、当該破産手続における最初の配当の許可がされていないことも要件とされている（法101条1項）。

3　労働者健康安全機構による立替払がなされた場合

独立行政法人労働者健康安全機構が労働債権を立替払いし（立替払制度の詳細については本書Q5−15参照）、これにより労働債権を代位取得した場合、当該労働債権が本制度の適用対象となるかについては議論があるが、「生活の維持を図るのに困難を生ずるおそれ」の要件に欠けることから、破産法101条1項の適用又は類推適用はできないと解されている。

もっとも、大阪地方裁判所は、労働者健康安全機構が代位取得した労働債権（のうち優先的破産債権であるもの）について、かかる債権の弁済だけのために全ての破産債権につき債権調査を実施することは徒労かつ煩瑣であり、破産手続の遅滞も招くことから、このような場合は、同機構が立替払をするに際し所定の審査手続を経ていること、同機構が代位取得した債権は本来的には本制度により債権調査を経ずに弁済することが可能であったことに鑑み、裁判所の許可による和解（法78条2項11号）に基づいて弁済する運用が認められている[6]。

4　労働債権の弁済許可制度が利用できる場合

優先的破産債権である労働債権の全部又は一部の配当は見込まれるものの、一般破産債権に対する配当が見込まれない場合、配当手続によれば、配当のない一般破産債権者にも破産債権の届出を求め、債権調査を行った上で配当を行うことになる（ただし、東京地方裁判所においては、このような場合、優先的破産債権の認否のみを行い、一般破産債権の認否については留保したまま

5　『伊藤』294頁、『破産200問』341頁〔佐藤昌巳〕参照
6　『はい6民』376頁参照

手続を終了する運用がなされている[7]）。そこで、このような場合に本制度を利用すれば、債権調査及び配当手続を経ることなく、迅速に手続を進めることが可能となる。また、一般破産債権に対する配当が見込まれる場合にも、本制度を利用することにより、労働債権の財団債権部分と優先的破産債権部分（両者の区別については本書Q7-4参照）を一括して弁済して支払うことが可能となる[8]。

　ただし、本制度は、優先的破産債権である労働債権の届出に対して、他の債権者が異議を述べる機会を奪うことになるという側面もある。したがって、労働債権の存否、額等に争いがある場合や、従業員の責任が問われている場合等、他の債権者からの労働債権に対する異議が予想される場合には、本制度を利用するのではなく、配当手続によるべきであると考えられる。

Q 5-18　破産手続開始決定と訴訟の帰趨

　破産者に関して係属中の訴訟は、破産手続においてどのように扱われるのですか

植村　京子

1　破産手続開始による中断となる訴訟と中断しない訴訟

(1)　破産手続開始によって中断となる訴訟

　破産手続開始決定があったときは、破産者を当事者とする破産財団に関する訴訟[1]、すなわち、破産財団を引当とする破産債権に関する訴訟や財団債

7　『手引』263頁参照。なお、『破産実務』415頁によれば、東京地方裁判所において本制度の許可がなされた件数は、平成25年9月末時点で42件にとどまるとのことである。

8　『はい6民』374頁、『破産200問』340頁〔佐藤昌巳〕、『実践マニュアル』473頁参照。なお、このような場合、裁判所の許可による和解（法78条2項11号）を利用することによって手続を合理化する方法もある（『破産200問』355頁〔野村剛司〕、『実践マニュアル』473頁）。

304

権に関する訴訟が全て中断する（法44条１項）。また、破産者を当事者としない破産財団に関する訴えであっても、「債権者代位訴訟」や「詐害行為取消訴訟」は中断する（法45条１項）。

この中断中、当事者及び裁判所が行った訴訟行為は無効であり、訴訟手続がいかなる段階にあっても中断する。ただし、口頭弁論終結後の場合には、判決の言渡しをすることは許されているが（民事訴訟法132条１項）、判決書の送達は、中断事由のある当事者に対しては無効であり、上訴期間も進行しない。

実務上、訴訟の中断理由が発生した旨の受訴裁判所への連絡は、訴訟当事者が行うのが一般的である。ただし、破産開始までに時間的余裕がなかった場合や大量の訴訟が係属している場合等、訴訟当事者から受訴裁判所への連絡が行き届いていないケースもあるため、破産手続開始決定後、破産管財人は、速やかに当事者や受訴裁判所に上記訴訟が中断していることの確認をすることが望ましい。

(2)　破産手続開始決定によって中断しない訴訟

これに対し、破産者の自由財産に関する訴訟[2]、破産者の身分関係に関する訴訟[3]、会社が破産した場合における設立無効の訴えや株主総会決議取消しの訴えなどの組織法上の争いに関する訴訟は中断しない。よって、これらの訴訟については、破産管財人が受継する必要はない。

2　破産財団に属する財産に関する訴訟及び財団債権に関する訴訟

(1)　破産管財人による受継

破産財団に属する財産に関する訴訟手続及び財団債権に関する訴訟手続に

1　この「訴訟」手続には、民事訴訟だけではなく、行政訴訟（課税処分取消訴訟等）、保全命令事件（法42条により失効するものを除く）も含まれる。

2　個人破産の場合、自由財産となる差押禁止財産に関する訴訟等を指す。

3　人事訴訟（人事訴訟法２条参照）、帰属上・行使上の一身専属権の行使側に関する訴訟（一身専属性が失われる前のもの）等

第５章　契約関係・訴訟関係　305

ついては、破産管財人がいつでも受継することができる。受継の具体的な方法は、民事訴訟法127条、128条、民事訴訟規則51条の定めるところによる。

実務上、破産管財人が受継の申立てをするかどうかは、当該財産の換価価値及び収益の有無・程度、破産財団に占める割合、当該財産の維持費等の要否・負担額、受継後の訴訟終了までに要する期間、勝訴又は有利な条件による和解の見込みの有無・程度等を総合考慮して判断すべき、とされている[4]。

他方、破産手続を迅速かつ有意義に進めるという観点から、当該財産の管理処分権を放棄する選択も検討する必要がある。その場合、訴訟は中断した時点の状態で停止したまま、破産手続の終了を迎えることになる[5]。

⑵ 相手方による受継の申立て

訴訟手続の相手方も、いつでも、受継の申立てをすることができる（法44条2項）。この場合、破産管財人は、相手方からの受継の申立てを拒否することはできない。

ただし、当該訴訟手続の訴訟物に関し、破産法が簡易な手続を設けており、破産管財人がその簡易な手続を選択した場合の対応については、破産管財人の選択が尊重され、相手方は受継申立てをすることができないという見解と、本来の訴訟手続が優先されるべきで相手方は受継申立てをすることができるという見解に分かれている[6]。

⑶ 受継の効果

訴訟が受継された場合、訴訟は中断した時点の状態で新当事者に引き継がれる。

その場合、破産管財人は、手続上の義務（民事訴訟法167条、178条、301条）

4　『手引』237頁
5　破産管財人による受継がないまま破産手続の終了を迎えた場合には、当事者適格は再び破産者に復帰したことになるから、中断時の状態で、再び破産者が訴訟を追行することになる（法44条6項）。
6　破産法が簡易な手続を設けており（役員責任の査定手続（法177条以下）等）、破産管財人がその簡易手続を選択した場合、破産管財人の選択が尊重され相手方は受継申立てをすることができなくなるという見解と、本来の訴訟手続が優先されるべきで相手方は受継申立てをすることができるとする見解に分かれている（『条解』363頁以下）。

を承継するが、破産管財人固有の攻撃防御の方法（破産管財人が第三者に当たることに伴う対抗要件の欠缺や善意の第三者の抗弁等）を提出することができる。破産者は、破産管財人が受継した訴訟に共同訴訟的補助参加[7]することができると解されている。

3　破産債権に関する訴訟

　租税等の請求権を除く破産債権については、個別の訴訟手続とは別の届出・調査・確定手続が法定されており、訴訟が係属していた破産債権者も、この届出・調査・確定手続をしなければ、権利が失効することになる。

　実務上、東京地方裁判所では、異時廃止事案においては、破産債権に関する債権認否を留保する扱いとしているため、破産管財人も中断した破産債権に関する訴訟を受継しないのが通常である。ただし、異時廃止事案において、中断中の訴訟の原告が訴えの取下げを希望する場合には、例外的に、破産管財人が訴訟を受継したうえで、訴えの取下げに同意して、当該訴訟を終了する処理を行うこともある[8]。

　配当事案においては、当該破産債権が届け出られた場合、破産管財人が債権調査期日に債権認否をするが、異議なく確定すれば、当該訴訟は目的を達して当然に終了する。当該債権に対して異議が述べられた場合には、当該破産債権者は、異議者等を相手方として、破産法125条2項所定の期間内に受継の申立てを行い、当該訴訟は債権確定訴訟に切り替わり、訴訟が続行されることになる（法127条1項・2項）。

　実務上、破産手続開始当時、破産債権に関する訴訟が係属中で、破産管財人が債権調査期日において、当該破産債権を認めない旨の認否を予定している場合は、中断中の訴訟を債権確定手続に切り替えて手続を進行させる必要があるため、例外的に、早い段階で債権認否を行う必要がある[9]。

7　通常の補助参加人よりも強固な訴訟上の地位を認めるために、民事訴訟法には規定はないが、解釈論上一般に認められてきた補助参加の態様である。破産法45条2項の解釈として認められている。

8　東京地方裁判所では、破産管財人が訴えの取下げに同意をする場合においても、当該訴訟に係る破産債権についてのみ債権認否を行う（通常は、当該債権の全額を認めない旨の認否を行うことになる。）、としている（『手引』237頁）。

第5章　契約関係・訴訟関係　307

4 非訟事件（労働審判、民事調停、家事審判・調停、借地非訟等）

　平成25年1月1日から施行された非訟事件手続法及び家事事件手続において、当事者の死亡、資格喪失その他の事由によって手続を続行することができなくなった場合には、「法令により手続を続行する資格のある者は、その手続を受け継がなければならない」と定められた（非訟事件手続法36条、家事事件手続法44条）。この2法施行後、非訟事件（会社非訟、借地非訟）については、法44条1項の準用等はなく、各手続法によって、破産管財人が手続を承継することになる。非訟事件手続法36条を準用している民事調停、労働審判においても中断はなく、当然承継となると解されている[10]。

　実務上、破産手続開始決定当時、離婚訴訟や離婚調停・審判手続が係属中ということがよくみられるが、離婚にあたっては、①離婚、②親権者・監護者の指定や変更、③面会交流、④年金分割、⑤慰謝料、⑥財産分与、⑦養育費及び⑧婚姻費用が問題となり得る。上記①ないし③は、純粋の身分関係にかかわる問題であり、上記④は、破産手続開始後に自由財産となるため、破産手続の影響を受けず、中断の問題は生じない。

　これに対して、上記⑤ないし⑧は、具体的な内容が形成されるまで行使上の一身専属権であると解されるから[11]、権利者破産では中断・受継は問題とならず、そのまま民事訴訟や調停・審判手続を進行させることになる[12, 13]。

9　いずれにしろ、例外的な処理をする場合には破産裁判所との事前協議が必要とされている（『手引』237頁）。

10　『条解』360頁、『注釈（上）』310頁〔縣俊介〕以下、島岡大雄「非訟事件の当事者につき倒産手続きが開始された場合の非訟事件の帰趨」『倒産と訴訟』183頁以下、森宏司「家事調停・家事審判中の当事者破産」『伊藤古稀』1174頁以下。

　　なお、財産分与、養育費及び婚姻費用については、破産財団に属する権利であるとして破産管財人に民事訴訟や調停・審判手続の当事者適格を認め、民事訴訟については中断・受継が生じるとする見解もある（『破産200問』102頁〔木内道祥〕）。

11　『条解』645頁、島岡・前掲注10・183頁以下、森・前掲注10・1174頁以下

12　なお、養育費と婚姻費用のうち、破産手続開始決定後の期間についてのものは、破産財団に属しない。

13　ただし、破産手続終結前に、これらの権利の具体的内容が確定した場合には破産財団に帰属することになるが、その対応については、破産裁判所とよく協議する必要がある（『手引』239頁）。

Q 5-19 不動産明渡訴訟への対応

破産手続開始時に不動産明渡請求訴訟が係属していた場合、どのように対応すればよいのですか

植村 京子

1 訴訟の中断

破産手続開始決定（以下「破産開始」という）によって、破産財団に属する財産の管理処分権は、破産管財人に専属し（法78条１項）、破産財団に関する訴えについては、破産管財人を原告又は被告とし（法80条）、破産管財人に当事者適格が専属する。そのため、破産財団に関する訴訟手続は中断し、破産管財人による受継が定められているが、破産手続が終了すると、破産管財人のこれらの権限・地位は失われるので、訴訟手続は中断し、破産者による受継等がされるのが原則である（法44条１項）。

したがって、破産開始時、破産者を被告とする不動産の明渡し、未払賃料、賃料相当損害金の請求訴訟が係属している場合、これらの訴訟は「破産財団に関する訴訟手続」に当たるので、破産開始によって中断し、破産管財人が受継することになる。

本問では、これによって中断した不動産明渡請求訴訟について、破産管財人はどのように対応すべきかを検討する。

2 破産管財人の実務対応

(1) 不動産の明渡請求について

まず、破産開始時に、破産者を被告とする、賃貸借契約、転貸借契約、使用貸借契約等の終了に基づく不動産の明渡請求は、破産財団（法定財団）に属しない財産であり、現有財団となっている財産の給付を内容とする債権的

第５章 契約関係・訴訟関係 309

請求権であるから、その基礎となる権利の典型は、取戻権であると考えられている[1]。したがって、明渡請求訴訟の訴訟物が賃貸借契約等の終了に基づくものであれば、取戻権に基づく請求権であり、破産債権（法2条5項）には当たらない。

破産管財人は、「破産債権に関しないもの」として、これらの中断した訴訟を受継することができる（法44条2項）。この場合、賃貸借契約の賃貸人である相手方から受継の申立てがされたときは、破産管財人は受継を拒否することができないと解されている（法44条2項後段）[2]。

訴訟物が所有権に基づく妨害排除請求としての明渡請求訴訟である場合も、上記と同様、取戻権に基づく請求権であるから、破産債権には該当せず、破産管財人は中断した訴訟を受継することができる。なお、これは日本の裁判所における訴訟手続等を対象としており、外国の裁判所における訴訟手続等については直接的な規定はないため、中断・受継等を実現するためには、当該外国における手続法（日本の「外国倒産処理手続の承認援助に関する法律」に相当するもの）による必要がある[3]。

これに対して、破産開始時、破産者が原告となって、賃貸借契約、転貸借契約、使用貸借契約等の終了に基づく不動産の明渡請求が係属している場合は、破産財団（法定財団）に属する財産に関する訴訟となる。

実務上、当該訴訟は、破産者を当事者とする破産財産に関する訴訟手続として中断するので（法44条1項）、破産管財人が相手方との間で、訴訟外の和解等による解決ができなければ、受継の申立てをして解決することになる。

1　『条解』472～475頁。『手引』197頁。なお、『伊藤』は、債権であっても、破産管財人の支配権を否定し、自己への引渡しを求めうる内容の権利である場合には、取戻権の基礎とされる、とする（456頁）。
2　ただし、当該訴訟手続の訴訟物に関し、破産法が簡易な手続（否認の請求（法174条以下）や役員の責任の査定手続（法177条以下）等が用意されている場合には、見解が分かれている（『条解』363頁）。
3　これに関して、国際連合国際商取引法委員会が国際倒産モデル法を制定しており、2017年1月時点では、日本を含め、米国、オーストラリア、韓国等の21の法域で採用されている。

(2) 不動産の未払賃料について

破産開始時、破産者を被告として、未払賃料の請求訴訟が係属している場合は、訴訟物は賃貸借契約に基づく未払賃料請求であるから、「破産手続開始前の原因に基づいて生じた財産上の請求権」（法2条5項）に当たり、破産債権に該当する。

したがって、未払賃料請求訴訟が破産者を当事者とする破産財産に関する訴訟手続として中断した後（法44条1項）、賃貸人である原告が破産債権の届出をし、債権調査手続で確定した場合には、当該訴訟は当然に終了する。

債権調査手続において、破産管財人もしくは届出をした破産債権者が当該破産債権の額等（破産債権の額又は優先的破産債権、劣後的破産債権もしくは約定劣後破産債権であるかどうかの別）について、全部又は一部に異議を述べた場合には、賃貸人である破産債権者は、異議者等の全員を当該訴訟の相手方にして、中断した訴訟手続を受継することになる（法127条1項）[4]。

この場合、異議等のある破産債権の額等の確定のため、受継申立てをする期間は、破産債権査定申立てと同様に、債権調査の終了から1カ月とされている（法127条2項、125条2項）。なお、中断中の訴訟の受継が可能である限り、債権査定の申立てを提起することはできない[5]。

(3) 賃料相当損害金について

賃料相当損害金請求訴訟は、賃貸借契約終了日の翌日から不動産の明渡しが完了するまでの分を請求しているのが通常である。当該不動産の明渡しが破産開始前に完了している場合には、賃料相当損害金は、破産債権（法2条5項）に該当する。そのため、原告が破産債権の届出をし、債権調査手続を経なければならないことは、上記(2)記載のとおりである。

これに対し、破産開始時に当該不動産の明渡しが完了しておらず、破産財

---

4 破産者は、一般調査期間内に破産債権の額について書面で異議を述べることができる（法118条2項）。ただし、破産者の異議は、他の破産債権者からの異議とは異なり、破産債権確定の効果を妨げる効果をもたず、破産手続終了後の破産債権者表の執行力発生を妨げる効果をもつにすぎない（法124条2項2号、221条2項参照）。

5 『条解』896頁

団に属する財産（破産財団に属しない法定財産は除く）が賃借物件内に残置されており、破産管財人が賃借物件を占有していると認められる場合は、破産開始後の賃料相当損害金は財団債権となる（法148条1項2号・4号）。破産開始日以降に発生している財団債権については、破産管財人は、中断している訴訟を受継することになる。なお、賃料相当損害金の額について、賃料の倍増ないしそれ以上とする条項が定められている場合、財団債権として認められる額は、破産管財人の行為と相当因果関係のある損害額、すなわち、賃料相当額であると解されている[6]。

　実務上、破産開始時に不動産の明渡しが完了していない場合、破産管財人は、賃貸人と交渉して現状有姿で明け渡すなどの合意をするか、速やかに残置物を撤去して明渡しを完了したうえで、中断している訴訟については、破産管財人が受継して取下げ等により終了させることが望ましい。これに対して、破産開始日の前日までの賃料相当損害金については、破産債権となるため、原告が破産債権の届出をし、債権調査手続を経なければならないことは、上記(2)記載のとおりである[7]。

Q 5-20　債権者代位訴訟・詐害行為取消訴訟への対応

　破産手続開始決定時に債権者代位訴訟または詐害行為取消訴訟が係属していた場合、どのように対応すればよいですか

植村　京子

1　債権者代位訴訟、詐害行為取消訴訟

　債権者代位訴訟及び詐害行為取消訴訟も破産手続開始決定によって中断する（法45条1項）。この2つの訴訟は、「破産者を当事者としない」「破産債権に関する訴え」の典型例である。いずれの原告適格も破産管財人に専属する

6　『手引』199頁
7　最判昭59.5.17判時119号72頁参照

312

（法80条）。

　この趣旨は、①破産手続開始決定により破産債権者の債務者に対する個別権利行使が禁止されることとの整合性をとったこと、②破産財団の管理に関する事項は破産管財人の責務であるため、破産財団の増殖に関するこれらの訴訟に関する権限も債権者から破産管財人に帰属させるべきであること等が理由としてあげられている[1]。

　租税等の請求権者が提起する債権者代位訴訟及び詐害行為取消しも、破産手続開始決定によって中断すると解されている。財団債権に基づく新たな強制執行の禁止や強制執行の失効（法42条1項・2項）が規定されていることから、破産債権者によるものと同様に解すべきだからである[2]。改正民法によって、債権者代位訴訟のいわゆる転用事例のうち、登記請求権等を保全するための債権者代位訴訟が明文化されたため（改正民法423条の7）、同条に係る債権者代位訴訟についても、法45条1項に基づく中断の対象となることが明らかになった（改正破産法41条）。

2　実務上の問題点

(1)　債権者代位訴訟の類推適用の可否

　債権者代位訴訟の類推適用が問題となる他の訴訟類型として、①株主代表訴訟（会社法847条）、②差押債権者による取立訴訟（民事執行法157条）、③会社債権者の株主に対する「剰余金の配当等に関する支払責任」（会社法462条1項）の履行を求める訴訟がある。

ａ　上記①の訴訟は、株主による法定訴訟担当の一種であり、株主は、会社に対して支払えという請求ができるだけで、株主に対して支払えという請求はできない。会社が訴訟を提起・追行する権能を有していることを前提としているためである。会社が破産手続開始決定を受けると、その損害賠償請求

1　『一問一答』74頁、『大コンメ』187頁〔菅家忠行〕
2　ただし、法43条の趣旨に鑑み、被代位債権又は取消しにより発生する債権に対し、破産手続開始決定前に国税滞納処分がなされているときに限り、同債権者において、この訴訟を続行し、優先回収することが認められる、とされる（『条解』367頁）。

第5章　契約関係・訴訟関係　313

権の追行権も破産管財人に専属するため、株主代表訴訟につき、法45条の類推適用を認める見解が多数説[3]であるが、新たな訴え提起を認める少数説[4]もある。

b 上記②の訴訟は、債権者による法定訴訟担当の一種であり、債務者がその訴訟を提起・追行する権限を有すること及び債権者が強制執行できることをその前提としている。当該債務者が破産手続開始決定を受けると、訴訟の目的物の管理処分権は破産管財人に専属し、破産債権・財団債権に基づく強制執行等は許されなくなる。そのため、差押債権者による取立訴訟につき、法45条の類推適用を認める見解が判例・通説である[5]。

c 上記③の訴訟（会社法463条2項）は、債権者代位権の特則であるので、本条の類推適用があると解されている[6]。

(2) 詐害行為取消訴訟の類推適用の可否

詐害行為取消訴訟の類推適用が問題となる他の訴訟類型として、①会社更生法・民事再生法上の否認訴訟、②清算持分会社の財産処分の取消しの訴え、③社債発行会社の弁済等の取消しの訴え、④詐害信託の取消訴訟がある。

a 上記①の訴訟は、破産法の否認訴訟と要件も効果もほぼ同じであり、手続移行があった場合には、明文の規定はないものの、法45条もしくは法44条が類推適用ないし準用され、破産管財人が受け継ぐことができると解されている[7]。

b 上記②の訴訟は、民法424条1項ただし書及び同法425条を準用している

---

3 『条解』373頁、『伊藤』445頁。下級審決定（東京地決平12.1.27金判1120号58頁、東京地決平7.11.30判タ914号249頁）も同旨

4 『倒産と訴訟』529頁以下〔中島弘雅〕。ただし、この見解も、破産管財人が査定の申立てをするなどの請求権を行使したときは、破産管財人が行使した手続が優先するという。

5 最判平11.12.17判時1707号62頁

6 相澤哲・岩崎友彦「株式会社の計算等」商事1746号41頁

7 『条解』376頁。なお、下級審判決（札幌地判平17.4.15金判1217号6頁）は、民事再生法上の否認請求の異議の訴えにつき、破産に移行した場合、破産管財人がその訴訟の受継をすることができ、裁判所も認可判決をし得るとした。

314

ことから、詐害行為取消訴訟と同趣旨の規定である。当該訴訟の追行権を一債権者に認めるのではなく、破産管財人に専属させ、法45条の類推適用を認めるのが相当と解されている[8]。

c　上記③の訴訟も、民法424条１項ただし書及び同法425条を準用していることから、破産法45条の類推適用を認めるのが相当とされている。

d　上記④の訴訟は、委託者が「その債権者を害することを知って信託した場合」に関する民法424条の特則であり、当該訴訟の追行権を破産管財人に専属させ、破産法45条の類推適用を認めるのが相当である。

(3)　仮差押え・仮処分との関係

債権者代位訴訟や債権者取消訴訟に関する仮差押え・仮処分（以下「保全処分」という）についても同項が適用されるかが問題となるが、保全処分の異議手続・取消手続・抗告手続は、いまだ訴訟追行段階にあるので、中断・受継の対象になると解される[9]。

なお、厳密には発令手続[10]についても、個別の権利行使を禁止する必要性は変わらないため、適用ないし準用されるものと解される[11]。起訴命令（民事保全法37条１項）の期間中に債務者につき破産手続開始決定がなされた場合にも中断・受継の対象になると解されている[12]。

3　破産管財人の実務対応

破産管財人は、総債権者の利益を代表する立場にあるので、従来の訴訟状態が有利かどうかを検討し、財団増殖の可能性があれば受継するのが相当で

8　『条解』376頁。ただし、破産管財人は、この取消訴訟を受継した後も、元の取消訴訟のまま、否認訴訟に切り替えることなく、訴訟追行することができると解するのが相当、としている。

9　『条解』370頁、『大コンメ』187頁〔菅家忠行〕、『破産実務』119頁、『注釈（上）』321頁〔柴原多〕

10　執行手続は、発令により直ちに訴訟追行段階を終えるので、中断・受継の対象にならないとされるが、破産管財人は保全処分の効力を自己の有利に援用することができると解される（『条解』378頁、『基本法コンメ』118頁〔垣内秀介〕）。

11　『条解』378頁、『大コンメ』188頁〔菅家忠行〕

12　『条解』378頁

第５章　契約関係・訴訟関係　315

ある。

　相手方から受継の申立てがあった場合の扱いについては、見解が分かれているが、破産法45条2項の文言を重視し、相手方の従前訴訟における地位・利益保護の観点から受継申立権を広く認める見解が有力である[13]。東京地方裁判所も原則として破産管財人は受継を拒絶できないという立場をとる[14]。ただし、破産管財人は、受継した後、独自の攻撃防御方法（要件の異なる否認権の行使など）を提出することができる。

　破産管財人が受継をしたときは、請求の趣旨を必要に応じて変更しなければならない。債権者代位訴訟であれば「債権者への支払・引渡し」を「破産管財人への支払・引渡し」に[15]、詐害行為取消訴訟であれば「詐害行為の取消」を「否認」にする。

　詐害行為取消訴訟を否認訴訟に切り替える場合、否認訴訟の訴え提起時は、中断前の詐害行為取消訴訟の訴え提起時とみなされ、破産手続開始の日から2年経過後に受継しても、否認訴訟に切り替えることができると解される[16]。

　なお、破産管財人による受継後、否認訴訟に切り替えられた場合、専属管轄裁判所である破産裁判所に移送される（法173条2項）。

　訴えを提起していた債権者は、訴訟費用を負担しているなど、法律上の利害関係を有すると考えられるので、補助参加することができる。

13　『条解』380頁、『伊藤』442頁、『破産実務』118頁
14　具体的な事例の処理については、破産裁判所との事前協議が必要、とされている（『手引』238頁）。
15　改正民法423条の3も同様の扱いとなる。
16　『注解（上）』560頁〔宗田親彦〕

Q 5-21　破産手続の終結と訴訟の取扱い

　破産手続が終結した場合、破産管財人を当事者とする訴訟手続はどのように扱われるのですか

渡邊 賢作

1　はじめに

　破産手続が終結した場合における破産管財人を当事者とする訴訟手続の帰趨は、①訴訟手続が破産債権に関するものであるかそれ以外のものであるか、②破産管財人が従前の訴訟を受継したものであるか、そうではなくて破産管財人が新たに訴訟を追行したものであるかによって、取扱いが変わる（図表1参照）[1]。

図表1　破産管財人を当事者とする訴訟手続の帰趨

対象	破産債権に関するもの		それ以外のもの	
受継か新規	受継	新規	受継	新規

2　破産債権に関する訴訟手続

(1)　破産管財人が受継した場合

　破産債権に関する訴訟を破産管財人が受継した場合には、破産管財人が無名義債権に異議を述べた場合において破産債権者が破産管財人を相手として訴訟の受継を申し立てた場合（法127条1項）や、破産管財人が有名義債権に異議を述べた場合において破産管財人が破産債権者を相手として訴訟を受継した場合（法129条2項）が存在する。

---

[1]　本問は他の倒産手続が先行しない破産手続について説明を行うものである。更生手続あるいは再生手続から破産手続に移行した場合については本書Q14-5を参照されたい。

第5章　契約関係・訴訟関係　317

いずれにおいても、破産手続が、配当が行われて終了するかあるいは配当が行われずに終了するかにより、訴訟手続の帰趨が異なる。

a 配当が行われずに終了する場合

破産手続開始決定の取消し（法33条3項）、破産手続廃止決定の確定（法216条ないし218条）により配当が行われず破産手続が終了した場合は、破産管財人が受継した訴訟手続は中断し、破産者が受継する（法44条4項・5項）。配当が実施されない以上、破産債権の額を決定する実益を欠くからである。

ただし、破産者が法人で残余財産が存在しない場合は、破産手続の終了により法人格は消滅するので訴訟は当然に終了する。破産者が自然人の場合は、破産債権が非免責とならない限り、請求は棄却される（法253条1項柱書）。

b 配当が行われて終了する場合

これに対して、配当が実施され、破産手続終結の決定（法220条）により破産手続が終了した場合、破産管財人が受継していた訴訟手続は、破産管財人により続行される（法133条3項）。この場合、当該訴訟で争われている破産債権のために配当額の一部が供託されており（法202条1号、205条、214条1項1号）、その帰趨を決する必要があるためである。

(2) 破産管財人が新たに追行した場合

破産債権に関する訴訟手続を破産管財人が新たに追行した場合には、破産管財人を当事者とする破産債権査定異議の訴え（法126条1項）が提起され係属している場合と、破産管財人を当事者とする有名義債権に対する異議の訴え（法129条1項）が提起され係属している場合が存在する。

a 破産管財人を当事者とする破産債権査定異議の訴えの場合

この場合に、破産手続が終了したとき、上記(1)の破産債権に関する訴訟を破産管財人が受継した場合と同様の扱いを受ける。

すなわち、破産手続開始決定の取消し、破産手続廃止決定の確定により、配当が行われずに破産手続が終了した場合は、上記(1) a と同様、訴訟手続は中断し、破産者がこれを受継する（法44条4項・5項）。

これに対して、配当が実施され、破産手続終結の決定により、破産手続が終了したときは、上記(1) b と同様、なお訴訟手続は破産管財人により続行される（法133条3項）。

b　破産管財人を当事者とする有名義債権に対する異議の訴えの場合

この場合に、破産手続開始決定の取消し、破産手続廃止決定の確定により、配当が行われずに破産手続が終了したときは、上記(1) a と同様、訴訟手続は中断し、破産者が受継する（法44条4項・5項）。

他方、この場合に、配当が実施され破産手続終結の決定により破産手続が終了した際は、訴訟の帰趨について、破産法44条5項の例外を定めた規定はないが、この際にも、供託された配当の帰趨を決定する必要性が存在すること、破産債権査定決定において、届出債権者の請求が認容され、敗訴した破産管財人が破産債権査定異議の訴えを提起する場合に類似することに照らせば、破産法133条3項を類推適用し、上記(1) b と同様、破産管財人に訴訟を継続させるのが妥当であるとされている[2]。

以上、「2　破産債権に関する訴訟手続」を整理すると図表2のとおりである。

図表2　破産債権に関する訴訟手続

対象	破産債権に関する訴訟手続	
受継か新規	受継、新規（同じ）	
配当の有無	なし	あり
取扱い	破産者が受継	破産管財人により続行
条文	法44条4項・5項	法133条3項
備考	法人の場合、訴訟当然終了 自然人の場合、非免責債権でない限り、請求棄却	

2　『注釈（上）』853頁、『条解』931頁

3 破産債権に関しない訴訟手続

(1) 破産管財人が受継した場合

　破産債権に関しない訴訟手続を破産管財人が受継した場合には、従前の訴訟の当事者が破産者である場合と破産者以外の場合がある。

a 従前の訴訟の当事者が破産者の場合

　破産管財人が破産者が当事者であった破産債権に関しない訴訟手続を受継した場合には、例えば、所有権（取戻権）を主張する第三者が財産を占有する破産者に対して提起した引渡し・明渡し請求訴訟を受継した場合や、財団債権者が破産者に提起していた訴訟を受継した場合などがある。

　これらの訴訟は、破産手続開始の決定により、中断し、破産管財人が受継した（法44条1項・2項）ものであるが、破産手続の終了による破産管財人の管理処分権の喪失に伴い、破産者に管理処分権と訴訟追行権が復帰することから、破産手続の終了後は、訴訟手続は中断し、破産者が受継することになる（法44条4項・5項）。

b 従前の訴訟の当事者が破産者以外の場合

　破産管財人が破産者以外が当事者であった破産債権に関しない訴訟手続を受継した場合とは、例えば、破産債権者又は財団債権者の提起した債権者代位訴訟又は詐害行為取消訴訟が破産手続開始決定時に係属しており、破産管財人が中断したかかる訴訟手続を受継した（法45条1項・2項）場合である。

　この場合に、破産手続が終了したときは、訴訟手続は再度中断し、破産債権者又は財団債権者がこれを受継する（法45条4項・5項）。

　なお、同条は、破産者を当事者としない破産財団に関する訴訟手続の典型を定めたものにすぎず、破産者を当事者としない破産財団に関する訴訟であれば、債権者代位訴訟又は詐害行為取消訴訟以外の訴訟についても類推適用される[3]。この点、東京地決平12.1.27金判1120号58頁では、株主代表訴訟に対する同条の準用を認めている。

---

3 『条解』367頁

(2) 破産管財人が新たに追行した場合

破産債権に関しない訴訟手続を破産管財人が新たに追行した場合とは、①破産管財人が破産財団に属する財産であると主張し債務者に提起した訴訟などが典型例である。破産手続の終了により、破産管財人が、当該財産に対する管理処分権及び当事者適格を喪失することになる結果、このような訴訟手続も中断し、破産者が受継する（法44条4項・5項）。

また、②否認の訴えに関しては、明文上の規定がなく解釈上、議論が存在するが、否認権が破産財団の増殖を目的とする権利である以上、破産手続の終了により当然終了するものと解されている[4]。

これに対し、③否認の請求を認容する決定に対する異議の訴え（法175条）に関しては、破産手続が終了した場合は、訴訟手続が終了すると明文で規定されている（法175条6項）。上述のとおり、破産手続の終了により否認権を行使する実益が欠ける以上、その内容を審議する必要性もまた欠けるからである。

④役員責任査定決定に対する異議の訴え（法180条）の帰趨に関しては、破産手続の終結により、残余財産がない限り法人の法人格も消滅する以上、破産手続の終了により当然に終了するものと思われるが、現実的には破産管財人の処理を終えてから破産手続を終了させるべきとの指摘がなされている[5]。

以上、「3　破産債権に関しない訴訟手続」を整理すると図表3のとおりである。

4　『条解』1171頁
5　『注釈（下）』236頁〔志甫治宣〕

図表3　破産債権に関しない訴訟手続

対象	破産債権に関しない訴訟手続					
受継か新規	受継		新規			
従前の訴訟当事者	破産者	破産者以外	―			
訴訟類型	―		①	②	③	④
取扱い	破産者が受継	元の当事者が受継	破産者が受継	当然終了	当然終了	当然終了
条文	法44条4項・5項	法45条4項・5項	法44条4項・5項	規定なし	法175条6項	規定なし
備考		株主代表訴訟の場合類推適用				

第6章

債権調査・債権者集会

Q 6-1　破産債権届出書の送付

破産管財人事務所が裁判所の「書類受領事務担当」として破産債権届出書等を受領する場合、破産管財人はどのような点に留意すべきですか

野田 聖子

1　債権者に対する債権届出書等の送付

(1)　破産手続開始時に判明している債権者

　裁判所は、破産手続開始の決定と同時に、破産債権の届出をすべき期間を定め（法31条1項1号）、届出期間を公告するとともに、知れている破産債権者に通知する（法32条1項3号・3項）。

　東京地方裁判所においては、破産手続開始時に判明している債権者[1]に対して、裁判所から、①破産手続開始通知書、②債権届出書用紙、③封筒表書見本・債権者集会場の案内図、の3点の書類（破産手続開始書類3点セット）を送付している[2]。

(2)　破産手続開始後に判明した債権者

　破産手続開始後に判明した債権者に対しては、破産管財人から、これらの書類を直接送付している。この場合の送付方法として、ファクシミリ送信によることも可能とされている。破産管財人は、債権者に対してこれらの書類を送付した場合、裁判所に「新たに判明した債権者への発送（送信）報告書」を提出する。

1　一般的には、破産手続開始申立書に添付された債権者一覧表に記載された債権者である。

2　『手引』258頁、『債権調査・配当』58頁、『破産実務』430頁

2　破産管財人が債権届出書等を送付する運用

　東京地方裁判所においては、債権者や財産所持者等が多数にのぼる等、事件が一定規模を超える場合、又は債権者申立ての場合等の一定の案件において、裁判所の通知事務等取扱いとして、破産管財人が上記1(1)①ないし③の書類を送付する運用を実施している（規則7条参照）[3]。この場合、破産管財人は、裁判所から発送用の専用封筒を受領し、これに事件番号を記載して使用することが多い。

3　破産管財人事務所への債権届出書の直送[4]と破産管財人の留意点

　東京地方裁判所においては、債権届出書を債権者から破産管財人事務所に直送させる取扱いとしている（本書Q6-2参照）。債権届出取下書や破産債権名義変更届出書も同様である。送付先は「破産管財人気付」とされ、破産管財人事務所は裁判所の「書類受領事務担当」となる[5]。

　破産管財人は、債権者から直送された債権届出書を適切に仕分けて整理し管理する必要がある。例えば、破産管財人事務所で複数の破産事件を取り扱っている場合、ある破産事件の債権届出書が別の破産事件の債権届出書等の書類に紛れ込まないよう、十二分に留意することが必要である。破産管財人は、申立書添付の債権者一覧表に記載された債権者や新たに判明した債権者に対して、これらの債権の届出がない場合、債権届出書の提出を促すことも検討されてよい[6]。これにより、債権者が届出を失念することを防止できるとともに[7]、当該債権者から「提出した」といわれた場合、別の破産事件の債権届出書綴り等をチェックすることで、破産手続上の破産管財人の過誤

3　『新・実務大系』59頁

4　『手引』258頁、『破産実務』432頁

5　『伊藤』656頁注14

6　会社更生手続においては、債権届出期間の末日通知を実施している（会社更生規則43
　条）。ただし、破産管財人には、破産債権者に対し破産債権届出期間及び破産債権調査
　期日の通知が適切にされているかを確認し、破産債権の届出を催促する義務はないとし
　た裁判例がある（大阪高判平28.11.17判時2336号41頁）。

7　『伊藤』652頁注2

第6章　債権調査・債権者集会　325

を防止するという副次的な効果も期待できる。

なお、租税等債権者は、債権届出書の書式を使用せず、交付要求書による権利行使を行う（国税徴収法82条）。しかし、公租公課庁の担当者が破産手続に習熟していない等の理由から、租税等債権者が債権届出書の書式を使用して権利行使してくることがある。このような場合、早い段階で、届出担当者に連絡して、提出された債権届出書を返却するとともに、交付要求書の提出を促している。

4　労働債権（優先的破産債権）の債権届出書の用紙についての工夫

労働債権については、財団債権部分と優先的破産債権部分があり得るところ（法149条、2条5号、98条1項、民法306条2号、308条）、労働債権者が、自ら、労働債権総額及びこの内訳を把握するには困難が伴うことが多い。そこで、破産管財人において、申立代理人や補助者たる元従業員の協力を得て、優先的破産債権の額をあらかじめ記入した債権届出書用紙を各従業員に送付する方法もある。これは、破産管財人が、労働債権者に対して、手続参加に必要な情報提供努力義務を負担していることにも適う取扱いである（法86条）[8]。

5　独自の様式の債権届出書を用いる方法

消費者被害や消費者金融関連等の、同種類の債権を有する多数の債権者がいる案件の債権届出においては、独自の様式の債権届出書を用いることがある。

案件によっては、破産管財人として認めることができる債権額をあらかじめ各々記載した債権届出書を債権者に送付する場合もある。

これらの工夫により、債権者にとっては、債権届出が容易になり、破産管財人にとっても、債権者からの問合せが減り、また債権調査手続をよりスムーズに行うことができ、管財業務の効率化を図ることができる[9]。

8　『注釈（上）』761頁注1〔宮本圭子〕
9　『注釈（上）』761頁注1〔宮本圭子〕、『債権調査・配当』60頁、『新・実務大系』59、338頁

独自の様式の債権届出書を用いる場合、破産管財人は、裁判所とあらかじめ十分に協議することが必要である。

6　圧着はがきを用いる方法

債権者数が多数にのぼる等、事案によっては、上記1(1)①ないし③の事項を記載した圧着はがきを用いて通知するケースもある。

債権届出留保型の事件（本書Q6-6参照）において圧着はがきを用いる場合、上記1(1)①、③債権者集会場の案内図及び債権届出留保型である旨を記載して、圧着はがきにより通知する。

債権届出をさせる事件においても、圧着はがきを利用して通知する例もある。

7　メールに添付して債権届出用紙を送付する方法

債権届出に関する事項も含めて圧着はがきを利用して通知したうえで、メールに添付して債権届出用紙を送付した具体例を紹介する[10]。

①債権者に対して、上記1(1)①、③債権者集会場の案内図及び債権届出の方法に加えて、「通し番号」を記載した圧着はがきを郵送する。②債権届出を希望する債権者は、ウェブサイトの専用フォームに圧着はがき記載の「通し番号」と債権者の「生年月日」を入力する。③「通し番号」と「生年月日」が破産管財人のデータベースと一致した場合、債権者は情報登録画面に進める。④債権者は、情報登録画面に、氏名、住所、電話番号、メールアドレス等の必要事項を入力することにより、債権届出書の送付を申し込む。⑤破産管財人は、把握している資料に基づいて債権額をあらかじめ印字した債権届出書と根拠資料を、債権者に対して、原則としてメール添付の方法にて送付する。⑥債権者はその内容を確認し、内容に間違いない場合、債権届出書に捺印のうえ、破産管財人事務所に郵送して提出する。

10　破産者株式会社グロワール・ブリエ東京及び破産者ミスプレミアム株式会社事件
http://www.etarabi.net/

8 債権届出を行うために必要な情報をウェブサイトにて通知する方法

上記7の方法は、破産管財人がメール添付の方法にて債権届出書用紙を各々送信して、債権者は、これをプリントアウトし、捺印して、破産管財人事務所に郵送する方法であるが、ビットコイン取引所の破産事件において、債権届出を行うために必要な情報をウェブサイトにて通知し、債権届出自体をインターネットを通じたオンラインによって行う方法が採用されている[11]。事案の性質上、オンラインによる債権届出を認める必要性があったものと考えられるが、破産債権は書面をもって届け出るのが原則であることから（規則1条1項）、現行の破産法においては例外的な事例といえる。

9 少額配当金の受領意思

債権者は、自己に対する配当額の合計額が1000円未満となる場合においても配当金を受領する意思があるときは、その旨を裁判所に届け出なければならないとされている（法111条1項4号、規則32条1項、名義変更について法113条2項）。また、破産管財人は、少額配当金の受領意思の届出をしなかった債権者については配当せず、当該配当額を他の債権者に配当しなければならないとされている（法201条5項、205条、215条2項）。

そこで、東京地方裁判所においては、破産管財人の事務負担を考慮して、債権届出書に、不動文字にて「少額配当金受領については、配当金額が1000円に満たない場合においても、配当金を受領する意思があります。」と印字し、債権者がこの部分を削除等することにより受領意思がない旨を示さない限り、受領意思がある旨の届出もあったものとして取り扱っている[12]。

---

11 『債権調査・配当』60頁
12 『手引』331頁、『破産実務』508、432頁

Q 6-2　破産債権の届出の留意点

債権者が破産債権の届出をするにあたり留意すべき点はどのようなものでしょうか

宮本　聡

1　破産債権の届出

(1)　届出の様式

破産債権は書面をもって届け出るのが原則である（規則 1 条 1 項）。

破産債権の届出書（及びその記載要領）は、通常、破産裁判所より開始決定後速やかに知れたる債権者に対して送付される（なお、配当の見込みが明らかではない事案等の「留保型」では開始決定に関する通知書のみが送付され債権届出書は送付されない（詳細は本書 Q 6 - 6 参照））。法定の届出事項（法111条、規則32条 2 項）が網羅されているのであれば独自の債権届出書の書式により届出をすることは可能であるが、当該案件における所定の債権届出書の書式を使って届出がなされるのが一般的である。

破産債権者であるものの、知れたる債権者として認識されていないなど、なんらかの理由で債権届出書等が送付されないこともある。そういった場合、破産債権者としては、破産管財人に問合せをするなどして債権届出書等を取り寄せることになる。

(2)　届出事項

届出が必要な事項は主に以下のとおりである。

・各破産債権の額及び原因（法111条 1 項 1 号）

・優先的破産債権であるときはその旨（法111条 1 項 2 号）

・劣後的破産債権又は約定劣後破産債権であるときはその旨（法111条

第 6 章　債権調査・債権者集会　329

1項3号）

・自己に対する配当額の合計額が1000円（規則32条1項）に満たない場
合においても配当金を受領する意思があるときはその旨（法111条1項
4号）

・破産規則32条2項で定められた事項（破産債権者及び代理人の氏名又は
名称及び住所等）（法111条1項5号）

・別除権者の場合、①別除権の目的である財産及び②別除権の行使に
よって弁済を受けることができないと見込まれる債権の額（法111条
2項）

a 各破産債権の額及び原因（法111条1項1号）

破産債権の額を届け出る必要がある。また、破産債権の原因とは、対象債
権の発生原因事実のことであり、対象債権の同一性を認識するに足る事実を
記載しなければならない[1]。破産管財人は債権の額と原因の双方を考慮して
破産債権の認否を行うため、破産管財人が届出の対象となった破産債権を特
定できない場合には、破産管財人から「認めず」との認否がなされることに
なる（以下、本設問において、破産管財人のなす認否のうち「認めず」（法125条）
を、実務上の取扱いに従って「異議」という）。異議により査定手続等に移行し
た場合、破産債権者は「原因」として届出書に記載しなかった事項を査定手
続等において主張できなくなるため（法128条）、破産債権者としては、破産
債権の原因として債権を特定するに足る記載がなされているか留意する必要
がある。

b 優先的破産債権（法111条1項2号）

優先的破産債権（法98条）である旨の届出がない場合に、破産管財人等が
優先性を認めることは許されない[2]とされる。そのため、優先的破産債権
者、特に労働債権者は優先性の届出に漏れがないか、留意する必要がある。
破産管財人は労働債権者に対し情報提供努力義務を負っていることから（法
86条）、労働債権者としては財団債権か優先的破産債権かについて疑問があ

---

1 『条解』797頁
2 『条解』798頁

る場合には直接、破産管財人に問合せをするなどして優先性の有無を確認することが望ましい。

(3) 債権届出書の届出先

債権届出書の届出先は破産裁判所である（法111条1項）。ただし、破産管財人事務所を当該事件における裁判所の「書類受領事務担当」と指定して破産管財人への直送を行っている裁判所もある[3]。この指定があるにもかかわらず債権届出書が裁判所に送付された場合でも、裁判所が本来の届出先である以上、裁判所に提出された時点で届出の効果（時効中断効）が生じると解されている[4]。

(4) 添付書類

債権届出書には破産債権に関する証拠書類の写しを添付しなければならない（規則32条4項1号）[5]。証拠書類の写しの添付がなく、かつ、破産管財人が証拠書類なくして破産債権の存在を認めることができない場合には、破産管財人から当該破産債権の届出に対して異議が出されることになる。もっとも、実務上は、証拠書類がなく破産管財人が認否できない場合、破産管財人から破産債権者に対し認否に必要な証拠書類の追完を求めることが多いと思われる。

(5) 債権届出期間

債権届出期間は、破産手続開始決定日から2週間以上4月以下（海外債権者がいる場合は4週間以上4月以下）の期間内で定められている（規則20条1項1号）。具体的にどの程度の期間が設定されるかは、各裁判所における運用上の標準スケジュールも踏まえ、具体的な事件の事情に応じて決定される（届出期間経過後の破産債権の届出については本書Q6-9参照）。

---

3 『手引』258頁
4 『条解』797頁
5 民事再生、会社更生の場合には証拠書類の写しの添付は必要とされていない（民事再生規則31条、会社更生規則36条）。

第6章 債権調査・債権者集会 331

2 別除権付債権の届出

別除権者は、別除権の行使によって弁済を受けることができない債権の部分（以下「不足額」という）についてのみ、破産債権者として権利行使できる（法108条1項本文。不足額責任主義）。別除権者は、債権届出にあたり無担保債権と共通の事項に加えて、①別除権の目的である財産及び②別除権の行使によって弁済を受けることができないと見込まれる債権の額（以下「予定不足額」という）を届け出なければならない（法111条2項）。

別除権から全額回収できると考えて破産債権の届出をしなかったところ、実際に不足額が生じた場合、当該事情は「その責めに帰することができない事由」（法112条1項）には原則として当たらないと解されるため[6]、別除権者としては、別除権から全額回収できることが確定していない場合は、念のため予定不足額を「額未定」とするなどして破産債権の届出をしておくことが考えられる。

別除権者としては、担保設定が複数ある場合など、破産債権届出書の別除権の目的物の記載欄に直接記載をするのではなく独自の書式を利用する方が便利な場合には、別除権の目的物の記載欄に「別紙のとおり」と記載して、別紙を使用することも可能であり、実際にそのような形式の届出がなされることも多い。

3 特殊な債権の届出[7]

破産手続開始決定時において、破産債権の額が不確定（法103条2項1号

---

6 『条解』800頁
7 本稿では詳論しないが、①ファイナンス・リース料債権、②手形債権及び③差押えのある債権の届出についても留意が必要である。①につき、リース業者は破産債権の届出までに物件の返還を受けている場合には清算後の残金を破産債権として届け出ることに留意が必要である（『破産実務』436頁）。②につき、手形債権者は証拠書類として手形の写し（裏面を含む）を添付すること、破産手続開始から1年以上経過後に支払期日が到来する場合には中間利息を控除すること（法99条1項2号）、手形債権と原因債権の双方を有する場合にはどちらかを選択して届け出ること等に留意が必要である（『破産実務』437頁）。③につき、差押えをした債権者は、被差押債権が破産債権である場合、破産手続中は破産手続外で権利行使できないこと、破産債権届出にあたり証拠書類として取立権を証明する書類を添付すること等に留意が必要である（『破産実務』439頁）。

ロ）である場合や破産債権が条件付き又は将来の請求権である場合でも、当該破産債権者は、その破産債権をもって破産手続に参加することができる（法103条4項。配当については本書Q8-4参照）。

(1) 額不確定の金銭債権

金銭債権でその額が不確定であるもの（例えば、将来の一定時期における収益分配請求権のように金額が不確定な債権）については評価によって破産債権としての金額を定める以外にないとされる[8]。

なお、不法行為に基づく損害賠償請求権（特に人身損害に関するもの）について、被害がいまだ継続している場合や損害が拡大している場合には、破産債権者自身によって破産手続開始時に損害額を確定させることが困難であるため、額不確定の金銭債権に当たるとする見解[9]もあるが、通説は客観的には金額は確定していることを理由として額不確定の金銭債権に当たらない[10]としている。

(2) 非金銭債権（役務提供請求権等）の金銭化

本書Q6-15参照。

(3) 外国通貨建金銭債権

外国通貨建ての金銭債権を有する破産債権者は、破産手続開始の時の為替相場に従って国内通貨に換算し、その評価額を届け出る必要がある（法103条2項1号ロ）。国内通貨への換算にあたっては破産手続開始決定地の為替相場が基準とされる[11]。破産債権者としては、国内通貨に換算して外国通貨建金銭債権を届け出るべきであり、換算をしない場合には不適式な届出となる[12]。もっとも、実務上は、破産管財人が自ら換算を行うか、事後的に破産債権者に届出事項の変更として評価額を記入させるなどして不備を追完させ

8　『条解』756頁
9　『伊藤』285頁
10　『注解（上）』132頁〔石井明・三上威彦〕
11　『条解』757頁、『伊藤』286頁
12　『伊藤』287頁

第6章　債権調査・債権者集会　333

ることが多く問題となりにくい。

⑷　条件付債権の届出

条件付債権とは、その発生原因たる法律行為において停止条件又は解除条件が付されたものを指し[13]、保険事故発生前の保険金請求権、（債務不履行が生じる前の時点での）債務不履行を条件とする損害賠償（違約金）請求権、賃貸借契約の終了に基づく目的物の明渡前の敷金返還請求権[14]が例としてあげられる。

破産法103条4項は破産手続開始時に既に条件付債権として成立しているものを対象とするため、双方未履行双務契約について破産管財人が解除の選択をした場合の相手方の損害賠償請求権（法54条1項）や破産管財人が否認権を行使した結果として相手方が有する破産債権たる償還請求権（法168条2項2号・3号）は、そもそもここでいう条件付債権には当たらない。そのため、これらの破産債権は、破産管財人による解除権などが行使された後に適時に届け出ることができると考えられており[15]、実務的にもそのような形で届出がなされるのが一般的である。

13　『条解』759頁
14　敷金返還請求権を含む停止条件付債権の届出については、『債権調査・配当』265頁〔柴田義人〕以下が詳しい。
15　『条解』759頁

Q 6-3　債権届出後の届出事項の変更

債権届出後に債権額の変更や債権者の変更を行う場合、どのようにすればよいですか

佐古　麻衣子

1　届出事項の変更

破産債権の届出後、届出事項に変更があった場合、届出破産債権者は当該変更について、届出先である裁判所に変更を届け出る。

もっとも、届出事項のなかには、変更することで、当該届出事項に関連する他の破産債権者の利益を害する内容もある。そのため、破産法は、届出事項の変更が、それについて他の破産債権者の利益を害するか否かによって手続を分けている。

また、届出名義の変更については、他の破産債権者を害するか否かという基準とは別に規定を設けている。

2　他の債権者の利益を害する変更

(1)　変更の時期的な制限

特定の届出事項を変更することにより、その事項に関連を有する他の破産債権者の利益を害する場合、そのような変更の届出は、当該他の破産債権者にとっては新たな債権の届出がなされたのと同じ利害状況といえる。したがって、他の債権者の利益を害する変更については、債権の届出と同様の時期的制限に服し、原則として一般調査期間経過時又は一般調査期日終了時までに届け出なければならない。それ以降は変更を届け出る破産債権者の責めに帰することができない事由があった場合に限り、その事由が消滅した後1月以内に限って届出が認められる（法112条4項）。債権者の責めに帰することができない事由とは、具体的には否認権が行使された結果、当該行為に

第6章　債権調査・債権者集会　335

よって消滅していた債権が復活して破産債権となった場合や、破産債権を自働債権として相殺の主張をしていたがこれが後に否定された場合などがあげられる[1]。

債権調査の方式には期間方式（法116条1項）と期日方式（法116条2項）がある。実務上は期日方式を採用したうえで、期日を配当まで続行している例が多いとされる。変更の届出は一般調査期日の終了時まで可能なため、このような実務上の運用により、実質的には、期間制限を債権調査の可能な期間まで変更したのと同様の結果となっている[2]。なお、東京地方裁判所破産再生部においては、届出事項の変更届出は、新たな届出がなされるのと同様に、変更すべき届出事項と変更内容などを記載した届出書1通に、証拠書類のコピーを添付して、破産管財人へ直接送付することとされている[3]。

(2) 利益を害すべき変更の具体例

他の債権者の利益を害すべき変更の典型例は、破産債権の増額である。

破産債権の原因の変更（ただし、額の増加を伴わない場合）については、訴訟物に関する考え方に準じて見解が分かれる[4]。実務上は、訴訟物については旧訴訟物理論に準じて考え、原則としては法的構成ごとに原因の判断がされている[5]。この考えに基づくと、法的な構成が変更されれば、債権に関する認否が異なる可能性もあるため、原因の変更は他の債権者の利益を害すべき変更に当たると考えられる。そのような原因の変更について、実務では、他の法的構成による原因も黙示的に届けられていると解するか[6]、変更届出はあるがその責めに帰することができないものと解する[7]等により、原因の変更も可能とする柔軟な解決策を図っている。

1　『債権調査・配当』210頁〔山形康郎〕

2　『債権調査・配当』210頁〔山形康郎〕

3　『破産実務』444頁

4　『債権調査・配当』198頁〔中森亘〕、『条解』810頁、『注釈（上）』741頁〔中森亘〕

5　『条解』810頁

6　『債権調査・配当』198頁〔中森亘〕、『条解』810頁、名古屋高判平13.1.30金法1631号97頁

7　『債権調査・配当』198頁〔中森亘〕、『伊藤』659頁注24、『基本法コンメ』259頁〔日景聡〕、『大コンメ』475頁〔林圭介〕

3　他の債権者の利益を害しない変更

(1)　時期的制限

　他の破産債権者の利益を害しない変更については、債権の届出と同様の時期的制限はない。ただし、遅滞なく、その変更の内容及び原因について裁判所に届け出なければならないとされている（規則33条1項）。なお、他の破産債権者を害しない変更については、破産管財人も、その変更が生じたことを知った場合には、裁判所に対し、証拠書類を添付して、その変更の内容及び原因を届け出なければならない（規則33条3項）。

　氏名住所・代理人・通知場所については、破産債権の確定に影響がないので、破産手続中いつでも変更の届出ができる。

　また、破産債権の全部又は一部の消滅は、他の破産債権者の利益を害しない変更に当たるが、破産債権の額については、債権調査手続を経て確定するため（法124条3項）、それまでに行わなければならないと解されている[8]。

(2)　別除権者等の別除権に係る予定不足額

　別除権者・準別除権者は、破産債権の届出において、別除権の行使によって弁済を受けることができないと見込まれる債権の額を届け出なければならない（法111条2項2号・3項）。この予定不足額については、異議[9]がなくとも確定しないこと、配当額の上限を画する効力がないこと等から、たとえ増額の変更であっても他の破産債権者の利益を害しない変更と解されている[10]。

　なお、破産債権者の変更も、破産債権額を変更することはなく、他の破産債権者の利益を害しない変更と考えられるが、これについては後記4(1)に述べるように別の規定があることから、破産規則33条の適用はないと解されている[11]。

8　『条解』840頁
9　以下、本設問において、破産管財人のなす認否のうち「認めず」（法125条）を、実務上の取扱いに従って「異議」という。『債権調査・配当』235頁〔安田真道〕
10　『債権調査・配当』198、211頁、『条解』805頁、『注解（下）』504頁〔高橋慶介〕
11　『条解』805頁

4 届出名義の変更

(1) 変更の届出の方式

　債権届出の後に、債権譲渡や相続等により、届け出た破産債権の名義が変わることがある。その場合、当該破産債権を取得した者は、配当の受領など、破産債権に係る破産手続上の権利行使のためには、届出名義の変更を受けなければならない（法113条1項）。名義変更の届出には、債権の届出と同様の時期的な制限はない（法113条1項）。

　届出は書面で行い（規則1条1項）、次の届出事項を記載する必要がある（法112条、規則35条、32条3項）。

・変更を受けようとする債権者・代理人の氏名住所（郵便番号、電話番号、ファクシミリ番号）
・通知又は期日の呼び出しを受けるべき場所
・取得した権利、取得の日、取得の原因
・少額配当金受領の意思があるときはその旨

　また、届出には、破産債権の全部又は一部を取得したこと及び対抗要件具備が必要な場合はそれを具備したことを証明する証拠書類を添付しなければならない。

　なお、配当額通知の前後に、破産債権に変更が生じた場合には、実務上、破産管財人において適切に配当業務が遂行されるよう、名義変更の届出について処理の工夫がなされている。配当異議期間経過前（配当額通知前）の変更の場合、東京地方裁判所破産再生部では、新旧の債権者が連名で証拠書類を添付した変更届出書を破産管財人へ直送し、提出することを求めている[12]。また、配当異議期間経過後（配当額通知後）の変更の場合、各債権者が具体的配当請求権を取得することとなるが、新旧債権者が破産管財人へ連名で名義変更届及び配当金の送金先変更依頼書を提出した場合には、新債権者に直接配当金を支払う扱いとされている[13]。

12　東京地方裁判所破産再生部の取扱いについて、『破産実務』446頁、『手引』296頁

⑵　争いがある場合

破産債権の取得に争いがある場合には、変更届の受理の有無及び時期により、破産債権者のとるべき手段が変わる。

裁判所が変更届を却下した場合、即時抗告を認める規定はないので、即時抗告は許されないと解されている。その場合破産債権者は自ら破産債権の届出を行い、元の名義人の届出債権に異議を述べることが考えられる[14]。逆に、裁判所が変更届を認めた場合には、元の破産債権者は、再度破産債権の届出をし、新たな名義人の破産債権に異議を述べる[15]。

債権の確定後に権利を取得した者は、債権調査手続のなかで異議を述べることができないため、破産の手続外で、元の名義人と破産管財人を相手に自らを破産債権者として取り扱うべきことの確認を求める訴訟提起ができると解されている[16]。

Q 6-4　債権届出の取下げ

破産債権届出の取下げはいつまでできますか。また、一度取り下げた債権を再度届け出ることはできますか

佐古　麻衣子

1　債権届出の取下げ

破産債権者が破産手続において権利行使をするためには、破産債権の届出が必要である。破産債権届出の取下げは、当該破産手続における権利行使を撤回する意思表示であり、原則として許されると解されている。なお、届出

13　『手引』298頁、『破産実務』446頁、『債権調査・配当』214頁〔山形康郎〕、『注釈（上）』744頁〔山形康郎〕
14　『条解』815頁、『債権調査・配当』215頁〔山形康郎〕
15　『債権調査・配当』215頁〔山形康郎〕、『条解』816頁
16　『債権調査・配当』215頁〔山形康郎〕、『条解』816頁

と異なり、届出の取下げについては特に時期の制限は存しないが、破産債権の確定との関係で、確定の前後によりその意義及び効果が異なる。

確定前の取下げは、届出を初めからなかったものとする意思表示と解されており、取下げの後は、債権者は破産債権者としての権利行使ができないこととなる。また、確定前に取り下げると、届出による時効中断効[1]は生じないこととなる（民法152条）。

破産債権の確定後に、届出の取下げができるかについては、争いがある。実務上は破産債権の確定後は、破産債権の届出に伴う破産手続上の効果が発生しているため、届出を遡及的に消滅させるものではないが、将来の破産手続上の権利（配当金の請求権等）を放棄する意思表示として有効と解されている[2]。確定後の債権届の取下げは、確定の効力や、既に行使された破産手続上の効力には影響を及ぼすものではない。また、確定後の取下げによっても、時効中断効は維持され、確定の時から新たな時効期間が進行する。

2　取下げ後の再度の届出

届出債権の確定前における取下げは、破産手続において権利行使をしないことの意思表示であり、実体法上の権利の放棄を当然に含むものではない。そのため、実体的な権利を喪失していない場合には、届出期間内に再度の届出をすることが可能である。

これに対して、届出債権の確定後においては、仮に届出を取り下げても、破産手続上の効力に遡及的な影響を及ぼすものではなく、従前の債権届出の効力及び届出債権確定の効力が維持されるため、取下げ後の再度の届出は二重の届出となり許されない[3]。

3　破産管財人による届出の変更

上記のとおり、破産債権の届出の取下げは、実体法上の権利の喪失とは異

1　民法の改正により、時効の中断は時効の完成猶予となる。改正民法147条、148条参照
2　『破産実務』442頁、『債権調査・配当』211頁〔山形康郎〕、『新・実務大系』418頁、『伊藤』660頁
3　『条解』803頁、『破産実務』442頁

なる、破産法上の手続である。そのため、仮に破産債権者が実体的な権利を喪失している場合であっても、必ずしも破産債権届出の取下げを行うとは限らない。

破産管財人は、届け出られた破産債権について、破産債権者が実体法上の権利を喪失していることを知った場合には、破産債権届出の取下げを促し、実体法上の権利との整合性を図る必要がある。

なお、破産債権者が債権放棄の意思を表示するなど実体法上の権利を喪失しているにもかかわらず、当該破産債権者が届出の取下げを行わない場合には、破産管財人は、債権放棄通知書の写しを証拠書類として添付し、当該変更内容（債権の消滅）及び原因を裁判所に届け出なければならない（規則33条1項・3項）[4]。

Q 6-5　優先的破産債権

破産手続上、優先的破産債権となるのはどのような債権ですか、優先的破産債権についても破産債権の届出が必要ですか

西村　美香

1　優先的破産債権の意義

優先的破産債権とは、破産財団に属する財産につき一般の先取特権その他一般の優先権がある破産債権をいう（法98条）。

優先的破産債権は、民法、商法その他の実体法において、先取特権等の優先権が付与されている債権について、実体法で定められた優先関係を破産手続に反映することを趣旨とするものである。

4　『新・実務大系』419頁〔瀬戸英雄〕、『条解規則』84頁

2 優先的破産債権の種類

(1) 種　　　類

　実体法上、一般の先取特権が認められている債権としては、①共益費用の先取特権（民法306条1号、307条）、②雇用関係の先取特権（労働債権。民法306条2号、308条）③葬式の費用の先取特権（民法306条3号、309条）、④日用品の供給の先取特権（民法306条4号、310条）がある。また、一般の優先権が認められている債権には、⑤租税等の請求権、⑥企業担保権の被担保債権（企業担保法2条1項）等がある。

　ただし、債権が発生した時期等に応じて、労働債権は財団債権と優先的破産債権とに区別され（法149条）、租税等の請求権は財団債権、優先的破産債権、劣後的破産債権とに区別される（法99条1項1号、97条4号、148条1項3号）。したがって、労働債権及び租税等の請求権については、後述のとおり、債権が発生した時期等に応じて優先的破産債権の該当性を検討する必要がある。

(2) 労働債権

a　労働債権の種類

　「雇用関係に基づいて生じた債権」（民法308条）とは、労務の提供との直接又は間接の関係に基づく債権をいい[1]、労働債権の主なものは、従業員の給料・退職金・解雇予告手当がある[2]。

　そして、労働債権は、財団債権（法149条）と優先的破産債権に区別され、財団債権に該当しない部分は、優先的破産債権となる（法98条1項、民法306条2号、308条）。

b　給　　　料

　破産手続開始前3カ月間に発生した給料は財団債権となるため（法149条1項）、それ以前の分が優先的破産債権となる（法98条1項、民法306条2号、

1　『伊藤』296頁
2　本書Q6-14参照

308条)。

例えば、8月25日が破産手続開始日の場合、3カ月前の月の同日である5月25日から解雇日までの給与が財団債権となり、5月24日までの未払給与は優先的破産債権である。そのため、解雇が5月24日以前の場合、給料について財団債権は発生せず、全て優先的破産債権となる。

なお、給料は労働の対価として日々発生するため、締め日を勘案して日割り計算を行う。

c 退職金

退職金のうち、退職前3カ月間の給料の総額と破産手続開始前3カ月間の給料の総額のいずれか多いほうの額に相当する額は財団債権となるため（法149条2項）、その残りは優先的破産債権となる（法98条1項、民法306条2号、308条)。

d 解雇予告手当

解雇予告手当は、財団債権に該当しない場合は優先的破産債権として扱われる。

破産管財人が解雇した場合は、解雇予告手当が財団債権となるものの（法148条1項4号）、破産手続開始前に解雇されていた場合の解雇予告手当の財団債権該当性については争いがある。

東京地方裁判所では、破産管財人から、解雇予告手当も破産法149条1項の「給料」に当たるとして財団債権の承認許可の申立てがあれば、これを適法なものと認める運用がされている[3]が、全国的には優先的破産債権として取り扱う裁判所が多数である。

e その他の労働債権

従業員が出張旅費を立て替えた場合の費用等は、労働の対価ではないため「給料債権」（労働基準法11条）には該当せず、財団債権に該当しない。しかしながら、雇用関係に基づいて生じた債権であり、優先的破産債権に該当するとされている[4]。

---

3 『手引』210頁、本書Q7-6参照
4 『手引』279頁

⑶　租税等の請求権（公租公課）

a　租税等の請求権の種類

租税等の請求権の主なものとして、公租である①国税（国税徴収法 8 条）、②地方税（地方税法14条）と、公課である③国民年金（国民年金法95条、98条）、④厚生年金保険料（厚生年金法88条、89条）、⑤社会保険料（健康保険法182条、183条）、⑥国民健康保険料（国民健康保険法79条の 2 、80条の 4 、地方自治法231条の 3 第 3 項）、⑦労働保険料（労働保険料徴収法29条、30条）、⑧下水道料金（地方自治法231条の 3 第 3 項、同法附則 6 条 3 号、下水道法20条）があげられる。また、このほかには、独占禁止法上の課徴金、土地区画整理法の換地清算金、駐車違反などの放置違反金が公課に該当すると考えられる[5]。

なお、上記のとおり公的年金掛け金は優先的破産債権となるものの、企業年金の過去の積立不足を解消するための特別掛金拠出請求権は、基金が事業者に対して有する債権であるから、一般の破産債権とされている[6]。

b　租税債権の分類

租税等の請求権は、財団債権、優先的破産債権、劣後的破産債権、それ以外に分類される。

租税等の請求権のうち、以下の 2 つが優先的破産債権となる。

① 破産手続開始前の原因に基づいて生じた租税等の請求権（公租公課）のうち、破産手続開始当時、納期限から 1 年を経過しているもの（法148条 1 項 3 号の反対解釈。98条 1 項）

② 破産手続開始前に生じた上記①の公租公課の延滞税

上記②のとおり延滞税についても優先的破産債権となることから、交付要求の確認にあたり、延滞税額も含めて債権額を確認する必要がある。

⑷　日用品供給の先取特権

日用品供給の先取特権は、債務者が個人の場合に限って認められるものであり、債務者が法人の場合には優先的破産債権とならない（最判昭46.10.21

5　『破産200問』298、299頁〔菅藤浩三〕
6　『伊藤』296頁

民集25巻7号969頁）。

3　優先的破産債権の順位

優先的破産債権間の優先順位は実体法の定めに従うこととされており（法98条2項、194条1項）、①公租、②公課、③私債権（労働債権等）の順で優先的に弁済される。

①公租、②公課の相互間では、破産手続においては交付要求先着主義は適用されず（国税徴収法13条、地方税法14条の7）、同一順位において配当をすべき優先的破産債権として扱われるため、債権額に応じて配当がなされる（法194条2項）。

そして、③私債権のうち、一般の先取特権に基づく優先的破産債権は、(i)共益費用、(ii)雇用関係（労働債権）、(iii)葬式の費用、(iv)日用品の供給の順に優先的に弁済される（民法329条1項、306条）。

なお、自治体から国民健康保険料ではなく、国民健康保険税（国民健康保険法76条1項ただし書、地方税法703条の4）の交付要求をされることがあり、この場合は公課ではなく公租（地方税）として処理することとなるため、注意が必要である[7]。

4　一定期間内の債権についての優先的破産債権

優先権が一定期間内の債権額につき存する場合は、破産手続開始の時からさかのぼって計算されるものとされている（法98条3項）。

例えば、日用品供給の先取特権は、債務者等の生活に必要な最後の6カ月間の飲食料品、燃料及び電気の供給を対象として優先権が生じると定められていることから（民法306条4号、310条）、破産手続開始前6カ月間に生じた債権が優先的破産債権となる。

7　『破産200問』297頁〔敷地健康〕

第6章　債権調査・債権者集会　345

5 破産債権届出の要否

(1) 一般的な債権

優先的破産債権を有する債権者が破産手続に参加するためには、破産債権の額及び原因（法111条1項1号）に加え、優先的破産債権である旨を届け出なければいけない（同項2号）。

優先的破産債権に該当する債権であっても、通常の破産債権届出のみであり、優先的破産債権である旨の届出をしていない場合は、一般の破産債権として取り扱われるが、労働債権などは、実務上、破産管財人が手元の資料に基づいて労働債権であることを認定し、債権調査において優先的破産債権として認める場合もある[8]。

優先的破産債権である旨の届出は、債権届出期間内に届け出なければならない旨定められている（法111条1項柱書）。しかし、債権届出期間経過後であっても、一般調査期間の満了前又は一般調査期日の終了前における債権届出及び届出事項を変更することが予定されているから（法119条1項）、当該期間内に優先的破産債権としての届出又は届出事項の変更として優先的破産債権である旨の届出をすることは認められている。

また、一般調査期日の経過後又は一般調査期日の終了後は、破産債権者がその責めに帰することができない事由によって破産債権届出をすることができなかった場合に、その事由が消滅してから1カ月以内に限り届出をすることができるとされている（法112条1項・4項）。

なお、優先的破産債権者は、債権者集会においては一般の破産債権者と同等の地位を有するにすぎない。そのため、確定した破産債権額等に応じて議決権を行使することとなる。

(2) 租税等の請求権

租税債権の優先的破産債権部分は、権利行使にあたり届出を要するとこ

---

8 『破産実務』413頁

ろ、届出手続は一般の破産債権の規律に従わない。

　租税等の債権であって、財団債権に該当しない債権を有するものは、当該請求権の額及び原因その他最高裁判所規則で定める事項（規則36条）を遅滞なく届け出なければならない旨定められており（法114条）、国税の場合であれば、交付要求の形式で届出がなされる（規則１条１項、国税徴収法82条１項）[9]。

　なお、租税債権については、債権調査の対象とならない（法134条１項参照）。

Q 6-6　届出留保型の留意点

> いわゆる届出留保型で破産手続を開始した場合、破産管財人として、どのような点に留意すべきですか

本山　正人

1　配当が見込まれない事案における破産債権届出の扱い

　裁判所は、破産手続開始決定と同時に、破産債権の届出をすべき期間及び破産債権の調査をする期間（法116条２項の場合にあっては、破産債権の調査をするための期日）を定めなければならず（法31条１項１号・３号）、この決定をしたときは、破産債権者に対し、これらの期間又は期日を通知しなければならない（法32条３項１号）。実務においては、かかる通知とともに債権届出書を破産債権者に送付し、破産債権の届出をするよう促している。

　ところで、上記の取扱いには例外があり、裁判所は、破産財団をもって破産手続の費用を支弁するのに不足するおそれがあると認めるときは、破産債権の届出をすべき期間ならびに破産債権の調査をする期間及び期日を定めないことができる（法31条２項）。破産債権の届出は配当に備えて行うものであ

9　『伊藤』661頁

り、破産財団をもって破産手続の費用を支弁するのに不足するおそれがあると認めるとき、すなわち異時廃止のおそれがあると認めるときは、債権者に手続的負担をかけ破産債権の届出をさせたり、破産債権の調査を行ったりする必要性は乏しいといえる。そこで、異時廃止が見込まれるような事案においては、破産債権の届出をすべき期間等の指定を留保する扱い（以下「届出留保型」という）を認めたものである。届出留保型は上記のような趣旨に基づくものであるから、破産手続を進めていくなかで、当初想定した以上に破産財団を形成することができ、破産債権に対する配当の見込みが生じた場合には、裁判所は、速やかに、破産債権の届出をすべき期間及び破産債権の調査をする期間又は期日を定めなければならない（法31条3項）。

この点、東京地方裁判所破産再生部では、破産手続開始時点で異時廃止のおそれがあると認められるかの判断は容易ではなく、かかる判断を行うとするとかえって破産手続開始を遅れさせてしまうおそれがあることから、届出留保型は通常管財係では採用せず、債権者多数の事案、あるいは特殊な事案を扱う特定管財係において、届出留保型を採用することがあるとしている[1]。

2　届出留保型における破産管財業務の留意点

(1)　破産債権届出書の送付漏れの回避

a　通常の破産事件においては、債権者に対し、破産手続開始時に破産手続開始通知書とともに破産債権届出書が送付され、債権者は指定された届出期間内に破産債権の届出を行う。

破産債権届出書の送付は、破産手続開始申立書に添付された債権者一覧表に基づきなされるのが一般的であり、破産手続開始後に破産管財人が債権者一覧表にない債権者を把握したときは、そのつど、かかる知れたる債権者に対し、破産債権届出書を送付する。

これに対し、届出留保型においては、破産手続開始時に破産開始決定の主文や破産管財人の氏名等が記載された破産手続開始通知書が送付されるもの

1　『破産実務』434頁、『手引』368頁

の、破産債権届出書は、配当の見込みが生じ、裁判所が破産債権の届出をすべき期間等を指定した段階に至ってはじめて、送付されることになる。

b　破産手続開始から程なく破産財団が形成されるなど破産手続開始決定から破産債権届出書の送付までタイムラグがない場合は比較的問題とならないが、換価回収業務に年単位の時間を費やし、ようやく破産財団を形成できたような場合には、破産手続開始から破産債権届出書の送付までかなりの時間が空くことになる。このような場合に、破産申立書添付の債権者一覧表のみに基づき発送業務を行った場合には、破産債権届出書を送付すべき破産債権者を漏らすおそれがある。

c　したがって、届出留保型で破産手続が開始された場合においても、破産債権の届出を促す可能性のあることを念頭に置いて手続を進める必要がある。具体的には、破産管財人に知れたる債権者を正確に記録し把握しておくこと、債権譲渡や代位弁済などにより債権者の変更があった場合には債権譲渡通知や代位弁済通知を適切に保管し、かかる事実を見落とさないよう留意することが必要である。

d　その他、破産債権届出書の送付を漏らさぬ工夫としては、当該破産事件にかかわる電話応対記録や転送郵便物をあらためて確認することが考えられる。また、破産管財人が債権者に向けた情報提供を目的としてウェブサイトを開設している場合には、ウェブサイトで、破産債権の届出をすべき期間及び破産債権の調査をする期間又は期日が指定されたことを告知するとともに、債権者に対し破産債権届出書を送付すること、もし債権者であるにもかかわらず破産債権届出書が送られてこない場合には、破産管財人に連絡するよう伝えることが考えられる。

(2)　債権調査のための資料の確保

債権者が破産債権の届出を行う場合には、破産債権に関する証拠書類の写しを添付しなければならない（規則32条4項1号）。破産の場合には、書類の散逸等により破産管財人が債権調査を行ううえで必要な資料を確保できるとは限らないことから、破産債権の届出を行う債権者に対し、破産管財人が債権調査・認否を行ううえで必要な証拠書類を提出することを義務づけたもの

である。届出留保型においても、かかる規則の適用に変わるところはない。

　しかし、届出留保型で破産手続が開始されたということは、配当の見込みが乏しいということであり、債権者は破産手続に対する関心が低くなりがちである。また、債権者は、将来、破産債権の届出が必要になるか否か、また、仮に必要になるとしたとしてそれがいつ頃になるかは、見当がつかない。このような状態にあって、債権者が将来の破産債権届出に備えて証拠書類を適切に保管することは、実際のところ、必ずしも期待できない。とりわけ、破産手続開始から相当な期間を経過して破産債権届出書を送付したような場合には、証拠書類を既に廃棄し、破産債権届出書に添付できないということも起こり得る。

　したがって、破産管財人としては、届出留保型で手続が開始された場合であっても、将来、破産債権の調査を行わねばならない場合のあることを念頭に置いたうえで、債権調査に必要な資料をあらかじめ確保しておくことが望ましいといえる。とりわけ、破産債権の存否や額に関して破産債権者と争いが生ずるおそれのある場合には、客観的資料を確保するのみならず、関係者の記憶が衰えないうちにヒアリングを行い、その結果を記録化することも検討すべきである。

Q6-7　破産債権の調査方法

破産債権の調査はどのように行えばよいですか

藤井 和典

1　破産債権調査の意義と目的

　債権調査は、債権確定及び配当手続のために行う債権認否の前提として、届出のあった破産債権について、債権の存否、債権の額、債権の優先劣後の順位、別除権付債権の予定不足額を調査することである（法117条1項、121条1項）。

350

破産者に対する債権のうち、公租公課に関する請求権は、不服審査手続等で争うものとされるため、債権認否の前提としての調査は不要となる。また、財団債権は、破産債権に先立って弁済することになっている（法151条）ため、債権認否の前提としての調査は必要とされないが、その弁済に先立って、財団債権としての適格性、債権の存否、金額等、債権調査と同様な調査が必要になることは、当然である。

2　債権調査の手順

(1)　債権届出書受領時

　債権調査は、破産管財人が債権届出書を受領した時点で開始される。債権届出書を受領した後、速やかに債権届出書のなかの記載事項や疎明資料の有無など主に形式面を確認し、記載事項の不備不足や、疎明資料が添付されていないような場合には、債権者と連絡をとり、記載内容の補正や疎明資料の提出を要請することが必要である。また、債権届出書の記載内容に基づき、債権者一覧表を作成し、債権の届出状況全体を把握するともに、一覧表に債権者ごとの補正事項や追完資料の確認欄を設け、チェックリストとして活用するなどの工夫も考えられる。債権者が多数の場合など、債権調査期日直前になって追完事項の漏れが判明し、慌てるような事態は避けるべきである。

(2)　債権内容の調査

　債権届出書受領時の初動調査に続き、他の破産管財業務と並行しながら、債権の内容や金額等に関する具体的な調査を行うことになる。債権届出書の疎明資料だけでは心証を得るに不十分な場合、債権者に連絡して、資料の追完や補足説明を求める。債権者がこれに対応できない、または応じようとしない場合、破産管財人としては、債権者に対して、このままでは異議[1]を出さざるを得ないことを予告して再度促し、結果として資料の追完がない場合は、変更届や取下書の提出を促す[2]。破産管財人が意を尽くして、債権者に

1　以下、本設問において、破産管財人のなす認否のうち「認めず」（法125条）を、実務上の取扱いに従って「異議」という。「債権調査・配当」235頁〔安田真道〕

事前に追完が必要な理由を伝え、異議の予告を行った場合には、債権者が自主的に変更届や取下書の提出に応じることも多い。また、最終的に異議を出した場合でも、債権者はその結果に納得して、査定申立てに至らずに終わることも多々見受けられる。債権調査にあたっては、調査の過程を債権者に示し、債権者の納得性を得ながら進めることが肝要である。

　売掛金等の取引債権、個人の介在する金銭貸借、あるいは工事請負契約上の未払代金などは、疎明資料だけでは債権の発生状況や破産者の弁済履歴が判然としない債権も多い。このような場合、破産者側で保管している契約書、通帳等の出入金履歴、または総勘定元帳などの資料に照らし、債権発生や弁済状況について確認する必要がある。法人破産の場合は、取引の実情を確認するため、法人代表者や役職員へのインタビューが必要になる場合が多い。また、売掛金等の取引債権については、経理担当者等補助者の協力が不可欠になる場合もあり、補助者の協力を得やすい破産手続の初期段階から債権調査に着手し、調査体制を整えておくことが重要である。

3　債権調査の留意点

（1）　財団債権

　電気・ガス・水道等公共料金に関する債権など定型的な請求権は、事業者が財団債権と破産債権を自ら区分して、債権届出する例もみられるが、当該事業者以外の債権者、特に個人債権者の場合は、そのような区分を意識せずに債権届出を行うことが多い。破産管財人としては、債権届出書の記載にかかわらず、債権調査を通じて、財団債権となる債権が混在していないかについて、十分確認する必要がある。例えば、住宅建築請負契約締結後に施工業者が破産したことから、施主から前払金返還請求権の債権届出がなされているケースでは、解約により財団債権（法53条1項、54条2項）となり得るので注意が必要である。破産管財人は、届出債権に財団債権とすべき債権が含まれている場合、債権者と協議し、その意思に反しない限り財団債権として

2　『破産200問』262頁〔森晋介〕

処理すべきである。

(2)　別除権付破産債権

　別除権付破産債権について配当するためには、別除権の目的物件を受け戻して任意売却し、あるいは別除権を実行するなどして、不足額を疎明又は証明する必要がある（法198条3項、205条、210条1項）。別除権の目的物件の任意売却、あるいは別除権の実行がいずれも困難である場合など、予定不足額の証明ができない事態が見込まれる場合、破産管財人としては、債権者に不足額を証明できなければ、配当ができないことを説明して、別除権を放棄する意思の有無についても確認する必要があろう。

　不動産への抵当権設定などの場合、別除権の存在は容易に知ることができるが、動産や債権の譲渡担保契約など約定非典型担保の場合、その存在について破産者自身自覚していないこともある。債権届出書中の別除権に関する記載や、疎明資料等から、未知の別除権の存在が判明し、別除権の目的物となっている資産が発見され、あるいは処分予定の動産が別除権の対象になっていることを覚知することがあるので、注意が必要である。

(3)　異時廃止の場合

　債権調査は、配当の前提となる債権認否のために行うものであるから、配当ができない異時廃止の場合には、債権認否は留保したまま手続を終了する運用が行われている[3]。

　異時廃止の場合、債権認否は留保されるとしても、債権調査を行う必要があることは配当事案と同様である。そもそも、異時廃止となるか配当事案となるかは、破産管財手続が進行してはじめて判明するものであり、配当事案に転じて慌てて債権調査を行ったのでは、迅速な手続に支障をきたすことになりかねない。また、債権調査は、破産事件に関連する事実の発見につながるという側面がある。前記のとおり債権調査を通じて、届出債権に混在する財団債権を特定したり、別除権の対象資産を発見する場合があることに加

3　『手引』262頁

え、債権者が債権届出書に同封して破産者の財産、否認対象行為、あるいは免責に関連する情報や意見を寄せたり、破産管財人への要望が送付されることもある。

破産手続において、債権届出は債権者に与えられた重要な手続参加の手段であり、破産管財人としては、債権届出という債権者よりのメッセージを真摯に受け止め、債権調査を進めていくことが求められているのである。

Q6-8　破産債権の調査の方式

破産債権の調査の方式にはどのようなものがありますか

田島　潤一郎

1　破産債権の調査の方式について

⑴　破産法上の規律

破産債権の調査の方式は、調査の手続に着目し、「一定の期間」を設けて調査を行う調査期間方式と「一定の期日」において調査を行う調査期日方式に分けられるほか、認否の方法に着目し、「認否書」を用いる書面方式と「口頭」による口頭方式に分けられる。

破産法では、この調査期間方式と書面方式を組み合わせた債権調査の方式を書面による破産債権の調査（法116条1項、31条1項3号）とし、また、調査期日方式と口頭方式を組み合わせた債権調査の方式を期日における破産債権の調査（法116条2項、31条1項3号括弧書）として規定している（本設問では、書面による破産債権の調査の方式を「調査期間方式」といい、期日における破産債権の調査の方式を「調査期日方式」という）。

破産法上は、調査期間方式を原則とし、調査期日方式はその例外とされている。

特別債権調査を実施する場合には、先行する一般債権調査とは異なる方式

で債権調査を実施することも可能である（法116条3項）。

なお、民事再生手続・会社更生手続では、調査期間方式のみ定められている（民事再生法34条1項等、会社更生法42条1項等）。

(2) 実務上の運用

破産法上は調査期間方式が原則とされているが、実務上は、原則として、調査期日方式を採用している裁判所が多い[1]。東京地方裁判所でも、原則として、調査期日方式を採用している[2]、[3]、[4]。

その理由としては、東京地方裁判所では、破産管財事件全件で財産状況報告集会を開催する運用としており、財産状況報告集会と同時に債権調査期日を設けることが可能であること、調査期日方式であれば、配当の可能性がある事案にのみ債権調査・認否を行い、その可能性がない事案では債権調査は行うものの、債権認否を留保することができること、破産手続においては、債権認否に必要な資料の入手が困難であることも多く、定められた期間内に債権認否を行うことが容易でない場合も想定されるところ、調査期日方式であれば、債権調査期日を続行することで事案に応じた柔軟な対応が可能であること等があげられる[5]。

なお、調査期間方式によった場合でも、債権調査期間の変更決定（法118条3項ないし5項）を利用することで、債権認否を留保したまま異時廃止決定を行えるとの指摘もある[6]。

---

1 『条解』830頁、『債権調査・配当』329頁〔小河原寧・加藤純子〕
2 『破産実務』456頁
3 ただし、破産債権者同士の利害が対立しており、破産債権者による異議が予想できるにもかかわらず、多数の破産債権者が地方在住である事案などにおいては、調査期日方式では、破産債権者が調査期日に出頭できず、また、一期日で多数の認否表を確認することも困難であることから、破産債権者が異議を述べる機会を担保すべく、調査期間方式を採用することも考えられる。
4 東京地方裁判所において、大型案件や債権者多数案件等で、調査期間方式が採られた事例がある。
5 『破産実務』456頁
6 『債権調査・配当』70頁〔田汲幸弘〕

2 調査期日方式

⑴ 裁判所による債権調査期日の定め

　債権調査期日とは、破産管財人及び破産債権者などの利害関係人が届出債権に対する認否や異議などの行為をすべき期日をいう[7]。

　この場合、裁判所が、破産手続開始決定と同時に、債権届出期間と一般調査期日を定め（法31条1項3号括弧書、法116条2項）、公告し（法32条1項3号）、知れている破産債権者に通知する（同条3項1号）。具体的な一般調査期日は、破産債権届出期間の末日から1週間以上2カ月以内の日とされている（規則20条1項4号）。

　東京地方裁判所では、原則として、破産財団の規模にかかわらず、財産状況報告集会と同一の日時に一般調査期日を指定しており、破産手続開始決定書には一般調査期日の日時が記載され、破産手続開始通知書には一般調査期日の日時と場所が記載される。

　もっとも、裁判所は、破産手続開始決定時において、破産財団が十分に形成されず、異時廃止による破産手続の廃止が見込まれるような場合には、債権届出期間も一般調査期日も定めることなく破産手続を開始することができ（法31条2項）、また、手続を進めていくなかで配当可能な破産財団が形成された場合には、その時点で、債権届出期間と一般調査期日を定めることもできる（同条3項）。東京地方裁判所でも、破産手続開始段階で異時廃止となる見込みの判断が可能であり、それにもかかわらず、債権者数が多く、債権届出の対応と債権調査に多大な労力を要する事案では、破産手続開始決定時に債権届出期間も一般調査期日も指定しないという運用（債権調査留保型）をしており[8]、大阪地方裁判所でも同様である[9]。

7　『破産実務』456頁

8　島岡大雄「東京地裁破産再生部（民事第20部）における牽連破産事件の処理の実情等について（上）」判タ1362号11頁

9　『運用と書式』225頁

356

⑵　破産管財人による債権調査・認否

　調査期日方式による場合、破産管財人は、一般調査期日において債権調査を行うが、破産管財人が一般調査期日に出頭しなければ、債権調査をすることはできない（法121条8項）。

　破産法上、一般調査期日に出頭した破産管財人が行う債権認否は、書面（認否書）による必要はなく、口頭で足りるとされているが、実務上は、破産管財人は、一般調査期日に債権認否書を提出することが一般的である。認否書には、破産債権の額、優先・劣後の有無、別除権の予定不足額についての認否を記載する（法117条1項参照）。

　また、裁判所は、破産管財人に対して、債権調査期日での認否の予定を記載した認否予定書の提出を命じることもできる（規則42条1項前段）。

　なお、破産管財人が債権認否において認めない旨の認否をする場合の手続等については、本書Ｑ6-17参照。

⑶　破産債権者による異議

　債権届出をした破産債権者（又はその代理人）は、一般調査期日に出頭して、破産債権の額、優先・劣後の有無、別除権の予定不足額について、異議の内容と理由を付して（規則43条1項前段）、異議を述べることができる（法121条2項）。

　破産債権者による異議があった場合は、裁判所書記官が、異議を述べられた破産債権者に対してその旨を通知する（規則43条5項）。

⑷　破産者による異議

　破産者は、一般調査期日に出頭し（法121条3項）、必要な事項に関する意見を述べなければならない（同条5項）。

　一般調査期日に出頭した破産者も、破産債権者と同様に、異議の内容と理由を付して（規則43条1項後段）、異議を述べることができる（法121条4項）。また、破産者は、その責めに帰することができない事由により一般調査期日に出頭できなかったときは、その事由が消滅した後1週間以内であれば、異

第6章　債権調査・債権者集会　357

議を述べることができる（法123条1項）。

　ただし、破産者による異議の対象は、破産債権の額に限られており（法121条4項）、また、破産者が異議を述べた場合は、異議を述べられた破産債権者への通知は行われない（規則43条5項参照）。破産者による異議は、債権者による異議とは異なり、債権の確定を妨げる効果をもたず（法124条1項参照）、破産手続終了後の破産債権者表の執行力の発生を妨げる効果を有するにすぎないからである（法221条2項）[10]。

3　調査期間方式

⑴　裁判所による債権調査期間の定め

　債権調査期間とは、破産管財人及び破産債権者などの利害関係人が届出債権に対する認否や異議などの行為をすべき期間をいう[11]。

　調査期間方式によって債権調査を行う場合、裁判所が、破産手続開始決定と同時に、債権届出期間と一般調査期間を定め（法31条1項1号・3号）、公告し（法32条1項3号）、知れている破産債権者に通知する（同条3項1号）。具体的な一般調査期間は、1週間以上3週間以下の期間とされ、破産債権届出期間の末日から1週間以上2カ月以下の期間をおいて定められる（規則20条1項3号）。

⑵　破産管財人による債権調査・認否

　調査期間方式による場合、破産管財人は、認否書を作成し（法117条1項）、一般調査期間前の裁判所が定める期限までに、認否書を裁判所に提出しなければならない（同条3項）。認否書には、破産債権の額、優先・劣後の有無、別除権の予定不足額についての認否を記載しなければならない（同条1項）。

⑶　破産債権者による異議

　債権届出をした破産債権者は、一般調査期間内に、破産債権の額、優先・

10　『破産実務』454頁
11　『破産実務』456頁

劣後の有無、別除権の予定不足額について、異議の内容と理由を付して（規則39条1項前段）、書面で異議を述べることができる（法118条1項）。

　破産債権者による異議があった場合は、裁判所書記官が、異議を述べられた破産債権者に対してその旨を通知する（規則39条2項）。

(4)　破産者による異議

　破産者も破産債権者と同様に、一般調査期間内に、異議の内容と理由を付して（規則39条1項後段）、書面で異議を述べることができる（法118条2項）が、破産者による異議の対象は、破産債権の額に限られており（同条2項）、また、破産者が異議を述べた場合は、異議を述べられた破産債権者への通知は行われない（規則39条2項参照）。

Q 6-9　届出期間経過後の破産債権の届出

　破産債権届出期間経過後に破産債権の届出がなされた場合、どのようにすればよいでしょうか

田島　潤一郎

1　破産債権届出期間について

　破産債権者は、裁判所が定める破産債権届出期間（法31条1項1号「破産債権の届出をすべき期間」）内に、破産債権の届出をしなければならない（法111条1項）。

　もっとも、破産法は、破産債権届出期間経過後に破産債権の届出がなされた場合でも、その届出をいっさい認めないとするものではなく、債権調査や配当に関する手続の段階に応じて異なる規律を設けている。本設問では、この規律について解説する。

　なお、本設問では、破産法117条以下に定める書面による破産債権の調査の方式を「調査期間方式」といい、破産法121条以下に定める期日における

第6章　債権調査・債権者集会　359

破産債権の調査の方式を「調査期日方式」という。

2　破産債権届出期間経過後、一般調査期日の終了前又は一般調査期間の満了前の届出

(1)　調査期日方式による場合

　破産債権届出期間経過後、一般調査期日の終了前に届出がなされた破産債権であっても、債権調査の対象となり、破産法上は、その調査は特別調査期間又は特別調査期日で行われるとされている（特別調査期間について法119条1項本文、特別調査期日について法122条1項本文）。

　もっとも、破産債権届出期間経過後に届出がなされた破産債権であっても、一般調査期日において調査することについて破産管財人及び破産債権者の異議[1]がない場合（法121条7項）、裁判所は、特別調査期間又は特別調査期日を定めることなく、一般調査期日において債権調査を実施することができる（特別調査期間について法119条1項ただし書、特別調査期日について法122条1項ただし書）。

(2)　調査期間方式による場合

　破産債権届出期間経過後、一般調査期間の満了前に届出がなされた破産債権であっても、債権調査の対象となり、破産法上は、その調査は特別調査期間又は特別調査期日で行われるとされている（特別調査期間について法119条1項本文、特別調査期日について法122条1項本文）。

　もっとも、破産債権届出期間経過後に届出がなされた破産債権であっても、破産管財人が一般調査期間に先立って裁判所に提出した認否書（法117条1項・3項）に、破産債権の額、優先・劣後の有無、別除権の予定不足額の全部又は一部についての認否を記載している場合には（同条2項）、裁判所は、特別調査期間又は特別調査期日を定めることなく、一般調査期間において債権調査を実施することができる（特別調査期間について法119条1項た

1　以下、本設問において、破産管財人のなす認否のうち「認めず」（法125条）を、実務上の取扱いに従って「異議」という。「債権調査・配当」235頁〔安田真道〕

だし書、特別調査期日について法122条1項ただし書)。

(3) 実務上の運用

実務上は、一般債権調査を調査期日方式で行うことが原則となっており[2]、東京地方裁判所破産再生部でも、原則として、調査期日方式を採用している[3]。

そして、東京地方裁判所では、配当が見込まれる事案であっても、破産財団に属する財産の換価が終了するまでは、債権者集会とともに一般調査期日を続行し、債権認否を留保する取扱いをしている[4]。

実務上は、破産債権届出期間経過後に破産債権の届出があっても、続行された一般調査期日において調査することについて破産管財人及び破産債権者の異議が出されることはほとんどなく、そのため、債権届出期間経過後の破産債権の届出であっても、続行された一般調査期日において調査の対象となることが多く、特別調査が行われることは多くない[5]。

3 一般調査期日の終了後又は一般調査期間の満了後の届出（除斥期間経過前）

(1) 破産法上の規律

一般調査期日の終了後又は一般調査期間の満了後に破産債権の届出がなされる場合もあり得る。ここでは、一般調査期日の終了後又は一般調査期間の満了後ではあるが、配当手続における除斥期間（簡易配当について法205条、200条1項、最後配当について法198条1項）の経過前に、破産債権の届出がなされた場合について説明する。

破産債権者がその「責めに帰することができない事由」によって、一般調査期日の終了又は一般調査期間の経過までに破産債権の届出をすることがで

---

2 『条解』830頁、『債権調査・配当』329頁〔小河原寧・加藤純子〕
3 『破産実務』456頁
4 『破産実務』460頁、『手引』264頁
5 『債権調査・配当』320頁〔畑知成〕、『実践マニュアル』434頁

第6章 債権調査・債権者集会 361

きなかった場合は、その事由が消滅した後1カ月以内に限り、その届出をすることができる（法112条1項。一般調査期日の終了後又は一般調査期間の経過後に、届け出た事項について、届出債権額の増額など、他の債権者の利益を害すべき変更を加える場合も同様（同条4項））。

そして、破産債権者の「責めに帰することができない事由」があると認められる場合には、特別調査期日又は特別調査期間によって、債権調査・認否を行うことになる（特別調査期日について法122条、特別調査期間について法119条）。

(2)　破産債権者の「責めに帰することができない事由」

a　意　義

「責めに帰することができない事由」とは、抽象的には、破産債権の届出をするにあたって通常用いられると期待されている注意を尽くしても避けられないと認められる事由と解されている[6]。

具体的には、破産手続への影響をふまえつつ、当該破産事件の種類、当該債権者の属性と注意義務の程度、当該債権の内容や金額などを総合的に判断することになる[7]。

b　問題となり得る事例

例えば、裁判所又は破産者から破産手続開始通知書が送付されず、破産手続の開始を知らなかった債権者については、破産手続開始決定が官報公告されることから（法32条1項）、一般的には「責めに帰することができない事由」があるとはいえないと判断されることが多い[8]。また、担保権を有する金融機関等の債権者が、担保目的物から債権回収できると判断して債権届出をしていなかった場合も、原則として、「責めに帰することができない事由」があるとはいえないであろう[9]。

なお、会社更生手続において、更生債権の届出をしなかったために失権

6　『一問一答』156頁

7　『注釈（上）』739頁〔中森亘〕、『債権調査・配当』195頁〔中森亘〕

8　『破産実務』434頁、『条解』808頁、『債権調査・配当』196頁〔中森亘〕

9　『条解』809頁、『債権調査・配当』196頁〔中森亘〕

362

し、更生計画上の更生債権者として扱われなかった原告が、更生手続終結決定後に、更生会社を被告として訴訟を提起した事案において、最高裁は、更生会社が、届出期間内に届出がされなかった更生債権である債権につき、その責めを免れる旨主張することは、債権が発生している可能性があることや更生債権の届出をしないと失権することにつき注意を促すような措置を特に講じなかったからといって、信義則に反せず、権利の濫用にも当たらないと判示している[10]。もっとも、この判例は、届出のない更生債権につき失権の例外を認めることが更生計画に従った会社の再建に重大な影響を与えるものであることを指摘して上記判示を導いており、清算型の破産手続において同様に考えることができるかは検討を要する。

被害者多数の不法行為型事案における被害者など法的知識に乏しい債権者[11]や、破産管財人からの情報提供（法86条）を受けられなかった労働債権者[12]については、「責めに帰することができない事由」の有無の判断を慎重に行うべきである。

また、破産者がした債務弁済行為を破産管財人が否認（法162条）した場合に、これにより復活する破産債権（法169条）を有するに至った否認の相手方[13]や、破産債権を自働債権として相殺の意思表示をしていたが、この相殺の意思表示が無効とされた場合の破産債権者[14]については、弁済や相殺が有効であると判断したことに過失があるかどうかによって「責めに帰することができない事由」の有無が判断される。

さらに、停止条件付破産債権について、条件成就の可能性が低いと判断して、条件付破産債権（法103条4項）として届出をしていなかった破産債権者についても、事情によるが、「責めに帰することができない事由」ありと判断される余地がある[15]。

10　最判平21.12.4判時2077号40頁
11　『条解』809頁、『債権調査・配当』195頁〔中森亘〕
12　『条解』809頁、『債権調査・配当』195頁〔中森亘〕
13　『破産実務』433頁、『条解』809頁、『債権調査・配当』196頁〔中森亘〕
14　『破産実務』433頁、『条解』809頁、『債権調査・配当』196頁〔中森亘〕
15　『条解』811頁、『債権調査・配当』196頁〔中森亘〕

(3) 手　　続

　破産債権者の「責めに帰することができない事由」があると認められる場合、破産管財人は、裁判所と協議をし、裁判所が指定する特別調査期日又は特別調査期間において、債権調査・認否を行う。

　破産債権者の「責めに帰することができない事由」があると認められない場合、破産管財人は、破産債権者に対して、破産債権届出の撤回又は取下げを促すことになる[16]。それでも破産債権者が破産債権届出の撤回又は取下げをしない場合、破産管財人は、裁判所と協議を行い、裁判所が破産債権届出を却下するか否かを判断する[17]。

4　一般調査期日の終了後又は一般調査期間の満了後の届出（除斥期間経過後）

　一般調査期日の終了後又は一般調査期間の満了後、さらに、配当手続における除斥期間の経過後に、破産債権の届出がなされた場合であるが、除斥期間が経過している以上、破産債権の届出がなされても、配当の対象に加えることはできないので、債権調査・認否の対象にもならない[18]。

16　『手引』295頁

17　『手引』295頁、『条解』807頁、『債権調査・配当』197頁〔中森亘〕

18　『手引』295頁

Q 6-10 複数債務者がいる場合の債権調査の留意点

複数債務者（保証人や連帯債務者等）がいる場合の債権調査はどのような点に留意すべきですか

藤井　和典

1　複数債務者に対する債権

(1)　複数債務者に対する債権が生じる場合

複数債務者に対する債権は、不可分債務（民法430条）、連帯債務（民法432条）、保証債務（民法446条以下）、不真正連帯債務、連帯保証債務（民法454条、458条）、手形についての合同債務（手形法47条）などの場合について生じる。

債権者からみると、このような債権は、同一内容の給付について複数の債務者が共同で債務を負担することにより、履行の義務を確保する人的担保の機能を有しており、破産手続においてもかかる機能を維持するため、次に述べる手続開始時現存額主義がとられている。

(2)　手続開始時現存額主義

手続開始時現存額主義には、次の3つのルールが定められており、複数債務者に対する債権の認否に際しては、当該ルールを前提に行う必要がある。

① 数人の全部義務者の全員又はそのうちの一部の者について破産手続開始決定があったとき、債権者は、破産手続開始時に有する債権の全額について、破産債権者として権利行使できる（法104条1項、105条）。

② ある全部義務者について破産手続開始決定があった後に、他の全部義務者が債権者に対して、弁済その他債務を消滅させる行為をしたときでも、その債権者は、債権の全額が消滅した場合を除き、破産手続開始時に有する債権の全額について権利を行使できる（法104条2項）。

第6章　債権調査・債権者集会　365

③　債権者が、数人の全部義務者の全員又はそのうちの一部の者について破産手続に参加しているときには、当該債務者に対する将来の求償権を有する他の全部義務者は、債権者の債権全額が消滅した場合に限り、その求償権の範囲内において、債権者が有した権利を破産債権者として行使することができ（法104条4項）、債権者の債権が一部でも残っている場合には、債権者が参加している破産手続に参加することはできない（法104条3項ただし書）。

2　債権認否の留意点

(1)　弁済等があった場合の認否

a　破産手続開始決定前に弁済等があった場合

　破産手続開始決定前に他の全部義務者から弁済、相殺等の債務消滅行為（以下「弁済等」という）がされた場合、破産手続開始時には債権が現存していないことになるため、債権者が弁済等の額を控除せずに届出をしてきた場合には、当該弁済等の額について異議[1]を述べることになる。

　なお、他の全部義務者が、破産手続開始決定後、債権者に対して相殺の意思表示を行った場合でも、開始決定前に相殺適状にあった場合には、相殺による債務消滅の効果は相殺適状時に遡及するため（民法506条2項）、破産手続開始決定前に弁済等がされた場合と同様に扱うべきである。

b　破産手続開始決定後に弁済等があった場合

　破産手続開始決定後に他の全部義務者から弁済、相殺等の債務消滅行為がされた場合、前記手続開始時現存額主義のルール①、②が適用されるため、債権者の債権の全額が消滅した場合を除き（債権の一部の弁済等にとどまる場合）、債権者が開始決定時に有する債権の全額について届出をしてきた場合であっても異議を述べることはできない。

　その場合、破産手続での配当を合算すると、債権者の合計回収額が債権額を上回る事態があり得る。この場合、破産管財人は、超過部分も含めて債権

1　以下、本設問において、破産管財人のなす認否のうち「認めず」（法125条）を、実務上の取扱いに従って「異議」という。「債権調査・配当」235頁〔安田真道〕

者に配当した上で、不当利得返還請求による処理に委ねることが考えられる[2]。一方、当該債権者の合計回収額が債権額を超えることのないよう当該債権者に対し、債権届出の一部取下げや届出名義の変更、配当受領権の放棄、別の配当受領者の指定を促すなどして対応することも考えられる。処理方針については、随時、裁判所と相談することが望ましい。

これに対し、開始決定後、他の全部義務者からの弁済等により、債権の全額が消滅した場合、債権者に対して債権全額の取下げを促すか、認めない旨の認否を行う。

ここでいう債権の全額が消滅した場合とは、債権者が複数の債権を有する場合、そのうちの一部について全額が消滅した場合を含む[3]。したがって、複数の破産債権について、他の全部義務者等から複数債権の総額に不足する弁済等がされた場合、それが複数の破産債権のうちどの債権に充当されたのか、その充当関係を確認した上で、全額が消滅した個別債権がある場合には、代位分につき、届出名義の変更を促す必要がある。

c　全部義務者ではない第三者からの弁済があった場合

手続開始時現存額主義のルールの適用はないため、債権者が弁済額等を控除せずに届出をしてきた場合、当該弁済等の額について、取下げを促すか、異議を述べることになる。

(2)　求償権についての認否

a　破産手続開始決定前の弁済等に基づく求償権の行使

破産手続開始決定前に、他の全部義務者から又は物上保証人（以下「全部義務者等」という）から債権者に弁済等がされ、事後求償権が発生している

2　最決平29．9．12民集71巻7号1073頁は、破産債権者が破産手続開始後に物上保証人から債権の一部の弁済を受けた場合において、破産手続開始の時における債権の額として確定したものを基礎として計算された配当額が実体法上の残債権額を超過するときは、その超過する部分は当該債権について配当すべきである旨判示した。

3　最判平22．3．16民集64巻2号523頁は、債務者の破産手続開始の決定後に、物上保証人が複数の被担保債権のうちの一部の債権につきその全額を弁済した場合には、複数の被担保債権の全部が消滅していなくても、上記の弁済に係る当該債権については、破産法104条5項により準用される同条2項にいう「その債権の全額が消滅した場合」に該当し、債権者は、破産手続においてその権利を行使することができない旨判示した。

場合は、前記手続開始時現存額主義ルール③の適用外であり、全部義務者等は事後求償権に基づき、破産手続に参加することができる。

b　破産手続開始決定後の弁済等に基づく求償権の行使

　破産手続開始決定後に、全部義務者等が一部の弁済等を行った場合、前記手続開始時現存額主義ルール③が適用されるため、債権者からの債権届出がある場合には、当該一部の弁済等を行った全部義務者等は、求償権について破産債権者として権利行使することができない。したがって、求償権の届出がされた場合、異議を述べることになる。仮に、当該一部の弁済等を行った全部義務者等から届出がされた時点で、債権者からの届出がない場合でも、将来その可能性があれば、異議を述べておくことが適当である[4]。

　また、仮にこのような一部弁済等がなされたとしても、債権者に対し、債権届出の一部取下げや、一部弁済等を行った全部義務者等への届出名義の変更を促す必要はない。

　これに対し、破産手続開始決定後に、全部義務者等が債権者の債権の全部の弁済等をした場合、当該全部義務者等は、その求償権の範囲内において債権者が有していた権利を破産債権者として行使することができるため、債権者が届け出た債権について名義変更手続を行って、配当の対象に加えることになる。

⑶　連帯保証ではない保証債務に関する認否

　連帯保証ではない保証債務について、債権者が保証人の破産手続に参加し、債権届出をした場合、保証人の破産管財人は、検索及び催告の抗弁権を行使できないため（法105条）、債権者は、破産手続開始決定時に現存する保証債務履行請求権全額について権利行使することができる。

4　『手引』272頁

Q 6-11 複数破産者の破産管財人の債権届出・調査の留意点

破産管財人が債権債務関係のある複数の破産者の破産管財人を兼務する場合、破産債権の届出及び調査においてどのような点に留意すべきですか

野田 聖子

1 はじめに

法人の破産管財人は、代表者・役員又はその親族、親会社又は子会社、支配株主等の破産管財人を、また、個人の破産管財人も、破産者の親族等の破産管財人を、各々兼務し、かつ当該破産者が債権債務関係を有している場合がある。

例えば、法人とその代表者の破産管財人を兼務する場合において、代表者が法人に貸付債権、報酬支払請求権等の債権を有するケース、又は法人が代表者に仮払金返還請求権等の債権を有するケース等が具体例としてあげられる。

2 債権の実在性の調査

まずは、当該債権が実在するものであるかの調査が必要である。この場合、契約書がなくとも、債権が実在する事実が認められれば足りることは、他の債権と同様である。ただし、単に決算書上に計上されているだけで、実体を伴わない場合もあるため、資金移動及び証憑書類等を確認し、代表者をはじめとする役員、経理担当者その他の従業員及び申立代理人等の関係者から事情聴取を行う等したうえで、債権の存否を判断することが必要である。

3 債権届出

(1) 債権届出の必要性

債権が実在すると認められる場合、債権者の破産管財人として債務者の破

第6章 債権調査・債権者集会 369

産事件に対する債権届出をする必要がある（規則1条1項）。両事件の破産管財人を兼務しているからといって、債権届出しないままに債権を認め、又は配当手続に加えることはできない。

一方、債権が実在しないと判断した場合、債権者の破産管財人は、債務者の破産事件に債権届出することなく、必要に応じて、その旨を破産法157条報告書に記載する、又は債権者集会で報告する等の適宜な方法をとれば足りる。

⑵　相　　殺

破産管財人は、破産債権者の一般の利益に適合するときは、裁判所の許可を得て、破産財団に属する債権を破産債権と相殺することができる（法102条）[1]。そこで、破産者が相互に債権を有していると認められる場合、破産管財人は相殺するか否かを検討することとなる[2]。相殺すべきとの判断に至った場合、原則として、同条に基づき相殺したうえで、残った債権を届け出る取扱いをすることが多いものと思われる。

4　破産に至らしめた一定の責任が認められる場合

⑴　債権の劣後化の可否

法人の破産における代表者の債権、子会社の破産における親会社の債権等について、当該債権者に破産に至らしめた一定の責任がある場合、他の破産債権との公平の観点から、当該債権者の意思にかかわらず劣後的破産債権とすることができるかが議論されている[3]。

この点につき、再建型倒産手続においては、会社更生法や民事再生法において、債権の劣後化の根拠となる条文が定められている（会社更生法168条1項ただし書、民事再生法155条1項ただし書）。一方、破産法は、これらに対応

1　「破産債権者の一般の利益に適合するとき」の解釈について、『注釈（上）』680頁〔竹下育男〕。

2　例えば、法人とその代表者の破産手続において、代表者に法人を破産に至らしめた一定の責任が認められない場合、配当の有無等の諸事情により、相殺することが各破産事件の債権者の一般の利益に適合するとはいえないケースもあると考える。

する規定が置かれておらず、「同一順位において配当をすべき破産債権については、それぞれその債権の額の割合に応じて、配当をする。」（法194条2項）とのみ規定することから、劣後的破産債権とすることは、原則として認められず、例外的に信義則又は権利濫用の法理（民法1条2項・3項）等の一般条項によるほかないものと解釈されている[4]。

債権の劣後化の可否について判断した2つの裁判例を紹介する[5]。

①は、破産会社の100%親会社による届出債権の劣後的取扱いを否定したもの、②は、破産会社を専属的下請企業とし経営全般を管理支配する関係にあった会社（破産会社との間の資本関係なし）からの届出債権につき、債権を破産債権として届け出て行使することは信義則に反し許されないとしたもの、である。信義則を根拠として劣後化を認めるとした場合、その基準や要件をどのように判断すべきかが次の検討課題となる[6]。

① 東京地判平3.12.16金判903号39頁

「破産法と異なり、会社更生法には同法229条但書[7]という差別的取扱いを許容する明文が存在する」と指摘し、破産債権の劣後化について、「未だその要件及び効果が明確になっておらず、我が国における学説上も十分な議論が尽くされているとは言いがたく、発展途上の段階にあるようであるので、現段階の法解釈としては、現行法上本件劣後的取扱いを認めることはできな

3　『伊藤』304頁、『債権調査・配当』305頁〔岡伸浩〕、『手引』287頁、『破産200問』266頁〔堀内克則〕、267頁〔末永久大〕、杉本和士「劣後債権」園尾隆司・多比羅誠編『倒産法の判例・実務・改正提言』（弘文堂、2014年）261頁、杉本和士「再生手続におけるグループ関連会社の債権に関する劣後化義務」NBL1121号69頁、水元宏典「破産手続における特定債権の劣後化」NBL1121号78頁、小畑英一「再生債権をめぐる諸問題」事業再生研究機構編『民事再生の実務と理論』（商事法務、2010年）118頁。再生手続における劣後化について述べたものとして、園尾隆司・小林秀之編『条解民事再生法〔第3版〕』（弘文堂、2013年）836頁〔松嶋英機〕

4　倒産法的再構成の考え方（倒産法の目的に反するという理由により特定の破産債権を約定劣後破産債権として扱うという考え方）も主張されている（水元宏典「破産手続における特定債権の劣後化」NBL1121号78頁、伊藤眞「証券化と倒産法理（上）」金法1657号6、9頁、『基本構造』361頁〔小川秀樹発言〕）。

5　再生手続における劣後化義務について言及する決定として、東京高決平22.6.30判タ1372号228頁①事件、東京高決平23.7.4判タ1372号228頁②事件、がある。

6　伊藤眞『債務者更生手続の研究』（西神田編集室、1984年）299頁、『債権調査・配当』310頁〔岡伸浩〕

7　現会社更生法168条1項ただし書

第6章　債権調査・債権者集会　371

い」とした。

② 広島地裁福山支判平10.3.6判時1660号112頁[8]

「形式的には一般破産債権者とされる者であっても、破産者との関係、破産者の事業経営に対する関与の仕方・程度等によっては、破産手続上他の一般債権者と平等の立場で破産財団から配当を受けるべく債権を行使することが信義則に反し許されない場合もあるというべきであり（民法1条2項）」とし、本件の事実関係を認定したうえで、「このような事実関係に照らすと、他の一般破産債権者の届出債権さえ満足させることのできない破産財団からＸ社が他の一般債権者と同等の立場で配当を受けるべく、本件債権届出を行使することは信義則に反し許されないというべきである」とした。

(2) 相殺又は債権の劣後化を主張するか否かの検討

破産管財人が債権の届出又は認否を行うに際して、法人に対して債権を有する代表者、親会社、支配株主等に、経営責任や公私混同等、破産に至らしめた一定の責任が認められる場合、破産管財人は、事案に応じて、事実認定及び法的評価を行い、相殺すべきか、又は債権の劣後化により破産管財人として法人に対する債権届出を差し控えるべきかを検討する。

ところで、相殺又は債権の劣後化を主張する場合、代表者等の破産債権者からすれば、その分、破産財団が増殖せず配当原資が確保されないという結果を招くこととなる。破産管財人としては、法人と代表者等の破産財団の状況、破産債権者の構成や内容等を考慮して、善管注意義務に照らして（法85条）、ケースごとに慎重に検討し判断することが求められる[9]。

(3) 破産管財人を兼務していない場合の取下交渉又は戦略的異議等

設問にある複数の破産者の破産管財人を兼務する場合には該当しないものの、例えば、法人の破産管財人は、破産手続開始決定を受けていない法人代

8　東京地判平28.2.23金法2048号75頁は、信義則違反を根拠とする債権の劣後化の可能性を認めつつ、本件では信義則違反と評価される事情は認められないとした。
9　『債権調査・配当』312頁〔岡伸浩〕

表者からの届出債権について、経営責任や公私混同等が認められる場合の他の破産債権との公平の観点から、債権届出の取下げに向けて当該代表者を説得し、もしくは戦略的異議又は債権の劣後化による異議を述べることを検討する場合もある[10]。戦略的異議とは、破産債権の存在自体を必ずしも否定するわけではないものの、届出債権者間の実質的な衡平を図るために破産管財人が異議を述べることをいう[11]。

5 配　　当

破産管財人が債権債務関係のある複数の破産者の破産管財人を兼務し、かつ全ての破産手続において配当が見込まれる場合、A事件からの配当が見込まれることを前提にB事件の配当許可を申請し、A事件の配当実施時に当該配当金をB事件の破産財団に移し、直ちにB事件の配当を実施する。このように、両事件の配当手続を同時並行で進めることが可能であり、B事件の財産状況報告集会を続行してA事件の配当を待つ必要はない。

Q 6-12　別除権付破産債権と破産管財人の留意点

破産管財人が別除権付破産債権の調査を行う場合、どのような点に留意すべきですか

西村　美香

1 別除権付破産債権の意義

別除権付破産債権とは、破産債権を被担保債権として、破産財団に属する財産に破産法2条9項所定の担保権等が設定されている破産債権を指す。

破産者が債務者かつ担保権設定者の場合は別除権付破産債権に該当するが、破産者が債務者であり第三者が物上保証している場合や、破産者が連帯

10　杉本・前掲注3・263頁
11　『手引』286頁

第6章　債権調査・債権者集会　373

保証人かつ物上保証人の場合は、別除権付破産債権には該当しない[1]。

2　別除権付破産債権の調査事項

(1)　対抗要件の具備

　破産管財人は、第三者的地位を有することから（民法177条、178条、467条参照）、破産手続上、別除権を行使するためには担保権の設定・変更について対抗要件を備える必要があると解されている[2]。

　そのため、破産管財人は、届出債権者が対抗要件を備えているかについて、担保目的物が不動産であれば不動産登記簿（民法177条）、動産であれば引渡し（民法178条）又は動産譲渡登記、債権であれば確定日付のある通知、承諾又は債権譲渡登記の有無等を確認する。

　代理受領や振込指定等、担保の効力が債権的効力にすぎない非典型担保について、担保権者は別除権としての権利を主張できないため、破産管財人は別除権付破産債権として認める必要がない[3]。

　なお、仮登記を有する抵当権者等について、破産管財人は原則として別除権を認める必要はないものの、認めることで破産財団の利益になる場合には、裁判所の許可を得て別除権の承認をすることができる（法78条2項13号）。具体的には、不動産登記法105条1号の規定による仮登記について、登記権利者が破産管財人に対して登記の効力を主張できる場合には、無用な紛争を避けて管財業務を迅速に遂行するために別除権を承認することが考えられる[4]。

(2)　担保権の種類ごとの注意点

　非典型担保権の別除権としての取扱いについては議論があるため、各種類に応じて別除権として認めるべきか否かの検討が必要となる。

1　『手引』266頁、『破産200問』274頁〔兼光弘幸〕
2　『破産実務』339頁
3　『条解』500頁、『破産実務』339頁
4　『破産実務』339頁

a　ファイナンス・リース契約

フルペイアウト方式のリース契約に基づくリース債権は、別除権付破産債権として扱う見解が通説であるが[5]、ノンフルペイアウト方式のファイナンス・リース、メンテナンス・リース等の法的性質は各リース契約の実態に即して個々の事案ごとに判断すべきとされている[6]。

b　譲渡担保

譲渡担保の法的性質について、民事再生手続において判例は別除権と判示しており[7]、破産手続においても別除権として扱う見解が多数説である[8]。

c　所有権留保

所有権留保契約について、売主が破産手続開始の時点で対抗要件を備えている場合は、別除権付破産債権として取り扱うべきと考えられる[9]。なお、軽自動車は、引渡しが対抗要件となるため、車検証の名義が信販会社であることのみをもって留保所有権を主張することはできないと解されている[10]。

d　マンションについての滞納管理費・修繕積立金請求権

破産者が所有するマンションについての破産手続開始決定前の滞納管理費・修繕積立金請求権は、管理組合が建物の区分所有等に関する法律7条による特別の先取特権を有するため、別除権付破産債権として扱う。

3　別除権付破産債権の認否

(1)　別除権付破産債権の届出事項

別除権者は、債権届出において、破産法111条1項所定の破産債権の額などに加えて、「別除権の目的である財産」及び「別除権の行使によって弁済を受けることができないと見込まれる債権の額」（予定不足額）（法111条2項2号）を届け出ることが定められおり、破産管財人はこれらの届出事項につ

5　『手引』217頁、『基本法コンメ』158頁〔金春〕

6　『破産実務』242頁以下、『手引』218頁

7　最判平18.7.20民集第60巻6号2499頁

8　『手引』217頁、『注釈（上）』452頁〔伊藤尚〕

9　『手引』217頁

10　『手引』221頁

第6章　債権調査・債権者集会　375

いて債権認否を行う（法121条１項、117条１項）。

(2) 別除権の存否について事実と異なる届出がなされた場合の債権認否

別除権付債権であるか否かは認否の対象でないため（法121条１項、117条１項）、破産管財人は届出にかかわらず実体にあわせて認否する。

別除権者が別除権付破産債権を単なる破産債権として届け出た場合、破産管財人の調査により別除権の存在が明らかであれば、別除権付破産債権の届出として扱うことができる。破産管財人が破産債権者に対して届出の変更を促しても応じない場合は、別除権放棄の手続がとられない限り、別除権付債権として予定不足額０円と認否する。

一方、別除権のない破産債権について別除権付破産債権として届け出ており、補正に応じない場合は、別除権がない債権として認否する[11]。

(3) 予定不足額の債権認否

別除権付破産債権者は、不足額が定まらない時点では、届け出た予定不足額に対し、破産管財人が認めた額についてのみ議決権を行使できることが定められている（法117条１項４号、121条１項）。

しかしながら、債権者集会の決議事項は限られたものであり（法40条１項柱書、159条）、議決権を確定するために予定不足額を認否する必要が乏しいとして、東京地方裁判所では、予定不足額の認否は留保してよく、債権届出書に予定不足額の記載がなくても届出を促す必要はないとされている[12]。

(4) 配当表作成時の不足額の債権認否

別除権付破産債権者は、除斥期間の満了前に、不足額を疎明（法210条１項）、又は証明（法198条３項、205条）しなければ、配当から除斥される。

破産管財人は、配当表作成時に不足額が証明されていない別除権付破産債権者に対して、不足額の証明等を促すこととなるが、これに応じない場合

---

11 『実践マニュアル』431頁、『手引』267頁
12 『手引』266頁

は、配当表に認めない債権額、認める債権額をそれぞれ記入したうえ、備考欄に別除権付破産債権である旨を明示し、配当に加えるべき債権の額及び配当額を0円として配当表を作成する。

配当許可の申立後、除斥期間満了までに不足額の疎明ないし証明がなければ、破産管財人は当該別除権付破産債権者に対する配当額を0円として配当を実施するが、除斥期間の満了前に不足額の疎明ないし証明があった場合は、当該別除権付破産債権者を配当対象に加えて配当額を計算し、配当表の更正を行う。

なお、別除権の実行がされていないことを理由とする債権認否の留保や、異議を述べる対応は不要とされている[13]。

(5) 担保目的物の受戻後の債権認否

a 債権の充当関係

破産管財人が別除権の対象となる担保目的物を受け戻し、受戻金を破産債権の一部に充当したうえで債権認否を行う場合、受戻金を債権のどの部分に充当するのかについて当事者間の合意がなければ、民法に従って劣後的破産債権から充当され（民法488条ないし491条）、受戻金全額を一般破産債権から差し引くことができない場合がある。そのため、破産管財人は、受戻金の充当関係を確認したうえで債権認否を行う必要がある。

b 受戻後の不足額の証明がない場合の認否

破産管財人が担保目的物を受け戻して任意売却をした後に、別除権者が不足額の証明をしない場合は、破産管財人において不足額を確定し得る以上、当該別除権者に対して不足額確定報告書の提出を求める等して不足額を認定すべきである。不足額がないものとして配当から除斥した事案につき、破産管財人の善管注意義務違反による損害賠償義務を認めた裁判例がある[14]。

(6) 担保権が設定されたまま担保目的物を売却した場合の認否

破産管財人が、担保権が設定されたまま担保目的物を売却した場合も別除

---

13 『手引』267頁
14 札幌高判平24.2.17金法1965号130頁、『破産実務』342頁

権は失われないため、担保権者は別除権者として不足額責任主義の適用を受ける（動産先取特権を除く）。そのため、配当に参加するためには不足額の疎明ないし証明が必要であり、破産管財人は上記のとおり認否を行う。

Q 6-13　手形・小切手債権と債権調査

手形・小切手債権及び原因債権の債権調査はどのように行うべきですか

武田　麻依

1　手形・小切手債権の調査[1]

(1)　手形・小切手の記載事項の調査

手形は、要式証券であり、手形に記載すべき事項（満期、支払地等）が法律に定められている（手形法75条）。記載すべき事項を欠いた手形は、手形としての効力を有しない（手形法76条1項）。小切手も同様である（小切手法1条、2条1項）。

手形・小切手債権を届け出る場合、債権届出書に手形・小切手の表面及び裏面の写しを添付しなければならない（規則32条4項1号）。したがって、破産管財人は、手形・小切手債権が届け出られた場合、手形・小切手の記載事項を確認し、手形・小切手が有効か否かを調査しなければならない。写しが添付されていない場合は、早期に提出を求めるべきである。

(2)　白地手形が提出された場合の対応

前記(1)のとおり、手形は要式証券であり、法定の記載事項を欠いた手形は、手形としての効力を有しない一方で、手形法は白地手形を認めている（手形法10条）。白地手形は、記載事項を欠くため無効であるが、白地手形の

1　手形・小切手債権の債権調査に関し、『手引』275〜278頁、『実践マニュアル』438〜440頁、『債権調査・配当』254〜258頁参照

所持人が、白地手形の白地を補充してこれを手形として完成することができる権利（補充権）[2]を有している場合、白地手形の所持人は、白地を補充して、有効な手形債権を行使することができる。

白地手形は、記載事項を欠くため無効として手形債権を認めないと認否することもできる。しかし、手続の早期進行を実現するため、破産管財人は、補充権のある白地手形の届出債権者に対し、白地部分の補充を促して、再提出を求めるべきである。

(3)　被裏書人からの届出の場合

被裏書人が、手形債権者として届け出た場合、破産管財人は、裏書の連続（手形の記載上、受取人から最後の被裏書人に至るまで各裏書の記載が間断なく続いていること[3]）を確認しなければならない（手形法77条1項1号、16条1項）。

裏書の連続を欠く場合でも、手形の所持人は、自己の実質的権利を証明すれば、手形上の権利を行使することができる（最判昭31.2.7民集10巻2号27頁）。手形法16条1項は、権利の推定を定める規定にすぎないからである。したがって、届け出られた手形が裏書の連続を欠いていた場合、破産管財人は、手形の所持人に対し、実質的権利移転に関する追加の証拠の提出を促すべきである。

(4)　裏書人に対する遡求権が届け出られた場合

手形の所持人は、満期に支払が拒絶された場合、裏書人に対して、手形金額、利息等を請求することができ、これを遡求権という（手形法77条1項4号、43条以下）。

満期における遡求の実質的要件は、手形の所持人が、支払呈示期間内に、手形の主たる債務者に対して適法な呈示をしたにもかかわらず、支払が拒絶されたことである（手形法77条1項4号、43条）。したがって、破産者が裏書人であり、手形の所持人より遡求権が届け出られた場合、破産管財人は、適

2　弥永真生『リーガルマインド手形法・小切手法〔第3版〕』（有斐閣、2018年）245頁
3　裁判所書記官研修所監修『手形小切手法講義案〔改訂版〕』（司法協会、2005年）153頁

法な呈示があったか否かを確認しなければならない。白地手形による支払呈示は無効であり、遡求権は保全されないことに留意すべきである（最判昭33.3.7民集12巻3号511頁）。

また、満期到来前の遡求権の行使は、将来の債権として認否し[4]、配当時の除斥に留意すべきである。

⑸　手形抗弁の存否の検討

手形要件が具備されていたとしても、破産者等に事情を確認し、手形抗弁の存否を検討する必要がある[5]。

手形抗弁は、物的抗弁と人的抗弁に分けられる（手形法77条1項1号、17条）。物的抗弁は、全ての手形所持人に対して主張し得る抗弁（意思無能力、制限行為能力、消滅時効等）をいう。人的抗弁は、特定の所持人に対してのみ対抗し得る抗弁（意思表示の瑕疵、相殺、解除等）をいう[6]。破産管財人は、関係者より事実を確認し、物的抗弁があると認められる場合は、手形債権を認めないと認否すべきである。また、人的抗弁が認められる場合は、手形債権者に害意（手形法77条1項1号、17条ただし書）があるかを検討したうえで認否する。

⑹　債権認否前の原本所持の確認

手形は受戻証券であるから（手形法77条1項3号、39条）、手形債権者が配当を受けるには、手形の原本を所持していることを要する。小切手債権者も同様である（小切手法34条）。

手形の割引等を受け、手元に手形・小切手がないにもかかわらず、当該手形・小切手の写しを添付して債権届出される場合がある。配当の際に、手形・小切手の所持人でないことが判明した場合、配当表の更正（破産法199条1項）等、債権調査後の手続が煩雑となる。したがって、破産管財人は、債権認否の前に手形・小切手の原本の所持を確認すべきである[7]、[8]。

4　『運用と書式』248頁
5　『手引』276頁
6　物的抗弁、人的抗弁の判例による分類について、弥永・前掲注2・152～156頁

2　手形債権と原因債権

⑴　手形債権と原因債権の関係[9]

a　「支払に代えて」振り出された場合

　約束手形が、原因債権の「支払に代えて」振り出された場合、原因債権は消滅する。したがって、手形債権者は、原因債権を届け出ることはできない。この場合、破産管財人は、原因債権について、取下げを促すか、取り下げられない場合、債権を認めない旨の認否をすべきである。

b　「支払のために」振り出された場合

　手形が、原因債権の「支払のために」振り出された場合、原因債権は消滅せず、手形債権と原因債権は別個の債権として併存することとなる。手形債権と原因債権のいずれを届け出るかは、債権者の選択によることとなる。手形債権と原因債権の双方が届け出られた場合、債権者が重複して配当を受領する理由はない[10]。したがって、破産管財人は、一方について、当該債権者に対し取下げを促すか、取り下げられない場合、債権を認めない旨の認否をすべきである[11]。

c　手形債権と原因債権の関係について当事者の意思が不明な場合

　手形が「支払に代えて」振り出されたか、「支払のために」振り出されたかは、当事者の意思に基づいて決せられるが（大判大7.10.29民録24輯2079頁）、当事者の意思が不明な場合、手形債権と原因債権が併存するもの、す

7　原本所持の確認方法について、届出債権者に手形・小切手の表面及び裏面の写真を撮影したものを送付させる方法を紹介するものとして『債権調査・配当』255頁

8　配当に際して手形の提示がされない場合の対応について、『破産200問』359頁〔稲田正毅〕、『注釈（下）』346頁〔舘脇幸子〕参照

9　「支払に代えて」「支払のために」の法的性質について、裁判所書記官研修所監修・前掲注3・72〜75頁

10　東京地判平20.9.19金法1861号33頁は、基礎となる事実関係を共通にし、選択的な関係にある複数の債権それぞれについて破産債権として届け出られた場合、両者を1つの債権として取り扱うのが正当な取扱いというべきであるとして、1つの債権が確定した場合には、その余の債権の確定を求める実益はなく、0円と査定すべきである旨判示している。

11　原因債権を行使した場合の配当の際には、原因債権には手形引渡しとの同時履行の抗弁権（民法533条）が付着していることに留意する（『実践マニュアル』439頁）。

第6章　債権調査・債権者集会　381

なわち「支払のため」に振り出されたと推定すべきである（最判昭45.10.22判時613号85頁）。

したがって、破産管財人は、当事者の意思が不明な場合は、「支払のために」振り出されたものとして、前記 b に従って、債権調査すべきである。

(2)　原因債権を有する者が手形を譲渡した場合の認否

手形債権と原因債権が併存しており、原因債権を有する者が手形割引等により手形を譲渡している場合、手形所持人としての手形債権者及び原因債権者の双方が債権を届け出る可能性がある。

この場合、原因債権と手形債権は社会的に同一であって、重複して権利行使させることは破産債権者間に不平等を生むこと[12]、手形債権の履行により原因債権は消滅する関係にあること[13]、原因債権は手形の返還と引き換えに支払う旨の抗弁があること（最判昭35.7.8民集14巻9号1720頁）をふまえ、原因債権者に対して、債権を認めないと認否すべきである。

3　債権認否時のその他の問題

(1)　融通手形について

融通手形とは、他人に信用を供与する目的で振り出し（約束手形）又は引き受けた（為替手形）手形をいう[14]。判例によると、約束手形の場合、融通手形の振出人は、受取人（被融通者）から支払を求められても、融通手形であることを理由に支払を拒絶できるが、被融通者から当該融通手形の譲渡を受けた第三者から支払を求められた場合は、第三者が融通契約違反があることを知っていた等特段の事情がない限り、融通手形であることをもって支払を拒絶することはできないとされている（最判昭34.7.14民集13巻7号978頁）。したがって、破産管財人は、被融通者が手形債権を届け出た場合は、債権を認めないと認否すべきであり、融通手形の第三取得者が手形債権を届

12　『債権調査・配当』281頁

13　裁判所書記官研修所監修・前掲注3・74頁

14　弥永・前掲注2・165頁

け出た場合は、債権認否を慎重に判断すべきである[15]。

(2) 手形の買戻請求権

破産者が手形割引を受けていた場合、当該手形について、金融機関より手形買戻請求権の債権届出がされる場合がある。手形買戻請求権の認否は、手形割引の性質によって異なるため、留意する必要がある。

a 手形割引の性質が売買の場合

原則として、手形割引の性質は、売買と解される（最判昭48.4.12金法686号30頁）。この場合、買戻請求権の法律構成は、再売買の一方の予約、あるいは、停止条件付再売買契約から生ずる手形の売却代金債権と解される[16]。したがって、一般破産債権として認否すれば足りる。

ただし、破産者が手形割引を受けていた当該手形は、問題なく決済される可能性がある。債権調査期日までに当該手形が決済された場合は、取下げを促すべきである。また、確実に決済を行う見込みがある場合は、決済されるまで債権調査期日を延期する[17]、あるいは、認めないと認否し、手形が不渡りとなった場合に認否を認めるに変更する[18]といった対応を検討すべきだろう。

b 手形割引の性質が消費貸借の場合

手形割引の性質が例外的に消費貸借契約と認められる場合がある（最判昭41.3.15民集20巻3号417頁）。この場合、手形は担保のために差し入れられたものとなるため、手形の買戻請求権は別除権付破産債権となる。別除権付破産債権は、債権者において別除権不足額を証明しない限り配当手続に参加できない（法198条3項）ことから、手形割引の性質が売買であるときにおけるような、破産管財人において認否を変更するといった問題は生じない。

---

15 最判昭46.2.23判時622号102頁は、融通手形の手形債権者が破産し、破産管財人が手形債権を届け出た場合でも、融通手形の抗弁は切断されない旨判示した。

16 裁判所書記官研修所監修・前掲注3・78頁

17 『運用と書式』249頁

18 『実践マニュアル』439頁

4 中間利息の控除

支払期日が、破産手続開始決定後1年以上経過した後に到来する手形債権について、破産手続開始決定日から支払期日までの間の中間利息は、劣後的破産債権となるため（法99条1項2号）、これを控除した部分が一般破産債権となる。

中間利息を控除した一般破産債権額の計算式は、次のとおりである。

【計算式】

$$一般破産債権額 = \frac{額面金額}{1 + (0.06 \times 開始決定日から支払期日までの年数（1年未満切り捨て))}$$

Q6-14 労働債権と債権調査

労働債権として認めてよいか疑義のある場合、どのような点に注意して債務調査すべきか

田島 潤一郎

1 労働債権の破産手続上の位置づけと判断基準

破産手続上、労働債権のうち、破産手続開始決定前3カ月間の給料は財団債権となり（法149条1項）、それ以外のものは優先的破産債権となる（法98条1項、民法306条2号、308条）。なお、個人の破産事件では、労働債権は非免責債権となる（法253条1項5号）。

ある債権が労働債権といえるためには、「使用人の給料の請求権」（法149条1項）、「給料その他債務者と使用人との間の雇用関係に基づいて生じた債権」（民法306条2号、308条）に該当することが必要となるところ、実務上、その検討においては、労働基準法上の労働者性（労働基準法9条参照）の考え方が参照されている。

そして、この労働者性については、使用者の指揮監督下において労務の提供をし、その報酬が労務の対償といえることが要件であると解されているが、この要件も抽象的で、実務上、労働者に該当するかどうかの判断に迷うことも多い。

　以下、問題となる場面が多い、個人事業主及び会社役員の債権の労働債権性について検討する[1]。

2　個人事業主の債権について

(1)　個人事業主の労働者性

　個人事業主の債権の労働債権性については、個人事業主の労働者性の議論が参考になる。

　この点については、労働省（当時）労働基準法研究会報告[2]が、判断要素をあげており（なお、建設業手間請け従事者及び芸能関係者については、より具体化した報告[3]がある）、破産管財人としてもこの報告をふまえることになる[4]。詳細な基準は、報告及び関連する文献[5]に譲るが、概要は次のとおりである。

①　指揮監督下の労務提供（仕事の依頼、業務従事の指示等に対する諾否の自由、業務遂行上の指揮監督の有無、拘束性の有無、代替性の有無を考慮）

②　報酬の労務対償性（額、計算方法、支払形態などを考慮）

③　補強要素（事業者性の有無、専属性の程度、その他の要素を考慮）

　以下、この報告をふまえたと評価できる判例・裁判例を紹介する。

1　その他、医師や弁護士などの専門家については、『破産法大系Ⅱ』96頁
2　労働基準法研究会報告「労働基準法の『労働者』の判断基準について」（昭和60年12月9日付）
3　労働基準法研究会労働契約等法制部会労働者性検討専門部会報告「建設業手間請け従事者及び芸能関係者に関する労働基準法の『労働者』の判断基準について」労働経済旬報1559号22頁
4　『債権調査・配当』251頁〔玉山直美〕
5　判断基準の詳細は、前掲注2及び3の報告のほか、白石哲編著『労働関係訴訟の実務〔第2版〕』（商事法務、2018年）5頁〔光岡弘志〕、須藤典明・清水響編『労働事件事実認定重要判決50選』（立花書房、2017年）8頁〔島尻香織〕、山川隆一・渡辺弘編『最新裁判実務大系第7巻　労働関係訴訟Ⅰ』（青林書院、2018年）6頁〔古久保正人〕

⑵ 否 定 例

傭車運転手について、以下の事情から労働者性が否定されている[6]。

① 自己所有の車を使用していた、

② 業務指示が限定的で運転経路等についての指示がなかった、

③ 始業終業時刻の定めがなかった、

④ 出来高報酬であった、

⑤ 車の購入代金等も傭車運転手が負担していた、

⑥ 報酬から社会保険料等が控除されておらず事業所得として確定申告されていた

また、大工について、以下の事情から労働者性が否定されている[7]。

① 工法や作業手順の指定がなかった、

② 騒音等への配慮から作業時間の指示を受けていたが、事前に連絡すれば欠勤・所定時刻後の作業開始・所定時刻前の作業切上げ等も自由であった、

③ 他の工務店の仕事も可能であった、

④ 出来高報酬で、従業員の給与よりも相当高額であった、

⑤ 所有する道具を使用していた、

⑥ 就業規則の適用がなかった、

⑦ 国民健康保険組合の被保険者となっており、労働保険や社会保険の被保険者となっていなかった、

⑧ 所得税の源泉徴収はされていなかった

なお、軽貨物自動車運送業者の報酬債権について、貨物配送契約が請負契約であるとされ、労働債権性が否定された裁判例もある[8]。この裁判例は、破産債権者たる軽貨物自動車運送業者が、貨物配送契約の報酬債権が優先的破産債権であることの確認を求めた事案であるが、裁判所は、以下のような事情から、貨物配送契約が請負契約であったと認定したものであり、前記報

---

6 最判平8.11.28労判714号14頁
7 最判平19.6.28労判940号11頁
8 名古屋高裁金沢支判昭61.7.28判タ620号207頁

告を意識したものといえよう。

① 破産債権者が軽貨物自動車を保有して貨物運送事業を営む事業者であり、

② 諾否の自由を有していた、

③ 労務の代替性が認められていた、

④ 始業時刻の指定はあるが、仕事が終われば自由に帰宅できた、

⑤ 請負代金的な報酬であった

(3) 肯定例

大工について、以下のような事情から、労働者性が肯定されている[9]。

① 大工業務以外の仕事もしていた、

② 毎日午前7時半頃までに出社しミーティングに参加して作業指示を受けていた、

③ 代表者が大工の作業状況を把握していた、

④ 仕事に使用する道具は大工の所有物であったが必要な資材等は会社が調達していた、

⑤ 午後5時半まで拘束を受けていた、

⑥ 会社における就業期間中に他で仕事をしたことはなく、会社からの報酬で生計を営んでいた、

⑦ 報酬は日当で、午後5時半以降に仕事をした場合には残業手当に相当する報酬の支払を受けていた

3 会社役員の債権について

(1) 会社役員の労働者性

会社役員の契約は委任契約なので、その報酬債権は労働債権には該当しないが、従業員を兼務する役員や名目的役員の債権は、労働債権に該当する可能性がある。

---

9 東京地判平6.2.25労判656号84頁

会社役員の債権の労働債権性についても、会社役員の労働者性の議論を参照することになるが、この点については、裁判例により次の判断要素が蓄積されている[10]。

① 法令・定款上の業務執行権限
② 取締役としての業務遂行
③ 代表取締役からの指揮監督
④ 拘束性
⑤ 提供する労務内容
⑥ 取締役への就任経緯
⑦ 報酬の性質・額
⑧ 社会保険上の取扱い
⑨ 当事者の認識
⑩ その他

以下、会社役員の労働者性について判断した判例・裁判例を紹介する。

⑵　判例・裁判例

　専務取締役であった合資会社の有限責任社員について、実際に代表者の職務を代行していたものの、定款上は、業務執行権限が与えられておらず、職務の代行は代表者の指揮命令下で行われていたものであった等の事実関係において、労働者性が肯定されている[11]。

　また、労働者が取締役に就任したことで労働者性が失われたかが争われた事案では、取締役就任後に基本給が上がったが、賞与不支給となり報酬額が取締役就任前に比して高額ではなかった、社会保険料が控除され、取締役就任前と同様の給料明細書に基づき定額の支給を受けていた、当人に重要事項の判断権限も独立した業務執行権限もなかった、当人が、代表者から一方的に異動を打診され、営業部副部長等の任を解かれ、自宅待機を命じられていた等の事実関係において、取締役就任時に退職金を受給した事実があるもの

10　下田敦史「『労働者』性の判断基準—取締役の『労働者』性について」判タ1212号34
　　頁、光岡・前掲注5・8頁、山川・渡辺編・前掲注5・20頁〔冨田美奈〕
11　最判平7.2.9労判681号19頁

388

の、労働者性が肯定されている[12]。

(3) 会社役員の労働債権額

会社役員の労働者性が肯定された場合、会社役員の地位が名目的なものであれば、報酬債権全額が労働債権となる。

他方、従業員兼務取締役のように会社役員としての地位と労働者の地位が併存している場合、労働債権となる賃金と一般破産債権となる役員報酬の区別が問題となる。

この点については、賃金規程等で労働者の賃金と役員報酬が明確に区別できれば、それに従って労働債権額を認定することになるが、区別が明確でない場合には、役員就任前の労働者としての賃金額を参考にして、労働債権額を認定することが考えられる[13, 14]。

4 労働債権の範囲

労働者に対して支給される賞与及び退職金についても、支給基準が明確であるか労使慣行が成立していれば、その請求権は労働債権となる。また、身元保証金の返還請求権[15]や使用者の安全配慮義務違反に基づく損害賠償請求権[16]も労働債権となる。

他方、社内預金払戻請求権[17]や付加金（労働基準法114条）[18]は、労働債権には該当しない。

12　東京地判平18.8.30労判925号80頁
13　山川・渡辺編・前掲注5・28頁〔冨田美奈〕
14　前掲注12・東京地判平18.8.30も、役員報酬と賃金が区別されずに支給されている事案だが、裁判所は、原告が取締役となってから約1年程度であり、取締役就任前の賃金と就任後の報酬ないし賃金との差額が大きくなかったことから、取締役就任前の月例給与を基礎に労働債権額を算定した。
15　『伊藤』296頁
16　『伊藤』297頁
17　東京高判昭62.10.27判タ671号218頁、『手引』218頁
18　『手引』218頁

5 破産管財人の対応

破産管財人は、労働債権性に疑義がある場合、上記の判断基準・裁判例等を参考に労働債権性を検討する必要がある。

その際は、破産者から契約書、出勤簿、賃金台帳などの資料の提出を受けて事情聴取を行うほか、当該債権者からも資料の提出を受けて事情聴取を行うなどし、事実関係を把握することが必要である。判断に迷う場合は、破産裁判所と協議することも必要である。

労働債権性を肯定できる場合、破産管財人は、破産法に従って当該債権を財団債権又は優先的破産債権として取り扱う。

労働債権性が否定される場合、破産管財人は、債権者と交渉することになる。債権者が主張を維持するのであれば、優先的破産債権性が問題となる部分については、債権認否で優先権を認めない旨の認否をし、財団債権性が問題となる部分については、債権者からの給付訴訟又は破産管財人からの財団債権不存在確認訴訟により裁判所の判断を仰ぐこともある。

Q 6-15 役務提供請求権（非金銭債権）の債権調査

役務提供請求権（非金銭債権）の債権調査はどのように行うべきですか

宮本 聡

1 役務提供請求権（非金銭債権）の金銭化

破産手続は、債権者に対して、破産者の資産を換価し、換価した資産を金銭で配当する手続であり、破産債権は全て金銭的に評価されなければならない[1]。

金額が確定している金銭債権をもつ破産債権者は、その債権額全額をもっ

---

1 これに対し、事業継続が前提となる再生手続においては全ての債権を金銭化する取扱いは採用されていない。

て破産手続に参加し、その債権額に従って配当を受けることとなる。これに対し、物の引渡請求権、役務提供請求権及び代替的作為請求権などの「金銭の支払を目的としない債権」（非金銭債権）については、破産手続における配当の基準となる債権額を定めるために「破産手続開始の時における評価額」を届け出なければならない（法103条2項1号イ）。

破産債権届出にあたっての非金銭債権の評価は基本的には破産債権者が自ら算定し、破産管財人は届け出られた債権について認否を行うことになる。

2　金銭化の対象となる役務提供請求権（非金銭債権）

破産管財人は、代替的役務提供請求権について、破産手続開始の時における代替的役務提供者との取引価格等を基礎として評価することになる。金銭化の対象となり得る破産債権としては、①ゴルフクラブやリゾート施設等の会員契約に基づく施設利用権、②学生、生徒の授業を受ける権利、③英会話学校における顧客の英会話のレッスンを受ける権利、④スポーツクラブの会員契約における会員のクラブの利用権等があげられる[2]。

3　金銭化の対象とならない非金銭債権

非金銭債権の金銭化は、破産手続参加の基礎となる破産債権額を決定するために行われるものである。よって、金銭化の対象となる債権は「破産債権」に該当すること、すなわち、破産手続開始前の原因に基づいて生じた財産上の請求権（法2条5号）である必要があり、実体法上の全ての非金銭債権が金銭化の対象となるわけではない。

例えば、非代替的作為請求権（一例として、音楽家に演奏させる請求権、証券に署名させる請求権）や不作為請求権（一例として、音楽家に特定の団体の公演会への出演を禁止する請求権や土地の上に建築物の建設を禁止する請求権）は、権利自体を金銭的に評価することができないことから、財産上の請求権とはいえず、破産債権に該当しないため、金銭化の対象とならない[3]、[4]。

2　ここにあげた以外の法的権利性が問題となり得る商品・役務提供請求権は『債権調査・配当』292頁〔柴田義人〕参照

4 破産債権の届出

役務提供請求権（非金銭債権）を有する破産債権者は、自ら金銭評価を行ってその評価額を算定し、破産債権の届出を行わなければならない。債権者による評価は通常の価値を基準とすべきであり、債権者の主観的価値によるものであってはならない[5]。もっとも、非金銭債権、特に役務提供請求権は非定型的、かつ、請求権の態様が多様であるため[6]、役務提供請求権者の側から破産債権を主張してくる可能性は類型的に低いと考えられる。破産管財人としても、役務提供請求権者を破産債権者として認識しづらく、開始決定通知や債権届出書の送付対象から漏れやすいため、留意が必要である。

5 債権調査の方法

債権届出を受けた破産管財人としては、破産手続開始決定時における、代替的役務提供者との取引価格[7]、運送請求権のように代替執行可能なものであれば代替執行をする際の費用[8]などを基礎として、評価額の相当性を判断して認否を行うことになる。

金銭債権と異なって、役務提供請求権の評価は、実務上、基準を定めにくく困難であることが多い。また、会員契約のように同種の役務提供請求権を有する債権者が多数存在する場合に個々の債権者がそれぞれ独自の考えに基づいて評価額の届出がなされると、破産管財人が、債権認否において多くの債権に異議[9]を出さざるを得なくなり破産債権の確定に時間を要し、早期の

---

3 『条解』756頁

4 仮想通貨の私法上の債権の性質については争いがあるところであるが、近時、仮想通貨であるビットコインの返還請求権の存否が争われた事例において、ビットコインを有する者の権利について、通貨類似の取扱いをすることを求める債権（法103条2項1号イの「金銭の支払を目的としない債権」）としての側面を有するとした裁判例がある（東京地判平30.1.31判時2387号108頁）。

5 『注釈（上）』132頁〔長島良成〕

6 『債権調査・配当』294頁〔柴田義人〕

7 『条解』756頁

8 中野貞一郎・道下徹編『基本法コンメンタール・破産法〔第2版〕』（日本評論社、1997年）54頁〔徳田和幸〕

9 以下、本設問において、破産管財人のなす認否のうち「認めず」（法125条）を、実務上の取扱いに従って「異議」という。『債権調査・配当』235頁〔安田真道〕

事件処理の妨げとなる。そのため、同種の役務提供請求権を有する債権者が多数存在する場合、破産管財人としては、債権届出書に破産管財人の評価基準に基づく評価額を不動文字で記入して配布し、異なる見解をもつ債権者は訂正し、そうでない債権者はそのまま届出をしてもらうようにするなどの実務上の工夫が求められる場合がある[10]。このような措置をとる場合には、破産裁判所と事前に十分な調整をすることが望ましいと考えられる。

6 具 体 例

(1) ゴルフクラブの会員契約に基づく施設利用権

預託金制のゴルフクラブの会員は、預託金返還請求権（金銭債権）とゴルフ場施設利用請求権（いわゆるプレー権。非金銭債権）という2つの請求権をゴルフ場経営企業に対して有していると考えられる。この2つの請求権の関係をどのようにとらえるかについて、実務上、ゴルフ場施設利用請求権の評価は、預託金請求権の評価に含まれているものとして、預託金返還請求権のみを破産債権として認識する（つまり、預託金返還請求権に加えてゴルフ場施設利用権は破産債権として認めない）のが一般的と考えられる[11、12]。

(2) 英会話のレッスンを受ける権利・スポーツクラブの利用権について

英会話学校やスポーツクラブとの間で会員契約を締結し、破産手続開始時において、受講料等を支払ずみで、かつ、受講していないレッスン等がある

---

10 『債権調査・配当』294頁〔柴田義人〕

11 今泉純一「ゴルフ場経営企業の倒産と会員の権利」金法1442号55頁、小林信明「ゴルフ場の倒産の諸問題」高木新二郎・伊藤眞編集代表『講座倒産の法システム 第4巻』（日本評論社、2006年）433頁。これに対し、民事再生の事例ではあるが、預託金返還請求権のみならず、プレー権をも金銭的に評価して債権届出させるべきとの裁判例（東京高決平13.9.3金判1131号24頁）もあるが、実務的にはこの考え方はとられていないと考えられる。

12 パネルディスカッション「現代型契約と倒産法」NBL1055号56頁以下では、預託金の有無にかかわらない純粋なプレー権について、破産債権を含む倒産債権該当性についての議論がなされている。

第6章 債権調査・債権者集会 393

場合、会員は破産した事業者に対してレッスン等の受講に関する役務提供請求権を有するところ、かかる請求権は、破産手続開始前に原因のある財産上の請求権であり、破産債権に該当すると考えられる。

破産管財人としては、会員から金銭化されたレッスン等の役務提供請求権が届け出られた場合、未受講のレッスン料相当額（支払ずみの受講料等に占める未受講のレッスン等の割合を乗じて算出した金額）あるいは同種の事業者が提供するレッスン価格等を基準として評価額の相当性を判断し認否を行うことになると考えられる。

(3)　有償保証請求権

販売業者が、顧客に対して商品を販売するにあたり、顧客との間で保証契約を締結し、その商品について一定期間、メーカーの保証とは別に、無償あるいは低額で修理を行う旨の保証を行うことがある。販売業者が破産した場合、顧客の販売業者に対する役務提供請求権は、代替的作為請求権であり、財産上の請求権であるから、金銭化を要する破産債権である。

東京地方裁判所において有償保証債権者の破産手続における取扱いが問題となった事例では、販売業者の破産管財人が、有償保証債権者に対して債権届出書を送付するにあたり、残存保証期間に相当する保証料相当額（保証契約の代金相当額について、保証期間に占める残存期間の割合を乗じて算出した金額）を計算し、その計算結果を債権届出書の送付の際に同封して同額での届出を促し、これに基づいて届出をしてきた債権者に対して同額の破産債権を認め、配当を行った事例が報告されている[13]。

7　破産管財人が履行選択する場合の留意点

①年会費の支払が終わっていないゴルフ場のプレー権やリゾートクラブの会員権や②年度の途中で授業が終わっておらず授業料が未納の場合の学校と生徒との契約等は、破産手続上、双方未履行の双務契約として取り扱われる。

これらの契約は、清算型手続である破産手続であっても、破産管財人が、

13　金澤秀樹「会員契約（役務提供型契約・ポイント契約）をめぐる現状と課題」「現代型契約と倒産法」実務研究会編『現代型契約と倒産法』（商事法務、2015年）51頁

事業継続して事業譲渡する目的等のために破産裁判所の許可を得て履行選択（法53条1項）することがあり、履行選択された場合の相手方の債権は財団債権となる（法148条1項7号）。履行選択により破産債権が財団債権化した場合、当該債権は破産債権ではなくなるので、債権調査の対象から外れる。他方、事業継続しない場合には破産管財人は双方未履行双務契約を解除するのが通常であり、その場合の相手方の損害賠償請求権は破産債権となり（法54条1項）、債権調査の対象となる[14]。

Q 6-16 養育費請求権・婚姻費用分担請求権の債権調査

養育費請求権、婚姻費用分担請求権の債権調査をどのように行うべきですか

武田 麻依

1 養育費請求権と破産手続

(1) 養育費請求権の成立とその内容

子の監護者は、非監護者に対し、民法766条1項に基づいて子の監護に関する処分として子の養育費を請求することができる。

養育費は、協議、調停（家事事件手続法244条）、審判（家事事件手続法284条、272条4項）、判決又は和解（民法771条、776条、人事訴訟法32条1項、37条）によって定められる。養育費の支払方法は、将来にわたる養育費を現在において予測計算することは困難であるから、特段の事情がない限り、一括払いとすべきではなく、定期金により支払うべきであるとされている（東京高決昭31.6.26家月8巻7号46頁）[1]。

---

14 『債権調査・配当』294頁〔柴田義人〕
1 東京弁護士会法友全期会家族法研究会編『離婚・離縁事件実務マニュアル〔第3版〕』（ぎょうせい、2015年）159頁

第6章 債権調査・債権者集会 **395**

⑵　破産手続開始決定前に支払期日が到来した養育費請求権

　協議、調停、審判、判決又は和解によって定まった定期金による養育費請求権のうち、破産手続開始決定前に支払期日が到来したものは、一般破産債権となる。養育費請求権は、非免責債権に該当するが（法253条1項4号ハ）、財団債権や優先的破産債権には該当しない。

⑶　破産手続開始決定後に支払期日が到来する養育費請求権

　破産手続開始決定後に支払期日が到来する養育費請求権は、破産手続開始前の協議等によって定まったものとして、破産債権（法2条5項）に当たるようにも思える。しかし、後記のとおり、破産債権に当たらないというべきである。

　すなわち、養育費請求権は、父母の子に対する扶養義務（民法877条1項）を根拠とするものであり、この扶養義務とは、子に対し父母と同程度の生活水準を維持させるという生活保持義務をいうと解されている。養育費請求権の根拠を生活保持義務とすると、養育費請求権は、権利者の要扶養状態と義務者の扶養可能状態の2要件の具備により、日々発生する権利と解することができるだろう[2]。したがって、破産手続開始決定後に支払期日が到来する養育費請求権は、破産手続開始前の原因に基づいた債権とはいえず、破産債権に当たらないというべきである[3]。

　破産手続開始決定後に支払期日が到来する養育費請求権は、配当を受けることはできないが、破産者の自由財産に対して、破産手続によらずに権利を行使することができる[4]。

⑷　一括払いの約定がある養育費請求権

　前記のとおり、養育費請求権は、特段の事情がない限り、定期金により支

2　島津一郎・阿部徹編『新版注釈民法⒆）親族⑵）』（有斐閣、2008年）150、151頁、『手引』285頁、『破産実務』410、411頁、『条解』290頁
3　東京地方裁判所の取扱いについて『注釈（上）』18頁〔坂本泰朗・吉川武・馬杉栄一〕
4　秋武憲一『第3版離婚調停』（日本加除出版、2018年）303頁

払うべきとされている。もっとも、定期金の給付義務の履行が期待できない場合は一括払いが認められる（長崎家審昭55．1．24家月34巻2号164頁）。一括払いの支払期日が破産手続開始決定前の場合、養育費請求権は、破産債権に当たる。

養育費請求権者は、配当を受けることができるが、破産手続が終わるまで破産者の新得財産に対し、強制執行をすることができない（破産法42条1項）。

未成年の子の生活費という養育費請求権の性質上、一括支払の約定により、養育費請求権者に大きな不利益が生じる可能性があるため、破産管財人は、裁判所と事前協議のうえ、事案に応じた対応を検討すべきである[5]。

(5)　養育費請求権の認否

養育費請求権が、調停、審判、判決又は和解によって定まった場合、破産管財人は、調書、審判書、判決書の写しの提出を求め、また、公正証書による合意がある場合は、公正証書の写しの提出を求め、養育費請求権及びその額を認否すれば、特段問題は生じないだろう。

一方、当事者間で協議を行ったが、私文書を作成したにとどまる場合、あるいは、書面を作成しなかった場合は、養育費請求権の認否について、慎重な判断が求められる。破産債権の認否書に記載された事項が確定すると、同事項の破産債権者表の記載は、確定判決と同一の効力を有すること（法124条3項）、養育費請求権が非免責債権（法253条1項4号ハ）であることをふまえると、養育費の合意の有無及びその内容について、慎重に検討すべきである。

したがって、破産管財人は、当事者より、当事者間の養育費請求権に関する協議の経過、文書を作成している場合はその経緯を聴取し、協議に用いた資料（源泉徴収票、学費を示す資料等）、文書の原本等も確認のうえ、債権認否すべきである[6]。

5　『手引』285頁。養育費請求権の一括支払を合意した当事者は、契約の内容として、一括支払が可能であることを当然の前提としていたのであり、義務者が破産した場合、契約不成立又は錯誤無効であるとして、原則に戻って、定期金の支払請求が可能となると解釈すること等が考えられる。

6　『債権調査・配当』288頁

2 婚姻費用分担請求権

(1) 婚姻費用分担請求権の支払の始期

夫婦が婚姻から生ずる費用を分担するものと定められたことから（民法760条）、夫婦のうち、基礎収入の低い者（権利者）は、基礎収入の高い者（義務者）に対し、婚姻費用の分担を請求することができる。

婚姻費用の発生時期は、裁判例は、要分担状態の始期（東京高決昭42.9.12家月20巻5号105頁）と婚姻費用分担調停の申立時点（東京高決昭60.12.26判時1180号60頁）で二分されている。実務においては、始期が客観的に明確な婚姻費用分担調停の申立時点とすることが多い[7]。調停申立前の要分担状態が明確になる事情がある場合は、事案に応じて、検討する必要があるだろう。

(2) 婚姻費用分担請求権の破産法上の性質

婚姻費用分担請求権も、養育費請求権同様、生活保持義務を根拠とするものである[8]。したがって、婚姻費用分担請求権のうち、支払の始期から破産手続開始決定前に支払期日が到来したものは、破産債権とし、破産手続開始決定後支払期日が到来するものは、破産債権に当たらないというべきである[9]。

(3) 婚姻費用分担請求権の認否

養育費請求権同様、婚姻費用分担請求権が調停又は審判によって定められた場合は、調書又は審判書の写しの提出を求め、婚姻費用分担請求権の存否及びその額を認否すれば足りる。

また、私文書や協議をしたが書面を作成していない場合も、養育費請求権同様、検討のうえ、認否を要する[10]。

7　東京弁護士会法友全期会家族法研究会編・前掲注1・80頁
8　東京弁護士会法友全期会家族法研究会編・前掲注1・71頁
9　『手引』286頁、『注釈（上）』18頁〔坂本泰朗・吉川武・馬杉栄一〕、『破産実務』410～411頁

Q 6-17　債権認否の留意点

破産管財人が届出があった破産債権を認否する場合、どのような点に留意すべきですか

西村　美香

1　債権認否に先立つ調査

　債権調査にあたっては、届出債権者に十分な主張立証の機会を与える必要があり[1]、また、届出債権の存否、金額に疑義がある場合に全てについていったん異議[2]を述べ、心証がとれた後に撤回するという方法では、査定申立ての増加により破産管財人の事務負担も増加する。そのため、破産管財人は、否認すべきと思われる届出債権者に対して、債権調査期日までの間に、破産債権届出書の補正や資料の追完を求めるほか、自主的な取下げを促すなど、調査を尽くして、異議を出す債権を絞り込むことが望ましい[3]。

　具体的には、破産債権届出書補正依頼を送付する等の方法により、①証拠書類の不備については、期限を設けて証拠書類の追完を求め、追完がない場合には異議を述べる旨予告する、②追完の可能性がない債権については、変更届や取下書の提出を促す等の対応をとる[4]。また、手続外における金融ADRを利用した実例も存する[5]。

　当初指定された債権調査期日では上記の調査を十分に行うことができない

10　このほか、婚姻費用、養育費について家事手続が係属している場合の対応につき、受継の申立てによるべきとする見解について、島岡大雄「非訟事件の当事者につき倒産手続が開始された場合の非訟事件の帰趨」『倒産と訴訟』205〜208頁。受継後の手続について、『注釈（上）』312、313頁〔縣俊介〕

1　『破産実務』466頁

2　以下、本設問において、破産管財人のなす認否のうち「認めず」（法125条）を、実務上の取扱いに従って「異議」という。「債権調査・配当」235頁〔安田真道〕

3　『実践マニュアル』429頁

4　『破産200問』262頁〔森晋介〕

5　『破産200問』283頁〔森川和彦〕

と思われる場合は、裁判所に対して債権調査期日の延期又は続行を求めることも検討する（法121条10項）。

2　異議の種類

債権調査において届出債権を否認すべき場面として、以下のような異議の種類に大別される。

(1)　本来的異議

破産管財人は、破産債権の存否や金額に疑義がある場合に、異議を述べる。このような異議について、他の異議との対比で本来的異議と呼ばれることがある。

(2)　暫定的異議

実務上、一般債権調査期日終了間近に破産債権届出がされたために、破産管財人が認否を検討する時間的余裕がない場合には、調査未了を理由として破産管財人が異議を述べる場合があり得る。このような異議について、暫定的異議と呼ばれる[6]。

(3)　戦略的異議

破産債権の存在自体を認めないわけではないものの、届出破産債権者間の実質的な均衡を図ること等を目的として述べる異議を戦略的異議と呼び、具体的に、以下のような場面が想定される[7]。

a　否認権行使の対象となる弁済行為により、破産債権者が破産手続開始前に一部弁済を受けているにもかかわらず債権全額を届け出ている場合、当該弁済を受けている部分については、弁済等による債権の一部消滅を理由として本来的異議を述べる場面である。しかし、弁済を受けている範囲が不明確な場合や、当該否認行為の回復について債権者の協力が得られない場合には、その債権者の届出債権の全額について戦略的異議を述べることが考えら

6　『破産実務』466頁
7　『手引』286頁

れる。

b　破産法人の旧経営陣、親会社、支配株主等の届出債権は、破綻に至る経営責任や公私混同等について責任追及が必要な場合があり、これらの債権を他の届出債権と形式的に平等に扱うと一般債権者に不公平となり得る。そのため、債権届出の取下げを求め、応じない場合に信義則や権利濫用の法理に照らして異議を述べる場合がある。ただし、法人の代表者が破産手続開始の決定を受けている場合、代表者の債権は代表者の破産財団を構成することから、通常は異議を述べる必要はないとされる[8]。

3　債権調査期日における債権調査

債権調査期日において破産管財人は認否の結果を報告するところ、通常、破産管財人は、認めない債権について異議理由を述べ、その他は認める旨報告する。異議理由は、「疎明資料不足」「反対債権あり」等の端的な指摘で足りる。

破産管財人が異議を述べた届出債権は確定しないため（法124条1項）、破産債権者は債権確定手続において債権の確定を得なければ配当金を受領できないが[9]、終局判決のある破産債権や執行力ある債務名義については、破産管財人が債権調査で異議を述べたとしても査定手続には移行しない。そのため、破産管財人はこれらの債権について異存がある場合は、再審の訴えや請求異議訴訟を提起しなければならない（法129条）。

4　異議通知の発送

破産管財人が異議を述べた債権については、債権者集会終了後、債権調査期日に出頭しなかった債権者等に異議通知を発送することが定められている（規則43条4項）。

この点、東京地方裁判所では、破産管財人が債権調査期日への出頭の有無や認否内容の認識の確認が困難なため、債権調査期日前に、異議を述べる予定の債権者に対して郵送、ファクシミリ等で異議額・異議理由を通知する運

8　『手引』287頁
9　本書Q6-18参照

第6章　債権調査・債権者集会　401

用とされている[10]。

したがって、破産管財人は、異議を述べることを予定する破産債権者に対しては、債権期日調査前に「予定」として異議通知の発送を行う。

5 異議の撤回

(1) 撤回時期

a 査定申立期間満了前

破産管財人は、債権調査期日において述べた異議について、破産債権査定申立期間が満了するまでの間（査定申立期間満了前に配当の除斥期間が満了する場合は除斥期間満了までの間）は自由に撤回できる。破産債権者との和解の成立や調査が完了した場合には撤回されることとなる。

b 査定申立期間満了後

配当の除斥期間が満了する前に、異議を述べられた債権について査定の申立てがされないまま破産債権査定申立期間が満了した場合、破産管財人が異議を撤回できるかは学説上見解が分かれているが、東京地方裁判所破産再生部では、破産債権査定申立てが行われなかった場合には、異議撤回ができない扱いとされている[11]。

c 債権確定手続中

異議が述べられた債権について査定の申立てがされた場合には、異議を述べられた債権は未確定の状態にあり、破産管財人が異議を撤回できるとしても問題はないことから、破産債権査定手続中に破産管財人は自由に異議を撤回できると解されている[12]。

(2) 手 続

破産管財人は、異議を撤回する場合、債権調査後の債権額等変更一覧表の提出により裁判所に異議を撤回したことを報告し、破産債権者に対しては異

---

10 『手引』289頁
11 『手引』289頁
12 『破産実務』470頁

議撤回書を送付する（規則38条）。

6　換価終了前の段階での債権認否の要否の検討

　異議を述べられた破産債権は、債権確定手続を経なければ額が確定せず、手続の長期化が見込まれる場合がある。

　確実に配当となる見通しであるものの、破産債権額に争いがあり、認否の方針について査定等の債権確定手続を経なければ破産債権者との折り合いがつかないと思われる場合には、換価終了前の段階から債権認否を行い、早期に債権確定手続に移行させるなどの配慮をすべき場合が存する。換価終了前の段階での債権認否を検討する場合は、早期に裁判所と協議すべきとされている[13]。

Q 6-18　破産債権の確定手続

異議を述べられた破産債権が確定するにはどのような手続を経ますか

佐古　麻衣子

1　破産債権の確定手続の概要

　破産債権の調査において、破産管財人が認め、かつ届出破産債権者が異議を述べなかったときには、当該破産債権の内容は確定する（法124条1項）。

　他方、破産債権の内容について、破産管財人が認めず、又は届出破産債権者が異議を述べた場合には、破産債権は確定しないため、確定のための手続を経る必要がある。

　破産法上、破産債権を確定させる手続は、次の4つの方法によることとされている。

①　破産債権査定申立て（法125条）

13　『手引』291頁

第6章　債権調査・債権者集会　403

② 破産債権査定異議の訴え（法126条）

③ 異議等のある破産債権に関する訴訟の受継（法127条）

④ 有名義債権に関する訴訟手続（法129条）

破産債権が無名義債権の場合、異議を述べられた破産債権の破産債権者は①破産債権査定の申立てを行い、その査定の決定に不服がある場合には②破産債権査定異議の訴えを提起するという、二段階の手続が用意されている。

これに対し、執行力ある債務名義又は終局判決のある有名義債権については、無名義債権とは逆に、異議を述べた者が④有名義債権に関する訴訟手続をとらなければならない。

このような有名義・無名義の区別のほか、異議等のある破産債権について破産手続開始当時に訴訟が係属している場合、(i)無名義債権については③異議を述べられた破産債権を有する破産債権者が当該破産債権に関する訴訟の受継の申立てを行い、(ii)有名義債権については異議者等が異議を述べられた破産債権を有する破産債権者を相手方とする訴訟を受継することになる（法129条2項）。

2 破産債権査定申立て

(1) 申立ての方式

破産債権の査定は、異議を述べられた破産債権の破産債権者が[1]、破産債権の額等を認めなかった破産管財人又は異議を述べた破産債権者を相手方として申立てを行う。なお、異議を述べた破産債権者が複数である場合には、その全員を相手方としなければならず、一部の者のみを相手方とする申立ては不適法となる[2]。

申立先は「裁判所」と規定されており、当該破産事件を担当する狭義の破産裁判所を意味する[3]（この点、破産債権査定異議の訴えの管轄裁判所は「破産

---

1 債権調査期日において異議を述べなかった破産債権者が破産債権査定手続等について補助参加できるか否かについて、酒井良介・上甲悌二「債権確定訴訟」『倒産と訴訟』131頁、『条解』887頁、『伊藤』678頁注70、『注釈（上）』811頁〔増市徹〕

2 『条解』884頁、『注釈（上）』808頁〔増市徹〕

3 『条解』884頁

裁判所」である。後述参照）。

申立ては書面によることを要し、必要的記載事項は次のとおりである（規則1条、2条）[4]。

① 当事者及び法定代理人の氏名・住所
② 申立ての趣旨
③ 申立てを理由づける具体的な事実
④ 立証を要する事由ごとの証拠
⑤ 申立人又は代理人の郵便番号、電話番号

なお、査定申立て以外の方法により破産債権の確定を求めることができるか否かについては争いがあるが、債権確定手続の簡易・迅速化を図るという査定制度の立法経緯や規定の文言から、代替手段によることはできないと考えられている[5]。

(2) 申立期間

破産債権査定の申立ては、債権調査の終了（一般調査期間もしくは特別調査期間の末日又は一般調査期日もしくは特別調査期日）から1カ月の不変期間内にしなければならない（法125条2項）。ただし、債権調査期日終了後直ちに簡易配当手続に入る事案では、債権調査期日から1カ月の不変期間よりも前に配当の除斥期間が満了する場合があることから、除斥期間内に申立てをする必要がある[6]。

この期間内に査定の申立てがなされない場合には、異議の内容に従って債権者の権利が処理されることとなり、期間満了後に申立てがされた場合には不適法として却下される[7]。

(3) 査定の裁判

査定申立てがなされると、裁判所は、申立てを不適法として却下する場合

---

4 書式例として『運用と書式』463頁
5 『条解』885頁、『債権調査・配当』341頁〔権田修一〕、『破産実務』472頁
6 『破産実務』472頁、『手引』292頁、『債権調査・配当』341頁〔権田修一〕
7 『破産実務』472頁

第6章 債権調査・債権者集会 405

を除き、決定で、破産債権の存否及び額等を査定する裁判をする（法125条3項）。債権の存否及び額が争われた場合の査定決定の主文は、全部あるいは一部の棄却を記載せず、具体的に「届出債権の額を○円と査定する」と記載され、その全部の存在が認められない場合でも０円と査定する、と記載されることとなる[8]。

裁判所は査定決定をする場合には、異議者等を審尋しなければならない（法125条4項）。その方法については口頭・書面等の指定はなく、東京地方裁判所破産再生部では、書面審尋を原則として、速やかに決定をする取扱いとされている[9]。速やかな決定のため、東京地方裁判所においては、破産管財人や異議を述べた破産債権者に対して１週間程度で査定申立てに対する反論の意見書の提出を促し、提出後速やかに決定をすることとされている。そのため、査定を求める申立人や破産管財人、異議を述べた破産債権者においては、申立書や反論書の提出と同時に、必要な書証を漏れなく提出する必要がある[10]。

なお、査定の申立てを行った後であっても、破産管財人は破産債権者との間で破産債権の額等について合意に達した場合、和解をすることが考えられる[11]。この点、このような合意について裁判上の和解が可能かについては争いがあるが、査定手続外で、例えば破産管財人と相手方である破産債権者との間で一定額の破産債権について合意に達した場合には、破産管財人が合意の範囲内で異議を撤回し、破産債権者が査定申立てを取り下げるという和解的処理で足りると考えられている[12]。

(4)　破産手続の終結との関係

債権査定手続が係属中でも破産手続を終結することは可能である。破産手

8　決定の記載例として、『運用と書式』468頁、『破産実務』472頁、『手引』293頁

9　『破産実務』472頁、伊藤康博「東京地方裁判所における破産事件の運用状況」金法2038号18頁、蛭川明彦「大阪地方裁判所における破産事件の運用状況」金法2110号25頁

10　『破産実務』472頁、『手引』292頁、『実践マニュアル』435頁

11　『債権調査・配当』342頁〔権田修一〕、『債権調査・配当』373頁〔中尾彰〕、『実践マニュアル』435頁

12　『債権調査・配当』373頁〔中尾彰〕

続開始の決定の取消し又は破産手続廃止の決定により終了した場合は、破産債権査定手続も終了する。他方、破産手続終結の決定により終了した場合には、配当との関係から破産債権査定手続は引き続き係属する（法133条1項）。なお、破産手続終了後に破産債権査定決定がなされたときには、当事者はこれに対して破産債権査定異議の訴えを提起することができる（法133条2項）。

3　破産債権査定異議の訴え

（1）　訴訟の提起

破産債権査定決定に対して不服のある者[13]は、破産債権査定異議の訴えを提起することができる（法126条1項）。

破産債権査定異議の訴えは、「破産裁判所」すなわち破産事件の係属している官署としての広義の破産裁判所（例えば、東京地方裁判所破産再生部の事件であれば東京地方裁判所）に提起しなければならず（法126条2項）[14]、また決定正本の送達を受けた日から1ヵ月の不変期間内に提起しなければならない（法126条1項）。なお、破産管財人が破産債権査定異議訴訟を提起する場合には訴え提起の許可が必要となる（法78条2項10号）[15]。

（2）　判決内容

裁判所は、訴えを不適法として却下する場合を除き、破産債権査定申立てについての決定を認可し、又は変更する（法126条7項）。破産債権の確定に関する訴訟の結果は、破産債権者表に記載され（法130条）、判決は破産債権者の全員に対して効力を有する（法131条1項）。

（3）　破産手続の終結等との関係

破産債権査定異議の訴えが係属していても破産手続を終結することは可能

13　債権調査期日において異議を述べなかった破産債権者が破産債権査定申立てについて補助参加できるか否かについて、『条解』893頁、『注釈（上）』817頁〔服部敬〕、『大コンメ』527頁〔橋本都月〕

14　『条解』891頁

15　『手引』293頁、『債権調査・配当』344頁〔権田修一〕

第6章　債権調査・債権者集会　407

である。

破産管財人が当事者となっている場合には、破産手続開始の決定の取消し又は破産手続廃止決定の確定により破産手続が終了した場合は、訴訟手続は中断し、破産者がこれを受継する（法44条4項・5項）。他方、破産手続終結の決定により破産手続が終了した場合には、配当との関係から訴訟手続は中断しない（法133条3項）。

破産管財人が当事者でない場合には、破産手続開始の決定の取消し又は破産手続廃止決定の確定により破産手続が終了した場合は、訴訟手続も終了する。他方、破産手続終結の決定により終了した場合には、配当との関係から訴訟手続は引き続き係属する（法133条4項）[16]。

4　異議等のある破産債権に関する訴訟の受継

破産債権に関して破産手続開始決定時に訴訟が係属していた場合には、その訴訟手続は中断する（法44条1項）。その後の破産手続のなかで当該破産債権について破産債権の存否や額等について争いが生じた場合、そのような破産債権の争いについては破産債権査定の申立てが予定されているが、破産債権について訴訟が係属していた場合には、従前の訴訟手続を活用するため、中断していた訴訟を受継することとされている（法127条）。この受継手続は1カ月の不変期間内に行わなければならない（法127条2項、125条2項）（詳細については本書Q6−19参照）。

5　有名義債権に関する訴訟手続

有名義債権については、その権利の存在について高度の蓋然性が認められることから、それについて異議を述べる異議者等が、訴訟によって異議の主張をし、あるいは異議等のある破産債権に関する訴訟を受継しなければならない（法129条1項・2項）。この訴訟提起又は受継は、1カ月の不変期間内に行わなければならない（法129条3項）（詳細は本書Q6−19参照）。

16　『条解』895頁、『債権調査・配当』346頁〔権田修一〕

6 配当に関する留意事項

前記のとおり、破産債権確定の手続が係属していても、破産手続を終結することは可能である。最後配当について遅滞なく配当をしなければならないことに照らすと（法195条1項）、債権確定手続が係属していても原則としては配当手続を進行させることとなる。

この点、当該手続の係属が配当表提出前であれば、異議を述べられた破産債権が認められることを前提とした配当表を作成する。これに対し、配当表の提出前に手続が係属していない場合には、破産管財人が認めない債権を除き配当表を作成する例が多いとされている。ただし、この場合に、債権確定手続が係属していることの証明がされれば、破産管財人は、当該破産債権者に対する配当額を改めて計算し、配当表の更正を行い（法199条1項1号、205条）、異議を述べられた破産債権者に対する配当額を供託しなければならないことに留意が必要である（法202条1号、205条）[17]。なお、供託された配当金は、債権確定手続で破産債権の額等が認められた場合には、当該破産債権者が受領することとなり、他方で異議等が認められた場合には追加配当財源となり、破産管財人が追加配当を行うこととなる[18]。このように、配当手続を進行させた場合には、破産債権確定手続の結果いかんにより追加業務が発生し得ることから、破産管財人としては、訴訟に要する時間や債権者の早期配当の希望等を総合考慮し、配当留保の可否を決することが考えられる[19]。

---

17 『破産実務』474頁、『手引』291頁、『手引』338頁、『債権調査・配当』468頁〔平岩みゆき〕

18 『債権調査・配当』375頁〔中尾彰〕、『債権調査・配当』469頁〔平岩みゆき〕、『実践マニュアル』483頁、『倒産と訴訟』158頁〔住友隆行〕

19 『債権調査・配当』375頁〔中尾彰〕、『実践マニュアル』467、483頁

第6章 債権調査・債権者集会 409

Q 6-19　破産債権に関する訴訟手続への対応

　異議を述べられた破産債権に関する訴訟手続が係属している場合、破産管財人はどのように対応すべきですか

佐古　麻衣子

1　訴訟手続の中断と受継

　破産手続開始の決定があると、破産者を当事者とする破産財団に関する訴訟手続は中断する（法44条1項）。

　破産手続開始決定の後は、破産財団に属する財産の管理処分権は破産管財人に専属し（法78条1項）、中断した破産財団に関する訴訟手続についても、破産管財人が直ちにこれを受継できるのが原則である。もっとも、破産債権の確定については、破産法上、破産手続のなかで権利確定の手続を経ることとされている。そのため、破産債権に関する訴訟手続については、破産管財人といえども、原則どおり直ちに受継することができるものではない。当該破産債権について債権が届け出られ、債権調査において異議等が述べられた場合に限り、破産管財人が訴訟を受継する可能性がある（法127条）。

2　「破産債権に関する訴訟」の判断

　上記のとおり、破産管財人としては、破産債権に関する訴訟手続であれば、債権調査手続を待って受継をすることが可能になるため、管財業務に着手した時点で、従前破産者が当事者となっていた訴訟が「破産債権に関する訴訟」であるか否かを判断しなければならないことがある。

　破産債権は、破産者に対し破産手続開始前の原因に基づいて生じた財産上の請求権であって、財団債権に該当しないもの（法2条5項）である。

　破産債権と異なり、財団債権について訴訟が係属している場合は、破産手続開始直後から受継が可能となる。財団債権についての訴訟が係属している場合とは、例えば、手続開始前3カ月分の使用人の給料（法149条1項）につ

410

いて、破産者から解雇された破産者の使用人が、破産者に対して使用人たる
地位の確認を求める訴えを提起し、その訴訟のなかで解雇後の給料の支払を
請求している場合において、当該請求給料に手続開始後3カ月分が含まれる
場合が想定される[1]。

　なお、旧破産法適用の事例ではあるが、建物収去土地明渡訴訟で被告が破
産をした場合に、附帯請求である明渡ずみまでの賃料相当損害金のうち、破
産宣告（現行法の破産手続開始決定）の前日までに発生した部分の訴訟は破産
債権に関する訴訟であるとして、債権の届出・調査を経ずにした破産管財人
の訴訟の受継は違法と判断された判例がある[2]。破産管財人としては、破産
債権に関する訴訟部分を除く訴訟について受継をし、破産債権部分について
は、破産債権としての届出をしないことを条項に入れる和解をすることなど
で、速やかな解決を図ることが考えられる[3]。

3　異議等を述べられた破産債権に関する訴訟の受継

(1)　受継の制度

　異議等を述べられた破産債権に関する訴訟の受継は、当該破産債権につい
て執行力ある債務名義又は終局判決がある有名義債権か、それらのない無名
義債権かにより手続が異なる。

(2)　無名義債権に関する訴訟の受継

　破産債権について、破産管財人が認めず又は他の債権者から異議を述べら
れたとき、当該破産債権について訴訟が係属していれば、その破産債権者は
訴訟の受継を申し立て、債権の確定を求めることとなる（法127条1項）。

　破産管財人としては、破産債権について否認をした場合で、当該破産債権
者が破産債権に関する訴訟の受継を申し立てたときに、訴訟の受継をするこ
ととなる。仮に破産管財人が否認した債権について、当該破産債権の破産債

1　『倒産と訴訟』145頁〔住友隆行〕

2　最判昭59.5.17判時1119号72頁

3　『倒産と訴訟』145頁〔住友隆行〕

第6章　債権調査・債権者集会　411

権者が訴訟の受継を申し立てない場合、破産管財人自らが訴訟の受継を申し立てられるかについては争いがある。この点、①民事訴訟法においては相手方による訴訟受継の申立てが規定されているが（民事訴訟法126条）、破産法には同様の規定がないこと、②中断した訴訟の受継を認める制度趣旨は、新たな破産債権の査定申立てより既存の訴訟を利用したほうが合理的であるためであり、その制度趣旨からは、訴訟を受継するか否かも査定申立てと同様に破産債権者の自由な選択に委ねられるべきであること、③破産財団に関する訴訟手続で、破産債権に関しない訴訟手続については相手方の受継申立権が明文で認められているが（法44条2項）、破産債権に関する訴訟の受継については明文で認められてはいないこと等から、破産法127条1項に基づく訴訟の受継は破産債権者の自由な選択に委ねられているとし、破産管財人は届出債権者に対して受継の申立てを促しても自ら受継の申立てはできず、裁判所の続行命令も認められないと考えられている[4]。

　訴訟受継の申立ては1カ月の不変期間内にされなければならない。その期間内に受継申立てがされない場合、破産管財人の受継の申立てが認められず、続行命令も認められないので、破産手続終了によって破産者が訴訟手続を受継することとなる。なお、一度訴訟を提起していたにもかかわらず受継の申立てを行わないのは、不熱心な訴訟追行者として訴え却下の判決をする可能性についても指摘されている[5]。これに対しては、受継を申し立てるか否かについては破産債権者の自由な選択に委ねられているとして、受継を申し立てないことのみで中断中の訴訟を却下することについては疑問との見解もある[6]。破産管財人としては、破産手続上の直接の影響はないとしても事後の争いを避けるために、訴訟の受継申立ての有無については、破産債権者が失念をしている可能性も考慮し、関係する破産債権者等の意見を事前に聴取することが望ましいと考えられる。

4　『倒産と訴訟』153頁〔住友隆行〕、『条解』901頁、『伊藤』680頁注73
5　森宏司「破産・民事再生に伴う訴訟中断と受継」判タ1110号35頁
6　『倒産と訴訟』155頁〔住友隆行〕

⑶ 有名義債権に関する訴訟の受継

　有名義債権は、破産手続開始の前に、直ちに強制執行ができる立場にあり、またその権利の存在を高度の蓋然性をもって証明し得る立場にある。破産法は、有名義債権のそのような立場を尊重して、異議等の述べられた破産債権に関する訴訟の受継について、無名義債権とは異なる手続を設けている。

　破産債権について、破産管財人が認めず又は破産債権者が異議を述べたとき、無名義債権は異議を述べられた破産債権の破産債権者が、破産債権に関する訴訟の受継を申し立てなければならない。他方、有名義債権については、異議等を述べた者が、当該破産債権に関する訴訟を受継し、その訴訟において異議の主張をしなければならない。ただし、当該訴訟の受継の申立ては1カ月の不変期間内に行う必要があることは無名義債権と同様である（法129条3項）。

　破産管財人は、破産債権を否認した場合、当該破産債権について訴訟が係属している場合は、その訴訟を受継することとなる。その場合、破産管財人が1カ月の不変期間内に自ら訴訟の受継を申し立てなければ、その債権を認めたものとみなされるため、注意が必要である（法129条4項）。

4　受継後の訴訟手続

⑴　請求の趣旨の変更

　受継する訴訟は給付訴訟、確認訴訟などさまざまな形態が考えられる。しかし、受継後の訴訟においては破産債権の額等の確定がなされれば必要十分であるため、その限度に請求の趣旨を変更すること等が必要となる。例えば、受継前の訴訟が給付の訴えである場合、異議等の対象が破産債権の額であれば、債権額の確認請求に請求の趣旨を変更する。

　この点、従前の訴訟が債務不存在確認訴訟であった場合、破産債権者が債権の積極的確認を求める反訴を提起する必要があるかについては争いがある[7]。反訴を必要とする考えも有力であるが[8]、債務不存在確認訴訟におい

第6章　債権調査・債権者集会　413

て請求棄却判決がなされれば、訴訟物である請求権が存在することが既判力をもって確定されるため、破産債権者としてはあえて反訴を提起する必要はなく、請求棄却を求めるだけで足りるとの見解もある[9]。破産債権者による反訴が必要との考えからは、破産管財人が債務不存在確認訴訟を受継した場合、被告である破産債権者が反訴を提起したうえで、債務不存在確認の本訴を取り下げるのが相当との指摘もあり[10]、破産管財人としては破産債権者に反訴提起を促すべきか否か、検討を要する。

(2) 訴訟状態の承継

a　無名義債権

受継された訴訟について、届出破産債権者のみならず、異議者等も含め、当事者は従前の訴訟状態を引き継ぐ。もっとも、破産管財人が当事者の場合には、独自の権能である否認権を行使することは可能である。そのため、破産管財人が否認した破産債権に関する訴訟を受継した場合に、否認権行使の限度において抗弁を提出することは、従前の破産者の訴訟追行の結果に拘束されない[11]。

b　有名義債権

受継した訴訟において、異議者等の異議の主張は、破産手続開始がなかったとしたら破産者自身がすることのできる訴訟手続に限定される（法129条1項)[12]。例えば、確定判決については再審の訴え、判決の更正申立てが可能である。これに対して請求異議の訴えの可否については争いがあるが、認められると考えられている[13]。異議者等が破産管財人である場合に、破産管

7　『条解』903頁、『伊藤』681頁注76、『倒産と訴訟』156頁〔住友隆行〕、『注釈（上)』825頁、『大コンメ』531頁

8　『大コンメ』531頁、『注解（下)』539頁

9　『倒産と訴訟』156頁〔住友隆行〕、『伊藤』681頁注76、『債権調査・届出』354頁、兼子一監修『条解会社更生法（中)』（弘文堂、1973年）765頁

10　『大コンメ』531頁

11　『条解』903頁、『倒産と訴訟』156頁〔住友隆行〕

12　債務名義等の種類による異議者等がとるべき手続について、『条解』912頁、『債権調査・配当』364頁〔池上哲朗〕、『注釈（上)』838頁、『大コンメ』539頁

13　『条解』912頁

財人としての独自の権能である否認権の行使は、破産者がすることのできる手続の制限（法129条1項）は受けない。破産管財人は、否認の要件に該当する限り債務名義に対する否認請求権の提起ができ、また破産者を被告とする訴訟を受継した場合には否認の抗弁を主張することができる[14]。

(3) 破産手続終了時の訴訟の帰趨

a 配当により破産手続が終結した場合

配当により破産手続終結決定がなされた場合、破産手続が終了した場合と異なり訴訟は当然には中断しない（法44条4項参照）。

破産管財人が訴訟の当事者になっている場合はそのまま続行される（法133条3項）。この場合、破産管財人の配当業務は未了となり、訴訟対応の限度で破産管財人の管理処分権が存続し、また、破産管財人は配当額を供託する（法202条1号）。当該供託金は、訴訟の結果、破産債権の額等が認められれば当該破産債権者が受領し、認められなければ追加配当財源となり、破産管財人が追加配当を行う（法215条1項）[15]。

他方、破産管財人が訴訟の当事者となっていない場合であっても、訴訟は、残余財産の分配のために、当事者である破産債権者の間で引き続き係属する（法133条5項）。この訴訟の結果、異議を述べられた破産債権者の敗訴により追加配当財源が生じた場合には、破産管財人が追加配当を行う（法215条1項）[16]。

b 配当以外の事由により破産手続が終了した場合

配当以外の事由により破産手続が終了した場合（破産手続開始決定の取消決定・破産手続廃止決定の確定による終了）、破産管財人が当事者であれば、破産財団に関する訴訟手続は中断し（法44条4項）、破産者は中断した訴訟手続を受継しなければならない（法44条5項前段）。他方、破産管財人が当事者となっていない場合にも、配当以外の事由により破産手続が終了していれば配

---

14 『条解』913頁、『倒産と訴訟』158頁〔住友隆行〕

15 『倒産と訴訟』158頁〔住友隆行〕、『債権調査・配当』355頁〔三森仁〕、『伊藤』686頁、『条解』928頁

16 『倒産と訴訟』158頁〔住友隆行〕、『債権調査・配当』355頁〔三森仁〕、『伊藤』687頁、『条解』930頁

第6章 債権調査・債権者集会 415

当額を定める必要はないため、訴訟手続は中断され（法133条5項）、管理処分権を回復した破産者が訴訟を受継する（法133条6項、44条5項）。いずれの場合も、相手方である破産債権者には受継申立権がある（破産管財人が当事者の場合：法44条5項、破産管財人が当事者でない場合：法44条4項・5項、133条5項・6項)[17]。

Q 6-20　債権者集会への対応

破産管財人が債権者集会に臨むうえで、どのような準備を行うべきですか。また、債権者集会において破産管財人が説明するにあたり、どのような点に注意すべきですか

本山　正人

1　破産法における債権者集会の定め

破産法が定める債権者集会は、財産状況報告集会（法31条1項2号）、任務終了計算報告集会（法88条3項）、破産手続廃止に関する意見聴取集会（法217条1項）である。

破産法の定めによれば、裁判所は、財産状況報告集会を招集しないとすることができ（法31条4項）、任務終了計算報告集会については書面による計算の報告も可能とされている（法89条1項）。また、破産手続廃止に関する意見聴取についても、債権者集会で行うのにかえて、書面による意見聴取も可能とされている（法217条2項）。

2　債権者集会の役割

上記のとおり、破産法の定めによれば、債権者集会を行うことなく手続を進めることも可能であるが、実際には、ほぼ例外なく債権者集会が開催され

17　『倒産と訴訟』159頁〔住友隆行〕、『伊藤』687頁、『条解』928頁

ている。これは、債権者集会に以下に述べるような役割があるからである。

(1) 債権者に対する情報提供

破産手続の実際において、債権者は破産管財人から積極的な情報提供がなされたり、あるいは自ら破産管財人に問い合わせたりするなどしない限り、破産者及び破産手続にかかわる情報を入手するのは困難である。そこで、債権者集会において破産管財人が破産管財業務の状況等を報告することによって、かかる情報不足を補い、破産手続に最も利害関係を有する破産債権者の関心に応えることができる。とりわけ破産配当が行われない異時廃止事案においては、金銭的な配当がない分、破産管財人による情報提供が債権者の最低限の満足につながるものである。債権者集会は、破産管財人から債権者に対する情報提供の場としての役割がある。

(2) 破産管財人に対する情報提供の機会

破産手続開始決定がなされると、債権者に対し破産管財人の氏名が通知される（法32条3項・1項2号）。実務上、氏名のみならず電話番号等の連絡先も通知される。したがって、破産者の財産にかかわる情報や、破産手続開始前の詐害行為や偏頗行為、免責にかかわる情報等、債権者が破産管財人に調査を求めたい事項については、適宜、破産管財人に情報提供することが可能である。しかし、債権者集会における破産管財人の報告から、破産管財人が調査を行っていると考えていたものが行われていないことが判明したり、管財業務を進めるうえで有益な情報を債権者が有していることが明らかになったりすることもある。債権者集会は、債権者が保有する情報を破産管財人に提供する場としても役割を果たすことができる。

(3) 破産管財人に対する裁判所の監督

破産管財人は、債権者集会において破産管財業務の内容を報告し、手続の進行について意見を申し述べる。この過程で、債権者からの意見や質問に対し回答し、調査が必要な事項については調査を行い、次回の集会でその結果を報告する。債権者集会における破産管財人の説明や回答が十分にして合理

第6章　債権調査・債権者集会　417

的なものでなければ、破産管財人だけでなく破産手続全体に対する信頼を失わせることになる。債権者集会における破産管財人の適切な説明は、破産管財業務が適正に行われていることを示すものであり、裁判所が破産管財人を監督するうえでも重要な役割を果たしている。

3　破産管財人が債権者集会に臨むうえで準備すべきこと

前記のとおり、破産法には、財産状況報告集会、任務終了計算報告集会及び破産手続廃止に関する意見聴取集会が定めれられている。この点、東京地方裁判所破産再生部では、これらの集会期日を同一日時に指定しており、破産手続を効率的に進行させる観点から、債権調査期日及び個人破産における免責審尋期日も同一日時に指定している[1]。以下、かかる運用を前提として解説する。

(1)　破産手続の進行を考える

上記のとおり、債権者集会は同一日時に指定されており、債権調査期日及び免責審尋期日もそれにあわせて指定されている。したがって、指定された期日に実際にどのような手続を行うかを、あらかじめ検討しておく必要がある。具体的には、異時廃止で終結させる事案については、財産状況報告集会の準備のみならず、任務終了計算報告集会及び破産手続廃止に関する意見聴取集会まで行う前提で、準備をしなければならない。他方、破産配当を行うという場合には、債権調査期日において債権認否の結果を陳述できるように、債権認否一覧表の提出を準備しておく必要がある。なお、破産財団に属する財産の換価が未了である場合には、これらの手続は続行することとなる。

以上のように、債権者集会に臨むうえでは、指定された期日に実際にどのような手続を行うかをあらかじめ検討したうえで臨む必要がある。

1　『手引』301頁

(2) 財産状況報告集会における準備

a　まず、破産管財人は、財産状況報告集会において、破産法157条1項各号に定める事項、具体的には下記事項の要旨を報告しなければならず（法158条）、実務上、その報告に備えて書面を作成するのが通常である[2]。

① 破産手続開始に至った事情

② 破産者及び破産財団に関する経過及び現状

③ 破産法177条1項の規定による保全処分又は同法178条1項に規定する役員責任査定決定を必要とする事情の有無

④ その他破産手続に関し必要な事項

b　次に、破産管財人は、破産手続開始後速やかに、破産手続開始の時における財産目録及び貸借対照表を作成し、これらを裁判所に提出しなければならない（法153条2項）。実務上、財産状況報告集会前に、財産目録及び貸借対照表に加えて収支計算書を作成し、裁判所に提出する扱いとなっている。

(3) 裁判所との打合せ

債権者の出席も予想されず、破産財団の額も僅少で異時廃止で終了するような事案の場合には、格別の事情がない限り、債権者集会に備えて裁判所と打合せをする必要性は乏しい[3]。他方、それ以外の事件の場合には、破産管財業務を行うなかで直面した問題点や進行について破産管財人の意見を伝え、裁判所と協議する必要がある。また、債権者の関心が高く多数の債権者の出席が見込まれる事件については、予想される意見や質問を裁判所に伝えておくことも考えられる。

2　いわゆる157条報告書であり、どの程度詳細な報告書を作成するかは事案により異なる。

3　東京地方裁判所破産再生部では、原則として、債権者集会の1週間前までに、破産管財人から裁判所に対し債権者集会打合せメモをファクシミリ送信したうえで、裁判所と破産管財人とが電話にて打合せを行う運用を行っている。もっとも、財団収集額が1件当り40万円以下の場合において、集会を続行するなどの事由がないときは、債権者集会打合せメモの送信は不要としている（『手引』302頁）。

第6章　債権調査・債権者集会　419

4 破産管財人が説明するにあたり留意すべきこと

債権者集会の役割は前記2で述べたとおりであり、破産管財人はかかる役割を十分理解したうえで、債権者集会における報告・説明に臨む必要がある。

(1) 資料を活用したわかりやすい説明

破産管財人は、財産状況報告集会において、破産法157条1項各号に定める事項の要旨を報告しなければならない。破産法には報告すべき内容について定めはあるが、資料の配布など、報告の方法についての定めはない。

しかし、時間と費用をかけ債権者集会に出席した債権者の関心に応えるためには、必要にして十分な説明を行う必要がある。したがって、債権者の関心が高い破産財団の状況を明らかにするためには、財産目録、貸借対照表及び収支計算書を債権者に配布し、債権者の関心が高い財産については、その処分の経過がわかるようにするのが望ましい。

また、消費者被害等、破産手続開始前に破産者に問題があった事件については、破産法157条の報告書も配布するなど、破産手続開始に至った事情を債権者がよく理解できるようにすべきである。

(2) 質疑に対する十分な回答

破産管財人が債権者に十分な説明を行うためには、想定される質問や意見等を洗い出したうえで、その回答を準備しておく必要がある。とりわけ、事前に債権者から調査を求められたり、管財業務に対し意見が申し述べられたりしたときは、債権者集会で必ず説明を求められるものと考え準備しておくべきである。

(3) 債権者に対する情報提供の依頼

債権者集会が破産管財人に対する情報提供の場になり得ることは上記2(2)のとおりであり、破産管財人はそのことを理解したうえで、破産者の財産隠匿・処分等にかかわる情報、免責の許否にかかわる情報等について、積極的

な情報提供を呼びかけることもある。また、重要な財産の処分や財産の放棄、和解などを行うについては、破産管財人の判断の合理性を担保するために、債権者に意見を求めることも行われている。

第7章

財 団 債 権

Q 7-1　財団債権の種類

破産法上、財団債権となるのはどのような債権ですか

加藤　寛史

1　財団債権とは

　財団債権とは、破産手続によらないで破産財団から随時弁済を受けることができる債権をいい（法2条7項）、破産債権に優先して弁済を受けることができる（法151条）。財団債権者は、破産管財人に対し、随時、財団債権の支払を請求することができるが、財団債権者は、強制執行の方法により弁済を求めることはできない（法42条1項）。

　また、破産財団が、財団債権の総額を弁済するのに足りないことが明らかになった場合、財団債権は、債権額の割合に応じて按分弁済される（法152条1項）。したがって、破産管財人は、破産財団がいくら形成できるか、財団債権の総額がいくらになるかを確認し、破産財団が、財団債権の総額を弁済するに足りるか否かを判断した後に、財団債権への弁済を行う必要がある。財団債権の取扱いについては、本書Q7-2を参照されたい。

2　財団債権の種類

　財団債権は、破産法148条1項に列挙された「一般の財団債権」と、破産法148条1項以外の規定に基づく「特別の財団債権」に区別される。

(1)　一般の財団債権

a　破産債権者の共同の利益のためにする裁判上の費用の請求権（法148条1項1号）

　破産手続遂行に伴う裁判上の手続に要する費用であり、破産手続開始申立ての費用、保全処分の費用、破産手続開始決定の公告費用、債権者集会開催に係る費用、破産管財人による債権調査・確定手続に係る費用、担保権消滅

手続費用、配当手続に伴う公告、通知に要する費用、破産手続終結の公告費用等である。債権者申立てにおいて債権者が負担した申立費用や法テラスが立替払した引継予納金等の費用もこれに該当する。

b　破産財団の管理、換価及び配当に関する費用の請求権（法148条1項2号）

破産財団の管理、換価に要する費用及び配当手続に要する費用である。破産管財人の報酬はこれに含まれる。管理に関する費用としては、破産財団に属する財産に対する破産手続開始決定後に賦課される固定資産税や都市計画税、自動車税等や、破産財団に属するビル、マンションの破産手続開始後の管理費等が該当する。換価に関する費用としては、破産財団に属する不動産の売却に伴う測量費、鑑定費用、仲介手数料や破産財団に属する債権の回収のための訴訟費用等が該当する。配当に関する費用としては、同条1項1号にも該当する費用であるが、通知や公告、配当費用がこれに含まれる。

c　破産手続開始前の原因に基づいて生じた租税等の請求権（97条5号に掲げる請求権を除く。）であって、破産手続開始当時、まだ納期限の到来していないもの又は納期限から1年（その期間中に包括的禁止命令が発せられたことにより国税滞納処分をすることができない期間がある場合には、当該期間を除く。）を経過していないもの（法148条1項3号）

納期限が未到来又は納期限から1年を経過していない租税債権が財団債権に該当する。ここでいう納期限は、法律が本来の納期限として予定している法定納期限ではなく当該期限までに納付しなければ履行遅滞となり、督促のうえ滞納処分を受けることとなる期限である具体的納期限[1]を意味すると解されている。

d　破産財団に関し破産管財人がした行為によって生じた請求権（法148条1項4号）

破産管財人の管理、換価業務により発生した請求権は、同条1項2号に該当するので、それ以外に、破産管財人が行った取引により生じた相手方の請求権、破産管財人の不法行為によって生じた被害者の請求権がこれに該当する。

1　具体的納期限は、各租税の確定方式により異なり、『論点解説（下）』24頁以下に詳しい。

第7章　財団債権　425

e　事務管理又は不当利得により破産手続開始後に破産財団に対して生じた請求権（法148条1項5号）

　破産手続開始後に破産財団のために事務管理がなされた場合の費用償還請求権、破産手続開始後に破産財団が不当利得を得た場合の返還請求権である。

f　委任の終了又は代理権の消滅の後、急迫の事情があるためにした行為によって破産手続開始後に破産財団に対して生じた請求権（法148条1項6号）

　委任関係は、委任者又は受任者が破産手続開始決定を受けた時に終了する（民法653条2号）。しかし、委任が終了した場合であっても、急迫の事情があるときは、受任者は、委任者が委任事務を処理することができるに至るまで、必要な処分をしなければならない（民法654条）ことから、この場合に、受任者の事務処理に係る費用が財団債権となる。

g　破産法53条1項の規定により破産管財人が債務の履行をする場合において相手方が有する請求権（法148条1項7号）

　双方未履行双務契約について、破産管財人が履行を選択した場合において、相手方は破産管財人に対しその義務を履行することから、相手方が有する請求権を財団債権としたものである。

h　破産手続の開始によって双務契約の解約の申入れ（法53条1項又は2項の規定による賃貸借契約の解除を含む。）があった場合において破産手続開始後その契約の終了に至るまでの間に生じた請求権（法148条1項8号）

　賃貸借や雇用などの継続的契約関係では、破産手続開始決定後に破産管財人よる解除（法53条）や相手方からの解約申入れがなされても、直ちに契約関係が終了せず、一定期間契約関係が継続する場合がある。例えば、期間の定めのない賃貸借の場合（民法617条、借地借家法27条）や雇用契約の場合（民法627条、労働基準法19条1項本文）の解約までの期間に発生する相手方の請求権がこれに該当する。

(2) 特別の財団債権

　破産法148条1項以外の規定に基づく財団債権には、以下のものがある。

a 使用人の給料等 （法149条）

　破産手続開始前３カ月間の破産者の使用人の給料請求権は財団債権とされる（法149条１項）。また、破産手続の終了前に退職した破産者の使用人の退職手当の請求権のうち退職前３カ月間の給料の総額（その総額が破産手続開始前３カ月間の給料の総額より少ない場合にあっては、破産手続開始前３カ月間の給料の総額）に相当する額が財団債権となる（同条２項）。

b 破産管財人が負担付遺贈の履行を受けた場合の、負担受益者の請求権
　（法148条２項）

　負担付遺贈の受遺者が、その履行を受ける前に破産手続が開始し、破産管財人が遺贈を放棄しない場合、負担受益者は破産管財人に対し、その負担の履行を求めることができる。ただし、財団債権の範囲は目的物の価額を限度とする。

c 保全管理人が債務者の財産に関し、権限に基づいてした行為によって生
　じた請求権 （法148条４項）

　保全管理命令中に、保全管理人が、債務者の財産に関し、その権限に基づいてした行為によって生じた請求権は、破産手続開始決定前に発生した債権であるが、財団債権として扱われる。

d 破産管財人が双方未履行双務契約を解除した場合の、相手方の反対給付
　価額償還請求権 （法54条２項後段）

e 社債管理者の費用及び報酬 （法150条４項）

f 否認の相手方の価額償還請求権 （法168条１項２号）

g 破産管財人が訴訟を受継した場合等の訴訟費用等の償還請求権 （法44条
　３項）

h 民事再生手続、会社更生手続の費用 （民事再生法252条６項、会社更生法
　254条６項）

第７章　財団債権　427

Q 7-2 財団債権の取扱い

財団債権は破産手続上、どのように扱われますか

堀口 真

1 財団債権の意義

財団債権とは、破産債権に優先して、破産手続によらないで破産財団から随時弁済を受けることができる債権である（法2条7項、151条）。

2 財団債権の弁済時期

財団債権は、破産債権に優先して、破産手続によらずに随時弁済できるが（法151条）、異時廃止（法217条1項）が見込まれる事案では、財団債権を随時弁済してしまうと、最優先で支払われる破産管財人報酬に不足を生じる場合や、他の財団債権に対する弁済に不足が生じる場合があることから、破産財団が確定し、優先性の高い財産債権（法148条1項1号・2号）を弁済した後、それ以外の財団債権を債権額に応じて按分弁済すること（法152条1項）に留意が必要である。これに対し、配当が見込まれる事案では、公租公課の延滞税等の発生を防ぐため、早期に弁済することが要請される。

財団債権の弁済について、100万円以下の財団債権の弁済に裁判所の承認許可は不要であるが（法78条3項1号・2項13号、規則25条）、その処理経過は最終的な収支計算書に簡潔に記載して明らかにする必要がある[1]。100万円以下とは、財団債権として実際に支払う金額ではなく、承認許可を求める財団債権の金額であり、財団債権の按分弁済として80万円を実際に支払う場合、按分弁済の基準となる債権額（財団債権額）が100万円を超えていれば、実際の弁済額が100万円以下であっても裁判所の承認許可が必要になる。なお、大阪地方裁判所の場合、破産手続開始時に、開始決定とともに財団債権

---

1 『手引』248頁

の承認を許可不要行為と定めるため、常に許可は不要とされている[2]。

3　財団債権に争いがある場合

　財団債権は破産法上の債権の届出及び認否の対象にならないため、破産管財人と財団債権者との間で財団債権の存否及び額に争いが生じた場合、財団債権者としては、破産管財人を被告として当該財団債権に係る給付訴訟や確認訴訟を提起し、財団債権の存否等を確定させることになる（なお、破産財団に対する強制執行はできない。法42条1項）。他方、破産管財人からも、財団債権者を被告として、当該財団債権の不存在確認訴訟を提起することが考えられる。なお、当該財団債権が公租公課である場合、破産管財人において、公租公課の賦課等の前提となった行政処分の取消しなどを求める手続をとる必要があることに留意が必要である。

　なお、財団債権の存否及び額に争いがある場合、当該財団債権者のために供託することになる（法90条2項ただし書）。

4　財団債権の弁済終期

　破産管財人に知れていない財団債権の取扱いは、各配当手続に定められており、最後配当の場合は破産管財人が最後通知を発した時（法203条）、簡易配当の場合は破産管財人が簡易配当の通知の到達すべき期間を経過した旨の届出をした後2週間を経過した時（法205条、201条、203条）、同意配当の場合は同意配当の許可があった時（208条3項、203条）に、破産管財人に知られていない財団債権者は実質的に破産財団からの弁済を受けることができない。

　財団債権は債権届出の対象とならず、破産管財人の調査によって財団債権の存在が明らかになる場合があるため、少なくとも破産管財人が負う善管注意義務を前提とした財団債権の確認・調査を行うべきである。なお、財団債権者においては、破産手続開始決定があったことを知ったときは、速やかに財団債権を有する旨を破産管財人に申し出るものとされている（規則50条1項）。

2　『実践マニュアル』417頁

Q 7-3 　公租公課の破産手続における取扱い

公租公課における財団債権と優先的破産債権はどのように区別されますか

堀口　真

1　公租公課の意義

公租公課は、破産法上、「租税等の請求権」（国税徴収法又は国税徴収の例によって徴収することのできる請求権。法97条4号）に該当する。

公租として主なものは、国税（法人税、所得税、消費税等）や地方税（都道府県民税、市町村民税、事業税、固定資産税、自動車税等）、公課として主なものは、健康保険料、厚生年金保険料、国民年金保険料、労働保険料、下水道料などがある[1]。

2　公租公課の区別

公租公課は、財団債権、優先的破産債権及び劣後的破産債権に区分される。これらは、①破産手続開始前の原因に基づいて発生したか、②破産手続開始時に具体的納期限が未到来又は具体的納期限から1年を経過していないか、③破産財団の管理及び換価に関する費用の請求権に該当するか、④本税又は附帯税のいずれに該当するかなどによって区分される[2]。

(1)　破産手続開始前の原因に基づいて生じた公租公課

破産手続開始決定当時、納期限が未到来のもの又は納期限から1年を経過していないものは、財団債権とされ（法148条1項3号）、これ以外のものは優先的破産債権になる（法98条1項、国税徴収法8条、地方税法14条）。「破産

1　『手引』249頁
2　公租公課の区分に関するフローチャートは『手引』256頁、『実践マニュアル』359頁を参照

430

手続開始前の原因に基づいて」とは、納税義務が破産手続開始前に生じていることをいう[3]。

なお、優先的破産債権間の優先順位は、民法、商法その他の法律の定めるところにより（法98条2項）、具体的には、公租（国税、地方税）が最優先であり（国税徴収法8条、地方税法14条）、次順位が各種の公課（国税徴収法2条5号）である。民法上の一般の先取特権は、公租公課に劣後し、一般の先取特権に基づく優先的破産債権者間の優先順位は、民法306条に定める順位による（民法329条1項）。優先的破産債権に対する配当にとどまる配当事案の場合、これらの優先順位について留意が必要となる。

(2) 破産手続開始後の原因に基づいて生じた公租公課

破産財団の管理及び換価に関する費用に該当する公租公課は財団債権とされ（法148条1項2号、152条2項）、これ以外のものは劣後的破産債権となる（法99条1項1号、97条4号）。「管理」に該当する公租公課としては、財団所属財産に課される固定資産税、自動車税等があり、「換価」に該当するものとしては、破産財団に属する財産の売却により生ずる消費税、登録免許税、印紙税等がある。

(3) 附帯税（延滞税、利子税、延滞金）

財団債権に該当する公租公課の附帯税は、本税と同様に財団債権となる。

優先的破産債権に該当する公租公課の附帯税のうち、破産手続開始前に生じたものは優先的破産債権とされ（法98条1項、国税徴収法8条、地方税法14条）、破産手続開始後に生じたものは劣後的破産債権とされる（法99条1項1号、97条3号）。

3 納期限（法定納期限、具体的納期限）

破産手続開始前の原因に基づいて生じた公租公課が財団債権となるのは、上述のとおり納期限が基準となる。ここでいう納期限は、法定納期限（法律

---

3 納税義務の成立時期について、『手引』378頁を参照

が本来の納期限として予定しているもの）でなく、具体的納期限（当該期限を過ぎると督促状による督促を受け、10日を経過すると滞納処分の対象になるとされる日）を意味すると解されている。なお、交付要求書には、具体的納期限を記載するものとされている（国税徴収法施行令36条1項2号、地方税法68条6項、331条6項等）。

4　交付要求の留意点

公租公課のうち、財団債権である国税や地方税は、破産管財人に対して交付要求をすべきことが定められており（国税徴収法82条1項、地方税法73条の36第4項）、公課についても同様に解されている[4]。また、公租公課のうち、優先的破産債権や劣後的破産債権については、裁判所に届出をすべきことが定められている（法114条1号）。そのため、公租公課庁からは、多くの場合、財団債権に限らず、優先的破産債権、劣後的破産債権についても交付要求がなされているが、交付要求を通知してこない公租公課庁もあり、公租公課の金額は、配当の有無を判断する重要な要素となることから、破産手続開始申立書や転送郵便物等を確認し、交付要求未了の公租公課庁に対し、交付要求を促す必要がある。なお、まれに交付要求に記載された公租公課の債権区分が誤っている場合があるので、破産管財人としては、納期限を確認するなどして債権区分の確認をすることに留意が必要である。

4　『手引』254頁

Q 7-4 労働債権の破産手続における取扱い

労働債権における財団債権と優先的破産債権はどのように区別されますか

堀口 真

1 財団債権となる労働債権

(1) 破産手続開始前3カ月間の給料

破産手続開始前3カ月間の給料（破産手続開始日の3カ月前の応当日から破産手続開始の前日までの期間における労働の対価に相当する部分）は財団債権とされ（法149条1項）、それ以外は優先的破産債権とされる（法98条1項、民法306条2号、308条）。なお、破産手続開始後に発生した給料は財団債権とされる（法148条1項2号・8号）。

例えば、平成30年9月2日に破産手続開始が決定され、破産者の従業員が同年8月31日に即日解雇され、同年5月1日から給料（月額30万円）が未払いである場合（給料計算は当月20日締めの当月25日払い）、未払給料のうち財団債権とされるものは次のとおり計算される。

破産手続開始日の3カ月前の応当日（平成30年6月2日）から破産手続開始の前日（同年9月1日）までの期間における未払給料が財団債権とされるため、同年6月2日から解雇日である同年8月31日までの未払給料が財団債権となる。

具体的には、図表1の区分の未払給料のうち、③ないし⑥の合計額（89万0323円）が財団債権、①と②の合計額（31万6129円）が優先的破産債権となる。

なお、期間が1カ月に満たない場合、日割り計算をすることになるが、日割り計算について賃金規程等の定めがない場合、対象となる期間の総日数を分母に日割り計算を行うことになる[1]（図表1②は30万円×12日÷31日、同③

第7章 財団債権 433

図表1　未払給料の債権区分の例（破産手続開始決定が9月2日の場合）

	労働期間	支給日	未払給料額	債権区分
①	5月1日〜5月20日	5月25日	20万円	優先的破産債権
②	5月21日〜6月1日	6月25日	11万6129円	優先的破産債権
③	6月2日〜6月20日	6月25日	18万3871円	財団債権
④	6月21日〜7月20日	7月25日	30万円	財団債権
⑤	7月21日〜8月20日	8月25日	30万円	財団債権
⑥	8月21日〜8月31日	9月25日	10万6452円	財団債権

は30万円×19日÷31日、同⑥は30万円×11日÷31日）。

(2)　退職前3カ月間の給料総額に相当する額の退職金

　退職金のうち、退職前3カ月間の給料の総額（その総額が破産手続開始前3カ月間の給料の総額より少ない場合は破産手続開始前3カ月の給料の総額）に相当する額が財団債権となり（法149条2項）、それ以外の部分は優先的破産債権となる。

　退職金が財団債権とされるかは、給料と異なり、期間制限ではなく金額制限であることから、退職時期にかかわらず金額制限の範囲内であれば財団債権とされる。

　例えば、上記(1)の事例でいえば、退職日（即時解雇日）が平成30年8月31日であるため、退職前3カ月間の給料の総額は、同年5月31日から同年8月30日（民法140条本文により退職日当日は不算入）までの給料総額となり、図表2の合計額（60万円）の範囲内の退職金が財団債権とされる。

(3)　解雇予告手当

　破産手続開始前3カ月間に従業員を即時解雇したことにより発生した解雇予告手当について、破産法149条1項の財団債権に該当するかどうか争いが

1　『手引』209頁、『破産200問』316頁

図表2　退職金の計算例

計算期間	給料額	計算式
5月31日～6月20日	20万3226円	30万円×21日÷31日
6月21日～7月20日	30万円	
8月21日～8月30日	9万6774円	30万円×10日÷31日

あるが、東京地方裁判所では、破産管財人から、解雇予告手当も同項にいう「給料」に該当するとして財産債権の承認許可の申立てがあれば、これを適法なものと認める運用をしている[2]。なお、解雇予告手当については、本書Q7-6を参照されたい。

2　優先的破産債権となる労働債権

(1)　破産手続開始前3カ月間の給料以外の雇用関係に基づく債権

破産手続開始前3カ月間の給料以外の雇用関係に基づく債権は、優先的破産債権とされる（法98条1項、民法306条2号、308条）。

(2)　財団債権に該当しない退職金

退職金のうち、財団債権に該当する金額（上記1(2)参照）を超える部分は、退職金の支給基準が労働協約や就業規則等によって明確に定められているか、又は支給基準を定める明確な規定がなくとも、退職金算定の根拠が客観的に明らかであり、それに基づいて支払う慣行があると認められる場合には、当該退職金は賃金の後払い的性格を有することから、優先的破産債権となる。

(3)　優先的破産債権となる労働債権の弁済時期

財団債権となる労働債権と異なり、優先的破産債権とされる労働債権は、

2　『手引』210頁

第7章　財団債権　　435

破産法が定める債権の届出及び調査を経て、配当を受けることになるが、労働債権は生活を営むうえで早急に弁済を受ける必要性が高い。そのため、財団債権又は他の先順位もしくは同順位の優先的破産債権を有する者の利益を害するおそれがないときに限り、裁判所の許可を得て、これらの優先的破産債権の全部又は一部を弁済することができるとされている（法101条1項）。実務的には、ある程度の破産財団が形成されたものの、最後配当、簡易配当まで時間がかかる見込みがあるなどの事情がある場合に、当該許可に基づく弁済がなされている[3]。

3 「給料」の該当性

給料には退職金は含まれないが、賃金、給料、手当、賞与その他の名称を問わず、使用者が労働者に対して労働の対価として支払うもの全てが含まれる（労働基準法11条）。家族手当、超過勤務手当、休業手当（労働基準法26条）、解雇予告手当（労働基準法20条）、労働災害補償（労働基準法75条以下）は含まれるが、出張旅費は含まれない。通勤手当は支給基準が定められている場合には給与に含まれる。

なお、取締役の報酬請求権は、「使用人の給料」にも「雇用契約に基づいて生じた債権」にも当たらないので、財団債権でも優先的破産債権でもなく一般の破産債権であるが、従業員を兼務して従業員としての賃金も得ている場合（従業員兼務取締役の場合）には、賃金の性質を有する部分は、「使用人の給料」として財団債権又は優先的破産債権になる。

3　『手引』211頁

Q7-5 労働者健康安全機構による未払賃金の立替金の破産手続における取扱い

独立行政法人労働者健康安全機構が未払賃金の立替払をしている場合、財団債権と優先的破産債権の区別はどのように行いますか

松本 卓也

1 未払賃金の立替払制度

独立行政法人労働者健康安全機構（以下「労働者健康安全機構」という）は、労働者災害補償保険の適用事業であって、1年以上にわたって事業活動を行ってきた事業主が破産手続開始の決定を受けた場合において、破産手続開始の申立日の6カ月前の日から2年間の期間内に退職した労働者に未払賃金があるときは、当該労働者の請求に基づき、当該未払賃金の立替払を行うこととされている（賃金の支払の確保等に関する法律7条、同法施行令3条1号）。

労働者健康安全機構の立替払の対象となる未払賃金の範囲は、未払いの定期賃金及び退職手当の総額（その額が、図表1で示す労働者の退職時の年齢に応じた一定の額を上限とする）の80％相当額である（賃金の支払の確保等に関する法律施行令4条1項）。

図表1 立替払の対象となる未払賃金の範囲

退職日の年齢	未払賃金総額の上限額	立替払の上限額
30歳未満	110万円	88万円
30歳以上45歳未満	220万円	176万円
45歳以上	370万円	296万円

第7章 財団債権 437

2 労働者健康安全機構による代位

　労働者健康安全機構は、立替払を行うにあたっては、立替払を受けようとする労働者から、立替払賃金に関し労働者健康安全機構が代位することについて承諾を得て、賃金債権を代位取得する（独立行政法人労働者健康安全機構業務方法書38条）。労働者健康安全機構は、代位取得した賃金債権により、破産財団に対して求償を行い、優先的破産債権部分について破産債権の届出がなされていないときは破産債権届出書を提出し、既に破産債権の届出がなされているときは破産債権名義変更届出書を提出する。

　労働者健康安全機構が未払賃金のうち財団債権部分を立替払した場合に、労働者健康安全機構が代位によって取得した当該財団債権部分を財団債権と行使できるかという問題がある。最判平23.11.22民集65巻8号3165頁は、労働者健康安全機構が立替払した事案ではないが、破産手続開始の決定を受けた会社の従業員らの給料債権を同社のために弁済した者が、当該従業員らに代位して、同社の破産管財人に破産手続によらないで給料債権の支払を求めた事案において、「求償権を実体法上行使し得る限り、これを確保するために原債権を行使することができ、求償権の行使が倒産手続による制約を受けるとしても、当該手続における原債権の行使自体が制約されていない以上、原債権の行使が求償権と同様の制約を受けるものではないと解するのが相当である。そうであれば、弁済による代位により財団債権を取得した者は、同人が破産者に対して取得した求償権が破産債権にすぎない場合であっても、破産手続によらないで上記財団債権を行使することができるというべきである。このように解したとしても、他の破産債権者は、もともと原債権者による上記財団債権の行使を甘受せざるを得ない立場にあったのであるから、不当に不利益を被るということはできない。以上のことは、上記財団債権が労働債権であるとしても何ら異なるものではない。」と判示している。この点に関して、基本的には財団債権性の承継と同様に考えるべきであるが、優先権が実体法上のものであり、それが代位弁済者に移転するかという点を検討する必要があろうとの指摘もある[1]。東京地方裁判所では、もともと財団債権であった部分については財団債権として、もともと優先的破産債権であっ

た部分については優先的破産債権として認めるという運用をしている[2]。

3　立替払の充当の順位と財団債権、優先的破産債権の区別

　労働者健康安全機構の立替払の充当の順位は、退職手当及び定期賃金の順序とされており、この場合において、退職手当又は定期賃金に弁済期が異なるものがあるときは、それぞれ弁済期が到来した順序に従い充当するものとされている（独立行政法人労働者健康安全機構業務方法書40条）。このような充当の順位の取扱いから、例えば、未払いの定期賃金が、破産手続開始前3か月間の財団債権部分とそれ以前の優先的破産債権部分がある場合には、弁済期が先に到来している優先的破産債権部分から充当されることに注意が必要である。また、労働者健康安全機構の立替払金は、弁済期が同じ債権については、財団債権部分と優先的破産債権部分の比率に応じて按分するのが、実務上の取扱いである。なお、労働者健康安全機構と労働債権者がともに財団債権を行使する場面では、労働債権の全額が満足されることを労働者健康安全機構の財産債権行使の条件として、労働者の権利を優先させるべきであるとする説もある[3]。

　したがって、上記の実務上の取扱いに関して、労働者健康安全機構が未払賃金の立替払をしている場合における、財団債権、優先的破産債権の区別について、以下の前提条件において説明すると次のとおりとなる。

【前提条件】

　破産手続開始決定日　平成30年7月16日

　定期賃金の未払期間　平成30年3月1日〜6月15日

　退職日　平成30年6月15日

　退職日の年齢　50歳

　定期賃金の額　月額30万円

　定期賃金の支払方法　毎月末日締め翌月25日払い

　未払賃金の総額　290万円（退職手当155万円、定期賃金135万円）

1　『伊藤』324頁

2　『手引』Q40、Q47

3　『伊藤』324頁

立替払額　232万円（290万円×80％）

　まず、労働者健康安全機構の立替払は、退職手当155万円に充当される。この退職手当のうち、退職前３カ月間の給与の総額である60万円は財団債権であり、その余の95万円は優先的破産債権である。

　続いて、立替払額232万円から退職手当155万円を控除した77万円が未払定期賃金のうち弁済期が先に到来するものから充当される。まず、最も早く弁済期が到来した平成30年３月１日から同月末日までの30万円の定期賃金債権に充当される。この３月分の定期賃金債権は破産手続開始前３月間の給与（法149条１項）ではないから優先的破産債権である。次に平成30年４月１日から同月末日までの30万円の定期賃金債権に充当される。この４月分の定期賃金債権は４月１日から15日までの15万円分が優先的破産債権であり、同月16日から同月末日までの15万円分が財団債権である。最後に残額の17万円が平成30年５月１日から同月末日までの30万円の定期賃金債権に充当される。この５月分の定期賃金債権は財団債権である。

　以上の労働者健康安全機構が未払賃金の立替払をしている場合における、財団債権、優先的破産債権の区別を表にまとめると図表２のとおりである。

図表２　未払賃金の立替払をしている場合における財団債権と優先的破産債権の区別

		立替払（代位分）	残額（労働者分）
退職手当	財団債権	60万円	0円
	優先的破産債権	95万円	0円
定期賃金	財団債権	32万円	28万円
	優先的破産債権	45万円	0円
合　計	財団債権	92万円	28万円
	優先的破産債権	140万円	0円

Q 7-6　解雇予告手当の破産手続における取扱い

解雇予告手当は財団債権たる給料の請求権に該当しますか

松本　卓也

1　解雇予告手当の支払なくなされた即時解雇の有効性

　労働基準法20条は「使用者は、労働者を解雇しようとする場合においては、少なくとも30日前にその予告をしなければならない。30日前に予告をしない使用者は、30日分以上の平均賃金を支払わなければならない。」と定めている。しかし、破産手続開始前に資金に窮した使用者が労働者に対して解雇予告手当の支払なく即時解雇の意思表示を行い、その後使用者に破産手続が開始されるケースが少なくない。こうしたケースでは、解雇予告手当の支払なくなされた即時解雇の有効性が問題となる。

　この問題に関して、最判昭35.3.11民集14巻3号403頁は相対的無効説をとり、「使用者が労働基準法20条所定の予告期間をおかず、予告手当の支払をしないで労働者に解雇の通知をした場合、その通知は即時解雇としては効力を生じないが、使用者が即時解雇を固執する趣旨でない限り、通知後同条所定の30日の期間を経過するか、または通知の後に同条所定の予告手当の支払をしたときは、そのいずれかのときから解雇の効力を生ずる」と判示している。もっとも、この判決を前提としても、従業員が即時解雇の効力発生を認めて、解雇予告手当の請求をすることは否定されない。また、この判決後の下級審判例には選択権説をとるものがあり、例えば東京地判昭41.4.23判時446号58頁は「労働基準法第20条によれば、使用者が労働者を解雇しようとする場合において、30日前にその予告をするか、それとも所定の予告手当を支払って即日解雇するか、この2つの方法のいずれをとるかは、もっぱら使用者の選択にまかせられている。そこで使用者が解雇の予告であるとも言わず、また予告手当の支払もしないで解雇の意思表示をした場合には、その意思表示をどのように受取るかは労働者の選択にまかされていると解するの

第7章　財団債権　441

が相当であるから、労働者は解雇の予告がないとしてその無効を主張することもでき、また解雇の無効を主張しないで予告手当の支払を請求することもできるというべきである」と判示している（ほかに選択権説をとるものとして東京地判昭51.12.24判時841号101頁）。

2　従業員が即時解雇の無効を主張した場合の従業員の給与

従業員が即時解雇の無効を主張しないで予告手当の支払を請求することを選択せずに、解雇の予告がないとしてその無効を主張した場合、事業者の破産は、特段の事情がない限り民法536条2項の「債権者の責に帰すべき事由」には該当しないと考えられるため（前掲東京地判昭51.12.14）、従業員は解雇通告後30日分の未払賃金を請求することはできない。他方、休業手当について定める労働基準法26条の「使用者の責めに帰すべき事由」は、民法536条2項の「債権者の責に帰すべき事由」よりも広く、使用者側に起因する経営、管理上の障害を含む（最判昭62.7.17民集41巻5号1350頁）ため、事業者が破産した場合に従業員は休業手当の請求ができると考えられる。したがって、従業員が予告手当の支払がないとして即時解雇の無効を主張した場合、従業員が請求できるのは休業手当のみということになる[1]。

休業手当は、破産手続開始決定前3カ月間のものは財団債権（法149条1項）であり、破産手続開始決定後解雇の効力が生じるまでの期間のものも財団債権（法148条1項8号類推適用）と考えられる。

もっとも、休業手当の額（平均賃金の100分の60以上）は解雇予告手当の額よりも低く、また、従業員は失業保険を受給して再就職の活動を行うために離職票の発行を希望することがほとんどであるため、実務上は、破産管財人は、即時解雇は有効であり、解雇予告手当の請求権が存在するものとして取り扱うのが通常である。

3　解雇予告手当は財団債権か優先的破産債権か

破産法149条1項は、破産手続開始前3カ月間の破産者の使用人の給料請

1　『理論と実務』182頁

求権を財団債権とする。この給料請求権については、労働基準法11条の「賃金」と同義[2]、あるいは、労働基準法11条に規定する賃金が含まれる[3]と説明されている。労働基準法11条は「賃金」は「賃金、給料、手当、賞与その他名称の如何を問わず、労働の対償として使用者が労働者に対して支払うすべてのもの」をいうと定義している。

　解雇予告手当が破産法149条1項の「給料」に該当するかについては、見解が分かれている。解雇予告手当は、労働の対価ではないので、労働基準法11条の賃金債権には含まれず、また、解雇の予告期間の短縮の効果を得るべく支払われるものであるから、本来の給料債権の意義をいかに拡大して解釈しても、同手当は、本来の給料請求権には含まれないとする見解がある[4]。この見解によれば、解雇予告手当は財団債権ではなく、優先的破産債権となる。なお、労働行政においては、解雇予告手当の性質は、労働基準法20条によって創設されたものであり、労働基準法11条の賃金ではないとされ（昭23.8.18基収2520号）、また、解雇予告手当は独立行政法人労働者健康安全機構の立替払の対象とされていない（賃金の支払の確保等に関する法律2条1項において立替払の対象となる「賃金」については労働基準法11条に規定する賃金をいうと定義されている）。

　これに対し、東京地方裁判所では、労働者の当面の生活の維持という法の趣旨や破産手続開始後に解雇された場合との均衡等を考慮して、破産手続開始前3カ月間に使用者が労働者に対して解雇の意思表示をした場合の解雇予告手当について、破産管財人から、給料該当性を認めて財団債権として支払いたい旨の許可の申立てがあれば、これを適法なものとして許可している[5]。東京地方裁判所以外の一部の裁判所でも、同様の運用がなされている[6]。この運用によると、破産手続開始前3カ月間の給料の額の範囲において、3カ月間に生じた未払給料に加えて30日分の解雇予告手当が財団債権となる。

2　『大コンメ』589頁〔上原敏夫〕
3　『条解』1012頁以下
4　『条解』1013頁
5　『手引』Q55
6　『破産200問』Q156〔浅賀哲〕

他方、大阪地方裁判所では、解雇予告手当は破産法149条1項の「給料」に含まれないことを前提に、労働者保護の観点から、破産法101条1項を類推適用して弁済許可制度を利用できるとしている[7]。また、同裁判所では、解雇予告手当を含む優先的破産債権となる労働債権について、裁判所の許可を得て労働者との間で和解契約をし、配当手続によらずに支払うことができるとされている[8]。

ただし、これらの裁判所の管内においても、常に解雇予告手当を財団債権として取り扱ったり、弁済を許可したりしているのではなく、労働者の生活状況や管財業務上の有為性（例えば、財産形成が僅少で解雇予告手当の一部には配当が可能であるものの、一般債権に対する配当まで及ばないとき、配当手続を回避し、異時廃止とするための措置として有効）など諸般の事情を考慮して、決定しているようである、との指摘がなされている[9]。

Q 7-7 継続的供給契約と財団債権

継続的供給契約に基づく債権が財団債権となるのはどのような場合でしょうか

三澤 智

1 継続的供給契約の概要

継続的供給契約とは「契約当事者の一方が反復継続的に給付する義務を負い、他方がその給付の対価を受けるたびに又は一定期間毎に支払う義務を負う契約」をいう[1]。代表的なものとしては、電気・ガス・水道といった公益的な供給契約があげられるが、これら以外にも携帯電話などの電気通信役

---

7 『運用と書式』218〜220頁
8 『運用と書式』232〜233頁
9 『破産200問』Q156〔浅賀哲〕
1 『大コンメ』226頁〔松下淳一〕

444

務、ビル警備やエレベーターの保守管理といった役務も含まれる。他方、賃貸借契約、ファイナンス・リース契約、ライセンス契約、労働契約は含まれないとされている（法55条3項、56条参照）[2]。

2　財団債権となる場合

(1)　破産法55条の規定

継続的供給契約に関する破産法上の取扱いは、破産法55条に定められている。

具体的には、①破産者に対して継続的給付の義務を負う双務契約の相手方は、破産手続開始の申立前の給付に係る破産債権について弁済がないことを理由に破産手続開始後は義務の履行を拒むことができない、②双務契約の相手方が「破産手続開始の申立後破産手続開始前にした給付に係る請求権」は財団債権とする、③「破産手続開始の申立後破産手続開始前にした給付に係る請求権」について、一定期間ごとに債権額を算定すべき継続的給付については、申立ての日の属する期間内の給付に係る請求権を含むものとする、とされている。

例えば、8月20日に破産手続開始申立て、同月27日に破産手続開始決定、電気料金の検針日は毎月月末で翌月末日が料金支払日、というケースを考えた場合、まず、①によれば、電気事業者は8月27日以降については未払いの破産債権（7月分の利用料金）があることを理由として電気の供給を拒むことはできない。他方、②、③によれば、8月20日以降の電気の供給の対価ではなく、8月1日から31日までの電気の供給の対価が財団債権となることになる。

(2)　破産法55条2項の適用範囲

破産法55条2項の適用範囲については、破産管財人が破産法53条によって契約を解除した場合でも適用されるとする見解と、破産法55条2項がいう

2　『大コンメ』226～227頁〔松下淳一〕、『注釈（上）』377頁〔植村京子〕

第7章　財団債権　445

「前項の双務契約」を「破産者に対して継続的給付の義務を負う双務契約」であるのみならず、1項の前提である破産法53条によって履行選択されたものを指すと解釈し、破産管財人が破産法53条によって解除したものは除外されるとする見解に分かれる[3]。この見解の対立は、法人の破産事件で、多数の携帯電話が契約されているようなケースにおいて顕在化する。すなわち、前者の見解によると、これらの携帯電話は管財業務に不要で契約が履行選択されることはないにもかかわらず、破産法55条2項括弧書により全ての契約の1カ月分全額が財団債権となるが、後者の見解によれば、破産管財人が破産法53条により契約を解除することにより財団債権となる範囲を制限することが可能となる[4]。

3 実務上の留意点

破産管財人としては、無用な財団債権化を回避するために、就任後直ちに管財業務に必要のない継続的契約の有無を調査し、該当するものがある場合には速やかに解除することが重要である。

問題となることが多い携帯電話についても、場合によっては、破産管財人として、事前に裁判所の方針も確認のうえ、破産法53条によって解除したものは除外されるとする見解を前提に、財団債権に該当しない旨の主張をすることが求められるケースもあろう。前述した法人の破産事件で、多数の携帯電話が契約されているようなケースにおいては、携帯電話が役員・従業員に交付されており、携帯電話を所持したまま離散してしまうことも考えられるが、破産管財人としては、携帯電話の有無・所在を確認し、申立代理人とも協力のうえ回収することが望ましい。また、破産管財人が解除するまでの間に、役員・従業員が個人的に使用した結果財団債権が高額化したような場合には、その使用相当額について破産財団への組入れを求めることも考えるべきである[5]。

---

3 『大コンメ』227～228頁〔松下淳一〕、『注釈（上）』379頁〔植村京子〕、『伊藤』391頁
4 東京地方裁判所は、破産法55条が一定の継続的給付契約の義務が履行されることが管財業務の遂行ひいては破産手続の進行に必要であるとの点から規定されたものであること等を根拠として、後者の見解を採用している（『破産実務』233頁、『手引』282頁）。

Q 7-8 財団債権の代位弁済と破産手続における取扱い

財団債権を第三者が弁済した場合、どのような点に留意する必要がありますか

三澤 智

1 第三者弁済した場合の問題点

第三者が債務者にかわって弁済した場合、求償権の行使に加えて、弁済による代位（民法499条）に基づき、原債権を行使することが認められる。他方、破産手続開始前後において第三者が財団債権を弁済した場合において、求償権は破産債権にすぎないにもかかわらず、原債権が財団債権であることを理由として、優先性を主張し破産手続外で権利行使することは認められるのか、という点が問題となる。

2 破産法上の取扱い

(1) 租税債権

租税債権を第三者が納付したとしても、当該第三者は原債権である租税債権を財団債権として破産手続外で行使することはできないとされる。

そもそも租税債権が弁済によって当該第三者に移転するのかという点が問題となるが、国税通則法41条2項は、第三者納付がされた場合について、「その国税を担保するため抵当権が設定されているときは、これらの者は、その納付により、その抵当権につき国に代位することができる。」と規定しているところ、これは国税の効力としての優先権等を私人が代位することを

---

5 役員・従業員が個人として使用継続を希望するケースもあり、その場合には契約者の変更手続により対応することも考えられる。この場合、携帯電話会社との間で、未払いの料金を精算することが必要となるが、これは使用継続を希望する者が負担することになる。

第7章 財団債権 447

認めず、抵当権の限度で代位を認めたものであり、租税債権については、第三者が弁済しても移転しないと解される[1]。また、労働債権につき財団債権の代位行使を認めた最判平23.11.22民集65巻8号3165頁の田原睦夫補足意見が「求償権者は原債権の性質に従って原債権を行使することになる（なお、租税債権のごとく、弁済による代位自体がその債権の性質上生じない場合は別である。）」と述べており、(2)で後述する最判平23.11.22の判示もふまえると、租税債権に関する第三者弁済の場合には最判平23.11.22の射程も及ばないと考えるべきであろう。

なお、この点が争われた直近の下級審裁判例（東京地判平27.11.26）も結論として財団債権としての行使を否定している[2]。

(2) 労働債権

労働債権（法149条1号に該当するもの）を第三者が弁済した場合には、第三者は破産手続によらず原債権である財団債権を行使できるとされる。

破産手続開始申立後開始決定前に第三者が破産会社の従業員の給料を立替払した場合に、第三者が代位取得した財団債権たる労働債権を破産手続外で行使できるかが争われた前掲最判平23.11.22は、弁済による代位の制度について「……代位弁済者がその求償権の範囲内で原債権及びその担保権を行使することを認める制度であり、……原債権を求償権を確保するための一種の担保として機能させることをその趣旨とするものである。」と位置づけたうえで、「求償権の行使が倒産手続による制約を受けるとしても、当該手続における原債権の行使自体が制約されていない以上、原債権の行使が求償権と同様の制約を受けるものではないと解するのが相当である。」と判示し、破

---

1 『破産実務』396頁
2 東京地判平27.11.26金法2046号86頁は、債権の性質上譲渡することが許されない債権については弁済による代位が否定されることを明らかにしたうえで、「租税債権は、公法上の債権として、私人間でこれを直接行使することが予定されていないというべきである。そうすると、租税債権は、当事者の意思が尊重される私人間の債権債務関係と同様に論ずることはできず、権利の性質上、私人に対する譲渡が許されない債権であると解するのが相当である。」と判示している。

産手続外での財団債権の代位行使を認めた[3]。

(3) 独立行政法人労働者健康安全機構（旧独立行政法人労働者健康福祉機構）による立替払

独立行政法人労働者健康安全機構（旧独立行政法人労働者健康福祉機構。以下「機構」という）が、財団債権たる未払賃金を立替払した場合（賃金の支払の確保等に関する法律第三章）、代位取得した労働債権を財団債権として行使することができるとされる。

労働債権について弁済による代位に基づく財団債権の行使を認める前掲最判平23.11.22の判示を前提とすれば、労働者保護の観点から法律上義務づけられている立替払を実施した機構による財団債権の行使を否定する理由はない。また、この点が争われた下級審裁判例（横浜地裁川崎支判平22.4.23判タ1344号244頁）も、結論において機構による財団債権の行使を認めている。

(4) 双務契約の解除による原状回復請求権

金融機関が、事業者が顧客と締結した取引契約が解除された場合に負担する前払金返還債務について債務保証取引（支払承諾取引）を行った後に、事業者について破産手続開始決定が出されるとともに、破産管財人が同契約を破産法53条により解除し、金融機関が前払金返還債務を保証履行した場合において、金融機関は破産法54条2項に基づき財団債権となった前払金返還請求権を代位行使できるか、という問題がある。

この点、民事再生手続の事案ではあるが、最判平23.11.24民集65巻8号3213頁は同様の事案で、保証履行した金融機関による共益債権の代位行使を認めており、かかる判示をふまえると、破産手続においても財団債権としての代位行使が認められると考えられるであろう。

3　最判平23.11.22は、代位行使を認める前提として「原債権の行使自体が制約されていない」ことを条件としており、原債権の性質上弁済の代位が認められず、原債権の移転が発生しない場合や、代位弁済者による原債権の行使が法的に制約を受ける場合には、最判平23.11.22の射程は及ばないと解される（『破産200問』280〜281頁〔籠池信宏〕）。

3 実務上の留意点

破産手続開始前後において第三者が財団債権を弁済した場合において、原債権が財団債権であることを理由として、優先性を主張し破産手続外で権利行使することは認められるのか、という点については、財団債権の内容によって結論が異なる。したがって、破産管財人としては、第三者から財団債権を弁済したことを根拠として財団債権としての権利行使があった場合には、財団債権の内容や優先性の根拠を確認のうえ対応することが求められる。

---

1 『破産実務』403頁

第8章

配　　当

Q 8-1　配当手続の種類

配当手続にはどのような種類があり、どのような場合に、どのような配当が行われるのですか

上田　慎

1　配当手続の種類

　破産債権の調査、及び、破産財団の換価が終了し、配当に足る財産が形成された場合、破産管財人は配当を実施する。破産財団の換価終了後に行われる配当手続としては、①最後配当（法195条以下。本書Ｑ8-6参照）、②簡易配当（法204条以下。本書Ｑ8-5参照）、③同意配当（法208条。本書Ｑ8-9参照）がある。

　また、破産財団の換価終了までに時間を要するものの、一定の破産財団が形成された場合に、破産財団の換価終了前に配当を行うものとして④中間配当（法209条以下。本書Ｑ8-7参照）がある。

　さらに、最後配当、簡易配当、同意配当について一定の手続が進行した後に新たに配当に充てることができる財産が発見された場合に行う配当として⑤追加配当（法215条。本書Ｑ8-8参照）がある。

　配当手続は、おおむね、破産管財人において配当表を作成し（法196条、215条3項）、最後配当に参加することができる債権の額及び配当をすることができる金額を通知（配当通知）もしくは公告（配当公告）により債権者に知らせ（法197条、204条2項、215条5項）、そこから起算される除斥期間（法198条、210条）、配当異議期間（法200条）の経過後、配当を実施するという手続で行われる。

2 破産財団の換価終了後に行う配当

(1) 簡易配当と最後配当

破産法が予定する原則形態は、最後配当（法195条以下）であるが、実務上は、多くの場合、その手続を簡易迅速にした簡易配当（法204条以下）によって行われる。

簡易配当では、最後配当と比較して、①除斥期間が1週間に短縮され（法205条、198条1項。最後配当では2週間）、②配当公告はなく配当通知のみにより行われ（法205条、197条）、③配当異議における即時抗告がなく（法205、200条3項）、④配当異議期間終了後の配当額の通知が省略されている（法205条、201条7項）。東京地方裁判所破産再生部における簡易配当、最後配当（通知型）、最後配当（官報公告型）の標準スケジュール、スケジュール例は、図表1ないし図表3のとおりである。

簡易配当は、①配当することができる金額が1000万円未満の場合（財団少額型。法204条1項1号）、②破産手続開始時に簡易配当への異議を確認する旨の通知を発し、一般調査期間終了時までに異議がなかった場合（開始時異議確認型。法204条1項2号）、③配当時に簡易配当への異議を確認する旨の通知をし、除斥期間内に異議がなかった場合（配当時異議確認型。法204条1項3号、206条）に行うことができる。

(2) 簡易配当と最後配当の振り分け

配当することができる金額（破産財団の残高ではなく、破産管財人報酬や財団債権等の支払をした後の配当可能額[1]）が1000万円未満である場合は、多くの裁判所で簡易迅速な手続である簡易配当をする運用としている[2]。

配当することができる金額が1000万円以上の場合、①原則として最後配当手続による運用としている裁判所（例えば、東京地方裁判所[3]）と②原則とし

---

1 『手引』319頁
2 東京地方裁判所の運用につき『手引』319頁、大阪地方裁判所の運用につき『運用と書式』280頁

て配当時異議確認型の簡易配当手続による運用としている裁判所（例えば、大阪地方裁判所[4]）とがある。

　①の運用としている裁判所は、異議が出た場合に最後配当手続をやり直す労力及び時間的損失を重視し、②の運用としている裁判所は、債権者が異議を述べる可能性が低いことを重視している。

　これらのことから、①の運用を原則としている裁判所においても異議が出る可能性が低い事案の場合（例えば、債権者が多数ではなく、破産管財人が全ての届出債権を認めて破産債権が確定し、かつ、破産管財人の換価内容について特段の異議が述べられていない場合や、配当対象が公租公課のみで、配当がない一般債権者からの異議が見込まれない場合等[5]）では破産裁判所と相談したうえで配当時異議確認型の簡易配当手続を行うのが相当な場合もある。同様に、②の運用を原則としている裁判所においても、債権者が異議を述べることが予想される場合（例えば、管財人が債権調査において届出債権に異議を述べ、債権者から査定申立てが予想される場合等[6]）等は、破産裁判所と相談したうえで、当初から最後配当手続により行うのが相当な場合もある。

　中間配当を行った場合は簡易配当を行うことはできず、最後配当による必要がある（法207条）。

(3)　同意配当（本書Q 8 - 9 参照）

　同意配当（法208条）は、届出債権者の全員が破産管財人の定めた配当表、配当額ならびに配当の時期及び方法に同意した場合に配当通知・公告を省略し、除斥期間、配当異議期間を設けることなく行われる配当手続である。ただし、債権調査の終了が前提であること、届出債権者全員の同意を得るのに労力や時間を要することがあること、簡易配当でも簡易迅速に配当することが可能であることから、簡易配当に比較しメリットのある場合は多くないとされ、東京地方裁判所では同意配当が可能な事案であっても、ほぼ全件につ

3　『手引』319頁
4　『運用と書式』280頁
5　『手引』319頁
6　『運用と書式』280頁

図表1　配当スケジュール

※このスケジュール表は、配当実施に伴って破産管財人が行うべき事務等を週単位で示したものである。

	簡易配当 （A・財団少額型）	最後配当 （通知型）	最後配当 （官報公告型）
債権者集会	（木）（金）簡易配当の方針確定	（木）（金）最後配当の方針確定	（木）（金）最後配当の方針確定
第1週	簡易配当許可申立書（A）・配当表提出（204 I 、205、196 I ） 配当通知（A）発送（204 II ） 除斥期間等の起算日届出書提出（205、197 III ）	最後配当許可申立書・配当表提出（195 II ・196 I ）	最後配当許可申立書・配当表提出（195 II ・196 I ） 配当公告依頼（197 I 参照）
第2週	（水）配当通知のみなし到達日（205、197 II ）	配当通知①発送（197 I ） 除斥期間等の起算日届出書提出（197 III ）	
第3週	（火曜日の経過）除斥期間満了（205、198 I ）	（水）配当通知のみなし到達日（197 II ）	官報掲載（197 I ） 最後配当公告掲載報告書提出
第4週	（火曜日の経過）配当表に対する異議期間満了（205、200 I ）		
第5週	配当実施	（水）除斥期間満了（198 I ）	除斥期間満了（198 I ）
第6週	配当実施報告書（規63）・任務終了計算報告書（88 I ）・債権届出書綴り提出	（水）配当表に対する異議期間満了（200 I ） 配当通知①発送（201 VII ）	配当表に対する異議期間満了（200 I ） 配当通知発送（201 VII ）
第7週	（木）（金）任務終了計算報告集会（88 IV ）	配当実施	
第8週		配当実施報告書（規63）・任務終了計算報告書（88 I ）・債権届出書綴り提出	配当実施
第9週		（木）（金）任務終了計算報告集会（88 IV ）	
第10週			配当実施報告書（規63）・任務終了計算報告書（88 I ）・債権届出書綴り提出
第11週			（木）（金）任務終了計算報告集会（88 IV ）

（出典）　『手引』327頁

図表2　簡易配当スケジュール例

○本スケジュール例における略語は次のとおりである。
　「集会」：債権者集会及び債権調査期日を終了し次回任務終了計算報告集会を指定する集会
　「届出書」：除斥期間等の起算日届出書
　「異議」：配当表に対する異議
　「報告書」：配当の実施及び任務終了の計算報告書
　「報告集会」：任務終了計算報告集会
○以下の日付は架空のもので、実際のカレンダーとは祝日の設定が異なる。

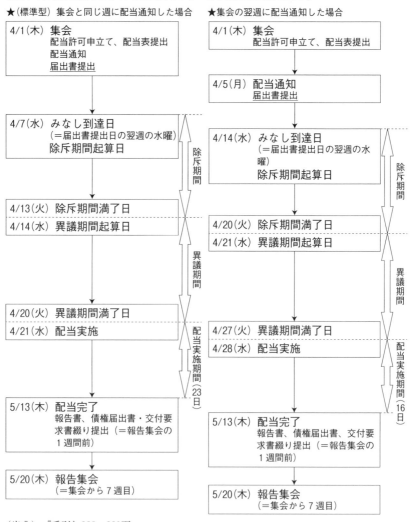

（出典）　『手引』328〜329頁

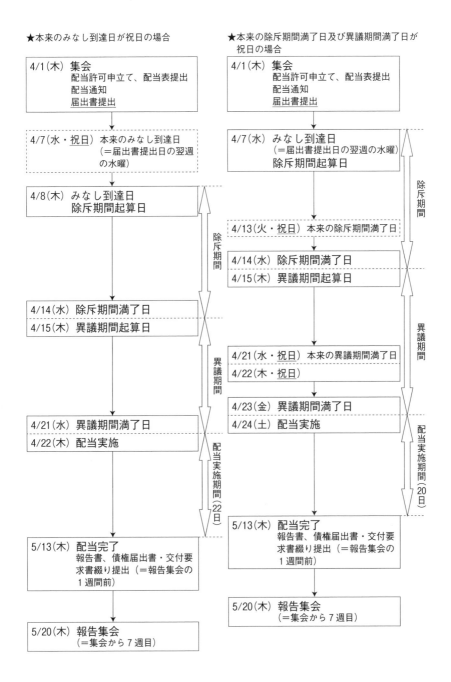

図表3　最後配当スケジュール例

○本スケジュール例における略語は次のとおりである。
　「集会」：債権者集会及び債権調査期日を終了し次回任務終了計算報告集会を指定する集会
　「届出書」：除斥期間等の起算日届出書
　「異議」：配当表に対する異議
　「報告書」：配当の実施及び任務終了の計算報告書
　「報告集会」：任務終了計算報告集会
○以下の日付は架空のもので、実際のカレンダーとは祝日の設定が異なる。
○本来のみなし到達日や除斥期間満了日等が祝日の場合については、図表2の「簡易配当スケジュール例」を参照。

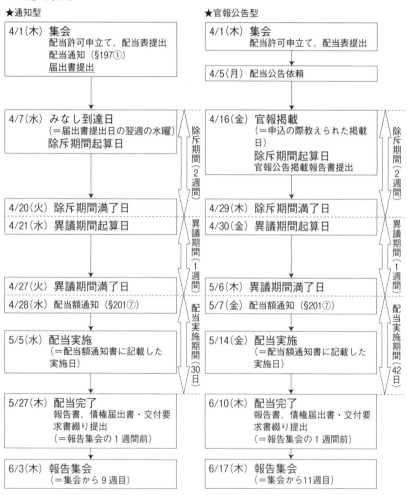

（出典）『手引』347頁

いて簡易配当の方法によっているのが現状であるとされる[7]。

3 中間配当 (本書Q8-7参照)

中間配当は、一般調査期間の終了後、破産財団の換価の終了前に行う配当手続である（法209以下）。

破産財団に属する債権の回収訴訟や否認訴訟を提起した場合等、破産財団の換価終了までに相当期間を要する見込みである一方、既に配当することが相当な破産財団が形成されている場合等に行うもので、中間配当が行われることは多くない。

最決平29.9.12民集71巻7号1073頁を受け、破産債権者が、破産手続外で保証人・物上保証人から弁済を受ける一方、開始時現存額主義（法104条2項）により、当該破産者の破産配当において残債権額を上回る配当を受ける場合に、超過配当を発生させないようにするための方策として、最後配当に先立って、当該債権者に残債権額相当額が配当されるよう中間配当を行う方策が提案されている[8]。

4 追加配当 (本書Q8-8参照)

追加配当は、最後配当における配当額の通知後、簡易配当における異議期間経過後、同意配当の許可後に、新たに配当に充てることができる相当の財産があることが確認されたときに行う配当手続であり、破産手続終結後に新たに配当に充てることができる財産が確認された場合にも行う（法215条）。

---

[7] 『手引』319頁
[8] 杉本和士「破産手続における開始時現存額による届出破産債権に対する超過配当の処理—最三小決平29.9.12の検討」金法2078号40頁

Q 8-2 配当表作成の留意点

配当表の作成にあたりどのような点に留意すべきでしょうか

村田 和績

1 配当表の意義

破産管財人は、破産債権者の氏名等、債権の額、配当をすることができる額及び優先劣後の区別を記載した配当表を作成しなければならない（法196条1項、209条3項）。最後配当、簡易配当等いずれの種類の配当も、配当表の記載に基づき行われる。

配当表の記載を訂正する必要がある場合は、破産法の定める手続に従い配当表を更正する必要がある（法199条1項。更正できる場合やその手続の詳細については、本書Q8-4参照）。

2 配当表作成に先立って確認すべき事項

配当は、債権調査を終え、財団所属財産の換価終了後に（ただし、中間配当については、換価の終了前において、配当をするのに適当な破産財団に属する金銭の有無があると認めるとき。法209条1項）、財団債権を支払った後の配当可能額をもって行う。したがって、配当表作成に先立ち、債権調査及び換価を終えていることならびに財団債権額を確定させることが必要である（なお、詳細については、本書Q8-5参照）。

3 配当表への記載事項

配当表には、①配当手続に参加することができる破産債権者の氏名又は名称及び住所、②配当の手続に参加することができる債権の額、③配当をすることができる金額を、④債権の優先関係の区分ごとに記載する（最後配当につき、法196条1項・2項、98条2項。なお、以下、特段の断りがない限り、最後配当に関する規定を引用する）。

(1) 配当手続に参加することができる破産債権者（法196条1項1号）

　以下の債権者をいう。

a　債権調査において、破産管財人が認め、届出破産債権者から異議を述べられずに確定した破産債権者。解除条件付破産債権者で解除条件が成就していない者も、配当手続において除斥されることはないから（破産法198条は、停止条件付債権等とは異なり、解除条件付債権をあげていない）、ここにいう破産債権者に含まれる。

b　破産管財人が認めず又は届出破産債権者から異議が述べられた（以下あわせて本問において「異議等」という）後に破産債権の確定に関する破産債権査定申立てに係る査定の手続、破産債権査定異議の訴えに係る訴訟手続又は破産法127条1項の規定により受継された訴訟手続（以下本問において「債権確定手続」という）が係属している無名義債権者（法198条1項）。

c　異議等を出された執行力のある債務名義又は終局判決を有する破産債権者（除斥期間について定める法198条1項は、129条1項に規定する異議等のある有名義債権者を除いている）。

d　租税等の請求権・罰金等の請求権のうち財団債権でないものに係る破産債権者。

e　別除権者のうち、除斥期間内に不足額を証明した者（法198条3項）。なお、根抵当権者たる別除権者のうち、届出破産債権の額が極度額を超える者については、その優先権が極度額に限られることから（民法398条の2第1項）、極度額を超える部分については不足額の証明なくして配当手続に参加することができる（法196条3項）。

　以上に対し、①異議等を述べられたにとどまる無名義債権者、②権利を行使することができるに至っていない停止条件付破産債権者及び将来の請求権者、③不足額を証明できない別除権者については、配当表に記載する必要はない（事後に配当表を更正すべき場合があり得ることについて、本書Q8-4参照）。

第8章　配　当　461

⑵ 配当の手続に参加することができる債権の額（法196条1項2号）

上記⑴のうち、aについては債権調査において確定した額、bについては債権確定手続における請求額、cについては債務名義又は終局判決において認められた額、dについては届出られた額、eについては証明した不足額（不足額を証明できない根抵当権者については極度額を超える額）が、それぞれ配当の手続に参加できる額となる。

⑶ 配当をすることができる金額（法196条1項3号）

換価によって得られた金銭から、未払いの財団債権（破産管財人への報酬や、配当に要する事務費を含む）の額を控除した額をいう。

⑷ 債権ごとの区分（法196条2項、98条2項）

優先的破産債権、一般破産債権、劣後的破産債権及び約定劣後破産債権をそれぞれ他の破産債権と区分して記載する。また、優先的破産債権については、民法、商法その他の法律の定める優先順位[1]に従い、記載する。

4　実務上特に留意が必要な事項

⑴　破産者以外の全部義務者による弁済があった場合

数人が各自全部の履行をする義務を負う場合（以下「全部義務者」という）において、他の全部義務者が破産手続開始決定後に債権者に対して債権の全額に満たない弁済その他の債務を消滅させる行為をしたときであっても、当該債権者は、破産手続開始時に有した破産債権全額について配当手続に参加することができる（法104条2項。いわゆる開始時現存額主義）。他方で、他の全部義務者が破産手続開始後に全額の弁済をするなどして、債権の全額が消滅したときは、当該債権者は配当手続に参加することはできず、債権届出が

1　優先順位については、『書記官事務の研究』270頁が詳しい。

されていても配当の対象に加えない。この場合、新たに破産債権を取得した
当該全部義務者は、破産管財人に対する実体法上の対抗要件を備えていれ
ば、一定の方式による届出名義の変更届出書を提出することにより単独で名
義変更が可能である（法113条、規則35条）[2]。破産管財人としては、新たな債
権者に対し届出書の提出を促して[3]、配当表を作成・更正することになる[4]。

　なお、開始時現存額主義を貫徹すると、破産手続開始後に連帯保証人や物
上保証人から債権の一部の満足を受けた破産債権者が、残債権額以上の配当
（いわゆる超過配当）を受ける場合があり得る。この場合に破産管財人が作成
すべき配当表に関し、最高裁は、破産法104条1項及び2項は、「配当額の計
算の基礎となる債権額と実体法上の債権額とのかい離を認めるものであり、
その結果として、債権者が実体法上の債権額を超過する額の配当を受けると
いう事態が生じ得ることを許容しているものと解される」として、破産手続
開始時の額を基礎として計算された配当額をそのまま当該破産債権者に配当
すべきとした[5]、[6]。

(2)　破産債権の名義変更が行われた場合

　届出された破産債権を取得した者[7]は、名義変更の届出をすることができ

2　『注釈（上）』742頁〔山形康郎〕、『伊藤』659頁。実務上は新旧債権者の連名で名義変
　更届出書を提出する扱いがとられている（『手引』296頁、『条解』814頁）。
3　破産管財人が権利者の変更を知った場合であっても届出を促す義務まではないと解さ
　れているが、注意喚起程度はすべきであろう（瀬戸英雄「破産債権の処理（Ⅰ）」『新・
　実務大系』424頁）。
4　新債権者から届出名義を変更する届出書が提出されない場合には、破産管財人に対す
　る実体法上の対抗要件を備えているとしても、新債権者は配当を受け取ることができな
　い（『注釈（上）』742頁〔山形康郎〕）。そのため、破産管財人としては、債権認否前に
　全額弁済されて新債権者が対抗要件を具備していても、新債権者を配当表に記載せず、
　旧債権者の届出債権につき債務消滅を理由として認めない旨の認否をすることになる。
5　最決平29.9.12民集71巻7号1073頁。本判例を、破産管財人が、破産債権者表記載の
　債権額に基づいて配当表を作成すれば義務を果たしたこととなると判示したものと理解
　するものとして杉本和士「判批」金法2078号34頁
6　本判決をふまえ、超過配当を回避すべく、中間配当を利用すべきとするものとして杉
　本・前掲注5、配当受領請求権の譲渡を促すべきとしたうえで、供託の可能性について
　言及するものとして、田頭章一「判批」金法2097号44頁
7　弁済による代位、債権譲渡、合併及び相続等により取得した者をいう。『書記官事務
　の研究』116頁

第8章　配　　当　463

る（法113条1項）。この場合、上記⑴とは異なり、名義変更手続がとられた額だけ債権者がかわることとなる。

ところで、破産債権者が保証会社より弁済を受ける場合等にままみられるが、その債権の全額について弁済がなされず、原債権者が破産債権者として残ることがある。したがって、破産管財人は、名義変更届が提出されたとき[8]は、①名義変更後の債権者がいかなる債権をいくら取得したのか、②原債権者も破産債権者として残るのか、③元本、利息、遅延損害金への充当の別等を確認する必要がある。

⑶ 別除権付破産債権と不足額の証明

別除権付破産債権に該当するかを検討し[9]、該当する場合には、不足額の証明がなされているかを確認する。なされていないときは、必要に応じて提出を促す[10]。

不足額の証明が問題となる典型例は、別除権付きの物件を任意売却した場合である。売却代金の充当方法は、特段の合意がない限り、別除権付破産債権者と破産者との間の約定又は民法489条の規定により定まることとなる。劣後的破産債権に充当される場合もあるから、充当関係についてはよく確認する必要がある。

---

8 本来、開始時現存額主義により、破産債権者は、破産手続開始決定後に弁済を受けても、それが全部弁済でない限り、破産手続開始時に有していた債権額全額をもって破産手続に参加することとなるはずである（法104条2項）。しかしながら、連署でもって名義変更届がなされた場合は、原債権者は届出額については権利を放棄等したものと解され、名義変更に応じてよいこととされている。『手引』273頁。なお、保証協会等による代位弁済と名義変更については、『債権調査・配当』295頁〔飯尾拓〕が詳しい。

9 別除権付破産債権に当たるか否かについては、『書記官事務の研究』94頁が具体例を用いて紹介している。

10 ただし、証明書類が提出されていない場合でも、当該別除権付破産債権者を配当手続に加えるべきとした裁判例として、札幌高判平24.2.17金法1965号130頁があることに留意すべきである（詳細は本書Q8-3参照）。

5 各債権者への配当額の算出

(1) 計算方法

破産管財人は、破産債権の順位毎に（法194条1項、98条2項）、配当をすることができる金額を配当の手続に参加することができる債権の総額で除して配当率を算出し、各債権者の配当の手続に参加することができる債権の額に当該配当率を乗じて各債権者への配当額を算出する（法194条2項）。

なお、この際発生した1円未満については、切り捨て処理する裁判所が多い[11]ともいわれているが、切り捨てにせよ、四捨五入にせよ、計算方法には一貫性が求められよう。

1円未満の端数処理の結果、各破産債権者への配当額の合計額が配当をすることができる金額を下回った場合、差額は、事務費に充てる[12]。

(2) 少額配当金についての取扱い

配当額が1000円未満となる債権者が債権届出時又は届出名義の変更時に、配当額が1000円未満であっても受領する旨（法111条1項4号、113条2項）を届け出ていないときは、当該債権者に配当すべき額は他の債権者に配当すべきこととなり（法201条5項）、計算が煩雑となる。そのため、多くの裁判所では、債権届出書ひな型にあらかじめ「配当金が1000円未満の場合であっても配当金を受領する。」旨を記載している[13]。

なお、届出名義の変更の場合（法113条2項）は、定型書式が利用されないことから、「1000円未満の配当となる場合であっても受領する」旨届け出られていない場合がある。この場合、破産管財人は、新債権者に受領の意思を確認し、必要に応じて補正を求めるのが相当とされている[14]。

---

11 『実践マニュアル』464頁
12 『手引』336頁はこの取扱いを許容している。
13 『実践マニュアル』430、464頁
14 『書記官事務の研究』272頁

第8章 配 当 465

Q 8-3　配当手続と未確定債権

　配当手続において未確定債権（債権確定手続係属中、停止条件付債権、解除条件付債権、別除権付債権）はどのように取り扱われますか

津守 和樹

1　未確定債権の意義

　配当手続において、いまだ配当を受けるべき債権の存否又はその額が未確定である等の債権は、どのように取り扱われるか。

　このような債権としては、①配当時において債権確定手続係属中の債権、すなわち破産債権査定の裁判（法125条）、破産債権査定異議の訴え（法126条）、ないし、異議等のある破産債権に関して受継した訴訟（法127条）が係属中の債権、②停止条件付債権及び将来の請求権、③解除条件付債権、④別除権付債権がある。

　なお、同意配当においては、届出をした破産債権者の全員が破産管財人の配当表、配当額ならびに配当の時期及び方法に同意していることが前提となっているので、未確定債権の除斥等は問題とならない（法208条3項は、196条3項4項や198条などを準用していない）[1]。また、追加配当を行う場合においては、追加配当における配当額の通知（法215条5項）を発した時に、異議等のある破産債権につき債権確定手続が係属している破産債権に対する配当額について、これを受けるべき破産債権者のために供託しなければならない規定の準用がある（法215条2項、202条1項1号）。

1　『条解』1384頁

2 債権確定手続係属中の債権

(1) 最後配当（簡易配当の場合について本設問について同じ）

異議等のある無名義（異議等のある破産債権のうち執行力を有する債務名義や終局判決がないもの）の破産債権は、除斥期間内に、債権確定手続が係属していることを証明しなければ、配当に参加できない（法198条1項）。なお、有名義債権については、破産管財人等から出された異議などに理由があるとする裁判が確定しない限りは、配当の対象となる。

異議等のある破産債権につき債権確定手続が係属していることの証明がなされた場合、破産管財人は、当該破産債権について配当表に記載のうえ、配当額の通知を発した時まで（簡易配当においては異議申立期間満了時まで）に債権が確定しなかったときは、当該配当額を供託することになる（法202条1号）。

供託された配当金について、その後に債権確定手続に係る債権の額等が全て認められた場合には、当該債権者に全額支払われるが、債権確定手続に係る債権が認められなかった場合には、供託されていた配当金につき、追加配当等の処理を検討することになる[2]。

(2) 中間配当

最後配当と同様、中間配当においても、異議等のある無名義の破産債権は、除斥期間内に、債権確定手続が係属していることを証明しなければ、中間配当に参加することができない（法198条1項、209条3項）。

上記の証明がなされた場合、当該破産債権を有する破産債権者は、中間配当に参加することはできるが、債権の存否及び額が未確定であるために中間配当金を受け取ることはできず、破産管財人は、当該破産債権について配当表に記載のうえ、配当額を寄託することになる（法214条1項1号）[3]。

中間配当において寄託された配当額について、最後配当時においても依然

---

2 『債権調査・配当』469頁〔平岩みゆき〕、『手引』338頁

として未確定の状態が継続している場合、当該未確定の破産債権の最後配当に係る配当額に加えて、寄託された配当金もまた供託される（法214条2項）。

3　停止条件付債権及び将来の請求権

(1)　最後配当

停止条件付債権及び将来の請求権は、条件の成就又は請求権の発生がなければ、権利として行使できないことから、除斥期間内にこれを行使することができる状態（条件成就や請求権の発生）に至っていなければ、最後配当から除斥される（法198条2項）。

なお、除斥された停止条件付破産債権等に関する処理として、停止条件付債権を有する債権者等が相殺のために寄託請求したことにより寄託された弁済額（法70条）は他の債権者への最後配当に充てられる（法201条2項）。

(2)　中間配当

中間配当を行う場合においても、停止条件付債権及び将来の請求権の条件が未成就又は請求権が未発生の場合、破産管財人は、配当を留保するため、当該債権に対する配当額を寄託しなければならない（法214条1項4号）。

中間配当時に寄託された配当金は、当該停止条件付破産債権等が最後配当から除斥された場合に、他の債権者への最後配当に充てられることになる（法214条3項）。

4　解除条件付債権

(1)　最後配当

解除条件付債権は、除斥期間内に条件が成就しなかった場合には、無条件

3　「寄託」とは、破産管財人が破産財団に属する金銭を保管するために設定した金融機関の預金口座等（規則51条参照）に入金することをいう（『条解』1403頁）。寄託方法に関する議論につき、『破産200問』365頁〔木村真也〕も参照。なお、寄託された金銭はなお破産財団に属するので、その利息は破産財団に帰属する（『伊藤』734頁）。

の債権として、最後配当の対象に加えられる。

この場合に関連する処理として、解除条件付債権を有する債権者が相殺のために供した担保及び寄託した金銭（法69条）も当該債権者に返還される（法201条3項）。

(2) 中間配当

解除条件付債権を有する債権者は、相当の担保を供しなければ、中間配当を受けることができない（法212条1項）。中間配当金受領後に、条件が成就した場合の当該債権者の配当金返還義務を担保するためである。

「相当の担保」の額については、配当額を基礎としつつ、問題となっている解除条件の内容や成就の蓋然性等を考慮して一定割合を減じて算定することが考えられる[4]。

相当の担保を供しない債権者は、中間配当金を受領することができず、破産管財人は、当該配当額を寄託しなければならない（法214条1項5号）。

解除条件付債権が、最後配当の除斥期間内においても条件成就せずに最後配当の対象に加えられた場合には、中間配当において供された担保金は失効して（法212条2項）、当該債権者に返還される。また、相当の担保を供しない債権者について寄託された配当金も、当該解除条件付債権が最後配当の対象に加えられた場合には、当該債権者に配当されることになる（法214条4項）。

5 別除権付債権

(1) 最後配当

a 別除権付債権の原則的取扱い

別除権付債権は、除斥期間内に、被担保債権の全部もしくは一部が破産手続開始後に担保されないこととなったことを証明し、又は、当該担保権行使によって弁済を受けることができない債権額（不足額）を証明しなければ、

---

4 『条解』1400頁

第8章 配　当　469

最後配当に参加することができない（法198条3項）。不足額責任主義のもとで、最後配当の除斥期間内に不足額の証明がなければ、最後配当から除斥する趣旨である。準別除権者についても同様である（法198条5項）。

b　不足額等の証明について

被担保債権の全部もしくは一部が破産手続開始後に担保されないこととなったことの証明については、そのような場面として担保権を放棄した場合などが考えられ、この場合、債権者作成の担保権放棄書及び放棄により抹消された登記事項証明書等の提出によって証明することになる[5]。

なお、担保権の放棄が行われた場合に、配当に参加するため、対抗要件としての抹消登記を備える必要があるかについて争いのあるところであるが、登記を必要とする見解が有力であり[6]、東京地方裁判所の運用でも、登記が必要と取り扱われている[7]。

担保権行使によって弁済を受けることができない債権額（不足額）の証明については、別除権の実行（競売による売却）や任意売却によって、別除権の目的物が実際に換価され、債権者の受領金額が確定した場面において、競売による売却であれば、配当表や売却代金交付計算書類等、任意売却であれば、売買契約書写し、領収書、債権者作成の不足額確定報告書ないし計算書等を提出することによって証明することになる[8]。

なお、破産管財人が任意売却に実質的に関与していた場合には、債権者作成の不足額確定報告書ないし計算書等の提出で足りるとされることが一般的であるが、破産管財人が職務上知り得た事実や入手した資料に基づいて不足額を認定し得るときは、その認定に基づいて配当表を作成し、配当を実施することになる[9]。このような場面において、別除権者が不足額確定報告書を提出するなどして不足額を証明しなかった場合でも、破産管財人が自ら当該別除権者の不足額を充当計算によって確定し得たときには、破産管財人が当

5　『債権調査・配当』453頁〔森直樹〕、『破産200問』351頁〔坂川雄一〕
6　『条解』1345頁
7　『手引』268頁
8　『注釈（下）』373頁〔小向俊和〕、『債権調査・配当』453頁〔森直樹〕、『破産200問』352頁〔坂川雄一〕、『手引』335頁
9　『破産200問』352頁〔坂川雄一〕、『注釈（下）』373頁〔小向俊和〕

該別除権に係る不足額の証明がないものとして配当を実施したことについて破産管財人の善管注意義務違反による損害賠償責任を認めた裁判例があるので[10]、注意を要する。

c　根抵当権に関する特則

別除権の内容が根抵当権である場合には、次のような特則がある。

まず、根抵当権の被担保債権については、当該根抵当権を有する破産債権者が当該根抵当権の行使によって弁済を受けることができない債権額（確定不足額）を証明しない場合においても、破産管財人は、配当許可があった日における当該被担保債権額の極度額を超える部分の額を最後配当に参加することができる債権額として、配当表に記載しなければならない（法196条3項）。

そして、最後配当の除斥期間内に確定不足額の証明がなされた場合を除いて、根抵当権の被担保債権は、配当許可があった日における当該被担保債権額の極度額を超える部分の額が不足額とみなされて（法198条4項）、当該不足額につき最後配当に加えられることになる。

その趣旨は、根抵当権が極度額の範囲内で目的財産の交換価値に優先権を有するものにすぎないことから、根抵当権者が確定不足額を証明しない場合でも、根抵当権の極度額を超える部分については確定不足額と取り扱うものである。

(2)　中間配当

中間配当を行う場合、別除権付債権は、除斥期間内に、当該別除権の目的である財産の処分に着手したことを証明し、かつ、当該処分によって弁済を受けることができない債権額を疎明しなければ、中間配当に参加することができない（法210条1項）。準別除権者についても同様である（法210条2項）。なお、中間配当においては、根抵当権に関する特則（前記(1)c参照）の適用はない（法209条3項において196条3項及び198条4項が準用除外されている）。

「処分に着手したこと」とは、別除権の実行の申立てを行ったことや、任

10　札幌高判平24.2.17金法1965号130頁

意売却の場合には、売買契約を締結したこと等といった客観的外形的な行為を行ったことをいう[11]。

上記の証明及び疎明があった場合には、当該疎明のあった債権額に係る配当額につき、破産管財人は、寄託しなければならない（法214条1項3号）。

寄託された配当金については、最後配当の除斥期間内に別除権付債権において破産法198条3項に規定する事項を証明しなかった場合、他の債権者への最後配当に充てられる（法214条3項）。

Q 8-4　配当表の更正

配当表の更正は、どのような場合に、どのような手続で行うのですか

津守 和樹

1　配当表の更正を行う必要がある場合

(1)　配当表の更正の意義

破産管財人は、配当許可を受けたときは、遅滞なく配当表を作成しなければならないところ、作成された配当表について、破産法199条1項所定の事由、その他一定の事由の発生により、配当表の記載事項に変更が生じた場合、破産管財人は、直ちに配当表を更正しなければならない。

破産法199条1項の規定は、中間配当（法209条3項。ただし、199条1項3号は除く）、簡易配当（法205条）にも準用される。

(2)　破産債権者表を更正すべき事由が生じた場合

配当表は破産債権者表を基に作成されるため、除斥期間内に破産債権者表の記載を更正すべき事由が生じた場合には、配当表を更正しなければならな

11　『条解』1395頁

い（法199条 1 項 1 号）。

　例えば、債権届出の取下げがあった場合、届出債権の名義変更があった場合、債権確定手続に係る債権が確定した場合、異議等の撤回により破産債権が確定した場合、解除条件の成就が確定した場合などがあげられる。また、最後配当時において除斥期間満了前に停止条件付債権又は将来の請求権が行使し得る状態に至ったことについて証明があった場合（法198条 2 項参照）にも、更正を要する[1]。

(3)　債権確定手続の係属について証明があった場合

　異議等のある無名義の破産債権については、除斥期間内に債権確定手続が係属していることが証明されたときは、配当手続に参加することができる（法198条 1 項。本書 Q 8-3 も参照）。したがって、当該証明があった場合には、当該破産債権を配当手続に参加することができる破産債権として扱うため、配当表に追加して更正しなければならない（法199条 1 項 2 号）。

(4)　別除権付債権について不足額等の証明があった場合

　別除権付債権は、除斥期間内に、被担保債権の全部もしくは一部が破産手続開始後に担保されないことになったことを証明し、又は、当該担保権行使によって弁済を受けることができない債権額を証明したときは、最後配当に参加することができる（法198条 3 項。本書 Q 8-3 も参照）。したがって、当該証明があった場合には、これらの担保されない、あるいは、弁済を受けることができない債権額につき、配当手続に参加できる破産債権として扱うため、配当表に追加して更正しなければならない（法199条 1 項 3 号）。

　なお、中間配当においては、別除権付債権は、除斥期間内に、目的財産の処分に着手したことを証明し、かつ、当該処分によって弁済を受けることができない債権額を疎明したときは、中間配当に参加することができる（法210条 1 項）。したがって、これらの証明及び疎明があった場合についても、配当表の更正が必要となる（法210条 3 項）。

1　『大コンメ』856頁〔舘内比佐志〕、『書記官事務の研究』274頁

⑸　その他の更正事由

a　明文規定のあるもの

その他に明文の規定のある更正事由として、配当表に対する異議につき理由があると認められた場合（法200条2項）や、配当額の通知を発する前（簡易配当の場合は、配当表に対する異議申立期間の満了前。以下同じ）に新たに最後配当に充てることができる財産を発見した場合（法201条6項）がある。なお、配当額の通知後の新たな財産の発見については、追加配当を行う（法215条。本書Q8-8も参照）[2]。

b　明文規定のないもの（解釈上、更正の必要があるとされるもの）

明文の規定はないものの、書き損じや計算間違い等の明白な誤りがある場合についても、配当表の更正が認められると解されている（法13条、民事訴訟法257条参照）[3]。

また、配当額の通知を発する前に破産管財人に知れていない財団債権の存在が判明した場合についても、配当表の更正が必要とされる[4]。

2　配当表の更正に係る手続

破産管財人は、更正の必要があるときは、更正した配当表（「配当表（更正）」や「更正配当表」などと表題をつけるとよい）を作成し、これを裁判所に提出することによって、配当表の更正を行う。これに加えて、東京地方裁判所では、債権額等が変更された場合には、債権調査後の債権額等変更一覧表を、配当原資が変動した場合には、変動後の収支計算書を、それぞれ提出しなければならない扱いである[5]。なお、配当表の更正にあたって、裁判所の

2　なお、『書記官事務の研究』274頁は、異議申立期間経過後に財産の発見があった場合には原則として換価し追加配当することになるとしつつも、その財産が僅少である場合には破産管財人の追加報酬とする方法や、本来の配当実施にあわせて各債権者に按分して支払う方法もあり得ることを指摘する。

3　『条解』1349頁、『伊藤』736頁、『手引』341頁、『書記官事務の研究』275頁

4　『注釈（下）』376頁〔金澤秀樹〕、『債権調査・配当』447頁〔八木宏〕。『書記官事務の研究』275頁は、配当額の通知を発する前に判明した破産管財人に知れていない財団債権に対して優先的に弁済せざるを得ないが、この弁済によって配当原資が減少するため、配当表の更正が必要になると指摘する。

許可は不要であり、破産管財人が職権で行う。ただし、配当表の更正が必要な事情が判明した場合には、その原因を把握して更正の可否を検討し、速やかに裁判所に連絡し協議のうえ、更正を行うことが重要である。

更正した配当表に基づく再度の配当許可、配当公告及び配当通知等は不要とするのが一般的である[6]。

更正を行う時期について、最後配当において配当額の通知を行った後（簡易配当の場合は、配当表に対する異議申立期間の満了後）は、各破産債権者に具体的な配当請求権が発生するため、配当表の更正をすることはできない[7]ので、注意を要する。

Q8-5　簡易配当手続

簡易配当はどのような手続で行われるのですか

村田　和績

1　簡易配当の意義

簡易配当は、最後配当（本書Q8-6参照）にかわり、簡易かつ迅速に破産債権者に対して配当するために定められた手続である。

破産法上、最後配当が配当手続の原則形態であるが、裁判所の統計によれば、平成29年度において破産手続終結で終えた事件6823件のうち、最後配当が425件、簡易配当が6118件、同意配当が270件、その他が10件と、約9割の事件にて簡易配当手続が行われている[1]。

5　『手引』339頁

6　『条解』1349頁、『伊藤』736頁、『債権調査・配当』504頁〔金澤秀樹・赤平哲也〕。なお、配当金額は債権者の最も関心のある事項である事柄であることに配慮して、配当表に対する異議申立期間経過後に破産管財人が通知をする運用を行う庁も見受けられる点につき、『書記官実務の研究』275頁

7　『条解』1349頁、『手引』339頁

1　最高裁判所事務総局編『平成29年司法統計年報　1民事・行政編』（法曹会、2018年）73頁

第8章　配　　当　475

なお、最後配当との手続の異同及び簡易配当を選択できる場合については、本書Ｑ8-1を参照。

2　簡易配当の実施時期

簡易配当の実施時期は、「破産法195条1項の規定により最後配当をすることができる場合」である。「最後配当をすることができる場合」とは、「一般調査期間の経過後又は一般調査期日の終了後であって破産財団に属する財産の換価の終了後」であり（法195条1項）、その意義については本書Ｑ8-6を参照されたい。

3　簡易配当の手続

(1)　簡易配当実施前の確認事項

多くの裁判所では、配当が見込まれない事案においては債権認否を留保する扱いとされており、債権認否は、配当が見込まれる事案において資産換価が完了した後の債権者集会において行われる運用とされている[2]。この運用もふまえ、簡易配当の実施に先立ち、破産管財人は、以下の点を確認する。標準スケジュール（本書Ｑ8-1参照）に則り、債権者宛てに発送する書類の作成、債権者からの振込送金依頼書の返送、金融機関での送金手続等に要する日数等を勘案して、何月何日までに何をしなければならないかを確認しておく必要がある。

a　換価未了の財産がないこと

破産手続開始申立書添付の財産目録や、その後の調査により判明した資産で換価を終えていないものがないかをあらためて確認する。換価不能財産については裁判所の許可を得て財団から放棄することとなるが、別除権付不動産を放棄する場合は2週間前までにその旨別除権者に通知する必要があることに留意する（規則56条。不動産の放棄については本書Ｑ4-13を参照）。

2　東京地方裁判所の運用につき『手引』262〜264頁、大阪地方裁判所の運用につき『運用と書式』225〜229頁

b　財団債権の額の把握及び弁済

　財団債権の存否及びその金額は、配当原資の額及び配当率に直結すること
から、これを見落として配当を行ってしまうと、破産管財人は、善管注意義
務違反により、財団債権者に対し賠償責任を負いかねない[3]。正確な財団債
権額を把握し、適切に処理する（詳細については、本書Ｑ7-2参照）。

c　債権調査を終えていること

　債権認否における一般的留意事項については、本書Ｑ6-7を参照。

d　配当可能金額が1000万円以上の場合に最後配当とするか簡易配当とする
　かの検討

　この場合に最後配当によるか配当時異議確認型の簡易配当によるかは裁判
所によって運用が異なるため、留意が必要である（本書Ｑ8-1参照）。

(2)　裁判所との事前打合せ

　破産管財人は、配当原資が形成されたこと、簡易配当方針であることを裁
判所に連絡し、破産管財人報酬額の内示を受けて、裁判所と進行予定を協議
する[4]。

(3)　債権者集会における報告等

　破産管財人は、債権者集会において、換価を終え、配当予定金額が形成さ
れたため、簡易配当予定であることを、貸借対照表や収支計算書等を用いて
報告する。なお、配当予定金額算出の際には、配当に必要な事務費も財団債
権に計上しておく必要がある。

　また、債権調査について期日方式を採用している場合、破産管財人は、債
権者集会とあわせて行われる債権調査期日において、債権認否を行う。

　破産手続開始決定時に任務終了計算報告集会の期日が指定されていた場
合、続行期日が指定される[5]。

---

[3]　財団債権の見落とし事例については、『弁護士倫理』175頁〔吉川武〕及びそこに引用
　された文献を参照

[4]　破産手続開始決定時に任務終了計算報告集会の期日が指定されている場合、配当スケ
　ジュールを見据えて続行期日が指定されることとなる。なお、東京地方裁判所では、原
　則として、7週目以降に指定される。『手引』321頁

⑷ 簡易配当の許可申立て

破産管財人は、裁判所書記官に対して簡易配当の許可を申立て、裁判所書記官の許可を得る（法204条1項柱書）。配当許可申立書の宛て先は、裁判所ではなく裁判所書記官となることに留意する。

⑸ 配当表の作成・提出

破産管財人は、簡易配当の許可があったときは、配当表を裁判所に提出する（法205条が準用する196条1項。配当表の作成における留意点は本書Q8-2参照）。

⑹ 配当見込額等の通知

破産管財人は、配当表提出後、遅滞なく、届出債権者に対する配当見込額を定めて、届出債権者に対して、①簡易配当の手続に参加することができる債権の総額、②簡易配当をすることができる金額及び③当該届出債権者への配当見込額（届出債権者ごとの配当見込額を通知すれば足りる[6]）を通知する。通知の対象となる債権者とは、「届出をした破産債権者」であるから（法204条2項）、破産管財人が認めない債権の債権者、不足額を証明していない別除権者、優先的破産債権にのみ配当できる場合の一般破産債権者に対しても、配当見込額がない（0円）ことを通知する（法204条2項）[7]。

なお、最後配当の場合に「公告又は通知」することとされている（法197条1項）のと異なり、簡易配当の場合は、通知のみで足りる。

配当時異議確認型の場合は、簡易配当によることについて異議があれば除斥期間満了時（法206条前段）までに異議を述べるよう知らせる必要があるので、その旨通知書に記載する。

5 　任務終了計算報告集会の期日が指定されなかった場合は、破産管財人は、任務終了後、裁判所に対して、当該集会の招集を申し立てなければならない（法88条3項、135条）。

6 　『大コンメ』876頁〔前澤達朗〕

7 　『書記官事務の研究』272頁は、破産法204条2項は、配当見込額が0円の破産債権者にも配当手続への参加の機会を与える趣旨とも考えられるとする。

(7) 通知が通常到達すべきであった時を経過したことの届出

配当見込額等の通知は、「その通知が通常到達すべきであった時に到達したものとみな」される（法204条3項）から、破産管財人は、通知をした日からこの通常到達すべきであった時を経過したとき[8]は、遅滞なく、その旨を裁判所に届け出なければならない[9]。

この届出は、簡易配当において、①異議等のある破産債権（法205条が準用する198条1項）、②停止条件付債権又は将来の請求権（同198条2項）、③別除権（同198条3項）を有する者が簡易配当に参加するための期限（除斥期間）を画するものである。

これらの者は、この届出があった日から起算して1週間以内に、①破産債権査定の申立てに係る査定の手続等が係属していることの証明がない場合（法198条1項）、②停止条件の条件が成就しておらずこれを行使できない場合等（法198条2項）、③不足額の証明ができない場合（法198条3項）、配当から除斥される。

また、配当時異議確認型の簡易配当の場合、異議ある届出債権者は、この除斥期間内に異議を申し出なければならない。異議申出がなされたときは、裁判所書記官は、簡易配当の許可を取り消し（法206条後段）、破産管財人は、あらためて最後配当の手続をとる。

(8) 配当表に対する異議

届出をした破産債権者で配当表の記載に不服があるものは、除斥期間が経過した後1週間以内に、裁判所に対し、異議を申し立てることができる（法205条が準用する200条1項）。異議申立てがなされた場合、当該異議の申立てについての決定があるまで、破産管財人は配当額を定めることができず、配当手続を進めることができなくなる（法205条が準用する201条1項括弧書）。

8　東京地方裁判所では通知を発送した翌週の水曜日（『手引』324頁）。大阪地方裁判所では、通知を発送した3日後（初日不算入）（『実践マニュアル』464頁）

9　ただし、東京地方裁判所は期間の経過に先立って「除斥期間等の起算日届出書」を提出する運用としている。『手引』324頁

第8章　配　　当　　479

そのため、この場合、裁判所書記官は、遅滞なく、申立てがあった旨破産管財人に通知することとされている（規則67条が準用する65条）。

異議を受けた裁判所は、審理の結果、異議の申立てを理由があるものと認めるときは破産管財人に配当表の更正を命じ（法205条が準用する200条2項）、理由がない場合は異議申立てを却下する[10]。この裁判に対しては即時抗告することができない（法205条は、200条3項を準用していない）。

なお、配当異議期間が満了するまでに破産管財人に知れていない財団債権者は除斥され、弁済を受けることができなくなる（法205条が準用する203条）。

(9) 配当の実施

配当表への異議申出期間中異議が出されずに期間を経過した場合及び異議申出期間中に異議が出され、当該異議に対する裁判がなされた場合、破産管財人は配当額を定め（法205条が準用する201条1項ないし6項）、配当を実施する（法193条）。

配当は、破産管財人がその職務を行う場所において行う（取立債務。法193条2項本文）。ただし、合意により別段の定めをすることもでき（同条同項ただし書）、実際にも、配当金が少額の債権者への配慮や手間暇を勘案して、振込手数料を財団負担とする場合がある[11]。

なお、配当表に対する異議申立期間経過時までに、異議等のある破産債権につき破産債権査定申立てに係る査定の手続等が係属している場合、租税等の請求権又は罰金等の請求権であって不服申立ての手続が終了していない場合及び破産債権者が受け取らない場合、破産管財人は配当額を当該破産債権者のために供託する（法205条が準用する202条）。

(10) 配当実施後の手続

破産管財人は、配当後、遅滞なくその旨を裁判所に書面で報告する（規則63条1項）。その際、配当額の支払を証する書面の写しを添付する（規則63条2項）。

---

10 『債権調査・配当』501頁〔金澤秀樹・赤平哲也〕
11 具体的な合意方法等につき、『債権調査・配当』471頁〔森晋介〕

そして、配当により自身の任務が終了することから、遅滞なく、計算報告書を裁判所に提出する。

任務終了計算報告集会にて、裁判所は、破産手続終結の決定を行う（法220条1項）。

Q 8-6 最後配当手続

最後配当はどのような手続で行われるのでしょうか

赤堀　有吾

1　最後配当の意義

破産管財人は、一般調査期間の経過後又は一般調査期日の終了後であって、破産財団に属する財産の換価の終了後において、破産財団をもって破産手続の費用を支弁するのに不足すると認められるとき（法217条1項）以外のときは、遅滞なく、届出をした破産債権者に対して破産法8章2節の規定による配当をしなければならないとされており（法195条1項）、この配当を最後配当という。

破産法は最後配当に関する規定を先に規定し、簡易配当、同意配当、中間配当及び追加配当についても最後配当に関する規定を準用する形で規定しており、最後配当が配当の原則的な方法である。ただし、実務上は、配当可能金額が1000万円未満であることが多いために配当事案のほとんどが簡易配当で終結している[1]。

最後配当には、最後配当の手続に参加することができる債権の総額及び最後配当をすることができる金額について官報公告する方法（官報公告型）と、公告にかえて届出債権者への配当通知を行う（通知型）の2種類の方法があるが（法197条1項）、東京地方裁判所では、通知型のほうが迅速に配当

1　『破産実務』487頁、『手引』317頁、本書Q8-5参照

を実施できることなどの理由から、原則として通知型の最後配当を実施している[2]。

2 最後配当を行う場合

最後配当を行うのは、以下の3つのケースである[3]。

① 配当可能金額が1000万円以上の場合（1000万円未満の場合は簡易配当による。法204条1項1号）

② 配当時異議確認型の簡易配当の通知をした後（法204条1項3号・2項）、届出債権者が異議を述べたために簡易配当の許可が取り消された場合（法206条）

③ 中間配当を実施した場合（この場合には、配当可能金額が1000万円未満であっても簡易配当によることができない。法207条）

なお、③に関して、中間配当後に財団形成できない場合の処理については、本書Q8-7を参照されたい。

3 最後配当の実施時期

最後配当の実施時期は、「一般調査期間の経過後又は一般調査期日の終了後であって破産財団に属する財産の換価の終了後」である（法196条1項）。

(1) 債権調査終了後であること

「一般調査期間の経過後又は一般調査期日の終了後」とは、書面又は期日による破産債権の調査の終了時点をいう。「一般調査期間」と「一般調査期日」は、いずれも破産手続開始決定時に定められ（法31条1項3号）[4]、破産管財人は債権調査期日に出頭し、又は一般調査期日前に認否書を提出して、届出債権の額等について認否をする（法117条、121条1項）。債権調査の結

---

2 『手引』343頁
3 最後配当と簡易配当の振り分け基準については本書Q8-1参照
4 ただし、東京地方裁判所では、原則として債権調査期日方式によることとし、債権調査期間方式を採用していない（『破産実務』456頁）。また、破産財団に属する財産の換価が終了するまで原則として債権者集会とともに債権調査期日を続行し、破産債権に係る認否を留保する取扱いをしている（『破産実務』460頁）。

果、破産管財人が認め、他の届出債権者が異議を述べなかった破産債権は確定する（法124条1項）。このように、債権調査が終了すれば配当に参加できる破産債権者とその債権額が確定することとなるため、最後配当の実施はそれ以降に行うこととされている。

届出債権について破産債権査定手続や破産債権査定異議の訴え等が係属していることは、最後配当実施の妨げにはならない[5]。また、特別調査期間又は特別調査期日が定められた破産債権の調査が終了していない場合でも、規定の文言上は最後配当の妨げにはならないが、実際上配当額に影響を及ぼすことから、債権調査を待って最後配当を実施すべきである[6]。

(2) 財産換価終了後であること

「破産財団に属する財産の換価の終了」とは、これにより最後配当をすることができる金額が確定することをいう。

この点に関して、否認訴訟等が係属中であり将来財団が増加する見込みがある場合、中間配当の実施にとどめて、最後配当の実施は否認の請求等の帰趨を見極めたうえで決断されるべきとの見解が有力である[7]。そのため、破産管財人としては、進行につき裁判所と十分に協議したうえで中間配当を実施するかを判断すべきである。

4 最後配当の手続[8]

(1) 最後配当実施前の確認事項

最後配当を実施するに先立ち破産管財人として確認すべき事項は、本書Q8-5を参照されたい。

---

5 『条解』1326頁
6 『条解』1326頁
7 『条解』1326頁、『破産実務』353頁、『伊藤』739頁（第4版において改説）
8 『手引』343頁、『破産実務』495頁

第8章 配 当 483

⑵ 裁判所との事前打合せ

　換価業務が終了し1000万円を超える破産財団が形成された場合、破産管財人は破産財団の金額、進行予定（官報公告型か通知型か）を裁判所に連絡する。破産管財人は、破産管財人報酬額の内示を受けて進行予定を裁判所と協議する。

⑶ 債権者集会及び債権調査期日

　破産管財人は、債権者集会において、破産者の財産状況等の報告を行うほか、収支計算書に内示を受けた破産管財人報酬額及びこれを前提に計算した配当予定金額を記入して提出し、最後配当予定である旨を報告する。このとき、収支計算書には、配当に必要な事務費の予定額も財団債権（法148条1項2号）としてあらかじめ計上し、これを差し引いて配当予定金額を算出する。

　あわせて実施する債権調査期日では、破産管財人は債権認否一覧表に基づいて債権調査結果を報告し、この期日で債権調査を終了する。

　裁判所は、債権者集会を続行し、任務終了計算報告集会の期日を指定する。最後配当の場合には、簡易配当と異なり除斥期間が2週間であることなどから、原則として、官報公告型の場合は債権者集会から11週目以降の日、通知型の場合は債権者集会から9週目以降に任務終了計算報告集会期日が指定される。

⑷ 最後配当許可申立て

　破産管財人は、債権者集会終了後、速やかに最後配当許可申立書と配当表を提出する（法195条2項）。東京地方裁判所では、最後配当許可申立書には収支計算書と配当表を添付することとされているが、債権者集会席上でこれらの書類を提出すれば別途最後配当許可申立書に添付する必要はない[9]。

9　『手引』510頁。ただし、債権者集会の席上で配当表を提出せず債権認否一覧表のみを提出した場合には、配当表を添付する必要がある。

(5) 最後配当の官報公告又は通知（法197条1項）

官報公告型の場合、最後配当許可後速やかに配当公告する。官報公告を官報販売所に依頼した後に官報公告掲載日が教示されるが、除斥期間の起算日を確認するために必要となるので直ちに官報公告掲載日を裁判所に報告しなければならない。

通知型の場合、最後配当許可後速やかに届出債権者に対して配当通知をする。配当通知の具体的な手続は簡易配当の場合と同様であるため、本書Q8-5を参照されたい。

(6) 除斥期間等の起算日届出書の提出、除斥期間・配当表に対する異議期間等の満了

配当通知の発送後、裁判所に「除斥期間等の起算日届出書」を裁判所に提出する点も、簡易配当の場合と同様である。公告型では公告が効力を生じた日から、通知型では「除斥期間等の起算日届出書」における起算日[10]から計算して、2週間が除斥期間となり、除斥期間経過後1週間が配当表に対する異議期間となる（法198条1項、200条1項）。

(7) 配当額の定め及び通知（法201条）

配当表に対する異議期間が経過した後、遅滞なく配当額を定めて、直ちに通知書により通知し、配当を行う。この通知により、破産債権者は配当金請求権を取得する。

配当額の通知を発したときに破産管財人に知れていない財団債権者は破産財団から弁済を受けることができなくなるが（法203条）、その反面として、この時点までに財団債権が判明し又は発生した場合には配当金の計算等を改める必要が生じるため、配当表に対する異議期間経過後は速やかに配当額通知を発送する必要がある。

10　東京地方裁判所では、配当通知の発送日の翌週の水曜日（当該水曜日が祝日の場合には翌営業日）を「除斥期間等の起算日届出書」に記入し、その日を一律に配当通知が到達したとみなされる日（みなし到達日）として取り扱われている（『手引』323頁）。

(8) その他の手続等

配当の実施、最後配当実施報告書・計算報告書の提出、任務終了計算報告集会の手続は、いずれも簡易配当での取扱いと同様であるため、本書Q8-5を参照されたい。

Q 8-7　中間配当手続

中間配当はどのような場合に、どのような手続で行われるのでしょうか

野村　晃平

1　中間配当の意義

中間配当とは、①一般調査期間の経過後又は一般調査期日の終了後であること、②破産財団に属する財産の換価の終了前であること、③破産管財人において、配当をするのに適当な破産財団に属する金銭があると認められること、の要件を満たすとき、最後配当に先立ち、届出をした破産債権者に対して、破産法209条ないし214条に従ってする配当をいう（法209条1項）。中間配当をする場合、簡易配当はできない（法207条）。

実務上は、相当程度の配当原資が既にあるものの、換価業務になお時間を要すると見込まれる場合に、例外的に実施されている[1]。

2　中間配当はどのような場合に行われるか

(1) 考慮要素

前記1③の要件への該当性は、(i)破産財団の形成額、(ii)財団債権の支払予定額、(iii)残余の管財業務の内容及びこれに要する時間、(iv)今後の破産財団の

1　『書記官事務の研究』251頁、『手引』318、348頁、『運用と書式』278、300頁

収集及び換価の見込み、(v)債権の種類及び額ならびに債権者の意向及び数、(vi)中間配当を行うことで必要となる労力及びコスト、といった要素を総合評価して判断する[2]。その判断枠組みは、次のとおりに整理できるであろう[3]。

初めに、(i)、(ii)を考慮する。それは、財団債権全てを支払う原資を差し引いても、十分な配当原資が既にあることが前提となるからである。

次に、(iii)、(iv)を考慮する。残余の管財業務によって配当原資の増加が見込まれるものの、当該業務に相当の時間を要するとみられること等は、中間配当をすべきと判断する一事情となる。例として、係属中の訴訟で勝訴が見込まれるものの、判決の確定又は和解の成立までに相当の時間を要するとみられることなどが考えられる。

加えて、(v)、(vi)を考慮する。(v)は、債権者における早期に配当を受ける必要性の高さを測る要素として考慮される。例えば、多数の労働債権者が、早期に配当を受け生活費に充てたいとの意向を示していることは、中間配当をすべきと判断する一事情となろう[4]。(vi)については、中間配当の実施自体に要するもののほか、簡易配当ができなくなることによるものも考慮する[5]。

(2) 破産管財人の判断と裁判所との協議

破産法209条1項は、前記(1)の総合評価を破産管財人の判断に委ねている。加えて、前記1①ないし③の要件を満たす場合も、中間配当を行うか否かを破産管財人の判断に委ねている。ただし、これらの判断に際しては、事前に裁判所と協議すべきである[6]。

---

2 『大コンメ』886頁〔深沢茂之〕、『新・実務大系』449頁〔松井洋〕、『手引』348頁、『運用と書式』300頁

3 『新・実務大系』449頁〔松井洋〕、『条解』1387頁参照

4 『新・実務大系』449頁〔松井洋〕。ただし、弁済許可の制度(法101条)による対応も有力な選択肢となる(『新・実務大系』449頁〔松井洋〕、『条解』1388頁、『手引』350頁)。

5 多くの事件で簡易配当がされることにつき、本書Q8-5参照

6 『財産換価』491頁〔金澤秀樹・赤平哲也〕、『手引』348頁、『運用と書式』300頁

第8章 配 当 487

3 中間配当はどのような手続で行われるか

　破産法209条3項は、最後配当に関する規定の多くを準用しており、配当表の作成及び提出（法196条1項・2項）、配当の公告又は通知（法197条）、除斥期間（法198条1項）、配当表に対する異議の申立期間（法200条1項）等は、最後配当と同様である。破産規則でも69条が、最後配当に関する規定を準用している。また、配当の通則（法193条、194条、規則63条）は、中間配当にも適用される。

　管財業務につき、中間配当手続独自の規定が設けられている主な事項は次のとおりである[7]。

(1) 中間配当の許可

　中間配当を行うには、裁判所書記官ではなく裁判所の許可が必要である（法209条2項）。前記2(2)の事前協議も通じて、破産管財人は、中間配当をすべきと判断した根拠を裁判所に対し十分に示す必要があろう[8]。

(2) 配当率の定め及び通知

　破産管財人は、配当表に対する異議の申立期間の経過後、遅滞なく、配当率を定めて、その配当率を中間配当の手続に参加することができる破産債権者に通知しなければならない（法211条）。裁判所に対しても、書面で報告しなければならない（規則68条）[9]。

(3) 配当額の寄託

　破産管財人は、破産法214条1項各号の破産債権に対する配当額を寄託しなければならない。すなわち、①異議等のある破産債権であって、破産債権の確定手続が係属しているもの（1号）、②租税等の請求権又は罰金等の請

7　この他は、本書Q8−5、Q8−6等を参照
8　東京地方裁判所の運用は『手引』349頁、大阪地方裁判所の運用は『運用と書式』301頁を参照
9　実務上は、「配当表に記載した配当率のとおり」と記載した報告書を提出している（『書記官事務の研究』286頁）。

求権であって、配当率の通知を発した時に審査請求、訴訟（刑事訴訟を除く。）その他の不服申立ての手続が終了していないもの（2号）、③別除権（準別除権を含む。）に係る破産債権で、中間配当に関する除斥期間内に当該別除権の目的である財産の処分に着手したことの証明及び当該処分によって弁済を受けることができない債権の額の疎明があったもの（3号）、④停止条件付債権又は将来の請求権である破産債権（4号）、⑤解除条件付債権である破産債権で、担保が供されていないもの（5号）、⑥少額配当受領意思の届出をしなかった破産債権者が有する破産債権（6号）に対する配当額は、寄託しなければならない。

破産法214条の「寄託」とは、破産管財人が破産財団に属する金銭を保管するために設定した金融機関の預貯金口座に入金することをいい[10]、保管口座を区別することまでは不要である[11]。寄託金につき発生した利息は、破産財団に帰属する[12]。

4　中間配当後の手続

(1)　最後配当における寄託金の扱い

上記3(3)の①に係る寄託金は、最後配当に関する配当額の通知を発した時点で破産債権の確定手続が係属していれば供託され（法214条2項、202条1号）、3(3)の②に係る寄託金も同様に扱われる（法214条2項、202条2号）。

3(3)の③に係る寄託金は、同③の債権者から最後配当に関する除斥期間内に不足額の証明がなければ、他の破産債権者への配当原資となる（法214条3項、198条3項・5項）。3(3)の④に係る寄託金は、同④が最後配当に関する除斥期間内に行使できるに至らなければ、他の破産債権者への配当原資となる（法214条3項、198条2項）。

3(3)の⑤に係る寄託金は、最後配当に関する除斥期間内に解除条件が成就しなければ、同⑤の債権者に支払われる（法214条4項）。

10　『条解』1403頁、『注釈（下）』429頁〔伊東満彦〕
11　『条解』1403頁は、保管口座を区別することが望ましいとする。
12　『伊藤』734頁、『破産200問』365頁〔木村真也〕、『条解』1403頁

第8章　配　　当　　489

3⑶の⑥に係る寄託金は、配当額の合計が1000円に満たない債権者に係るものは、他の破産債権者への配当原資となる（法214条5項、201条5項）。

⑵　中間配当後に配当財団が形成できなかった場合

中間配当後に配当財団が形成できなかった場合、実務上は、中間配当の寄託金があれば最後配当の手続を行い、これがなければ事件ごとに裁判所と破産管財人との間で協議して処理の方法が決められている[13]。

Q 8-8　同意配当手続

同意配当はどのような場合に、どのような手続で行われるのでしょうか

箕輪　洵

1　同意配当の意義

同意配当とは、最後配当をすることができる場合に、届出をした破産債権者（以下「届出債権者」という）の全員が、破産管財人が定めた配当表、配当額ならびに配当の時期及び方法について同意しているときに、その同意に従って実施される配当手続をいう（法208条）。

破産法は、破産手続の簡易化・迅速化を図るため、最後配当に代わる配当手続として簡易配当及び同意配当を規定している。同意配当は、届出債権者全員の同意を前提として、配当表の提出（法198条）以外の手続を全て省略し、直ちに同意に従った配当を実施することを可能としている[1]。届出債権者に対する公告及び通知（法197条、205条）、配当異議手続（法200条、205条）等を省略していることから、同意配当は簡易配当よりもさらに配当手続を簡

13　『伊藤』739頁、『書記官事務の研究』286頁。中間配当の寄託金がなければ、中間配当を最後配当とみなした破産法220条1項による破産手続終結の決定、破産法217条1項による破産手続廃止の決定によって処理することも選択肢となり得る（『破産200問』364頁〔服部敬〕、『書記官事務の研究』286頁）。

1　『大コンメ』884頁〔前澤達朗〕

略化したものであるといえる[2]。

　同意配当は、配当手続に私法上の和解契約の要素を最大限採り入れたものであると指摘されている[3]。

2　同意配当をする場合

(1)　最後配当をすることができる場合

　同意配当は、破産法195条１項の規定により最後配当をすることができる場合において実施することができる（法208条１項）。すなわち、一般調査期間の経過後又は一般調査期日の終了後であって、破産財団に属する財団の換価の終了後において、破産財団をもって破産手続の費用を支弁するのに不足すると認められる場合を除いて実施することができる（法195条１項、217条１項）。

　なお、中間配当を実施した場合でも、同意配当を行うことができる（法207条参照）[4]。

(2)　同意配当の利用を検討すべき場合

　同意配当は、届出債権者が少数で全員の同意を得られる見込みがあり、かつ、簡易配当の手続によるよりも迅速に破産手続を終結できることが見込まれる場合に、検討すべきことになる。

　東京地方裁判所では、届出債権者全員の同意を得るためにかえって時間や手間を要すること、簡易配当の場合でも迅速に手続を終結させることが可能であることから、同意配当が可能な事案であっても、ほぼ全件について簡易配当の方法によるという運用がなされている[5]。これに対して札幌地方裁判所では、同意配当によれば、除斥期間や配当表に対する異議申立期間を考慮する必要がないことから（法205条、198条１項、200条１項参照）、より早期の

2　『伊藤』745頁
3　『大コンメ』884頁〔前澤達朗〕
4　『伊藤』745頁
5　『手引』320頁〔金澤秀樹〕

第８章　配　　当　491

配当が可能となるとして、同意配当の積極的活用を推奨している。札幌地方裁判所では、平成30年において配当で終結した事件のうち同意配当の占める比率は、約66％となっている[6]。全地方裁判所では、平成29年において配当で終結した事件のうち同意配当の占める比率は、約4％となっている[7]。

3　同意配当の手続

(1)　届出債権者全員の同意

a　同意事項

同意配当をするにあたっては、届出債権者全員の同意が必要となる。同意の対象となる事項は、破産管財人が定めた①配当表、②配当額、③配当の時期及び方法である（法208条1項）。

(a)　配　当　表

配当表の記載事項は最後配当の場合と同様であるが（法208条3項、196条1項各号・2項）、破産法196条3項及び4項は準用されない。

破産管財人が届出債権者に対して配当表を示す前に、裁判所が配当表のチェックを行うという運用がなされている場合も多い[8]。

(b)　配　当　額

同意配当の場合に、破産管財人は破産法194条が定める順位等に従って配当額を定めなければならないかが問題となる。

破産法194条は配当手続における通則であることから、破産管財人は同条に反しない範囲において配当額等を柔軟に定めることができるとする見解がある[9]。これに対し、同意配当においては、破産債権の除斥（法198条、205条）や供託（法202条、205条）により最終的に公平・平等な配当が確保され

6　井原史子「札幌地方裁判所における破産事件の運用状況」金法2110号7、11頁。なお、札幌地方裁判所では、配当可能金額が1000万円以上の場合には一律に最後配当を実施する扱いとし、配当可能金額がこれを下回る場合に同意配当を検討するとしている（同10〜11頁）。

7　最高裁判所事務総局編『司法統計年報　平成29年1民事・行政編』（法曹会、2018年）73頁

8　『債権調査・配当』494頁〔金澤秀樹・赤平哲也〕

9　『注釈（下）』409頁〔岩渕健彦〕

ることが想定されておらず、届出債権者が同意した配当額により配当がなされるとされていることから（法208条2項）、破産管財人は破産法194条の定める順位等によらずに配当額を定めることも可能であると解する余地があるとする見解がある[10]。

(c) 配当の時期及び方法

最後配当及び簡易配当の場合は配当の時期及び方法が法定されているが（法201条1項、205条、193条2項）、同意配当の場合は、届出債権者全員の同意があれば、配当の時期及び方法を柔軟に定めることができる[11]。

b 同意の取得方法

同意配当においては届出債権者全員の「同意」が要件とされていることから（法208条1項）、破産管財人は同意配当の申立ての際に同意についての証拠書類（同意書等）の写しを添付して（規則2条2項2号・3項）、同意の存在を立証する必要があると解されている[12]。

東京地方裁判所は、同意書の取得方法につき、「配当表、配当額並びに配当の時期及び方法を明らかにした同意配当案及び同意する旨の不動文字を記載した同意書を全届出債権者に送付し、同意書に記名押印の上、破産管財人宛てに返送してもらう方法による」としている[13]。

(2) 裁判所書記官の許可

裁判所書記官は、破産管財人の申立てがあったときは、上記2(1)の要件を満たし、かつ、届出債権者全員の同意があると判断した場合に、同意配当の許可をすることとなる（法208条1項）。

---

10 『大コンメ』885頁〔前澤達朗〕。なお、同書は、破産法194条の内容と異なる配当額を定める場合、届出債権者による同意は、自らに対する配当額のみならず、他の届出債権者に対する配当額についても得ることが望ましいと指摘する。

11 『大コンメ』885頁〔前澤達朗〕

12 『大コンメ』884、885頁〔前澤達朗〕

13 『破産実務』501頁。なお、破産管財人が届出債権者に対して送付する通知書及び同意書の書式につき、『運用と書式』486、487頁

第8章 配 当 493

⑶　配当の実施

　同意配当の許可があった場合には、破産管財人は、同意を得た配当表、配当額ならびに配当の時期及び方法に従い、配当を実施する（法208条2項）。

　裁判所書記官による同意配当の許可があった時に破産管財人に知れていない財団債権者は、同意配当をすることができる金額をもって弁済を受けることができない（法208条3項、203条）。

　同意配当の許可がなされた後に破産債権者の届出名義の変更等があった場合でも、配当表の更正がなされない以上（法208条3項は199条を準用していない）、許可時点における届出債権者に対して配当を実施することとなる[14]。

　同意配当においては全届出債権者の同意を前提としていることから供託が用いられることは想定されていないが（法208条3項は202条を準用していない）、同意をした後に所在不明となった破産債権者等、同意配当に同意しながら配当額を受領しない破産債権者については、破産法202条3号を類推適用する余地があり、供託をなし得ると解される[15]。

Q 8-9　追加配当手続

追加配当はどのような場合にどのような手続で行われるのでしょうか

鳥山 綾子

1　追加配当の意義

　破産管財人は、最後配当に係る配当額を最後配当の手続に参加することができる破産債権者に通知した後（簡易配当の場合は配当表に対する異議期間経過後、同意配当の場合は裁判所が同意配当の許可をした後）に、新たに配当に充てることができる相当の財産があることが確認されたときは、裁判所の許可

14　『大コンメ』885頁〔前澤達朗〕
15　『条解』1385頁、『注釈（下）』411頁〔岩渕健彦〕

を得て、最後配当、簡易配当又は同意配当とは別に、届出をした破産債権者に対し配当を行わなければならない（法215条1項前段）。この配当を追加配当という。破産手続終結決定後であっても同様に追加配当を行う（同条同項後段）。

追加配当は、最後配当、簡易配当又は同意配当の手続上その配当財源として取り込むことが時間的に困難であった財産について、最後配当等における配当表を基に補充的に行われる配当手続である。法は、このような財産について最後配当等に取り込むことによって生じ得る混乱を避けるために追加配当の定めを置いている[1]。

2　追加配当を行う場合

(1)　追加配当の財源となるべき財産の具体例

最後配当等の手続において、異議等のある破産債権について訴訟手続が係属中のため供託（法202条1号・2号、205条）をしていたが当該債権が認められなかったことによる還付金が発生した場合、否認訴訟等で破産管財人が勝訴し破産財団に財産が回復した場合、税金の還付が生じた場合等が考えられる。

(2)　「相当の」財産

新たに配当に充てることのできる「相当の」財産というためには、追加配当の実施に必要な費用や破産管財人の追加報酬を考慮したうえで、最後配当等の配当表を基に配当を受けることができる破産債権者に対し、追加で配当を行う価値がある必要がある[2]。実務上、追加配当を行うか否かについては、追加配当の手続費用等を考慮しても、追加配当し得る額であるか否か、債権者数、債権額、追加配当を行う労力及びコスト等を総合して判断される[3]。追加配当をする意味に乏しい少額の財産であれば、破産管財人の追加

1　『注釈（下）』435頁〔樋口正樹〕
2　『注釈（下）』438頁〔樋口正樹〕
3　『手引』351頁

第8章　配　　当　　495

報酬や事務費として処理されることがある[4]。なお、事案ごとの債権者の人数や時期によっては、全破産債権者との合意に基づき、追加配当手続によらずに事実上の配当（按分弁済）の方法による場合もある[5]。

(3) 異時廃止の場合

追加配当を行うことができるのは配当事案となっていた場合であり、異時廃止となった事案では、配当に充てることができる相当の財産が確認された場合でも、追加配当ではなく、債権調査期日を指定して最後配当又は簡易配当を行うことになる[6]。この点、異時廃止により手続が終了した後に新たに財産が発見された場合は、申立代理人又は破産管財人による按分弁済によって簡易な分配（事実上の追加配当）を行うことが可能であるとの指摘がある[7]。

3 追加配当の実施時期

追加配当の実施時期は、最後配当に係る配当額を最後配当の手続に参加することができる破産債権者に通知した後、又は簡易配当の場合は配当表に対する異議期間経過後、もしくは同意配当の場合は裁判所が同意配当の許可をした後（法215条1項前段）である。

4 追加配当の手続

(1) 追加配当の許可

破産管財人は、新たに配当に充てることができる相当な財産を確認した場合、裁判所に対し追加配当の許可の申立てをする（法215条1項前段）。最後配当、簡易配当及び同意配当の場合は、裁判所書記官の許可を得る必要があるが（法195条2項、204条1項、208条1項）、追加配当の場合は配当可能額や

---

4 『実践マニュアル』477頁、『破産200問』349頁〔坂川雄一〕
5 『債権調査・配当』478頁〔森晋介〕
6 『破産実務』500頁
7 『実践マニュアル』477頁

追加配当の必要性等の実質的判断を要するため「裁判所」の許可を得る必要
がある（法215条1項前段）[8]。

　破産管財人は裁判所の許可を得るにあたり、裁判所に対し、追加配当許可
申請書、収支計算書、追加配当原資の入金が確認できる通帳の写しを提出す
る[9]。

(2) 配 当 表

　追加配当は、あくまで最後配当等の補充として行われるものであるため、
最後配当、簡易配当又は同意配当について作成された配当表に基づいて行わ
れ（法215条3項）、新たな配当表の作成は不要である。もっとも、実務上
は、最後配当、簡易配当又は同意配当の際に作成された配当表を用いて、追
加配当する金額を定めた表を作成するのが通例である[10]。

　配当手続に参加することができる債権の総額及び配当をすることができる
金額をあらためて公告し、又は届出をした破産債権者に通知をすること（法
197条1項）や、除斥期間を定める（法198条、205条）といった手続は不要で
あり、配当表の更正（法199条）や配当表に対する異議（法200条）は予定さ
れていない。

(3) 配当額の定め及び債権者への通知

　破産管財人は、裁判所の許可を得たときは遅滞なく、追加配当の手続に参
加することができる破産債権者に対する配当額を定め（法215条4項）、配当
額を当該破産債権者に通知しなければならない（法215条5項）。追加配当の
手続においては、給与の請求権等の弁済の許可により弁済を受けている破産
債権者又は外国で弁済を受けた破産債権者に対しての配当額の調整を定めた
破産法201条4項、少額の配当を受ける破産債権者の扱いを定めた破産法201
条5項、未確定の破産債権が存在する場合や破産債権者が配当額を受領しな
い場合の配当金の供託について定めた破産法202条、配当額の通知を発した

8　『手引』352頁
9　『注釈（下）』439頁〔樋口正樹〕
10　『実践マニュアル』477頁

第8章　配　　当　497

時点で破産管財人に知れていない財団債権者が配当可能金額から弁済を受けることができない旨を定めた破産法203条を準用する（法215条2項）。

破産管財人が、追加配当の財源について換価を必要とする場合には、破産手続終結後であっても、破産管財人の資格証明及び印鑑証明書が発行される[11]。

(4) 報　告

破産管財人は、任務が終了したときは遅滞なく債権者集会において計算の報告をしなければならず、債権者集会で異議が出されなかったときは、計算が承認されたものとみなされる（法88条）。この債権者集会に債権者が出席しない例が多いことから、破産法89条は債権者集会の招集ではなく、裁判所への書面による計算報告で足りる旨を規定している。

同様に追加配当の場合にも、破産管財人は遅滞なく、裁判所に書面による計算の報告をすることが必要である（法215条6項）。計算報告のための債権者集会を開催して破産債権者の承認を得ることは必要ない。

計算報告に際して、破産管財人が欠けたときは、当該計算報告は後任の破産管財人が行う（法215条7項）。

5　破産手続終結後に新たな財産が発見された場合

(1) 議論の状況

配当に充てることができる相当な財産が破産手続終結決定後に発見された場合に、破産管財人が当該財産をもって追加配当をすべきかについて議論がある。破産手続終結決定によって破産財団に対する破産者の管理処分権が復活することや取引の安全を根拠に破産法215条1項後段の規定にかかわらず追加配当の財源とすることができないとする見解[12]や、破産手続中に破産管財人に発見されず最後配当等の財源とならなかった場合でも破産手続開始時に破産者に帰属していた財産であれば潜在的に破産管財人に管理処分権が及

11　『手引』355頁
12　『破産200問』349頁〔坂川雄一〕

ぶとする見解[13]がある。

この点、判例[14]は、原則としては破産手続終結決定後に新たに発見された財産について破産管財人の管理処分権が及ばないとして、追加配当の財源とすることを否定している。実務上も当該見解に従った運用がなされている[15]。

よって、破産手続終結決定後に破産財団に属すべき新たな財産が発見された場合に、破産者の隠匿が原因で破産手続終結まで発見されなかった等の特段の事情がある場合には当該財産を追加配当の財源とすべきである。

(2) 特段の事情について

上記判例のいう特段の事情は、当該財産を追加配当の対象とすることを予定し、又は予定すべき場合に限定されず、破産手続終結の決定後に、破産者が隠匿していたため破産管財人にその存在が知られなかった場合や破産管財人が看過した資産が発覚した場合も含まれると解される[16]。具体的には、売掛金、土地収用の補償金、出資金、租税還付金、株式、保険解約返戻金が発見された場合等、相当の財産の存在が判明し、破産管財人において容易に取得又は換価のうえ財団を形成できる場合等には、破産管財人の管理処分権が例外的に残っているという扱いである[17]。もっとも、破産手続終結によって破産者の財産に対する管理処分権が復活している以上、破産者が当該財産を既に第三者に譲渡していた場合には、当該財産を追加配当の対象とすることはできないと考えるべきとの指摘がある[18]。

---

13 『伊藤』747頁

14 最判平5.6.25民集47巻6号4557頁（本書Q13-6参照）

15 『手引』355頁

16 具体例について、『破産200問』350頁〔坂川雄一〕、『破産実務』543頁等参照。さらに『伊藤』748頁は、特段の事情の有無の判断においては、財産発見の経緯や理由、破産者の関与の程度や帰責性などを考慮すべきとする。

17 『手引』355頁

18 『破産200問』350頁〔坂川雄一〕

第8章 配 当 499

第9章

否認権・相殺禁止

Q 9-1 否認権の概要

否認権とは何ですか。どのような場合に権利を行使できますか

佐藤 潤

1 否認権の意義

　否認権とは、破産手続開始決定前になされた破産者の行為又はこれと同視される第三者の行為の効力を否定する形成権であり、破産管財人に専属する権能である[1]（法167条1項、173条1項）。

　破産者は、破産手続開始前は、自己の財産の管理処分権を有しており、自己の財産を第三者に譲渡したり、自己の債権者に弁済をすることが自由にできるはずであるが、破産者が事実上倒産状態になっている場合などにおいて、破産者が当面の資金を確保するために自己の財産を不当に廉価で処分をしたり、一部の強硬な債権者などにだけ弁済や担保提供をしたりすると、総債権者の利益を害したり、債権者間の平等を害する結果となるため、否認権の制度が設けられている。

　否認権が行使されると、破産者から逸失した財産は原状に復されることになる（法167条1項）。否認権行使の効果についての詳細は本書Q 9-12を参照されたい。

2 否認権の類型

(1) 基本類型

　否認権には、詐害行為否認（法160条1項・2項）、その特殊類型である無償否認（法160条3項）及び偏頗行為否認（法162条1項）がある[2]。

1　『伊藤』542頁

a　詐害行為否認

詐害行為否認は、破産者による詐害行為、すなわち破産者の責任財産を絶対的に減少させる行為を否認するものであり、詐害行為の例として、破産者所有財産の廉価売却（法160条1項）、債務額よりも過大な財産の代物弁済（法160条2項）などがある。詳細は本書Q9-3を参照されたい。

b　無償否認

無償否認は、破産者が支払停止等の後又はその6カ月以内にした無償行為又はこれと同視すべき有償行為を否認するものであり、無償行為の例として、贈与や債務免除などがある。詳細は本書Q9-6を参照されたい。

c　偏頗行為否認

支払不能又は破産手続開始申立てまでの危機時期になされた既存債務に対する担保供与や債務の消滅に係る行為を否認するものであり、偏頗行為の例として、担保権設定や弁済などがある。詳細は本書Q9-8を参照されたい。

(2)　特別な類型

a　手形支払の否認

破産者から手形の支払を受けた者がその支払を受けなければ手形上の債務者の1人又は数人に対する手形上の権利を失う場合には、破産法162条1項1号の偏頗行為否認をすることができない（法163条1項）。手形の所持人は、手形の満期が到来しているときに、振出人等に対する手形の呈示による拒絶証書（手形法38条、44条、77条1項4号）の作成を受けなければ、裏書人に対する遡求権を失う。仮に、呈示をして支払を受けたとしても、後にそれが否認されたとすると、もはや拒絶証書作成は不可能となり、やはり遡求権を失うことから、かかる手形所持人の不利益を解消するため、否認が制限されている。そのため、拒絶証書の作成が免除されている場合など、手形所持人に上記の不利益が認められない場合には、否認が認められると解されている[3]。

2　否認対象行為の典型例や調査方法などについては、法人破産の場合は『財産換価』501頁以下〔三枝知央〕、個人破産の場合は『財産換価』515頁以下〔志甫治宣〕が詳しい。

第9章　否認権・相殺禁止　503

b　対抗要件の否認

　不動産の登記、自動車の登録及び債権譲渡の登記や通知[4]などの対抗要件具備行為[5]が、破産者の支払停止等の後になされ、かつ、権利変動があった日から15日を経過した後になされた場合には、対抗要件具備行為を否認することができる（法164条1項）。

　対抗要件否認の趣旨については争いがあるが、判例[6]は、対抗要件具備行為は、権利変動の原因行為と同様、破産債権者を害する行為であるから、本来否認の一般規定によって否認の対象となり得る行為であるが、対抗要件は既に着手された権利変動を完成する行為であるから、破産法は、原因行為そのものに否認の理由がない限り、できるだけこれを具備させることによって当事者に初期の目的を達せしめるのが相当であるとして、一定の要件を充たす場合にのみ、特にこれを否認し得ることにしたと説明している[7]。

　債権譲渡の対抗要件否認については本書Q9-9を参照されたい。

c　執行行為の否認

　否認しようとする行為について確定判決などの執行力のある債務名義があるとき、又は、その行為が執行行為に基づくときでも、否認をすることができる（法165条）。詳細は本書Q9-11を参照されたい。

d　転得者に対する否認

　否認権の実効性を確保するため、否認しようとする行為の相手方に否認の

3　『伊藤』583頁
4　預託金会員制ゴルフクラブの会員権の譲渡担保権の譲渡通知による対抗要件具備行為を否認した裁判例がある（東京地判平9.4.28判時1628号60頁）。
5　破産法164条により否認できる対抗要件具備行為は破産者の行為又はこれと同視すべきものに限られるため（最判昭40.3.9民集19巻2号352頁）、登記官が職権でした登記の更正は対抗要件否認の対象とはならない（福岡高判平26.3.27判時2227号51頁）。他方で、根抵当権者が仮登記仮処分命令を得てする根抵当権設定仮登記は対抗要件否認の対象となると解されている（最判平8.10.17民集50巻9号2454頁）。
6　最判昭45.8.20民集24巻9号1339頁
7　対抗要件具備行為について詐害行為否認をすることができるかという問題がある。抵当権設定登記を否認することについては、担保の供与を詐害行為否認の対象から除外した破産法160条1項柱書括弧書の趣旨などから認められないとする見解が多いが（『伊藤』603頁、『条解』1119頁、『注釈（下）』150頁〔髙井章光〕）、認める裁判例もある（東京地決平23.11.24金法1940号148頁）。所有権移転登記を否認することについては、認める見解が多い（『伊藤』603頁、『条解』1119頁、『注釈（下）』150頁〔髙井章光〕）。

原因があり（中間の転得者がいる場合は全ての転得者にも否認の原因があること）、転得者が転得の当時、破産者がした行為が破産債権者を害することを知っていた場合には、転得者にも否認権を行使することが認められている（法170条1項）[8]。

3　行使方法

(1)　概　　要

破産管財人は、訴え、否認の請求又は抗弁によって否認権を行使することができる（法173条1項）。行使の方法を訴訟及びこれに準じる手続に限定した趣旨は、行使の要件の有無を明らかにするところにある[9]。

否認の訴え及び否認請求の事件は、破産裁判所が管轄する。東京地方裁判所では、事務分配上、否認の訴えは通常部で、否認の請求は破産再生部で審理されている[10]。

(2)　否認の訴え

否認の訴えの法的性質に関して、判決主文において否認の宣言をするという形成訴訟説もあるが、現在の実務では、否認の宣言を不要として、金銭の支払又は物の返還など否認に基づいて生じる相手方の義務のみを判決主文に掲げる給付・確認訴訟説をとっている[11]。

したがって、例えば、金銭の支払を求める場合の請求の趣旨は「被告（相手方）は、原告（請求人）に対し、金〇〇円及びこれに対する平成〇〇年〇〇月〇〇日〔破産者からの受領日〕から支払ずみまで年〇分〔商事法定利率又は民事法定利率〕の割合による金員を支払え。」となる[12]。

8　破産管財人は、受益者又は転得者のいずれに対して否認権を行使するか、それとも両者に対して否認権を行使するかを選択することができる（大判昭15.3.9民集19巻373頁）。両者に対して否認権を行使する場合、合一的確定が求められるわけではないことから、通常共同訴訟となる（『伊藤』612頁）。
9　『伊藤』619頁
10　『破産実務』273頁
11　『伊藤』619頁、『倒産と訴訟』5頁〔進士肇・影浦直人〕
12　請求の趣旨の記載例は『手引』230頁以下を参照

第9章　否認権・相殺禁止　505

(3) 否認の請求

否認の請求は、決定手続によって早期に否認事件の解決を図るために設けられた制度である[13]。否認の請求をする場合は、その原因となる事実を疎明しなければならず（法175条1項）、否認の請求を認容するか棄却するかの裁判は理由を付した決定でしなければならない（同条2項）。

裁判所は、否認の認容決定又は棄却決定をする場合は、相手方又は転得者を審尋しなければならない（法175条3項）。東京地方裁判所破産再生部では、原則として審尋期日を一度は開くことにしているが、事案によっては書面審尋によることもある。

なお、否認の請求手続においても、和解による解決は可能であり、東京地方裁判所破産再生部では審尋期日に和解調書を作成することもある（手続外で和解を成立させて取下げにより終了することも多い）が、早期解決を図るための制度である否認の請求手続においては、原則として和解協議のために審尋期日を何度も重ねる運用をしていないことには注意が必要である[14]。

否認の請求を認容する決定に不服がある者は、その送達を受けた日から1月の不変期間内に、異議の訴えを提起することができる（法175条1項）。否認権行使の結果生じる法律関係を終局的に確定させるために、判決手続において否認権の成否を争う機会を保障するためである[15]。

これに対して、否認の請求を棄却又は却下する決定に対して破産管財人から異議の訴えを提起することはできないが、破産管財人が別途否認の訴えを提起する余地はある。

(4) 否認の訴えと否認の請求の選択

破産管財人として、否認の訴えを提起するか、否認の請求をするかは、相手方が争っているか否か、書面審理を主体とする審尋手続でも立証できるか否か、否認の請求を認容する決定がそのまま確定する見込みがどの程度ある

---

13 『一問一答』241頁
14 『破産実務』273頁
15 『条解』1177頁

か等を総合考慮して判断することになる。特に、否認の事案では、相手方の主観的要件が争われることが多いが、主観的要件を推認させる間接事実を書証で適切に主張立証をすることができる場合には、早期解決のため、否認請求を選択することも多い。争点が多岐にわたる等否認の請求を認容する決定がされても相手方から異議の訴えが提起されることが予想される場合には、当初から否認の訴えを提起すべきことが多い[16]。訴えによるか否認の請求によるかは、以上の点を勘案し、裁判所と協議をして決定することになる。

4　保全処分

　破産手続開始前には、破産手続開始後に生じる否認権の行使による原状回復請求権を被保全権利とする民事保全処分はできない。そこで、否認権の実効性を確保するため、破産法上の特殊保全処分として、裁判所は、破産手続開始の申立てがあった時から当該申立てについての決定があるまでの間、利害関係人の申立て又は職権で、仮差押え、仮処分その他の必要な保全処分を命じることができる（法171条1項）[17]。

　裁判所は担保を立てさせて、又は立てさせないで保全処分を命じることができ（法171条2項）、申立て又は職権で保全処分を変更し又は取り消すことができる（法171条3項）。また、相手方の地位の不安定さを解消するため、破産管財人が破産手続開始決定後1カ月以内に保全処分に係る手続を続行しないときは、当該保全処分は効力を失う（法172条2項）。

5　時的限界

　否認権は、破産手続開始の日から2年を経過したときは行使することができず（法176条前段）、否認しようとする行為の日から20年を経過したときも行使することができない（法176条後段）。否認権行使の実効性を確保しつつ、取引の安全と受益者等の地位の早期安定を図るために定められた規律で

16　『手引』229頁、『破産実務』274頁、『倒産と訴訟』6頁〔進士肇・影浦直人〕
17　具体例としては、債務者から第三者に対して不動産が廉価売却された場合に、債権者や保全管理人が否認権の行使による当該不動産についての返還請求権を保全するため、当該不動産について処分禁止の仮処分をし、否認権行使の相手方を恒定することが考えられる（『一問一答』237頁）。

第9章　否認権・相殺禁止　507

ある[18]。

　また、否認権は破産手続の目的を実現するために認められている権利であることから、破産手続が終了すると消滅すると解されている[19]。

Q 9-2　支払停止・支払不能

　否認権行使・相殺禁止において、支払停止や支払不能は、どのような場合に認められますか

村瀬 幸子

1　否認権行使・相殺禁止と支払不能・支払停止の関係

　支払不能は、支払不能後の既存債務に対する担保の供与・債務消滅行為を対象とする否認権（法162条1項1号）や破産者の債権者が支払不能後に債務を負担した場合の相殺禁止（法71条1項2号）、破産者の債務者が、破産者が支払不能になった後にそれについて悪意で破産債権を取得した場合の相殺禁止（法72条1項2号）の要件とされている。

　また、支払不能を推定する支払停止も、支払停止後の詐害行為を対象とする否認権（法160条1項2号）や破産者の債権者が支払停止後に債務負担をした場合の相殺禁止（法71条1項3号）の要件とされている。

　債務者が支払不能や支払停止に陥った場合には、債権者への比例平等弁済の原資を確保する必要があることから、否認権行使によって債務者の財産の管理処分権を制限するとともに、また、債権者間の平等を確保するために債権者による相殺を制限するのである。

18　『条解』1183頁
19　『伊藤』627頁

2　支払不能

⑴　支払不能とは

支払不能とは、債務者が支払能力を欠くために、その債務のうち弁済期にあるものについて、一般的かつ継続的に弁済をすることができない客観的状態にあることをいう（法2条11項）。

支払能力とは、金銭など財産上の給付を履行し得る債務者の経済的力量のことをいい、支払能力を欠いているといえるかどうかは、単に財産の有無のみを要素として評価されるのではなく、財産のほかにも、債務者の信用・労力・技能などの要素も考慮して判断されることになる[1]。

したがって、大した財産がない場合でも、債務者の信用や労力によって、資金調達ができるのであれば、支払能力を欠いているとまではいえない。そのため、私的整理において、金融機関が弁済期未到来の債務を将来弁済できないことが予想される債務者に対して運転資金を融資している場合であっても支払不能とはならない[2]。

他方で、財産を有していたとしても、相当に換金が困難な場合には、金銭債務としての弁済手段を直ちには有しないものと認めるべきことから支払不能と判断される可能性がある[3]。

支払不能は、特定の債権や一部の債権者に対して弁済を拒絶しているだけでは足りるものではなく、弁済期にある総債務の弁済について、債務者の資力が不足すること（一般的要件）に加えて、一時的な資金不足ではなく継続的な弁済不能であること（継続的要件）を要する。すなわち、支払不能であるか否かは、現実に弁済期の到来した債務について判断すべきであり、弁済

1　東京高決昭33.7.5金法182号3頁
2　それゆえ、金融機関は、私的整理が遂行されている間、当該債務者に対して運転資金を融資することが可能となるのである（中西正「支払不能・支払停止・対抗要件否認」債管160号4頁）。なお、債管160号15頁以下には全国倒産処理弁護士ネットワーク第16回全国大会における「否認における支払不能の意義と機能」のパネルディスカッションの内容が掲載されている。
3　福岡高決昭52.10.12判時880号42頁

第9章　否認権・相殺禁止　509

期未到来の債務を将来弁済することができないことが確実に予想されたとしても、弁済期の到来した債務を現実に支払っている限り、支払不能ということはできない[4]。

この点、原則として債務不履行が必要であるとしつつも、無理算段（全く返済の見込みの立たない借入れや商品の投げ売り等）により資金を調達して債務を支払っている場合には、もはや支払不能であると解する無理算段説も有力であり[5]、近時、複数の裁判例で採用されている[6]。また，債務の期限の猶予を得ていたとしても，その猶予が財務に関する重要な情報を偽ることにより形式上得られているにすぎない場合には，本来の弁済期が到来した時点をもって「支払不能」と同視できるとする見解も有力である[7]。

(2) 具 体 例

どのような場合が支払不能といえるか否かは個別具体的な事情に応じて判断される。例えば、主要な取引銀行の支援がなければ弁済期にある債務を一般的かつ継続的に弁済できない状況にある債務者が、主要取引銀行から支援の打ち切りを受け弁済ができなくなった場合などがこれに当たる[8]。

3 支払停止

(1) 支払停止とは

支払不能か否かは上記のとおり判断されるが、それを外部から判断するのは困難であることが多い。そこで、支払停止があった場合には支払不能であったものと推定できるものとされている（法15条2項）。すなわち、支払停

---

4 東京地判平19. 3 .29金法1819号40頁、東京地判平22. 7 . 8 判時2094号69頁

5 田邊光政編集代表『最新 倒産法・会社法をめぐる実務上の諸問題』（民事法研究会、2005年）39頁〔松下淳一〕、新堂幸司・山本和彦編『民事手続法と商事法務』（商事法務、2006年）153頁〔山本和彦〕

6 高松高判平26. 5 .23金法2027号52頁、名古屋地裁岡崎支判平27. 7 .15金法2058号81頁、広島高判平29. 3 .15金判1516号31頁

7 『注釈（下）』131頁〔髙井章光〕、『条解』43頁、『伊藤』115頁

8 川田悦男「全銀協通達「新破産法において否認権及び相殺禁止規定に導入された『支払不能』基準の検証事項について」の概要」金法1728号36頁

止があった場合には、支払不能ではないことについての証明がない限り、支払不能があったものと認めるということである。

支払停止とは、債務者が資力欠乏のため一般的かつ継続的に債務の支払をすることができないと考えてその旨を明示的又は黙示的に外部に表示する行為のことをいう[9]。

したがって、支払停止といえるためには、債務の全部又は主要な債務の支払ができない旨の表示であることを要するため、特定の債権者に対する債務の支払を拒絶しているにすぎない場合には、支払停止には該当しないことになる。

(2) 具 体 例

a 手形不渡り

まず、2回目の手形不渡りによる銀行取引停止処分を受けた場合には、資金繰りの破綻を意味するので、支払停止行為の典型例とされている。

他方、1回目の手形不渡りは、銀行取引停止処分にならないため、支払停止に該当するか否か争いがある。この点、手形の不渡りが資金不足により生じた場合には、支払能力の欠如を外部に表示したといえるから、手形決済能力は有していながら、資金の手当を失念したというような場合を除き、1回目の不渡りであっても支払停止に当たると解すべきであると判断する裁判例もある[10]。

b 営業停止の通知等

債務者の行為は、明示的か黙示的かを問わないので、債権者に対する営業停止の通知など明示的行為のみならず、閉店や逃亡などの黙示的行為も支払停止に該当するとされている。

c 債務整理開始通知

債務者の代理人弁護士による各債権者への債務整理開始通知を送付する行為は、当該債務者が債務整理を弁護士に委任した旨の記載がされており、また、当該弁護士が債権者一般に宛てて債務者等への連絡及び取立行為の中止

9　最判昭60.2.14集民144号109頁
10　東京地判6.9.26金法1426号94頁

を求めるなど、当該債務者の債務につき統一的かつ公平な弁済を図ろうとしている旨をうかがわせる記載がされており、当該債務者が単なる給与所得者であり広く事業を営む者ではないというような場合には、当該債務者が自己破産を予定している旨が明示されていなくても、当該債務者が支払能力を欠くために一般的かつ継続的に債務の支払をすることができないことが、少なくとも黙示的に外部に表示されているとみるのが相当であり、支払停止に該当するものと判断される[11]。

他方、債務者が弁護士との間で債務整理のため破産手続開始の申立ての方針を決めただけの場合には、ほかに特段の事情のない限り、いまだ内部的に支払停止の方針を決めたにとどまり、債務の支払をすることができない旨を外部に表示する行為をしたとすることはできないものというべきである[12]。

d　私的整理における一時停止の要請通知

近時、私的整理における一時停止の要請通知が支払停止に該当するか否かが問題となっている[13]。事業再生ADR手続の申請を前提とした支払猶予の申入れ行為が支払停止に該当するか否かについて争いとなった事案において、合理性のある再建方針や再建計画が主要な債権者に示され、これが債権者に受け入れられる蓋然性があると認められる場合には支払停止に該当しないと判示した裁判例がある[14]。

11　最判平24.10.19金法1962号60頁。なお、この判決には、一定規模以上の企業において、有用な経営資源があるなどの理由により、再建計画が策定され窮境の解消が図られるような債務整理の場合において、金融機関等に「一時停止」の通知等がされたりするときは、「支払の停止」の肯定には慎重さが要求されるとの須藤正彦裁判官の補足意見が付されている。

12　前掲注9・最判昭60.2.14

13　伊藤眞「債務免除等要請行為と支払停止概念」NBL670号15頁、伊藤眞「第3極としての事業再生ADR　事業価値の再構築と利害関係人の権利保全の調和を求めて」金法1874号146頁、井上聡「私的整理と支払停止」金法1962号4頁、小林信明・山本和彦編『実務に効く　事業再生判例精選』（有斐閣、2014年）55頁〔小畑英一・上野尚文〕

14　東京高決平23.8.15（②事件）判タ1382号357頁、東京地決平23.11.24金法1940号148頁

Q 9-3 　　詐害行為否認の要件

詐害行為否認はどのような場合に成立しますか
① 廉価売却の場合
② 相当な対価を得て売却した場合

村瀬 幸子

1　詐害行為否認

　詐害行為否認とは、破産者による財産減少行為（狭義の詐害行為）を否認するものである。破産法160条が狭義の詐害行為の一般的要件を定めており、破産法161条は、160条の特則として、相当な対価を得てした財産の処分行為に係る詐害行為否認について定めるものである。

2　廉価売却の場合

　廉価売却は、破産債権者を害する財産減少行為であることから、詐害行為否認の典型例である。破産法160条は、詐害行為否認について、2つの類型を定めている。すなわち、一つは、破産者が破産債権者を害することを知ってした行為であり（法160条1項1号）、もう一つは、破産者が支払停止又は破産手続開始の申立てがあった後にした破産債権者を害する行為である（法160条1項2号）。

(1)　破産法160条1項1号の場合

　破産法160条1項1号の要件は、①破産者が詐害意思をもって、対象行為をしたこと及び②受益者が対象行為の当時に破産債権者を害する事実（対象行為が責任財産の減少につながること）を知っていたことであり、行為の時期は問わず否認の対象となる。

　その証明責任については、破産管財人が①についての証明責任を負い、受益者が②について破産債権者を害する事実を知らなかったことの証明責任を

第9章　否認権・相殺禁止　513

負う。

　また、破産者の詐害意思の内容については、債権者に対する加害の認識を
もって足りるとする認識説と、より積極的な加害の意図を要求する意思説が
対立していた。通説は認識説であったものの、古い判例は意思説をとってい
たが[1]、その後、判例も認識説に立ち、この対立は解消された[2]。

⑵　破産法160条 1 項 2 号の場合

　破産法160条 1 項 2 号の要件は、①破産者が支払停止又は破産手続開始の
申立てがあった後に破産債権者を害する行為（廉価売却）をしたこと、②受
益者が破産債権者を害する行為（廉価売却）の当時に破産債権者を害する事
実を知っていたことであり、詐害意思は要件となっていない。支払停止等に
より債務者の財産状況の悪化が客観的に明白になった以上、債務者の財産を
維持すべき責任もその主観的認識を離れるからである[3]。証明責任は、対象
行為の時期を問わない上記の場合と同様である。

　ただし、破産手続開始の申立日から 1 年以上前にした対象行為は、支払停
止後の行為であること又は支払停止の事実を知っていたことを理由として否
認することはできない（法166条）。この場合には、当該対象行為と当該破産
手続の関係性が薄くなることから、当該対象行為を否認の対象から外すこと
により、受益者を保護する趣旨である。

　なお、債務額を超過する価値を有する目的物による代物弁済は、その超過
部分に関する限り詐害行為としての性質を有することから（詐害的債務消滅
行為）、当該行為がなされた時期に応じて詐害行為否認が認められる（法160
条 2 項）。

1　大判昭 8 .12.28民集12巻3043頁、大判昭15. 9 .28民集19巻1897頁
2　詐害行為取消権に関する判例であるが最判昭35. 4 .26民集14巻 6 号1046頁。『条解』
　1074頁、『伊藤』564頁は、詐害行為が破産者自身の行為であることを前提に詐害意思の
　存在には事実上の推定が働くとする。
3　『条解』1074頁、『注釈（下）』101頁〔上野保〕、『伊藤』563頁

3　相当な対価を得て売却した場合

(1)　要　　件

　前記2のとおり、廉価売却の場合は、否認権行使の対象となり得るが、破産者が相当な対価を得てした売却であっても、金銭化することによって費消・隠匿が容易になる場合には、否認の対象となる（法161条）。この点、旧法においては、適正価格による財産処分の場合にも詐害行為否認の対象となり得るのか否かについて議論の対立があり、判例は動産については否認を認めなかったが[4]、不動産については否認の可能性を認めていた[5]。もっとも、否認の余地があるとすると、買主の地位が不安定となり取引の安全を害することから批判もあった。そこで、現行法では、このような批判に鑑み、相当な価格による財産処分に対する否認の要件を明確化するとともに、受益者の主観的要件に関する証明責任の分配に配慮したのである[6]。

　相当な対価の判断基準は、当該財産の公正な市場価格が一応の水準となる。ただし、むやみに受益者の利益を害し取引の安全を害さないように、破産法161条は、同法160条の特則として、一般の詐害行為否認よりも厳格な要件を定めている。

　具体的には、①当該行為が、不動産の金銭への換価その他の当該処分による財産の種類の変更により、破産者において隠匿、無償の供与その他の破産債権者を害する処分（隠匿等の処分）をするおそれを現に生じさせるものであること、②破産者が、当該行為の当時、対価として取得した金銭その他の財産について、隠匿等の処分をする意思を有していたこと、③相手方が、当該行為の当時、破産者が隠匿等の処分をする意思を有していたことを知っていたことである。

　①については、不動産以外にどのような財産が含まれるかが問題となるものの、知的財産権や非金銭債権である財産上の請求権は含まれると解され

4　大判昭7.12.23法学2巻845頁、大阪高判昭43.12.25判時558号65頁
5　大判昭8.4.15民集12巻637頁、大判昭9.4.26法律新聞3702号9頁
6　『条解』1081頁、『大コンメ』636頁〔山本和彦〕

第9章　否認権・相殺禁止　515

る。そして、隠匿等の処分は、そのおそれで足りるものの、処分の前後の事情や財産の種類の変更などから隠匿等が行われたであろうことが推認される場合でなければならないとされる[7]。

②の隠匿処分意思は、処分の対価等を隠匿するなどして、債権者の権利実現を妨げる意図を意味するとされる[8]。すなわち、処分の対価の利用目的が正当な場合、例えば処分の対価を材料の購入等に使用する場合は隠匿処分意思に含まれないが、単に浪費するだけの場合は含まれ得る。

そして、破産管財人が①ないし③の証明責任の全てを負担する。受益者が証明責任を負担するとなれば取引をためらう可能性があるからといえる。

ただし、相手方が内部者である場合には、隠匿等処分意思について悪意であることが多いことから、破産者の親族、又は、同居者である場合や破産者が法人の場合における取締役等の役員、株式会社の議決権の過半数を有する者等である場合には、③の破産者の隠匿等の処分をする意思について悪意が推定される。

(2) 隠匿等の処分をするおそれが認められる具体例

不動産の金銭への換価以外に隠匿等の処分のおそれを生じさせる行為の具体例としては、工場に設置された大型の工作機械など処分の容易ではないものを処分する行為が考えられる[9]。もっとも、相当な対価を得てした財産の処分行為については、破産法161条1項1号ないし3号の要件のいずれも該当する場合に限り否認することができるのであり、厳格な要件を定めていることから、実務上、同条に基づき否認を主張することには困難が伴うといえる[10]。

なお、隠匿等の処分をする意思につき、破産者が、対価として取得した金銭を一部の債権者に対する弁済に用いる目的であったことが隠匿等の処分をする意思に含まれるか否かについては議論があるものの、使用人らへの給与

---

7 『条解』1083頁、『注釈（下）』117頁〔長屋憲一〕、『伊藤』569頁
8 『条解』1084頁、『注釈（下）』118頁〔長屋憲一〕、『伊藤』569頁
9 『大コンメ』639頁〔山本和彦〕
10 東京高判平25.12.5金判1433号16頁

の支払に充てる場合など「有用の資」に充てる場合には含まれないと解されている[11]。もっとも、使用人らへの給与の支払に充て、その残りは浪費する目的を有しているなど、その目的の一部が隠匿等の処分をする意思に該当する場合には、その主たる目的によって判断することが考えられる[12]。

(3) 他の否認権との関係について

形式的には相当な対価による売却であっても、実質的には対価が支払われていない場合、例えば、破産債権者でもある買主が、代金支払債務と破産債権を相殺した場合には、破産者が得る利益は、実質的価値の低下した債権の負担を免れたにとどまるので、対価の相当性を欠くという意味では破産法160条の否認対象となるものの、実質的な代物弁済という意味においては、破産法162条の否認対象にもなり得るといえる[13]。

Q 9-4　否認権と有害性・不当性の要件

否認の一般的要件である有害性や不当性が認められないのはどのような場合ですか

佐藤　三郎

1　否認の一般的要件

詐害行為否認、無償行為否認、偏頗行為否認といった要件の異なる否認行為類型全体に通じる一般的要件として、行為の有害性と不当性がある。否認の一般的要件は、周辺の事情から実質的な詐害性を否定したり、より優先する社会的利益のために否認行為の成立を阻却したりする際の理論的枠組みとして機能している。

11　『破産200問』190頁〔加藤寛史〕
12　『大コンメ』640頁〔山本和彦〕
13　最判昭46.7.16民集25巻5号779頁

2　有害性の要件

　否認権が、責任財産を回復し、破産債権者に対する公平な配当を実現するための制度である以上、否認の対象となる行為は、破産債権者にとって有害なものでなければならない。しかしながら、否認の対象となる行為には、詐害行為と偏頗行為の2つの類型があることから、詐害行為の有害性の根拠は責任財産の絶対的減少に、偏頗行為の有害性の根拠は破産債権者間の平等を害することに、認められることになる[1]。

　詐害行為・偏頗行為の有害性は、行為の詐害性・偏頗性のなかに内包されるべきものであり、破産法は、160条2項で偏頗行為の外観をもつが詐害行為に該当する行為について、債務消滅超過部分を限度として否認することができる旨を定め、161条で相当の対価を得てした財産処分行為の否認要件を定めるなどして、詐害行為・偏頗行為の要件を条文上明確化している。そのため、従前、旧法下で議論されてきた有害性概念により詐害性を否定し、否認行為の成立を否定しなければならない必要性は大幅に減少している。

　有害性を欠く行為は、詐害行為否認の対象にも偏頗行為否認の対象にもならない。有害性に関する立証は、詐害行為否認では破産管財人が破産者の行為の詐害性としてこれを立証することになる。偏頗行為否認では偏頗行為が立証されている以上（代物弁済は原則として否認の対象となる）、受益者の側で有害性の欠缺を立証すべきことになる。

3　有害性が議論されるケース

(1)　適正価格売買

　破産者が破産手続開始前に不動産を適正価格で売却した場合や債務の本旨弁済をした場合には有害性はなく、否認権の対象となることはない[2]。

1　このように詐害行為と偏頗行為の2種類の行為の性質に応じて有害性を2つに分ける考え方を「二元説」と呼ぶことがある（『条解』1013頁）。これに対し、偏頗行為も財産減少行為であるとして、有害性を一元的に理解する考え方を「一元説」という。

⑵　担保目的物による代物弁済

では、破産者が破産手続開始前に担保目的物を担保権者に代物弁済した場合はどうであろうか。この場合、担保目的物の価値は既に担保権者によって被担保債権の範囲で把握されている以上、弁済期が到来した被担保債権について、被担保債権額と目的物の価額との均衡がとれた状態で代物弁済されている限り、破産者の行為は破産債権者にとって有害とはいえない。仮に否認権を行使し、担保目的物を破産財団に復せしめたとしても、破産手続のなかで別除権が行使されれば、結局のところ担保目的物の価値は担保権者に帰することとなり、財団の増殖に資することはないからである。したがって、否認権の対象となることはない。

なお、目的物の価額が被担保債権額を超過しているときは、超過部分について代物弁済は有害となり、否認権の対象となる[3]。

⑶　動産売買先取特権と代物弁済

動産売買先取特権者の物上代位について、その目的物である債権をもってする代物弁済も有害性を欠き、否認権の対象とならない[4]。しかし、動産売買先取特権が目的物の引渡しによって追及力を失っているときに、買主が目的物を第三者取得者から取り戻し、それを売主に代物弁済する行為は、義務がないにもかかわらず、新たに担保権を設定したうえで、目的物を代物弁済するのと同視でき、有害な行為であり、偏頗行為否認の対象となる[5]。

⑷　預貯金による当該金融機関に対する返済

金融機関の相殺期待が存在する預貯金を破産者が引き出して、当該金融機関に弁済する行為は、相殺禁止規定に該当せず、相殺の否認が成立しない限

2　抵当権の設定されている不動産を適正価格で売却し、売却代金を被担保債権の弁済に充てた事案として東京高判平5.5.27判時1476号121頁（『倒産判例百選』30事件）がある。

3　最判昭39.6.26民集18巻5号887頁、最判昭43.2.2民集22巻2号85頁

4　最判昭41.4.14民集20巻4号611頁（『倒産判例百選』31事件）

5　最判平9.12.18民集51巻10号4210頁（『倒産判例百選』32事件）

第9章　否認権・相殺禁止　519

り、破産手続によらない相殺権の行使が保障されており、預金債権の価値が相殺期待によって把握されているものと考えられる。したがって、合理的相殺期待の対象となっている預貯金債権を原資とする弁済は偏頗行為としての有害性を欠き、否認権の対象とならない。

⑸ 包括的保証をしている場合の新たな借入れに対する保証

会社代表者である破産者が従前から会社の金融機関に対する借入金債務について包括的保証をしていた場合などに、破産者が会社の新たな借入れについて連帯保証をしても破産財団が減少したとはいえず、有害性を欠き、否認権の対象とならない[6]。

⑹ オーバーローンの担保不動産の処分

相当額の担保目的物による代物弁済が常に有害性を欠き、否認権の対象とならないかというと、別除権の目的物について、担保権の消滅を前提とする破産管財人の任意売却と売却代金の一部の財団組入れが認められていることを前提にすると、否認権の対象となる可能性が存在するという見解もある[7]。

オーバーローンとなっている担保不動産の廉価での売却や贈与が否認権行使の対象となるかについては、有害性を欠くものとして否認権の対象となることを否定するのが一般であるが、上記見解に立てば、否認権の対象となる可能性が存在することになる。

なお、適正価格での売却であっても、破産者において隠匿等の目的があり、破産債権者を害する処分をするおそれを現に生じさせるものであり、破産者に隠匿等の意思があり、相手方が破産者が隠匿等の意思を有していたことを知っていた場合には、否認権の対象となる（法161条1項）。この場合には、責任財産の減少は認められないが、隠匿等の処分のおそれが現に生じたことをふまえれば、実質的な詐害性が認められるからである[8]。このことか

---

6 東京高判平4.6.29金法1348号34頁、最判平8.3.22金法1480号55頁、大阪地判平8.5.31金法1480号55頁
7 『伊藤』549頁
8 『伊藤』568頁

らすると、オーバーローンとなっている担保不動産を廉価で売却する際に、隠匿等の処分がされた場合には、実質的な詐害性が認められ、同様に否認権の対象となる可能性が存在することになる[9]。

4　不当性の要件

破産債権者にとって有害な行為であっても、その行為がなされた動機や目的を考慮すれば、破産債権者の利益を不当に侵害するものではないと認められるときには、否認権の成立要件が阻却されることになる。不当性は、破産債権者の利益より優先する社会的利益、例えば、他人の生命や健康の維持にかかわる事業を継続して公共の役に立つことや地域社会の経済に影響を及ぼす事業を継続して地域社会の役に立つことなどを考慮し、否認の成立を否定するための概念といえる。

有害性の概念は、破産手続の目的を実現するために、受益者などの利益を犠牲にして破産債権者のために破産財団を維持するためのものであるのに対し、不当性の概念は、より高次の法秩序や社会経済秩序に照らして、破産債権者の利益を犠牲にして受益者の利益を保持させるためのものである[10]。

不当性を欠く行為については、否認は成立しないことになるが、不当性に関する立証は、否認の不成立を主張する受益者などの側で不当性の欠缺を立証すべきことになる。

5　不当性が議論されるケース

(1)　最低限度の生活のための換価

個人債務者の最低限度の生活を維持するために必要不可欠な生活費（食

9　隠匿等の処分がなされたことにより、担保権者が回収できなくなれば、担保権者が別除権予定不足額について一般債権者として権利行使する金額が増え、その分、その他の一般債権者の配当額の割合は減少することからしても、一般債権者を害しないとはいえないものと考えられる。

10　『伊藤』550頁。これに対し、不当性の概念については、判断基準としての明確性、法的安定性の欠如、争点の無用な増加を理由にこれを排斥し、否認類型に応じた根拠論にかえるべきとする見解もある（『倒産と訴訟』495頁〔中西正〕）。

第9章　否認権・相殺禁止　521

費、家賃、衣服費、水道光熱費等）を得るための財産の売却は不当性を欠くが、最低限度の生活を超える場合には、不当性を欠くとまではいえない。

⑵　事業の維持等のための換価

　事業者が公益性の高い事業の維持や従業員の雇用の確保などの目的で、事業の運転資金を捻出するための財産の売却や担保の設定は不当性を欠くものといえる。

Q 9-5 離婚・遺産分割による財産移転行為と詐害行為否認

離婚や遺産分割による財産移転を否認することができますか

佐藤　潤

1　問題の所在

⑴　問題となる場面

　実務上、破産者が破産手続開始前に配偶者と離婚し、財産分与などの名目で高額の財産を元配偶者に交付しているケースや、破産者が、破産手続開始前に、自分の親や兄弟などを被相続人とする遺産分割協議を他の相続人と行い、破産者が全く遺産を取得しないか、ごくわずかしか遺産を取得せず、他の相続人が遺産のほとんどを受領するというようなケースが見受けられる。

　これらのケースで、破産管財人が元配偶者や他の相続人に対して否認権を行使することができるかが問題となる。

⑵　詐害行為取消権における規律

　否認権は、民法の詐害行為取消権と沿革や制度趣旨、機能などにおいて共通する制度であるといわれている。そして、詐害行為取消権については、責任財産を保全するための制度であるから、詐害行為取消権に関する規定は財

産権を目的としない法律行為には適用されないことが明文で定められている（民法424条2項）。

離婚に伴う財産移転も遺産分割に伴う財産移転も、ともに家族法上の身分行為に関係するものであり、身分行為は本人の意思を尊重すべき要請も働くことから、財産権を目的としない行為に当たるのではないかが問題となる。

親族法上の行為のうち、婚姻、離婚、養子縁組、離縁などの家族関係の成立や解消を目的とする行為については、その行為により以後の本人の財産状態が悪化することになっても、個人の意思を尊重すべき要請が強く、詐害行為取消権は行使できないとされている。また、相続法上の行為のうち、相続の放棄については、消極的に財産の増加を妨げるにすぎないこと、取消しを認めると相続の承認を強制することになって不当であることを理由に、詐害行為取消しの対象とはならないとされている[1]。相続の承認も同様に詐害行為取消しの対象とならないと解される[2]。

否認については破産法に民法424条2項と同様の規定はないものの、個人の意思を尊重すべき要請が強い身分行為について、他人が強制すべきでないことは詐害行為取消権と共通していると考えられるため、詐害行為取消権が認められない上記の家族法上の行為については否認が認められないと解される。

もっとも、家族法上の行為であっても、財産移転を目的とする行為については、否認権行使を認める要請が強いと考えられるため、否認が成立するかが問題となる。

2 離婚に伴う財産移転と否認

(1) 財産分与

a 詐害行為性

離婚における財産分与は、夫婦が婚姻中に有していた実質上の共同財産を清算分配するとともに、離婚後における相手方の生活の維持に資することに

---

1 最判昭49.9.20民集28巻6号1202頁
2 中田裕康『債権総論〔第三版〕』（岩波書店、2013年）243頁

第9章　否認権・相殺禁止　523

あるが、分与者の有責行為によって離婚をやむなくされたことに対する精神的損害を賠償するための給付の要素を含めて分与することができる[3]。

そして、分与者が既に債務超過の状態にあって当該財産分与によって一般債権者に対する共同担保を減少させる結果となるとしても、それが民法768条3項の規定の趣旨に反して不相当に過大であり、財産分与に仮託してされた財産処分であると認めるに足りる特段の事情のない限り、詐害行為取消しの対象とはならず[4]、この特段の事情があるときは、不相当に過大な部分について、その限度において詐害行為として取り消される[5]とするのが判例であり、否認の場合も同様であると解される。そして、通常は2分の1相当額の財産分与であれば相当性があるとされるが、偽装離婚もあり得るので注意が必要である[6]。

財産分与についての詐害行為取消しが認められた裁判例として、評価額1億4500万円の不動産についての取消しを認めなかったものの、評価額8000万円の不動産について取消しを認めた事例[7]や、清算すべき共同財産がマイナスであり、婚姻関係が破綻していたことを認めるに足りる証拠がないとされた事案で、共同財産の清算や慰謝料の要素を認めず、養育費の要素についても、支払時期の到来していない養育費をまとめて支払ったことが義務に属しない支払をしたものであるとして支払期限の到来していない養育費の支払全部が詐害行為に該当するとした事例[8]がある。

b 偏頗行為否認との関係

過大でない財産分与は財産権を目的としない行為として否認の対象とはな

---

3 最判昭46.7 .23民集25巻5号805頁
4 最判昭58.12.19民集37巻10号1532頁
5 最判平12.3 .9民集54巻3号1013頁
6 『倒産と訴訟』36頁〔進士肇・影浦直人〕
7 東京地判平7 .5 .16判時1561号65頁
8 東京高判平29.9 .27判時2386号55頁。この裁判例と同様に、養育費の一括払いについては、特に一括払いが必要であるという特段の事情がない限り、養育費として相当な範囲を超えたものとして、否認権の行使を検討すべきという見解もある（『破産200問』100頁〔木内道祥〕）。ただし、原審（東京地判平28.9 .29判時2386号78頁）は、子が成人に達するまでの期間の養育費の総額は財産分与として相当であると判示しており、将来の養育費を全て詐害性の判断の考慮要素から除外すべきかは検討の余地があるように思われる。

らず、その履行は偏頗行為否認の対象とはならないという見解もある[9]。

　しかしながら、財産分与に関する合意が詐害行為に当たらない場合であっても、財産分与による金銭支払に関する合意の履行は本旨弁済であり、破産者が支払不能になった後又は破産手続開始の申立てがあった後に合意の履行がされたときは、偏頗行為否認の対象となると解される。また、不動産の移転登記など特定物を財産分与する合意の履行は特定物引渡債務の履行であり、偏頗行為否認の対象とはならないが、対抗要件否認の問題となる[10]。

(2)　慰　謝　料

a　詐害行為性

　離婚に伴う慰謝料を支払う旨の合意は、配偶者の一方が、その有責行為及びこれによって離婚のやむなきに至ったことを理由として発生した損害賠償債務の存在を確認し、賠償額を確定してその支払を約する行為であって、新たに創設的に債務を負担するものとはいえないから、詐害行為には該当しないが、当該配偶者が負担すべき損害賠償債務の額を超えた金額の慰謝料を支払う旨の合意がされたときは、その合意のうち上記損害賠償債務の額を超えた部分については、慰謝料支払の名を借りた金銭の贈与契約ないし対価を欠いた新たな債務負担行為というべきであるから、詐害行為取消権の対象となり得るとするのが判例[11]であり、否認の場合も同様であると解される。

b　偏頗行為否認との関係

　慰謝料の支払合意の履行は本旨弁済であり、偏頗行為否認の対象となる[12]。

3　遺産分割に伴う財産移転と否認

(1)　否認の可否

　遺産分割協議は、相続の開始によって共同相続人の共有となった相続財産

9　『破産200問』98頁〔木内道祥〕
10　『条解』483頁
11　前掲注4・最判平12.3.9
12　『破産200問』99頁〔木内道祥〕

について、その全部又は一部を、各相続人の単独所有として、又は新たな共有関係に移行させることによって、相続財産の帰属を確定させるものであり、その性質上、財産権を目的とする法律行為であるということができるから、遺産分割協議は詐害行為取消権行使の対象となり得るとするのが判例[13]であり、否認の場合も同様であると解される。

したがって、破産手続開始前に行われた遺産分割協議は否認の対象となる[14]。破産管財人としては、具体的な事案に即して民法906条が掲げる事情を十分考慮して、否認権を行使するかどうか検討する必要がある。

(2) 無償否認の可否

共同相続人が行う遺産分割協議において、相続人中のある者にその法定相続分又は具体的相続分を超える遺産を取得する合意をした行為を贈与と同様の無償行為であるとして破産法160条3項の無償否認が争われた事例がある。裁判例は、遺産分割協議について、当然に贈与と同様との評価をすることはできず、原則として無償行為には当たらないと解するのが相当であると判示した。もっとも、遺産分割協議が、その基準について定める民法906条が掲げる事情とは無関係に行われ、遺産分割の形式はあっても、当然遺産分割に仮託してされた財産処分であると認めるに足りるような特段の事情があるときには、無償行為否認の対象に当たり得る可能性を指摘したが、当該事案においては、かかる特段の事情があるということは困難であるとして、否

13　最判平11.6.11民集53巻5号898頁

14　遺産分割未了の相続財産が破産財団にある場合に、破産管財人が遺産分割協議、調停又は審判の当事者になることができるかという問題がある。

　　この点、破産手続開始決定後も破産者が遺産分割協議において当事者として参加し、破産管財人は利害関係人として参加する、調停や審判に移行した場合には、破産管財人は利害関係人（共同訴訟的補助参加人）として参加すべきとする見解もあった（『条解』1523頁）。しかしながら、相続人の債権者は遺産共有の持分に対する差押えが可能であり、遺産分割前の共有持分の譲渡も可能であるから、遺産分割請求権は一身専属的な権利ではないこと、破産者の財産である相続財産の相続分について破産管財人が管理処分権を取得することから、破産手続開始後は破産者である相続人は遺産分割協議の当事者となることができず、破産管財人のみが当事者になるとする見解があり、現在の実務はこの見解で運用されている（『破産200問』95頁〔蓬田勝美〕、『倒産と訴訟』204頁〔島岡大雄〕、片岡武・菅野眞一編著『家庭裁判所における遺産分割・遺留分の実務〔第3版〕』（日本加除出版、2017年）12頁）。

認を認めなかった[15]。

Q 9-6　保証行為と無償否認

保証行為は無償否認の対象となりますか。保証行為の時点では債務超過になっていなかった場合はどうですか

佐藤　三郎

1　無償否認

　破産管財人は、支払の停止等があった後又はその前6カ月以内に破産者が行った無償行為又はこれと同視すべき有償行為は、否認することができる（法160条3項）[1]。これを無償否認といい、破産者の詐害の意思や支払の停止等についての受益者の認識といった主観的要件は不要とされている。

　無償行為とは、対価を得ずに財産を減少させ、又は、債務を負担する行為であり、贈与、債務免除、権利放棄などが代表例である[2]。無償行為と同視すべき有償行為とは、名目的な対価は存在するが、経済的にみれば無償と同視できる場合をいう。

　無償行為においては、①危機時期において無償でその財産を減少させる破産者の行為が極めて有害性が強いこと、②受益者の側でも無償で利益を得ていることから要件を軽くしても公平に反しないことから、否認の要件としての主観的要件が不要とされている。

15　東京高判平27.11.9金判1482号22頁（原審は東京地判平27.3.17金法2032号93頁）

1　破産手続開始決定の約4年8カ月前にされた破産会社の自動車の売却が無償であり、破産会社において、引き続き当該自動車を使用していた事案で破産法160条1項1号の詐害行為否認が認められた裁判例がある（東京地判平28.7.20金法2062号81頁）。

2　無償性が問題となった最近の裁判例としては、不動産の売却について委任を受けた不動産業者に対する報酬について無償否認を認めた高松高判平28.11.18金判1529号44頁、再生会社が関連会社の新規借入れに際して担保のために行った約束手形の振出しや裏書について無償否認を認めた東京地判平28.6.6判時2327号55頁などがある。なお、破産手続開始の申立代理人の報酬を無償否認とする裁判例については本書Q9-7参照

第9章　否認権・相殺禁止　527

2　保証行為は無償否認の対象となるか

(1)　保証行為の無償性

　保証行為は、保証料などの対価が支払われていなければ、無償の債務負担行為と考えられる。しかしながら、保証を受けた側の立場からすると、保証と引き換えに主債務者に対し融資等の出捐を行っており、無償で債務保証の利益を得たわけではないとも考えられる。また、保証人は主債務者に対する求償権を取得しており、保証行為が経済的に利益を受けていないとまでいえるのか疑問も感じられる。そのため、保証行為の無償性が問題となる。

　贈与、債務免除、権利放棄などの無償行為の代表例は、無償否認の対象となることが明らかであり、裁判上争われることは少なく、無償否認が裁判上争われる場合は、保証行為が問題となる事例が多い。

　この点、判例は昭和11年の大審院判決以来[3]、一貫して保証行為の無償性を肯定し、保証行為が無償否認の対象となることを認めている。その理由は、無償性は、債務者についていえれば足り、受益者の立場で無償といえるか否かは問題ではなく、保証により債権者が債務者に出捐したとしても、これによって保証人が経済的利益を受けない限り無償行為となることにある。また、保証によって求償権を取得するとしても、保証の対価ではないことから、有償行為とみることはできないとしている。なお、上記大審院判決も、破産者の保証により融資がなされ、それによって破産者自らが経済的利益を受けた場合は、当該保証は無償行為に当たらないとしている。

(2)　昭和62年最高裁判決

　判例の立場は、昭和62年の最高裁判決においても踏襲されており[4]、無償性は破産者を基準に判断すれば足り、受益者の立場において無償か否かは問わず、保証と債権者の出捐の間には事実上の関係があるにすぎないとされて

3　大判昭11.8.10民集15巻1680頁

4　最判昭62.7.3民集41巻5号1068頁（『倒産判例百選』34事件）。なお、同一の破産者に関して、ほぼ同内容の最高裁判決がある（最判昭62.7.10集民151号369頁）。

いる。また、求償権は保証の対価としての経済的利益とはいえないので、破産者が義務なくしてした保証は無償行為とされている。なお、前掲昭和62年最高裁判決は、保証人が主債務者の代表者で実質的な経営者であったケースであるが、経営者の破産手続は、会社とは別個の手続であり無償性を否定する根拠とはならないとされた。

もっとも、上記最高裁判決については、無償行為の範囲を広く解し、保証等について無償否認を認めると、保証があることを前提に出捐をした債権者の立場を害し、取引の安全を損なうとして保証行為の無償性を否定する反対意見と、保証行為が無償否認の対象となることは認めつつ、同族会社への融資について経営者たる破産者が保証をした場合は、自己の出資の維持・増殖を図るため保証等をしたものとみることができ、破産者自身も直接ないし間接的に経済的利益を受け、破産財団の保全に資したものとして無償性を否認する反対意見が付された[5]。

(3) その他の裁判例

その後の裁判例のなかにも、会社代表者である破産者が従前から会社の金融機関に対する借入金債務について包括的に保証していた場合などに、破産者が新たな借入れについて連帯保証しても破産財団が減少したとはいえないことを理由に、否認の一般要件である有害性の要件を欠くとして無償否認の成立を否定した裁判例が散見される[6]。

したがって、同族会社の代表者がその会社の債務を保証したような事案では、代表者と会社の間に実質的に利害の同一性が認められないか、破産者が本当に経済的利益を得ていないかを十分検討する必要がある[7]。

珍しい例としては、破産会社がその完全子会社の滞納法人税を納税保証していたために、処分行政庁が破産管財人に対する還付金を納税保証に基づく債務に充当する処分をしたことが無償否認として争われた事案で、無償性の

5　前者が島谷六郎裁判官の反対意見であり、後者が林藤之輔裁判官の反対意見である。
6　東京高判平4.6.29金法1348号34頁、最判平8.3.22金法1480号55頁、大阪地判平8.5.31金法1480号55頁
7　保証等の無償性が否定される場合を類型化したものとして、『破産法大系II』522頁以下〔山本研〕が詳しい。

要件とともに、有害性の要件も満たすとして、無償否認が認められたものがある[8]。

3　無償否認の要件としての債務超過の要否

　保証行為の時点で、相手方の債務超過が懸念されるような状態であれば、保証を受ける側でも否認の成否を検討する機会があるが、保証行為の時点で相手方の経済状態に全く問題がなく、債務超過の心配がないような場合にまで、保証行為の無償否認は成立するのであろうか。

　この点、破産法160条3項には、無償行為の時に債務超過であること又は当該行為により債務超過になることを要件とすることをうかがわせるような文言はない。しかし、詐害行為否認については、債務超過という実質的危機時期にあったことが要件とされており、無償否認が詐害行為否認の一類型だとすれば、同様に債務超過が要件とされていると考えるべきとも考えられるので問題になる[9]、[10]。

　この問題は従来あまり裁判上議論されていなかったが、民事再生手続に関する平成29年の最高裁判決は、無償否認において債務超過が要件となることを否定し、破産法160条3項と同趣旨の規定である民事再生法127条3項の無償否認の趣旨を「否認の対象である再生債務者の行為が対価を伴わないものであって再生債権者の利益を害する危険が特に顕著であるため、専ら行為の内容及び時期に着目して特殊な否認類型を認めたことにある」と解し、「同項所定の要件に加えて、再生債務者がその否認の対象となる行為の時に債務超過であること又はその行為により債務超過になることを要するものとすることは、同項の趣旨に沿うものとはいい難い。」と判示した[11]。

8　東京高判平25.7.18金法1982号120頁
9　債務超過を要件とする考え方は、破産法167条2項が無償否認の効果について相手方が破産債権者を害する事実を知っていたか否かによって原状回復の範囲を変えていることを指摘する。
10　債務超過が要件とされていると考える場合、債務超過の判定に関して継続事業価値と清算価値のいずれの評価基準を採用すべきか見解が分かれているが、否認対象行為は債務者の事業活動が継続している中で行われることが通例であることから、基本的には継続事業価値基準によることになると考える見解がある（籠池信宏「債務者の債務超過は無償行為否認の要件か—最一小判平29.11.16の検討—」金法2120号41頁）。

前掲平成29年最高裁判決は、無償否認について、無償行為が有する危険性に着目して、有害性を認め、詐害行為否認とは異なる独立した立場を与えるものといえる[12]。

　破産管財人としては、上記最高裁判決をふまえ、支払停止前6カ月以内に破産者が行った保証行為については、無償否認の対象となるか検討することが必要になる。なお、保証行為の時点では債務超過になっていなかった場合には、取引の安全性も考慮し、破産者が実質的に経済的利益を得ていないか無償性の要件や破産の一般要件である有害性の要件を慎重に判断する必要がある。特に、前記2(2)の同族会社の代表者がその会社の債務を保証したような場合には、よりいっそうその必要があると思われる。

4　保証行為が無償否認となる場合の原状回復

　否認の相手方が保証行為の当時、支払の停止等があったこと及び破産債権者を害する事実を知らなかったときは、現に受けている利益を償還すれば足りるが（法167条2項）、上記各事実を知っていたときは通常どおりの原状回復義務を負う（同条1項)[13]。

11　最判平29.11.16民集71巻9号1745頁。本判決の背景事情については、蓑毛良和「最高裁平成29年11月16日判決（民集71巻9号1745頁）とその背景事情―株式会社ユタカ電機製作所の再生事例（上・下）」銀行法務21・835号28頁、836号34頁参照

12　債務超過を不要とする考え方のなかには、公平の観点から受益者にとっての無償性を重視し、平常時においてなされた行為にも当然に妥当するとの見解があるが、この見解は原則として保証行為を否認の対象から外している（中西正「無償否認の根拠と限界」法と政治（関西学院大学）41巻2・3号39頁）。

13　「現に受けている利益」については、これを保証料相当額とする考え方が強いが（『条解』1082頁）、保証債務が未履行の場合は保証債権そのものと考えて、破産債権としての行使を否定し、履行ずみの場合は通常どおり保証料相当額と考える見解（伊藤眞「無償否認における善意の受益者の償還義務の範囲―詐害行為の回復と善意の受益者保護の調和を求めて」判時2307号39頁）、回収可能な債権額と保証料相当額の合計額が融資額を超過する場合の当該超過額とする見解（『破産法大系Ⅱ』528頁〔山本研〕）等がある。

第9章　否認権・相殺禁止　531

Q 9-7　破産申立代理人の報酬と詐害行為否認

申立代理人の報酬が高額な場合に否認することができますか

前田 修志

1　破産手続開始の申立ての報酬

(1)　否認権の行使の可否

　破産手続開始の申立ての報酬（以下「申立報酬」という）は申立代理人と申立人の合意によってその額は定められる。しかしながら、弁護士として適正な額を超える部分の合意は詐害行為になるとする考え[1]や合理的範囲を超える報酬の支払を受けた場合には、無償行為と同視され、否認の対象になるとする考え[2]があり、一般論として、申立代理人の報酬が高額過ぎる場合には、否認の対象になり得ること自体は異論がないと思われる[3]。裁判例は、詐害行為否認としたものと無償行為否認としたものに分かれている[4]。

(2)　否認権行使の判断

　一般論として、否認の対象になり得るとしても、どの程度の報酬額であれば否認の対象になるか明確な基準がないため問題となるが、日本弁護士連合会の弁護士の報酬に関する規程2条は、弁護士に対し「経済的利益、事案の難易、時間及び労力その他の事情」に照らして適正かつ妥当な弁護士報酬と

1　『注釈（下）』100頁〔上野保〕
2　『伊藤』325頁脚注145
3　『申立代理人』225頁〔木野村英明〕参照
4　無償否認を認めた裁判例に対し『条解』1079頁注12は、報酬と不均衡であっても対価としての役務は提供されているのであるから破産法160条1項によって否認すべきでなかろうかとの疑問を呈している。また、東京地判平22.10.14判タ1340号83頁（後記3(3)）は、破産管財人の破産法160条3項の無償行為否認の主張に対し、対価性を有する行為のうちの相当額を超える部分だけを取り上げて同項によって否認することはできないというべきと判示する。

532

することを求めており[5]、これらの事情に鑑みて判断することになると考えられる。

後記3の裁判例においては、経済的利益、事案の難易、時間及び労力その他の事情などを総合考慮して客観的な報酬額の相当額が認定され、認定された相当額との比較によって合理的均衡を失すると判断される場合に否認権の行使が認められている。明確な基準はなく、諸事情を総合考慮して認定されるものであるから、報酬の客観的な相当額といっても、明確にこの金額であると決まるものではなく幅があるところである[6]。また、後記3(1)の裁判例において判示される「合理的均衡を失する」とは、客観的な相当額をわずかでも上回っていれば直ちに否認の対象になるのでなく、相当程度上回っている場合を指すと考えられる[7]。

否認の対象となる報酬額か否かの判断は困難な場合も多いと考えられ、破産管財人としては、否認権の行使については十分な検討が必要であると考えられる[8]。申立報酬が否認権の対象になるか争点とされた裁判例には、申立報酬のみならず、換価報酬の相当性や申立代理人の法的義務といった申立報酬以外の点も争点とされた事案も多い[9]。

2 換価報酬

破産手続開始の申立て以前に、申立代理人において申立人の資産の換価を行うことがある。必要性及び適正性がある範囲で、申立代理人による財産換価行為は認められるものであり[10]、財産換価に対する報酬を受領することが

---

[5] 廃止された日本弁護士連合会の旧弁護士報酬規程においても、自己破産の着手金は、資本金、資産及び負債の額、関係人の数等事件の規模ならびに事件処理に要する執務量に応じて算定することとされている。

[6] 『破産200問』206頁〔野村剛司〕

[7] 『申立代理人』230頁〔髙木裕康〕。東京地判平9.3.25判時1621号113頁（後記3(1)）は、認定した相当な報酬額が実際の報酬額の約6％下回るものの、この程度の差額では合理的な均衡を失するものでないとした。

[8] 管財人の対応につき『破産200問』206頁〔野村剛司〕、『申立代理人』222頁〔桶谷和人〕参照

[9] 申立代理人が換価報酬を受領することが否認に当たらないとしても、申立代理人は早期に破産申立てをして破産財団を破産管財人に引き継ぐことが求められており、換価報酬を得るために活動するものではないことに注意すべきである。

第9章　否認権・相殺禁止　533

直ちに否認の対象になるものではない。

　しかしながら、換価対象となる資産は総債権者の責任財産を構成するものであるから、申立代理人の資産換価は常に必要性及び適正性が認められるわけではなく、適正性が事後の破産手続で問題にされることもあり得る。申立代理人による資産換価については、その必要性と適正性を検討し、慎重に対応することが求められる[11]。換価報酬についても、申立報酬と同様に、支払の対価である役務の提供と合理的均衡を失する場合はその部分の報酬については否認の対象となり得る。

3　申立報酬・換価報酬等が問題とされた裁判例

(1)　東京地判平9.3.25判時1621号113頁

　資産総額約26億3700万円、負債総額約35億0409万円、債権者約800人の法人の任意整理事件が不調に終わり破産手続開始の申立てに至った事案の弁護士報酬3737万5000円について、相当な報酬及び費用合計を3494万8418円と認定したうえで、この程度の差額にとどまるときは役務の提供と合理的均衡を失するものではないとして破産管財人の否認権の行使を否定した。

(2)　神戸地裁伊丹支決平19.11.28判時2001号88頁

　法人の破産手続開始の申立ての中途解約報酬清算金84万円について、申立着手金の相当額を80万円と認定したうえで、中途解約における割合的報酬はその相当額の2割を超えるものでないとして16万8000円（消費税込）を超える部分の67万2000円は詐害行為否認の対象になるとした。また、過払金返還請求事件の中途解約報酬清算金21万円及び任意整理の弁護士着手金10万5000円全額も否認の対象になるとした。さらに、回収過払金額530万円の弁護士報酬166万9500円につき80万2775円が相当額であるとして86万6725円が無償行為否認の対象になるとした。

10　『申立代理人』233～234頁〔髙木裕康〕は、破産の申立てに伴い換価回収行為をすることに理由があると考えられる場合を例示列挙する。

11　『手引』27頁

(3) 東京地判平22.10.14判タ1340号83頁

申立てにおいて債権者数26名、債務総額4689万5571円の法人の申立報酬294万円について、126万円を超える部分の168万円は詐害行為否認の対象になるとした[12]。

(4) 東京地判平23.10.24判時2140号23頁

個人の破産手続開始の申立ての着手金21万円とは別に申立報酬21万円を受領していた事案で、着手金のほかに破産手続開始決定前に申立報酬を取得するというのは合理性を欠くなどとして、申立報酬21万円につき無償行為否認の対象になるとした。また、訴訟提起をして回収した過払金額166万4046円の弁護士報酬52万4274円につき41万6011円を超える部分の10万8163円が無償否認行為の対象になるとした。

(5) 東京地判平26.8.22判時2242号96頁

申立てにおいて債務総額11億3369万0204円の法人の破産手続開始の申立ての弁護士報酬1260万円について、おおむね債務額10億円程度のものとして債務整理事務を検討すべきとしたうえで法人の債務整理事務固有の報酬としては多くとも760万円が相当であり500万円が否認の対象になるとした。

(6) 神戸地裁尼崎支判平26.10.24金判1458号46頁

申立てにおいて債権者数28名、債務総額4394万4237円の個人事業者の申立報酬141万円（別途引継予納金を含む実費50万円が破産者の子どもから申立代理人に支払われていた）のうち、63万円を超える部分である78万円が詐害行為否認の対象になるとした。

---

12 『申立代理人』241頁〔髙井章光〕は、この裁判例に対し、報酬が比較的高額であると思われるが、債権者を害するとして否認権行使の対象とされるべき金額とすることにはおおいに疑問を感じるとする。

第9章 否認権・相殺禁止 535

(7) 千葉地裁松戸支判平28．3．25金法2082号63頁

　申立てにおける債権者数83名、債権総額3億3576万4896円の法人の申立報酬450万円のうち、200万円を超える部分である250万円が詐害行為否認の対象になるとした[13]。また、訴訟提起を行うなどして回収したゴルフ預託金1600万円の弁護士報酬800万円につき、530万円を超える部分は否認の対象になるとした。

4　法人と法人代表者の破産

　法人と法人代表者双方の破産手続開始の申立てを同じ弁護士が受任する場合において法人の代表者の破産申立費用を会社が支出する場合のように、一方の破産申立費用を他方の資産から支出することは、法人と法人代表者が別個の法主体であることから、当然に認められるとはいえない。この点、一定の場合には、適正な金額の範囲内で一方の資産からの支出を許容してよいのではなかろうかとの意見がある[14]。

13　破産管財人は否認権でなく弁護士の財産散逸防止義務違反に基づく損害賠償請求を主張した事案である。

14　日本弁護士連合会倒産法制等検討委員会「中小規模裁判所における法人破産事件の処理の在り方―各地の実情を踏まえた中小規模の裁判所での法人破産事件処理を中心に」金法1982号18頁。なお、大阪地判平22．8．27判時2110号103頁は、株式会社とその代表者である代表取締役は、法律上、別個の法主体であるから、代表者の破産申立着手金を法人から支出することは当然には許されないとして、代表者の破産申立着手金額について不当利得に基づく返還請求が認められるとした。

Q 9-8 　偏頗行為否認の要件

担保を提供する行為や弁済をする行為が否認権行使の対象となるのはどのような場合ですか

岩知道 真吾

1　偏頗行為否認

担保を提供する行為や弁済をする行為が否認権行使となる場合の要件に関しては、破産法162条に定めがある。

平時において、債務者が既存の債務について担保の供与や債務の消滅に関する行為（以下「偏頗行為」という）を行うことは、期限の到来した義務の履行であることが通常であり、その他の債権者との関係でも特段の問題を生ぜしめる行為ではない。しかし、債務者が支払不能に陥り、全般的な債務の支払ができない状態となった後に、特定の債権者にのみ満足を与えてしまうと、債権者平等の理念に悖ることとなる。そこで、破産法は、破産手続開始の効果の遡及を認め、偏頗行為を否認権行使の対象としているのである。

2　偏頗行為否認の要件

破産法162条1項1号は、偏頗行為否認の要件を以下のとおり定めている。
① 　支払不能又は破産手続開始申立後（危機時期以降）に
② 　偏頗行為が行われ、
③ 　受益者である債権者が支払不能もしくは破産手続開始申立てにつき悪意であること

なお、破産法162条1項2号は偏頗行為が破産者の義務に属しない場合、又は、偏頗行為がなされた時期が破産者の義務に属しない場合（以下「非義務偏頗行為」という）の特則を定めている。非義務偏頗行為が行われた場合には、否認権行使の要件が緩和され、否認権行使の対象となる偏頗行為の時的範囲が支払不能からさかのぼること30日まで拡張され、また、非義務偏頗

第9章　否認権・相殺禁止　537

行為及び偏頗行為の方法が破産者の義務に属しない場合に受益者の支払停止
等に対する悪意が推定される。

3　偏頗行為否認の要件各論

(1)　偏頗行為該当性

　債務の消滅には、弁済、代物弁済、更改、相殺[1]等が含まれる。担保の供
与には、典型担保のみならず、譲渡担保などの非典型担保も含まれる。

　第三者から新たに借り入れた資金による既存の債務の弁済が偏頗行為否認
の対象になるかは議論がある。形式的にみれば、既存の債務の消滅行為であ
り、偏頗行為に該当することになる。しかし、弁済にのみ着目するのではな
く、借入れと弁済を一体とみれば、第三者が既存の債権者に対して対価を支
払って債権を譲り受けた場合と利益状況に差異はないので、否認権行使の一
般要件である有害性を欠くともいえる。

　学説は分かれているが、判例は、①特定の債務への弁済に充てられるので
なければ融資はされなかったこと、②借入れと弁済の近接性から、借入金の
他の使途への流用や他の債権者による差押えの可能性がなかったこと等を要
件として、否認権の成立を否定している[2]。

(2)　既存の債務に係る行為であること

a　同時交換取引の除外

　「既存の債務について」とあるとおり、例えば新規融資に伴って担保権を
供与する行為や新規の現金売買の代金支払による債務の消滅行為（いわゆる

1　判例は、債権者による相殺権の行使は否認権の対象とならないとする（最判平
　2.11.26民集44巻8号1085頁）が、相殺の否認可能性を認める有力説がある（『伊藤』
　538頁）。
2　『注釈（下）』124頁〔髙井章光〕、『解解』1090頁、『伊藤』572頁はいずれも否定説で
　あり、最判平5.1.25民集47巻1号344頁も否定説をとった。なお、『伊藤』572頁は、
　「借入による新債務の内容が利率などの点において旧債務より重くないこと」も否認を
　免れる要件としてあげている（大阪高判平元.4.27金法1234号33頁も参照）。これに対
　し、『条解』1090頁は、この点は借入れの有害性の問題であり、弁済の有害性とは別と
　する。

538

同時交換取引）は、偏頗行為には該当しない。新規に資金を拠出していることから、既存の債権者の債権者平等に影響を与えないこと、また、この場合を否認権の対象とすると救済融資の途を閉ざすことになるからである。同時交換取引となるためには、債務の成立と「担保の供与」又は「債務の消滅行為」とが同時にされる必要があり、また、「担保の供与」には、担保設定契約のみならず、第三者対抗要件の具備も含まれる[3]。

b　新規債務と既存債務の限界

　例えば、新規融資と同時に担保設定の合意はなされていたものの、対抗要件の具備が事後的に行われた場合には、形式的には「既存の債務について」の「担保の供与」に該当することとなる。もっとも、同時交換取引を偏頗否認の対象から除外する趣旨が救済融資の途を途絶えさせないことにあることからすると、この点をあまり硬直的にとらえる必要もなく、担保設定の合意と対抗要件の具備が時間的に接着しており、社会通念上一体とみることができる場合には、同時交換取引に該当するとみるべきである[4]。

c　新規融資に伴って新規融資と既存融資の双方に担保設定した場合の取扱い

　新規の融資に伴って担保設定をする際に既存の債務についても担保設定をした場合の取り扱いが議論されている。

　例えば、1500万円の既存の債務があり、新規融資として危機時期に1000万円の追加貸付を行うとともに破産者所有の資産[5]に既存・新規の合計2500万円の貸付金債権を被担保債権として担保を設定し、対抗要件を具備した場合、既存の債務に対する担保供与と新規の債務に対する担保供与が区分可能であれば既存の債務に対する担保設定のみが偏頗行為否認の対象となり（一部否認）、新規融資に対する担保設定は同時交換取引として否認の対象とはならない。

　他方で、既存債務に対する担保供与と新規債務に対するそれとの区分がつ

3　『注釈（下）』128頁〔髙井章光〕、『条解』1093頁、『伊藤』574頁
4　『注釈（下）』128頁〔髙井章光〕、『条解』1093頁、『伊藤』573頁
5　『伊藤』574頁。『条解』1094頁は、区分可能な場合として担保対象物が売掛債権の場合をあげ、破産管財人は、否認権を行使して旧債務の担保に供された債権の移転又は、売掛代金の支払を求めることになるとしている。

けられない場合には、同時交換取引とは認められない。例えば、上記の例で破産者所有の不動産一筆に極度額2500万円の根抵当権を設定した場合、既存債務に対する担保供与と新規債務に対する担保供与の区分はできないので、当該根抵当権の設定は同時交換取引とは認められない。その場合、被担保債権を1000万円（新規債務に関するもの）に減額する旨の否認権行使が認められるのか、それとも既存債務に関するものと新規債務に関するものとを区分することができない以上全体を否認すべきかで見解が対立している[6]。これに続く議論として、否認した抵当権に後順位抵当権者がいた場合、後順位担保権者の順位が上昇すると解する見解と、順位は上昇せず、否認された抵当権者が把握していた担保価値は破産財団に帰属するとの見解が対立している[7]。

　なお、新規融資と不動産に対する担保設定が同時交換的取引に該当する場合であっても、破産者が新規融資によって取得した金銭につき、隠匿等の意思を有しており、相手方もその意思を知っていた場合には、相当対価を得てした財産の処分行為による否認（法161条）として否認権行使の対象となる場合がある。

d　担保の追加・差替え

　金融機関や取引先との基本契約において、債権保全が必要な場合に、担保の追加、差替えを求めることができる旨の一般的・抽象的な規定が設けられていることがある。

　担保供与が破産者の義務に属する（法162条1項2号）といえるためには、具体的な担保供与義務を負っている必要があり、担保の追加、差替えを求めることができる旨を一般的・抽象的に定めているだけでは足りないと解される[8]。したがって、破産者が上記の規定に基づいて担保を供与した場合には、非義務偏頗行為として否認の対象となる。

6　『条解』1094頁、『倒産法概説』294頁〔沖野眞已〕、『基本構造』409頁

7　『条解』1132頁

8　大阪地判平9．3．21判時1628号64頁及びその判断をおおむね是認した大阪高判平9．12.17金判1053号22頁。『破産実務』287頁、『伊藤』577頁、河野正憲「金融機関による担保差替えと否認」金判1060号116頁

(3) 偏頗行為の時期（支払不能又は破産手続開始申立後）

破産手続開始申立後又は支払不能後に行われた偏頗行為が否認の対象となる。ここで、支払不能とは、債務者が、支払能力を欠くために、その債務のうち弁済期にある者につき、一般的かつ継続的に弁済することができない状態をいう（法2条11号）。一部の支払を行っていても債務全体についての弁済資力が失われていると評価できれば支払不能状態の存在が肯定される[9]。支払不能についての詳細は本書Ｑ9-2を参照されたい。

支払不能状態にあることは、支払停止であることを証明することにより推定される。ただし、この場合、破産手続開始申立前の1年以内の支払停止に限られる（法162条3項）。

(4) 受益者の悪意

a　悪意の対象

偏頗行為否認が認められるためには、偏頗行為が危機時期に行われたことを受益者が知っていることが必要である（法162条1項1号）。偏頗行為が支払不能後に行われていれば、悪意の対象は偏頗行為の当時債務者が支払不能又は支払停止であったことである。悪意の対象を支払停止でもよいとしている趣旨は、破産者内部の状態である支払不能状態を受益者が認識するのは容易ではなく、また、支払停止を認識していれば否認されたとしても取引の安全を害することもないからである[10]。もっとも、破産手続開始申立ての日から1年以上前にした偏頗行為に関しては、支払停止を知っていたことを理由として否認することはできず、破産管財人は、受益者の支払不能に対する悪意を立証する必要がある（法166条）。

偏頗行為が破産手続開始の申立てがあった後にされた場合には、受益者の悪意の対象は破産手続開始申立ての事実である。

b　悪意の推定

受益者が内部者（法161条2項）である場合には、支払不能等についての悪

9　『伊藤』575頁
10　『伊藤』576頁、『条解』1096頁

第9章　否認権・相殺禁止　541

意が推定される（法162条2項1号）。また、偏頗行為が破産者の義務に属せ
ず、又はその方法もしくは時期が破産者の義務に属しない場合にも受益者の
悪意は推定される（法162条2項2号）。

4　非義務偏頗行為の取扱い

　偏頗行為のなかでも、破産者の義務に属しないもの（義務なく追加担保を
提供すること）やその時期が破産者の義務に属しないもの（期限前弁済）につ
いては、支払不能よりも30日さかのぼった時点の行為が否認の対象とされて
いる。支払不能の直前にこれらの行為を行うことで貸倒れのリスクを軽減ない
いし他の債権者に転嫁することは債権者間の平等を害することから、支払不
能前の行為であっても、偏頗行為否認の対象としたものである（この条文
は、基本的にモニタリングをしている債権者、主としてメインバンクとインサイ
ダーを念頭に置いているとの指摘がある）[11]。

　なお、非義務偏頗行為には、その方法が破産者の義務に属しない場合（金
銭による弁済を代物弁済で行った場合）は含まれていない。方法を異にしたと
しても、信用リスクを変更し、債権者間の平等を害するものとまではいえな
いことによる[12]。

5　代物弁済の否認

(1)　一般債権者に対する代物弁済

　代物弁済は債務の消滅行為であり、破産法162条所定の要件を満たす限り
は、偏頗行為否認の対象となる。また、代物弁済によって債権者の受けた給
付の額が消滅した債務の額を超過する場合には、その超過部分が詐害行為否
認の対象となる（法160条2項）。

(2)　担保権者に対する代物弁済

　もっとも、破産者が破産手続開始前に担保目的物を担保権者に対して代物

11　『基本構造』413頁
12　『注釈（下）』134頁〔髙井章光〕、『伊藤』578頁

弁済した場合には、文言上は偏頗行為否認の要件を満たしていたとしても、かかる行為には原則として有害性がなく、詐害行為否認の対象とはならない[13]。詳細は本書Ｑ９-４を参照されたい。

Q9-9　債権譲渡と否認

債権譲渡契約、債権譲渡担保契約が否認されるのはどのような場合ですか

岩知道　真吾

1　債権譲渡契約

現代社会において債権譲渡が行われる場面としては、資金繰りに窮した債権者が当面の運転資金を確保するために額面よりも低い価格で債権を売却する場面（債権譲渡）、資金調達を受けるための担保として譲渡する場面（債権譲渡担保）、証券化に代表されるように健全な企業が資金調達の手段として債権譲渡をする場面（証券化）がある[1]。

それぞれの場面において譲渡人が破産した場合、譲受人に対する否認権行使の可否が問題となる。

2　債権譲渡契約の否認

(1)　詐害行為否認

例えば、危機的状況にある債権者が、翌月末に弁済期が到来し債務者の資力に問題がない額面100万円の売掛債権を30万円で売却するなどといったように、債権譲渡の対価が廉価であった場合には詐害行為否認が問題となる

13　『伊藤』547頁、最判昭41.4.14民集20巻4号611頁
1　潮見佳男『新債権総論Ⅱ』（信山社出版、2017年）350頁、内田貴『民法Ⅲ〔第3版〕』（東京大学出版会、2005年）203頁

第9章　否認権・相殺禁止　543

（法160条）。

（2）　無償否認

また、上記の債権が無償又は実質的に無償と同視できる価格で譲渡された場合には、無償否認の問題となる。

（3）　対抗要件否認

従前、債権譲渡を行うことは譲渡人が危機的状況にあることを示すと考えられていたため、債権譲渡契約が締結されたとしても、譲渡人は債務者に対する譲渡通知の発送をできるだけ遅らせることを希望するのが通例であった。そのため、例えば、譲受人は債権譲渡契約を締結した際にあらかじめ譲渡人から債権譲渡通知を預かるにとどめ、譲渡人が支払停止に陥るまではその発送を留保するといった運用がされていた。

これに対し、対抗要件否認の要件は、債権譲渡の第三者対抗要件としての債権譲渡通知が支払停止又は破産手続開始申立後に行われたこと、及び、その対抗要件具備行為が権利移転から15日以上経過した後に支払停止等を知ってなされたことであり、上記の運用をとる場合には、債権譲渡契約締結時から譲渡通知発送までに15日以上経過していることが通常なので、譲渡通知の対象は対抗要件否認の対象となり、債権譲渡の効力を破産管財人に対抗できなくなっていた。

そこで、できるだけ対抗要件の具備を遅らせる一方で対抗要件否認を回避するために実務上さまざまな工夫が行われ、裁判例も推移した（後記3（3）a参照）。

なお、債権譲渡の第三者対抗要件は、債務者による承諾によっても具備することができるが、対抗要件否認の対象となる行為は、破産者の行為又はこれと同視すべきものに限られ、債務者の承諾は対抗要件否認の対象とならないとするのが判例の立場である[2]。もっとも、これに対しては、破産者の行為が必要とされるのは破産者の詐害意思を要件とする否認類型に限られるべ

2　最判昭40.3.9民集19巻2号352頁

きであり、対抗要件否認に関しては危機時期の行為を問題としており、破産者の詐害意思は要件となっていないのであるから、債務者の承諾も対抗要件否認の対象とすべきとする有力な見解がある[3]。

3 債権譲渡担保契約の否認

(1) 債権譲渡担保契約自体の否認

担保設定を目的とする債権譲渡契約（債権譲渡担保契約）については、これが支払不能後又は破産手続開始申立後（以下あわせて「危機時期」という）に行われ、破産法162条所定の要件を満たす場合には、偏頗行為否認の対象となる。

(2) 集合債権譲渡担保

近時は、債権譲渡担保の対象を将来債権の集合債権とする例が散見される。集合債権譲渡担保契約の締結自体が担保設定行為として偏頗行為になり得ることは前項のとおりである[4]。

また、集合債権譲渡担保契約の締結自体が時期的には偏頗行為否認の対象とならないとしても、以下の場合には、偏頗行為否認の対象となり得る。

① まず、集合債権譲渡担保契約の担保の目的物とされる債権につき、契約締結時に特定不十分だったものがその後（危機時期以降）に特定された場合。集合債権譲渡担保については、担保の目的とされる債権がその発生原因、限度額、第三債務者、始期・終期等の要素により特定されている必要があるので[5]、担保の目的が特定されたことを担保権の設定とみなすという趣旨である。

---

3 『注釈（下）』141頁〔髙井章光〕、『伊藤』590頁、『条解』1108頁
4 なお、東京地判平成27.4.28判時2275号97頁は、将来集合債権譲渡担保契約に対する偏頗否認行為の可否が争点となったが、将来集合債権譲渡担保契約が危機時期に至る前に締結され、かつ、危機時期に至る前に、動産及び債権の譲渡の対抗要件に関する民法の特例等に関する法律4条1項に基づく登記が具備されていれば、担保権の実行が危機時期以降に行われたとしても、否認は成立しないとの判断を行っている。
5 最判平12.4.21民集54巻4号1562頁

第9章 否認権・相殺禁止 545

② 次に、破産者が譲渡担保権者の利益を図るために、危機時期以降に意図的に売掛債権を増加させた場合[6]。

③ さらに、破産者が債権を取得したことで、その債権が譲渡担保の目的たる集合債権に混入した場合もそれが危機時期以降であれば偏頗行為否認の対象となり得るとする有力な見解がある[7]。

(3) 停止条件付債権譲渡担保契約の否認

a 裁判例の推移

債権譲渡担保契約の場合、民法上の第三者対抗要件は譲渡債権の債務者に対する通知又は債務者による承諾である（民法467条）。前述（2(3)）のとおり、平時において第三者対抗要件を具備すると、譲渡人（設定者）の信用不安を招来する恐れがある一方で、債権譲渡担保の合意を平時に行い、支払停止等の信用不安が生じたのちに対抗要件を具備すると、権利移転と対抗要件具備との間に15日以上経過することが通常であり、対抗要件否認の対象となる。

そこで、債権譲渡担保権者は、支払停止等の事実を債権譲渡契約の停止条件としたり、債権譲渡担保権者に対して債権譲渡担保契約の予約完結権を付与したりすることにより、権利移転と対抗要件具備との間に15日以上経過しないような法律構成を採るとの運用を行っていた。

しかし、これらの運用に対しては法律構成を変えるだけで否認の可否が変わるのはおかしいとの指摘がなされ、まず、下級審においてこれらの法律構成に対しても対抗要件否認を認める判断が下されるようになった[8]。その

---

6 『伊藤』579頁、『破産実務』302頁、『手引』219頁、『注釈（下）』127頁〔髙井章光〕。『伊藤』579頁は、②の事案について「破産者の害意が認められるから、増加分の目的物についてこれを代物弁済に類するものと見れば、法160条2項の詐害的債務消滅行為の規定を類推適用する余地がある」とする。なお、『大コンメ』648頁〔山本和彦〕は、「個々の債権の発生について破産者の作為がある限り、同様の規制（引用者注：法162条）に服するものと解すべき」とする。

7 『伊藤』589頁は、「個別動産や債権について譲渡担保が成立するのはそれらが集合物に混入したときであり、それ自体については破産者の行為が存在しないが、担保権の成立又は担保権の効力が及ぶ点では、破産者の行為による担保権の設定と同視される」とする。

後、最高裁は、停止条件付債権譲渡担保契約について、実質的にみれば支払不能等の危機時期以降に担保設定をしているのと同視することができるので、偏頗行為否認の対象となるとの判断を下した[9、10]。

b 債権譲渡登記

現在は、動産及び債権の譲渡の対抗要件に関する民法の特例等に関する法律（以下「動産債権譲渡特例法」という）によって債権譲渡登記制度が設けられ、債務者に知られることなく第三者対抗要件を具備することが可能となったので（動産債権譲渡特例法4条1項登記）、偏頗否認の対象となる停止条件型・予約型の債権譲渡担保設定契約ではなく、平時に集合債権譲渡担保契約が締結され、動産債権譲渡特例法4条1項登記が具備されることが多くなっている。

4　証券化と否認

証券化とは、典型的には、資金調達を希望する企業（オリジネーター）が保有する資産（集合債権など）をSPC（"Special Purpose Company"）に譲渡し、SPCがその譲り受けた資産を原資とする証券を発行することによって資金調達を図るスキームをいう。

将来集合債権を証券化した後に、オリジネーターが破産した場合、破産管財人がオリジネーターによる譲渡行為の効力を否認し、破産財団に帰属させることができるか、具体的には、オリジネーターがSPCに対して行う譲渡が真正売買であれば、詐害行為否認や対抗要件否認の可否が問題となる。

まず、対抗要件否認に関しては、平時において、動産債権譲渡特例法4条1項登記が具備されていれば、対抗要件否認が問題となることはないと考える[11]。

8　下級審裁判例（予約型：大阪高判平10.7.31、停止条件型：大阪高判平10.9.2、いずれも金法1528号36頁）は、譲渡担保設定契約締結時（停止条件付き、予約完結権付きを含む）に債権譲渡担保権が発生しているとし、対抗要件否認を認めた。
9　停止条件型に関する最判平16.7.16民集58巻5号1744頁。なお、予約型に関しては東京地判平22.11.12判時2109号70頁が偏頗行為否認の対象となることを認めている。
10　これに対し、前掲注8の大阪高裁の裁判例と同様に対抗要件否認の起算日を債権譲渡担保設定契約（停止条件付き又は予約完結権付き）自体に求めて、このような場合は対抗要件否認の対象となるとする有力な見解がある（『伊藤』593頁、『条解』1110頁）。

第9章　否認権・相殺禁止　547

次に、詐害行為否認に関しては、対価の相当性が問題となるが、譲渡対象債権の貸倒率を勘案して譲渡対価を決定することは債権売買の場面で通常行われていることであり、特段問題はない。他方で、それを超えて譲渡代金の一部が劣後化されているときには、その劣後化部分の回収可能性を考慮して、対価の適正さを判断する必要があるといわれている[12]。

　また、価格が適正と判断されたとしても、相当対価の処分行為否認（法161条）の可否を検討する必要がある。この場合、金銭債権を金銭にすることが「財産の種類の変更」（法161条1項1号）に該当するかについては、肯定説と否定説がある[13]。加えて、「隠匿等の処分」への該当性が問題とされている行為として、証券化によって得た資金をもって既存の債務の本旨弁済を行うことがあげられている[14]。破産法161条が、適正売買が行われた場合の対価が隠匿や無償の供与のような悪質なものに限って否認の対象としていることからすれば、本旨弁済が行われた場合にこれを「隠匿等の処分」に該当すると解する必要は原則としてはないと考える[15, 16]。なお、以上の議論は、オリジネーターからSPCに対する譲渡の否認可能性の議論であり、本旨弁済自体が偏頗否認の対象となり得ることは別論である。

11　『破産実務』305頁、松嶋英機「否認権（Ⅱ）」『新・実務大系』476頁、『注釈（下）』142頁〔高井章光〕

12　山本和彦「証券化と倒産」ジュリ1240号18頁

13　『基本構造』395頁

14　『基本構造』399頁

15　『伊藤』568頁。なお、同書は本旨弁済を受ける者と破産者が特別な関係にあり、本旨弁済が実質的に隠匿と同視されるべき特段の事情がある場合は別とする。

16　山本克己「否認権（上）」ジュリ1273号80頁

Q 9-10　事業譲渡・会社分割と否認

事業譲渡を否認することができますか。会社分割による場合はどうですか

森 倫洋

1　事業譲渡の否認

　事業譲渡とは、一定の営業目的のため組織化され、有機的一体として機能する財産（得意先関係等の経済的価値のある事実関係を含む）の全部又は重要な一部を譲渡することを指す[1]。

　事業譲渡が詐害行為取消しや否認権行使の対象となることには争いがなく[2]、事業譲渡が無対価又は不相当な対価でなされている場合は「破産者が破産債権者を害することを知ってした行為」（法160条1項1号）に該当するものとして否認し得、相当対価を得ている場合は、隠匿等の処分をするおそれを生じさせているなど破産法161条1項の要件を満たす場合に限り、否認することができる[3]。

　対価の相当性は、事業譲渡の対象となっている個々の資産の価格（時価又は処分価格）の総額のほか、有機的一体としての事業の価値をふまえて判断することになる。また、詐害意思の有無は、対価の額自体のほか、価格決定のプロセス（専門家の意見聴取の有無、入札方式がとられているかどうか等）、売却先の属性及び選定方法（競争入札か相対取引か、関係先か独立当事者か

1　最判昭40.9.22民集19巻6号1600頁参照。同判例では、これに加え、譲渡によって、譲渡会社がその財産によって営んでいた営利的活動の全部又は重要な一部を譲受人に受け継がせ、譲渡会社がその譲渡の限度に応じ法律上当然に旧商法25条（会社法21条）に定める競業避止義務を負う結果を伴うものをいうとされている。

2　詐害行為取消しについて最判昭42.3.14集民86号551頁、無償行為否認について大阪高判平30.12.20金法2115号62頁

3　東京高判平25.12.5金判1433号16頁は、破産法161条1項1号にいう「その他の破産債権者を害する処分」とは、当該処分により破産者の責任財産が「隠匿、無償の供与」に準じて事実上又は法律上減少するものに限られると解するのが相当としている。

第9章　否認権・相殺禁止　549

等）、譲渡人における資金需要の状況及び対象資産の範囲の選定方法等を総合考慮して判断することになる。実務的には、個別資産の譲渡に比して、かかる事業として一体としてみた場合の対価の相当性や価額償還の範囲が問題となるところであろう。

　否認権行使の効果としては、事業譲渡契約の移転対象（資産・契約関係）の移転の効果が否定され、譲渡人の破産財団に復させるか、それが困難な場合は価額を償還させることとなる（法167条。なお、法168条4項参照）。

　なお、事業の譲受会社が一部債権者のみに重畳的債務引受をし弁済をした事案で、事業譲渡が否認された場合の価額償還範囲について、譲受人が弁済をした部分が控除・減額されるものではないとした裁判例がある[4]。

2　会社分割の否認

　会社分割とは、株式会社又は合同会社（分割会社）がその事業に関して有する権利義務の全部又は一部を分割後他の会社（承継会社）に、又は会社分割により設立する会社（新設会社）に承継させることをいう。

(1)　否認の可否

　会社分割が否認権行使の対象になるかについては従来争いがあったが、最高裁判決により、取消しの効力が新設分割による株式会社の設立の効力にまで影響を及ぼすものでないことを前提に、詐害行為取消しの対象となることが認められたことから、現在では（吸収分割の場合を含めて）会社分割が否認権行使の対象となること自体にはほぼ争いがない[5]。

(2)　否認の類型

　他方で、会社分割を否認する場合の否認の類型として、詐害行為（法160条）、相当対価を得てした財産処分行為（法161条）、偏頗行為（法162条）のいずれによるべきかについてはさまざまな見解がある[6]。この点、弁済条件

4　東京地決平22.11.30金判1368号54頁
5　最判平24.10.12民集66巻10号3311頁。否定説として、東京地判平17.12.20金法1924号
　　58頁、岡伸浩「濫用的会社分割と民事再生」NBL922号6頁等

の相違に着目して偏頗行為の問題とする見解や詐害行為としても分割会社に新設会社株式等が対価として交付されることに着目して相当対価を得てした財産処分行為とみる見方もあるが、前者については会社分割自体を弁済・担保設定とみるのが困難であることや承継される債権者の悪意の点も問題があること、後者については「隠匿等の処分」をするおそれやその意思の要件が問題になることが指摘されている[7]。

他方で、詐害行為とみる見解では、簿価上では財産減少とみられない場合でも、清算価値でみた場合に、対価として交付された新設会社の株式の価値（新設会社の純資産額ベースでの評価）と、新設会社への免責的債務引受で分割会社の免れた債務の実価（分割前の状態で清算価値でみて返済可能であった部分の評価額）が、分割会社に承継された資産額を下回るときには、責任財産減少行為とみて詐害行為性が認められるとしている[8]、[9]。

(3) 否認の対象行為

会社分割の否認の対象行為を何ととらえるかについて、新設分割の場合にこれを、①新設分割自体とする考え方、②新設会社の設立を除外して分割計画書における個々の権利義務（資産負債）の移転部分とする考え方、③分割計画書における個々の資産（権利）の移転部分のみとする考え方に分かれている[10]。否認権行使の効力が倒産手続との相対的なものであり、破産財団の

6　各見解については、松下淳一「濫用的会社分割についての覚書」債管138号146頁、服部明人・岡伸浩「会社分割と破産法上の否認権の類型」第一東京弁護士会総合法律研究所倒産法研究部会編著『会社分割と倒産法』（清文社、2012年）76頁参照

7　松下・前掲注 6・148頁

8　伊藤眞「会社分割と倒産法理との交錯—偏頗的詐害行為の否認可能性—責任財産の割合的減少をどのように捉えるか」NBL968号12頁以下。なお、これについては、債務の「実価」が問題となるのは偏頗弁済の場面であり、詐害行為否認の文脈ではそのような概念は用いないのではないかという指摘がある（土岐敦司・辺見紀男編『濫用的会社分割—その態様と実務上の対応策』（商事法務、2013年）12頁〔山本和彦〕参照）。

9　京都地判平27.3.26判時2270号118頁は、債務超過に陥った会社が行った新設分割が当該会社の責任財産を減少させる行為として、当該行為の時点では詐害性があったといえるとしつつ、破産管財人の株式譲渡に対する否認権行使とその後の再度の株式譲渡により責任財産が回復されたとして詐害行為取消権の行使を否定している。

10　岡伸浩「濫用的会社分割と倒産法上の否認権」第一東京弁護士会総合法律研究所倒産法研究部会編著、前掲注 6・68頁以下

回復という否認の目的に照らしても、会社の設立自体を対象にする必要はなく、権利義務の移転（②）又は資産移転（③）を対象にすれば足りると解される[11]。なお、否認の実効性・迅速な財団回復を確保する観点からも、可能な限り回復する対象資産やその価額を特定するのが望ましいと思われる[12]。

　他方、分割型新設分割に伴って行われる剰余金の配当に対して否認権行使をした事案では、会社法所定の債権者異議手続を経て実施された場合には、分割型新設分割の際に実施された債権者異議手続における事前開示書面の内容に、債権者が異議を申し立てるか否かの判断を誤らせるような虚偽の記載があるなど特段の事情がない限り、否認権を行使することができないと解すべきとする裁判例がある[13]。

(4)　否認の効果

　否認権行使の結果、否認対象となった権利義務又は資産は原状回復され、又は価額償還される。相手方である新設会社は、反対給付の返還又はその価額の返還を求めることができる（法168条1項）。この場合、否認権行使の効果が倒産手続との関係での相対的なものであって組織法上の行為を否定しないことから、価額償還を広く認めるべきとする考え方が提唱されている[14]。

　他方で、相手方から受けた反対給付については、否認の結果、分割会社が返還又は価額償還を受けることができる（法168条1項）。そのような反対給付としては、債務の承継と新設会社の株式が考えられるが、前者については新設会社に承継された債務の「実価」と新設会社に承継された資産額との差額償還（同条4項）の処理によることが考えられ、後者についても株式自体

11　伊藤・前掲注8・12頁以下、服部・岡・前掲注6・69頁参照。これらの文献は②の見解に立っている。ただし、服部・岡・同74頁では個々の資産移転の一部否認も可能としており、③の処理も可能と解しているとみられる。

12　福岡高判平23.10.27金法1936号74頁では「分割会社から新設会社に承継された権利（資産）が詐害行為取消権の対象となるが、新設会社の資産を分離して被保全債権だけ切り出すのは困難を伴うことや新設会社の事業継続等の利益にも影響を与えかねないこと等から鑑みると、その中から個別の権利（資産）を特定するのが望ましいにしても、そのような個別の権利（資産）を厳密に特定するまでの必要性は必ずしもないと考えられる。」とされている。

13　東京地判平28.5.26判時2328号111頁

14　伊藤・前掲注8・27頁

の返還にかえて交付株式の価額に相当する金銭の返還によるものとすること
が考えられる[15]。

(5)　裁　判　例

会社分割について、新設分割のうち権利（資産）承継部分を詐害行為とし
て否認し価額償還を命じた裁判例や不動産の現物返還を命じた裁判例があ
る[16]。なお、詐害行為取消権については、取消しの対象につき、①新設分割
とするものと②個々の資産の権利の移転行為とするものとがある[17]。

(6)　ま　と　め

会社法の改正により、詐害的会社分割については、残存債権者に承継会
社・設立会社に対する直接請求権が認められ（株式会社に権利義務を承継させ
る吸収分割について改正会社法759条4項、持分会社に権利義務を承継させる吸収
分割について同法761条4項、株式会社を設立する新設分割について同法764条4
項，持分会社を設立する新設分割について同法766条4項）、一定の立法的解決が
図られたが、倒産場面では直接請求権は認められず（前各条7項）、当面は管
財人・監督委員による否認権行使に委ねられることとなった。そのため、濫
用的会社分割が疑われる場合には、否認権行使や、さらには価額償還請求そ
の他の債権に基づき承継会社・設立会社に対する倒産手続の債権者申立ての
検討が必要となる。

15　伊藤・前掲注8・28頁

16　価額償還を命じた裁判例として福岡地判平21.11.27金法1902号14頁、東京高判平
　　24.6.20金法1960号143頁。不動産の現物返還を命じた裁判例として福岡地判平
　　22.9.30金法1911号71頁

17　新設分割とするものとして東京地判平22.5.27金法1902号144頁、東京高判平
　　22.10.27金法1910号77頁、名古屋地判平23.7.22金法1936号118頁。個々の資産の権利
　　の移転行為とするものとして大阪地判平21.8.26金法1916号113号、大阪高判平
　　21.12.22金法1916号108頁、前掲注12・福岡高判平23.10.27

第9章　否認権・相殺禁止　553

Q 9-11　執行行為否認

執行行為や第三者の行為を否認することができますか

佐藤　潤

1　問題の所在

　破産手続開始前に破産者以外の第三者の行為や執行行為によって破産者の財産が散逸することもある。この場合でも破産管財人は否認権を行使することができるか。破産法は、文言上、「破産者が……した行為」（法160条、162条）を否認の対象としていることから問題となる。

2　執行行為の否認

(1)　趣　　旨

　破産法165条は、否認しようとする行為について、執行力のある債務名義があるとき、又は、その行為が執行行為に基づくものであるときでも、否認権を行使することができることを定めている。

　詐害行為や偏頗行為が、債務名義を有する債権者に対して行われた場合（債務名義を有する債権者への任意弁済がされた場合）や、執行機関による執行行為を通じてなされた場合（債務名義に基づく強制執行により債権者が弁済を得た場合）であっても、破産債権者の利益を害し、又は、破産債権者間の平等を害することに変わりはないことから、破産法165条は、新たな否認の類型を設けたものではなく、債務名義が介在した場合でも否認が可能であることを注意的に定めた規定である。

　そのため、一般の否認の要件を満たすのであれば、金銭執行のみならず物の引渡しを求めるなどの非金銭執行も否認をすることができると解されている[1]。

(2) 否認しようとする行為について執行力ある債務名義がある とき（法165条前段）

破産法165条前段は、次の３つに分類して説明されている。

a 債務名義の内容である義務を発生させる行為の否認（原因行為の否認）

例えば、売買代金の支払を命じる確定判決があるときに、売買代金の支払義務を発生させる売買契約を不当に高額に商品を購入したとして詐害行為否認をする場合や、物の引渡しを命じる確定判決があるときに、物の引渡義務を発生させる売買契約を不当に廉価で物を売却したとして詐害行為否認をする場合がある[2]。

ただし、否認の結果、債務名義の内容である義務は消滅するものの、債務名義の執行力が当然に消滅するわけではないので、破産管財人は、取戻権の基礎となる権利の否認を理由として取戻権の行使としての物の引渡しを求める強制執行を防ぐためには、請求異議の訴え（民事執行法35条）を提起しなければならない[3]。

b 債務名義を成立させる行為の否認（債務名義の否認）

例えば、債権者の提起した訴訟において債務者がした請求の認諾（民事訴訟法266条）、裁判上の自白（同法179条）、債務者の提起した訴訟において債務者がした請求の放棄（同法266条）、訴訟上の和解（同法267条、275条）、公正証書作成時の執行受諾（民事執行法22条5号）などがある。破産管財人は、物の引渡しを命じる確定判決を有する債権者に対し、請求異議の訴えを提起し、その理由として、引渡義務の前提となる事実に関する裁判上の自白について詐害行為否認を主張することが考えられる。

この場合における否認の効果は債務名義の執行力が失われることであり、債務名義の内容たる義務には及ばない[4]。

---

1 『伊藤』607頁、『条解』1122頁、『注釈（下）』152頁〔髙木裕康〕
2 『大コンメ』672頁〔三木浩一〕
3 『条解』1123頁、『注釈（下）』153頁〔髙木裕康〕
4 『条解』1123頁、『注釈（下）』153頁〔髙木裕康〕

第9章 否認権・相殺禁止 **555**

c 債務名義に基づく権利を実現させる行為の否認 （履行行為の否認）

例えば、債務名義がある債権者に任意弁済をすることや、金銭執行による債権者の配当受領（民事執行法87条等）、移転登記を命じる確定判決に基づく移転登記申請（不動産登記法63条1項）などがある。

この場合における否認の効果は弁済や登記などが失効することであり、債務名義の内容である義務は消滅しない[5]。

(3) 否認しようとする行為が執行行為に基づくとき（法165条後段）

「否認しようとする行為」とは、執行機関の行為を通じて実現された弁済や権利移転などの法律効果自体をいい[6]、転付命令や競売などの執行機関による執行行為を通じて実現された弁済や権利移転などの法律効果を破産者等の行為によって実現されたものと同視して、否認が認められている[7]。

破産法165条後段の否認は、執行行為に基づく債権者の満足を否認の対象とする場合と、執行行為により生じる権利移転等を否認する場合の2つに分類することができる[8]。

前者の例は、支払不能後に、債権者が不動産に対する強制執行により配当などを受けたり、転付命令が発令され第三債務者から被転付債権の弁済を受けたりして債権の回収をしたときに[9]、当該債権回収行為を偏頗行為として否認する場合である。

後者の例は、不動産の競売が廉価であるときに競売による所有権移転（民事執行法79条）を詐害行為として否認する場合[10]や、支払不能後に転付命令が発令され第三債務者が被転付債権の弁済をする前に転付命令による被転付

---

5 『大コンメ』673頁〔三木浩一〕
6 『大コンメ』673頁〔三木浩一〕。執行機関の行為が無効とされるのではなく、当該行為に基づく効果が消滅するとされるのは、買受人などの地位を安定させ、ひいては強制執行に対する社会一般の信頼を保護するため、執行機関の行為は可能な限り無効とすべきではないからである（『基本法コンメ』381頁〔中西正〕）。
7 『伊藤』608頁
8 『倒産法概説』311頁〔沖野眞已〕、『基本法コンメ』381頁〔中西正〕
9 最判昭48.12.21金法714号39頁は、転付命令に基づく保険金の受領行為を否認した事案であり、最判昭57.3.30金法1011号46頁は請負代金債権に対する差押え及び取立命令に基づく回収行為を否認した事案である。

債権の移転を偏頗行為として否認する場合である。

なお、支払不能やその悪意といった否認の要件の判断基準時をいつとするのかについては争いがある。否認の対象となるのが執行機関の執行行為ではなく、効果において同視される破産者等の行為であるとして、判断基準時を執行機関への執行申立行為時とする見解[11]と、債権者が債権の満足を得た時点とする見解[12]がある。

(4) 破産者の行為の要否

否認しようとする行為が執行行為に基づくとき（法165条後段）の否認に関し、破産者の行為が必要であるかが問題となっている。

旧法下における判例ではあるが、執行行為の故意否認において、破産者が故意に強制執行を招致した場合や、破産者が自ら弁済をなしたとすれば悪意をもってなしたものと認められる状況がある場合に否認権を行使できるとする判例[13]、執行行為の危機否認において、破産者が強制執行を受けることについて害意ある加功を要しないとする判例[14]がある。

旧法下の判例をふまえ、現行法では、詐害行為否認のうち破産者の詐害意思を要件とする否認類型（法160条1項1号）については、詐害意思を認定するため、破産者の詐害意思の存在を推認させる程度の加功行為、又はそれと同視し得る第三者の行為が必要であるが、詐害行為否認のうち破産者の主観的要件を要しない否認類型（法160条1項2号）や偏頗行為否認（法162条1

10　裁判例として、抵当権設定行為、競売手続申立行為及び競落人による財産取得行為を否認した東京高判昭31.10.12判タ62号108頁、強制執行手続及び国税滞納処分手続において競落人が取得した行為を否認した浦和地判昭30.2.26下民8巻11号2191頁がある。ただし、競売における買受人の地位の安定への配慮や執行制度に対する一般的な信頼を確保する要請から、基本的に競売による所有権移転の場合には否認の対象とならず、例外的に、債権者が買受人となる「仕組まれた競売」の場合に対象となると解されている（『倒産法概説』301頁〔沖野眞已〕）。

11　『伊藤』609頁

12　中尾彰「支払不能前の債権差押えと執行行為の否認について」判タ1342号31頁、『破産民再概論』259頁〔畑瑞穂〕

13　大判昭14.6.3民集18巻606頁、最判昭37.12.6民集16巻12号2313頁

14　最判昭39.7.29集民74号797頁、最判昭48.12.21金法714号39頁、最判昭57.3.30金法1011号46頁

項）は、詐害意思が不要なため、効果において破産者の行為と同視される第三者の行為があればよく、破産者の行為は必ずしも必要ではないと解される[15]。

最判平29.12.19金法2092号76頁は、破産者の意思に基づく行為のみならず、執行力ある債務名義に基づいてされた行為であっても、破産者の財産をもって債務を消滅させる効果を生ぜしめるものであれば、偏頗行為否認が認められる旨判示した[16]。

3　第三者の行為の否認

第三者の行為も否認の対象となるかについては旧法時代から議論があった。

旧法下の判例では、債権者のなした相殺権の行使は破産者の行為を含まないから危機否認の対象とはならないとされ[17]、また、破産者が債権譲渡をした場合における第三債務者の承諾（民法467条1項）も破産者の行為又はこれと同視すべきものではないから危機否認の対象とはならないとされたが[18]、破産者が期限の利益を放棄して債権者による予約完結権の行使を誘致し、債権者が破産者に対し一方的予約完結の意思表示をなし、代物弁済の効力を生ぜしめた事案で、債権者の予約完結行為は危機否認の対象となるとされた[19]。また、第三者による弁済に関して、公務員共済組合の組合員の給与支給機関が公務員共済組合の組合員である公務員の給与から貸付金残額を控除して共済組合に払い込む行為は、共済組合に対する組合員の債務の弁済を代行するものにほかならないとして、危機否認が認められた[20]。

15　『伊藤』610頁、『条解』1125頁、『注釈（下）』122頁〔髙井章光〕
16　この判例は、債権差押命令の送達を受けた第三債務者が、差押債権につき差押債務者に対して弁済をし、これを差押債権者に対して対抗できないため（民法481条1項参照）に差押債権者に対してさらに弁済をした後、差押債務者が破産手続開始の決定を受けた場合、前者の弁済により差押債権は消滅しているから、後者の弁済は、差押債務者の財産をもって債務を消滅させる効果を生ぜしめるものとはいえず、破産法162条1項の「債務の消滅に関する行為」に当たらないと判示した。
17　最判昭40.3.9民集19巻2号352頁、最判平2.11.26民集44巻8号1085頁
18　前掲注17・最判昭40.3.9
19　最判昭43.11.15民集22巻12号2659頁

現行法では、旧法下の判例をふまえ、詐害行為否認のうち破産者の詐害意思を要件とする否認類型（法160条1項1号）については、破産者の詐害意思を認定するだけの破産者の行為もしくは加功行為又はこれと同視し得る第三者の行為が必要であり、詐害行為否認のうち破産者の主観的要件を要しない否認類型（法160条1項2号）や偏頗行為否認（法162条1項）については、効果において破産者の行為と同視できるものが認められれば足りると解される[21]。

Q 9-12　否認と原状回復

否認による原状回復はどのようになされますか。債権が復活することに伴い、担保も復活しますか

岩知道 真吾

1　否認の効果（観念的な原状回復）

否認権行使の効果は、破産財団を原状に復する（法167条）というものであり、「原状に復する」とは、否認権行使の結果、否認対象行為によって移転した権利が当然に破産財団に帰属する（物権的効果説）ことを意味すると解するのが一般的である。この物権的効果は、破産管財人と相手方（受益者・転得者）との間で、破産手続との関係でのみ生じる（相対的効力）と解されている。

もっとも、否認権の効果として生じるのは、観念的な権利の移転に留まるので、破産管財人としては、否認権行使により破産財団に復帰させた財産権を現実に管理処分すべく、任意に又は否認権行使を認めた判決に基づく強制

20　地方公務員共済組合の事案につき最判平2.7.19民集44巻5号837頁、国家公務員等共済組合の事案につき最判平2.7.19民集44巻5号853頁
21　『伊藤』553頁は、破産者の行為を全く不要とするのは解釈論の行き過ぎであると論じる。

第9章　否認権・相殺禁止　559

執行を通じて占有の回復や登記・登録の設定などの第三者対抗要件を具備
し、物理的にも原状回復する必要がある[1]。

2 原状回復の具体的方法

(1) 金銭給付の場合

金銭による弁済行為を否認する場合などのように否認対象行為によって移
転した財産が金銭である場合には、否認権を行使しても、相手方に移転した
金額相当の金銭支払請求権が発生するのみである。よって、破産管財人が現
実に管理処分するためには、破産財団に同額が支払われる必要がある。ま
た、その際には、相手方が否認対象行為に基づいて金銭を受領した日を起算
日とする遅延損害金の支払を求めることができる[2]。遅延損害金の利率は、
否認対象行為が商行為の場合には、返還された金員が商行為に用いられるこ
とになるので、商事法定利率が適用され[3]、それ以外の場合には民事法定利
率が適用される。

(2) 物又は権利の返還

物又は権利の移転行為を否認した場合でも、否認権行使の効果としては破
産財団に観念的に権利が復帰するのみであり、破産管財人が現実に管理処分
を行うためには、例えば、不動産の売買契約を否認した場合には、第三者対
抗要件として否認の登記を具備する必要がある。登記・登録制度の適用がな
い動産については引渡し、債権については、確定日付のある通知・承諾を通
じて第三者対抗要件を具備する必要がある[4]。

否認権行使後、破産管財人が対抗要件を具備する前に係争物の譲受人が登
場した場合、破産管財人と当該譲受人とは対抗関係に立ち、その優劣は対抗

1　『注釈（下）』160頁〔髙木裕康〕、『条解』1129頁
2　『条解』1131頁
3　最判昭40.4.22民集19巻3号689頁。なお、民法改正によって商事法定利率は廃止さ
　れ、改正後は法定利率（改正民法404条）が適用されることとなる。
4　債権譲渡の否認については、第三債務者への通知は不要で、後は債権の準占有者への
　弁済として処理するという考え方もあり得るとの指摘がある（『条解』1131頁）。

要件具備の先後によって決まる[5]。譲受人が先に対抗要件を具備した場合、破産管財人はその譲受人が転得者否認（法170条）の要件を満たすものでない限りは、その譲受人に対して否認権行使の効果を主張することはできない。

(3) 価額償還請求権

a 価額償還請求の適用範囲

原物返還が可能な場合には、破産管財人は原物返還しか求めることができず、目的物が滅失し、又は、第三者に譲渡されていた場合に限り、価額償還請求が可能というのが従来からの一般的な考え方である[6]。もっとも、原物の取戻しが可能であっても、既にその価値が減少しているような場合に、その減価分について価格償還請求権が認められるとする有力な見解がある[7]。

b 価額の算定基準時

価額償還請求を行う場合の価額の算定基準時については諸説ある[8]が、判例は、否認権行使時を基準とする[9]。

価額償還請求を行う場合には、否認権行使の日を起算日とする利息を付すことができる。利率は、否認対象行為が商行為の場合には商事法定利率[10]、それ以外の場合には民事法定利率である[11]。

(4) 無償否認の場合の特則

破産法167条2項は、無償行為が否認された場合の効果につき特則を設けている。無償否認は相手方の主観を問わない否認類型であることから、善意の相手方を一定の範囲で保護する趣旨である。無償否認の相手方が、その行為の当時、支払停止又は破産手続開始の申立てがあったことそして無償行為

---

5 『条解』1130頁、『注釈（下）』160頁〔高木裕康〕

6 『条解』1136頁、『注釈（下）』164頁〔高木裕康〕

7 『伊藤』633頁。破産管財人は、目的物の返還請求権と価額償還請求権を任意に選択することができるとの考え方も提唱されている（『倒産法概説』316頁〔沖野眞已〕）。

8 否認対象行為時、処分時、破産手続開始時、否認権行使時、口頭弁論終結時、これらから任意に選択できるとの立場などがある（詳細は、『伊藤』634頁参照）。

9 最判昭42.6.22判時495号51頁

10 民法改正による商事法定利率の廃止については前掲注3参照

11 『条解』1136頁

が破産者を害することを知らなかった場合には、その現に受けている利益
（現存利益）を返還すれば足りるとしている。

現存利益とは、無償行為によって取得した財産、利益、あるいはその価値
変形物であり、現に相手方が保持しあるいは相手方に帰属しているものをい
う[12]。現存利益の範囲は、民法703条におけるそれとほぼ同一である[13]。

善意の時期は、無償行為を受けたときに善意であれば足りる[14]。

3　相手方の地位

(1)　詐害行為否認等（法160条1項・3項、161条）の場合

a　反対給付の返還

破産者が行った財産処分行為を否認し、否認対象行為によって移転した財
産権が破産財団に復したにもかかわらず、相手方が破産者に対して行った反
対給付が相手方に返還されなければ破産財団は不当に利することとなる。そ
のため、破産法は、反対給付が破産財団に現存する場合には、相手方に取戻
権を認め、また、反対給付が破産財団に現存しない場合には、反対給付の価
額相当額を原則として財団債権とすることで相手方との公平を図っている
（法168条1項）。

現存するか否かの基準時は、否認権行使時に反対給付が破産財団に現存し
ていたとしても、口頭弁論終結時に現存していなければ取戻権を認めること
はできないことから、否認訴訟の口頭弁論終結時とするのが多数説である[15]。

反対給付が金銭でなされた場合、その額が破産財団に残っていたとして
も、金銭には特定性がないことから、その金銭が封筒に入れるなどして分別
管理されていない限りは、反対給付は現存していないと解されている[16]。

12　『条解』1137頁、『注釈（下）』160頁〔髙木裕康〕
13　兼子一監修『条解会社更生法（中）』（弘文堂、1973年）183頁
14　なお、無償行為を受けたときは善意であったが、その後に支払停止等の事実又は無償
　　行為が債権者を害することを知った者が、その後に無償譲渡の対象物を費消した場合に
　　は、本条の適用はあるものの、その相手方は別途損害賠償責任を負う場合があるとの指
　　摘がなされている（兼子監修・前掲注13・182頁）。
15　『伊藤』637頁、『条解』1142頁
16　『条解』1142頁

b 隠匿等の処分意思のある場合

破産者が対価として取得した財産について隠匿等の処分をする意思を有し、かつ、相手方がそのことを知っていたときは、現存利益が破産財団にあれば、現存部分は財団債権となり、現存利益が破産財団になければ、ない部分は破産債権となる（法168条2項）。これは、相手方が破産者の隠匿等の処分の意思を知っていたとしても、現存利益が破産財団に残っている限りは、過不足なき原状回復を全うする趣旨である。

このことからすると、反対給付が金銭でなされてその額が破産財団に残っている場合や反対給付たる金銭で他の資産を購入してその資産が破産財団に残っている場合には、現存利益は依然として破産財団に残っていると評価すべきである[17]。

なお、相手方が内部者（法161条2項）の場合には、破産者の隠匿等の処分意思についての悪意が推定されることとなる（法168条3項）。

c 否認対象物の引渡しと反対給付の返還

否認対象物の引渡しと反対給付の返還は同時履行の関係に立つとするのが一般的である。もっとも、破産財団に十分な資金がない場合などには、相手方の返還義務を先履行とする余地もあり得るとの指摘もある[18]。

d 差額償還請求

破産管財人が否認権を行使した結果、破産法168条に基づいて反対給付の返還義務を負う場合、破産管財人としては、財産の返還を求めるとともに反対給付の返還を行ってもよいが、返還を求める財産の価額から相手方に対して財団債権として履行すべき額を控除した差額の返還を求めることも可能である（法168条4項）。

差額償還の額を算定するにあたり、その評価の基準時が問題となるが、理論的整合性の観点からは、返還を求める財産の額及び相手方に対して財団債権として履行すべき額のいずれについても破産法167条に基づく価額賠償請求の基準時と同一の基準時（判例は否認権行使時説）を採用すべきと考える。

---

17 『伊藤』638頁、『条解』1144頁
18 『伊藤』639頁

(2) 偏頗行為否認（法162条1項）の場合

a 相手方の債権の復活

債務消滅行為が否認の対象とされ、相手方が破産者から受けた給付を返還し、又はその価額を償還した場合には、相手方の債権は破産債権として復活する（法169条）。

b 「受けた給付の返還又は価額の償還」

復活の時期は、相手方が破産財団に対して原状返還をした時点である。破産法169条は、破産財団保護のために相手方の原状回復を先履行にしている[19]。

「受けた給付の返還又は価額の償還」の解釈として、相手方が給付等の一部のみを原状回復した場合には、原状回復した割合に応じて債権が復活するとの見解が従来の有力な見解であった[20]。しかし、破産財団保護のために相手方の原状回復義務を先履行にしている趣旨や一部復活するとした場合にその復活した破産債権を被担保債権とする担保や保証の復活の問題が複雑化することを理由に全てについて原状回復しない限り債権は復活しないとの見解も唱えられている[21]。

(3) 担保・保証の復活

偏頗行為が否認された後に、相手方の破産債権が復活すると、それに伴ってその破産債権を被担保債権とする担保権や保証は当然に復活する[22]。いったん消滅した被担保債権が復活した以上、相手方にとっては担保権や保証人の責任を復活させる必要があり、これを復活させたとしても担保権設定者や保証人に不測の損害を与えるわけではないからである。

例えば、抵当権の被担保債権に対する弁済が否認され、相手方の抵当権が

---

19 『条解』1149頁、『大コンメ』693頁〔加藤哲夫〕

20 『注釈（下）』170頁〔髙木裕康〕、『大コンメ』693頁〔加藤哲夫〕、大判昭14．3．29民集18巻287頁

21 『条解』1149頁

22 最判昭48.11.22民集27巻10号1435頁（連帯保証債務）、大阪地判昭48．2．14金法690号44頁（物上保証）

復活する場合[23]、その抵当権が破産財団所属財産に設定されていれば、破産管財人は抵当権設定登記の回復登記の義務を負う。物上保証人が不動産を担保に供していた場合も同様である[24]。

次に、被担保債権の弁済により抵当権が抹消された後に対象不動産が第三者に譲渡されその旨の対抗要件も具備しており、その後に、被担保債権の弁済の否認により、相手方の抵当権が復活する場合の処理についても議論がある[25]。この場合、第三者の取引の安全を保護する必要があることから、第三者は回復登記義務を負わず、破産管財人や物上保証人が相手方に対して担保権復活と同一の経済的利益を提供する債権的義務を負うとの見解が有力である[26]、[27]。

Q 9-13　三者間相殺と否認

三者間相殺について否認権を行使することができますか

高尾　和一郎

1　三者間相殺とは

相殺権とは、2人が互いに同種の目的を有する債務を負担し、双方の債務が弁済期にある場合に、債務者の一方が相手方に対して相殺の意思表示をすることによって対当額でその債務を免れる権能を意味し[1]（民法505条1項）、

23　担保権の被担保債権に対する弁済が否認され、担保権の復活が問題となる場合は、第2順位以降の担保権で、目的財産の価値で全くカバーされていないにもかかわらず、被担保債権が弁済された場合であるとの指摘がある（『条解』1150頁）。

24　『伊藤』641頁、『大コンメ』694頁〔加藤哲夫〕

25　『注釈（下）』178頁〔髙木裕康〕

26　『伊藤』641頁、『注釈（下）』178頁〔髙木裕康〕

27　関連する議論として、先順位抵当権者が否認された場合、後順位担保権者の順位は上昇するとの見解と、順位は上昇せず、先順位担保権者が把握していた担保価値は破産財団に帰属するとの見解が対立している（『条解』1132頁）。

1　『伊藤』500頁

第9章　否認権・相殺禁止　565

相殺は二者間で行われることが前提となっている。

この点、本稿においては、自働債権の債権者と受働債権の債務者が異なる場合の相殺を三者間相殺と呼ぶこととする。こうした三者間相殺は、破産管財人が売掛先等に請求を行った場合に、売掛先の関係会社が破産者に対して有する債権に関連して主張されるケースが典型としてみられるところであり、かかる相殺の主張に対する破産管財人としての対応を検討することとする。

2　相殺に対する否認権の行使

まず、三者間相殺に限らず、二者間における破産債権者からの相殺について否認権の行使が認められるか否かについては、支払不能になる前でも[2]破産者の倒産が必至となった状態での債務負担や債権取得がなされる可能性があることを理由として、これを肯定する見解もある[3]。

しかし、破産者による相殺や当事者間の相殺合意であれば格別、破産債権者からの相殺は破産者の行為を含まないこと、破産法には別途相殺禁止に関する定め（法71条、72条）が置かれていること、例外的な場合には相殺権の濫用法理の適用も考えられること等を理由として、否認の対象とならないと解するのが判例[4]、通説[5]である。

したがって、破産管財人としては、破産債権者ないし破産財団の債務者から三者間相殺が主張された場合、否認権の行使ではなく、以下に述べるとおり、そもそも破産手続において認められる相殺に当たるかという観点からの検討を行うことになろう。

2　破産者が支払不能になった後の破産債権者による債務負担や破産財団の債務者による債権取得については、一定の要件のもとで相殺が禁止される（法71条1項2号、72条1項2号）。

3　『伊藤』539頁。なお、『伊藤古稀』946頁〔髙見進〕も、相殺自体の否認を認める余地が全くないとまではいえないと述べる。

4　最判昭41.4.8民集20巻4号529頁、最判平2.11.26民集44巻8号1085頁

5　『条解』1091頁、『注釈（下）』123頁〔髙井章光〕

3 三者間相殺の可否

(1) 最高裁判例

三者間相殺の効力が最高裁で争われた事案としては、最判平28.7.8民集70巻6号1611頁（以下「平成28年判例」という）の事案が存在する[6]。

この事案においては、再生債務者Xに対して債務を負担するYが、この債務に係る債権を受働債権とし、自らと完全親会社を同じくするBが有する再生債権を自働債権として行った三者間相殺の効力が争われた。なお、この事案では、期限前終了事由が一方当事者（甲）に生じたときは、他方当事者（乙）は乙及びその関係会社が甲に対して有する債権と、甲が乙及びその関係会社に対して有する債権とを相殺することができる旨の合意が事前になされていた。

第一審[7]及び原審[8]は、本件の相殺は、二者間の相殺ではなくても、その場合と同様の相殺の合理的期待が認められる場合には相殺は許容されるとの見解を前提として、本件においては関係会社を含めたグループ企業同士でリスク管理をすることを企図していたこと等を理由に、相殺を有効と認めた。

これに対し最高裁は、「民事再生法92条は、再生債権者が再生計画の定め

---

[6] 平成28年判例以前の重要な先例として、受働債権を差し押さえた者との関係で三者間相殺の効力が取り扱われた最判平7.7.18金法1457号37頁の事案が存在する。

　この事案は、AのBに対する甲債権と、BのXに対する乙債権を相殺することができるとの相殺予約がA、B間であった場合に、Bの債権者であるY（国）が乙債権を差し押さえた後、Aが相殺予約に基づき相殺の意思表示を行った事案である（なお、AとXは親子会社であった）。

　第一審（神戸地判昭63.9.29金法1214号35頁）は相殺の対外的効力を認め、原審（大阪高判平3.1.31金法1284号22頁）は、相殺の対外的効力を否定したところ、最高裁は、「本件相殺予約の趣旨は必ずしも明確とはいえず、その法的性質を一義的に決することには問題もなくはないが、右相殺予約に基づきAのした相殺が、実質的には、Xに対する債権譲渡といえることをも考慮すると、XはAがYの差押え後にした右相殺の意思表示をもってYに対抗することができないとした原審の判断は、是認することができる。」と判示して、かかる三者間相殺の対外的効力を認めなかった。ただし、この判例自体は事例判決と解されているためか、平成28年判例ではいっさい言及されていない。

[7] 東京地判平25.5.30民集70巻6号1640頁

[8] 東京高判平26.1.29民集70巻6号1710頁

るところによらずに相殺をすることができる場合を定めているところ、同条
1項は『再生債務者に対して債務を負担する』ことを要件とし、民法505条
1項本文に規定する2人が互いに債務を負担するとの相殺の要件を、再生債
権者がする相殺においても採用しているものと解される。そして、再生債務
者に対して債務を負担する者が他人の有する再生債権をもって相殺すること
ができるものとすることは、互いに債務を負担する関係にない者の間におけ
る相殺を許すものにほかならず、民事再生法92条1項の上記文言に反し、再
生債権者間の公平、平等な扱いという上記の基本原則を没却するものという
べきであり、相当ではない。このことは、完全親会社を同じくする複数の株
式会社がそれぞれ再生債務者に対して債権を有し、又は債務を負担するとき
には、これらの当事者間において当該債権及び債務をもって相殺することが
できる旨の合意があらかじめされていた場合であっても、異なるものではな
い。」「したがって、再生債務者に対して債務を負担する者が、当該債務に係
る債権を受働債権とし、自らと完全親会社を同じくする他の株式会社が有す
る再生債権を自働債権としてする相殺は、これをすることができる旨の合意
があらかじめされていた場合であっても、民事再生法92条1項によりするこ
とができる相殺に該当しないものと解するのが相当である。」と判示して、
三者間相殺の有効性を否定した。

　なお、平成28年判例には、千葉勝美裁判官の詳細な補足意見が付されてお
り、そこでは今後企業グループ全体としてのリスク管理の必要性・合理性に
関する共通認識が醸成され、また第三者（関係会社）の範囲が明確に限定さ
れた場合には、三者間相殺の許容性について（立法も含めて）検討されるべ
きことが述べられている。

(2)　実務的対応

　平成28年判例は、三者間相殺は再生手続開始時において対立する債権債務
関係が存在せず、再生手続において相殺権行使を許容する民事再生法92条1
項の要件を満たさない、という形式的な論理を根拠として三者間相殺の有効
性を否定しており、相殺予約の合意が自働債権の債権者と債務者（受働債権
の債権者）の二者間のみならず、受働債権の債務者を含めた三者間であらか

568

じめ行われていた場合であっても相殺は認められないと明示した点に意義がある。

これによって、多くのケースにおいて、破産管財人としては、事前の当事者間における相殺合意の有無を問わず、売掛先等からの三者間相殺の主張に対しては認められないとして全額を請求することが可能であることが明らかになったと考えられる。

ただし、企業にとって、一定の場合に企業グループ全体としてのリスク管理を図ることの必要性が消滅したわけではないことから、今後は平成28年判例をふまえて、単なる三者間の相殺合意ではなく、委託保証等の別の法形式をとることで、三者間相殺と同様の効果を生じさせる契約書の作成が増えることも想定される[9]。破産管財人としては、破産財団の債務者等から三者間相殺の主張を受けた場合、その根拠を慎重に確認したうえで対応することが求められよう。

Q 9-14　自働債権が条件付きの場合の相殺の可否

　破産債権者は、自働債権が解除条件付き又は停止条件付きの場合に、相殺権を行使できますか。受働債権が解除条件付き又は停止条件付きの場合はどうでしょうか

佐藤 三郎

1　破産債権者による相殺権の行使

　破産債権者は、破産手続開始の時において破産者に対して債務を負担するときは、破産手続によらないで、相殺することができる（法67条1項）。

9　かかる構成による相殺は許容されると考えると述べるものとして、岡正晶「三者間ネッティングは民事再生法上許されないとした最二判平成28.7.8」金判1502号1頁。
　　また、平成28年判例をふまえて各種の三者間相殺スキームを検討するものとして、松尾博憲ほか「座談会　三者間相殺判決を読み解く」金法2057号19頁以下

第9章　否認権・相殺禁止　569

この場合、破産債権者は、破産管財人に対し、裁判上又は裁判外の一方的な意思表示によって相殺を行うことができる。破産債権者の有する自働債権については、債権届出を要しない。

　このような破産債権者による相殺権が認められるのは、相殺の担保的機能を破産手続が開始されたときにも保護するためである。破産法においては、相殺の担保的機能を尊重して、破産債権について現在化がされ（法103条3項・4項）、破産債権者が債務について期限の利益を放棄することも許されていることから（民法136条2項本文）、民法の相殺に関する一般原則に比べて要件が緩和されている（法67条2項）[1]。

2　自働債権が期限付債権の場合

　破産債権者が有する債権が期限未到来の債権であっても、破産手続開始時に弁済期が到来したものとみなされる（法103条3項、民法137条1項）。そのため、破産債権者は、期限の到来を待たずに、期限付債権を自働債権として相殺権を行使できる（法67条2項前段）。

　なお、本来、劣後的破産債権になるべき、確定期限付無利息債権の破産手続開始後の中間利息相当分（法99条1項2号）、不確定期限付無利息債権の破産手続開始時における評価額との差額（法99条1項3号）、定期金債権についての中間利息相当額（法99条1項4号）については、自働債権の額について制限がされ、これを控除した額の限度においてのみ相殺をすることができる（法68条2項）。同様に、明文規定はないが、破産法99条1項1号の劣後的破産債権となる破産手続開始後の利息の請求権（法97条1号）なども自働債権の額から控除されることになる[2]。

3　自働債権が解除条件付債権の場合

　解除条件付債権の場合は、債権自体は既に発生しているため、破産債権者

1　非金銭債権、金額不確定の金銭債権、外国通貨による金銭債権、存続期間が不確定である定期金債権についても、債権の金銭化がされ（法103条2項）、破産手続開始時における評価額で相殺することができる（法67条2項前段、68条1項）。
2　『条解』508頁、『伊藤』507頁

は、自働債権として相殺権を行使できる（法67条2項前段）。もっとも、破産手続中に条件が成就し、自働債権が消滅する可能性があるので、その際の破産債権者の受働債権の支払を確保するため、破産債権者は相殺額につき担保を供し、又は寄託をしなければならない（法69条）。解除条件が成就したときは、担保や寄託は破産財団に組み入れられるが、解除条件が最後配当に関する除斥期間内に成就しないときは、担保はその効力を失い、寄託金は当該破産債権者に払い戻される（法201条3項）。

4　自働債権が停止条件付債権・将来の請求権の場合

停止条件付債権の停止条件が成就しない間や将来の請求権が現実化しない間は、債権はいまだ発生していないため、これを相殺の自働債権とすることはできない（法67条1項）[3]。そのため、破産債権者は、破産財団に対する債務を履行しなければならない。しかし、手続中に停止条件が成就したり、請求権が現実化したりすることも考えられるため、破産債権者が破産財団に対する債務を弁済する場合には、相殺の可能性を確保するため、破産管財人に対し弁済額の寄託を請求することができる（法70条前段）[4]。このことは、賃貸人が破産した事案で、停止条件付債権である敷金返還請求権を有する賃借人が賃料債務を弁済する場合にも同様に適用される（法70条後段）。

寄託金は、停止条件が最後配当に関する除斥期間内に成就しなかった場合は、配当に充てられ（法201条2項）、停止条件が成就した場合は、当該破産債権者は相殺を実行して寄託額を取り戻すことができる[5]。

3　旧法下の裁判例であるが、この点を明らかにしたものとして、大阪地判平5.8.4判時1497号105頁がある。

4　寄託の請求は、債務の弁済を自働債権の発生又は現実化という解除条件に係らしめ、弁済金を分別保管することを破産管財人に対して請求する意思表示とされている（『伊藤』508頁）。

5　相殺の受働債権は、解除条件成就によって復活した破産財団に対する債務であり、停止条件が成就した破産債権を自働債権とする相殺によって、債務が消滅するので、寄託金を取り戻す権利は破産財団に対する不当利得返還請求権（法148条1項の財団債権）となる（『伊藤』509頁）。

第9章　否認権・相殺禁止　571

5　受働債権が期限付債権又は条件付債権の場合

　受働債権（破産財団に属する債権）についても現在化の規定があり、破産債権者の負担する債務が期限付きもしくは条件付きであるとき、又は将来の請求権に関するものであるときも、破産債権者が自ら期限の利益等を放棄して相殺することができる（法67条2項後段）。

　なお、破産手続においては、相殺権行使の期間に制限がないため、破産債権者は、直ちに相殺を行わずに、破産債権手続開始後に受働債権について期限の到来や条件の成就を待って相殺権を行使することも可能である。

　この点、受働債権について破産手続開始後に停止条件が成就する場合について、破産手続開始後に負担した債務として破産法71条1項1号に抵触して認められないのではないか問題になるが、判例は、相殺の担保的機能に対して有する期待の保護、破産法上相殺権の行使の時期が制限されていないことから、特段の事情のない限り、破産手続開始決定後に停止条件が成就した場合の相殺権行使を認める[6]。

　受働債権が停止条件付債務の例として破産管財実務上問題となる事例として、信用金庫の組合員の出資金払戻請求がある[7]。

　もっとも、受働債権が停止条件付債務や将来の請求権に関するものであるときに、条件成就などがされるまで債務額が定まらない場合には、破産手続開始時における相殺の期待の程度は低く、条件成就前の相殺はできない（この場合は条件成就後の相殺も相殺禁止（法71条）により許されないと解される）[8]。

　なお、受働債権については、金銭化の規定がないため、民法の原則に従って、金銭債権であるか、金銭化前の自働債権と同種の目的を有するものであることが必要なことには注意すべきである。

---

[6]　最判平17.1.17民集59巻1号1頁、『倒産判例百選』63事件。本判決は、旧法適用の事案であるが、現行法においても妥当する。

[7]　『破産200問』213頁〔小畑英一〕

[8]　『破産実務』320頁

6 破産管財人による催告

破産法においては、民事再生手続や会社更生手続と異なり（民事再生法92条1項、会社更生法48条1項）、破産債権者による相殺権の行使の期間が制限されておらず、破産手続中いつでもすることができるので、債権確定や配当の遅延を避けるため、破産管財人には破産債権者に対する催告権が認められている（法73条）。

破産管財人は、一般債権期間が経過した後又は一般債権調査期日が終了した後に、相殺権を有する破産債権者（破産債権者の負担する債務が弁済期にあるときに限られる）に対し、1カ月以上の期間を定め、相殺するかどうかを確答すべき旨を催告することができる（法73条1項）。催告があった場合に、破産債権者が期間内に確答しないときは、当該破産債権者は、破産手続の関係においては、当該破産債権についての相殺の効力を主張することができなくなる（法73条2項）。

Q 9-15　相殺禁止の要件——破産債権者

破産債権者による相殺が禁止されているのはどのような場合ですか

前田　修志

1 破産法71条の相殺禁止の趣旨・効果

破産法71条は、破産債権者が債務を負担した時期に応じて一定の場合に相殺を禁止している。破産債権者が債務を負担する時期・原因によっては、相殺を認めることが債権者間の公平を害することがあるからである。

破産法71条が定める相殺禁止に反する相殺は無効となる。また、同条の相殺禁止の定めは、債権者間の実質的平等を図ることを目的とする強行規定と解されるものであり、その効力を排除するような当事者の合意は、たとえそれが破産管財人と破産債権者との間で締結されたとしても、特段の事情のな

第9章　否認権・相殺禁止　573

い限り無効となる[1]。

2　相殺禁止の類型

(1)　破産債権者の債務負担が破産手続開始後の場合（法71条1項1号）

a　破産手続開始後の債務負担

例えば、破産手続開始後に破産財団に属する物件を破産管財人から購入してもその購入代金について破産債権をもって相殺をすることができない。また、破産管財人による否認権の行使の結果生じる相手方の返還債務（法167条1項）も破産債権をもって相殺をすることはできない。

破産法71条1項1号による相殺禁止については同項2号〜4号とは異なり、破産債権者の主観は要件とされておらず、また、同条2項の相殺禁止の例外は適用されない。

債務負担が破産手続開始前の債務負担であれば同条1項1号の相殺禁止に当たらないため、本号該当性については、債務負担の時期が破産手続の開始前かそれとも開始後であるかが問題となる。

b　破産手続開始決定後の停止条件の成就

破産手続開始前に成立している停止条件付債務が破産手続開始決定後に条件が成就した場合に、破産法71条1項1号による相殺禁止の対象になるかについては、判例は停止条件付債務が破産開始決定後に成就した場合でも同号は適用されず相殺ができるとする[2]。

c　公共工事の前払金保証事業に関する法律に基づく前払金

公共工事の請負公共工事の請負者が、公共工事の前払金保証事業に関する法律に基づいて地方公共団体から支払を受けた前払金を金融機関に預金していたところ、公共工事の続行が不可能となったため地方公共団体から請負契約が解除され、その後請負者が破産した事案について、当該前払金は、地方公共団体を委託者兼受託者、破産した請負人を受託者とする信託財産であっ

1　最判昭52.12.6民集31巻7号961頁（『倒産判例百選』138頁）
2　最判平17.1.17民集59巻1号1頁

て破産財団に属しないところ、破産手続開始決定後に行われた公共工事の出来高確認により地方公共団体へ返還されるべき前払金が存在しないことが確認されるまでは、前払金に係る預金払戻請求権は破産財団に帰属したものとはいえず、破産法71条1項1号により相殺が禁止されるとした裁判例がある[3]。これに対し、破産手続開始決定前に出来高確認がされていた事案については、同号の適用を否定し金融機関による相殺を認めた裁判例がある[4]。

(2) 破産債権者の債務負担が支払不能になった後の場合（法71条1項2号）

a 破産者の財産の処分を内容とする契約の締結

支払不能になった後に契約によって負担する債務をもっぱら破産債権をもってする相殺に供する目的で破産者の財産の処分を内容とする契約を破産者との間で締結することにより破産者に対して債務を負担する場合であって、当該契約の締結の当時、破産者が支払不能であったことを知っていたときは、破産債権者は相殺をすることができない。

例えば、破産債権者が、破産者が支払不能であることを知りながら、売買代金債務を相殺に供する目的で破産者と破産者所有物の売買契約を締結して、その売買代金債務と破産債権者の破産債権を相殺する場合がこれに該当する[5]。

b もっぱら破産債権をもってする相殺に供する目的

上記aの場合には、破産者の財産の処分を内容とする契約の締結が「専ら破産債権をもってする相殺に供する目的」（以下「本目的」という）である必要があるが[6]、そのためには、他に当該契約を締結する必要性に乏しく、相殺目的があるがゆえに当該契約を締結したものと認められることが必要であり、例えば、破産債権者がその事業の継続に必要な原材料を破産者から継続

3　名古屋高裁金沢支判平21.7.22金法1892号45頁
4　福岡高判平21.4.10金法1906号104頁
5　徳島地判平25.11.21金法2005号150頁は、破産法160条1項2号の否認権の対象となる破産手続開始の前後に締結された破産者と債権者との取立委任契約に基づき、同債権者が破産手続開始前後に取り立てた売掛金債権を自働債権とする相殺は破産法71条1項2号に該当し許されないと判示した。

的に購入していたという場合は通常本目的があるとはいえないと考えられる[7]。

　かかる本目的については、再生事案であるが、再生債務者による再生債権者である銀行の再生債務者名義の口座への振込みは誤振込みであり、再生債務者により一方的に行われたとして本目的を否定した裁判例[8]や再生債権者である銀行の求めに応じて行われた預入れについて本目的を肯定した裁判例[9]がある。

c　債務引受契約の締結

　支払不能になった後に破産者に対して債務を負担する者の債務を引き受けることを内容とする契約を締結することにより破産者に対して債務を負担した場合であって、当該契約の締結の当時、支払不能であったことを知っていたときは、破産債権者は相殺をすることができない。この場合、本目的がなくても相殺が禁止される。

⑶　破産債権者の債務負担が支払の停止があった後の場合（法71条1項3号）

　支払の停止があった後に破産者に対して債務を負担した場合であって、その負担の当時、支払の停止があったことを知っていたときは、破産債権者は相殺をすることができない。支払の停止があったとしても、支払不能でなかった場合には破産法71条1項3号ただし書により相殺は禁止されない。

⑷　破産債権者の債務負担が破産手続開始の申立てがあった後の場合（法71条1項4号）

　破産手続開始の申立てがあった後に破産者に対して債務を負担した場合で

6　破産法71条1項2項が支払不能を基準とすることから支払停止のように具体的行為を判断対象とするものではなくその該当性が一義的ではないことから継続的取引に対する萎縮効果を招くおそれがあるとの指摘をふまえて、支払不能に対する悪意とは別に「専ら破産債権をもってする相殺に供する目的」という主観的要件を加味することにより相殺の範囲を限定している（『注釈（上）』494頁〔小畑英一〕）。

7　『一問一答』116頁

8　民事再生の事案であるが東京地判平21.11.10金法1889号54頁

9　民事再生の事案であるが大阪地判平22.3.15判時2090号69頁

あって、その負担の当時、破産手続開始の申立てがあったことを知っていたときは、破産債権者は相殺することができない。

3 相殺禁止の例外

破産法71条1項2号～4号の相殺禁止については破産債権者の債務負担の原因・時期に応じて次の例外がある。

(1) 破産債権者の債務負担が法定の原因に基づく場合（法71条2項1号）

a 法定の原因

例えば、相続、事務管理、不当利得等の法定の原因に基づいて破産債権者が債務を負担した場合である。

この点、法定の原因に基づくものであっても、会社分割や合併のように破産債権者の意図が介在する可能性のある場合には相殺は許容されないものと解すべきとする見解がある[10]。

b 相続放棄

破産者が共同相続人の1人であるところ他の共同相続人が相続を放棄したことにより、破産者の法定相続分を超えて破産債権者である金融機関に対し預金債権を取得した場合に他の共同相続人による相続放棄が「法定の原因」に該当するか問題となる。

この点、相続放棄自体は破産者や破産債権者等からの働きかけによりなされる可能性が存在し、類型的に相殺権の濫用のおそれのない「法定の原因」には該当しないとする考え方がある一方で、相続の放棄は、相続人の意思に基づいてされるものであり、破産者や破産債権者がその意思表示を強制することができないことを理由として「法定の原因」に該当するとの考え方もある[11]。

---

10 『条解』559頁、『注釈（上）』496頁〔小畑英一〕
11 大阪地判平14.9.30金判1173号39頁（法定の原因該当性を否定）、大阪高判平15.3.28金判1173号35頁（法定の原因該当性を肯定）

第9章 否認権・相殺禁止 577

⑵ 破産債権者の債務負担が、支払不能であったこと又は支払の停止若しくは破産手続開始の申立てがあったことを破産債権者が知った時より前に生じた原因に基づく場合（法71条2項2号）

a　前に生じた原因

　例えば、破産債権者が支払停止前に債務者から条件付きで商品を購入し、支払停止後、破産宣告前に条件が成就して代金債務を負担した場合である。「原因」とは、相殺の負担ひいては相殺への期待を直接かつ具体的に基礎づけるものであることが必要である[12]。

b　当座勘定契約・普通預金契約

　銀行が破産者との間で当座勘定契約や普通預金契約を約定していた場合において、支払停止などを銀行が知った後に破産者の預金口座に振込みがなされた場合には、当座勘定契約や普通預金契約は「前に生じた原因」とはいえず、相殺は禁止される[13]。

c　振込指定の合意

　他方で、銀行が破産者と振込指定（破産者が第三者から支払を受ける代金を破産者の預金口座に振り込ませること）の合意をしていた場合については、銀行融資の返済に充てるため退職金を預金することを約束していた事例において、「前に生じた原因」として相殺を認めた裁判例がある[14]。

⑶ 破産債権者の債務負担が破産手続開始の申立てがあった時より1年以上前に生じた原因に基づく場合（法71条2項3号）

　1年以上も相殺の効力が確定しないのは債権者の地位を長期にわたって不安定にし、取引の安全を害するので一律に有効とする、との趣旨により相殺が認められる[15]。

12　『条解』560頁
13　普通預金契約につき最判昭60．2．26金法1094号38頁
14　名古屋高判昭58．3．31金法1029号38頁
15　『伊藤』525頁、『条解』563頁

Q 9-16 相殺禁止の要件
——破産者に対し債務を負担する者

　破産者に対して債務を負担する者が相殺を禁止されているのはどのような場合ですか

前田　修志

1　破産法72条の趣旨・効果

　破産法72条は、破産者に対して債務を負担する者が破産債権を取得する時期に応じて一定の場合に相殺を禁止している。

　破産法72条は、破産法71条とは異なり破産債権者が相殺によって優先的に満足を得ようとする場合ではない。しかし、この相殺を自由に認めれば、従前の債権者が実質的価値の低下した債権を額面額で回収することになるため、破産債権者へ重大な不利益を与えることになり、実質的には債権者間の平等を害する行為と評価でき、相殺禁止の対象とする必要が高いことから、破産債権者が債務を負担する場合の相殺を禁止する破産法71条とともに定められている[1]。破産法72条が定める相殺禁止に反する相殺は無効となる。

2　相殺禁止の類型

(1)　他人の破産債権の取得が破産手続開始後の場合（法72条1項1号）

a　破産者に対する債務負担者が支払不能を知っていたとき

　破産者に対する債務負担者が、破産手続開始後に他人の破産債権を取得した場合であって、その取得の当時、支払不能であったことを知っていたときは、破産者に対する債務負担者は、相殺をすることができない。

1　『注釈（上）』500頁〔小畑英一〕。『破産実務』325頁も破産法72条の根拠を破産債権者平等の理念に求める。

第9章　否認権・相殺禁止　579

b　破産法54条１項の損害賠償請求権

　破産法72条１項１号は文言上「他人の」破産債権を取得した場合と規定されている。双方未履行双務契約に基づく解除権（法53条１項）を行使したことにより破産債務者が破産債権を取得した場合に破産債権者は相殺を主張できるか、このような場合破産債務者は原始的に自働債権を取得しており「他人の債権」を取得したとはいえないため問題となる。

　この点、本来、破産者に対する損害賠償請求権は実質的価値の低い債権であるところ、たまたま破産者に対する債務があることを奇貨として額面額の回収を認めることは実質的には債権者間の平等を害する行為であると評価する破産法72条１項１号の類推適用により相殺が許されないことになる[2]。これに対し、破産手続開始前の原因に基づく破産債権を自働債権とする相殺は原則として許されることの比較や、相手方は、破産管財人の解除権行使そのものによって予期せぬ不利益を受けているのでそれ以上の不利益を受忍させるべき理由は乏しいことを理由として相殺を許すべきとする見解が存在する[3]。

c　保証契約に基づく求償債権

　破産債権の被担保債権とする保証において、保証人が主債務者の破産手続開始後に弁済により破産債権を代位取得しても、当該代位取得した破産債権自体による相殺は、破産法72条１項１号によって相殺は禁止されるが、主債務者の破産手続開始後に弁済したことにより取得する求償債権自体は保証人自身の債権であって「他人」の破産債権を取得した場合といえないのではないか、そもそも求償債権は「破産債権」に該当しないのではないか[4]が問題となる。

　この点、判例は、委託を受けない保証人が主たる債務者の破産手続開始前

2　東京地判平24．3．23金法1969号122頁は類推適用を肯定。なお、札幌地判平25．3．27金法1972頁104頁は、破産手続開始決定の時点で、請負代金債権と損害賠償請求権は相殺適状になかったとし相殺を否定する。

3　『伊藤』532頁

4　保証人の事後求償権は破産債権とする見解として、山本和彦「倒産手続における求償権の処遇」関西法律特許事務所編『民事特別法の諸問題　第四巻―関西法律特許事務所開設35周年記念論文集』（2002年）265頁

に締結した保証契約に基づき破産手続開始後に弁済した事例について、求償債権は破産債権とする前提に立ちながら、保証人が取得する求償権を自働債権とし、主たる債務者が保証人に対して有する債権を受働債権とする相殺は、これを認めると破産者の意思や法定の原因とは無関係に優先的に取り扱われる債権が作出されることを認めるに等しく、委託を受けた保証の場合とは相殺に対する期待が異なるから、本号を類推適用により相殺が許されないとした[5]。

これに対し、委託を受けない保証人の破産手続開始後の弁済に基づく求償権は、純然たる第三者による弁済の場合と同様に、破産債権に該当しないところ、非破産債権は破産財団所属債権を受働債権とする相殺は許されないとして、裁判の結論に賛成する見解が存在する[6]。

(2)　破産債権の取得が支払不能になった後の場合（法72条1項2号）

破産者に対する債務負担者が、支払不能になった後に破産債権をその取得の当時、支払不能であったことを知っていたときは、破産者に対する債務負担者は、相殺をすることができない。支払不能については本書Q9-2を参照されたい。

なお、破産法72条1項2号による場合は、同法71条1項2号で規定されている「専ら破産債権をもってする相殺に供する目的」という要件は規定されていない。

(3)　破産債権の取得が支払の停止があった後の場合（法72条1項3号）

破産者に対する債務負担者が、支払の停止があった後に破産債権を取得した場合であって、その取得の当時、支払の停止があったことを知っていたと

5　最判平24.5.28民集66巻7号3123頁。なお、保証が主債務者の委託に基づく場合には、保証人による事後求償権を自働債権とする相殺を認めるべき旨をあわせて述べている。

6　『伊藤』530頁

きは、破産者に対する債務負担者は、相殺をすることができない。支払の停止があったとしても、支払不能でなかった場合には破産法72条1項3号ただし書により相殺は禁止されない。

(4) 破産債権の取得が破産手続開始の申立てがあった後の場合（法72条1項4号）

破産者に対する債務負担者が、破産手続開始の申立てがあった後に破産債権を取得した場合であって、その取得の当時、破産手続開始の申立てがあったことを知っていたときは、破産者に対する債務負担者は、相殺することができない。

3 相殺禁止の例外

破産法72条1項2号〜4号の相殺禁止については次の例外規定により相殺が認められる。これに対し、破産法72条1項1号の相殺禁止については次の例外規定の適用はない。

(1) 破産債権の取得が法定の原因に基づく場合（法72条2項1号）

例えば、相続、事務管理、不当利得等の法定の原因に基づいて破産債権を取得した場合である。この点、法定の原因に基づくものであっても会社分割や合併のように破産債権者の意図が介在する可能性のある場合には相殺は許容されないものと解すべきとする見解がある[7]。

(2) 破産債権の取得が支払不能であったこと又は支払の停止若しくは破産手続開始の申立てがあったことを破産者に対して債務を負担する者が知った時より前に生じた原因に基づく場合（法72条2項2号）

いかなる事情があれば「前に生じた原因」に該当し相殺が認められるかが問題となる。

---

7 『注釈（上）』503頁〔小畑英一〕

a　手形買戻請求権

買戻しの特約を含む手形割引契約に基づき手形を割り引いた銀行が割引依頼人の支払停止を理由として取得した手形買戻請求権は、支払停止前の手形割引を原因として生じたものであるから、破産法72条2項2号により相殺が許される[8]。

b　連帯債務者の求償権

連帯債務者の求償権の取得は、申立前に既に求償権の発生の基礎となる連帯債務関係が発生しているから、破産法72条2項2号により相殺が認められる[9]。

c　約款に基づく立替払金求償債権の相殺合意

元受業者の下請業者に対する立替払金求償債権に基づく相殺について求償債権と下請業者に対する債務とを対等額で相殺する旨が約款で定められている場合、かかる約款が「前に生じた原因」に該当するかが問題となる。かかる約款は社会的にみても相当の必要がある合理的な契約内容であると判断し、「前に生じた原因」として、立替払金求償債権と下請業者に対する請負代金債務とを相殺することができるとした裁判例がある[10]。

d　公共工事の発注者の受注者に対する違約金債権及び余剰金前払返還請求権

受注者の破産申立通知を理由として破産手続開始前に契約解除した公共工事の発注者が受注者に対し有する違約金債権（請負契約に違約金条項有）及び余剰前払金返還請求権（請負契約に工事代金との相殺規定有）を自働債権とし、受注者から工事代金債権の信託譲渡を受けた銀行の工事代金を受働債権とする相殺が認められるか、発注者の債権が、「前に生じた原因」に基づく債権に該当するかが問題となる。この点、請負契約に余剰前払金の返還及び相殺の規定が置かれ、受注者と銀行の信託契約の対象債権の明細等において発注者が実際に支払うべき金額は、発注者により契約が解除された場合には、工事の既済部分に相応する請負代金から、支払済金額及び違約金の支払

8　最判昭40.11.2民集19巻8号1927頁
9　和議の事案であるが最判平10.4.14民集52巻3号813頁
10　民事再生の事案であるが東京高判平17.10.5判タ1226号342頁

請求権その他発注者の受注者に対する請求権を控除した金額となる旨が定められていると認定し、発注者の自働債権は「前に生じた原因」と認定したうえで相殺を認めた裁判例がある[11]。

⑶　破産債権の取得が破産手続開始の申立てがあった時より１年以上前に生じた原因に基づく場合（法72条２項３号）

相殺が認められる趣旨は破産法71条２項３号と同様である。

⑷　破産債権の取得が破産者に対して債務を負担する者と破産者との間の契約に基づく場合（法72条２項４号）

例えば、支払不能状態になった預金者に対し、金融機関が救済融資を行い、かかる融資金と預金債務とを相殺する場合である。

その趣旨は、かかる場合には、契約の相手方は、自己の負担する債務をいわば担保として契約を締結したとの評価が可能であり、破産債権を取得する際にこれと同時に担保権の設定を受けた場合と同様、破産債権者間の平等を害するものとはいえないからである[12]。

実質的価値のない財産を破産者に高価で買い取らせて破産債権を創出するような場合など、相当な対価がないときは、その契約自体が否認により取り消されることになるから、破産法72条２項４号の相殺禁止の例外の問題は生じない[13]。

11　東京地判平28. 6 . 2 金法2054号60頁
12　『一問一答』119頁
13　『破産実務』329頁

Q 9-17 取立委任手形の取立金と相殺

銀行は、取立委任手形により手形の取立てを行った場合、相殺することができますか

井上 聡

1 問題の所在

　銀行が、取引先が危機時期に陥る前に、取引先との間で、取引先が債務の履行を怠ったときは銀行が占有する取引先の手形の取立て又は処分をしてその取得金を債務の弁済に充当することができる旨の約定を締結したうえで、取引先から手形の取立てを委任されてその裏書交付を受け、その後に取引先が危機時期にあることを知って、手形を取り立てて取立金返還債務を負担するに至ったところ、取引先について破産手続が開始された場合に、この取立金返還債務と破産債権とを相殺することができるか。一般に、企業が銀行に手形の取立てを委任する場合には、それに先立って前記約定と同様の取引約定（以下「銀行取引約定」という）を結ぶことを求められるため、手形により売掛金を回収している企業の破産手続において、破産管財人がこのような事態に直面することは、珍しいものではない。

　銀行は、取引先が危機時期に陥ってから取引先について破産手続が開始されるまでの間に取立金返還債務を負担しているから、この相殺が破産法71条１項３号又は４号によって原則として禁止されることに疑いはない。そこで、取引先が危機時期にあることを銀行が知る前に銀行取引約定のもとで取引先から手形の取立てを委任されてその裏書交付を受けたことが、破産法71条２項２号の「前に生じた原因」に該当し、相殺が例外的に許容されることとならないかが問題となる。

2 最高裁判所の判断

　このような事案において、最判昭63.10.18民集42巻８号575頁（以下「本

第９章　否認権・相殺禁止　585

判決」という）は、「債務者が債権者に対して同種の債権を有する場合には、対立する両債権は相殺ができることにより互いに担保的機能をもち、当事者双方はこれを信頼して取引関係を持続するのであるが、その一方が破産宣告を受けた場合にも無制限に相殺を認めるときは、債権者間の公平・平等な満足を目的とする破産制度の趣旨が没却されることになるので、同号（引用者注：旧法104条2号）は、本文（引用者注：現行法71条1項3号本文及び4号に相当する）において破産債権者が支払の停止又は破産の申立のあることを知って破産者に対して債務を負担した場合に相殺を禁止するとともに、但書（引用者注：現行法71条2項に相当する）において相殺の担保的機能を期待して行われる取引の安全を保護する必要がある場合に相殺を禁止しないこととしているものと解されるところ……破産債権者が前記のような取引約定のもとに破産者から個々の手形につき取立を委任されて裏書交付を受けた場合には、破産債権者が右手形の取立により破産者に対して負担する取立金引渡債務を受働債権として相殺に供することができるという破産債権者の期待は、同号但書の前記の趣旨に照らして保護に値するものというべき」と述べて、金融機関による相殺の主張を認めた。

　本判決は、取引先が危機時期にあることを金融機関が知る前に、①銀行取引約定に加えて、②個々の手形に係る具体的な取立委任と裏書交付が存在していたことをもって、金融機関の相殺期待が保護に値するレベルに至っていたと判断し、「前に生じた原因」への該当性を肯定したものととらえることができる。

3　手形取立金引渡債務に関する「前に生じた原因」の構成要素

　破産法71条2項2号の「前に生じた原因」については、相殺の担保的機能に対する債権者の合理的な期待を基礎づける要件であることを理由に、「債務の負担ひいては相殺期待を直接かつ具体的に基礎づけるものである必要がある」[1]「具体的な相殺期待を生じさせる程度に直接的なものでなければな

1　『条解』560頁

らない」[2]等と説かれる。破産管財人としては、本問のような事案において、それが具体的に何を意味するかを検討する必要がある。

　本判決によれば、取引先が危機時期にあることを金融機関が知る前に、ⓐ銀行取引約定に加えて、ⓑ個々の手形に係る具体的な取立委任と裏書交付が存在していれば、「前に生じた原因」への該当性が肯定されることになろうが、このⓐ及びⓑの一部が欠けてもなお「前に生じた原因」といえるのか、あるいは、かわりに何か他の要素（例えば、取立委任を撤回しない旨の特約）があれば「前に生じた原因」に該当するのか、といったことが検討の対象となる。

　この点、「相殺の担保的機能への期待の強さが判断される際のファクターとして、少なくとも、①当該受働債権の発生原因の特定性、②債務者・第三債務者に課せられている拘束の強さの２点が考慮されてきたようである」と従来の議論を整理したうえで、「前に生じた原因」の構成要素を考察する見解[3]が参考になる。これによれば、銀行が取引先の危機を知る前に、個別の手形の取立委任に加えて当該取立委任の撤回禁止特約があれば、銀行の相殺を認めるという従来の有力説[4]が支持されることになる。また、本判決の事案においては、金融機関が取引先の危機を知る前に、手形が裏書交付されている点で上記①が満たされ、銀行取引約定に加えて期限の利益喪失条項が存在しているために、債権保全の必要がある場合には取引先に求められても手形の返還を拒絶できる点で上記②が満たされることから、本判決の結論もまた支持されることになる。このほか、破産債権者が破産者の危機時期を知った時点で「受働債権の発生の可能性が高いこと、債務者・第三債務者が受働債権の発生に向けて拘束されていること、及び受働債権の価値を自働債権が優先的に把握することを正当化する事情があること」が「前に生じた原因」の判断要素となるという見解[5]も上記の見解と同趣旨と考えられ、これによっても、本判決の結論が支持されよう。

2　『伊藤』523頁
3　藤田友敬「判批」法協107巻7号1172頁
4　兼子一監修『条解会社更生法（中）』（弘文堂、1973年）906頁、青山善充「倒産法における相殺とその制限(1)」金法910号10頁
5　『破産法大系Ⅱ』257頁〔松下淳一〕

第9章　否認権・相殺禁止　587

4 手形上の商事留置権の破産手続における効力

　なお、取引先につき破産手続が開始された時点で銀行が取引先から手形の取立委任等を受けたにとどまり、当該手形をなお占有している場合には、その後、手形を取り立てて取立金返還債務を負担するに至ったとしても、この取立金返還債務と破産債権とを相殺することはできない。破産法71条2項には、同条1項1号の例外は定められていないからである[6]。

　もっとも、その場合、破産管財人としては、銀行が手形上に有する商事留置権の帰趨について検討する必要がある。一般に、破産手続においては、商事留置権は特別の先取特権とみなされ、別除権の地位を与えられる（法66条1項）からである。

　この点、銀行が手形上に有する商事留置権については、最判平10.7.14民集52巻5号1261頁が、「破産財団に属する手形の上に存在する商事留置権を有する者は、破産宣告後においても、右手形を留置する権能を有し、破産管財人からの手形の返還請求を拒むことができるものと解するのが相当である。」と述べたうえ、そのような場合には、銀行取引約定に基づき、銀行が手形交換制度を通じて自ら当該手形を取り立てて弁済に充当することができる旨判示していることが参考になる。

6　この点、銀行の取立金返還債務を取立金の受領を条件とする停止条件付債務とみて破産法67条2項により相殺を許容すべき旨の議論があり得るところであるが、手形取立金返還債務については、銀行は、本文に述べるように手形上に有する商事留置権に基づき保護される場合が多いと考えられるため、実務上の議論の実益は限られよう。手続開始後に停止条件が成就した受働債権と破産債権との相殺における破産法67条2項と相殺禁止との関係については、本書Q9-14参照。

Q 9-18 投資信託解約金と相殺

銀行は、支払停止後に投資信託受益権を解約した場合、相殺することができますか

井上 聡

1 問題の所在

投資信託の受益権は、銀行、証券会社等で販売されている一般的な投資商品である。現在、投資信託受益権の多くはペーパーレス化され（券面は作成されず）、社債、株式等の振替に関する法律121条の2第1項に定める振替投資信託受益権として、口座管理機関（同法2条4項）を通じて保有されている。実務上は、投資家が投資信託受益権を購入した銀行等に自らの名義で証券口座を開設し、その証券口座を通じて投資信託受益権を保有する。すなわち、銀行等が口座管理機関となって、顧客の投資信託受益権をいわば「預かる」のが一般である。その場合、銀行等は、口座管理機関として、投資家による投資信託受益権の購入時に証券口座における残高を増加させたり投資家による投資信託契約の全部又は一部の解約時にその残高を減少させたりし、あるいは、投資家のために配当金や解約金を信託受託者から受領して、その金銭を投資家に引き渡すことになる。投資家は、保有する投資信託受益権を他人の証券口座又は他の金融機関に開設された自己の証券口座に振り替えることができるが、実際にそのような振替えがなされることは多くない。

このような実務のもとで、銀行が、取引先に投資信託受益権を販売し、その口座管理機関となって取引先名義の証券口座においてこれを管理していたところ、その後取引先が危機時期に陥ったことを知って、債権者代位権に基づいて投資信託契約の解約を取引先にかわって請求し、口座管理機関として解約金を受領した場合に、その後開始された破産手続において、取引先に対する解約金支払債務と破産債権との相殺が認められるか。銀行の取引先が銀行にいわば「預けている」投資信託受益権が、はたして銀行預金と同じよう

第9章 否認権・相殺禁止 589

な担保的機能を果たすものか、あるいは取引先の一般債権者の引当財産にとどまるものか。破産管財人としては、銀行が取引先に対する解約金支払債務を取引先の危機時期に負担した（法71条1項3号・4号）といえるか否か、そういえるとして、銀行の当該債務負担が破産法71条2項2号の「前に生じた原因」に基づくものか否かが問題となる。

2　最高裁判所の判断

　この点、再生手続に係る事案ではあるが、最判平26.6.5民集68巻5号462頁（以下「本判決」という）は、まず、前提問題として、銀行の取引先に対する解約金支払債務は、取引先が銀行から投資信託受益権を購入し、その口座管理を銀行に委託したことにより成立する停止条件付債務（銀行が解約金の交付を受けることを停止条件とする債務）であり[1]、かつ、停止条件付債務について民事再生法93条1項3号（法71条1項3号に相当する）の相殺禁止規定にいう「債務を負担した」時点とは、停止条件付債務の成立時ではなく停止条件の成就時である[2]との理解に立ち、具体的な事案に即して、銀行が取引先に対する解約金支払債務を取引先の支払停止後に負担したものと判示した原審の判断を是認した。

　そのうえで、本判決は、銀行の当該債務負担が民事再生法93条2項2号（法71条2項2号に相当する）の「前に生じた原因」に基づくものか否かについて、①銀行が取引先の支払停止を知った時点において（まだ解約実行請求はなされておらず）取引先が有していたのは投資信託受益権であって、これに対して取引先の全ての債権者が等しく取引先の責任財産として期待していたといえるところ、解約金支払請求権はこれと実質的に同等の価値を有するものであること、②取引先は投資信託受益権を他人の証券口座又は他の金融機関に開設された証券口座に自由に振り替えることができたのであるから、銀行による解約金支払債務の負担は確実であったとはいえないこと、③銀行は他の債権者と同様に債権者代位権を行使しなければ解約実行請求をするこ

1　本判決は、この点について最判平18.12.14民集60巻10号3914頁を参照している。
2　本判決においては明示的に言及されていないものの、最判昭47.7.13民集26巻6号1151頁が会社整理の事案において同旨を述べる。

590

とができなかったこと[3]を根拠として、銀行が解約金返還債務をもってする相殺につき合理的な期待を有していたとはいえないと判断し、前に生じた原因に基づく場合に当たるとはいえないと判示した。

3 投資信託受益権に係る解約金支払債務に関する「前に生じた原因」の構成要素

破産法71条2項2号の「前に生じた原因」については、相殺の担保的機能に対する債権者の合理的な期待を基礎づける要件であることを理由に、「債務の負担ひいては相殺期待を直接かつ具体的に基礎づけるものである必要がある」[4]「具体的な相殺期待を生じさせる程度に直接的なものでなければならない」[5]等と説かれる。破産管財人としては、本問のような事案において、それが具体的に何を意味するかを検討する必要がある。

本判決は、前記2①ないし③をあげて銀行の相殺期待の合理性を否定しているが、破産管財人としては、破産手続[6]において同じ判断をするために、この①ないし③の全てが必要なのか、その一部が欠ければ相殺期待の合理性が肯定され得るのか、といったことが検討の対象となる。

学説上は、本判決の文言を重視して①を決定的要素とし、②と③を補強的・付加的な論拠とする見解[7]、取引先は自由に口座振替をすることができたのであるから、銀行による債務負担が確実でなかったこと（すなわち②）を重視する見解[8]、「信託契約や銀行取引約定によって販売銀行による解約

---

3 これは、実質的には、銀行が一定の場合に取引先の投資信託受益権を解約して自己に対する債務の弁済に充当できる等といった約定がなされていなかったことを意味するものであり、銀行が債権者代位権を行使したこと自体を問題視する趣旨ではないと考えられる。大森直哉「判解」『最高裁判例解説〔民事篇〕平成26年度』268、270頁、畑瑞穂「証券投資信託の解約金支払請求権を受働債権とする相殺と再生手続」金法2025号25頁等参照

4 『条解』560頁

5 『伊藤』482頁

6 破産手続に本判決の射程が及ぶことについて、異論は見当たらない。山本和彦「相殺の合理的期待と倒産手続における相殺制限―最一小判平26.6.5を契機として」金法2007号14頁等

7 山本・前掲注6・11頁

8 『破産法大系Ⅱ』263頁〔松下淳一〕、『倒産法概説』261頁〔沖野眞已〕

があらかじめ可能とされているときは、これらを前に生じた原因と認めてよい」と述べて③を重視する見解[9]などがあり、議論は収束していない。

この点、本判決が①のみをもって銀行の相殺期待を「合理的なものであるとはいい難い」と述べていることは確かであるが、判例上「前に生じた原因」に該当することとされる「強い振込指定・代理受領の合意」や「銀行取引約定に基づく手形の取立委任」が存在する事案においても、回収により金銭に転化する前は元の金銭債権や手形が債務者の責任財産を構成していた点において①の要素は存在しており、本判決の事案と異なるところはない。そう考えると、本判決は、①をもって（他に特段の事情がなければ）さしあたり「合理的なものであるとはいい難い」[10]という趣旨であって、むしろ②又は③の要素の存否が結論を左右する場合もあると解する余地はあろう。

いずれにしても、この点に関する裁判例又は通説的見解が確立するまでの間は、破産管財人としては、銀行が、取引先の危機時期を知る前に、取引先との間で、銀行が口座管理を行う取引先の投資信託受益権について、取引先が債務の履行を怠ったときはこれを解約して解約金を債務の弁済に充当することができる旨の約定を結んでいたり、取引先による振替えを制限する旨の約定を結んでいたりした場合には、「前に生じた原因」が認められ得ることに留意すべきであろう。

4 破産手続開始後に条件が成就した場合

破産手続開始後に銀行が解約金を受け取った場合には、本判決の事案と異なり、破産手続開始後に停止条件が成就することになる。その場合、停止条件付債権を受働債権とする相殺を許容する破産法67条2項後段と71条1項1号の相殺禁止規定との関係が（同号の相殺禁止には同条2項の例外が適用されないことからも）問題となる[11]。

この点、最判平17.1.17民集59巻1号1頁は、破産債権者が破産者に対し

---

9 『伊藤』482頁
10 文言解釈としても、それに続けて②と③をあげたうえで「銀行が……合理的な期待を有していたとはいえず」と最終判断している（「いい難い」から「いえない」に格上げしている）ことからすれば、①のみで結論が決まるとまではいえないようにも思われる。

て負担する債務に付された停止条件が破産手続開始後に成就した場合、破産債権者は、特段の事情のない限り、破産法67条2項後段により、この債務と破産債権とを相殺することができる旨判示した。破産管財人としては、この「特段の事情」の有無を検討することが重要であるが、学説上は、原則として破産法67条2項後段が適用され、相殺の合理的な期待がない場合に破産法71条1項1号の禁止が及ぶとする見解[12]が有力である。そうすると、結局は、破産手続開始時に相殺の合理的期待が認められるか否かがポイントとなり、破産手続開始時に前記2①ないし③と同等の事実が認められる事案においては、やはり相殺が禁止されるのではないかと考えられる[13]。

なお、そのように考える場合、破産手続開始後に投資信託について解約実行請求がなされ銀行が解約金を受け取った事案において、大阪高判平22.4.9金法1934号98頁[14]が、前掲最判平17.1.17を引用しつつ、破産法67条2項後段の規定により相殺が許されると判示したこととの関係が問題となる[15]。この点、破産管財人としては、この判決の事案における投資信託がMMFであったことの影響[16]を含め、今後の議論の進展に注意する必要があろう。

---

11 この問題に関する立法論・解釈論上の検討については、破産法67条2項後段のルールを適用すべき「停止条件付債務」の範囲という観点も含め、『田原古稀（下）』138頁〔岡正晶〕が詳しい。

12 『条解』554頁、『破産法大系Ⅱ』237頁〔岡正晶〕、『倒産法概説』257頁〔沖野眞已〕等。相殺の合理的期待を「特段の事情」に読み込むことを示唆する見解として、山本・前掲注6・14頁。これに対し、「特段の事情」の中身を相殺の合理的期待がない場合よりも狭く解し、相殺権濫用事例に限定する見解として、伊藤尚「破産後に販売会社に入金になった投資信託解約金と販売会社の有する債権との相殺の可否―大阪高判平22.4.9を契機に」金法1936号59頁

13 同旨、山本・前掲注6・14頁

14 この判決は、上告不受理決定（最決平23.9.2金法1934号105頁）により確定している。

15 『条解』563頁

16 これを重視する見解として『倒産法概説』261頁〔沖野眞已〕

Q 9-19　相殺権の行使と権利濫用

破産債権者による相殺権の行使が権利濫用として認められない場合はどのような場合ですか

森 倫洋

1　相殺権行使における権利濫用

　破産債権者は、危機時期の債務負担・債権取得として相殺が例外的に制限される場合（法71条）を除き、基本的には破産者に対する債務と自己の破産債権を相殺することができる（法67条）。

　この点、法定の相殺禁止事由に該当しない場合であっても、基礎となる債権の取得や債務の負担について否認権行使の要件を満たす限り、否認の対象となることはあるが、相殺権行使自体は判例上否認の対象とならないとされる[1]。

　そのため、相殺制限に当たらない場合に相殺権行使を否定する場合は、一般法理としての権利濫用（民法1条3項）に該当するかどうかが問題となる。

2　相殺権の行使が権利濫用となる場面

　相殺権の濫用が問題となる場面としては、以下のようなものが考えられる。

(1)　内部者・関係者との間の相殺

　まず、破産者の内部者・関係者が破産者に対する債権を自働債権として相殺をする場合である。内部者債権については、その存否が問題となるほか、債権が存在する場合であっても、他の債権者に比して破産者の財務状況に関する情報を得やすい立場にあったり、破産者自体の破産原因作出にも関与す

1　最判昭41.4.8民集20巻4号529頁、最判平2.11.26民集44巻8号1085頁

る立場にあり得たりするところ、当該債権による相殺権行使が濫用とされることがあり得る。

この点、詐欺的商法を営んでいた破産会社（豊田商事）が営業担当従業員に多額の歩合報酬を支払っていたことにつき、当該歩合報酬支払合意は公序良俗に反し無効であるとして不当利得返還請求をしたところ、同従業員らが未払賃金及び立替金請求権等をもって相殺を主張した事案で、相殺権の行使が旧法104条（法71条）に直接抵触しないとしながら、本件で相殺を許容することは、詐欺的商法の被害者である破産債権者らの犠牲において詐欺的商法を推進した同従業員らの債権に優先弁済を受けさせるのと同様の結果を招き、著しく信義則に反し、破産債権者間の公平を害するとして、権利の濫用に該当し許されないと判断した裁判例がある[2]。

このように、内部者・関係者の債権について、ことにそれが破産原因を作出したり、公序良俗に反するような行為に関連して得られたりしたものである場合に、当該債権を自働債権とする相殺を認めることで他の債権者に先んじて回収を認められるような状況となるときには、権利濫用となる場合がある。

(2) 経済破綻に至る情報をいち早く得た場合にする抜け駆け的回収行為

また、内部者でなくても、メインバンクなど他の債権者より破産者に関する財務情報をいち早く把握できる立場にある者が、その立場を利用し、破産者の経済破綻に直結する情報を得ながらそれが他の債権者に知られない間に抜け駆け的にする回収行為については、相殺権の濫用となることがあり得る。

例えば、金融機関が破産者から担保として供された定期預金証書が偽造であると知るや、同一グループに属する関連会社の破産者に対する余力があることを奇貨とし、自らの債権を回収することを目的として同関連会社に債権譲渡を行い、同関連会社において回収のために担保権の実行及び相殺をした

2　大阪地判平元.9.14判時1348号100頁

事案で，同関連会社のした相殺及び担保権実行は権利の濫用に当たるので効力を生じないと判断した裁判例がある[3]。同事案では、支払停止・破産申立前の債権譲渡であったが、預金証書の偽造が明らかになれば信用悪化が決定的になることを知りつつ、他の債権者に先立ち、抜け駆け的に回収するために譲渡し、譲渡先である関連会社においても積極的にこれに加担したもので背信性は重大であり、当初から自らの破産者に対する債権であった部分の回収については相殺によるものとし、譲受債権のほぼ全額の回収については担保権の行使によるものとしたのも、譲受債権に係る相殺によったのでは破産法の相殺制限に抵触する可能性を認識していたため、これを可及的に回避しようとした証左と判断されている。

このように、支払停止等の前の時点であっても、実質的危機時期にあることをいち早く知った債権者が抜け駆け的に債権回収を図るためにした債権譲渡・債務負担後の相殺については、相殺権の濫用とされる余地がある。

(3) 同行相殺

さらに、金融機関との関係で相殺権濫用にならないかどうかについて従来から議論のあるものとして、同行相殺がある。同行相殺とは、銀行が取引先から割引等により取得した手形債権について、割引依頼人の預金とではなく、同行にある手形振出人の預金債権と相殺することをいう。

同行相殺が問題とされるのは、振出人破産の場合、銀行が割引依頼人に買戻請求権を行使すれば、割引依頼人は一般債権者として他の破産債権者と按分弁済を受けるにすぎないのに、同行相殺がされれば割引依頼人は振出人の預金から手形金全額について他の債権者に先んじて優先的に弁済を受けられる結果になるからである。

この場合、基本的には、振出人の預金と相殺するか割引依頼人に買戻請求権を行使するかは銀行の裁量による選択の問題であり、振出人の支払不能等の事実を知った後に割り引いたものでない限り、振出人の預金口座との相殺権の行使は認められる。

3　大阪地判平 6 .10.25判時1529号95頁

この点、判例は、約束手形を所持する銀行が手形の買戻請求権ないし遡求権を行使することなく、振出人である破産会社に対する手形債権と振出人の手形所持人に対する預金返還請求権とを対当額において相殺したために、手形の裏書人が買戻請求権ないし遡求権の行使を免れ、結果において利得するところがあったとしても、裏書人の利得と振出人がその預金返還請求権の一部を相殺によって失った損失との間に因果関係はなく、破産会社が裏書人に不当利得返還請求権をもつことにはならないと判示している[4]。

他方、銀行が割引依頼をした取引先の抜け駆け的な回収に協力するためにあえて同行相殺を選択した場合には相殺権の濫用としてその効力を否定すべきであるとの見解も主張されており[5]、銀行自身の債権回収保全のための客観的必要性がないのにあえて同行相殺をしたなど事案の内容によっては相殺権行使が濫用とされる余地もあり得ると解される。

⑷ 金融機関が他者への支払のために取得した金員に係る債務をもってする相殺

金融機関が振込みなど決済機能のなかで特定の者への支払のために金銭を預かる場合があるが、そのような預り金の債務をもってする相殺については、状況により相殺権の濫用と認められる場合があり得る。

この点、破産者から輸出荷為替手形の取立てを依頼され、取立てをしたときは取引先の口座に振り込むよう依頼された金融機関が、取立て後その返還債務につき自己の破産者に対する債権と相殺し、振込みを実行しなかった事案において（輸出荷為替手形の取立金を被控訴人に支払う旨の第三者（原告）のためにする契約が成立したとの主張は退けつつ）、当該金融機関のした相殺は、当該金融機関の振込依頼承諾書の交付を受けてそれを信頼して取引を開始した当該取引先との関係で、取引の信義則に反し権利の濫用として許されないとして、当該取引先のした債権者代位権に基づく取立金の引渡し請求を認めた裁判例がある[6]。

4　最判昭53.5.2金法861号31頁
5　『新・実務大系』501頁〔深山雅也〕
6　東京高判昭50.10.8金法773号32頁

他方で、取引停止処分を免れるために約束手形の振出人により支払銀行に預託された異議申立預託金の返還請求権が手形債権者による仮差押えを受けた際に、当該支払銀行が預託金返還債務を弁済する意思がある旨の陳述をした場合であっても、異議申立預託金は不渡手形の支払を担保したり、手形債権者への優先弁済に当てたりするために提供されるものではないうえ、民事執行法147条に基づく支払意思の表明は債務の承認あるいは抗弁権の喪失といった効果を生じることはないから、その後において支払銀行になされた被差押債権を受働債権とする相殺が直ちに相殺権の濫用に該当するということにはならないと判断された裁判例もある[7]。

　このように仕向先に対する支払への信頼作出への関与の程度・態様等により、相殺が濫用となるかどうかの判断は分かれる。

3　相殺の合理的期待との関係

　相殺権行使が濫用的とされる場合、相殺の合理的期待を欠くのは当然であるが、相殺の合理的期待がないからといって直ちに相殺禁止に当たらない相殺が権利濫用になるものではない。

　この点、破産者の母（被相続人）が破産宣告前に死亡し、破産宣告後に他の相続人が相続放棄したことにより破産者が被相続人の預金債権の全額を取得したところ、破産管財人がした預金債権の払戻請求に対して、金融機関が破産者に対する破産債権と相殺した事案で、原審では、他の相続人の相続放棄については破産者や破産債権者等からの働きかけによりなされる可能性が存在し、類型的に相殺権の濫用のおそれのない「法定の原因」に該当するとはいえないとして、法定相続分を超える分について相殺の効力が否定されていたが、控訴審は、相続の放棄は動機はともかく相続人の意思に基づいてされるもので破産者や破産債権者がその意思表示を強制することができるものではないとし、相続は旧破産法104条2号ただし書にいう「法定ノ原因」に基づくものといえ、金融機関は法定相続分を超える部分も有効に相殺することができると判断し、原判決を取り消している[8]。

7　秋田地裁横手支判平3.5.27判タ805号139頁（仙台高裁秋田支判平4.10.5判タ805号136頁）

当該事案で金融機関に相殺の合理的期待があったとは考え難いが、相殺制限の例外に該当する以上、相殺権行使を権利濫用とまでは断じることはできないとしたとみられる。

4 実務上の対応

破産債権者の相殺主張に対して、破産法上の相殺制限に当たらないか否かを検討するのは当然であるが、相殺制限に当たらない場合であっても、破産債権者の相殺の合理的期待が認められないようなケースでは、さらに相殺権行使について濫用に当たらないかを検証する必要が出てくる。

もっとも、過去の判例等に照らして濫用であることが明らかである場合であれば格別として、通常は裁判結果の予測可能性も立ちにくく、また裁判となれば相当程度時間もかかることが予想される。そのため、相殺の主張をする破産債権者に対して、相殺権濫用の疑義がある場合には、予備的にでも債権届出をさせたうえで、破産管財人側から履行請求を行うなかで、和解交渉を進め、裁判所の許可を得て和解を行うのが実務的な対応として適切な場合も多いと思われる。

Q 9-20 破産管財人による相殺

破産管財人はどのような場合に相殺権を行使できますか

村瀬 幸子

1 破産管財人による相殺権行使の要件

破産管財人は、「破産債権者の一般の利益に適合するとき」は、裁判所の許可を得て、財団所属債権を受働債権として相殺することができる(法102条)。すなわち、破産管財人からの相殺は、実体的要件として、その相殺が

---

8 大阪高判平15.3.28金法1692号51頁(原審は大阪地判平14.9.30金法1672号40頁)

第9章 否認権・相殺禁止 599

「破産債権者の一般の利益に適合するとき」であることを要し、また、手続的要件として裁判所の許可が必要とされている。

「一般の利益」とは破産債権者全体の利益を指すことから、相殺により破産財団の維持ないし増殖を図ることができる場合がこれに該当する。具体的には、破産債権者も破産している場合であり、しかも、当該破産債権者の財産状態の悪化の程度が破産者の財産状態の悪化の程度よりも著しい場合や財団帰属債権につき消滅時効が完成している場合や別除権付きの破産債権につき相殺によって担保権から目的物を解放できる場合が考えられる[1]。

この場合は、破産財団に属する債権の実価が破産債権の実価よりも低下しており、破産管財人が破産債権者から破産財団に属する債権を全額回収することができないことから相殺して破産財団に属する債権を全額回収したのと同等の効果を得たほうが有利といえるからである。

例えば、破産債権の届出があり、その調査を経て、配当額が確定した際に、破産債権者についても破産手続開始決定がなされ、先に廃止となり破産財団所属債権の回収の見込みがない場合に、破産管財人が財団所属債権を受働債権として相殺し破産債権を対当額で消滅させることは、破産財団の増殖に資するので、破産管財人が相殺権を行使することは許されると解される。

他方、破産債権者が相殺をするかどうかを明らかにしない場合は破産管財業務の遅滞の原因になるものの、破産管財人は、一般調査期日の後又は一般調査期間経過後に、その有する催告権を行使して、相殺権を有する破産債権者に対して、1月以上の期間を定めて、その期間内に相殺をするのか否か確答すべき旨を催告し、破産債権者がその期間内に確答しない場合は、破産債権者の相殺権を失権させることができるので（法73条）、破産管財業務の円滑な遂行のみを理由とする相殺は含まれないと解する見解が有力である[2]。

2 破産債権者が相殺権を有する場合の実務的な対応

実務上、破産債権者が相殺を主張しない場合であっても、破産管財人が直ちに相殺権を行使することは多くはないと思われる。

---

1 『条解』752頁、『注釈（上）』680頁〔竹下育男〕
2 『注釈（上）』680頁〔竹下育男〕、『一問一答』150頁

例えば、相殺権を有する破産債権者が債権届出をし、相殺権を行使しないままである場合、当該破産債権者が売掛金など破産財団所属の債権の存在を失念していることも考えられるので、破産管財人としては、まずは、当該破産債権者に売掛金の存在を認識させるため、請求書などを送ることが考えられる。破産管財人から売掛金等の請求を受けた場合、相殺権を有する破産債権者であれば、その有する相殺権を行使するのが通常であると考えられるが、相殺を主張しない場合としては、まずは、破産債権者がそもそも相殺権に関する知識を有していない場合が考えられる。また、たとえ、破産債権者が相殺権に関する知識を有していたとしても、破産管財人による催告権（法73条）については知らないことが多いと考えられる。

そこで、破産管財人としては、破産手続の迅速な処理の見地から、破産債権者に対して、まずは相殺権に関する知識の有無を確認し、相殺権に関する知識を有していない場合にはこれを説明することが相当である。また、相殺権に関する知識がない場合にはもちろんのこと、相殺権に関する知識がある場合でも、破産管財人による催告権を知らない場合にはその内容を説明し、事実上、相殺権の行使を促すことも考えられる[3]。

それでも、破産債権者が相殺権を行使しない場合には、債権調査期日においては、相殺権を行使される可能性が否定できない状況となっていることから、相殺可能額の範囲で異議を述べておくという扱いが一般的であり相当である[4]。それでも、当該破産債権者が相殺を主張しない場合には、破産管財人としては、債権調査期日終了後に、当該破産債権者に対して催告権を行使して、相殺権の行使を促すことになる。

例外的に、前述のとおり、当該破産債権者についても破産手続開始の決定がなされている場合など売掛金の実質的価値が破産債権の実質的価値を下回る可能性が生じている場合には、破産管財人としては裁判所の許可を得て相殺権を行使することになる。

ただし、破産債権者の配当率や破産者の配当率の見込みが明らかになり、破産管財人による相殺が「一般の利益に適合する」ことが確定するまで一定

---

3 『破産200問』228頁〔和智洋子〕
4 『新・実務大系』429頁〔瀬戸英雄〕

の時間を要する場合には、破産手続の迅速な処理の見地から、裁判所の許可を得て、破産債権者との間で、相殺可能額を超える破産債権については取り下げさせることを条件として破産財団の増殖を確保したうえで、財団所属債権と破産債権を合意相殺することも考えられる。

3　財団債権を受働債権とする相殺について

　財団債権を受働債権とする相殺の可否については破産法に定めはないものの、随時弁済をされるべき財団債権を受働債権とする相殺を認めても、通常は破産債権者の利益に影響を与えないので、民法の一般原則により、破産管財人又は財団債権者のいずれからも相殺権を行使することができると解されている。

　もっとも、破産財団が乏しいため財団債権を全額弁済できないことが明らかな場合は、財団債権の順位及び債権額の割合に応じて按分弁済されるべきであることから、破産管財人からの相殺は許されないと解する見解もある[5]。

5　『条解』752頁

第10章

事業継続・事業譲渡

Q 10-1 　事業継続の留意点

　破産管財人が事業継続を行うのはどのような場合ですか。また、破産管財人が事業継続を行う際にはどのような点に留意すべきですか

森　直樹

1　破産手続における事業継続の必要性

　破産手続は、清算型の倒産処理手続であり、破産手続が開始されれば事業は廃止されるのが原則である。つまり、操業中の工場や店舗があれば直ちに停止させ、事業に従事していた従業員との雇用関係が残っていれば速やかに解雇し、事業活動を停止する。そして、事業に用いていた機械や什器備品を換価し、売掛金債権の回収を行うなどして破産財団を形成し、破産債権者に配当するのが原則である。

　しかし、資産等を個別に処分することにより一般的には当該資産は劣化し、交換価値は下落する。例えば、完成間近な仕掛品があれば、未完成品として引受け先を探すよりも、これを完成させたうえでそのまま従来の商流に載せて換価したほうが財団形成に資する場合がある。また、破産者の事業を営業継続可能な状態のまま維持することにより、事業を承継可能なスポンサーを探索することが可能になる。

　もっとも、事業や経営に対する知見に一般的には乏しく、個人の機関である破産管財人がむやみに事業を継続することで、かえって資産価値を劣化させ破産財団を毀損することのないように留意する必要がある。引きとめた従業員や、商流変更などの対応を先送りして協力した取引先関係者への影響も大きいものがある。

2　破産者の事業の継続についての裁判所の許可（法36条）

　破産法36条は、「破産管財人は、裁判所の許可を得て、破産者の事業を継続することができる。」と定める。旧法下では、営業の廃止又は継続を第1

回債権者集会の必要的決議事項とし、集会前に営業継続するときは裁判所の許可を必要としていたが（旧法192条、194条）、原則である営業の廃止を債権者集会の決議事項とする必要はなく、事業の継続の判断が時機に遅れたものとならないように、常に裁判所の許可で足りるとしたものである[1]。

ここにいう「事業」とは、旧破産法における「営業」より広く、個人・法人、営利・非営利を問わない。したがって、社会福祉法人や学校法人の営むものも含まれる。ただし、破産財団に属する財産に関する事業である必要がある。破産管財人自身が行うことのできる事業である必要があり、もっぱら破産者の非代替的な能力や素質に基づいて行われる事業（芸術家、医師）や、破産者自身の行為を基本とする業務は、性質上、破産管財人が継続することはできない。

なお、単純に破産財団に帰属する完成品などの商品を順次商流のなかで売却して売掛金を回収することは、資産換価行為の集積にとどまり、個々の資産売却の許可を取得すれば足り、事業継続の許可を得る必要はないものと考えられる。

どのような場合に事業の継続が認められるかについては、破産法に規定がなく、裁判所の裁量的判断に委ねられている。

この点、「事業継続が破産債権者一般の利益に適合すると認められるときは許可をおこなう」[2]とされ、実務上は、例えば東京地方裁判所破産再生部の運用によれば、債務者の財産等の適正な清算等といった破産法の目的（法1条）に合致するかどうかにより、具体的には以下の事情を勘案して、事業の継続が認められるかどうかを判断しているとされる[3]。

① 破産財団の増殖、維持等の観点から事業の継続が必要ないし有益か
② 事業の継続に伴う支出が可能か
③ 事業を継続する体制が確保できるか
④ 事業を継続する期間が明確になっているか

---

1 『条解』321頁
2 『条解』322頁
3 『破産実務』192頁

3 破産管財人が事業継続を行う際の留意点

⑴ 事業の継続により破産財団の増殖が十分に見込めること

　破産手続が破産財団による債権者への弁済の極大化を図るものである以上、事業継続の決断をするうえで最初に検討すべき事由といえる。

　例えば、製造業で仕掛品も完成に必要な材料も十分あり、顧客から複数の注文も入っているといった状況であれば、加工して完成品にしたうえで販売するほうが有利であることの判断は比較的容易である。また、婚礼衣装や着物のレンタル業を営む事業者が破産したが、既に挙式・披露宴での着用や成人式の撮影などの予約が複数入っている状況で、売上げ、衣装の運送や使用後のクリーニングのコスト、双方未履行双務契約の解除をした場合の損害賠償債務の発生リスクなどを総合的に勘案したうえで予約分の完了までは事業を継続するという判断もあり得る。

　例外的に、破産財団の増殖には必ずしもつながらなくても、より大きな不利益を防ぐためや社会的影響を考慮して事業を継続せざるを得ない場合もある。例えば、複数の入院患者を抱えたまま破産開始に至った病院や生き物を扱う事業などでは、直ちに事業を停止せずに事業を継続しながら速やかに承継先を見つけ出して事業を譲渡する、資産を承継するといった方法をとることも許容される。

⑵ 事業を継続するうえで発生する費用（財団債権）をまかなえること

　事業の継続により破産財団が新たに負担する債務は財団債権となる（法148条1項4号）。発生する費用の支払サイト（多くの場合は現金払いになる）に耐え得るか、継続期間中の従業員の給料が確保できるかといったことを事前に十分シミュレーションする必要がある。

⑶ 事業を継続するための人材が確保できていること

　破産管財人は個人の機関であり、破産者の事業の知見を持ち合わせておら

ず、取引先や顧客との信頼関係も構築していないため、営業に専念でき、かつ破産管財人の指揮監督に従ってくれる信頼のおける者が確保できるかどうかは、判断をするうえで重要である。

担当者の顧客への責任感のみに依存して破産会社にとどまらせることは困難であり、破産開始後の給与の支払条件を明確にし、協力をしてくれた場合に確実に支払われると安心させる必要がある。また、事業譲渡を予定しているのであれば、事業価値を維持することでスポンサーが現れ雇用も維持されることを説明して協力を求める。一定期間事業を継続した後に事業を廃止する場合は、期間内に就職活動をする時間を確保させながらの勤務を許容するといった柔軟な対応も求められよう。

(4)　事業継続の期間を明確にすること

破産事件である以上、いずれ事業を廃止又は譲渡することになる。継続する期間は、前述の製造業やサービス業の例であれば、在庫状況、受注・予約などの状況から継続すべき期間はおのずと定まるといえる。しかし、一般的には事業面の判断は容易ではなく、不測の外的事由による変動はつきものであるため、たとえ当初の試算では事業継続によるマイナスが生じないとしても、継続の期間は相当期間内にとどめるべきである。裁判所に許可を求める際も、継続期間が相当期間であることを明記する必要があるとされている[4]。

(5)　そ　の　他

事業継続を判断するうえで、破産財団に属する事業用資産が従前どおり使用可能かどうかも見極める必要がある。例えば、破産者の工場の機械や在庫に対して商事留置権が行使されており債権者が占有している状態では生産の継続は不可能であるから、破産債権者としては、まず当該担保権者との間で、商事留置権の消滅請求（法192条1項）の行使の可能性も示しつつ個別に和解するなどの方法により、当該資産を解放させる必要がある。

破産者が、破産手続開始決定に即時抗告を申し立てて破産による事業廃止

4　『破産実務』193頁

を争っている場合や再生手続等の再建型倒産手続の申立てをしている場合で
も、それだけを理由とした事業継続の許可は相当ではないが、その事情もふ
まえて、事業の継続が破産債権者の一般の利益に適合すると認められれば、
一定期間の事業継続の許可も認められると解されている[5]。この場合でも、
破産管財人による事業の継続につき従業員その他の関係者の理解、協力を得
られることが前提となろう。

4 裁判所との事前協議

　以上のように、破産管財人による事業継続にあたっては、破産者の事業の
内容や事業継続の前提となる状況把握、資金繰りなどさまざまな要素をもと
に判断する必要があるから、時間的制約はあるものの、破産管財人として
は、許可申請に先立ち裁判所に対して報告を行っておくべきである。東京地
方裁判所破産再生部の運用では、破産管財人が事業継続を検討する場合は、
許可の申立てに先立ち、裁判所と事前協議を行うことが不可欠であるとされ
ている。事前協議においては、裁判所が許可をするうえで検討する上記事項
についてあらかじめ報告メモにし、場合によっては当該事業の画像などを準
備して臨み、担当裁判官に事業のイメージをもってもらうといった工夫も必
要と思われる。

5　『条解』323頁

Q 10-2 事業譲渡の手続及び方法

> 破産管財人が事業譲渡を行う場合、どのような手続及び方法によるべきですか

森 直樹

1 破産管財人による事業譲渡

破産手続は、清算型の倒産処理手続であり、破産手続の開始と同時に事業を停止し、事業に関連する資産は換価処分されるのが原則である。しかし、事業の一体性をもたせたまま譲渡し換価することが、実務上行われている。

破産手続において事業譲渡が選択される理由は、おおむね以下のとおりである。

① 個別に資産を譲渡するよりも迅速に、一般的にはより高額で処分が可能である。

② 承継先において従業員が再雇用されることにより、雇用を確保できる。

③ 取引を継続した状態で承継することにより、取引先・顧客への損害を最小限にとどめることができる。

④ 破産者の営んでいた事業が社会的に一定の役割を果たしているようなケースでは、事業を存続させることで社会的損失や混乱を回避することができる。

⑤ 破産手続において、破産管財人の権限のみで破産法上明文の定めのない会社分割の手続を実施するのは困難である[1]。

---

1 破産管財人には破産財団の管理処分権限と無関係な会社の組織法上の権限は認められておらず（『伊藤』423頁など。なお、最判平21.4.17金法1878号39頁も同旨の判示をしている）、会社更生手続のような更生計画に基づいて会社分割を行うことを可能とするような規定がない（会社更生法182条、182条の2参照）。また、破産者の取締役会や株主総会は、破産手続開始後は破産財団に関する管理処分権はもたず、会社分割を決定し実施することはできず、取締役会や株主総会を通じても会社分割を実施することができないと考えられる。

第10章 事業継続・事業譲渡 609

2 手続・方法

(1) 裁判所の許可（法78条2項3号）

　破産管財人による事業譲渡の実施は、破産財団所属財産の管理処分権の破産管財人への専属（法78条1項）の例外として、裁判所の許可事項とされている（同条2項3号）。ここにいう「事業」とは、法人・個人、営利・非営利を問わない広い概念であり、社会福祉法人や学校法人、病院等の事業も含まれる。また、譲渡対象となる事業の価額を問わない。

(2) 利害関係人の意見聴取等

　破産者に労働組合等[2]がある場合は、裁判所はその意見聴取をしなければならない（法78条4項）。事業譲渡は、通常、雇用契約の全部又は一部の承継を伴い、破産者の労働者は多大な利害関係を有するうえに、破産者の内部事情に通じているからである。

　労働者に意見を聞く方法については特に定められておらず、破産管財人を通じて意見を聞く方法や裁判所に書面を提出してもらう方法などがあるが、裁判所は意見に拘束されない[3]。

　事業譲渡に関して、破産債権者に対する意見聴取手続は、破産法上予定されていない。また、会社法上、株主総会の決議が必要な事業譲渡に該当する場合（会社法467条）であっても、破産会社の財産の管理処分権は破産管財人に専属しているため、株主総会決議は不要と解されている[4]。

　これに対し、再生手続においては、裁判所の許可の前提として、知れたる再生債権者に対する意見聴取手続を行い（民事再生法42条2項）、株主総会決議も原則として必要とされ、債務超過の場合は例外的に裁判所の株主総会決

2　ここでいう「労働組合等」とは、破産者の使用人その他の従業者の過半数で組織する労働組合があるときは当該労働組合、そのような組織がない場合は破産者の使用人その他の従業者の過半数を代表する者から意見を聴取する。
3　意見を聞かないで判断した場合においても、破産法78条5項のような別段の規定がない以上、裁判所の許可は有効と解されている（『条解』633頁）。
4　『条解』625、632頁

議の承認にかわる許可（代替許可）で足るものとされている（同法43条1項参照）。

このように破産手続では、再生手続よりも簡易な手続により迅速に事業譲渡が可能であることから、事業再生を目的として迅速に事業譲渡を行う手段として、破産手続の利用に積極的な意義をもたせる見解も提唱されている[5]。

(3) 保全管理命令後、破産手続開始決定前後の事業譲渡

上述のように、破産手続では簡易・迅速な手続により事業譲渡が可能であるとはいっても、ある事業に関して破産手続開始決定がなされたというだけで、新たな仕入れが不可能、困難になり、取引先から取引の停止・見送りを通告され、「破産」というレッテルによるイメージダウンなどにより当該事業の価値は急激に劣化するのが一般的である。

破産による事業価値の劣化を最小限にとどめるには、申立代理人としては、破産申立て以前に事業譲渡を実行したうえで破産申立てを行えばよいということになりそうである。しかし、事業譲渡先の選定プロセス、譲渡対価の相当性、事業譲渡スキームにおける債権者の債権の取扱いの公平性などに疑義があれば、破産管財人としては、当該事業譲渡について否認権の行使を検討することになる。

申立代理人としては、否認リスクを回避し、意図した事業譲渡を安定的かつ確実に実行するために、申立代理人とスポンサー候補者との間で、事業譲渡契約を締結直前の状況まで進めておき、破産手続開始決定後に破産管財人が事業譲渡契約の内容を検証し、破産裁判所の許可を得て事業譲渡契約を締結する方法が、実務上行われている。また、事業譲渡契約を締結し、同契約に基づく義務については双方未履行の状態で破産申立てを行って破産管財人に引き継ぎ、譲渡対価の相当性や債権者の取扱いの公平性を検討したうえで、破産管財人が双方未履行契約の履行選択を行うことにより事業譲渡を実行するという方法も、同様の目的に基づくものである。

破産手続開始決定が許認可の資格喪失事由とされている事業がある（例え

5　多比羅誠「破産手続のすすめ」NBL812号32頁

ば、卸売業や入札事業など）。こうした事業については、許認可を喪失した後
では事業自体の換価が不可能、困難であるため、保全管理命令発令後、破産
開始前に、保全管理人（通常は破産管財人選任予定者が選任される）が事業譲
渡を実行することができれば、財団価値を毀損することがなく、望ましい。
そこで、保全管理人としては、裁判所の許可を得て、事業譲渡を実行する方
法を検討すべきである（法93条3項、78条2項3号）[6]。なお、この場合も、
労働組合等の意見聴取が必要とされる（法78条4項）。

3　事業譲渡を行う際の留意点

(1)　事業の維持継続

　破産者が法人であるか個人であるかを問わず、破産手続開始決定後、直ち
に事業譲渡することができない場合は、まず裁判所の事業継続の許可を得る
必要がある（法36条）。
　ただし、当該事業が破産者の非代替的な個人的能力や素質に依拠している
事業の場合は、破産管財人が事業主として事業を継続することは不可能であ
る。また、事業を継続するうえで、支払条件の変更などにも耐え得る程度の
資金繰りが維持できるか、破産財団をより充実させるものであるか、事業譲
渡の実現まで事業を維持するための従業員などの人員を確保できるか、取引
先の協力が得られるかなどについて、事前に十分検討する必要がある。

(2)　譲渡先の選定と事業譲渡価値の評価

　破産管財人は、事業譲渡先の選定経緯や選定理由、事業譲渡時の価格の適
正性を十分に説明できるようにする必要がある。もっとも、破産事件では当
初は財団に余裕がなく、ファイナンシャル・アドバイザー（FA）に委託す
ることができるようなケースはむしろ例外的であろうし、入札などをして譲
渡候補先の選定に時間をかけている余裕のない場合もある。そのため、破産
事件においては、選定手続について厳格なものは要求されていない[7]。破産

6　『破産200問』165頁以下〔浅沼雅人〕

申立前に事業譲渡契約が締結されている場合や、破産者やその代理人により事業譲渡先候補者が選定されている事案もあるが、破産管財人の対応としては、選定プロセスや譲渡価格の適正性を検証し、不当に廉価であると判断した場合は否認権行使も検討するが、事業継続への影響も考慮し、価額賠償請求によって対処し、事業譲渡自体を否認することについてはより慎重な対応が求められよう[8]。

(3) 担保権者との調整

譲渡対象事業にとって必要不可欠な資産（工場や生産設備、売掛金債権など）について、抵当権や商事留置権、譲渡担保など担保権者が権利行使している場合には、それ自体、事業譲渡の障害になる。そこで破産管財人としては、当該担保権者（別除権者）との任意の交渉を行い、事業譲渡代金などから適正な対価を支払ったうえで解放させることや、担保権消滅許可の申立て（法186条）や商事留置権消滅請求（法192条1項）の行使を検討して円滑な事業譲渡実行に備える必要がある。

(4) 取引債務の承継の可否

事業譲渡を行う際に、承継対象事業に関連する取引等の債権を譲受先会社が承継する場合があるが、破産債権の承継は、十分な譲渡対価が支払われて破産債権への弁済が100％となるような極めて例外的な場合を除けば、債権者平等の観点から許されないと解される[9]。

7　『事業再生におけるスポンサー選定のあり方』（商事法務、2016年）24頁以下〔髙井章光〕参照

8　詐害行為否認による価額償還請求を認めた裁判例として東京地決平22.11.30金判1368号54頁（『インデックス』234頁）がある。事業譲渡と否認に関し『伊藤』555頁参照

9　『財産換価』451頁〔髙井章光〕。なお、財団債権や優先的破産債権であっても、譲渡対象外とされた債権が按分弁済の対象となるような場合は、債権者平等原則違反であり部分的な承継を認めるべきでないとしている。

Q 10-3 　保全期間中の事業譲渡

　債務者が許認可・免許事業を営んでいる場合における事業譲渡はどのように行うべきでしょうか

桝田　由貴

1　破産手続開始が許認可・免許に及ぼす影響

　債務者が営んでいる許認可事業や免許事業について、破産手続開始が当該許認可や免許の取消事由（例えば、古物営業の許可（古物営業法6条1項2号、4条1号）、製造たばこの特定販売業の登録（たばこ事業法17条1号、13条3号）、製造たばこの卸売販売業の登録（同法21条、17条1号、13条3号）、製造たばこの小売販売業の許可（同法31条6号））、廃業事由（例えば、一般建設業の許可（建設業法12条3号）、特定建設業の許可（同法17条、12条3号））などに該当する場合がある。このような場合、破産手続開始後に事業譲渡しようとしたのでは、許認可や免許を含めた事業として譲渡することがむずかしくなったり、破産手続開始後事業譲渡までの期間、事業を営むことができず、破産財団が毀損したりする可能性がある。そのため、法人である債務者が上述のような事業を営んでおり、同事業を譲渡できる可能性がある場合には、当該債務者は、破産手続開始申立ての前に裁判所と破産手続の進行について協議を行い[1]、保全管理手続中に事業譲渡を行うことを検討すべきである。

2　保全管理命令が発令される要件

　保全管理命令が発令されるには、法人である債務者の財産の管理及び処分が失当であるとき、その他債務者の財産の確保のために特に必要があると認められるときに該当する必要がある（法91条1項）。かかる要件のうち後者の、その他債務者の財産の確保のために特に必要があると認められるときと

1　『破産200問』166頁〔浅沼雅人〕

は、債務者による財産の管理、処分それ自体が失当とはいえないが、破産財団の確保、減損の防止などの観点から、債務者より財産の管理処分権を奪うことが適切な場合とされる[2]。その具体例としてあげられるのが、破産手続開始が許認可や免許の取消事由とされている事業につき換価を図る場合である（具体例については下記3のほか、本書Q10-4参照）。

3　保全管理手続中に許認可・免許事業を譲渡した事例

(1)　東京都中央卸売市場築地市場における仲卸業者の事例[3]

東京都中央卸売市場築地市場内の仲卸業者（東京都中央卸売市場条例2条2項）は、破産手続が開始されると、仲卸業務の許可が取り消され（同条例28条1項1号、24条4項1号）、事業譲渡ができなくなってしまう。そのため、裁判所は保全管理命令を発令し、保全管理人により事業譲渡をすませ、破産財団を確保したうえで破産手続を開始した。以後、東京地方裁判所破産再生部では、同種の事案につき、同様の運用がなされている。

(2)　東京都中央卸売市場大田市場花き部における仲卸業者の事例[4]

平成19年頃、東京都中央卸売市場大田市場花き部に属する仲卸業者についても上記(1)と同様の手続により事業譲渡がなされた事例があり、その後も仲卸業者について保全管理命令が発令された事例が続いている。例えば、平成26年には、東京都中央卸売市場大田市場花き部に属する仲卸業者につき保全管理命令が発令され、東京都による事業譲渡の認可（東京都中央卸売市場条例29条1項）を受けて、仲卸業務の許可及び大田市場内で花を販売する施設を利用する権利が譲渡されている。

2　『条解』696頁
3　『破産実務』86頁
4　進士肇「講演1　保全管理命令下での、大田市場花き部における仲卸業務許可および施設利用権の譲渡に関する実例の報告」債管149号17頁

第10章　事業継続・事業譲渡　615

4　保全管理手続中の事業譲渡手続

⑴　破産法上の手続

　保全管理人が事業を譲渡するにあたっては、裁判所の許可（法93条3項、78条2項3号）が必要となる。また、裁判所は、事業譲渡を許可するに際し、債務者の使用人その他の従業者の過半数で組織する労働組合、又は当該労働組合がないときは債務者の使用人その他の従業者の過半数を代表する者の意見を聴取しなければならない（法93条3項、78条4項、32条3項4号）。

⑵　会社法その他の手続

　債務超過であることが明らかな場合には、株主総会決議がなかったとしても事業譲渡の効力に影響はないとする説もあるが[5]、事業譲渡の保全管理手続中は、破産手続は開始されておらず、破産手続開始前に要求される通常の手続も必要と解するのが一般的である[6]。例えば、債務者が株式会社の場合は、原則として、株主総会の特別決議（会社法467条1項1号・2号、309条2項11号）や株主に対する通知（同法469条3項）又は公告（同条4項）が必要となる。

5　債務者が自然人である場合の対応方法

　保全管理命令の対象となる債務者は、法人に限られる（法91条1項）。これは、①自然人である債務者の全財産を保全管理人が管理するとなると、生活に重大な支障をきたすおそれがあるうえ、保全管理期間中に自由財産に相当する財産を認めたとしても、これと破産手続開始後の自由財産との関係を適切に規律することはむずかしいこと、②債務者が自然人の場合、実際の必要性は考えにくいことが考慮されたためである[7]。

　しかしながら、例えば、上記3の仲卸業者が自然人である場合など、債務

5　『新・実務大系』88頁〔武笠圭志〕
6　『一問一答』142頁
7　『一問一答』140頁

者が自然人である場合も、破産手続開始前に事業譲渡する必要性は高い。そこで、東京地方裁判所破産再生部では、「その他の必要な保全処分」（法28条1項）として、事業権という特定の財産の保全処分を行うべく、管理人を選任して換価させるという方法で、許認可・免許事業の取消しや廃業を回避しつつ、事業譲渡を実現している[8]。

Q 10-4　保全管理人が事業譲渡を行う場合の留意点

保全管理人が事業譲渡を行う場合、どのような点に留意すべきですか

野田　聖子

1　はじめに

　平成30年6月、保全管理人として、和菓子の製造販売業を営む老舗会社（以下「債務者」という）の事業譲渡をする機会に恵まれた。この事例に沿って、保全管理人が事業譲渡を行う場合の留意点について検討したい[1]。事例に沿って検討することが、留意点をより具体的に把握できると思われることから、体験談となることをあらかじめご了承いただきたい。

　債務者は、破産手続開始申立時、従業員約160名、負債総額約22億円[2]、東京都新宿区に本社及び本店を置き（いずれも賃借）、関東に工場（建物は自社所有、土地は賃借）及び物流センター（賃借）を擁していた。製品の販売方法は、本店での販売及び関東を中心とした百貨店20数店に消化仕入方式にて販売員付きで出店するほか、百貨店等の販売店への製品販売、通信販売等を行うというものであった。

8　『破産実務』87頁、『新・実務大系』90頁〔武笠圭志〕
1　『講座　倒産の法システム　第2巻』（日本評論社、2010年）101頁〔宮川勝之・永野剛志〕、多比羅誠「破産手続のすすめ―事業再生の手法としての破産手続」NBL812号32頁、本林徹「破産手続における営業譲渡」自正1999年10月号120頁、増田尚「川崎港の第三セクターの倒産と港湾機能の維持」金法1739号17頁
2　破産手続開始申立書による。

第10章　事業継続・事業譲渡　617

2　保全管理命令下での事業譲渡を目指した理由

　債務者は、破産申立日現在、多額の公租公課の未納があったほか、資金不足のため、同日弁済期限が到来する給与及び取引債務を支払うことができない状況にあった。このような状況において民事再生手続を選択することは困難であり、また、諸般の事情から、破産申立前に事業譲渡先の目処をつけることはできていなかった。

　引継現預金の規模や売掛金に集合債権譲渡担保が設定されていたこと等からすれば、保全管理期間中の経費がまかなえない可能性もあったため、申立後速やかに破産開始決定を受け、清算に向かう方向性も考えられた。しかし、180年の歴史を誇る老舗の和菓子屋であり、多くのファンを擁すること、同業者等から事業譲受を前提とした反響があることが想定されたことから、販路を何とか維持し、事業の劣化を最小限にしつつ事業譲渡を目指したいと考えた。一方、破産開始決定がなされると、菓子製造業の営業許可上の問題が発生し、また百貨店を中心とする主要な販路が断たれて事業の劣化が急速に進むと考えられたため、保全管理期間中の事業譲渡を目指して、裁判所から保全管理命令を頂戴することとなった[3]。万一、事業譲渡が奏功しない場合であっても、事業を継続することにより、保全管理期間内で収支が少しでもプラスになればよしとしようという思いもあった。

3　資金繰り及び財団債権の支払

　保全管理期間中、事業を継続して行うこととなったものの、資金繰りが逼迫していたことから、原則として、新たな仕入れを行うことはできなかった。幸いにして、破産申立前に、賞味期限の比較的長い主力製品と涼菓が販売量ベースで約半年分製造ずみであったため、保全管理期間中は、在庫製品及び新たな仕入れをすることなく在庫原材料にて対応可能な製品のみを製造

3　破産申立後速やかに、裁判所より、保全管理命令（法91条1項）、弁済禁止の保全処分（法28条3項）及び包括的禁止命令（法25条1項本文）が発令された。なお、東京地方裁判所においては、保全管理命令に弁済禁止の条項を設ける運用である（『新・実務大系』89頁〔武笠圭志〕）。

して販売することとした。なお、包装資材（箱・包装紙等）は、不足分のみ、現金引換えにて仕入れを行った。

また、数社に外注していた物流は、主要な1社に絞って、保全管理期間中の物流費を優先的な財団債権（法148条4項、152条2項括弧書）として支払うことを前提として、継続的な対応を依頼した。

破産申立時に在籍した従業員については、申立代理人において、破産申立直前の時期に、1カ月後を解雇日として解雇予告した。保全管理期間中、従業員が、従来と同じ業務（製造、営業、物流及び管理業務等）に継続して従事することにより、業務をスムーズに進めることができた。保全管理命令発令直後に、資金繰り上支払可能な範囲の、発令日から1週間分の給与を前払いにて支給したものの、破産申立前1～1.5カ月分の給与の未払いが発生していた状況下で快く稼働していただいた従業員の理解と協力に敬意と感謝を表したい。

保全管理期間中、保全管理人が債務者の財産に関し権限に基づいてした行為によって生じた請求権（法148条4項）のうち、債務者の財産及び換価に関する費用の請求権は、破産財団不足の場合、他の財団債権に先立って弁済される（法152条2項）[4]。本件においては、保全管理期間中の従業員の給与、賃料、物流費及び通信費等は、この優先的な財団債権に該当するとして支払処理を行った。

4　利害関係人への情報開示

百貨店等の取引先、仕入先、物流業者及び従業員等の関係者に、保全管理命令発令時、1カ月間でスポンサー選定を行いたい等として、書面にて理解と協力を要請した。加えて、主要な取引先や物流業者とは個別に面談を行い、従業員には説明会を実施した。

その2週間後の優先交渉先決定時、さらにその2週間後の事業譲渡契約締結時に、利害関係人に対して書面にてその旨を各々通知するとともに、従業員説明会を実施する等した。

4　共益費用的観点から優先弁済の合理性が認められる、と指摘されている（『注釈（下）』58頁〔村上亮二〕）。

利害関係人は、手続の進行状況に強い関心と利害を有しており、かつ利害
関係人の協力なくして事業譲渡は成立しないことから、スポンサー選定手続
の密行性に配慮しつつ、適切な時期に的確な内容の情報を発信することが重
要である。

　本件では、破産申立直後の方針決定時に若干の混乱があったこと等から、
従業員を除く利害関係人への説明会を実施するタイミングを逸してしまっ
た。情報開示と協力要請のため、適宜な時期に利害関係人への説明会を実施
すべきだったということが反省点としてあげられる。

5　別除権者との協議

　別除権者（売掛金集合債権譲渡担保、工場建物の抵当権、工場機械及び美術品
の譲渡担保等）への協力要請も、保全管理期間中から開始した。

　売掛金集合債権譲渡担保については、当該別除権者が物上保証人から全額
回収できる目処があるとのことであったため、保全管理人が売掛金を回収し
て、当該別除権者が債権を別途全額回収するまでの間、回収した売掛金の一
部をプールするという内容で和解した。これにより、売掛金の回収が進み、
保全管理段階の資金繰りに一定の目処がついた。

　工場機械及び美術品については、担保物件特定及び売却手続に係る保全管
理人団の負担等を理由として別除権者と交渉した結果、破産開始決定後、売
却代金の５割を破産財団に組み入れる内容にて別除権を受け戻して売却する
ことができた。

6　事業譲渡手続

　保全管理命令発令直後から、保全管理人事務所に、事業の承継を検討した
い旨の数十件の連絡が寄せられた。これまでに述べた諸事情から、短期決戦
で事業譲渡先を選定する必要があった。

　ファイナンシャル・アドバイザーを選定することは資金の問題も含めた諸
事情から困難であったため、保全管理人団において、譲渡先選定手続を自ら
実施することとした。具体的には、入札要綱（工場一体型、工場分離型いずれ
も可）を作成し配布するとともに、債務者及び関係者から収集した資料を取

620

りまとめて候補者への開示用資料（パッケージ）を作成し、守秘義務誓約書の差入れと引き換えに資料を開示し、また工場等の見学会を実施した。そのうえで、保全管理命令の発令から2週間後に入札を実施し、保全管理人団において入札内容を検討した。

その結果、スポンサーに工場を切り離して譲渡することを決定し、事業譲渡契約を締結したうえで、事業を引き渡した。

保全管理人団としては、工場一体型での事業譲渡を目指していたものの、申立直前期の売上規模に比して工場が経費的にも物理的にも過大であったこと等から、各候補者において、工場一体型では収益計画及び投資回収計画が立案できないとの判断があったものと推測される。

譲渡対象資産は、製品・原材料・資材、レシピ、商標、百貨店等との契約関係等を含む和菓子等の製造販売事業である。

また、スポンサーは、クロージング後、新しい製造体制を確立するまでの2カ月間、債務者所有の工場を使用して従前の製造体制にて製造することを希望したため、条件を協議し合意したうえでこれに対応した。

なお、保全管理手続中の事業譲渡の条件については、本書Q10-3を参照されたい。株主総会決議必要説に立ち、かつ株主総会決議を経る見込みがないケースにおいては、スポンサー選定後、裁判所から破産開始決定及び事業譲渡許可を得て、その直後に事業譲渡契約の締結及び引渡しを行うことが考えられる[5]。

7　商号続用

スポンサーは、ブランド維持の一環として、債務者の商号を続用することを希望した。この場合、譲受会社において、債務者の債務について責任を負担しない旨の登記をしておくことが必要である（商法17条1項・2項）[6]。

---

[5]　『伊藤』173頁では、裁判所が債務超過を認めて許可する場合には、株主総会特別決議は不要と考える旨の指摘がある（民事再生法43条1項類推適用）。

[6]　商号だけでなく、通称の続用の場合にも旧商法26条1項の類推適用を認めた最高裁判決がある（最判平16.2.20民集58巻2号367頁）。

8 まとめ

　この事業譲渡により、破産財団が増殖して債権者に対する弁済額が増加したことに加え、老舗和菓子屋のブランドと製品を維持することができ、百貨店等の販路について破産申立時の約3分の1の数の店舗を維持し、また、スポンサーに移籍した従業員約40名の雇用を確保することができた。

　保全管理期間中に事業譲渡する手法も、選択肢の一つとして検討に値するものと思われる。

Q 10-5 破産手続と会社分割

　会社分割による事業処分の破産手続における問題としてどのようなものがありますか

栬田　由貴

1 分割会社の破産手続と、新設会社・承継会社の事業再生

　採算性のある優良な事業部門が存在するものの、会社全体としては債務超過状態であるような場合に、当該優良事業部門を会社分割により新設会社又は承継会社（以下両者をあわせて「新設会社等」という）に承継させ、分割会社につき破産手続を行うという手法がとられることがある。これは、財務状況が悪化している会社の収益性のある事業を会社分割や事業譲渡により切り離して第二会社に承継させ、不採算部門の残った旧会社につき特別清算等を行うという事業再生手法、いわゆる第二会社方式の一つである。

　①新設会社等に承継された債務の債権者からみれば、債権回収や取引継続などが図られ、②分割会社に残された債務の債権者（以下「残存債権者」という）にとっても、分割対価が加わることでより高い配当率を期待でき、③会社全体としても、優良事業を残して再生がなされること等から、有益な手法といえる。

2 事業譲渡と比較した会社分割のメリット

会社分割は、事業譲渡に比し次のようなメリットが存するため、第二会社方式において事業譲渡ではなく会社分割が用いられることがある。

(1) 権利義務の包括承継

事業譲渡は、債権者をはじめとする相手方の承諾を得るなど各契約や法令に従い、権利義務を個別に移転させる必要がある。他方、会社分割は包括承継であり、原則として債権者保護手続が必要ではあるものの、相手方の個別の承諾を得る必要はない。契約上、会社分割にあたり相手方の承諾が必要である旨定められていたとしても、相手方の承諾がないことは、あくまで契約違反及びこれに伴う契約解除や賠償等の問題であり、承継の効果自体が否定されるわけではない。

(2) 労働契約の承継

事業譲渡の場合、譲渡会社における労働契約を解消して、譲受会社と新たに雇用契約を締結したり、労働者の同意を得て転籍手続をとったりなど、譲渡会社、譲受会社及び労働者三者の合意が必要となる。他方、会社分割の場合、主に承継事業に従事していた労働者との労働契約は、新設分割計画又は吸収分割契約に新設会社等が承継する旨の定めがあれば、同労働者の同意がなくとも、新設会社等に承継される（会社分割に伴う労働契約の承継等に関する法律3条）。

(3) 許認可・免許の承継

事業譲渡の場合、譲受会社があらためて許認可・免許を取得したり、承継できるとしても、官公庁の認可等を得たりする必要があるものが多い。他方、会社分割の場合、届出を行えば足りるもの（例えば、食品衛生法53条2項）が一定数ある。

⑷　不動産取得税

事業譲渡の場合、売買に基づく所有権移転と同じく、不動産取得税が課税されるが、会社分割の場合、非課税となることがある（地方税法73条の7第2号、地方税法施行令37条の14）。

⑸　不動産登記に係る登録免許税

不動産の所有権移転登記における登録免許税について、事業譲渡や会社分割が産業競争力強化法に定める認定事業再生計画等に基づくものである場合には軽減措置がとられるが、会社分割の方が軽減率が高い（租税特別措置法80条1項4号・6号）。

⑹　消　費　税

事業譲渡の場合、個別資産の譲渡であり消費税が課されるが（消費税法4条1項）、会社分割の場合、組織再編行為であり消費税は課されない。

3　濫用的会社分割に対する対抗手段

前述のように破産手続において事業譲渡ではなく会社分割を利用することは可能であるとしても、常に当該会社分割が許容されるわけではない。会社分割を利用して意図的に分割会社に残存債権者を置き去りにし、債務の履行を回避するような手法は、濫用的会社分割又は詐害的会社分割と呼ばれ、問題視されている。そこで、当該手法がとられた場合には次のような手段を用い、残存債権者の債権の回収を図ることが考えられる。

⑴　直接請求（会社法759条4項、761条4項、764条4項、766条4項）

従前、残存債権者は債権者保護手続の対象ではなかったが、平成26年会社法改正に伴い、分割会社が残存債権者を害することを知って会社分割をした場合は、残存債権者は、新設会社等に対し、承継した財産の価額を限度として、当該債務の履行を請求できることになった。ただし、同請求は、分割会

社について破産手続開始決定がなされると行使できなくなる（同法759条7項、761条7項、764条7項、766条7項）。

(2) 詐害行為取消権（民法424条）

最判平24.10.12民集66巻10号3311頁は、残存債権者による詐害行為取消権の行使を認め、残存債権者の債権保全に必要な限度で新設会社への財産の承継の効力を否定することができる旨判示した。この理は、吸収分割の場合にも当てはまるといえる。改正民法も、債権者は自己の債権額の限度で（改正民法424条の8）受益者に移転した財産の返還又は価額の償還を請求できるとする（改正民法424条の6第1項）。

(3) 会社法22条1項類推適用

最判平16.2.20民集58巻2号367頁は、預託金会員制のゴルフクラブの名称がゴルフ場の営業主体を表示するものとして用いられている場合において、事業譲渡がなされ、譲渡人が用いていたゴルフクラブの名称を譲受人が継続して使用しているときには、特段の事情がない限り、譲受人は、商法26条1項（会社法22条1項）の類推適用により、会員が譲渡人に交付した預託金の返還義務を負う旨判示しているところ、かかる法理は、会社分割にも類推適用される[1]。ただし、同法理が類推適用される範囲については、具体的事案によるところがある[2]。

(4) 法人格否認の法理

福岡地判平23.2.17金法1923号95頁のように違法又は不当な目的を有していたとして、新設会社に承継会社と同様の法的責任を認めた裁判例がある。しかしながら、吸収分割では支配要件及び目的要件の双方を充足することはあまり想定できず、新設分割の場合も各要件を必ずしも充足するとは限らないことから、法人格否認の法理が認められた裁判例が多数あるわけではな

1 　最判平20.6.10金法1848号57頁
2 　例えば、東京地判平22.7.9判時2086号144頁や東京地判平22.11.29判タ1350号212頁は類推適用を肯定している。

い。

⑸　否認権（法160条ないし162条）

承継会社につき破産手続が開始された後は、破産管財人が、積極財産減少の観点から詐害行為否認（法160条）や相当対価処分行為否認（法161条）、債権者間の不平等の観点から偏頗行為否認（法162条）を行うことが検討される（詳細については本書Q 9 -10参照）。

⑹　会社分割無効の訴え（会社法828条 1 項 9 号・10号）

残存債権者は、会社分割について承認をしなかった債権者に該当しないところ（会社法828条 2 項 9 号・10号）、東京高判平23. 1 .26金法1920号100頁も、解釈を広げることなく、残存債権者の原告適格を否定している。前掲最判平24.10.12が、詐害行為取消権の行使の効果を、残存債権者の債権保全に必要な限度で、新設会社に対する財産の承継を取り消すかたちで認め、新設分割の効力を否定することに謙抑的であることからすれば、会社分割無効の訴えの活用はあまり期待できないものと考えられる。

4　破産手続開始後における会社分割の可否

破産法には、事業譲渡に関する定めはあるが（法78条 2 項 3 号）、会社更生法45条 1 項 7 号などと異なり、会社分割に関する定めはない。また、定款で定めた存続期間の満了などにより解散した場合（会社法471条 1 号ないし 3 号）には、分割会社となる会社分割はできるが（同法473条、474条 2 号、509条 1 項 3 号）[3]、破産手続開始の決定により解散した場合（同法471条 5 号）には、会社分割ができる旨の定めがない。これらの観点からすれば、破産手続開始後は会社分割ができないものと解される。

他方、特別清算手続において事業譲渡の規定を準用して会社分割を行った事例もあり、同様に事業譲渡の規定を準用することによって会社分割を行うことも可能とする見解もある[4]。しかしながら、特別清算は分割会社となる

3　相澤哲編著『立案担当者による新・会社法の解説　別冊商事法務　（295）』（商事法務、2006年）142、150頁〔相澤哲・郡谷大輔〕

会社分割を認めているのであり（同法473条、474条2号、509条1項3号）、特別清算手続において会社分割を行った事例があるのを理由に、破産手続開始後も会社分割できるとするのは、論理の飛躍があるものと思料される。

4　小泉正明・栗原千亜希『経営改善を支援する企業再生の教科書』（秀和システム、2013年）192頁

第11章

破産手続と税務

Q 11-1　租税債権の種類

租税にはどのようなものがあり、どのように確定し、どのように徴収されますか

上田　慎

1　租税確定の方式

租税には、国税と地方税があり、その確定の方式には、租税の種類により、①申告納税方式、②賦課課税方式、③自動確定方式の3種類がある。

(1)　申告納税方式

納付税額が納税者の申告によって確定する方式であり（国税通則法16条1項1号、地方税法1条1項8号）、国税では、所得税、法人税、消費税等が、地方税では、法人住民税、法人事業税、地方消費税等がこれに当たる。

(2)　賦課課税方式

納付税額が課税庁の処分である賦課決定によって確定する方式（国税通則法16条1項2号、地方税法1条1項7号）であり、国税では申告納税方式をとることが困難な加算税等例外的な場合に限られるが、地方税では、固定資産税、自動車税・軽自動車税、不動産取得税、市町村民税等、多くがこれに当たる。

(3)　自動確定方式

納税義務の成立と同時に特別の手続を要しないで納付すべき税額が確定する方式（国税通則法15条3項）であり、国税である源泉徴収による国税、印紙税（一部を除く）、登録免許税、延滞税・利子税等がこれに当たる。

2 納税義務の成立と法定納期限・具体的納期限

　破産法上、破産手続開始前の原因に基づいて生じた租税等の請求権であって、破産手続開始当時、まだ納期限の到来していないもの又は納期限から1年を経過していないものが財団債権となり（法148条1項3号）、それ以外が優先的破産債権となる（法98条1項、国税徴収法8条、地方税法14条）。また、破産手続開始後の原因に基づいて生じた租税等の請求権のうち、破産財団の管理、換価及び配当に関する費用の請求権（法148条1項2号）に該当するものは財団債権となり、それ以外のものは劣後的破産債権となる（法99条1項、97条4項）。

　「破産手続開始前の原因に基づいて生じた」（法148条1項3号）とは破産手続開始前に納税義務が成立していたことをいい、①所得税は暦年の終了（国税通則法15条2項1号）、②源泉徴収による所得税は、源泉徴収すべきものとされている所得の支払のとき（国税通則法15条2項2号）、③法人税については、事業年度の終了の時（国税通則法15条2項3号）、④消費税等については、課税資産の譲渡等の時（国税通則法15条2項7号）、⑤固定資産税については毎年1月1日（地方税法259条）、⑥自動車税については毎年4月1日（地方税法148条）である。

　租税の納期限には法定納期限と具体的納期限があり、破産法148条1項3号にいう「納期限」とは具体的納期限をいう。

　法定納期限とは、法律の規定により租税を納付すべきとされている期限であり（国税通則法2条8号）、納税義務の消滅時効の起算日となり、その翌日が延滞税の起算日となる。

　具体的納期限は、その徒過が督促状による督促やその後の滞納処分の原因となる期限である（国税通則法37条、40条）。

　申告納税方式においては原則として法定納期限と具体的納期限が一致し（国税通則法35条1項）、賦課課税方式、自動確定方式においては納税告知書（国税通則法36条、地方税方13条1項）が発せられた日の翌日から1カ月を経過する日が具体的納期限となる。

3 督促・滞納処分・交付要求

　納税者が具体的納期限までに租税を完納しない場合、督促状による督促が行われる（国税通則法37条1項、地方税法66条1項）。また、納税者が具体的納期限までに租税を完納せず、督促を受けた後、督促状を発した日から起算して10日を経過した日までに完納しないときは、差押え等の滞納処分が行われる（国税通則法40条）。

　また、納付すべき租税を具体的納期限までに納付しなかった者（滞納者）の財産について強制換価手続が開始したときは、国税については税務署長が、地方税については徴税吏員が、執行機関（破産手続の場合は破産管財人。ただし、破産債権に当たる租税の交付要求は破産裁判所[1]）に対し、当該強制換価手続からの交付（配当）を求める手続である交付要求が行われる（国税徴収法82条1項)。

Q11-2　法人の破産管財人による税務申告の概要

法人の破産管財人はどのような場合に税務申告を行うのですか

上田　慎

1　法人の破産管財人が申告を検討すべき税務申告の種類と事業年度

　法人の破産管財人が申告を検討すべき税務申告としては、申告納税方式の国税である法人税、消費税、申告納付の地方税である法人住民税、事業税がある。

　破産会社の事業年度は、破産会社の定款や決算書等で確認できる。ただ

1　ただし、東京地方裁判所等、破産管財人を裁判所の「書類受領事務担当」として、債権届出書を破産管財人に直送する運用を行っている裁判所においては、破産債権に当たる租税の交付要求も破産管財人へ送付されることになる。

図表　破産前後の事業年度

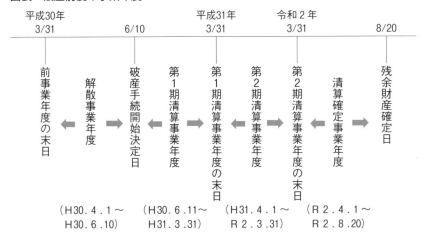

し、破産前後の事業年度については、法人税法14条1項1号により、事業年度の中途において解散した場合、その事業年度開始の日から解散の日までの期間及び解散の日の翌日からその事業年度終了の日までの期間をそれぞれ1つの事業年度とみなすこととされている。また、法人税法14条1項21号により、清算中の法人の残余財産が事業年度の中途において確定した場合は、その事業年度開始の日から残余財産の確定の日までの期間を1つの事業年度とみなすこととされている。

したがって、破産前後の事業年度は、①解散事業年度（前事業年度の末日の翌日から破産手続開始決定日まで）、②第1期清算事業年度（破産手続開始決定日の翌日から第1期清算事業年度の末日まで）、③第 a 期以降の清算事業年度（前清算事業年度の末日の翌日から第 a 期清算事業年度の末日まで）、④清算確定事業年度（前清算事業年度の末日の翌日から残余財産確定の日まで）ということになる（図表参照）。また、解散事業年度より前の事業年度において破産会社が税務申告を行っていない場合もある。

破産管財人としては、それぞれの税目につき、それぞれの事業年度ごとに税務申告を検討することとなる。

第11章　破産手続と税務　633

2 破産管財人はどのような場合に税務申告を行うべきか

　解散事業年度より前の事業年度については破産管財人には税務申告の義務はないと考えられている一方、清算事業年度、清算確定事業年度については破産管財人に税務申告の義務があると解されており、解散事業年度については破産管財人に税務申告義務があるかについて争いがある[1]。

　ただ、破産会社における解散事業年度以降において納付すべき法人税の税額が発生することはほとんどないこともあり、特に低廉な予納金で破産手続が開始され、破産財団の増殖も見込めない小規模な法人の破産管財事件においては、税務申告のための費用を支出することがむずかしかったり、資料や経理データが散逸している等していて、税務申告が困難であることも多いのが実情である（このような場合の税務申告対応については本書Q11-6参照）。上記のような事情で解散事業年度の税務申告を行わない場合は、清算事業年度や清算確定事業年度の税務申告も行わない場合が多い。ただし、上記のとおり清算事業年度、清算確定事業年度については破産管財人に申告義務があると解されており、簿価を上回る価格で資産を換価した場合や債務免除を受ける等して所得が生じた場合には、期限切れ欠損金の損金算入の適用を受けるため（法人税法59条3項・4項）、資料散逸や費用面等の問題から解散事業年度の税務申告を行わなかった場合でも、破産申立書の債権者一覧表及び破産債権届出、破産管財人作成の財産目録、資本金額、破産手続開始後の収支を基に行う簡易な申告方法[2]を利用する等して、清算事業年度の税務申告を検討すべきことも指摘されている[3]。

　税務申告を行うことにより法人税や消費税等の還付を受けられる可能性があるときには、財団増殖のためにも税務申告を行うべきである（本書Q11-8参照）。また、破産手続開始決定を受ける直前まで通常どおり事業を継続していた会社にあっては、解散事業年度において納付すべき消費税額が発生す

1　『手引』384〜387頁、『実務マニュアル』393〜397頁、『破産200問』373頁〔内藤滋〕

2　事業再生研究機構税務問題委員会編『清算法人税申告の実務―平成22年度税制改正対応』（商事法務、2010年）参照

3　『手引』390〜392頁

ることも多く、その場合にはあるべき財団債権額の把握のためにも解散事業年度の税務申告を検討すべきと考えられる。

また、破産財団に換価可能な資産がありその譲渡により清算事業年度において納付すべき消費税額が発生した場合は、破産管財人は、清算事業年度において消費税の申告を行う必要があるが、税務署において法人税の申告を行わずに消費税の申告のみを行うことは通常認められないこと、申告の連続性の観点からそれ以前の事業年度の税務申告も求められること等から、破産財団の換価により納付すべき消費税額の発生が見込まれる場合には、解散事業年度の段階から法人税も含めた税務申告を検討すべきこととなる。

解散事業年度以降の税務申告を行う場合において、解散事業年度より前の事業年度の税務申告が未了である場合、税務署より解散事業年度より前の事業年度の税務申告を求められるのが通常である。上記のとおり、解散事業年度より前の事業年度については、破産管財人には税務申告義務はないと解されているものの、税務申告の連続性が要件となっている青色欠損金の繰越控除等税務上の有利な取扱いを受けたり、円滑な税務申告作業を行ったりする等の観点から、可能な範囲で解散事業年度より前の事業年度に係る税務申告を行うことも検討することとなる。

Q 11-3　法人税の申告

法人の破産事件において、法人税の申告はどのように行えばよいのでしょうか

乙井　秀式

1　破産会社の事業年度

破産手続開始決定は、法人の解散事由の一つであるところ（会社法471条5号、641条6号）、事業年度の途中において法人の破産手続が開始された場合、法人税法上の事業年度は、その事業年度の開始日から解散日（破産手続

開始決定日）までの期間、及び解散日（破産手続開始決定日）の翌日からその事業年度終了日までの期間を、それぞれ1事業年度とみなしている（「みなし事業年度」法人税法14条1項1号）。詳細については、本書Q11-2を参照されたい。

2　解散事業年度における法人税の申告

(1)　破産管財人の申告義務

　解散事業年度における法人税の申告は、破産手続開始決定前の事業年度に関するものであるため、破産管財人に申告義務があるとするには疑問があり、破産会社の代表者に申告義務があると考える見解もあるが、破産管財人が事実上申告を行っているのが実際のところでもあり、破産管財人が申告するのが望ましいであろう。詳細については、本書Q11-2を参照されたい。

(2)　税理士等との連携

　申告には税法及び租税実務の専門知識が必要であるところ、善管注意義務（法85条1項）を負っている破産管財人が税務処理を誤ると損害賠償責任（法85条2項）を負う可能性があるため、破産管財人自身で行うよりは、税理士等に依頼して行うのが望ましい。その際、破産会社の従前の顧問税理士等に依頼すると破産会社の状況を把握しているため効率がよいこともあるが、顧問税理士等の協力が得られない場合や、過去の会計処理に疑義があるような場合には、別の税理士等に依頼したほうがよいであろう[1]。なお、別の税理士等に依頼する場合には、破産会社において使用していた会計データや会計ソフトの引継ぎができるか否かを確認し、場合によっては、引継ぎのために破産会社の会計担当者等の協力を得ることも必要になるであろう。

(3)　申告期限

　解散事業年度における法人税の申告は、破産手続開始決定日の翌日から原

1　『破産200問』374頁〔須藤英章・柴田義人〕、『実践マニュアル』381頁

則として２カ月以内にする必要がある（法人税法74条１項）。ただし、この期限内に確定申告書の提出ができないような場合には、１カ月の期限の延長申請が可能である（法人税法75条、75条の２）。

3　清算事業年度における法人税の申告

(1)　所得金額の計算

破産会社に所得が生じる場合としては、①資産を簿価よりも高価に処分したとき、②特定の債務につき債権者から免除を受けたときなどが考えられる[2]が、そのような場合に常に法人税が課税されると円滑な清算を阻害するおそれがあるため、平成22年度の税制改正（平成22年法律第６号）により、破産会社についていわゆる「期限切れ欠損金」の損金算入が認められている[3]。

(2)　期限切れ欠損金の損金算入の要件

期限切れ欠損金の損金算入をするためには、法人税の確定申告が必要となる（法人税法59条４項）。そのため、破産管財人としては、各清算事業年度において破産会社に所得が生じた場合には、課税回避のため、青色欠損金等の損金算入のみならず期限切れ欠損金の損金算入の可否を検討したうえで、損金算入が可能である場合には、法人税の確定申告をすべきことになる。

なお、この確定申告の際には、「残余財産がないと見込まれることを説明する書類」を申告書に添付する必要があるが（法人税法施行規則26条の６第３号）、この書類としては破産手続開始決定書の写しでよいとされている[4]。

2　『手引』391頁

3　内国法人が解散した場合で残余財産がないと見込まれるときは、清算中に終了する事業年度前の各事業年度に生じた欠損金額のうち、いわゆる期限切れ欠損金について、青色欠損金及び災害損失欠損金の控除後かつ適用する事業年度の事業税の損金算入前の所得金額を限度として、損金の額に算入することが認められている（法人税法59条３項、法人税法施行令118条）。

4　『破産200問』377頁〔篠田憲明〕

第11章　破産手続と税務　637

(3)　申告期限

　清算事業年度における法人税の申告は、通常の事業年度と同様、事業年度末日から原則として2カ月以内にする必要がある（法人税法74条1項）。ただし、解散事業年度と同様に、この期限内に確定申告書の提出ができないような場合には、1カ月の期限の延長申請が可能である（法人税法75条、75条の2）。

4　清算確定事業年度における法人税の申告

(1)　申告期限

　清算確定事業年度の確定申告書の提出期限は、残余財産確定日から1カ月以内とされており、残余財産確定日から1カ月以内に残余財産の最後の分配又は引渡しが行われる場合には、その前日までが提出期限とされている（法人税法74条2項）。この点、「2カ月以内」とされている解散事業年度及び清算事業年度とは異なるため注意を要する。なお、残余財産確定日から1カ月以内に残余財産の最後の分配又は引渡しが行われる場合には、その前日までが提出期限とされているが（法人税法74条2項）、破産手続における配当は、法人税法上の「残余財産の分配」には該当しないため、この規定は破産会社の場合には適用されないと考えてよい[5]。

　また、解散事業年度及び清算事業年度とは異なり、清算確定事業年度の場合には、提出期限の延長の特例の適用は認められていないため（法人税法75条の2第1号）、この点にも留意が必要である。

(2)　残余財産がないことの確定日

　東京地方裁判所では、残余財産がないことの確定日を、破産財団に属する財産全部の換価処分を完了した日であると解している[6]。

　例えば、配当事案において、清算確定事業年度に建物の譲渡を行い消費税

5　横田寛『新版　破産管財の税務と手続』（日本加除出版、2017年）36頁
6　『手引』387頁

が課税される場合、課税仕入れとなる管財人報酬に係る消費税を控除することができ、消費税の還付を受けることができる場合がある。そのため、破産管財人としては、換価処分完了後、速やかにその結果を記載した収支報告書（還付が見込まれる預金利子等に対する源泉税を含む必要はない[7]）を裁判所に提出して、清算確定申告を行い、消費税の納税又は消費税の還付を受けてから配当許可申請を行うことになる[8]。なお、法人の消費税の申告については本書Q11-4を参照されたい。

5　異動届出書の提出

破産手続開始決定時に破産会社に法人税の滞納がある場合には、公租公課庁通知の対象となるため、税務署に破産の通知がなされるが、法人税の滞納がない場合には税務署は破産の事実を知らないため、異動届出書で破産手続が開始された旨を通知しておくとよいであろう。また、破産財団に属する財産全部の換価処分が完了した場合には、残余財産確定として、異動届出書を税務署に提出しておくとよいであろう。適時に異動届出書を提出しておくことで、対税務署との関係及び手続が円滑となる。

Q 11-4　消費税の申告

法人の破産事件において、消費税の申告はどのように行えばよいでしょうか

乙井　秀式

1　消費税の課税対象

消費税の課税対象となるのは、原則として、国内において事業者が事業として対価を得て行われる資産の譲渡、貸付及び役務の提供（以下「資産の譲

7　『手引』387頁
8　『実践マニュアル』391頁

第11章　破産手続と税務　639

渡等」という）と外国貨物の輸入である（消費税法4条）。資産の譲渡等については、事業者は、国内において行った「課税資産の譲渡等」（消費税法2条1項9号）につき消費税を納税する義務があるが（消費税法5条1項）、国内において行われる「資産の譲渡等」（消費税法2条1項8号）のうち、土地や土地上に存する権利の譲渡及び貸付[1]、その他消費税法別表第1に掲げるものには消費税は課税されない（消費税法6条）。

そのため、破産管財業務において特に注意すべき資産の譲渡等は、建物の譲渡と商品の譲渡である[2]。これに対し、土地売却金、土地の賃料、及び株式等の有価証券の売却金（ゴルフ会員権の売却金を除く）は、原則として消費税が課されない非課税取引である。

2 消費税額の計算と課税期間

消費税は、課税期間中の課税標準（消費税が課される取引の売上金額から消費税及び地方消費税を控除した税抜きの金額）に係る消費税額から、課税期間中の課税仕入れに係る消費税額を控除して消費税の納付税額を計算する（消費税法30条以下）。

消費税の課税期間は、法人税の課税期間である事業年度と基本的に同様である。詳細については本書Q11-2を参照されたい。

3 解散事業年度における消費税の申告

(1) 破産管財人の申告義務

解散事業年度における破産管財人の消費税の申告義務については議論があるが、解散事業年度に課税資産の譲渡等があった場合、納付すべき消費税が見込まれるときには、免税事業者（消費税法9条等）に該当しない限り申告をする必要がある。

---

1 1カ月に満たない期間貸し付ける場合や駐車場その他の施設の利用に伴って土地が使用される場合には課税対象となる（消費税法施行令8条）。
2 『手引』396頁

⑵　申告期限

解散事業年度における消費税の申告は、破産手続開始決定日の翌日から2カ月以内にする必要がある（消費税法45条）。消費税は申告納税方式が採用されているため、納付すべき税額が確定するためには納税者による申告が必要となる（国税通則法16条1項1号、地方税法1条1項8号）。

4　清算事業年度・清算確定事業年度における消費税の申告

⑴　破産管財人の申告・納税義務

破産会社は「事業として」の反復継続性を有しないとして消費税の申告・納税義務は生じないという見解もあるが、清算中の法人についても消費税を課す旨の規定があること（消費税法45条4項）、破産の場合に法人税法第3章第2節（清算）の規定の適用が認められるとする判例[3]の流れを理由に、破産管財人には、清算事業年度や清算確定事業年度の消費税の確定申告及び納税義務があると解されている[4]。

⑵　課税事業者

事業者のうち、その課税期間に係る基準期間（その事業年度の前々事業年度）における課税売上高が1000万円以下である者については、消費税の納税義務が免除されているが（免税事業者。消費税法9条1項、2条1項14号）、これは破産手続が開始された法人についても同様である。

なお、平成25年1月1日以後については、基準期間の課税売上高が1000万円以下であっても特定期間（前事業年度の前半6カ月間）の課税売上高（又は給与等の支払額）が1000万円を超えた場合には課税事業者となるため（消費税法9条の2）、破産管財人は、当該事業年度において、課税事業者となるのか免税事業者となるのかを確認することが肝要である。

3　最判平4.10.20判時1439号120頁
4　『手引』397頁

第11章　破産手続と税務　641

(3) 課税資産の譲渡等における留意点

　破産管財人には消費税の申告・納税義務があると解されているため、破産
管財人が課税資産の譲渡等を行う場合には、契約書等に消費税額を明示する
のが望ましい。例えば、破産管財人が、買主において取壊し予定である建物
を対価なしで譲渡しようとする場合には、消費税が課税されないよう建物の
対価が0円であることを明示しておくべきであろう。また、別除権者の競売
申立てにより破産財団に属する課税資産が売却されると、破産財団の増殖の
有無とは無関係に消費税が課税される場合があるため、課税を避けるべく、
売却決定前に当該課税資産を破産財団から放棄することを検討する必要があ
る[5]。

　なお、平成19年度の税制改正により、平成20年4月1日以降に締結された
契約に係る一定のリース取引について、賃貸借取引ではなく売買取引と扱わ
れることとなった。そのため、破産管財人によるリース会社に対するリース
物件の返還行為は、破産債権への充当額を対価とする破産管財人のリース会
社に対する代物弁済とされ、当該充当額を基準とした消費税が財団債権とし
て発生する可能性がある（消費税法2条1項8号、消費税法施行令45条2項1
号、消費税基本通達9-3-6の3）。他方、破産者が、リース取引につき、会
計上賃貸借処理を行っており、リース料の仕入税額控除について分割控除の
方法をとっている場合には、破産管財人は、残存リース料の全額につき仕入
税額控除の対象とすることが可能である。この場合、リース物件の返還によ
る消費税の発生を避けることができるばかりでなく、消費税の還付により破
産財団の増殖に寄与することになる[6]。

(4) 消費税の確定申告

　清算事業年度に、破産管財人が、国内において課税資産の譲渡等を行った
ときは、各清算事業年度の末日の翌日から2カ月以内に、消費税の確定申告
をする必要がある（消費税法45条1項本文）。国内において課税資産の譲渡等

5　『破産200問』385頁〔上野保〕
6　『手引』398頁

がなく、かつ納付すべき消費税がない場合には申告の必要はないが（消費税法45条1項ただし書）、消費税の還付がある場合には、還付金を破産財団に加えて配当原資を増加させるために確定申告（消費税法46条1項）をすべきである。

清算確定事業年度における消費税の確定申告は、その残余財産の確定した日の翌日から1カ月以内にする必要がある（消費税法45条4項）。この点、「2カ月以内」とされている解散事業年度及び清算事業年度とは異なるため注意を要する。なお、清算確定事業年度の消費税について還付がある場合には、当該還付金も破産財団の一部を構成することになる。

(5) 消費税の中間申告

法人税とは異なり、前課税期間の消費税の年税額が48万円を超える場合は、消費税の中間申告をする必要がある（消費税法42条1項）。これは、破産管財人による申告の場合であっても同様である。

中間申告に際して、仮決算に基づいて申告・納付することが認められており、中間申告の対象期間を一課税期間とみなして仮決算を行い、それに基づいて納付すべき消費税額及び地方消費税額を計算することもできる（消費税法43条1項）。なお、この仮決算による申告の場合、計算した税額がマイナスとなっても還付は受けられないので、注意が必要である[7]。

5 異動届出書の提出

適時に異動届出書を提出しておくことで、対税務署との関係及び手続が円滑となることは、法人税の申告の場合と同様である。詳細については本書Q11-3を参照されたい。

---

7 『破産200問』386頁〔上野保〕

第11章 破産手続と税務 643

Q 11-5 　地方税の申告

法人の破産事件において、地方税の申告はどのように行えばよいでしょ
うか

乙井　秀式

1　地方税の種類と租税確定方式

　法人の地方税には、住民税（道府県民税・都民税、市町村税・特別区税）、事
業税、地方消費税、固定資産税、自動車税、軽自動車税等[1]がある。

　この法人の地方税は、納付すべき税額の確定方式により、①申告納税方式
（法人住民税、法人事業税、地方消費税）と、②賦課課税方式（固定資産税、自
動車税・軽自動車税）に分けることができる。詳細については本書Q11-1を
参照されたい。

2　地方税の申告

(1)　地方税の申告の必要性

　法人の地方税のうち、申告納税方式である住民税、事業税及び地方消費税
は、国税である法人税及び消費税と関連しているため、破産事件における法
人税及び消費税と同様、解散事業年度、清算事業年度及び清算確定事業年度
において確定申告をする必要がある（地方税法53条1項、321条の8、72条の25
ないし29、72条の13第1項）。

1　その他の地方税として、東京23区や政令指定都市、その他一定規模以上の都市におい
て、その都市環境の整備及び改善に関する事業に要する費用に充てるため、これらの自
治体に所在する事業者に対して課される「事業所税」（地方税法701条の30以下）があ
る。破産管財人としては、事業所税の課税を回避するために、破産手続開始後、速やか
に事業所等の廃止届を提出しておく必要があろう。

(2) 破産管財人の申告義務

破産管財人の地方税の申告義務については議論があるが、破産の場合に法人税法第3章第2節（清算）の規定の適用が認められるとする判例[2]があること、及び事業税の不申告罪（地方税法72条の37第1項）や不申告加算金（地方税法72条の46第1項）を免れるためにも、申告をすることが望ましいであろう。

3　法人住民税、法人事業税の申告における留意点

(1)　法人住民税

法人住民税である道府県民税・都民税（地方税法4条2項1号、1条2項）、市町村税・特別区税（地方税法5条2項1号、1条2項）は、各事業年度の終了時に成立する。

法人住民税のうち、破産手続開始以前の事業年度のものについては、均等割[3]及び法人税割[4]のいずれの部分についても、破産手続開始当時、①納期限が到来していない、又は②納期限から1年を経過していない事業年度分だけが財団債権となり（法148条1項3号）、それ以外は優先的破産債権となると解されている（法98条1項）。

他方、破産手続開始後の事業年度のものについては、均等割の部分は、破産財団の管理に関する費用として財団債権になると解されるが（法148条1項2号）、法人税割の部分は、法人税と同様、劣後的破産債権になると解されている（法99条1項、97条4号）。これは、均等割の部分の課税は、法人税とは無関係に、当該地方公共団体の区域内に事務所等を有することを理由に課税されるものであることによる。

そのため、破産会社の支店、営業所、工場等が本店事務所とは異なる都道

2　最判平4.10.20判時1439号120頁
3　当該地方公共団体の区域内に事務所等を有することに対して課される（地方税法52条、312条）。
4　各事業年度の法人税・予納法人税の金額を課税標準とする（地方税法51条、314条の4）。

第11章　破産手続と税務　645

府県や市区町村に存在する場合には、個別に均等割の部分の課税がなされてしまうため、次年度以降の課税を避けるべく、早急に当該地方公共団体の税事務所等へ事務所・事業所等の廃止届を提出する必要がある[5]。なお、本店事務所所在地の均等割の部分については、廃止届の有無にかかわらず、破産手続終了までの間は財団債権性が失われないと解されているため注意が必要である[6]。

(2) 法人事業税

　法人事業税は、特殊な場合を除き、通常は、当該法人が支払っている給与、利息、賃借料を根拠に課される「付加価値割」の部分、当該法人の資本金の額を根拠に課される「資本割」の部分、及び当該法人の所得に応じて課される「所得割」の部分からなっている（地方税法72条の2第1項1号イ[7]）。破産手続中の法人については、所得割は実際には問題にならず、また、資本割の課税は行われないため（地方税法72条の21第1項ただし書）、付加価値割が課税の対象となる（地方税72条の2）。

　法人事業税は、各事業年度の終了時に成立し、法人税と同様、破産手続開始当時、①納期限が到来していない、又は②納期限から1年を経過していない事業年度分だけが財団債権となり（法148条1項3号）、それ以外については、破産手続開始前のものは優先的破産債権（法98条1項）、破産手続開始後のものは劣後的破産債権（法99条1項、97条4号）となる。

4　固定資産税・都市計画税、自動車税・軽自動車税の留意点

(1) 賦課課税方式

　固定資産税・都市計画税、自動車税・軽自動車税は、申告納税方式である住民税や事業税とは異なり、賦課課税方式であるため、破産管財人の申告義

5　『破産200問』387頁〔大場寿人〕

6　最判昭62.4.21民集41巻3号329頁

7　ただし、資本金1億円以下の法人の場合は所得割のみである（地方税法72条の2第2項1号ロ）。

務の議論は生じない。もっとも、破産手続開始後は財産債権となるため（法148条1項2号）、破産管財人としては、課税を避けるための対応を検討することが必要になる。

(2) 固定資産税・都市計画税

固定資産税は、固定資産（土地、家屋及び償却資産）の所在地の市町村において、当該年度の初日の属する年の1月1日時点の所有者に対して課され（地方税法341条、342条、343条、359条）、普通徴収の方法により徴収される（地方税法364条）。都市計画税は、市街化区域内に所在する土地及び家屋に対して、所在地の市町村において、固定資産税と同様の要件で、固定資産税の賦課徴収とあわせて徴収される（地方税法702条、702条の6ないし8）[8]。

破産手続における固定資産税等は、法人の住民税と同様、破産手続開始当時、①納期限が到来していない、又は②納期限から1年を経過していないものだけが財団債権となり（法148条1項3号）、それ以外は優先的破産債権となると解されている（法98条1項）。

他方、破産手続開始以降に発生する固定資産税等は財団債権となる（法148条1項2号）。そのため、破産管財人は、破産財団に属する固定資産の換価処分が不可能と判断した場合は、固定資産税等が1月1日時点の所有者に対して課されることに鑑み、固定資産税等が課税されないよう12月末日までに破産財団から放棄（裁判所から放棄の許可決定を得ておけば足りる）しておくべきである。また、固定資産が換価可能であり任意売却等をした場合において、納税通知書が送付されてくる4月頃までの間に配当を実施する場合には、任意売却時までの固定資産税の納付義務があること（配当可能額から納税すべき固定資産税総合額を控除すること）を忘れないよう留意すべきである。

(3) 自動車税・軽自動車税

自動車税・軽自動車税は、自動車の主たる定置場所所在の都道府県（軽自動車の場合は市区町村）において、当該年度の4月1日時点の所有者に対し

8　なお、東京23区では、各区ではなく都が課税している（地方税法734条）。

て課され（地方税法145条1項、148条）、固定資産税等と同様、普通徴収の方法により徴収される（地方税法151条1項）。なお、自動車税等は、自動車等の割賦販売等により売主が所有権留保しているときは、登録上の所有者名義にかかわらず買主に課税される（地方税法145条2項等）。

破産手続開始以降に発生する自動車税等は、固定資産税等と同様、財団債権となる（法148条1項2号）。そのため、自動車税等が4月1日時点の所有者に対して課されることに鑑み、自動車税等が課税されないよう3月末日までに、当該自動車を売却できる場合には売却処分（名義変更手続まで行う）、売却できない場合には廃車手続までしておくべきである。なお、廃車手続をした場合には、自動車税の還付の可能性があるため、還付の有無について確認することを忘れてはならない。

Q11-6　破産財団不足と税務申告

法人の破産事件において、過去の税務申告内容や経理処理の状況が不明である場合や税務申告費用をまかなうだけの破産財団が組成されていない場合等はどのように対応したらよいでしょうか

滝口　博一

1　税務申告

(1)　要　否

過去の税務申告内容や経理処理の状況が不明である場合や、小規模な法人の破産管財事件で税務申告費用を支出することがむずかしい場合等、通常の税務申告を行うことが困難であることが多い。このような場合、破産法人において解散事業年度以降に納付すべき法人税額が発生することはほとんどないこともあり、破産管財人が税務申告を行わないことがあるのが実情であろう。

ただし、清算事業年度及び清算確定事業年度については破産管財人に税務申告義務があると解されており、解散事業年度についても税務申告義務があるかについて争いがあるところである[1]。また、財団増殖のため税金の還付等（本書Q11-8参照）の可能性がある場合だけでなく、あるべき財団債権額の把握のためにも税務申告が必要となる場合がある（本書Q11-2も参照）。

そのため、破産管財人は可能な範囲で税務申告を行うことを検討することとなる。

なお、法人税の申告は本書Q11-3、消費税の申告は本書Q11-4も参照されたい。

(2)　法　人　税

a　解散事業年度

解散事業年度については、破産管財人に申告義務があるか明らかでない。

破産管財人が清算事業年度（後記b）の申告を行う場合、税務署から解散事業年度の申告も求められるのが通常であるが、過去の税務申告内容や経理処理の状況が不明であるため清算事業年度について後記bの簡易な申告方法による場合、解散事業年度の申告をせずに清算事業年度における法人税の申告を行うことが可能となる。

また、税務署との協議において、解散事業年度の申告を行わないのではなく、例えばゼロ申告（当年度の損益が生じないものとして申告等）とし、ゼロ申告で一応の連続性を保つ方法も考えられている[2]。

ただし、解散事業年度以前において青色欠損金が発生しており、当該欠損金の繰越控除の適用を受けようとする場合（法人税法57条）には連続した申告が必要となるので注意を要する。

なお、解散事業年度より前の事業年度について申告が未了の場合がある。破産管財人に申告義務はないと考えられるが、解散事業年度以後の申告を行う場合、税務署からそれより前の申告も求められるのが通常である。この場合、解散事業年度と同様に、清算事業年度について簡易な申告方法によって

1　『手引』384〜387頁、『実務マニュアル』393〜397頁、『破産200問』373頁〔内藤滋〕
2　『実践マニュアル』395頁参照

第11章　破産手続と税務　649

それより前の申告を行わないか、ゼロ申告を行うことを検討することになる。また、青色欠損金の繰越控除の適用を受けようとする場合には連続した申告が必要となる点も同様である。

b　清算事業年度

清算事業年度については、破産管財人に申告義務があるとされている[3]。

もっとも、会計帳簿が散逸していたり、従業員を申立時等に解雇したりしているなどにより、過去の税務申告内容や経理処理の状況が不明である場合がある。このような場合、破産手続開始決定時点以降の破産管財人が知り得る情報により申告書を作成せざるを得ない状況も多い。

また、少額な予納金で破産手続が開始され、破産財団の増殖も見込めない小規模な法人の破産管財事件においては、破産管財人が現在の破産財団のなかで対応できるようにすることが必要である。

そこで、例外的に、①破産手続開始決定時点の財産の総額（時価）、②破産手続開始決定後の収支（財産処分）の状況、③債務の総額、及び④資本金の額、の情報に基づく簡易な申告方法が実務上認められるとされている[4]。上記①について破産管財人作成の財産目録（財産の時価総額は破産管財人が妥当と考える価格でよいと考えられている[5]）、②は破産管財人通帳、③は破産手続開始申立書の債権者一覧表又は破産債権届出書、④は破産法人の商業登記簿謄本、により申告書を作成することができるとされる[6]。

ただし、上記の簡易な申告方法は、継続した会計記録による法人税申告が可能な破産法人の申告実務を変更するものではない[7]。例えば、破産法人名義の預金通帳の取引明細を基に、大まかな売上げ、仕入れや経費等の状況を把握して集計をとり、その結果が過年度の決算状況と比較して数字の大幅な変動があってもその理由の説明がつく、といった申告処理が可能であればそれによるべきであり、上記の簡易な申告方法は、このような処理も不可能で

3　『手引』391頁

4　事業再生研究機構税務問題委員会編『清算法人税申告の実務─平成22年度税制改正対応』（商事法務、2010年）

5　『破産200問』380頁〔長屋憲一〕

6　『実践マニュアル』396頁

7　事業再生研究機構税務問題委員会編・前掲注4・17頁

650

ある場合にやむを得ず許容されるものであるとの指摘がある[8]。

上記の簡易な申告方法が許容されるのは、清算事業年度の法人税について
のみであり、消費税や解散事業年度の法人税については許容されるものでは
ない点に注意を要する[9]。

c　清算確定事業年度

清算確定事業年度についても破産管財人に申告義務があると解されてい
る。

破産管財人は、破産財団の換価作業が終了し、残余財産が確定した（通常
は残余財産がないことが最終的に確定した）日から1カ月以内に清算確定申告
をすることになる（法人税法74条2項）。

上記bの簡易な申告方法によった場合を含め、清算事業年度について申告
を行っている場合であれば、その申告に連続した清算確定事業年度の申告を
行うのが通常であると考えられる。

(3)　消　費　税

a　解散事業年度

破産管財人に申告義務があるか明らかでないが、仕入税額の控除不足額等
の還付（本書Q11-8参照）の可能性がある場合だけでなく、解散事業年度に
課税資産の譲渡等があった場合において、納付すべき消費税が見込まれる場
合には、免税事業者（消費税法9条等）に該当しない限り申告をしておく必
要がある[10]。

b　清算事業年度・清算確定事業年度

消費税法45条4項に「清算中の法人につき」消費税を課す趣旨の規定があ
り、破産の場合に法人税法第3章第2節（清算）の規定の適用が認められる
とする判例[11]の流れを理由に、破産管財人には、清算事業年度や清算確定事
業年度の申告義務があると解されている[12]。

8　横田寛『新版　弁護士・事務職員のための破産管財の税務と手続』（日本加除出版、
　2017年）97頁

9　『実践マニュアル』396頁

10　『手引』396頁

11　最判平4.10.20判時1439号120頁

第11章　破産手続と税務　651

例えば、破産管財人が法人の建物を任意売却したり商品や機械等を売却した場合、仮受消費税が発生する。

通常、消費税の申告は法人税の申告とセットで行い、税務署は法人税の申告を回避した消費税のみの申告を認めない。

もっとも、十分な財団形成がなされず、法人税等の発生も通常見込まれないなどにより、破産管財人として法人税の申告を行わないとし、他方、相当額の仮受消費税が発生するため、消費税の申告のみを行うと判断する場合も考えられる。このような場合、破産管財人が消費税のみの申告を行い、受理された実例も報告されている[13]。

他方、上記(2)bの簡易な申告方法が許容されるケースであれば、簡易な申告方法による法人税の申告とセットで消費税の申告を行うことも考えられる。

2　過去の税務申告書の閲覧

そもそも破産者において過去の何期までが申告済みであるか不明である場合や、申告書の控えがない場合もある。

破産者が従前依頼していた税理士等からも取得できない場合には、申告書が提出された所轄税務署で閲覧する方法がある。

破産管財人からの閲覧申請については、その目的が「申告書等の作成のため」である場合に限り、閲覧を認めるとされている。

閲覧のみであり、申告書等のコピーの交付、カメラ撮影及びスキャナーによる読み取りは原則として認められていないため、閲覧した申告書等の必要部分を書き写すことになる（例外は災害等によって申告書等のみならず帳簿等も消失した場合など）。

そのため、一般的には破産管財人から税理士に委任するか、破産管財人が税理士を同行させることになろう[14]。

手続の詳細については、国税庁ウェブサイト（「申告書等閲覧サービスの実

12　『手引』397頁

13　『実践マニュアル』389、397頁

14　横田・前掲注8・98頁

施について」）を参照されたい。

Q 11-7　個人破産と税務申告

個人の破産事件においては、どのような場合に、どのように税務申告を行えばよいでしょうか

滝口　博一

1　所　得　税

(1)　確定申告・還付

破産者が個人の場合、所得税の確定申告は、破産財団に属する財産と自由財産との区別をせずに、１年間を通じた所得について確定申告を行うことになっているため、その申告は破産者個人が行い、破産管財人は申告義務を負わない。なお、法人と異なり、破産手続開始による事業年度の変更はなく、毎年１月１日から12月31日の課税期間のままである。

ただし、源泉徴収額や予定税額等の還付（所得税法138条、139条）、純損失の繰戻しによる所得税の還付（所得税法140条。ただし、青色申告をしている場合に限る）が可能な場合には、その還付請求権は破産財団を構成するので、還付を受けるために破産管財人が申告をすることもある（詳細は本書Q11-8参照）。

実務上、還付による回収を確実なものとするために、申告義務者は破産者個人であっても破産管財人名で申告を行い、還付先も破産管財人口座とすることが考えられる。もっとも、税務署は、破産管財人名での申告を受け付けず、還付先も申告人名と一致することを求めることが多く、この場合、破産管財人と破産者個人の連名で申告をし、還付先を破産管財人口座とすることが考えられる。これもむずかしい場合には、破産者個人名単独で申告し、還付先も破産者個人口座とすることになるが、破産者個人による還付金の財団

第11章　破産手続と税務　653

組入れについて十分な理解、協力を得ておく必要がある[1]。

　破産管財人が還付を受けた場合、適宜の計算方法（破産手続開始日の前日までの日割り計算等）により、破産財団に属する部分以外は破産者に返還することも考えられる[2]。

(2) 譲渡所得税

　破産管財人が破産財団に属する財産を処分することによって譲渡所得が生じても、破産者個人が資力を喪失し、債務を弁済することが著しく困難である場合、破産者個人に対しても所得税は課税されない（所得税法9条1項10号）。

2 地 方 税

　以下はいずれも賦課課税方式である（本書Q11-1参照）。

(1) 住 民 税

　個人の住民税は、①均等割の部分（当該地方公共団体の区域内に住所、事務所等を有することに対して課されるもの）と②所得割の部分（前年の所得等を基準として課されるもの）に分かれ、毎年1月1日に成立する（地方税法39条、318条）。

　破産手続開始日が属する年度までの住民税については、破産手続開始当時、①納期限が到来していない、又は②納期限から1年を経過していないものは財団債権となり、それ以外は優先的破産債権となる。他方、毎年1月1日が賦課期日であるため、破産手続開始日の翌年度以降の住民税（例えば、平成29年10月15日に破産手続開始決定があった場合の平成30年度（平成29年の所得に対する課税分）以降の住民税）は、破産手続開始後の原因であるため、財団債権にも破産債権にも該当しない（均等割の部分であるか、所得割の部分であるか問わない）[3]。

1　『実践マニュアル』398頁参照
2　『手引』399頁、『実践マニュアル』399頁
3　『実践マニュアル』370頁、『手引』400頁

⑵ 個人事業税

個人の行う事業に対する事業税は、事業の種類に応じて、その所得を課税標準として課される（地方税法72条の2第3項）。

3 消　費　税

破産者が個人の場合、消費税の申告義務は破産者個人にあり、破産管財人は申告義務を負わない。なお、破産手続開始による事業年度の変更はない（毎年1月1日から12月31日の課税期間）。

もっとも、資産の譲渡等の破産手続における換価作業によって消費税が発生した場合、その対価を受領しているのは破産管財人であり、また、そもそも消費税が預り金の性格を有することを考慮し、破産法148条1項2号の「破産財団の管理、換価及び配当に関する費用の請求権」（財団債権）に該当すると解し、破産財団で税理士費用等を負担して申告し、納付することも考えられる[4]。なお、破産者個人の課税期間（個人事業者は暦年）の基準期間（個人事業者は前々年）における課税売上高が1000万円以下の場合、消費税を納める義務を免除される（消費税法9条1項。平成25年1月1日以降は、前年の1月1日から6月30日までの期間の課税売上高（給与等支払額をもってかえることができる）が1000万円を超えている場合を除く（消費税法9条の2））。この場合の破産者個人の破産管財人が仮に消費税の課税取引を行ったとしても、それについて消費税の申告等は不要となるため、課税事業者に該当するか、免税事業者に該当するかの確認を要する。

また、仕入税額の控除不足額の還付（消費税法52条1項）が可能な場合には（詳細は本書Q11-8参照）、その還付請求権は破産財団を構成するので、還付を受けるために破産管財人が申告をすることもある。この場合の申告人名を破産管財人とするか破産者個人とするかなどについては所得税の還付と同様の問題がある（上記1⑴）。

4　『破産200問』371頁〔髙木裕康〕、『実践マニュアル』398頁

Q 11-8　租税の還付手続

　租税が還付されるのはどのような場合ですか。その場合、どのように還付を受ければよいでしょうか

滝口　博一

1　租税の還付

　租税の還付は、確実かつ直接に財団を増殖できる手続である。

　破産者の解散事業年度に納税額は通常ほぼ生じないから、直近に相当額を納税しているような場合であれば、還付を受けられる可能性が高い。また、破産者が直前まで利益が発生し納税しているのは不自然であり、このような場合、粉飾決算が行われている可能性が高いから、粉飾決算（仮装経理）に基づく過誤納金の還付の可能性がある。

　税金の還付が見込まれる場合、税金還付により財団を増殖することができ、そうでなくとも国税等の還付金は未納税金に充当されるため、財団債権や優先的破産債権を減額させて、一般破産債権の配当原資を増額できる。

　このような場合、破産管財人は通常税理士に依頼して還付手続を行う。破産者の従前の顧問税理士に依頼すると破産者の状況がわかっているため効率がよいことがある一方、顧問税理士が過去の経緯等から協力的でなかったり粉飾への関与や能力に疑問がある場合があったりするため、事案に応じて適切な税理士等に依頼すべきである。

　また、還付手続を進めるため、破産手続開始後速やかに、破産者の経理資料、データ及び会計システムの確保や経理担当者の協力等を得ておくことが肝要である。

　なお、還付等の利益が小さく、税理士等に対する報酬その他手続に要する費用にも満たない場合や手続が長期間に及ぶ場合等には、裁判所と相談のうえ対応することになる。

656

2 法　人

(1)　法　人　税

a　欠損金の繰戻還付

　破産法人が青色申告法人である場合に、解散事業年度又はその前1年以内に終了した事業年度に欠損金が生じている場合、法人税の申告と同時に還付請求書を提出することにより、当該欠損金が生じた事業年度の前事業年度の納税額から欠損に応じた法人税の還付を受けることができ（法人税法80条、租税特別措置法66条の13）、欠損金が生じた前事業年度の法人税等を滞納しているときは、還付金に相当する部分の納税義務を免れることができる。具体的には、①前期（還付所得事業年度）が黒字、解散事業年度（欠損事業年度）が赤字の場合、又は、②前々期（還付所得事業年度）が黒字、前期（欠損事業年度）が赤字の場合、がある[1]。

　欠損金の繰戻還付を受けるためには、還付所得事業年度から欠損事業年度まで連続して青色申告を行い、かつ、期限内に欠損事業年度の確定申告をしている必要がある（法人税法80条3項）。また、繰戻還付請求は、破産手続開始後1年以内にしなければならない（同条4項）。

b　控除不足額の還付

(a)　中間納付額等の控除不足額

　破産法人が中間申告している場合、解散事業年度の税額から控除しきれない中間納付額について、申告書に控除不足額を記載することにより還付を受けることができる（法人税法79条、74条1項5号）。

　別途の還付請求は不要で、解散事業年度の確定申告で足りる。

(b)　所得税額控除等不足額

　利子及び配当等所得の源泉徴収額や外国税額は法人税額から控除することができる（法人税法68条、69条）が、通常、破産法人において解散事業年度に納税額が生じることはない。納税額から控除しきれない源泉所得税額等

1　『実践マニュアル』399頁

は、申告書に控除不足額を記載することにより還付を受けることができる（法人税法78条、74条1項3号）。

c　過誤納金の還付

(a)　更正の請求

破産法人が税法解釈の誤りや計算誤り、粉飾決算等によって過大な申告をした場合、平成23年12月2日以降に法定申告期限が到来する国税については、申告期限から5年以内、税務署長に対して更正の請求をすることができる（国税通則法23条1項）。減額の更正がされると過納税額の還付（滞納の場合は減額）を受けることができる[2]。

なお、平成23年12月1日以前に法定申告期限が到来する国税については、更正の請求は1年に限られるが、法定申告期限から5年を経過していなければ、税務署長の職権による更正（国税通則法70条1項）を受けることにより、納め過ぎた法人税額の還付を受けられる。

(b)　粉飾決算の場合の留意点

破産法人が実際には赤字であるにもかかわらず、金融機関や取引先との関係で黒字であることを装うために粉飾決算（架空売上げ、売上げの前倒し、架空在庫の計上又は債務の過小計上等の仮装経理）がなされることがある。粉飾決算（仮装経理）により過大申告され、過大な納税を行っていた場合、課税庁に更正の請求を行って還付を受けることができる。

粉飾決算の可能性を認識した場合、更正の請求等により法人税、消費税及び地方税の還付を検討することになるが、更正の請求を行った場合は税務調査が行われるので、破産手続開始後速やかに裏付資料を確保することが特に肝要である。例えば、税務申告書、決算書類、総勘定元帳、仕訳帳や伝票、さらには請求書や領収書等である。また、それらの資料のなかでどのように粉飾が織り込まれているかなど、粉飾決算の調査には経理書類だけでなく、破産法人の関係者（代表者、経理担当者や顧問税理士等）からの事情聴取も重

2　新しいものとして、過払金債権が破産債権として確定したことを前提として、消費者金融業者（破産会社）の過年度の納税すべき税額が過大であったことになるとして、国税通則法23条1項1号所定の要件を満たすなどとされた事例がある（大阪高判平30.10.19判時2410号3頁（上告受理申立中））。

要である。さらに、調査から一連の手続を遂行するにあたっては、還付手続や倒産手続に精通した税理士等の協力が必須である[3]。

なお、仮装経理に基づく更正の請求又は更正の申出に基づき税務署長が減額更正したときは、原則として5年以内に開始する各事業年度の所得に対する法人税額から順次控除されることになっているが（法人税法70条、135条）、破産法人は、特例により、破産手続開始日の属する事業年度の申告書の提出期限に控除未済額全額について還付を受けることができる（法人税法135条3項3号）。

(2) 消 費 税

a 控除不足額の還付

(a) 中間納付額等の控除不足額

破産法人が中間申告している場合、解散事業年度の税額から控除しきれない中間納付額について、申告書に控除不足額を記載することにより還付を受けることができる（消費税法53条、45条1項7号）。

(b) 仕入税額の控除不足額等

破産法人が課税事業者に該当し、解散事業年度や清算事業年度において、課税売上げに係る仮受消費税額よりも課税仕入れに係る仮払消費税額が多額の場合には、申告によりその差額の還付を受けることができる（消費税法52条、45条1項5号）。ただし、簡易課税を選択している場合には適用されない。

また、破産法人が保有していた売掛金等が貸倒処理できる場合や、破産法人が返品を受けたり値引等をしたりした場合にも、還付の可能性がある（消費税法39条、38条）。

b 過誤納金の還付

粉飾決算等によって過大な申告納税がなされているときは、法人税同様（上記(1)c）、原則として、過大な申告をした事業年度の法定申告期限から5年以内に限って税務署長に対し更正の請求をすることができる（国税通則法23条）。

---

3 『財産換価』334頁〔河野慎一郎〕

第11章 破産手続と税務 659

前課税期間の消費税額等の更正等に伴う更正の請求に関しては、消費税法56条で更正の請求の期限・手続に関し特例が設けられている。

(3) 源泉所得税

源泉所得税は、自動確定方式の税金であったとしても、税額確定時に過誤納がある場合まで還付が否定されるものではない。所得税法基本通達181～223条共-6では、正当税額を超えて納付した場合の過誤納金等について、源泉税を還付するものとしている。

大規模消費者詐欺事件で、破産法人が詐欺行為を行っていた役員や従業員に報酬や給料等を支払っていたような場合、判決又は裁判所における和解手続等により当該報酬や給料が犯罪その他不正行為を勧誘し又はこれに加担する契約であるとして公序良俗違反（民法90条）により無効であることを確定させ、当該報酬等に係る源泉所得税の誤納を立証し、報酬等支払時に納付した源泉所得税の還付を受けるなどの工夫がなされている事例がある[4]。

(4) 地　方　税

地方税に欠損金の繰戻還付はないが、中間納付事業税の還付（地方税法72条の28第4項）等が可能である。

(5) 労働保険料

労働保険料は年度当初に概算で申告・納付するため、破産前に従業員が減っている場合等、納付ずみの概算保険料の還付請求が可能かを検討する必要がある[5]。

3　個　　人

破産者個人の場合、申告を破産管財人名で行うか、還付先も破産管財人口座とするかなどについては、本書Q11-7を参照されたい。

4　『財産換価』541～543頁〔谷津朋美〕。なお、『新・実務大系』340～346頁〔永沢徹〕に詳しく紹介されている。
5　『財産換価』337頁〔河野慎一郎〕、『実践マニュアル』403頁

(1) 所 得 税

a　純損失の繰戻しによる所得税の還付

破産者個人が青色申告事業主である場合、その年に純損失が生じていると
きは、純損失の繰戻しにより、所得税の還付を受けることができる（所得税
法140条、142条）。

b　予定税額の還付

破産者個人が納めるべき所得税額から予定納税をした金額を控除しても控
除しきれなかった場合も、控除しきれなかった金額（所得税法120条1項8
号、123条2項8号）を記載した確定申告書を提出すれば、当該金額に相当す
る所得税が還付される（所得税法139条1項）。

c　源泉徴収額の還付

破産者個人が納めるべき所得税額から破産者個人が源泉徴収された金額を
控除しても控除しきれなかった場合、控除しきれなかった金額（所得税法120
条1項6号、123条2項7号）を記載した確定申告書を提出すれば、当該金額
に相当する所得税が還付される（所得税法138条1項）。

ただし、自由財産に属する部分は破産者に返還することも考えられる点は
本書Q11-7を参照。

(2) 消 費 税

課税標準額に対する消費税額から仕入れに係る消費税額を控除してもなお
不足額がある場合には、不足額を記載した確定申告書を提出すれば（消費税
法45条1項5号、46条）、当該不足額に相当する消費税が還付される（消費税
法52条1項）。

第11章　破産手続と税務　661

Q 11-9　破産管財人の源泉徴収義務

破産管財人は、どのような場合に源泉徴収義務を負いますか。また、源泉徴収はどのように行えばよいでしょうか

赤堀 有吾

1　源泉徴収義務とは

　所得税法上、給与、退職金、報酬その他の「第4編第1章から第6章まで（源泉徴収）に規定する支払をする者」は、「その支払に係る金額につき源泉徴収をする義務」がある（所得税法6条）。この義務を源泉徴収義務といい、具体的には、給与等を支払う際に、所定の方法により所得税額を計算し、その支払金額から所得税額を徴収して国に納付しなければならない（所得税法183条等）。

　源泉徴収に係る所得税の納税義務は、給与等を現実に支払う時点で成立し（国税通則法15条2項2号）、納税義務の成立と同時に自動的に税額が確定する（国税通則法15条3項2号）。そのため、破産管財人が自ら雇用、委任した履行補助者に対する給与、報酬を支払う場合や給与等の債権につき配当を実施する場合に、破産管財人が源泉徴収義務を負うかどうかが問題となる。

　他方で、破産者が給料等を支払い源泉所得税を徴収したが未納付のまま破産した場合には、その未納額についての租税債権が生じることとなり、未納額のうち納期限未到来の者又は納期限から1年を経過していないものは財団債権となるため（法148条1項3号）、破産管財人が納付義務を負うことになる[1]。

　源泉徴収税の不納付には延滞金や不納付加算税が課され（所得税法60条1項5号、67条）、また源泉徴収義務違反には刑事罰が科されるため（所得税法240条、242条3号）、破産管財人としては、いかなる場合に源泉徴収義務を負

1　『破産実務』395頁

うのかにつき十分注意する必要がある。

2　労働債権に対して配当する場合及び財団債権として弁済する場合

　破産管財人が給与や退職金等の労働債権に対して配当を行う場合に破産管財人が源泉徴収義務を負うかどうかについては争いがあったが、最判平23．1．14民集65巻1号1頁[2]は、破産者の元従業員に対する退職金を優先的破産債権として配当した事案において、退職金に対する配当における破産管財人の源泉徴収義務を否定した。

　当該最判は、「所得税法199条の規定が、退職手当等……の支払をする者に所得税の源泉徴収義務を課しているのも、退職手当等の支払をする者がこれを受ける者と特に密接な関係にあって、徴税上特別の便宜を有し、能率を挙げ得る点を考慮したことによるものであ」り、破産管財人は労働者との間で直接の債権債務関係に立つものではなく、配当も破産手続上の職務の遂行として行うことから、破産管財人と労働者との間には使用者と労働者との関係に準ずるような特に密接な関係があるということはできず、また破産者の所得税の源泉徴収をすべき者としての地位を当然に承継すると解すべき法令上の根拠は存しないことをあげて、破産管財人は退職手当等につき所得税法199条にいう「支払をする者」に含まれないと判断している。

　この判示内容からして、前掲最判平23．1．14の射程は、①優先的破産債権である給与債権に対する弁済のほか、②裁判所の許可に基づく弁済（法101条）、③財団債権に当たる退職金債権や給料債権に対する弁済（法149条1項・2項）の場合にも及び、これらの場合には源泉徴収は不要と解されている[3]。

3　破産管財人の履行補助者に対する報酬

　上記2の場合と異なり、破産管財人が、その業務を遂行するために破産者

2　『インデックス』358頁、『倒産判例百選』42頁。なお、原々審の大阪地判平18.10.25金法1813号46頁及びその原審である大阪高判平20．4．25金法1840号36頁は破産管財人の源泉徴収義務を肯定した。

3　『手引』403頁、『破産200問』389頁〔野本彰〕、『倒産判例百選』43頁

第11章　破産手続と税務　663

の元従業員を雇用する場合や、公認会計士や税理士に確定申告業務等を依頼した場合には、その給与や報酬の支払について源泉徴収義務と納付義務を負う。破産管財人は、所得税額を計算して徴収し、徴収した日の属する月の翌月10日までに納付しなければならず（所得税法183条、204条）、この場合の源泉所得税は財団債権となる（法148条1項2号[4]）。

なお、「納期の特例適用者にかかる納期限の特例に関する届出」を行えば、給与の支給人員が常時10人未満であれば、給与や税理士等への一定の報酬から源泉徴収した所得税については、1月と7月の年2回にまとめて納付することも可能である（所得税法216条、217条、租税特別措置法41条の6）。

4 破産管財人の報酬

所得税法上、弁護士報酬は源泉徴収義務の対象となっているが（所得税法204条1項2号）、前掲最判平23.1.14は、破産者が法人である事案において、弁護士である破産管財人が破産管財人報酬を支払う場合には、「支払をする者」（所得税法204条1項）に当たり、その報酬につき源泉徴収義務を負うと判示した。その理由として、前掲最判平23.1.14は、破産管財人報酬は破産財団の管理、換価及び配当に関する費用（法148条1項2号）に当たり、破産財団を責任財産として破産管財人自ら行った業務の対価として、自らその支払をしてこれを受けることになることをあげている。

他方で、所得税法204条2項2号は、給与等の支払をする個人事業者以外の個人から報酬等が支払われる場合には源泉徴収は不要であると規定しているため、破産者が個人であり非事業者の場合に破産管財人が源泉徴収義務を負うかが別途問題になる。この点については、源泉徴収義務を負わないとする見解が有力であり、実務上の取扱いであるが、争いがあるため注意が必要である[5]。

---

4 『条解』993頁、古田孝夫「時の判例」ジュリ1432号100頁等
5 否定説として、池田征男「破産管財人の源泉徴収義務」税務事例43巻6号1頁、『実践マニュアル』405頁、肯定説として古田・前掲注4・100頁

5 破産管財人代理の報酬

破産管財人が個々の事務処理や訴訟事件処理等のために特定の業務を弁護士に依頼する場合には、その報酬は財団債権となるが（法148条1項2号・4号）[6]、上記3と同様にその報酬の支払について破産管財人は源泉徴収義務を負う。

これに対し、破産管財人が、裁判所の許可を得て、自らの権限を包括的に委任する破産管財人代理を選任する場合（法77条1項）には、その代理の報酬については裁判所が定めることができると規定されている（法83条3項）。この場合には、上記4と同様に、破産管財人は所得税法204条1項「支払う者」に該当し、源泉徴収義務を負うことになる。

もっとも、東京地方裁判所では、破産管財人代理の報酬について、破産管財人報酬と分けて定めることはせず、破産管財人の報酬に含めて定められている[7]。この場合には、破産管財人が自らの報酬部分と破産管財人代理の報酬部分を分けてそれぞれ別個に源泉徴収を行う方法と、破産管財人が全額について報酬を受けたものとして源泉徴収を行い、破産管財人が破産管財人代理に対して報酬を支払う際にさらに源泉徴収を実施する方法とがある[8]。

6 源泉徴収及び源泉所得税の納付方法

源泉徴収は、破産管財人が補助者の給料や報酬等を支払い、又は自らの報酬を破産管財人名義の預金口座から出金する際に源泉徴収する。具体的には、支払うべき総額から所得税額を控除して補助者等に支払い、控除した金額については税務署が発行する納付書を使用して銀行窓口で送金する方法等により管轄税務署に支払う。支払先となる管轄税務署は、破産者が源泉所得

---

6 『破産実務』176頁。財団から報酬を支払わない場合には裁判所の許可は不要である。財団から報酬を支払う場合には、報酬金額が100万円以上の場合には裁判所の許可が必要であるが（法78条2項13号・3項1号、規則25条）、100万円未満であっても、その性質上、事前に裁判所に相談すること及び収支計算書にその明細を記載して債権者集会に報告することが求められている（『破産実務』177頁、『手引』122頁）。

7 『破産実務』174頁、『手引』122頁

8 『破産200問』391頁〔髙井章光〕

第11章　破産手続と税務　665

税を納税していた税務署である[9]。

　納付書は、税務署に依頼すれば、破産者についての所轄税務署名、整理番号、法人名が印字されたものを入手することができる[10]。破産管財人が業務を依頼した税理士がいればその税理士に入手・作成を依頼することが通常であろう。

Q 11-10　租税債権の確定手続

租税債権の存否及び額について税務当局との間で争いがある場合、どのように対応すべきでしょうか

赤堀　有吾

1　租税債権の存否及び額を確定させる必要性

　租税債権は、破産法上、破産手続前の原因に基づいて生じたか否かなどにより取扱いが異なり、財団債権、優先的破産債権、劣後的破産債権のいずれかに区分される（詳細は本書Ｑ7-3を参照）。

　したがって、破産管財人としては、まず問題となる租税債権がいずれの区分に該当するのかを見極める必要がある。とりわけ、財団債権又は優先的破産債権に該当する租税債権の存否及び金額は、配当実施の可否及び配当可能であるとして一般破産債権の配当額に直接影響するため、これらを確定させる必要がある。

　しかしながら、税務当局と破産管財人との間で租税債権の存否及び金額について争いが生じることがあり、その場合にいかなる方法・手続により対応すべきかが問題となる。

9　『実践マニュアル』406頁
10　横田寛『新版　弁護士・事務職員のための破産管財の税務と手続』（日本加除出版、2017年）247頁

2 税務当局と争う方法

(1) 債権調査・債権確定の規定の不適用

まず、財団債権は、破産手続によらないで破産財団から随時弁済を受けることができる債権であり（法2条7項）、届出、調査、確定の手続が存在しない。そのため、財団債権である租税債権は破産手続外でその存否及び額が確定することになり、破産管財人としては、破産債権のように、認めない旨、認否するという方法によって争うことはできない。

次に、本書Q7-3のとおり、租税債権のうち財団債権に該当しないものは破産債権となるが、破産債権である租税債権についても債権調査、債権確定の規定の適用が排除されている。

すなわち、税務当局は、破産債権である租税債権について、その金額、優先的破産債権である場合はその旨、劣後的破産債権である場合はその旨等を記載して届け出なければならず（法114条）、届出があった場合にその事実及び結果は破産債権者表に記載され（法115条、124条2項）、配当の対象となる。しかしながら、公法上の請求権であるという性質上、債権の真実性が一応推定されるから起訴責任は異議者側にあるとすることが妥当であること、他の破産債権者に異議権を認めても適切な行使は期待できないため、異議権は破産管財人だけが有すれば足りることから、届出がされた破産債権である租税債権については、上記の破産債権者表に記載されるという点を除き、債権調査、債権確定の規定の適用が全面的に排除されている（法134条1項）[1]。

このように、租税債権である破産債権には、他の破産債権と異なり、破産管財人による認否や破産者及び破産債権者による異議の対象とならないという特殊性があるため、破産管財人としては、租税債権である破産債権を認めない旨、認否する方法により争うことができない。

---

1 『一問一答』176頁、『条解』934頁、『大コンメ』548頁〔橋本都月〕

(2) 破産管財人による不服申立て

破産管財人は、届出がされた破産債権である租税債権について、租税債権の原因が審査請求、訴訟その他の不服の申立てをすることができる処分である場合には、その届出があった請求権に認められた不服申立方法で異議を主張することができる（法134条2項）。租税債権については不服申立前置主義がとられているため、まず異議申立て、審査請求その他の不服申立てを行い、その後に行政事件訴訟法の定める取消訴訟等を提起すべきことになる[2]。

また、破産手続開始当時、租税債権に関して既に訴訟が係属していた場合には、異議を主張しようとする破産管財人はその租税債権者を相手方として訴訟を受継しなければならない（法134条3項）。

これらの不服申立てや受継は、破産管財人が届出があったことを知った日から1カ月の不変期間内にしなければならず、期間経過後の不服申立てや受継申立ては不適法となる[3]。

これに対し、財団債権である租税債権についての争い方は破産法に規定されていないが、賦課の前提となった行政処分の取消し等を求める手続をとる必要があり、国税については国税通則法75条以下に規定する不服申立て、地方税については地方税法19条以下に規定する不服申立て、あるいは行政不服審査法ないし行政事件訴訟法による不服申立てによる[4]。

3 争いがある場合における留意点

配当が見込まれる事案の場合、財団債権の存否及び額に争いがあると破産債権の弁済原資が確定しない。そのため、不服申立てに関する判断が確定した後に配当を実施するか、中間配当を検討することになる（本書Q8-7参照）。

これに対し、異時廃止が見込まれる事案では、財団債権の存否及び額に争

---

2 『大コンメ』549頁〔橋本都月〕
3 『条解』935頁。期間内に受継されなかった訴訟等はそのまま中断し、破産手続終了後に破産者が受継すると解されている（『条解』936頁）。
4 『手引』245頁、『実践マニュアル』434頁、『破産200問』301頁〔成瀬裕〕

いがあっても、破産財団をもって破産手続の費用を支弁するのに不足する場合には異時廃止決定が可能である（法217条1項）。この場合、破産管財人は、異時廃止決定の確定後に財団債権を弁済することになるが、争いのある財団債権については当該財団債権者のために供託しなければならない（法90条2項）。

異時廃止決定がなされる際には、通常は破産財団をもって財団債権の総額を弁済することができないため、他の財団債権に優先して弁済すべき財団債権（法148条1項1号・2号）を弁済したうえで、それ以外の財団債権は債権額の割合に応じて按分弁済をする（破産法152条）。

なお、東京地方裁判所では、任務終了計算報告集会と破産手続廃止に関する意見聴取のための集会を同一期日で指定し、その集会で要件が満たされていれば異時廃止決定を行い、任務終了計算報告集会を開く運用とされている。この集会では破産管財人は財団債権の弁済を完了していないのが通常であるが、その場合でも、弁済は確実なものとして任務終了計算報告集会を終える扱いとされているため、当該集会までに破産管財人に知れていない財団債権者は、当該弁済原資から弁済を受けることができなくなると解されている[5]。

Q 11-11 延滞税等の免除

延滞税や延滞金の免除、減額を受けるにはどのようにしたらよいでしょうか

赤堀 有吾

1 延滞税・延滞金とは

所得税、法人税、消費税等の国税を納期限までに支払わない場合には、延

---

5 『手引』247頁、『破産実務』404頁

滞税が課され（国税通則法60条）、住民税、固定資産税・都市計画税等の地方
税については延滞金が課される（市県民税について地方税法326条、固定資産税
について同法369条、都市計画税について同法702条の８等）。

　延滞税等は、履行遅滞に対する損害賠償の性質を有し、法律に定める課税
要件事実が生じた時、すなわち原則として法定納期限を経過してもなお納付
されない事実がある時に成立する[1]。

　延滞税の金額は、原則として、納期限の翌日からその国税を完納するまで
の日数に応じ未納額に年14.6％（ただし、納期限までの期間及び納期限の翌日
から２月を経過する日までは年7.3％）を乗じた金額である（国税通則法60条２
項）。延滞税については、原則として納期限の翌日から納付の日までの期間
の日数に応じ、年14.6％（納期限の翌日から１カ月を経過する日までは年7.3％）
を乗じた金額とされている（地方税法321条の２第２項等）[2]。

2　延滞税等の破産手続における位置づけ

　延滞税等は、それが財団債権となる本税について生じたものであれば財団
債権となる（法148条１項４号参照）。優先的破産債権である本税について生
じた延滞税等は、破産手続開始時までに生じたものは優先的破産債権に（法
98条１項、国税徴収法８条、地方税法14条）、破産手続開始後に生じたものは劣
後的破産債権になる（法99条１項１号、97条４号）。また、劣後的破産債権で
ある本税について生じた延滞税等は劣後的破産債権となる（法99条１項１号、
97条３号）[3]。

　破産手続においては、納期限までに本税を納付できないことが通常である
ため、延滞税等が発生しやすいといえる。延滞税等について減免を受けるこ
とができれば、財団債権の増大を抑え、配当原資を確保することができるた
め、破産管財人としては積極的に延滞税等の減免申請を検討すべきである。

1　志場喜徳郎ほか共編『国税通則法精解（平成31年改訂）』（大蔵財務協会、2019年）
　694頁〔福田光一〕
2　ただし、延滞税と延滞金のいずれに関しても、実際に適用されている延滞税等の利率
　は市中金利を勘案して引き下げられており、特例基準割合を基礎とした14.6％及び7.3％
　よりも低い数値となっている（租税特別措置法94条、地方税法附則３条の２）。
3　『手引』251頁、『破産200問』290頁

670

3 減免の根拠・方法

延滞税等の減免の根拠及び方法としては、以下の二通りのものがあげられる。

(1) 交付要求額に相当する金銭を確保したことによる延滞税等の免除

まず、破産管財人が交付要求を受けた国税又は地方税の本税全額を支払うに足りる金銭を受領し、これを交付要求庁に支払った場合には、その金銭を受領した翌日から支払った日までの延滞税等について免除を受けることができる（国税につき国税通則法63条6項4号、同施行令26条の2第1号、地方税につき地方税法20条の9の5第2項3号、同施行令6条の20の3[4]）。

条文上は、「免除することができる」と規定され課税庁に裁量があるかのような規定振りになっているものの、自由裁量を認める趣旨ではなく、免除事由に該当すると判断された場合は免除をすべきもの（羈束裁量）であると解されている[5]。

これらの規定による免除を受ける場合には、破産管財人名義の預金口座の通帳写しを開示するなどして（ただし、個人情報等を開示することが適切ではない情報はマスキングする必要がある）、本税を支払うに足りる金銭を受領した日を課税庁に明らかにすることとなる[6]。

(2) やむを得ない事由による延滞金の減免

地方税については、本税の全額を支払うことができるかどうかを問わずに延滞金の減免を求める方法がある（法人の道府県民税につき地方税法64条3項、法人の事業税につき72条の45第4項、市町村民税につき326条4項、固定資産

---

4 これらの根拠条文では、「執行機関」が強制換価手続において受領したことが要件とされているが、ここでいう「執行機関」には破産管財人を含むとされており（国税徴収法2条13号）、また「強制換価手続」には破産手続を含むために（国税徴収法2条12号）、破産管財人が破産手続において財団を確保したケースにも適用される。
5 志場ほか共編・前掲注1・755頁、『はい6民』410頁、『実践マニュアル』418頁等
6 この場合の通帳写しの開示に関する裁判所への報告は不要である（『手引』403頁）。

第11章 破産手続と税務 671

税につき369条2項等)。

　この方法による場合には、破産手続開始決定後のみならず、決定前の延滞金についても減免を求めることが可能となる。他方で、「やむを得ない事由があると認める場合」であることが要件となっているため、課税庁にやむを得ない事由があることを申告することになる。条文上は、いかなる事由がここでいうやむを得ない事由に当たるかは明らかではないが、債権総額に比して破産財団が些少にとどまることや、換価作業に一定の期間を要することが不可避であったこと等が考えられる[7]。ただし、この方法への対応は課税庁により異なることがあり、破産管財人としては説得的にやむを得ない事由が存在したことを説明すべきであろう。

　なお、国税については根拠となる規定がないため、この方法による延滞税の減免を受けることはできない。

7　『破産200問』304頁〔畑知成〕

第12章

破産手続と国際化

Q 12-1　外国における破産管財業務

破産管財人が外国において破産管財業務を行う場合、どのような点に留意すべきですか

片山 英二

1　概　　説

経済活動のグローバル化に伴い、必然的にその倒産処理手続も国境を越えて行われる事例が激増している。いまや外国と全く無縁である倒産事件の方が少ないくらいである。かような状況は、世界各国共通である。そこで、現在、法体系や法沿革の違いを乗り越えて、世界各国の倒産法制の調整・協調を図る試みが続けられている。

外国における破産管財業務は、国内における処理と基本的に変わらない。破産法も普及主義を採用し、破産財団の範囲について在外資産も含むことを明記し、破産管財人に対し、在外資産についても管理換価義務を課し、善管注意義務を負わせている[1]。

ただし、国際倒産ゆえの国内における処理との相違点も、以下のとおり、少なからず存在する。

まず、最も大きな点は、よって立つ法制度の違いである。外国には日本とは異なる倒産法制等が厳然と存在するため、日本の倒産法制を外国で当然のこととして受け入れてくれるわけではない。したがって、破産管財人が外国で破産管財業務を行うにあたっては、外国の法制度の理解・活用が少なからず必要になる。また、債権の存否・内容や、担保権の種類・有無等に関する規律は、破産以前の基礎的な実体法に関する事項であって、当該債権の準拠

1　もっとも、破産管財人に法制度の様々に異なる外国において、日本と同程度の善管注意義務を負わせるのは酷であるため、在外資産の処理の場合、国内の場合とは差異があり、「当該財産の状況、その管理の困難の程度、管理に必要な費用といった事情に応じてその義務を果たせば十分である」とする考え方がある（『理論と実務』55頁〔神前禎〕）。

674

法によるという考えが有力に主張されているところ、そのような考えに立てば、外国の法律が準拠法になっている場合には当該外国の法律を確認する必要がある[2]。外国における税務や外国からの送金も、よって立つ法律が違うがゆえ、問題となり得る。

次に、倒産実務も、日本と大きく相異する可能性があるため、破産管財人としては、外国の倒産実務について正確な最新情報を入手し、時には信頼できる外国の実務家に現地での処理を委任等する必要がある。

また、国境を越えるがゆえに、外国で、子会社・関連会社等の外国法人を有していることが多く、その場合、破産管財人としては、当該外国法人と日本法人とを切り離すか、それとも一体として処理するか等について難しい判断を迫られる。

さらに、日本法人が外国に資産を直接保有している場合もあるし、外国企業との取引やそれに伴って外国の債権者を有することも多い。加えて、外国での訴訟や当局との間で問題を抱えていることもあり、日本国内における場合とは異なった処理が求められる場合もある。

2 国際倒産に対応した法制度の整備と、それをふまえた手続の選択

かつて日本では倒産手続の対外的効力及び外国倒産手続の対内的効力について厳格な属地主義を、また、外国人及び外国法人の取扱いについて相互主義を採用していたが、それでは国際倒産法上の問題に十分に対処できなかった。そこで、かかる問題に適切に対処すべく、法改正が順次行われ、平成13年4月1日施行の民事再生法の一部改正を皮切りに、会社更生法、破産法において、ほぼ統一的な国際倒産関連規定が整備された。その結果、破産法は、まず3条において、破産手続に関して、外国人又は外国法人は日本人又は日本法人と全く同一の地位を有するとして完全な内外人平等主義を採用し

2　他方で、双方未履行双務契約の解除権、否認権、相殺権等のいわゆる倒産実体法に基づく権利は、手続開始国法によるという考え方が有力である。これは、手続開始国法は、通常、債務者の事業の本拠地法であり、抵触法的利益衡量として総債権者の利益を最も代表していること等によるとされている（河野俊行「倒産国際私法」金判1112号148頁注(40)）。

た。また、破産法34条において、破産財団の範囲について、日本国内外を問わず、破産者が破産手続開始時において有するいっさいの財産とすることで、在外財産が破産財団に含まれる旨を明記した[3]。この結果、破産管財人は、在外資産の管理や処分等の事実行為をし、また外国の裁判所における訴訟提起等の法律的行為をする権限を有することとなった。また、破産債権者による個別的権利行使の制限が、在外資産にも適用される。

しかし、かような普及主義は、日本の法律に建前として謳ってあるにすぎず、当該外国が自明のこととして受諾するとは限らない。したがって、在外資産を現実に確保し、強制執行等の停止効を確実に及ぼし、内外債権者間の平等を図るため、破産管財人としては、当該外国の裁判所において日本の倒産手続の承認決定を取得することを検討すべき場合もある[4]。ただし、日本の倒産手続の承認には、少なからぬ手間と費用がかかる。したがって、再建型倒産手続とは異なり、破産手続において、承認決定まで取得すべきかについては、破産財団の形成可能性等もふまえて、より慎重で実務的な判断が求められよう。

ところで、国によっては、外国倒産処理手続の承認制度がない国もある。したがって、かかる場合には、日本の倒産手続の承認ではなく、外国固有の倒産手続開始の申立て、すなわち、並行倒産[5]を行うことも考慮する必要がある[6]、[7]。ただし、並行倒産は、相当多額の費用がかかるうえ、外国に日本の破産管財人とは別の外国管財人等が就任した場合、当該外国の倒産手続

3　ちなみに、外国倒産手続の対内的効力については、平成13年に「外国倒産処理手続の承認援助に関する法律」(以下「承認援助法」という)が施行された。

4　破産手続ではないものの、外国で倒産手続の承認を取得した日本航空の事例については、片山英二・河本茂行「日本航空の事業再生プロセスについて」債管133号164頁、また、エルピーダの事例については、小林信明「日本の更生手続について認可された更生計画が米国連邦倒産法15章の手続において承認された初めての事例」金商1982号44頁

5　なお、ここでいう並行倒産とは、便宜上、同一法人について、2カ国以上で並行して倒産手続が行われることを意味し、親会社とともに、外国において子会社や関連会社の倒産処理を行うことについては範疇に入れないこととする。

6　ただし、当然のことながら、その前提として、外国法人につき、当該外国に倒産手続に関する管轄があること、外国法人について破産原因があること、そして、日本の破産管財人に申立権限があること等が必要となる。

7　破産手続ではないものの、並行倒産を行ったマルコーの事例については、阿部昭吾ほか「国際倒産の実務(1)」NBL556号6頁以下

が、日本の破産管財人の意向どおりに進むとは限らないという問題がある。したがって、破産手続において、並行倒産を選択すべき場合はまれであろう。

　これに対し、外国に子会社があり、相当規模の資産や従業員、債権債務が存在する場合には、当該外国における破産手続を選択し、子会社のスムーズで適切な清算を行うことは十分に考えられる（後記4参照）。

　なお、破産者の関連会社について外国倒産手続が係属している場合[8]の留意点については、本書Q12-7を参照されたい。

3　外国の倒産実務についての正確で最新の情報の入手と外国実務家との連携

　外国の法制度とともに留意しなければならないのは、外国の倒産実務である。法制度の沿革等によって、各国の倒産実務は大きく異なることがある。特に近時、東南アジア諸国等で倒産手続を行わなければならない場合が増えているが、これらの国の倒産法制度の歴史は比較的浅く、倒産実務が過渡期であることも少なくなく、専門家の数も相対的に多くない。国によっては、倒産手続が制度として存在するものの、実際には機能していないようなこともある。したがって、外国で破産管財業務を進めるにあたり、その見通しをつけるため、当該外国の正確で最新の倒産実務に関する情報を入手する必要がある。また、知識と経験に優れた当該外国の専門家を確保することも望まれるところであり、これらの者と連携をとったり、業務を一部委任する等したりしながら、破産管財業務を遂行していくべきである。

4　外国法人（子会社）の処理[9]

　外国法人が存在する場合、日本の破産管財人としては、日本法人と一体として処理するか、別個に処理するかについて判断を迫られる。ただし、再建

8　先に外国の倒産手続が開始された後、日本でも倒産手続が開始された麻布建物の事例については、片山英二ほか「日米にまたがる麻布建物㈱にみる―承認援助手続と国際並行倒産」債管127号67頁以下、また、リーマン証券の事例については、井出ゆり「リーマン・ブラザーズ・グループの国際倒産処理手続」日本国際経済法学会年報20号35頁

第12章　破産手続と国際化　677

型倒産手続とは異なって、日本法人について再建を考える必要がない以上、外国法人について日本法人と一体として処理する必要性は乏しい場合が多い。外国法人については、第三者に売却する等して、正常な状態のまま切り離そうとすることも多い（破産者の外国子会社の株式処分等の留意点については、本書Q12-3を参照)[10]。仮に、外国法人について、第三者への売却や自力再建が難しい場合、まずは私的整理を模索し、次に法的整理を考えるべきであろう。ただし、破産手続は最終的には企業の消滅を目指すものであるから、それと兼ね合いで、日本法人の手続に比して、過度に長期間にわたりそうな外国法人の私的整理、再建型倒産処理は望ましくない場合もあり得る。外国子会社について法的手続をとる場合、親会社たる日本の破産者は株主であると同時に債権者の立場となることが多い。このとき、子会社の従業員や取引債権者から債権の劣後化や放棄を求められることが多いので注意を要する。ケースバイケースの判断となるが、当該外国における対日感情等の政治的な配慮にも必要な場面があり、裁判所と相談しながら柔軟で適切な判断が求められることがある。

5　在外資産、外国企業との取引、外国債権者、外国での訴訟や当局との間の問題

　外国に別法人等がない場合であっても、日本法人が、在外資産を保有していたり、外国企業と取引を行っていたり、外国債権者を有していたり、あるいは外国で訴訟や当局との間で刑罰等に発展し得る問題を抱えていることは珍しくない。

　これらはいずれも国内の破産管財業務の延長といえるが、前述のとおり、外国には別の法律が存在すること等もあって、業務遂行にあたって留意しておくべき点がある。

9　再建型倒産処理をする場合の海外子会社の処理については、全国倒産処理弁護士ネットワーク編『会社更生の実務Q&A120問』（金融財政事情研究会、2013年）250頁以下〔柴田義人〕を参照

10　破産手続ではないものの、親子会社の倒産処理に関するSpansion Japanの事例については、嶋寺基他「DIP型会社更生を検証する―Spansion Japan(1)〜(6)」NBL951号〜956号

まず在外資産については、そもそもその存在すら明らかでない場合にどのように把握するかが問題となるが、この点については本書Q12-9を参照されたい。また、在外資産を把握後に、管理・換価する際、大別して不動産、動産、債権ごとにそれぞれ外国特有の問題があるが、この点については本書Q12-2を参照されたい。さらに当該資産との関係で否認が問題となる場合、どの国の法律に準拠して、どのように手続を行うかについては本書Q12-9を参照されたい。

　次に、外国企業との契約関係では、特に双方未履行双務契約に関し、日本の破産管財人として日本におけるのと同様に解除権等を行使し得るのか等について、準拠法との関係で問題となり得るが、その点については本書Q12-6を参照されたい。

　さらに、外国債権者について、債権の優劣をどう定めるか、在外資産から満足を受けた場合にどのような考慮を行うか等については本書Q12-4を参照されたい。破産手続開始決定時に外国訴訟が係属していた場合に、日本と同様に手続中断効が生じるか、査定等を認めるか等については本書Q12-5を参照されたい。外国の当局から罰金等を科された場合、かかる外国の公的債権を、日本の公的債権と同列に扱ってよいかについては本書Q12-8を参照されたい。

6　実務的な対応における示唆

　国際倒産は、国際私法上、難しい問題を孕んでおり、理論を押さえておくことが必要である。しかし、再建型倒産手続とは異なって、かけられる費用等も限られていることが多く、理論どおりに処理し、かえって債権者の満足等を得られない事態ともなれば、本末転倒である。

　したがって、ネットワークやデータをあらかじめ構築・集積する等し、いざという時に頼れる外国専門家を知っておき、実際に事が生じた場合に、当該専門家に速やかに連絡して、要点を手っ取り早く把握することは実務上有用である[11]。

　また、外国で破産管財業務を行う場合、法律のみならず、商慣習の違い等もあって、予想外の出来事が常に生ずると考えておいた方がよい。そこで、

第12章　破産手続と国際化　679

日本国内の管財業務に比して、早め早めに計画を立てて実行に移すことが肝要である。

さらには、理論に拘泥せずに、柔軟な発想のもと、いかに余計な費用をかけず、面倒な手続を踏まなくてすむかについて、破産管財人として裁判所と協議しながら創意工夫を凝らすことも国際倒産の一つの醍醐味といえる。

Q 12-2　在外資産処分の留意点

破産者の外国不動産・動産・債権等の在外資産の保全や処分はどのような点に留意して行うべきでしょうか

鐘ヶ江 洋祐

1　破産財団の範囲

わが国の裁判所が破産手続開始決定を行った場合、その効力は外国に所在する破産者の資産（在外資産）にも及ぶ（法34条1項〔普及主義〕）。すなわち、わが国の破産管財人は、破産手続開始決定の時点で破産者が保有する在外資産に対しても管理処分権を有することになり（法78条1項）、これを善良な管理者の注意をもって適切に保全し換価せねばならない（法79条、85条1項）。

このように、破産手続開始決定の効力が在外資産にも及び、破産者の保有する在外資産が破産財団に含まれるということから、具体的には、①破産管財人が、当該在外資産の管理や換価といった事実行為や、外国の裁判所における訴訟提起などの法律行為ができるようになることに加えて、②破産債権者に対する個別的権利行使の制限（法100条1項）が在外資産にも適用されるという効果が認められる[1]。

11　各国の倒産法制の内容については、JETRO、法務省、裁判所、World Bank等に蓄積されていると思われるが、倒産実務家のデータやネットワークではその集積が難しい。弁護士会や全国倒産弁護士ネットワーク等の民間団体において、実務家に利用されやすい形で最新情報が蓄積されることが望まれる。

1　『伊藤』267頁

もっとも、実際に破産管財人が在外資産に対して管理処分権を行使できるかどうか、また破産債権者に個別的権利行使の制限を強制できるかは、当該外国の法制によって決定されることになる[2]。

2　在外資産の調査

破産者が保有する在外資産は、原則として全て破産財団に帰属することから、破産管財人は、破産手続開始決定の時点で破産者が保有する在外資産について調査することになる。

かかる調査のためには、まずは破産手続の申立書と添付書類の精査を行ったうえで、破産者（代表者）及び申立代理人から事情聴取を行う。また、破産者が会社であれば、会計担当者や税理士といった破産者の在外資産に関する知見を有している者からの事情聴取も検討すべきある。

たとえ破産者等から十分な協力を得られない場合や、在外資産に関する資料が不十分であった場合でも、転送郵便物から在外資産の存在が判明することもある。例えば、海外の銀行からのダイレクトメールにより、破産者が保有する海外の銀行口座が判明することもあるし、海外の業者から送付された不動産の管理費用の請求書から、破産者が秘匿していた海外不動産の存在が明らかになるという場合もある。

3　在外資産の保全と換価

在外資産の存在が認められた場合、破産管財人は速やかにその状況を確認して権利関係を把握し、当該財産の保全と換価の方針について検討せねばならない。ところが、上記のとおり、外国における破産管財人の権限は当該外国の法律によって決定されるところ、当該外国が、外国倒産手続の効力を自動的に認めるということでない限り、裁判手続等を利用して外国倒産手続の承認を求める必要が生じる。そのため、破産管財人とすれば、まずは関係者に対して破産管財人の管理処分権について説明し、任意の手段による保全と換価を試みるのが費用対効果の点からも合理的であると思われる。また、現

2　『財産換価』418頁〔鈴木学・福岡真之介〕

地の弁護士や公認会計士といった専門家に業務を依頼すると相応の費用がかかるため、破産者が会社であれば、現地で勤務していた従業員などを補助者として、引き続き在外資産の保全や換価の業務を依頼するということも考えられる。

　このような任意の手段が功を奏しない場合には、現地の弁護士等に依頼をして、外国倒産手続の承認制度を利用するほかない事態も想定される。このような場合には、「訴えの提起」（法78条2項10号）に準じて、裁判所の許可を得たうえで、外国の倒産裁判所等への申立てをすることになる[3]。例えば、米国では連邦倒産法第15章（チャプター15）という手続を利用すれば、破産管財人が米国内の訴訟・倒産手続等の司法手続に関与することができ、また裁判所による適切な救済を求めることが可能となる。ただし、チャプター15に基づく外国倒産手続の承認の申立てそのものには自動的に個別執行や訴訟を停止する効果はなく、承認決定前の仮の命令を求める申立てを同時にしなければならないことに留意が必要である。また、承認手続では連邦倒産法の規定に基づく否認権の行使ができないことから、否認権の行使が必要な場合にはわが国で否認権を行使してその効力を外国で承認してもらうか通常の倒産事件を申し立てざるを得ない。このような法的手続を利用する場合には現地の弁護士等の代理人に依頼して見積りを取得して裁判所と協議するなど、費用対効果の観点から慎重に検討すべきである[4]。

　もちろん、外国倒産手続の承認手続が存在しない国や、承認を得られる見込みがない国では、法的手続を利用しない換価の方法を事案ごとに工夫して検討するほかない。

4　個別資産ごとの検討

(1)　不動産の換価

　不動産は高額な資産であり、その売却を破産管財人の権限で行うために

3　『財産換価』437頁〔片山健〕
4　『破産実務』551頁、『新・実務大系』175頁〔坂井秀行・柴田義人〕、近藤丸人「破産者の海外事業及び在外資産がある場合の管財業務」自正64巻7号63頁

は、破産管財人の資格証明について外務省を経由して認証を得るとか、当該外国における外国倒産手続の承認等、破産管財人の処分権限の公的な証明を求められることが通常であると思われる。また、米国であれば、売主と買主の不動産業者のほかにエスクロー会社とタイトル保険会社が取引に介在するとか、中国であれば土地の所有権ではなく使用権のかたちで売買が行われるなど、それぞれの国がわが国の不動産取引とは異なった特徴を有していることから、一般には現地の専門家に依頼することになろう。

(2) 動産の換価

動産の換価については不動産と異なり、売却手続に登記や登録が必要ない場合が多い。しかしながら、動産を換価するために国外に持ち出せるかどうか、売却に伴う手続としてどのようなものが必要かなど、やはりその換価には現地の専門家の助力が必要になるのが通常である。そうすると、外国に所在する動産に価値があり、売却にかかる専門家の報酬を含む費用をふまえてもなお経済合理性があるという場面はそれほど多くないように思われる[5]。

(3) 債権の換価

外国に所在する債務者に対する債権回収については、基本的に国内での債権回収と同様に、まず破産管財人から通知を送付して支払を求め、支払が得られない場合には、原則として債務者の所在する地において取立訴訟を行う等、適切に回収に努めることになる。その際、破産管財人が請求訴訟の原告となるためには、当該外国における外国倒産手続の承認を得ることが求められるのが通常であると思われる。

5　在外資産をめぐる債権者間の公平

わが国で破産手続の開始決定がなされると、海外に所在する破産債権者や財産所持者等に対して、決定内容を通知することが必要となる（法32条３項１号・２号、同条１項・２項）。これにより、外国に所在する破産債権者に対

5　『財産換価』418頁〔鈴木学・福岡真之介〕

して破産管財人の権限を知らしめ、個別的権利行使の制限を要求することが可能となる。

このような通知にもかかわらず、外国に所在する破産債権者が在外資産に対して権利を行使して弁済を受けた場合、破産手続において弁済を受ける前の債権全額について破産債権者としてその権利を行使することができるものの（法109条）、他の同順位の破産債権者が自己の受けた弁済と同一の割合の配当を受けるまでは配当を受けることができない（法201条4項）。また、そのような破産債権者は、外国で弁済を受けた債権の部分について議決権を行使することができない（法142条2項）。このように、わが国の破産法は、在外資産から弁済を受けた破産債権者とその他の破産債権者との間の公平を図っている（いわゆるホッチポット・ルール）[6]。

ただし、外国に所在する破産債権者に個別的権利行使の制限を強制することはできず、破産管財人は、当該外国の法律の内容に従って、個別執行や訴訟を停止するための裁判所の命令を取得するなどの措置を講じる必要があることに注意が必要である。例えば、米国における連邦倒産法第11章（チャプター11）の申立てに伴う自動的な個別執行や訴訟の停止の効力を得るというのは、その一例である。

Q 12-3　外国子会社処理の留意点

破産者の外国子会社株式及びその資産の処分はどのような点に留意して行うべきですか

鐘ヶ江 洋祐

1　はじめに

破産者が外国子会社を有している場合、その子会社株式や持分は破産財団

6　『破産実務』552頁、『伊藤』268頁

を形成する。そのため、破産管財人は、当該外国子会社の資産内容を調査のうえ、これに対して投下した資本、すなわち、外国子会社に対する貸付金や未収金、出資金の回収などを図ることになる。

その際、まずは外国子会社として親会社から独立して事業を行っているか、親会社の破綻に伴い同時に信用不安に陥るのかという観点が重要である。そして、海外子会社が親会社と同時に信用不安に陥るようであれば、海外子会社について現地で任意の債務整理を試みることになるが、最悪の場合には法的手続を利用した清算を検討せざるを得ない場合もあり得る。他方、外国子会社が信用不安に陥らず事業を継続しているのであれば、その株式や持分の任意売却を試みることになるものと思われる[1]。

2 外国子会社に信用不安がない場合

破産管財人が株式や持分を譲渡する場合には、当該外国においてどのような手続や要件を満たす必要があるか、また譲受人にはいかなる資格が要求されるかといった点について、現地の専門家の助力を得て、現地の会社法制や外資規制等を調査する必要がある。例えば、中国であれば、中国に所在する子会社の株式や持分を第三者に売却する際には、行政官庁からの許認可を得る必要がある。

また、破産財団に含まれる海外子会社の株式や持分を売却するためには、裁判所の許可（法78条、規則25条）を取得するためにも、当該海外子会社の資産・負債や事業の状況を把握するための資料を収集して、その資産価値を算定する必要がある。その際、必ずしも外国子会社に関する資料が十分でない場合もあり、また費用対効果の観点からも調査には自ら限界があるものの、破産管財人とすれば、簿価に基づいた金額や現地の公認会計士等の評価を取得するなど、事案に基づいて価格の相当性についての資料をそろえる努力が必要となる[2]。

なお、海外子会社の役員や従業員が当該子会社の資産を不当に処分する危

1　『破産実務』558頁、『新・実務大系』175頁〔坂井秀行・柴田義人〕、事業再生迅速化研究会編『事業再生の迅速化』（商事法務、2014年）252頁

2　『財産換価』427頁〔鈴木学・福岡真之介〕

険がある場合には、破産管財人は、破産手続の開始決定後速やかに現地役員の変更等を行うことを検討せねばならない。ところが、破産管財人が株主として海外子会社の役員変更等を行うことができるかどうかは当該外国の制度に従わざるを得ず、あらかじめ現地の専門家の助力を得て確認する必要がある[3]。

3　外国子会社にも信用不安が生じている場合

破産者が海外子会社を有する場合、その海外子会社の信用も毀損しており、もはや事業を継続することはできない見込みであるとか、資金不足のために既に事業を停止しているといった場合も少なくない。このような場合、海外子会社の債務を処理して株式や持分を処分するために、現地で任意整理をするか倒産手続を申し立てるといった選択肢がある。

一般に、海外での倒産手続には時間も費用も相当かかるので、海外子会社を法的倒産手続によって清算するということは実務的ではないことが多い。そのため、事業の状況や会計帳簿等の資料を確認したうえで、株式や持分の価値が無価値である、もしくは処分するためにかかる費用がその価値を上回ると判断される場合には、破産者の元の経営陣や従業員等に相当低額で、場合によっては備忘価格で売却するという方策が考えられる。また外国子会社が合弁会社であるなど他の株主や持分権者がいる場合、その株主や持分権者に対して株式や持分を買い取ってもらうこともあり得る[4]。

このような任意の手続による場合には、手続的な負担や費用負担は小さくなる一方で、当該外国における債権者からの訴訟や個別の権利行使を止めることはできない。そのため、当該外国において破産財団の保全措置をとる必要がある場合、破産管財人としては、当該外国における外国倒産手続の承認手続の利用を検討する必要がある。外国倒産手続の承認手続が利用できる場合には、訴訟や個別執行等の手続は中止され統一的な処理ができるものの、当該外国における通常の倒産手続と異なって、否認権の行使ができないと解されることが多いという点には留意が必要である[5]。

3　『破産200問』163頁〔井出ゆり〕
4　『財産換価』427頁〔鈴木学・福岡真之介〕

4　外国子会社についても倒産手続を申し立てる場合

　破産管財人として、破産財団の保全措置にとどまらず、当該外国で否認権を行使する必要があるなどの理由から倒産手続を利用せざるを得ない場合がある。この場合、現地における法務、会計、税務の専門家の関与が不可欠となり、その完了までには相当な時間と費用がかかることが想定される。また、仮に倒産手続を利用するとしても、当局に納付する税金その他の優先債権の存在やその金額は申立時には詳細が不明な場合も多く、最終的な債権者への配当又は清算配当の予測は困難があることもあり得る。

　なお、ドイツやポーランドのように、国によっては、外国子会社に倒産原因があるにもかかわらず法的倒産手続を申し立てないことに対して、その取締役に刑事罰が適用される場合があることに注意を要する。

　当該外国ではその国の破産管財人が選任されることになるのが通常であるから、わが国の破産管財人は、外国子会社の資産内容を調査したうえで、外国子会社に対する貸付や未収金について破産債権の届出を行うことになる。

Q 12-4　外国債権者への対応

多数の債権者が外国に存在する場合にどのような対応をとるべきですか

鈴木　崇

1　破産手続開始時

(1)　破産手続開始決定通知

　破産法3条は「外国人又は外国法人」は破産手続等に関し、「日本人又は日本法人と同一の地位を有する。」と定め、いわゆる相互主義ではなく、内

5　『破産実務』551頁〔伊藤眞〕

第12章　破産手続と国際化　687

外人平等主義を採用している。

そのため、国外に住所又は主たる営業所もしくは事務所を有する債権者（以下「外国債権者」という。）についても、債権者の国籍、設立場所、所在場所等を問わず、破産手続開始決定を通知する必要がある（法32条3項1号・1項）。通知方法はハーグ条約に基づく国際送達による必要はなく、相当と認める方法により行えば足りる（法14条、規則12条、民事訴訟規則4条1項・2項）。実務上は、破産規則7条に基づき、破産管財人が事務取扱担当者としてEMS等の国際郵便やクーリエ（国際宅配業者）により発送している例が多いとされる[1]。

また、法律上は破産手続開始決定の通知書等について訳文を付することまでは必要とされていないが（裁判所法74条参照）、外国債権者の手続保障の見地からは破産手続開始決定通知書及び債権届出書等について、他言語の訳文を付することが望ましく[2]、実務上も英文での参考訳を付す対応がとられることが多い[3]。

(2) その他の対応

外国債権者の破産手続参加の機会を実質的に保障する必要性に鑑み、事案に応じて、ウェブサイト等において破産手続に関する情報開示・Q&Aの掲載を英文でも行う対応等がなされている。

とりわけ、外国の裁判所において日本の破産手続について承認決定を得る場合等、日本の破産手続の効力を外国で主張することが必要となる事案では、上記(1)記載の開始決定通知に関する対応を含め、外国債権者の破産手続参加の機会を実質的に保障する措置を講じることが日本の破産手続の公正さを示し、適正手続が確保されていることを示す要素として重要となり得る。

1　『債権調査・配当』536頁〔柴田義人〕参照
2　参考訳である旨を明記したうえで、債権届出は日本語で行わなければならない旨等の債権届出の記入方法についての説明文も付すことが望ましい。
3　『破産実務』561頁参照

2 債権届出及び認否

(1) 債権届出の方式

外国債権者についても債権届出の方式は国内債権者と同様であり（法111条以下）、債権届出書は日本語で記載することを要し（裁判所法74条）、外国語の添付書類には日本語の訳文を付すことを要する（規則12条、民事訴訟規則138条）。

もっとも、外国債権者において日本語による債権届出を適切な内容で作成することが現実的には困難な場合もあり得る。基本的には事案ごとに判断されるべき問題ではあるものの、外国債権者が破産手続に参加する機会を実質的に保障する見地から、実務上、破産管財人による説明文書の送付[4]や日英併記の届出書の利用[5]等の対応がなされている。ただし、外国債権者による債権届出をいかなる限度で有効と認めるかは法令との整合性及び運用上も重要であり、外国債権者の手続保障に配慮しつつも裁判所と十分に協議を行うことが必要である。

(2) 外国通貨建金銭債権

破産者に対して、金銭債権でその額を外国の通貨をもって定めたもの（以下「外国通貨建金銭債権」という）を破産債権として有する者は、「破産手続開始の時における評価額」をもって破産手続に参加することができる（法103条1項・2項1号ロ後段）。

いつの時点の、どの外国為替相場によって「破産手続開始の時における評価額」を算出すべきかが問題となるが、実務上は、法廷地であるわが国における[6]外国為替取引において伝統のある銀行等が公表している電信為替売相場（TTS）の破産手続開始決定日の前日の終値を基準とする運用が一般的と思われる[7]。

---

4 『破産実務』561頁
5 『債権調査・配当』537頁〔柴田義人〕
6 『条解』756頁

第12章 破産手続と国際化 689

条文上、外国通貨建金銭債権を有する者は「破産手続開始の時における評価額をもって破産手続に参加することができる」とされているとおり、本来は破産債権者自ら円貨に換算して債権届出を行う必要がある。仮に届出債権者が円貨に換算、評価しないまま外国通貨建金銭債権を届け出た場合、理論的には不適式な届出として補正を促す、あるいは破産債権者表に加えないという対応も考えられるが、実務上は届出債権者による届出事項の変更として評価額の追記がなされ、あるいは破産管財人において換算、評価を行う対応がなされている[8]。

(3) 在外資産上の担保権・外国法に基づく保障等

在外資産について外国法に基づく約定担保権又は法定担保権が存在する場合においては、これらの担保権が「破産財団に属する財産につき特別の先取特権、質権又は抵当権」と実質的に同等の権利であれば、「別除権」(法2条9項)として扱って支障ないと考えられる[9]。このような取扱いは、別除権が破産財団所属の特定財産から自らの換価権を行使することによって優先弁済を受ける権能を意味するとされ、「特別の先取特権、質権又は抵当権」に限らず、破産者の特定財産の交換価値を把握する非典型担保権も別除権に該当し得ると解されていることとも整合する[10]。

また、破産債権を被担保債権として、外国法に基づく保証契約又は破産者以外の第三者の資産に係る担保権が存在する場合については、契約内容等を精査して当該保証契約又は担保権の性質を判断したうえで、開始時現存額主義(法104条1項・5項)に基づき破産手続への参加を認めることができると考えられる[11]。

---

7 『手引』284頁、『破産実務』561頁、『債権調査・配当』258頁〔柴田義人〕
8 『伊藤』286頁、『破産実務』561頁
9 更生担保権に関する記述として、全国倒産処理弁護士ネットワーク編『会社更生の実務Q&A120問』(金融財政事情研究会、2013年)253頁〔大月雅博〕
10 『条解』40頁
11 『債権調査・配当』538頁〔柴田義人〕

(4) 認　　否

債権届出について異議を出す場合、破産管財人は異議額及び異議理由を届出債権者に対して通知する必要があることは当該債権者が外国債権者である場合も同様である（規則43条）。外国債権者の破産手続への参加の機会を実質的に保障する見地からは、当該通知を日英併記で行う等の対応もあり得る。

3　債権確定手続及び外国訴訟

(1)　原則的対応

内外人平等主義に基づき、外国債権者についても日本人又は日本法人と同様の債権調査及び確定手続（法115条以下）を適用するのが原則である。

(2)　外国裁判所による確定判決がある場合

外国債権者の債権届出に関して外国判決が存在する場合については、当該外国判決が「執行力ある債務名義又は終局判決」（法129条1項）に該当するために執行判決を得ていなければならないかにつき争いがあるが、外国判決承認の要件（民事訴訟法118条）が満たされている外国判決は執行判決を得ていなくても「終局判決」に該当するとの見解が多数とされる[12]。もっとも、実務上、債権認否を行う際には承認の要件を満たしているか否かが不明である場合もあり、破産法129条1項に準じて当該外国判決に係る届出債権について異議を述べる者は判決不承認の訴えを提起し得ると考えられる[13]。

(3)　外国裁判所において訴訟が係属している場合

外国裁判所において訴訟が係属している場合については本書Q12-7を参照されたい。

12　『条解』911頁、『伊藤』684頁
13　『破産実務』562頁、東京地判昭51.12.21判時870号88頁

第12章　破産手続と国際化　691

4　配　　当

(1)　配当方法

外国通貨建金銭債権についても、配当は円貨で行う（法103条1項ロ参照）。

外国債権者において円貨での配当を受領することが困難な場合には、外国送金の際の外貨換算の可否の確認や配当受領通貨について外国債権者と破産管財人が合意する等の対応があり得る。

また、外国債権者が配当を受領しない場合には、破産管財人は国内債権者の場合と同様に配当額を供託することになる（法202条3号等）。

(2)　外国債権者が外国で弁済を受けた場合

外国債権者が多く存在する場合の配当手続においては、いわゆるホッチポット・ルールを適切に適用し、配当段階における破産債権者間の公平を図ることが重要となる。いわゆるホッチポット・ルールとは、権利行使により破産財団に属する外国所在の財産から弁済を受けた破産債権者は「他の同順位の破産債権者が自己の受けた弁済と同一の割合の配当を受けるまでは、最後配当を受けることができない」旨の定めをいう（法201条4項）。

ホッチポット・ルールの対象には、強制執行や外国倒産手続による場合に加えて、外国における任意弁済の場合も含まれる[14]。

破産財団に属する外国所在の財産からの弁済受領額が破産手続の配当額を超える場合において破産債権者間の実質的平等を図るには、不当利得返還請求により解決を図るほかないと考えられるが、不当利得返還請求の成否については争いがある[15]。

14　『債権調査・配当』544頁〔柴田義人〕。ただし、任意弁済の場合は不当利得返還請求で解決すべきとの有力説もある（『伊藤』268頁）。

15　山本和彦『国際倒産法制』（商事法務、2002年）151頁、伊藤眞編集代表『民事再生法逐条研究　解釈と運用』（有斐閣、2002年）267頁等

Q 12-5　破産手続開始決定と外国訴訟への対応

破産手続開始時において係属中の外国訴訟等及び破産手続開始後に提起された外国訴訟等にどのように対応すべきですか

大澤 加奈子

1　破産手続開始決定時において外国訴訟あるいは外国仲裁手続（以下総称して「外国における訴訟手続等」という）が既に係属していた場合

(1)　破産法の規律

　破産財団に関する訴えを規律する破産法44条1項は、「破産手続開始の決定があったときは、破産者を当事者とする破産財団に関する訴訟手続は、中断する。」と定める。しかしながら、同項は日本の裁判所における訴訟手続等を対象としており、外国における訴訟手続等については直接的な効力はないとされている[1]。

(2)　破産債権に関する外国における訴訟手続等と債権確定手続との関係

a　総　論

　問題は、係属中の外国における訴訟手続等が破産債権に関する場合である。破産法は、破産財団に関する訴えのうち、破産債権について債権確定手続を用意している（法125条以下）ことから、特に係属中の外国における訴訟手続等と国内の債権確定手続との関係をどのように考えるかが問題となる。

　この点、根源的には倒産法ではなく国際訴訟競合の問題であるため、外国訴訟等の継続は原則として国内訴訟の提起追行を妨げないとして、国内の査

1　『条解』359頁

第12章　破産手続と国際化　693

定手続に優先性を認め、例外的にのみ査定申立てを却下して外国における訴訟手続等の優先を認めるという見解が示されている[2]、[3]。しかしながら確立された見解ではなく、判例もない。

b　実務上の問題点

実務上、仮に破産管財人が国内の査定手続の優先性を主張したとしても当該係属中の外国における訴訟手続等の相手方である破産会社の債権者がこれを尊重するとは限らず、係属中の外国における訴訟手続等を引き続き追行する可能性がある。その場合、当該外国における訴訟手続等と国内における債権確定手続が並行して続行する（あるいは破産管財人による債権認否手続における異議に対して当該債権者が必要な査定申立てを行わない）ことにより、債権の存否について当該外国と日本の債権確定手続において結果が矛盾することになりかねない。

この点、当該外国における訴訟手続等において先行して債権が認められた旨の確定判決を得た場合、破産債権確定手続を経ていないにもかかわらず当該判決をもって破産債権として認められるかどうかについて確定的な見解はない。民事訴訟法118条の各要件（特に同条3号の公序の要件）を満たさないとする見解もあるが、破産手続開始決定時において訴訟が係属している場合には受継が強制され（法125条1項ただし書、127条）、査定決定を出せないという法の定めからすると査定前置は公序とまではいえないとの見解もある[4]。

加えて、当該外国における訴訟手続等により勝訴した債権者は、破産者が当該訴訟係属地に有する資産に対して執行することが可能となるという不都合を生じる。

(3)　実務上の対処

a　承認援助に対応する当該外国における法規の利用

かかる係属中の外国における訴訟手続等を破産手続開始決定後に法的に停

2　山本和彦『倒産法制の現代的課題　民事手続法研究Ⅱ』（有斐閣、2014年）361、362頁

3　山本和彦「国際倒産法の規律と若干の個別問題の検討（下）」NBL1106号62〜63頁

4　破産債権の確定を破産裁判所に集中させることは絶対的な要請というわけではないことを指摘するものとして、松下淳一「倒産法制と仲裁」JCAジャーナル443号16〜17頁

止するためには、日本における外国倒産処理手続の承認援助に関する法律
（以下「承認援助法」という）の当該外国における対応法規を利用して当該訴
訟手続等を停止させ、当該破産債権者をして日本の債権確定手続を強制する
ことが考えられる。

　しかしながら当該外国において、承認援助法に対応する法制度が整備され
ていない場合もある[5]。また、当該外国において破産管財人として対処すべ
き種々の権利関係が存在するのならばともかく、当該訴訟手続を停止させる
ためだけに承認援助法に対応する法規に係る申立てをすることは、時間と費
用（主として当該外国地における弁護士費用）との関係で現実的ではない場合
が多いと考える。

b　相手方代理人と破産管財人との間の和解的解決

　以上をふまえると、最終的には当該破産者の代理人弁護士と破産管財人と
の間の交渉になると考えるが、破産管財人としては、承認援助法に対応する
法規による当該外国における訴訟手続の停止の可能性や当該外国における訴
訟手続等と債権確定手続が重複した場合の問題点を示す等して債権確定手続
に一本化するよう説得するか、あるいは、当該外国における訴訟手続等が相
当程度進行している場合であれば、時間とコストの観点から日本における債
権確定手続の一環として当該訴訟を利用することを検討すべきである。

　後者の場合、破産管財人として当該破産債権に異議を出し、債権者側は査
定申立てをして債権確定手続の俎上に載せるものの査定手続は進行させず、
裁判所に対して上申をする等して当該外国における訴訟手続の結果を待っ
て、当該結果に基づき破産管財人にて異議を撤回して認否を変更する、ある
いは訴訟手続の結果に従って当該海外債権者にて査定手続を取り下げる等の
処理をすることになろう。

5　2017年3月現在、世界42カ国でUNCITRAL国際倒産モデル法に基づいた新法（日本
　においては承認援助法）が発効している。国際連合ウィーン事務局ウェブサイト参照

第12章　破産手続と国際化　695

2 破産手続開始決定後に外国において訴訟の提起が提起され、又は仲裁申立てをされた場合

(1) 問 題 点

破産手続開始前に、債権者と破産者との間で外国での管轄合意や仲裁合意（以下「合意条項」という）が存在する場合、破産手続開始決定後に当該合意条項に基づき債権者が訴訟又は仲裁手続を開始した場合、破産管財人はこれに拘束されるのかが問題となる[6]。

(2) 合意条項の破産管財人に対する拘束性に関する見解

合意条項の破産管財人に対する拘束性については見解が種々分かれており[7]、まず、そもそも破産手続開始決定前の当事者間の約定から破産管財人を解放すべきとの観点から破産管財人として管轄合意・仲裁合意部分を双方未履行双務契約として破産管財人が解除できるとの見解があるが[8]、対価性がない等の理由によりこれを支持する見解は少ないとされている[9]。

その他、合意条項を優先するとなると時間と費用の観点から破産管財人は合意条項には拘束されない等の見解[10]、合意締結時の債権者側の紛争解決への期待を保護すべきであること、破産管財人が合意条項に拘束されないとすると合意条項に基づく訴訟等の手続と債権確定手続が並行して進行してしまう可能性があること（上記1(2)b記載の問題と同様の問題が発生すること）等の観点から合意条項を優先すべきとする見解[11]もあり得る。

しかしながら、現在は、破産管財人は仲裁合意に拘束されるが、仲裁合意の対象に応じて拘束力を判断すべきであるとの折衷的な見解が多数説であろ

---

6 この論点については、「倒産と国際化 第2テーマ 国際倒産の実務上の諸論点」NBL1109号44頁以下に各パネリストの発言というかたちで、種々の見解が紹介されている。
7 杉山悦子「倒産手続における仲裁合意」仲裁とADR10号2頁
8 『倒産法研究』（信山社、2004年）281頁〔福永有利〕
9 『倒産と訴訟』485頁
10 前掲注6・46〜47頁〔鐘ヶ江発言〕
11 前掲注6・46〜47頁〔井出発言〕

う[12]。下記(3)記載の中間判決になじむ考え方である。

(3) 東京地判平27．1．28（中間判決）と拘束性の射程

更生手続の事例ではあるが、更生手続開始決定前にロンドンでの仲裁合意が締結されていた事案（東京地判平27．1．28判時2258号100頁）において、東京地方裁判所は、中心となる論点が定期傭船契約に基づく傭船料債権が共益債権に該当するかどうか、また相殺が破産法49条1項1号により禁止されるかどうかという日本の会社更生法固有の問題であることから、当該紛争についてロンドンの仲裁に付託するとの合意をしたものと解することはできないとの中間判決を下した。更生手続の事案ではあるが、破産手続における財団債権と合意条項が問題となった場合には指針となる中間判決と考えられる。

しかしながら、この中間判決の考え方による場合、何が「破産法固有の問題」として合意条項の対象外となるのかは確定的な見解があるわけではない。

この点、否認対象となる契約に仲裁合意があったとしても、破産手続開始前の債務者には否認権を処分する権限はないため、破産管財人等はこれに拘束されないので問題にはならないとの考え方が示されて[13]おり、個別の処理指針として参考になると考える。

(4) 実務的対処

実務上、破産管財人は上記(2)、(3)記載の議論をふまえて、合意条項に基づく手続をする債権者と個別に交渉し、問題となった争点が破産法の固有の問題がどうかとの観点から、合意条項を尊重するのかどうか、個別に判断していく必要があると考える。

---

12 『条解』63頁
13 三木浩一・山本和彦編『新仲裁法の理論と実務（ジュリスト増刊）』（有斐閣、2006年）74頁

第12章　破産手続と国際化　697

Q 12-6　外国取引先との契約関係の処理

> 破産者と外国所在の取引先との契約関係にどのように対応すべきですか

鈴木 崇

1　外国所在の取引先との契約関係への対応

　破産管財人は、破産手続開始時に継続している破産者と取引先との契約関係について、基本的には契約関係を終了させ、当該契約関係に基づく権利を行使し、他方で相手方の債権について破産法に基づく処理を行うことになる。かかる基本的な考え方は外国所在の取引先との契約関係についても同様である。

　もっとも、取引先が外国に所在しているため、当該契約関係に対応する各場面において手続開始国法と関係する他国法のいずれが準拠法となるのかが日本法のみならず当該他国の法域において問題となり得るうえ、権利行使や義務履行の実効性等の事実上・実務上の問題も生じ得るという特殊性がある。

2　双務契約の対応

(1)　破産者側既履行の場合

　破産者側の債務が履行ずみである場合、破産管財人は当該債務と対価関係にある債権の換価・回収を行う。まずは取引先に対して破産管財人として通知を送付し、任意の債務履行を求め、これに応じない場合には別途の換価方法や法的手段を検討することになる。その際には、当該外国における日本の破産手続の承認可否や、財団の増殖可能性及び換価・回収完了までの想定スケジュール等を勘案し、具体的な対応を検討する必要がある。

⑵ 相手方既履行の場合

取引の相手方の債務が履行ずみである場合、破産管財人は取引相手方を破産債権者として扱い、破産手続開始決定通知の送付等を行う（本書Q12-4参照）。

⑶ 双方未履行の場合

a 準拠法

双方未履行双務契約の対応においては、双方未履行双務契約の解除権及び履行選択権（法53条1項）等の破産法の規定が外国所在の取引先との契約にも適用されるかが重要な問題となるが、法令上の明文の定めはなく、法解釈に委ねられている[1]。

この点について、わが国では、双方未履行双務契約に関する破産法の規定が契約当事者間の公平や破産手続の迅速な進行等の倒産における特殊な利益状況を反映した強行的な規定である[2]等の理由に基づき、原則として手続開始国法が適用されるとの考えが最も有力である[3]、[4]。

破産管財人による双方未履行双務契約の解除権等の主張・権利行使が日本国内においてなされる場合には、基本的に上記の有力な考えに依拠することが相当と考えられる。もっとも、仲裁合意又は合意管轄や債権回収等の事実上の理由により、実際には外国における主張・権利行使を想定して対応することが必要となる場合も多い。そのような場合には、上記の倒産抵触法に関する有力説を前提としつつ、取引先の所在国において手続開始国法であるわ

---

1 UNCITRAL国際倒産モデル法制定時及びそれを受けた外国倒産処理手続の承認援助に関する法律の制定時においても倒産抵触法にかかる規定の制定が問題となったが、否認権行使の当事者適格に関する一部規定を除き、結果的に解釈に委ねられている（『国際倒産法制』23頁参照）。

2 横溝大「否認・双務契約・相殺（上）」NBL663号47頁

3 横溝・前掲注2・47頁、事業再生迅速化研究会編『事業再生の迅速化』（商事法務、2014年）267頁、山本和彦『国際倒産法制』（商事法務、2002年）358頁参照

4 手続開始国法に基づく統一的な解決を図る必要性を認めつつ、破産者の相手方当事者の予測可能性や契約類型に応じた修正を容認すべきとの立場もあり、留意が必要である（河野俊行「倒産国際私法」金判1112号153頁）。

が国の破産法の規定の適用が認められるかがより重要となる。

よって、破産管財実務上は、外国所在の取引先との契約についても原則として双方未履行双務契約に関する破産法の規定が適用されるとしつつ、関係国の法制や解釈上の例外的扱いの余地を斟酌しつつ、当該双方未履行双務契約に係る準拠法を特定していくことになる。取引先の所在国においてわが国の破産手続に係る承認援助手続を経る等の対応を行うことにより、手続開始国であるわが国の破産法の適用が認められやすくなる場合もあり得よう。

b　解除権・履行選択権行使の判断及び行使方法

破産管財人は、基本的には国内の取引先との双方未履行双務契約と同様に、破産者側の義務履行の可否・費用と対価関係にある債権の回収可能性と回収可能額を中心に財団の増殖可能性を判断し、換価・回収完了までの想定スケジュール等を勘案したうえで解除権・履行選択権行使の判断を行うことになる。その際、当該相手方所在地において債権回収リスクが国内取引先に比べて相当高いこと[5]や債務不履行リスクが国内取引と異なる可能性に留意する必要がある。

双方未履行双務契約の解除権等が行使される場面に応じて具体的な行使方法は変わることになるが、外国の訴訟手続において主張する場合には、前提として破産管財人が当事者適格を有することが必要となるため、当該訴訟手続が係属する国における日本の破産手続の承認・援助の要否及び可否が問題となる[6]。そして、破産管財人の当事者適格が認められたうえで、破産管財人として双方未履行双務契約に関する日本の破産法の諸規定が適用される旨の抵触法上の主張立証を行うことになる。

よって、このような訴訟対応が想定される場合、破産管財人は、あらかじめ訴訟係属地の法令あるいは契約準拠法の専門家と協働して、日本の破産手続の承認・援助の可否、費用及び所要期間や破産実体法規定の抵触法上の扱いを調査、協議、検討したうえで、双方未履行双務契約の解除権等の行使を

5　具体的には、破産管財人の権限が当然には認められないおそれや債権回収手続にかかる時間とコスト及び現地の裁判システムの信頼性等がリスク要因の例である。

6　外国倒産手続承認援助制度が未整備の国においては、その国における実務的な処理の検討が必要となる（事業再生迅速化研究会編・前掲注3・268頁）。

判断することが必要になる。

　ただし、このような外国法に関する調査や検討、外国における訴訟対応には費用と時間を要することが多い。そのため、実務上可能な限りの調査を実施したうえで、迅速な破産手続の進行や破産財団の極大化の見地から、和解等による解決を行うことが実務上相当な場合もあり得る。

3　相殺権の対応

（1）　準　拠　法

　相殺制度は法域によって要件、効果等が異なっており、抵触法上も未解決の論点が多いことから、法の適用に関する通則法（以下本設問において「通則法」という）における明文規定は設けられなかった[7]。そして、債権の優先的回収を得る手段となり得る相殺については倒産処理手続における特別の定めが設けられるが、破産法上の相殺禁止等の規定（法67条以下）の適用関係について抵触法上の明文はなく、解釈に委ねられている。

　この点については、①もっぱら手続開始国法によるべきとの立場[8]、②相殺の許容性・要件については手続開始国法により、実体法上の効果については（平時の）相殺準拠法によるとする見解[9]、③倒産手続における相殺禁止に対しては、倒産手続外で適用されるべき準拠外国法と倒産手続開始国法とを重畳的に適用し、実体法上の効果については（平時の）相殺準拠法によるとする見解[10]、④相殺の担保的機能を重視し、相殺適状を担保権と同等に扱い、手続開始国法又は相殺準拠法の要件のいずれかをクリアすれば足りるとする見解（選択的適用）[11]等がある。

　いまだ学説上の争いに決着がみられていないものの、破産管財人としては、内外人平等主義に鑑み、手続開始国であるわが国の破産法における規律

7　小出邦夫編著『逐条解説　法の適用に関する通則法〔増補版〕』（商事法務、2015年）301頁

8　河野・前掲注4・153頁、横溝・前掲注2・47頁参照

9　石黒一憲ほか編『国際金融倒産』（経済法令研究会、1995年）265頁〔貝瀬幸雄〕

10　櫻田嘉章ほか編『注釈国際私法第1巻』（有斐閣、2011年）582頁〔北澤安紀〕参照

11　北澤・前掲注10・578頁参照

を国内外の債権者に平等に適用する立場から対応することが相当である[12]。

(2) 相殺に関する具体的対応

基本的には手続開始国であるわが国の破産法の相殺に関する規定を外国所在の取引先についても同様に適用していくことになる。ただし、外国において相殺禁止等に基づく主張・立証を行う際には、双方未履行双務契約の対応と同様に、関連する外国法の専門家と協働等により実務上可能な限りの調査・検討を行い、迅速な破産手続の進行や破産財団の極大化も考慮したうえで対応する必要がある。

4 取戻権の対応

(1) 準 拠 法

a 一般の取戻権

一般の取戻権のうち、物件的請求権に基づくものは目的物の所在地法を準拠法とし（通則法13条）、契約から発生する債権的請求権に基づくものは、原則として当事者の選択した法を準拠法とする（通則法7条）のが通説とされる[13]。

b 特別の取戻権

売買の取戻権（法63条）や代償的取戻権（法63条）は、実体法上の支配権を離れて破産法が独自に取戻権を認めたものであり、上記一般の取戻権における通説の立場からは、手続開始国法を準拠法とすることになると解されている[14]。

(2) 取戻権に関する具体的対応

外国所在の取引先等から取戻権の主張を受けた場合、破産管財人は上記の

---

12 事業再生迅速化研究会編・前掲注3・272頁
13 国際法学会編『国際私法講座 第三巻』（有斐閣、1964年）899頁〔山戸嘉一〕、貝瀬・前掲注9・263頁、森田博志「取戻権・倒産担保権の準拠法（上）」NBL653号26頁参照、事業再生迅速化研究会編・前掲注3・273頁
14 森田・前掲注13・29頁、事業再生迅速化研究会編・前掲注3・274頁

準拠法の考え方を基礎として、取戻権行使の可否を判断し、対応することになる。

訴訟対応が必要となる場合や外国法が準拠法となる場合には、双方未履行双務契約や相殺の対応と同様に、関連する外国法の専門家と協働等により実務上可能な限りの調査・検討を行い、迅速な破産手続の進行や破産財団の極大化も考慮したうえで対応する必要がある。

Q 12-7 外国倒産処理手続との競合

破産者及び破産者の関連会社について外国倒産処理手続が係属している場合、どのような点に留意すべきですか

大澤 加奈子

1 破産者について外国倒産処理手続が係属している場合

(1) 外国倒産処理手続における国内的効力

既に外国において外国倒産処理手続が開始されている以上、当該倒産処理手続が外国主手続であれば、日本では外国倒産処理手続の承認援助に関する法律（以下「承認援助法」という）に基づき、処分禁止、弁済禁止、担保実行中止命令等の個別の援助処分が用意されている。にもかかわらずあえて並行倒産が選択されるのは、個別の援助処分では対応できない場合があるからである。破産法もそのような場合を想定して並行倒産を前提とする破産管財人と外国管財人との協力に係る定めを置いている（法245条以下）。

最大の問題は、外国倒産処理手続における再建計画等で定められた権利変更（債務免除）の国内における効果である。この点、国内的効力を発生させるためには外国判決の承認について規定した民事訴訟法118条が類推適用されるとの見解が一般的である[1]が先例はなく、当該再建計画における権利変更の効果が後日、日本で争われる可能性は否定できない。実務上、外国倒産

第12章　破産手続と国際化　703

処理手続による再建計画等におけるスポンサーから、日本における債務免除
の効果を明白かつ確実にしておきたいとの要望に基づき、民事訴訟法118条
の類推適用よりも並行倒産が選択されたケースもある[2]。

ただし、このような並行倒産の事例では、1つの法人格について2つの異
なる法的倒産処理手続が並行して進行していくことから、以下のような種々
の留意点が生じる。

(2) 開始決定の先後と破産債権の弁済

先行する外国倒産手続では手続開始決定後に発生した債権は共益的な債権
として全額弁済の対象となるが、後行の破産手続との関係では開始決定前に
発生した債権として理論上破産債権となる。この点、再建型手続においては
少額債権弁済許可の制度（民事再生法85条5項後段、会社更生法47条5項後段）
による対処が可能であるが、破産手続にはかかる制度がないため、破産債権
への弁済が必要であれば、申立ての時期を検討する、又は双方未履行双務契
約を履行選択することにより当該債権を財団債権化する等の工夫が必要とな
ろう。

(3) 債権届出の基準時

先行する外国倒産処理手続において既に債権届出がなされている場合、後
行の破産手続と債権届出の基準日が異なることから、2つの手続で確定債権
額が異なる可能性がある。この点、更生手続ではあるが、先行手続において
ほぼ全ての債権者が債権届出をしていることを理由に、先行手続の債権額で
後行手続での債権届出とすべきとして、各債権者の協力を得た事例があ
る[3]。ただ、当該事案において、協力に応じない債権者については実質的衡

---

1 『国際倒産法制』289頁
2 米国で先行手続として再建手続であるチャプター11手続が進行し、後日同一法人につ
いて日本にて更生手続が開始された事例として、麻布建物株式会社の事例がある。この
事例では更生手続が選択されたが、債務免除の効果をねらって日本において破産手続が
選択される場合にも参考になる事例である。片山英二ほか「日米にまたがる麻布建物㈱
にみる─承認援助手続と国際並行倒産」債管127号70頁以下参照。なお、本件ではもと
もと承認援助法に基づく個別援助処分を受けていたが、並行倒産を選択したことによ
り、後日承認援助手続は取り下げている。

平の理念のもと、更生手続の権利変更のなかで先行手続の債権額を弁済基準
額とする計画案を策定して対応したが、破産手続においては法制度上かかる
対応はできず、事案に応じてなお工夫が必要となる。

(4) 債権認否

先行する外国倒産処理手続において、債権の存否や額が争いとなっている
場合、日本における債権認否手続を別途進めると、両手続で確定債権額が異
なる可能性が生じることから、実務上は紛争解決処理を実質いずれかの手続
に寄せることが検討されることになる。この点、先行手続である外国倒産処
理手続において審理が進んでいると思われることから、当該手続を利用し、
管財人は先行手続で紛争債権となっている債権については異議を述べて査定
手続を開始し、先行手続の結果を待って日本の認否を当該先行手続にあわせ
るとの処理をする例もある[4]。

(5) 外国における公的な債権の国内での取扱い

近時、破産会社の事業活動の過程で外国行政機関等における公的な債権
（租税）や、行政機関等による法令違反等（課徴金債権等）が発生することが
見受けられる。原則としてかかる債権の権利行使は主権の行使として認めら
れないとされており、破産手続に参加できるのは、租税条約等の実施に伴う
所得税法、法人税法及び地方税法の特例等に関する法律11条1項に規定する
共助実施決定を得ている共助対象外国租税のみであると定められている（法
103条5号）。

これら外国における公的な債権の国内での取扱いについては本書Q12-8
を参照されたい。

(6) 担保権の種別等

担保権その他の優先債権、及びその弁済の順位は、各国の倒産法制により
異なる場合がある。例えば、米国では判決に基づく差押債権者は担保権者と

3　片山ほか・前掲注2・91頁
4　この点本書Q12-7参照

第12章　破産手続と国際化　705

して取り扱われるとの定めをする州法が存在するが、破産法においては優先性をもたず、単なる破産債権者にすぎない[5]。在外資産の差押権者は、その在外資産の限度で優先弁済を受けることになる。

このような債権の順位等と破産手続との調整は、法制度の違いに由来するものであることから、最終的にはホッチポット・ルールによる配当調整（法109条、201条4号）によることになると考える。

(7) 配当手続

並行倒産の場合、債権者は2つの倒産手続から配当を受けることになるため、それぞれの手続に参加しなければならない。この点、破産法は届出破産債権者ではあるものの外国倒産処理手続への参加をしていない破産債権者のために、破産管財人が当該手続に参加することができる旨の定めを置く（法247条）。この破産管財人による外国倒産処理手続参加は法的義務とまではいえないが、破産管財人の自由な判断に委ねることにも問題があり、条文の趣旨に照らし、参加については合理的な判断が期待される[6]。なお参加にあたっての費用は、一部の破産債権者のために行う破産管財人の行為であることから、破産管財人が代理して届出をした債権者が当該外国倒産処理手続から得る配当から費用を支弁するなど、なんらかの工夫が必要であろう。

(8) 並行倒産における破産管財人の情報管理

破産管財人が外国倒産処理手続（米国のチャプター11手続等）の代理人弁護士あるいは管財人等との間で緊密な情報交換をすることが想定されるが、秘匿特権のない情報となるとディスカバリ（情報開示手続）の対象となる。情報交換の対象には債権調査の根拠等、重要かつ開示を前提としない情報が含まれることを考えると、当該外国倒産処理手続との関係で秘匿特権に係る契約を締結することができるかどうかを検討する必要がある[7]。

5 　片山ほか・前掲注2・78頁
6 　『条解』1599頁
7 　片山ほか・前掲注2・89頁参照。麻布建物株式会社の更生管財人は、関係者との間で共同訴訟秘匿特権契約を締結した。

2 破産者につき日本において破産手続、破産者の関連会社について外国倒産処理手続が係属している場合

破産者と関連会社は破産手続開始決定前に資本関係・取引関係その他密接な関係を有していることが通例である。しかしながら、法人格を別にして異なる倒産処理手続に入っていること、ならびに破産者及び関連会社に対する債権者が異なり、それぞれの債権者のために回収の最大化を図ることが必要になることから、上記1とは別の種々の問題が生じる。

(1) 資産換価

a 一括譲渡と各社への割付

破産者の資産と関連会社の資産を一括にて譲渡する場合、譲渡先・譲渡代金の決定もさることながら、譲渡代金の各社への割付については特に慎重な検討が必要である。破産手続では裁判所の許可で足りるものの、関連会社が再建手続の場合には当該債権者から割付について異議が出される可能性があるからである。

b 破産者資産の単独譲渡と関連会社の権利

破産管財人による破産者資産のみの売却であったとしても、関連会社が生産に必要な知的財産権等を保有している等、関連会社との権利関係を整理しなければ価値に大きく影響する資産もある。更生手続の事例ではあるが、日本のSpansion Japan株式会社につき更生手続、同社の米国完全子会社であるSpansion LLCにつき米国でチャプター11手続を行った事案で、個別に再建される当該米国子会社と更生会社との間で更生会社の製造に必要なライセンス契約を別途締結し直した事案がある[8]。破産管財人は、保有資産売却にあたり、権利関係を十分に調査する必要がある。

(2) 破産者から関連会社に対する債権届出

破産者と関連会社との間では両社が倒産処理手続に入る前は運転資金その

---

[8] 嶋寺基・松永崇「DIP型会社更生を検証する Ⅰ Spansion Japan ③ 日米並行倒産における問題点」NBL953号51頁

他の相互の常時債権関係が発生している。この点、破産者が関連会社に対して貸金を有していることを理由に、破産管財人が関連会社の倒産処理手続に債権者として参加した場合、事案によっては内部者債権として劣後化され、配当に参加できない場合がある（米国連邦倒産法510条(c)等）。これに対し破産手続においては劣後化そのものを認めない立場が伝統的である[9]ことからすると、破産管財人としては実施的衡平の観点から関連会社が破産手続に債権届出を出さないよう交渉することも検討すべきである。

(3) 破産者と関連会社との間の双方未履行双務契約の取扱い

上記２同様、両社が倒産処理手続に入る前は、破産者と関連会社との間には密接な取引関係が発生しているのが通例であり、破産者と関連会社との間に双方未履行の双務契約が存することが十分にあり得る。この場合、破産管財人が履行（又は解除）を選択したものの、関連会社側がこれに対抗して逆に解除（又は履行）を選択した場合に当該双方未履行の双務契約の効力はどのように取り扱われるべきか、非常に困難な問題を生じる。

まず、倒産法と準拠法の一般論から、否認の場合と同様、まず手続開始国法が双方未履行双務契約に係る準拠法となるとの見解が通説である[10]。しかしながら両方の会社が異なる倒産手続に服している場合については議論が深まっていない[11]。破産管財人とすると、実務的には破産管財人と関連会社側の外国管財人との間で事案に即したかたちで解決を図るべく交渉せざるを得ないと考える。

9　『条解』741頁等

10　福岡真之介「国際倒産(1)」ジュリ1450号89頁

11　山本和彦『倒産法制の現代的課題　民事手続法研究Ⅱ』（有斐閣、2014年）358頁注58参照

Q 12-8 外国当局による法令違反に係る手続への対応

破産者につき外国当局による法令違反（競争法違反・行政法規違反等）に係る手続が係属している場合、どのような対応が必要となりますか

鈴木 崇

1 外国当局による競争法等規制の強化及び多様化

近時、欧米を中心とした諸外国においてカルテル規制や製造物責任規制等について、法制及び執行の両面で当局による規制が強化され、その規制内容も多様化する傾向がある。

経済活動のグローバル化がいっそう進展するなかで、国内に拠点等を有する法人がカルテル等の競争制限行為違反その他の法令違反を理由として、外国当局から罰金、課徴金等の制裁金を課される例も少なからず認められる。

また、カルテルや製造物責任等による消費者被害の抑止及び回復等を趣旨とした外国当局による民事制裁金や外国当局が被害者たる住民等にかわって被害回復を請求する権利[1]が認められるなど、当局による規制内容も多様化している[2]。

そのため、破産者について外国当局による法令違反に係る手続が係属する事案は増加していく可能性があり、規制内容の多様化によって前例のない外国手続への対応が必要となり得る。

2 破産手続における外国当局の公的債権の取扱い

一般に、外国当局が有する財産的請求権のうち国家主権の行使といえる行為に基づく債権（以下「公的債権」という）については、破産手続への参加は

---

1 例として、米国における各州の司法長官が州内に居住する被害者を代表して民事訴訟を提起する父権訴訟制度、中国における環境被害や消費者被害について行政機関及び関連組織が民事訴訟を提起し得る公益訴訟制度がある。

2 独立行政法人国民生活センター比較消費者法研究会編「消費者被害の救済と抑止の手法の多様化」11頁以下参照

日本国内での主権行使となるため、原則として認められないものと解されている[3]。例外としては、税務行政執行共助条約加盟国の租税債権があり、内国租税債権と異なり、破産手続における優先性は認められないものの、共助実施決定（租税条約等の実施に伴う所得税法、法人税法及び地方税法の特例等に関する法律11条1項）を経て破産手続に参加することが認められている（法103条5項等）。

制裁措置たる性質を有する刑事手続上の罰金、行政手続上の罰金及び課徴金はかかる公的債権に該当すると考えられているが[4]、[5]、諸外国における規制内容の多様化に伴い、公的債権に該当するか否かが必ずしも明らかでない場合も生じ得る。そのような場合には、国家主権の行使たる行為に基づく債権であるか、当局が行使する民事手続上の債権であるか等により、破産手続への参加の可否を個別に解釈することになると考えられる[6]、[7]。

公的債権は日本の破産手続に原則として参加できないこととされる結果、当該公的債権の本国においては、別途権利行使が制約されない限り、自由な権利行使が可能となる[8]。

3 外国当局による法令違反に係る手続への対応

破産財団の管理及び換価、債権調査及び確定ならびに配当を適切に実施することが破産管財人の主要な職務である。そのため、実務上は、外国当局による法令違反に係る手続への対応においても、上記破産管財人の職務に照ら

---

3 外国租税債権等の排除の余地を許容するUNCITRAL国際倒産モデル法13条の制定経緯について、山本和彦『国際倒産法制』（商事法務、2002年）240頁参照

4 事業再生迅速化研究会編『事業再生の迅速化』（商事法務、2014年）257頁、山本和彦『倒産法制の現代的課題　民事手続法研究Ⅱ』（有斐閣、2014年）360頁

5 会社更生手続におけるわが国の課徴金に係る事案であるが、東京高判平25.5.17金法1989号142頁は独占禁止法に基づく課徴金債権について非免責債権である罰金等に相当するとの主張を排斥しており、罰金債権と課徴金債権の法的性質に差異が存することについて一定の留意は必要と思われる。

6 山本・前掲注3・241頁参照

7 山本・前掲注4・360頁

8 公的債権の外国における執行可能性は再建型倒産手続において特に重要な問題となり得る。注7において、山本和彦教授は裁判所の許可（会社更生法47条5項等）に基づき例外的に公的債権の弁済が許容され得る旨が指摘されている。

して必要かつ相当な限度での対応にとどまる場合も多いと思われる。

(1) 公的債権に関する手続の場合

主権行使となる公的債権については原則として破産手続への参加が認められないことから、原則として当該公的債権の調査及び確定の必要はなく、破産財団の管理及び換価への影響に応じた対応を行うことになると思われる。

例えば、外国当局による法令違反に係る手続が係属する国家ないし地域に破産財団に属する資産が存在し、当該資産の換価による財団増殖が可能な場合や、当該手続が破産者の事業譲渡の実行及び換価価値に影響する場合などには、破産管財人として当該手続を続行したうえで、外国当局との和解等を含めた対応を行うことが考えられる[9]。そのような場合には、破産管財人として、当該法域における弁護士等の専門家を適切に選定して対応することが必要となるが、破産財団の維持にも留意すべきであり、費用対効果及び海外資産の換価回収が完了するまでのスケジュールを考慮し、裁判所とも協議しながら慎重に対応すべきである。

(2) 公的債権に関する手続以外の場合

国家主権の行使に該当しない外国当局の財産的請求権については、内外人平等主義（法3条）に基づき、破産手続への参加を認めることになる。

具体的には、破産手続開始決定の通知書等を送付し、債権届出がなされれば認否を実施する等、他の国外債権者と同様に扱う（本書Q12-4及びQ12-5参照）。

もっとも、当該手続が係属する国家ないし地域に破産財団に属する資産が存在している場合において、外国当局が自国の手続続行を主張すれば、破産管財人が事実上当該外国手続への対応を余儀なくされることもあり得る。そうした場合には、公的債権に関する手続の場合と同様に破産財団の維持に留意しつつ、当該法域における弁護士等の専門家を適切に選定して対応するこ

9　会社更生手続における国際的カルテルに関する減額和解の事例について、片山英二・河本茂行「日本航空の事業再生プロセスについて―支援機構が果たした機能と役割・新しい会社更生手続」債管133号153頁

とが必要となる。

Q 12-9　在外資産の調査及び否認対象行為への対応

在外資産の存在が疑われる場合、あるいは在外資産に係る否認対象行為
が疑われる場合の対応について留意すべき点は何ですか

鐘ヶ江 洋祐

1　在外資産の存在が疑われる場合の対応

　わが国の破産手続開始決定の効力は、外国に所在する破産者の資産（海外
資産）にも及ぶ（法34条1項。普及主義）。そのため、わが国の破産管財人は、
破産手続開始決定の時点で破産者が保有する在外資産に対しても管理処分権
を有することになり（法78条1項）、在外資産の存在が疑われる場合には、そ
の調査をする必要がある。

　在外資産の調査についても、国内資産に関する調査と同様に、まずは申立
書類の精査をし、破産者へのヒアリングを行うことが重要である[1]。破産者
が法人である場合、資産管理を担当していた従業員へのヒアリングを行うと
ともに、在外資産に関係する可能性がある資料として、破産者の各商業帳簿
（連結貸借対照表、貸借対照表、損益計算書、営業報告書及び附属明細書）や固定
資産台帳等を確認する。また、破産者が海外に子会社を有している場合や駐
在員事務所等を置いている場合には、当該子会社の各種帳簿のほか、送金記
録、税務申告書、外国為替及び外国貿易法22条の関係で作成された書類の控
え等について確認をする必要がある[2]。破産者や子会社の会計や税務を担当
していた会計士や税理士がいる場合には、これらの専門家からのヒアリング
から有益な情報が得られることがある。

　破産管財人は、提出された書類を精査して、さらに破産者の代表者や取締

1　『財産換価』419頁〔鈴木学・福岡真之介〕
2　『破産実務』557頁

712

役、支配人などの関係者に説明を求めることになる（法40条）。場合によっては、破産管財人自らが当該外国を訪問して、関係当事者に対する調査や交渉等を行わなければならないこともある。

また、わが国の破産管財人が、当該外国の弁護士や調査会社等の専門家に依頼して、直接、外国子会社の資産調査を行うということも検討し得る。もっとも、現地の専門家等に依頼するためには相当高額の費用を要する場合もあり、在外資産が存在する可能性の程度はもちろんのこと、在外資産の想定される価値やその換価の可能性もふまえて、費用対効果について十分事前に検討を行うべきである。その際、実際に換価・回収活動を行った場合に、売却代金や回収金について、当該外国から日本に対する送金をスムーズに行うことが可能かということについても検討が必要である[3]。この場合、現地に拠点をもつ日本法人に売却するなど、現地から日本へ送金する必要がない形態での取引とすることも検討し得る[4]。

さらに、破産管財人の工夫次第で、高額な費用を要しない調査を実施することも可能である。例えば、当該外国で勤務していた社員を破産管財人の補助者とし、客観的な資料の収集や調査報告書の作成を依頼するという方法もあり得る。破産管財人は、その結果をふまえ、訴訟又は任意の交渉によって海外子会社の資産の換価と日本への送金を図ることになる[5]。

2　在外資産に係る否認対象行為が疑われる場合の対応

モノや資本が自由に国境を越えて移動し得る現代社会において、否認対象となる行為が海外に所在する資産に及ぶという事案は確実に増加している。例えば、国内で得た利益を外国子会社に送金したうえで投資による損失が生じたように装いこれを隠匿するとか、いわゆるタックスヘイブンに設立された法人や財団等を利用して、破産財団に帰属するはずの財産をあたかも第三者に譲渡したかのように装ってわが国の倒産手続から隔離を図るという行為

3　『財産換価』420頁〔鈴木学・福岡真之介〕、近藤丸人「破産者の海外事業及び在外資産がある場合の管財業務」自正64巻7号62頁

4　『破産実務』558頁

5　『破産実務』557頁

は典型的な手法である。また、仮想通貨を用いて資金移動を図るとか、より複雑なスキームを利用するなどして、その手法はますます高度化しているものと思われる。

このように、在外資産に係る否認対象行為が疑われる場合、破産管財人とすると、まず任意の手続として利害関係人と交渉をして、否認対象となった資産の取戻しを図ることが考えられる。このような任意の手続によれば、破産管財人としての手続的な負担や破産財団が負担すべき費用負担は小さくなることも多く、特に移転された資産が少額であるとか、利害関係人の了解が容易に得られる見込みであるといった事情がある場合には有効な手段といえる。しかし、当然のことながら、利害関係人が任意の交渉に応じなければ資産の取戻しに強制力はなく、このような任意の手続による否認対象資産の取戻しには限界がある。

そのため、破産管財人が外国において強制的に資産の取戻しをしようとする場合、わが国で否認権を行使して判決を得て、その効力を当該外国で承認してもらうという方法があり得る。しかしながら、このような方法によることが必ずしも有効でない場合には、当該外国における法的手続を利用して否認権を行使するということを検討せねばならない。この場合、否認されるべき行為の範囲、否認権の効果の発生に必要な手続、否認の要件、効果発生の基準時、その行為方法の制限等を規律するのはいずれの国の法かといった点が問題となる。

この点、破産管財人が訴訟外で否認権を行使し得るか裁判所で主張する必要があるかといった手続的側面について、破産手続が開始した国の破産法が適用されるべきであるという点にはおおむね争いがない[6]。ところが、否認権行使の要件や効果については、手続開始国法の要件のみで行使できるという見解が有力であるものの、否認権の対象となる財産所在地の倒産実体法の否認要件が適用されるという考え方もある[7]。そのため、実務上、在外資産に係る否認対象行為について否認権の行使を検討する場合には、手続開始国法であるわが国の破産法の規定だけでなく、当該財産が所在する国の倒産実

---

6 『破産法大系Ⅲ』212頁〔横溝大〕
7 事業再生迅速化研究会編『事業再生の迅速化』（商事法務、2014年）270頁

体法の否認要件もふまえて、資産の取戻しをどのように行うか十分検討を行う必要がある。

第13章

破産手続終了・免責

Q 13-1　同時廃止

同時廃止をめぐる実務上の留意点について教えてください

松尾　浩順

1　同時廃止とは

　破産法は破産管財人の選任を原則としているが、例外的に、裁判所が「破産財団をもって破産手続の費用を支弁するのに不足すると認めるとき」には破産手続開始の決定と同時に破産手続を廃止することができる。これを同時廃止という（法216条1項）。

　同時廃止は、破産者に破産手続開始に伴う効果を生じさせると同時に、財産上の無益な手続を行わないため、裁判所が破産管財人を選任せず、破産手続廃止決定をする制度である。比較法的観点からは日本独自の極めて例外的な制度であるとされている[1]。

　実務上は、法人や個人事業主は原則として同時廃止の対象外であるため、主として個人の破産事件が同時廃止の対象とされている。実務上、債務者から同時廃止破産手続の申立てがなされることがあるが、職権発動を促すものであり、法的な権利があるわけではない。

2　同時廃止事件と管財事件の振り分け基準

　破産法は、同時廃止について「破産財団をもって破産手続の費用を支弁するのに不足すると認めるとき」と定めている。そのため、同時廃止事件として取り扱う具体的基準については、各裁判所の運用に委ねられている。

　以下では、主として、東京地方裁判所における基準に基づき検討する。

1　『申立マニュアル』Q2

(1) 現金を33万円以上所持している場合

債務者が現金を33万円以上保有している場合[2]、少額管財手続の最低予納金20万円を支弁できることから、原則として管財事件となる。

もっとも、現金は99万円までが本来的な自由財産であるとして、同時廃止手続としている裁判所もある[3]。

(2) 換価可能な財産が20万円以上見込める場合

東京地方裁判所においては換価可能な財産が20万円以上見込める場合、最低予納金20万円を支弁できることから管財事件となる。この点は、各地方裁判所によって運用が異なっている[4]。

実務上、問題となることが多いのは以下の内容である。

a 預貯金

預貯金が20万円以上ある場合、定期預金担保貸付や借入れ等により相殺が見込まれる場合を除き、管財事件となる。

b 保険

保険の解約返戻金の合計額が20万円以上ある場合、管財事件となる。契約者貸付を受けている場合には、解約返戻金から貸付残高を控除した金額が20万円以上あるか否かで判断される[5]。

c 未払報酬・賃金

未払給与の総額の4分の1相当額が20万円以上であれば、管財事件となる。

法人の役員報酬等の場合には、差押禁止部分がないため（民事執行法152条

---

2 東京地方裁判所では平成29年4月1日以降、運用が変わり、管財事件となるのは、現金20万円以上の所持から現金33万円以上の所持となり、同時廃止の幅が広がった。

3 『個人の破産再生』53頁以下、299頁以下、資料2〜6

4 『個人の破産再生』299頁以下、資料2〜6

5 最判平28.4.28民集70巻4号1099頁は、破産手続開始前に成立した第三者のためにする生命保険契約に基づき破産者である死亡保険金受取人が有する死亡保険金請求権は破産法34条2項に該当するため、破産財団に該当するとしている。破産手続開始前に成立した保険契約に基づく破産者の保険金請求権がある場合には、同判決によれば管財事件となる可能性がある。

第13章　破産手続終了・免責　719

1項）、未払額が20万円以上であれば、管財事件となる。

d 退職金請求権

退職金額の8分の1が20万円以上の場合には管財事件となる。

ただし、退職が間近に迫っているような場合には、退職金支給見込額の4分の1が20万円以上あれば管財事件となるため、個別の考慮が必要である。

e 貸付金・有価証券

額面で20万円以上となっていても、直ちに管財事件となるわけではなく、その回収可能性を考慮して判断される。

f 不動産

不動産業者2社の査定等により、処分価額が20万円以上の場合には管財事件となる。被担保債権が不動産処分価格の1.5倍以上のオーバーローンの場合、当該不動産は資産評価されない。

g 自動車・バイク等

業者による査定等で20万円以上であれば管財事件となる。ただし、高級車を除き減価償却期間を経過している場合には無価値と判断されることが多い。

h 過払金

過払金が20万円を超える場合でも、直ちに管財事件とはならず、回収可能性を考慮して判断される。

i 否認権の行使

受任通知送付後に債務者から返済がある場合や、理由不明の給料天引きがある場合には、否認権の対象となるため、この場合にも管財事件とされることがある。

(3) 資産調査が不十分でさらなる調査が必要と判断される場合

申立段階で資産調査が不十分な場合には、管財事件とされることがある。

東京地方裁判所では、同時廃止を希望しながら管財事件相当とされた事件の割合は20％程度あると報告されており、調査不足が最も割合が高い[6]。

---

6 蛭川明彦「平成30年の破産事件概況 東京地方裁判所における破産事件の運用状況」金法2110号22頁

また、破産手続開始申立書や破産者の陳述書からは事実関係や財産状況が明らかでない事案で、破産管財人による郵便物の管理及び債権者から聞き取り調査等を行う必要があると判断された場合には、管財事件となる。

(4)　個人事業主の場合

　個人事業を営んでいる場合には、事業用の資産及び負債が形成されているため、原則として管財事件となる。ただし、個人事業であっても雇用に近いかたちで報酬を得ている場合で、負債の多くが生活費の補填であるような場合には、同時廃止されることもある。

(5)　法人の場合

　東京地方裁判所は、法人の同時破産手続廃止を認めない運用としている[7]。
　法人の代表者は、法人に対する事業資金の貸付や株式等の持分権の資産を有していることが多く、会計帳簿等の確認を含む法人の資産調査が必要であることから、原則として管財事件となる。

(6)　免責調査を行うべき場合

　免責不許可事由の存在が明らかでその程度も軽微とはいえない場合、又は、債権者から免責不許可不相当の意見が出される蓋然性が高い場合には、管財事件となる。
　ただし、免責不許可事由が存在する事案でも、不許可事由の内容や程度が過大ではなく、負債総額も低く、債権者が厳しい対応をしていないことが明らかな場合には、例外的に同時廃止と判断される場合もある。

7　『手引』38頁、『条解』1431頁

第13章　破産手続終了・免責　721

Q13-2　異時廃止・同意廃止

異時廃止、同意廃止について教えてください

松尾　浩順

1　異時廃止とは

異時廃止とは、破産手続開始決定後、破産財団をもって破産手続の費用を支弁するのに不足すると認めるときに、破産手続を廃止することをいう（法217条1項）。

破産管財人が換価回収を行ったものの、破産財団を形成する見込みが僅少であり、手続費用も弁済できない場合に、破産手続を進行させることは無益であり、財団債権者の利益を害するおそれもあることから、破産手続を途中で終了させるものである。

2　異時廃止の要件

(1)　財団不足（法217条1項）

異時廃止の要件である「財団不足」とは、破産管財人が現に管理している財産の評価額に、否認権等の行使によって回収が見込まれる財産の評価額を加えた総額が、破産管財人の報酬を含む破産手続費用をまかなうに足りるかどうかで判断される。

もっとも、実務的には、破産管財人を選任する際に、申立人に官報公告費用や通知の費用のみならず破産管財人の最低限の報酬を予納させているので、純粋に破産手続費用の不足を理由とした異時廃止がなされることはほぼない。その意味で、財団不足による異時廃止は、多少破産財団が増えたとしても、管財人報酬となるだけで配当可能性がないことが明らかになった段階で手続を廃止するというものである。

また、実務上、公租公課・労働債権等の財団債権も破産廃止との関係では

破産手続費用と同様に考えられており、これらの財団債権が多額にのぼるために配当実施の見込みがない場合は異時廃止として処理されている。例えば、大阪地方裁判所では、優先的破産債権の全部又は一部への配当にとどまることが明らかな事案では、当該優先的破産債権を、配当手続によらずに破産管財人との和解契約により財団債権化して弁済し、異時廃止として処理することが認められている[1]。

(2) 財団不足が破産手続開始決定後に判明したこと

異時廃止は、同時廃止と異なり、破産手続開始決定後に財団不足が判明した場合の手続である。破産手続開始決定時に、一定額の換価可能性のある財産があれば同時廃止とはならないため、破産手続が開始されることになる。しかし、その後、破産管財人の調査・換価を経ても配当財団を組成することができなかった場合などが異時廃止の典型例である。実務上、多くの破産事件が異時廃止によって手続が終了している。

(3) 追加予納金の不存在

破産手続の費用を支弁するのに足りる金額の予納があった場合には、破産手続廃止の決定はできない（法217条3項）。もっとも、実務上は、破産債権者から手続費用の予納がなされる例はほぼない。

3 異時廃止の手続

(1) 異時廃止決定

異時廃止の決定は、破産管財人の申立て又は裁判所の職権で行われる（法217条1項）。破産管財人以外の利害関係人には申立権は与えられていない。もっとも、異時廃止決定に対しては即時抗告することができる。

---

1 『運用と書式』273頁

(2) 破産債権者の意見聴取

　裁判所は異時廃止の決定を行う場合には、破産債権者から意見を聞かなければならない（法217条1項後段）。破産債権者の意見を聞くのは、財団不足かどうかの判断に過誤がないか確認するとともに、破産債権者が費用を予納して破産手続の続行を求める機会を確保するためである。

　実務的には、財産状況報告集会の期日とあわせて廃止の意見聴取のための債権者集会と破産管財人の任務終了による計算報告のための債権者集会の期日を同じ日時に一括して指定し、破産財団に属する財産の換価が終了するまでこれらの期日を続行又は延期するという一括指定・続行方式が行われている[2]。

4　同意廃止とは

　同意廃止とは、債権届出期間内に届出をした破産債権者全員の同意を得た場合、又は同意をしない破産債権者に対して他の破産債権者の同意を得て破産財団から裁判所が相当と認める担保を供した場合に、破産者の申立てにより、破産手続を廃止することをいう（法218条1項）。同意廃止が認められる理由は、破産債権者全員が破産手続を終了させることについて同意し、又は破産債権者に損害がないのであれば、その意思を尊重し、破産手続を終了させるのが妥当だからである。

　この手続は、融資や債務免除を受けることなどができて破産者の支払不能状態が解消された場合に用いられることが想定されるが、実務上はほぼ利用されていない。債務免除等により破産者の支払不能状況を解消する目処が立つ場合には、再生手続や更生手続への手続移行が相当であり、実務的には同意廃止を行う必要性は認められない。

2　『注釈（下）』471頁〔飯島章弘〕

Q 13-3　破産手続終結決定の効果

破産手続終結決定の効果について教えてください

池田　雅彦

1　破産者に対する効果

(1)　個人破産

　破産手続開始により、破産者に課せられた居住（法37条）、通信の秘密（法81条、82条）等に関する制限が破産手続終結によって解除される。また、破産手続開始によって破産管財人に帰属した破産財団に属する財産の管理処分権も、破産手続終結によって破産者に復活し、残余財産についての管理及び処分を自ら行うことができるようになる（法78条1項）。そして、破産手続開始決定によって中断又は破産管財人が受継した訴訟手続について、破産者がこれを受継することになる（法44条4項ないし6項）。

　もっとも、破産手続開始決定による公法上及び私法上の制限については当然には回復せず、復権の事由が生じなければならない（法255条1項）ところ、その多くは免責許可決定の確定（法255条1項1号）によることになる。

(2)　法人破産

　破産手続開始決定を受けた法人は、破産手続による清算の目的の範囲内において存続するものとみなされているため、破産手続終結決定によって原則として法人格は消滅する（法35条）。ただし、破産手続終結決定後であっても、残余財産が発見された場合には清算をしなければならない（一般社団法人及び一般財団法人に関する法律206条1号、会社法475条1号、644条1号）ことから、清算法人として存続することになる。

　この点について、最高裁判所は、破産手続終結決定後における破産者の財産に関する訴訟について、当該財産が破産財団を構成し得るものであったと

第13章　破産手続終了・免責　725

しても、破産管財人において、破産手続の過程で破産手続終結決定後に当該財産をもって追加配当の対象とすることを予定し、又は予定すべき特段の事情がない限り、破産管財人に当事者適格はないと判示した[1]。清算法人が存続することを前提とした判断であり、破産手続終結決定後に破産会社の名義が残っている抵当権設定登記の抹消登記請求をする場合の相手方は、破産管財人ではなく、破産手続終結決定後に選任されるべき清算人とされている[2]。

また、清算法人として存続する場合に、誰が清算人に選任されるのかが問題となる。この点について、最高裁判所は、利害関係人の請求によって、裁判所が清算人を選任しなければならないと判示した[3]。実務上、迅速な清算処理のため、清算人を選任する必要がある場合には、予納費用を低廉にし、また、短期間に清算人を選任する等の運用がなされている[4]。

なお、個人破産の場合と同様に、破産手続開始決定によって中断又は破産管財人が受継した訴訟手続について、これを受継することになる（法44条4項ないし6項、133条4項・5項）。

2 保証人に対する効果

破産手続終結決定がなされ、破産者の法人格が消滅しても、保証債務は存続する。この場合、破産者を主債務者とする保証人は、主債務についての消滅時効が法人格消滅後に完成したことを主張して時効の援用をすることはできない[5]。

3 破産債権者に対する効果

破産手続参加によって中断した破産債権に関する消滅時効は、破産手続終結決定によって、再び進行する（民法157条1項）。

破産手続開始決定によって禁止された破産債権者の個別的権利行使は、破産手続終結決定によってその制限が解除されることとなる（法100条1項）。

1　最判平5．6．25民集47巻6号4557頁
2　大阪高判昭63．3．8判時1273号127頁
3　最判昭43．3．15民集22巻3号625頁
4　『大コンメ』906頁〔瀬戸英雄〕
5　最判平15．3．14民集57巻3号286頁

破産手続終結決定がなされたとき、破産者が異議を述べた場合を除いて、確定した破産債権について、破産債権者表の記載が破産者に対して確定判決と同一の効力を有することになるので、その場合、破産債権者は破産者に対して、当該破産債権者表の記載によって強制執行をすることが可能となる（法221条1項・2項）。しかし、破産者が法人で残余財産がある場合には、後述するとおり、追加配当等を行い、また、残余財産がない場合には、前述のとおり、当該法人は消滅するので、破産債権の権利行使はできない。

　さらに、個人破産の場合も、免責手続が開始されているときは、強制執行等はできず（法249条1項）、その後免責許可の決定が確定した場合には、破産法253条1項各号の場合を除き、残存する破産債権の権利行使はできないことになる（法253条柱書本文）。

　そのため、実際に破産債権者が権利行使し得るのは、免責許可の申立てをしていない場合、免責不許可決定を受けた場合または当該破産債権が非免責債権（法253条1項ただし書）の場合に限られる[6]。

　破産債権者が提起した債権者代位訴訟又は詐害行為取消訴訟が破産手続開始決定によって中断されていた場合には、破産債権者はこれを受継することになる（法45条5項・6項）。また、否認請求への認容決定に対する異議の訴えは、破産手続の終了により終了する（法175条6項）。

4　破産管財人に対する効果

　破産手続終了によって破産管財人の任務は終了するが、以下の場合には、引き続き任務を遂行する必要がある。

(1)　訴訟手続

　破産財団に関する訴訟手続において破産管財人を当事者とするものは、破産手続の終了によって中継し（法44条4項）、破産者が受継することになる。

　ただし、破産管財人を当事者とする破産債権に関する訴訟手続については、破産手続終了による中継はなく、配当額を供託したうえ（法202条1項）、

6　『基本法コンメ』517頁〔村松教隆〕

破産管財人において続行されることとなる。

(2) 追加配当

前記のとおり、追加配当の範囲で破産管財人としての任務を遂行する必要がある。

(3) 急迫事情による財産管理

破産管財人の任務終了時に急迫の事情がある場合には、破産者が財産管理に着手するまで、破産管財人は必要な処分を行う必要があり（法90条1項）、この範囲で任務を遂行しなければならない。

Q 13-4　破産手続の終了と破産管財人の残務

破産手続終了後の破産管財人の残務について教えてください

池田　雅彦

1　破産管財人としての業務

破産手続が終了すると、原則として、破産管財人の任務は終了し、破産者の財産に関する管理処分権を喪失するが、終了後も破産管財人としての業務を行う場合がある。

破産管財人が管理処分権を有する権利が、任務終了の際に時効消滅のおそれがあるなど急迫の事情がある場合に、破産管財人は破産者が財産を管理することができるようになるまでの間、必要な応急処分をしなければならない（法90条1項）。また、財団債権の弁済（法90条2項）や破産債権に関する訴訟手続については遂行しなければならない（法133条1項ないし3項）。

2 事務の引継ぎ

(1) 残余財産の引継ぎ

破産手続終了後、破産財団からの放棄等によって、破産手続上で換価又は処分されなかった残余財産がある場合、破産者が管理処分権を回復するため、破産管財人はその占有管理する財産を破産者に引き渡し、その財産に関する全ての事務を引き継ぐようにしなければならない。

破産者が法人の場合には、清算手続へと移行し、新たに清算人が選任されることとなる（本書Q13-3参照）。

裁判所が破産管財人を清算人に選任した場合、破産管財人はその後の清算手続にも関与することになる。なお、破産財団から放棄した不動産について、後日任意売却をする際に破産管財人が清算人として選任されることが一般的であり、当該不動産の売却と処理が終了した段階で選任決定を取り消す運用がなされている[1]。

(2) 破産手続終了後、新たに発見された財産の処理

前記1のとおり、破産管財人の管理処分権は破産手続の終了によって喪失するため、個人の場合は破産者本人において、法人の場合は清算手続において、処理されるのが原則である。

しかし、破産者によって隠匿されていた場合など、本来破産財団に属し、配当原資となるべき財産を換価配当しないことは、破産債権者の納得を得られるものではない。そのため、破産手続終結決定後であっても、当該財産をもって追加配当の対象とすることを予定し、又は予定すべき特段の事情がある場合、破産管財人の管理処分権は消滅しないものと解されている[2]。

(3) 帳簿等の保管

破産手続が終了すると、帳簿等の保管義務は、破産管財人から破産者また

---

1 『実践マニュアル』486頁
2 最判平5.6.25民集47巻6号4557頁

第13章 破産手続終了・免責 729

は破産会社の代表者に移行する。もっとも、受領拒絶または所在不明等によって帳簿等の引渡しが困難な場合には、破産管財人において保管を継続することとなる。

この場合の保管期間について、実務上は、弁護士の書類保管義務に関する時効の規定を根拠として、破産手続終了時から3年とする取扱いがなされている場合が多い[3]。この点、令和2年4月1日施行の改正民法（以下「改正民法」という）においては、短期消滅時効（民法170条ないし174条）の規定は削除されるため今後留意する必要がある。

また、医療法人等の破産事件においては、破産管財人の善管注意義務の一環として、診療記録等を保管すべき場合もあり、関係法令上の法定の保管期間（医師法24条2項等）を勘案して保管することが求められる[4]。この点、入通院患者を同一の診療科目を有する近隣の病院等への転院させる際、以後の治療において診療録が重要となるが、診療録の原本は患者には引き渡さず、転院先に直接引き渡すか、もしくは転院先にも原本ではなく、重要事項を要約した引継資料のみを引き渡すことも対応として考えられる[5]。

なお、これらの帳簿類は、通常破産管財人の事務所において保管するが、大量にある場合など事務所内での保管が困難な場合には、業者に依頼するなどして倉庫で保管することになる。なお、保管料や保管期間経過後の処分費用は財団債権となるため、破産管財人は当該費用をあらかじめ財団債権として計上し、破産財団から差し引いておく必要がある。

(4) 個人情報の管理

顧客情報等の個人情報等について、破産手続終了後不要となった場合には、第三者への流出を防ぐためにも、再現不可能なかたちでの処分を行う必要がある。具体的にはパソコン等のデータでは物理的な破壊、書類等では専門の業者に依頼しての溶解処分等を行う必要がある[6]。

3　『手引』354頁、『はい6民』356頁
4　『手引』354頁
5　『破産200問』178頁〔鶴巻暁〕
6　野村剛司『実践フォーラム　破産実務』（青林書院、2017年）394頁以下

また、マイナンバーについても取扱いに留意する必要があり、法律[7]やガイドライン[8]に従う必要がある。

(5) 破産事件の記録の保管

破産手続終了後も、債権者の問合せや財産を発見した場合の裁判所への報告、破産財団から放棄した不動産の任意売却への対応も含め、事件記録を保管する必要がある。実務的には、記録の保管場所が不要であり、かつ、紛失等の危険が少ない、PDFファイル等の電子ファイルとして保管することが望ましい。

3 その他の業務

(1) 転送郵便物

破産手続終了前に発送された郵便物が終了後に届くことや、破産手続終了後に発送された郵便物が転送されることがある。その場合、管轄の郵便局へ転送解除がなされているかを確認し、なされていなければ解除を要請することになる。そのうえで、転送郵便物は過誤配達であるため、郵便局の負担での再配達を要請するか[9]、僅少であれば自ら破産者宛てに転送することで対応することになる。

(2) 債権者等からの問合せ

異時廃止が見込まれる事件において、大半の債権者は債権者集会に出席せず、破産手続終了後に結果の照会、廃止決定書の交付を求められることがある。この場合、照会者が債権者であることが確認できる場合には、破産管財人はファクシミリにて送信するか、写しを郵送する等誠実に対応すべきである。

---

7 行政手続における特定の個人を識別するための番号の利用等に関する法律20条、19条
8 「特定個人情報の適正な取扱いに関するガイドライン（事業者編）（別添）特定個人情報に関する安全管理措置（事業者編）」
9 『破産200問』175頁〔小島伸夫〕

また、債権者から異時廃止となった経緯等について説明を求められることもある。

このような場合には、債権者集会における報告資料の送付等の対応を行うことが望ましい[10]。

Q 13-5 破産手続の終了後の資料・印章等の保管

破産者の資料、印章等の保管をどのように行うべきでしょうか

福山 純平

1 破産者の資料、印章等の保管者

破産管財人は、破産手続において破産財団に属する財産の管理及び処分をする権利を有することから（法78条1項）、破産財団に属する財産を直接占有して管理するのが原則となる。また、破産財団に属する財産を適正かつ迅速に管理し、又は換価することを目的に、破産者から引渡しを受ける商業帳簿[1]及び労務関係の書類などの資料、ならびに印章[2]（実印、銀行印等）も同様に管理する。

破産手続が終了すると、破産管財人は、上記管理処分権を失うため、個人破産の場合には破産者本人に、法人の場合には法人の元代表者に、破産者のこれらの資料や印章等を返還するのが原則である。破産手続の終了が確定する前に、資産調査及び換価が終了したことによって資料、印章等を管理する必要がなくなれば、その時点で返還する場合もある[3]。

10　『破産200問』175頁〔小島伸夫〕
1　破産法上、破産財団に関する帳簿の閉鎖という任意的な制度がある（法155条2項）。利用例はあまり多くないようである（『基本構造』215頁）。
2　個人破産の場合、換価すべき財産がほぼなければ、印章を預からないことがある（『実践マニュアル』103頁）。個人破産の場合であっても、破産者が不動産を所有しており、無断で移転登記などがされないようにする必要がある場合など、権利証（登記識別情報）とともに実印を預かったほうがよい場合も考えられる（『実践マニュアル』104頁）。
3　『はい6民』356頁

2 破産手続終了後に破産管財人が保管する場合

　もっとも、破産者本人や破産者の元代表者等が受領を拒み、又は同人らに連絡がとれないなどの事情により引き渡すことができない場合、又は破産者の保有していた個人情報等が違法に利用されるおそれがある等[4]、同人らによる適切な管理が期待できない場合などは、破産手続が終了しても、事実上、破産管財人が破産者の資料、印章等を保管せざるを得ないことがある。

　また、破産手続終了後、破産管財人が保管する破産者の資料、印章等の返還を破産者本人または破産者代表者から求められることがある。この場合、破産管財人は、既に管理処分権を失っているから、これらを返還するのが原則である。しかし、個人の実印等であればともかく、破産手続終了後に破産者においてこれらの資料や印章等が必要になることは少なく、資料については破産者の保有していた個人情報等を違法に利用しようとしている場合や、印章については、隠匿していた資産の換価を行う場合などに使用することが考えられなくはない。したがって、破産手続終了後に破産者から返還を求められた場合、破産管財人は、破産者が返還を求める理由を確認するなど、慎重な対応が求められる。

3 破産管財人による資料、印章等の保管期間

　破産管財人が資料、印章等を保管する場合の保管期間について、商法が、商人は、帳簿閉鎖の時から10年間、その商業帳簿及びその営業に関する重要な資料を保存しなければならないと定めていることから（商法19条3項。株式会社の場合は会社法432条2項[5]）、破産管財人も、商業帳簿等を10年間保管しなければならないのかが問題となる。

　この点、破産管財人が商業帳簿等の引渡しを受けるのは、破産財団に属す

4　中森亘・野村剛司・落合茂監修／破産管財実務研究会編著『破産管財BASIC─チェックポイントとQ&A』（民事法研究会、2014年）452頁。『破産実務』541頁が、破産管財人に対し、事案によっては、債権者から顧客名簿の買取りを打診される場合があるが、個人情報保護等の観点から応ずるべきではないと注意を促していることも参考になる。
5　清算人は、清算株式会社の清算結了の時から10年間、清算株式会社の帳簿ならびにその事業及び清算に関する重要な資料を保存しなければならない（会社法508条1項）。

る財産を適正かつ迅速に管理し、又は換価するためであるから、破産管財人が当該規定に基づく保存義務を負うとは考えられない[6]。そこで、東京地方裁判所では、破産財団の費用負担等を考慮し、保存期間を破産手続終了時から3年としている[7]。

4　破産管財人による資料、印章等の保管方法等

　破産者の資料、印章等の保管にあたり、破産管財人は、破産財団の費用負担等を考慮して、重要でないものは廃棄することができる[8]。

　破産管財人が破産者の資料等を保管する場合において、分量等の関係で倉庫業者等に依頼せざるを得ない場合がある。業者に依頼する場合、保管費用及び保管期間経過後の処分費用まで一括して見積もり、あらかじめ財団債権として計上して、破産財団から控除しておく[9]。この場合、必要に応じて裁判所の許可を得る必要がある（法78条2項13号）。

5　医療法人等が破産者である場合の資料の保管[10]

　医療法人等が破産者である場合、破産手続終了後も診療録等を保管すべき場合がある。診療録等は、患者にとって転院先等でも必要な情報であり、また、保険金の請求等を行う場合にも必要とされるからである。

　診療録等については5年間の保存義務が課せられているなど（医師法24条2項）、医療機関で作成又は管理されている様々な情報について一定期間の保存期間が定められている場合が多い。また、損害保険金の請求手続等の目的のため、患者から開示請求されることがしばしばあるため、保管に際しては、患者名ごとに整理する等、開示請求に備えておく必要がある。

6　『はい6民』356頁
7　『手引』354頁、『破産実務』541頁。なお、民法171条を根拠とする見解について『破産200問』177頁〔鶴巻暁〕
8　『手引』354頁、『破産実務』541頁
9　『破産200問』177頁〔鶴巻暁〕、『実践マニュアル』487頁
10　『手引』354頁、『破産200問』177頁〔鶴巻暁〕、『財産換価』539頁

Q13-6 破産手続終了後の財産の発見

破産手続終了後に破産財団に帰属すべき財産が発見された場合はどのように対応すべきでしょうか

福山 純平

1 破産手続の終了と破産管財人の管理処分権

破産手続が終了すると、管理処分権は失われる。破産手続上で換価されず、又は処分されなかった資産がある場合、個人の破産手続においては管理処分権が復活し、法人の破産手続においては清算手続で処理される[1]。

ただし、破産手続の終了後でも、破産管財人は急迫の事情がある場合の必要な処分（法90条1項）を行うことはできるなど、破産管財人の管理処分権が認められる場合がある。

2 破産手続終了後の財産の発見と破産管財人の管理処分権

破産者が財産の存在を隠匿し、もしくは失念していた、又は破産管財人が財産の存在を看過していたなどの事情により、破産手続終了後に、本来破産財団に帰属すべき財産が新たに発見される事案がまれにある。

この場合、新たに発見された財産について破産手続終結決定後にも破産管財人の管理処分権が残っていると扱われ、当該財産が追加配当の財源となるか否かについては、見解が分かれている[2]。

①破産手続終結決定によって破産財団に対する破産者の管理処分権が回復すること、及び同決定後もいつまでも破産管財人に財産管理の義務を課するのは不当であることなどを根拠に、追加配当の財源とすることを否定する見解。

②破産法215条1項後段の文言、ならびにその発見がたまたま破産手続の

---

1 『条解』1461頁、『破産実務』542頁
2 『条解』1409頁

第13章　破産手続終了・免責　735

終結後であることを理由に追加配当の財源とすることを否定するのは公正及び公平の理念に反し破産債権者の納得も得られないことなどを根拠に、発見された財産がなお破産者に帰属しているような場合には、追加配当の財源となるという見解。

判例は、破産手続が終結した場合には、原則として破産者の財産に対する管理処分権は消滅するが、破産管財人において、当該財産をもって追加配当の対象とすることを予定し、又は予定すべき特段の事情があるときは、当該財産に対する破産管財人の管理処分権は消滅しないとの考え方を示している[3]。

この判例については、①の見解を原則としつつ、②の見解の批判も考慮に入れ、破産手続の適正、迅速な処理及びこれに伴う破産者の保護と破産手続の公正ないし破産制度に対する信頼との調整を図ったものと解されている[4]。

3 破産手続終了後の財産の発見と破産管財人の対応

破産管財人は、例外的に管理処分権が消滅しない場合があり得ることを前提に、具体的な事案に応じた処理が必要となることから、新たに財産を発見した場合、速やかに裁判所にその旨報告し、その後の処理について協議すべきである。

破産管財人の管理処分権が例外的に残っているものと扱うか否かは、上記判例が示したとおり、「当該財産をもって追加配当の対象とすることを予定し、又は予定すべき特段の事情がある」かどうかを基準に判断することとなる。

具体的には、財産が発見されるに至った経緯、理由、発見が遅れたことについての破産者の関与の程度、関与の態様（帰責性）、発見が遅れたことについての破産管財人側の理由（帰責性）、破産手続終結の決定時から財産発見までの期間の長短、発見財産の種類、交換価値（金額）、換価の難易等を総合的に検討し、破産管財人が換価を行うことが相当であるかを判断することとなる[5]。

3　最判平５.６.25民集47巻６号4557頁
4　『最高裁判例解説〔民事篇〕平成５年度（下）』671頁〔滝澤孝臣〕

具体的には、売掛金、土地収用の補償金、出資金、租税還付金、株式、保険解約返戻金が発見された等、相応の資産が判明し、破産管財人において容易に取得・換金し財団を形成することができる場合等には、破産管財人の管理処分権が例外的に残っているものと扱ったものがある。他方、財団の増殖につながらない新たな業務への対応は、消極的に考えられている[6]。

破産手続中に財団から放棄されている不動産など、明らかに破産財団を構成しない資産については、破産管財人に管理処分権が残っているとして扱うことができない[7]。また、破産手続終了によって破産者の財産に対する管理処分権は復活している以上、破産者が当該財産を既に第三者に譲渡していた場合には、当該財産を追加配当の対象とすることはできない[8]。

4 破産手続終了後に発見した財産の換価等を終了した後の手続の進行

(1) 破産手続終結決定後の場合[9]

最後配当又は簡易配当による破産手続終結の決定後に財産が発見され、当該財産の換価等が終了し、その結果、配当が相当であると判明した場合は、裁判所において追加報酬額を定め、追加配当の許可手続の後、破産管財人が、最後配当、簡易配当又は同意配当について作成した配当表に基づいて配当を実施する。一方、形成された破産財団が配当に適しない程度の少額にとどまる場合は、破産管財人に対する追加報酬や事務費として取り扱われている。

---

5 『破産法大系Ⅰ』427頁〔石田明彦〕
6 『手引』355頁、『破産実務』543頁
7 『手引』355頁、『破産実務』543頁
8 『破産200問』350頁〔坂川雄一〕。なお、『破産実務』543頁は、破産管財人が破産手続終了後に新たな財団確保のために否認の請求や否認の訴えを提起した事例はない旨を紹介する。破産手続終了後の否認権行使に関しては、『理論と実務』426頁を参照
9 『手引』355頁、『破産実務』543頁

第13章　破産手続終了・免責　737

(2) 異時廃止による破産手続終了後の場合

　異時廃止による破産手続の終了後に財産が発見された場合、追加配当の規定（法215条）を直接適用することはできない。ただし、破産管財人が発見した財産を換価した金員を破産債権者の満足に充てるべきか破産管財人に対する追加報酬や事務費と取り扱うかについての判断の方法を別に考える必要はなく、破産財団が少額にとどまる場合は、破産管財人に対する追加報酬や事務費として取り扱われる。

　問題は、破産債権者の満足に充てるべき場合にこれをどのように実現するかである。

　破産債権者表が作成されていた場合には、追加配当の規定（法215条）を準用（類推適用）することが考えられる。破産債権者表が作成されておらず、債権届出等が全くなされていない場合には、いわゆる準再審（法13条、民事訴訟法349条）の要件を柔軟に解し、これにより破産手続廃止の決定を取り消したうえ、あらためて債権調査手続を進めることが考えられるが、債権届出が完了しているなど破産債権の概要が既に把握されている場合、又は債権者の数が少なく手続外での調査が容易な場合などには、破産管財人が裁判所の許可を受けて和解による事実上の按分弁済を行うことが考えられる[10]。

　具体的な事例としては、破産管財人の追加報酬、財団債権支払額、配当金額等を勘案し、配当が可能であると判明したため、債権者集会と債権調査期日を再度指定したものがある[11]。

10　『破産法大系Ⅰ』429頁〔石田明彦〕。なお、『はい6民』359頁、『実践マニュアル』477、486頁も参照
11　『手引』355頁、『破産実務』543頁。なお、全国の裁判所の運用につき、『書記官事務の研究』307頁

Q 13-7　免責許可決定の効力

免責許可決定の効力について教えてください

小林　一輝

1　破産債権者に対する効力

免責許可の決定が確定した場合には、破産者は、破産手続による配当を除き[1]、非免責債権以外の破産債権について、その責任を免れる（法253条1項）[2]。免責の法的性質は以下のとおり争いがある。また、非免責債権の意義については(2)に後述する。

(1)　免責の法的性質

「責任を免れる」の意義については、以下のとおり見解の対立がある[3]。

① 　自然債務説：責任が消滅するものであって債務は消滅せず自然債務として残存する

② 　債務消滅説：債務そのものが消滅する

この対立は、主に免責許可決定後の弁済の効力について結論が相違することとなる。

自然債務説によれば、当該弁済は有効となるのに対し、債務消滅説によれば、当該弁済は無効であり、不当利得返還請求権の問題が発生することになる。

①自然債務説の根拠は以下のとおりである[4]。

1 　破産法253条1項は、破産者が責任を免れる場合について、「破産手続による配当」を除外する。この趣旨は、破産手続終結前に免責許可決定が確定する場合があり得ることをふまえ、その場合に、破産手続による配当が免責許可決定の影響を受けないことを注意的に明らかにした点にある（『条解』1676頁）。

2 　免責許可の決定が確定したときは、破産者は当然に復権し（法255条1項1号）、破産手続開始により制限されていた公私の資格を回復する（『理論と実務』466頁）。

3 　『条解』1675頁、『伊藤』787頁、『破産実務』577頁、『注釈（下）』688頁〔永嶋久美子〕

第13章　破産手続終了・免責　739

(a) 破産法253条１項が「破産債権について、その責任を免れる。」と規定していること

(b) 破産法253条２項が免責の効力が保証人等に対し及ばない旨を規定するところ、保証債務の付従性からすれば、主債務である破産者の債務も存続しなければならないと考えられること

(c) 免責を得た債務であっても道徳的義務として残存させ、破産者に任意的支払を期待するのが望ましいこと

これに対し、②債務消滅説の根拠は以下のとおりである[5]。

(d) 破産法253条２項が付従性の例外を規定したものと解すれば債務消滅説をとる決定的な障害であるとはいえないこと

(e) 破産債権者が裁判外の圧力によって破産者に対し事実上弁済を要求するなどして、破産者の経済的再生を図る制度目的の実現が阻害されるおそれがあること

免責の法的性質について、自然債務説が通説とされ[6]、多くの裁判例も自然債務説を前提としている[7]。

(2)　非免責債権

免責の効果は財団債権には及ばないが[8]、破産債権にはその全てに及ぶのが原則である（法253条１項本文）。もっとも、破産法は、政策的理由から、一定の破産債権について免責の効果が及ばない旨を規定する（法253条１項ただし書）。これらの破産債権を非免責債権という。非免責債権は次のとおりである（法253条１項１号ないし７号）[9]。

4　『注釈（下）』689頁〔永嶋久美子〕

5　『伊藤』788頁

6　『条解』1675頁、『破産実務』577頁、『注釈（下）』688頁〔永嶋久美子〕

7　免責の対象となった債権者が詐害行為取消権を行使することを許されないとした最判平９．２.25金法1518号38頁、免責された債務について消滅時効の進行を否定した最判平11.11．９民集53巻８号1403頁、非免責債権を代位債権とする債権者代位訴訟の訴えの利益を否定した東京高判平20．４.30金判1304号38頁は、自然債務説を前提にするものと考えられる（『伊藤』787頁注57）。

8　取戻権や別除権は、破産手続による制約を受けず、免責許可決定によりなんらの影響を受けることはない（『条解』1677頁）。

9　非免責債権の詳細は本書Q13-8を参照

740

① 租税等の請求権（共助対象外国租税の請求権を除く）（法253条1項1号）

② 破産者が悪意で加えた不法行為に基づく損害賠償請求権（同項2号）

③ 破産者が故意又は重大な過失により加えた人の生命又は身体を害する不法行為に基づく損害賠償請求権（前号に掲げる請求権を除く）（同項3号）

④ 次に掲げる義務に係る請求権

　(i) 民法752条の規定による夫婦間の協力及び扶助の義務（同項4号イ）

　(ii) 民法760条の規定による婚姻から生ずる費用の分担の義務（同項4号ロ）

　(iii) 民法766条（同法749条、771条及び788条において準用する場合を含む）の規定による子の監護に関する義務（同項4号ハ）

　(iv) 民法877条〜880条の規定による扶養の義務（同項4号ニ）

　(v) 上記(i)〜(iv)に掲げる義務に類する義務であって、契約に基づくもの（同項4号ホ）

⑤ 雇用関係に基づいて生じた使用人の請求権及び使用人の預り金の返還請求権（同項5号）

⑥ 破産者が知りながら債権者名簿に記載しなかった請求権（当該破産者について破産手続開始の決定があったことを知っていた者の有する請求権を除く）（同項6号）

⑦ 罰金等の請求権（同項7号）

2　保証人等に対する効力

免責許可の決定は、保証人や連帯債務者等、破産者とともに債務を負担する者に対して有する権利、及び、物上保証人等に対する破産債権者の権利に影響を及ぼさない（法253条2項）。これらの人的・物的担保は、主たる債務者の破産においてこそ、その意味をもつからである[10]。

---

10 『伊藤』793頁。なお、同趣旨の指摘として『条解』730頁、『注釈（下）』697頁〔永嶋久美子〕

3 破産債権者表への記載

免責許可の決定が確定した場合において、破産債権者表があるときは、裁判所書記官は、これに免責許可の決定が確定した旨を記載しなければならない（法253条3項）。

破産手続が終了した場合には、確定した破産債権であって破産者が債権調査において異議を述べなかったものについては、破産債権者表の記載は、破産者に対し、確定判決と同一の効力を有し、破産債権者は、破産者に対し、当該破産債権者表の記載により強制執行をすることができる（法221条1項・2項)[11]。

そこで、破産法は、免責許可の決定が確定した場合には、その旨を破産債権者表に記載するものとし、破産債権者表の執行力が消滅することを明らかにした[12]。

4 破産者等に対する面会強請等罪

破産法は、破産者等に対する面会強請等罪を規定する（法275条）。

この趣旨は、破産債権者等が個人である債務者に対して経済生活の再生の機会の確保を図ることを侵害する一定の実力行使を破産犯罪として処罰する点にある[13]。

例えば、破産手続中に、破産債権者が破産者に破産債権の弁済をさせる目的で、破産者に対し面会を強請する行為は、破産者等に対する面会強請等罪に該当し得る。また、免責手続終了後に、破産債権者が破産債権者に免責された破産債権の弁済をさせる目的で、破産者に対し面会を強請する行為も、

---

11 これに対し、免責許可決定が確定しているときは、破産者は、責任の消滅を理由として請求異議の訴え（民事執行法35条）を提起し、また、強制執行停止の申立て（民事執行法36条）を提起することができると解される（『条解』1677頁）。なお、この見解に対しては、免責制度の趣旨から民事執行法39条1項6号の文書を拡張して、免責許可決定を執行停止・取消文書として扱うべきであるとする見解がある（『伊藤』786頁注54）。

12 『条解』1687頁。なお、破産法253条3項を規定した理由として、免責許可決定が確定した場合に、破産債権者表が不当に債務名義として利用されることを防止する点にあるとの指摘がある（『注釈（下）』698頁〔永嶋久美子〕）。

13 『条解』1851頁

破産者等に対する面会強請等罪が成立し得る（法275条括弧書）。他方で、免責されなかった破産債権（非免責債権や免責不許可となった場合の破産債権を含む）の弁済をさせる目的で、破産者に対し面会を強請する行為は、破産者等に対する面会強請等罪（法275条）の対象とはならないものの、刑法上の恐喝罪（刑法249条）等が成立する可能性がある[14]。

Q 13-8　非免責債権の種類

非免責債権にはどのようなものがありますか

小林　一輝

1　非免責債権の意義

　免責許可決定が確定すると、破産者は、破産手続による配当を除き破産債権について責任を免れる（法253条1項本文）。しかし、政策的な理由から、一定の破産債権については免責の効力が及ばないとされている（法253条1項ただし書）。これらの破産債権を非免責債権という。

2　非免責債権の種類

(1)　租税等の請求権（共助対象外国租税の請求権を除く）（法253条1項1号）

　共助対象外国租税の請求権を除く租税等の請求権は、非免責債権とされる（法253条1項1号）。租税や社会保険料等のうち、財団債権以外のもの、すなわち、優先的破産債権（法98条1項）及び劣後債権（法99条1項1号、97条3号ないし5号）が破産法253条1項1号の非免責債権に該当する。当該請求権を非免責債権とする趣旨は、国庫等の収入を図る点にある[1]。

14　『条解』1854頁、『実践マニュアル』503頁
1　『条解』1680頁、『破産実務』578頁、『注釈（下）』694頁〔永嶋久美子〕

第13章　破産手続終了・免責　743

例えば、平成29年に破産手続開始決定がなされた場合、平成29年度の個人の住民税は、平成29年1月1日を賦課期日とし（地方税法39条、318条）、破産手続開始前の原因に基づいて生じることから、財団債権（法148条1項3号）に該当し、破産法253条1項1号の非免責債権には該当しない。これに対し、破産手続開始決定がなされた年度の翌年度である平成30年度の個人の住民税は、平成30年1月1日を賦課期日とし、破産手続開始後の原因に基づいて生じることから、劣後的破産債権（法99条1項1号、97条4号）として、破産法253条1項1号の非免責債権に該当する。

(2) 破産者が悪意で加えた不法行為に基づく損害賠償請求権（法253条1項2号）

破産者が悪意で加えた不法行為に基づく損害賠償請求権は、非免責債権とされる（法253条1項2号）。当該請求権を非免責債権とする趣旨は、当該請求権を免責の対象とすることは加害者に対する制裁面から好ましくないと考えられる点にある[2]。

「悪意」の意義については、単なる故意ではなく、他人を害する積極的な意欲、すなわち「害意」を意味すると解する[3]。例えば、犯罪行為により生じた損害賠償請求権等が該当する。

(3) 破産者が故意又は重大な過失により加えた人の生命又は身体を害する不法行為に基づく損害賠償請求権（法253条1項2号に掲げる請求権を除く）（法253条1項3号）

破産法253条1項2号に掲げる請求権を除き、破産者が故意又は重大な過失により加えた人の生命又は身体を害する不法行為に基づく損害賠償請求権は、非免責債権とされる（法253条1項3号）。当該請求権を非免責債権とする趣旨は、人の生命・身体は法益として重要と考えられる点にある[4]。

---

[2] 『伊藤』791頁、『破産実務』578頁、『注釈（下）』694頁〔永嶋久美子〕。なお、破産法253条1項2号の非免責債権の趣旨について、加害者に対する制裁に加え、加害者の人格的、道徳的責任の側面をあげる見解もある（『条解』1680頁）。

[3] 『条解』1680頁、『伊藤』791頁、『破産200問』402頁〔新宅正人〕

例えば、企業活動に伴う重大な安全管理上のミスによる人身被害や、無謀運転による交通事故被害者の損害賠償請求権等が該当すると考えられる[5]。

⑷　親族関係に係る請求権（法253条1項4号）

親族関係に係る請求権、すなわち、①民法752条の規定による夫婦間の協力及び扶助の義務（法253条1項4号イ）、②民法760条の規定による婚姻から生ずる費用の分担の義務（法253条1項4号ロ）、③民法766条（同法749条、771条及び788条において準用する場合を含む）の規定による子の監護に関する義務（法253条1項4号ハ）、④民法877条〜880条の規定による扶養の義務（法253条1項4号ニ）、⑤上記①〜④に掲げる義務に類する義務であって、契約に基づくもの（法253条1項4号ホ）に係る請求権は、非免責債権とされる。これらの請求権を非免責債権とする趣旨は、これらの請求権は人の生存を確保し、また幸福を追求するうえで（憲法13条参照）不可欠な性質を有すると考えられる点にある[6]。

この点に関連し、養育費請求権がいかなる範囲で破産債権に該当するかが問題となる。まず、破産手続開始前の時点で、養育費について協議、調停又は審判等が成立している場合、破産手続開始前までに既に発生した養育費請求権は、破産債権となると考えられる[7]。これに対し、破産手続開始前の時点で協議、調停又は審判等により継続的な支払が義務づけられているが破産手続開始後に支払時期が到来するものについては、破産手続開始後の養育により生ずるものであって、破産手続開始前の原因に基づく請求権とはいえず、破産債権には該当しないと考えられる[8]。

4　『伊藤』792頁、『破産実務』578頁、『注釈（下）』694頁〔永嶋久美子〕、『条解』1681頁〔永嶋久美子〕

5　『条解』1681頁

6　『伊藤』792頁、『条解』1681頁、『破産実務』578頁、『注釈（下）』694頁〔永嶋久美子〕

7　『破産実務』411、579頁

8　『破産実務』411頁、『手引』285頁、『注釈（下）』695頁〔永嶋久美子〕。なお、破産手続開始後に支払期日が到来する養育費請求権についても破産債権に該当すると解する見解につき、『破産実務』411頁を参照

⑸ 雇用関係に基づいて生じた使用人の請求権及び使用人の預り金の返還請求権（法253条1項5号）

雇用関係に基づいて生じた使用人の請求権及び使用人の預り金の返還請求権は、非免責債権とされる（法253条1項5号）。これらの請求権を非免責債権とする趣旨は、使用人を保護する点にある[9]。

なお、雇用関係に基づく使用人の請求権のうち、財団債権となる部分（法149条）は免責の対象とならない。

⑹ 破産者が知りながら債権者名簿に記載しなかった請求権（当該破産者について破産手続開始の決定があったことを知っていた者の有する請求権を除く）（法253条1項6号）

破産者が知りながら債権者名簿[10]に記載しなかった請求権は、非免責債権とされる（法253条1項6号）。当該請求権を非免責債権とする趣旨は、債権者名簿に記載のない債権者に対しては意見申述期間の通知（法251条2項）がなされず、当該債権者は免責についての意見申述の機会を奪われることとなることから、このような債権者を保護する点にある[11]。なお、破産債権者が破産者について破産手続開始の決定があったことを知っているときは、破産手続に参加することができ、免責手続にも参加できることから、当該債権者は、債権者名簿に記載されていなくても免責される（法253条1項6号括弧書）[12]。

「知りながら」とは、故意による場合のみならず、破産者が過失により債権者名簿に記載しなかった場合も含まれる[13]。具体的には、被告の原告に対する保証債務が破産法253条1項6号（改正前破産法336条の12第5号）の非免

9　『条解』1684頁、『伊藤』793頁、『破産実務』579頁、『注釈（下）』695頁〔永嶋久美子〕

10　破産法253条1項6号にいう「債権者名簿」とは、多くの場合、破産申立時に提出する債権者一覧表を指すこととなると考えられる（法248条5項）（『破産200問』402頁〔新宅正人〕）。

11　『条解』1684頁、『伊藤』793頁、『破産実務』579頁、『注釈（下）』696頁〔永嶋久美子〕

12　『条解』1684頁

責債権に該当するかが争われた事案において、「破産者が、債権の存在を知って債権者名簿に記載しなかった場合のみならず、記載しなかったことが過失に基づく場合にも免責されないと解すべき」としたうえで、具体的事実関係のもとで、当該保証債務を債権者名簿に記載をしなかったことについて、被告には過失が認められるとし、当該保証債務は免責されない旨を判示した裁判例がある[14]。

(7) 罰金等の請求権（法253条1項7号）

罰金、科料、刑事訴訟費用、追徴金又は過料の請求権は、破産法上、劣後的破産債権とされるが（法99条1項1号、97条6号）、これらの請求権は非免責債権とされる。この趣旨は、罰金等は刑罰又は秩序罰として本人に負担させるべきと考えられる点にある[15]。

3　免責不許可事由との関係

非免責債権が存在する場合であっても、免責不許可事由（法252条）に該当しないときには免責不許可となるものではない[16]。また、非免責債権該当性の判断を破産裁判所が行うことはない[17]。

4　申立代理人として留意すべき事項

申立代理人は、申立てに際し、債務者本人が非免責債権に該当する債権も免責されると誤解しないように十分に説明を尽くすことが必要である[18]。

また、明らかに非免責債権と考えられる債権等を意図的に債権者一覧表に

13　『注釈（下）』696頁〔永嶋久美子〕、『条解』1684頁、『破産実務』579頁。過失を認めた裁判例として、東京地判平14.2.27金法1656号60頁、東京地判平11.8.25金判1109号55頁等がある。

14　前掲注13・東京地判平14.2.27

15　『条解』1685頁、『注釈（下）』695頁〔永嶋久美子〕。なお、罰金等の請求権の人格的責任の側面を重視して非免責債権とされているとの指摘もある（『伊藤』793頁、『破産実務』579頁）。

16　免責不許可事由と非免責債権は基本的に別個のものと理解されている（『理論と実務』468頁）。

17　『破産200問』403頁〔新宅正人〕

18　『申立マニュアル』346頁

記載しない等の対応は、虚偽の債権者名簿の提出（法252条1項7号）という免責不許可事由に該当する可能性があるため、厳に慎むべきである[19]。

Q 13-9　破産管財人による免責調査の留意点

破産管財人は裁量免責の判断においてどのような点に留意すべきですか

松尾　浩順

1　破産管財人の免責調査の留意事項

裁判所は、破産管財人に、破産法252条1項各号に掲げる事由の有無又は裁量免責の決定をするかどうかの判断にあたって考慮すべき事情について調査させ、その結果を書面で報告させることができる（法250条1項）。すなわち、破産管財人に調査を求められるのは、免責不許可事由の有無及び裁量免責の事情の2点となる。

裁量免責にあたって考慮すべき事情は次の点である[1]。

① 破産手続開始決定までの事情
② 免責不許可事由に関する事情
③ 債権者側の事情
④ 破産手続開始の決定後の事情
⑤ 免責許可の決定のもたらす影響等

この点、近時の裁判例においても、「裁量免責の趣旨等に照らすと、裁量免責の可否を判断するに当たっては、免責不許可事由該当行為の性質、程度に加えて、破産原因が生じるに至った経緯、破産手続開始の決定後の事情、破産者の今後の生活設計などの要素を考慮し、破産免責により破産者の経済的更生を図ることが破産者自身にとってはもとより、社会公共的見地からも相当であると評価されるか否かという判断枠組みを用いるのが相当である。」

19　『破産実務』579頁、『注釈（下）』696頁〔永嶋久美子〕
1　『条解』1669頁

748

との判断が示されている[2]。

　また、同時廃止事案では、免責不許可事由等の調査は、破産申立書その他の一見記録の書面審理を中心に行われることとなるのに対し、破産管財人選任事案では、破産者が破産手続に誠実に協力したか否か、破産管財人に対して適切に情報を開示したか否か及び破産者に経済的更生の可能性があるかという点を含めて総合的な観点から調査をする必要がある[3]。

2　免責調査の方法

　破産管財人は、破産手続開始申立書や破産者の陳述書に大きな誤りがないか否かという点から免責調査を行うのが通例であるが、債権者からの免責不許可事由についての指摘がなされた場合、あるいは、郵便物から免責不許可事由が疑われるような場合には、厳正な調査を行う必要がある。例えば、破産管財人による調査の結果、破産手続開始申立書に記載のない財産が発見された場合には、申立書に当該財産を記載しなかった理由についての調査が重要となる。また、破産者が財産を費消していたような場合には、費消した財産の使途についての調査が重要となる。そして、この調査に対し、破産者が説明義務及び調査協力義務を尽くしたか否かという点についても、免責調査において検討すべき内容となる。

3　裁量免責が問題となった事案

　破産管財人が免責について判断する際には、裁判例等の具体的な事例を参考にして裁量免責の可否について検討する必要がある[4]。

　近時、次のような事例が出ている。

(1)　破産管財人に協力した悪質商法の主体である法人の代表者

　いわゆる悪質商法の主体である法人の代表者が整理屋グループと組んで詐

2　東京高決平26.3.5金法1997号112頁
3　『手引』357頁
4　原雅基「東京地裁破産再生部における近時の免責に関する判断の実情」判タ1342号4頁、平井直也「東京地裁破産再生部における近時の免責に関する判断の実情（続）」判タ1403号5頁等参照

第13章　破産手続終了・免責　749

害目的で資産移転行為をしたものの事後的に破産管財人の調査に協力したという事案である。原審では破産管財人に協力したこともあり、免責許可とされていたが、抗告審においては、悪質商法であることや整理屋グループを使ったことが重視され、免責により破産者の経済的再生を図ることが社会公共的見地から相当とはいえず、裁量免責されないとされた[5]。

(2) 同時廃止における裁量免責

同時廃止の破産事件で、免責不許可事由があり、かつ、裁量免責も相当ではないとした事案である[6]。同時廃止事件についての裁量免責の限界を示した事案であるとの評価がある一方で、同時廃止において裁量免責をいっさい認めない趣旨ではないという評価もある。

4 結 論

破産免責制度の趣旨から、破産者の経済的再生を図ることが、破産者にとっても、また社会にとっても好ましくないと判断される場合に限って免責不許可の判断をすべきであり[7]、破産管財人の免責調査もこの観点から行う必要がある[8]。

5　前掲注2・東京高決平26.3.5
6　東京高決平26.7.11判タ1407号109頁
7　『伊藤』783頁
8　大迫惠美子「破産管財人による免責調査の実際」債管153号143頁参照

第14章

手 続 移 行

Q 14-1 　倒産処理手続の移行

　再生手続又は更生手続と破産手続との間の手続移行はどのような場合に生じますか。各手続間の優先劣後関係はどうなっていますか

上野　尚文

1　はじめに

　わが国の倒産法制は単一の倒産手続ではなく、大きく分けて、清算型である破産手続、再建型である再生手続及び更生手続が存在する、いわゆる複数型手続がとられている。いかなる倒産手続が選択されるかは、一次的には、申立人に委ねられているものであるが、再建型手続が中途で挫折した場合はもちろん、債務者が申し立てた手続に対して、債権者が別の倒産手続を対抗的に申し立てる場合等、倒産手続相互間の処理に係る規律が必要となってくる。

　かかる手続移行に関して、現行法のもとでは、①破産から再生（民事再生法246条、247条）、②再生から破産（民事再生法248条〜254条）、③破産から更生（会社更生法246条、247条）、④再生から更生（会社更生法248条、249条）、⑤更生から破産（会社更生法250条〜256条）、⑥更生手続の終了に伴う再生手続の続行（会社更生法257条）が用意されているが[1]、本稿では、①及び②を中心に、③、⑤についても解説を行う。

2　再生手続と破産手続との間の手続移行

(1)　手続移行が生じる場合

a　破産手続から再生手続への手続移行が生じる場合（上記①の類型）

　破産手続開始決定後であっても、破産管財人は、裁判所の許可を得て、再

1　松下淳一「倒産処理手続相互の関係」ジュリ1273号106頁

生手続開始申立権限が与えられており（民事再生法246条１項）、裁判所は「再生手続によることが債権者の一般の利益に適合すると認める場合に限り」（同条２項）、かかる許可をするものとされている。

　破産管財人に係る申立権限が付与された趣旨は、破産手続開始決定後であっても、再生手続によるほうが債権者が得られる満足が大きいことがあり得ることに鑑み、破産管財人のイニシアティブのもとで再生手続が開始できるようにしたことにあるとされる。想定される場合としては、収益性のある事業を有しながら債務超過に陥っているために債権者申立てによる破産手続が開始されたが、種々の理由から当該債務者法人自身による対抗的な再生手続の申立てが事実上困難な場合や、多数の顧客を抱える建設業者が破産手続開始決定を受けた場合で、直ちに営業を廃止するのではなく、むしろ相当の期間営業を維持・継続して未完成の建物の完成等を図りつつ、徐々に営業規模を縮小して、最終的に同業者による営業譲渡をしたほうが債権者の利益に資すると考えられるような場合があげられている[2]。もっとも、後者に関しては、破産管財人による双方未履行双務契約の履行選択や事業継続（法53条１項、36条）が通常は検討されるであろうから、相当に例外的な場合と思われる。なお、東京地方裁判所破産再生部においては、破産管財人が再生手続開始の申立てを行った事例がこれまでに１件あるようである[3]。

　このほか、債権者から破産申立てを受けた場合に、債務者が、即時抗告で争いつつ、対抗的に、再生手続開始の申立てを行う事例もあるが、この場合には、東京地方裁判所破産再生部においては債務者の申立てに理由があるかについて、慎重な検討を行うとされている[4]。

　さらに、破産手続開始決定後、破産管財人だけではなく、債権者にも再生手続開始の申立権限が認められており（民事再生法21条２項）、近時のマウントゴックスのように、かような債権者申立てによる手続移行が認められた事例もあるが、通常は、破産手続開始決定により急速に事業価値が劣化するこ

2　園尾隆司・小林秀之編『条解民事再生法〔第３版〕』（弘文堂、2013年）1253頁〔八田卓也〕
3　舘内比佐志・永谷典雄・堀田次郎・上拂大作編『民事再生の運用指針』（金融財政事情研究会、2018年）135頁
4　舘内ほか編・前掲注３・134頁

とから、債権者がかかる申立てを行い、これが認められるのは極めて例外的な場合といえよう。

b　再生手続から破産手続への手続移行が生じる場合（上記②の類型）

再生手続から破産手続への移行の第一は、再生手続申立ての棄却（民事再生法21条、25条）、再生手続の廃止（再生計画認可前の手続廃止（法191条、192条）、再生計画認可後の手続廃止（同法194条）及び再生債務者の義務違反による手続廃止（同法193条））、再生計画の取消し（同法189条）の各決定が確定した場合に、破産手続開始原因が認められるときに、「職権」で破産手続が開始されるものがある（同法250条）。かかる破産手続開始決定は裁判所の裁量とされているが、東京地方裁判所破産再生部においては、再生債務者が法人の場合には、全件につき破産手続に移行させる取扱いをするものとされている[5]。

(2)　再生手続と破産手続の優先劣後関係

わが国の倒産法制のもとで、手続が競合した場合の優先順位としては、清算型よりも再建型が優先し、さらに、緩やかな手続よりも厳格な手続が優先するという原則のもと、最優先が更生手続、次が再生手続、最も劣位にあるものが破産手続とされている[6]。

そのため、再生手続と破産手続とでは、再建型である前者が優先することとなる。

これが端的に現れた制度として、再生手続開始決定に伴う、破産手続開始決定の中止等がある。すなわち、民事再生法39条1項は、再生手続開始決定があったときは、破産手続開始の申立てをすることができなくなることはもとより、先行していた破産手続がある場合には、これが中止するものと定めている（民事再生法39条1項）[7]。

5　島岡大雄「東京地裁破産再生部（民事第20部）における牽連破産事件の処理の実情等について（上）」判タ1362号5頁
6　松下・前掲注1・107頁
7　再生計画認可決定確定に伴い、中止していた破産手続は失効する（民事再生法184条）。

3 更生手続と破産手続との間の手続移行

(1) 手続移行が生じる場合

a 破産手続から更生手続への手続移行が生じる場合（上記③の類型）

　既に述べた破産手続から再生手続への移行と同様、破産管財人には、裁判所の許可を得たうえで、更生手続開始の申立権限が認められている（会社更生法246条1項）。債権者から破産申立てを受けた債務者が、対抗的に、更生手続開始申立てを行う可能性がある点についても、破産手続から再生手続への移行で述べたのと同様である[8]。

b 更生手続から破産手続への手続移行が生じる場合

　ここでも、既に述べた再生手続から破産手続への移行と同じく、更生手続開始申立てが棄却する決定が確定した場合（会社更生法234条1号）、更生手続開始申立てに係る裁判に対する即時抗告があり更生手続開始決定が取り消されこれが確定した場合（同条2号）、更生計画不認可決定が確定した場合（同条3号）、及び更生手続廃止決定が確定した場合（同条4号。なお、更生計画認可前の手続廃止（同法236条、237条）、更生計画認可後の手続廃止（同法241条））に、破産手続開始原因が認められるときに、「職権」で破産手続が開始されるものがある（同法252条）。

(2) 更生手続と破産手続の優先劣後関係

　倒産手続が競合した場合に、清算型よりも再生型が優先するという原則のもと、再生手続と同様に、再建型である更生手続が破産手続に優先することになる。

　そして、会社更生法50条1項は、更生手続開始決定に伴い、破産手続開始（及び民事再生手続開始）の申立てをすることができなくなり、また、先行している破産手続（及び再生手続）がある場合には、これが中止するものと定

8　破産手続から再生手続への移行と同様、通常は、破産手続開始決定とともに事業が急速に劣化することから、破産手続から更生手続への移行のケースも極めてまれであるが、具体的な実例に関しては、『倒産と訴訟』443〜444頁〔小畑英一〕参照

第14章　手続移行　755

め、更生手続が破産手続に優先するものであることを明らかにしている。

Q 14-2　保全管理人の留意点

再生手続の廃止等により再生手続が終了後、保全管理命令が発令された場合において保全管理人はどのような点に留意すべきですか

上野 尚文

1　再生手続から破産手続への移行

再生手続から破産手続へ移行する場合としては、再生手続申立ての棄却（民事再生法21条、25条）、再生手続の廃止（同法191条、194条）及び再生債務者の義務違反による手続廃止（同法193条））、再生計画の取消し（同法189条）の各決定が確定した場合に、破産手続開始原因が認められるときに、「職権」で破産手続が開始されるものがある（同法250条）。

このうち、中心となるものは再生手続の廃止の場合であるが、東京地方裁判所破産再生部においては、再生手続の廃止がなされた場合には、再生債務者が法人の場合には、全件につき破産手続に移行する運用であり、再生手続廃止決定と同時に保全管理命令が発令されることとされている（民事再生法251条1項1号、法91条2項）[1]。この場合、再生手続における監督委員が保全管理人に選任されるのが通常である。

2　保全管理人の権限

再生手続から破産手続に移行した場合の保全管理人は、通常の破産手続における保全管理人と同様、破産法93条1項に基づき、再生債務者の財産の管理処分権を有するが、事業譲渡や商品の一括売却等、一定の行為を行うにあたっては、裁判所の許可を得ることを要する（法93条3項、78条2項）。

1　舘内比佐志・永谷典雄・堀田次郎・上拂大作編『民事再生の運用指針』（金融財政事情研究会、2018年）513頁

3 保全管理人が留意すべき事項（事業譲渡）

通常の破産手続における場合と同様、再生手続から移行する場合であっても、まずは、再生債務者（及び申立代理人）と綿密に打合せをしたうえで、保全管理業務として行うべき事項について見通しをつける。そして、保全管理人選任後は直ちに、再生債務者から実印・銀行届出印、現金・預金通帳、手形・小切手会計帳簿等の引継ぎを受けたうえで、財産管理に着手しなければならない。

保全管理人は、破産手続開始決定を待たずして、事業譲渡を行うことを検討すべき場合がある。再生債務者が行っていた事業に収益性があり、換価価値があるような場合には、破産手続開始決定による事業価値の劣化を避け、破産財団の最大化を図るべく、早期に事業譲渡を行うことが望ましい。破産手続開始決定により、営業免許が取り消されることを回避する必要がある場合[2]も、これに含まれよう。

また、事業価値の劣化のみならず、加えて、高度の公益性が高い事業において、早期の事業譲渡を実現すべき高度の必要性が認められる場合はある。破産手続が開始した段階では、保全管理命令の段階よりも、なおいっそう事業の継続が困難となるのが通常であるが、例えば、高齢者向けの宅配弁当事業を行っている再生債務者について、破産手続が開始し、その事業が停止した場合には、社会的な影響も重大であり、これを避けるためにも、早期の事業譲渡を行う必要性が高いといえよう。

保全管理人が事業譲渡を行うにあたっては、裁判所の許可（法93条3項、78条2項3号）のみならず、会社法上の株主総会特別決議（会社法467条1項、309条2項11号）まで要するか否かが問題となる。この点、再生手続では、再生債務者が債務超過であることを前提に代替許可（民事再生法43条1項）で総会決議を省略することができ、また、破産手続開始決定後はそもそも総会決議が不要と解されているのであって、再生手続廃止決定から破産手続開始決定までの期間のみ、事業譲渡に総会決議が必要とされるのはバランスを欠

---

2 『破産実務』86頁では、東京都中央卸売市場築地市場内における卸売業者、東京都中央卸売市場の大田市場花き部に属する仲卸業者等の例があげられている。

くし、保全管理人による事業譲渡に関しても、株主総会特別決議は不要であり、破産法93条3項及び78条2項3号による裁判所の許可のみで事業譲渡を行い得ると解すべきとも思われる[3]。

もっとも、破産法立法担当者の解説では、まだ破産手続が開始されているわけではない以上、破産開始前に要求される通常の手続を要し、そのうえで裁判所の許可が必要との指摘がなされているところであり[4]、東京地方裁判所破産再生部もかかる見解を採用している[5]。

実務的には将来の協力等の問題もあり難問ではあるが、破産手続開始後に破産管財人が事業譲渡を追認すれば、手続上の瑕疵は治癒されるとの見解もあり[6]、総会決議を経ることの現実性等の具体的な事情をふまえ、裁判所と協議のうえで進める必要があろう。

Q 14-3　共益債権・債権届出等の取扱い

再生手続又は更生手続から破産手続に移行した場合において、先行手続における共益債権や債権届出等はどのように扱われますか

上野　尚文

1　はじめに

わが国においては、清算型である破産手続、再建型である再生手続及び更生手続が存在する、いわゆる複数型手続がとられており、手続が競合した場合の優先順位としては、清算型よりも再建型が優先し、さらに、緩やかな手続よりも厳格な手続が優先するという原則のもと、最優先が更生手続、次が再生手続、最も劣位にあるものが破産手続とされている[1]。

3　島岡大雄「東京地裁破産再生部（民事第20部）における牽連破産事件の処理の実情等について（上）」判タ1362号18頁
4　『一問一答』142頁
5　舘内ほか・前掲注1・517頁
6　島岡・前掲注3・19頁脚注31

優先する手続である再生手続又は更生手続から、これに劣後する破産手続に移行した場合に、先行手続における共益債権及び債権届出をどのように取り扱うべきかが問題となる。

まず、共益債権の取扱いに関しては、先行手続において、手続に協力した取引先債権者等を保護するとともに、先行手続の円滑な進行と信頼を確保するため、後行手続である破産手続において財団債権として処遇されることとなる（民事再生法252条6項、会社更生法254条6項）。

他方、先行手続において既になされた債権届出に関しては、後行手続である破産手続において、あらためての債権届出を不要とする処理を可能とし、債権者の便宜を図る趣旨から、これをそのまま利用することができる制度が採用されている（民事再生法253条1項、会社更生法255条）。

2　共益債権の取扱い

上記1のとおり、再生手続又は更生手続における共益債権は、移行した後の破産手続においては財団債権として取り扱われることになる。

共益債権のうちには、再生手続・更生手続中に常務において生じた仕入代金等の取引債権のほか、労働債権[2]、租税債権等（民事再生法119条2号、会社更生法127条2号等）がある。

次に、後行手続である破産手続において、最終的に財団債権の総額を弁済することができない財団不足になった場合に、これら先行手続における共益債権がどのように取り扱われるかが問題となる。

1　松下淳一「倒産処理手続相互の関係」ジュリ1273号107頁
2　再生手続開始前に退職していた労働者に係る退職金請求権であれば、これらは再生手続においては一般優先債権として取り扱われるが（民事再生法122条1項）（なお、更生手続においては一定の範囲が共益債権となる（会社更生法130条2項））、破産手続に移行した後は、退職前3カ月間の賃金相当額を限度として財団債権として処遇され（法149条2項）、その余の部分が優先的破産債権として取り扱われる（法98条1項）。

　他方、再生手続中に退職した労働者に係る退職金請求権に関しては、民事再生法119条2号に基づき全額が共益債権になるとする見解と、退職金請求権が賃金の後払的性格を有することを理由に、退職金請求権のうち、再生手続開始前の労働の対価に相当する部分を民事再生法122条1項により一般優先債権として扱い、再生手続開始後の労働の対価に相当する部分を民事再生法119条2号に基づき共益債権とするという説とがある（『破産実務』331頁）。

破産法152条2項は、破産法148条1項1号及び2号に該当する財団債権を最優先とし、それ以外の財団債権は全て第2順位として按分弁済の対象とする旨を定めていることから、先行する再生手続又は更生手続における共益債権で、後行破産手続において財団債権として取り扱われるものは、原則として、財団債権のなかで劣後する取扱いがなされることとなる。

　先行する再生手続又は更生手続における共益債権のうち、一部の取引債権のなかには、最終的に破産財団の形成に大きく寄与したと認められる場合もあろうし、また、最終的に財団不足の場合に上記のような劣後的取扱いがなされるのであれば、再生手続・更生手続において取引先の協力が得にくくなることなどから、破産法148条1項1号及び2号の優先的財団債権として取り扱うべきとの指摘も考えられるところであるが、破産法152条2項の文言解釈としてここまで拡張できるかはなお検討を要する[3]。

3　債権届出の取扱い

　再生手続又は更生手続から破産手続に移行した場合、通常は、再生債権・更生債権と破産債権の内容の差異は生じず、あらためて債権者に届出を促すことが煩雑になる場合も想定されることから、あらためての破産債権届出を要しないとする制度（みなし届出決定）が設けられている（民事再生法253条1項、会社更生法255条）[4]。

　もっとも、以下の点から、みなし届出決定の制度の利用が必ずしも適切ではない場合があり得る。

①　みなし届出決定がなされた場合には、先行手続開始後の利息・損害金等が劣後的破産債権として取り扱われることになり（民事再生法253条4項3号、会社更生法255条4項3号）、あらためて破産債権届出を行った者との間で不平等な結果となること

②　先行手続において代位弁済や債権譲渡等が多数ある場合には、新たに届出をさせたほうが破産債権者を確定するにあたって簡便であること

3　『理論と実務』170頁〔小畑英一〕

4　なお、みなし届出決定がなされたとしても、債権者が、独自に破産債権として届け出ることは妨げられない（民事再生法253条6項、会社更生法255条6項）。

③ 再生手続においては自認債権の制度があり、破産債権の届出が必要となる場合があること

そのため、実務上、みなし届出決定制度が用いられるのは、以下の場合である[5]。

ⓐ 配当可能性がある場合

ⓑ 先行手続開始から破産手続開始までの期間が比較的短期間である場合

ⓒ 代位弁済や債権譲渡による権利変動が少ないか、債務者側で権利変動を正確に把握している等の事情が存在し、かつ、個人債権者の数が多く破産手続で新たな届出を要求することが煩雑になるような場合

Q 14-4 否認・相殺制限の基準時

再生手続又は更生手続から破産手続に移行した場合において、相殺制限・否認の基準時はどのように扱われますか

本多 一成

1 はじめに

相殺禁止や否認権行使の要件として、「破産手続開始の申立て」が基準とされているものがある（法71条1項4号・2項2号・3号、160条、162条1項1号等）。

しかし、先行手続である再生手続又は更生手続が頓挫し、職権により破産に移行する場合には、破産手続開始申立て自体が存在しないし、破産手続開始の申立てが存在する場合であっても、後行する「破産手続開始の申立て」を基準とすれば、先行手続においては相殺禁止や否認対象行為であったものが、破産手続に移行することにより、相殺禁止や否認権行使の対象とならない場合が生じ、倒産処理手続に対する信頼を損なう結果となる[1]。

---

5 『破産実務』329頁

1 『伊藤』1142頁

第14章 手続移行　761

そこで、破産法は、倒産処理手続の移行に関する特別の規律を設け、破産手続開始申立てがかかわる破産法の規定の適用については、「再生手続開始の申立て」「会社更生手続の申立て」は、「破産手続開始の申立て」とみなすと規定した（民事再生法252条1項、会社更生法254条1項）。

　具体的には、民事再生手続・会社更生手続が破産手続に移行する場合としては、①破産手続が先行せず、民事再生手続・会社更生手続から破産手続に移行する場合、②破産手続が先行し、民事再生手続・会社更生手続に移行したものの、再度、破産手続に移行する場合がある。①の場合には、再生手続開始の申立て・会社更生手続開始の申立てを相殺禁止や否認権の要件の基準時とし、②の場合には、当初の破産手続開始の申立てを相殺禁止や否認権の要件の基準時とすることにより、牽連破産における前後の手続を一体のものとして取り扱い、相殺権の制限や否認権に関する規定の実効性を図っている。

2　民事再生手続の場合

(1)　破産手続開始前の再生債務者について

　破産手続開始前の再生債務者に関し、再生手続から破産手続に移行する場合、相殺権の制限及び否認権に関する規定（以下「破産法の関係規定」という）の適用については、当該再生手続開始申立前に破産手続開始の申立てがないときに限り、先行する「再生手続開始の申立て」をもって「破産手続開始の申立て」とみなしている（民事再生法252条1項）[2]。

　具体的な破産法の規定は、以下のとおりである。

a　相殺に関する規定

・破産法71条1項4号・2項2号・3号
・破産法72条1項4号・2項2号・3号

2　その他、先行する特別清算開始の申立て、詐欺破産罪に該当する再生債務者等の行為、及び再生計画取消しの申立てをもって、「破産手続開始の申立て」とみなされる場合もある（民事再生法252条1項）。

b 　否認権に関する規定

・破産法160条（同条 1 項 1 号を除く）

・破産法162条（同条 1 項 2 号を除く）

・破産法163条 2 項

・破産法164条 1 項（同条 2 項で準用する場合を含む）

・破産法166条

・破産法167条 2 項（法170条 2 項において準用する場合を含む）

(2)　破産手続開始後の再生債務者について

　破産手続開始後の再生債務者に関し、再生手続から破産手続に移行する場合、破産法の関係規定の適用は以下のとおりである（民事再生法252条 3 項）[3]。

a 　民事再生法193条若しくは194条の規定による再生手続廃止又は再生計画取消しの決定（再生手続の終了前にされた申立てに基づくものに限る。）の確定に伴い破産手続開始の申立て又は職権によって破産手続開始の決定があった場合

　再生計画認可決定の確定により失効した破産手続の「破産手続開始の申立て」が、破産法の関係規定の基準時とみなされる。

b 　再生計画取消しの決定で上記 a 以外のもの、すなわち、再生手続終了後の申立てによる再生計画取消決定の確定に伴い破産手続開始の決定があった場合

　「再生計画取消しの申立て」が、破産法の関係規定の基準時とみなされる。

3　会社更生手続の場合

　会社更生法についても、民事再生法と同様の規定が置かれている。

　破産手続開始前の更生会社に関し、会社更生手続から破産手続に移行する場合、先行する「更生手続開始の申立て」が後行する破産手続における破産法の関係規定の基準時とみなされる（会社更生法254条 1 項）。

3　才口千晴・伊藤眞監修／全国倒産処理弁護士ネットワーク編『新注釈　民事再生法〔第 2 版〕（下）』（金融財政事情研究会、2010年）595頁〔笠井正俊〕

破産手続開始後の更生会社に関しても、破産手続開始後に更生手続開始の申立てがなされ、更生計画案の認可決定によって破産手続が失効したものの、更生計画が遂行される見込みがないことが明らかになったことを理由に更生手続廃止決定があった後に破産手続開始の申立てがなされた場合、又は職権によって牽連破産となった場合には、先行する「破産手続開始の申立て」が破産法の関係規定の基準時とみなされる（会社更生法254条3項）。

Q 14-5 先行手続における訴訟の帰趨

再生手続又は更生手続から破産手続に移行した場合において、先行手続における訴訟はどのように扱われますか

小畑 英一＝下田 正彦

1 はじめに

複数型手続がとられているわが国の倒産法制においては、先行手続と後行手続の一体性はなく、独立した手続として規律されているため、手続移行の際の連続性の確保が問題となる。特に、先行手続において係属する裁判手続については、従前の手続を維持し、訴訟資料を利用することが望ましいため、後行手続への円滑かつ迅速な移行が問題となる[1]。

2 再生手続から破産手続に移行する場合

(1) 各種決定手続について

下記の決定手続は、簡易迅速に再生手続を進めることを目的としているため、再生手続が終了した場合に手続を維持する必要がなくなることから、当然に終了する（民事再生法112条の2第1項前半、136条5項、143条6項）。

---

1 『基本構造』44頁〔小川秀樹発言〕

764

① 再生債権の査定の裁判（民事再生法105条1項）

② 否認の請求（民事再生法136条1項）

③ 役員の損害賠償請求権査定の申立て（民事再生法143条1項）

このうち、再生債権の査定の裁判については、再生計画認可決定確定後に再生手続が終了した場合には[2]、引き続き係属し（民事再生法112条の2第1項後半）、管財人が当事者の場合には中断し、再生債務者が受継することになる（民事再生法112条の2第2項、68条2項・3項）。ただし、破産手続が開始されると、再生手続の遂行を目的とした手続を利用する必要はないことから、終了することになる（民事再生法254条5項）。

(2)　再生債権に関するもの以外の財産関係に関する訴訟手続

再生手続が終了した場合であっても、再生債務者が当事者の場合には、訴訟手続は引き続き係属する（民事再生法40条1項反対解釈）。

ただし、再生手続から破産手続に移行した場合には、当該訴訟は、「破産者を当事者とする破産財団に関する訴訟手続」として中断した後、破産債権に関しないものとして破産管財人において受継することができる[3]（法44条1項・2項）。実体法上の管理処分権が再生債務者から破産管財人に移ることに伴って、破産手続開始後は、訴訟当事者が再生債務者から破産管財人に変更されるためである。

これに対し、管理命令が発令された場合は、管財人が選任され、管財人が訴訟の当事者となることから、訴訟手続は中断し、管財人の受継の問題となる（民事再生法67条1項・2項）。

もっとも、再生手続が終了した場合は、管理命令の効力が失われることから、訴訟手続は中断し、再生債務者が受継することとなる（民事再生法68条2項・3項）。

2　再生計画のなかに、確定手続が終了していない再生債権にも「適確な措置」が定められているはずであり（民事再生法159条参照）、また、再生債権者が再生計画の定めによって認められた権利を行使するには、その債権が確定していることを要する（民事再生法179条2項）ので、査定の裁判によって当該再生債権の内容を定める実益がある（園尾隆司・小林秀之編『条解民事再生法〔第3版〕』（弘文堂、2014年）581頁〔笠井正俊〕）。

3　『倒産と訴訟』433頁〔小畑英一〕

⑶ 再生債権に関する訴訟手続

a 査定の申立てについての裁判に対する異議の訴えに係る訴訟手続（民事再生法106条1項）

⒜ 再生債務者等が当事者である場合

再生手続が終了してもそのまま係属する（民事再生法112条の2第4項反対解釈）。管理命令が発令され、管財人が当事者となっているときは、訴訟手続は中断し、再生債務者が受継する（民事再生法68条2項・3項）。

破産手続が開始した場合には、訴訟手続は中断し（法44条1項）、破産管財人が届出額を認めず、破産債権者から受継申立てされると、破産債権確定のために、破産管財人が受継することになる（法127条1項）。

⒝ 再生債務者等が当事者でない場合

再生債権の届出に対して、他の届出再生債権者が異議を述べ、再生債権者間で再生債権の査定の裁判に対する異議の訴えに係る訴訟手続が係属し、「再生債務者等」が当事者となっていない場合は、再生手続の終了時期によって取扱いが異なってくる[4]。

再生計画認可決定の確定前に再生手続が終了したときは、既存の訴訟手続における訴訟資料を牽連破産で利用することを可能にするため[5]、中断し、受継の対象となる（民事再生法112条の2第4項前半、法127条1項）。ただし、1カ月以内に破産手続が開始されなかったときは終了する（民事再生法254条6項・4項）。

再生計画認可決定の確定後に再生手続が終了したときは、再生債権を確定する必要があることから、訴訟手続はそのまま係属するが（民事再生法112条の2第4項後半）、破産手続が開始されると、中断し、受継の問題となる（法127条1項）。

---

4 『倒産と訴訟』434頁〔小畑英一〕
5 『一問一答』421頁

b　再生債権確定のために受継されていた訴訟手続（民事再生法107条 1 項、
　109条 2 項）

(a)　再生債務者等が当事者である場合

再生手続が終了しても係属する（民事再生法112条の 2 第 5 項反対解釈）が、
管財人が当事者であったときは、中断し、再生債務者が受継する（民事再生
法68条 2 項・ 3 項）。

破産手続に移行した場合は、前記 a (a)と同様、中断し、破産管財人の受継
が問題となる（法44条 1 項、127条 1 項）。

(b)　再生債務者等が当事者でない場合

この場合も前記 a (b)と同様、再生手続の終了時期が再生計画認可決定確定
の前後いずれかで区別される。すなわち、確定前に再生手続が終了した場
合、手続は中断し（民事再生法112条の 2 第 5 項前半）、確定後であれば中断せ
ずにそのまま係属する（民事再生法112条の 2 第 5 項後半）。

破産手続に移行した場合は、いずれの場合も中断し（法44条 1 項）、管財人
による受継が問題となる（法127条 1 項）。

(4)　否認権の行使についての異議の訴えに係る訴訟手続（民事再生法137条 1 項）

再生手続開始決定の取消しの決定の確定、再生手続終結の決定により再生
手続が終了する場合、手続は終了する（民事再生法137条 6 項前半・ 7 項）。他
方、再生計画不認可、再生手続廃止又は再生計画取消しの各決定の確定によ
り再生手続が終了した場合は、手続は中断する（民事再生法137条 6 項後半、
68条 2 項）。

その後、破産手続開始決定がされた場合、破産管財人は訴訟手続を受継す
ることができるが（民事再生法254条 1 項）、 1 カ月以内に破産手続開始決定
がされなかったとき、終了する（民事再生法254条 4 項）。

⑸ 損害賠償請求権査定に係る異議の訴えに関する訴訟手続[6]（民事再生法145条 1 項）

a 再生債務者等が当事者である場合

再生手続の終了にかかわらず手続は係属する（民事再生法146条 6 項反対解釈）。管理命令の発令により管財人が当事者となっている場合は、訴訟手続は中断し、再生債務者が受継する（民事再生法68条 2 項・ 3 項）。

破産手続に移行した場合には、破産手続開始決定により中断し、破産管財人の受継が問題となる（法44条 1 項・ 2 項）。

b 再生債務者等が当事者でない場合

再生手続の終了により訴訟手続は中断し、再生債務者が受継する（民事再生法146条 6 項、68条 3 項）。しかし、破産手続開始決定により中断し、破産管財人の受継が問題となる（法44条 1 項・ 2 項）。

3 更生手続から破産手続に移行する場合

⑴ 各種決定手続について

更生手続の終了により、終了する（会社更生法96条 1 項、100条 5 項、163条 1 項前半）。

⑵ 更生債権に関するもの以外の財産関係に関する訴訟手続

管財人の受継前に更生手続が終了した場合、更生会社であった株式会社が訴訟手続を当然に受継する（会社更生法52条 6 項）が、当事者が管財人の場合は中断し、更生会社であった株式会社が受継する（会社更生法52条 4 項・ 5 項）。いずれの場合も破産手続開始決定によって、訴訟手続は中断し、破産管財人の受継の問題となる（法44条 1 項・ 2 項）。

---

6 査定の裁判に対する異議訴訟は損害賠償請求訴訟に近い性質のものであるから、同様に取り扱うのが合理的と考えられている（『一問一答』426頁）。

⑶ 更生債権に関する訴訟手続

a 更生債権査定等の申立てについての裁判に対する異議の訴えに関する訴訟手続（会社更生法151条1項）

管財人が当事者となっている場合、更生手続が終了しても訴訟手続はそのまま係属する（会社更生法163条4項反対解釈）が、破産手続が開始すると中断し、破産管財人の受継の問題となる（法44条1項、127条1項）。

管財人が当事者となっていない場合、更生計画認可決定前に更生手続が終了すると、訴訟手続は中断し（会社更生法163条4項前半）、管財人の受継の問題となる（法127条1項）。ただし、1カ月以内に破産手続開始決定がなされなければ訴訟手続は終了する（会社更生法265条6項・4項）。更生計画認可決定後に更生手続が終了したときは、訴訟手続は引き続き係属し（会社更生法163条4項）、破産管財人の受継の問題となる（法44条1項、127条1項）。

b 更生債権確定のために受継がされていた訴訟手続（会社更生法156条1項、158条2項）

更生計画認可決定前に更生手続が終了した場合は中断し、更生会社であった株式会社が受継する（会社更生法163条5項前半・6項、52条5項）。一方、更生計画認可決定後に更生手続が終了した場合、訴訟手続は中断しない（会社更生法163条5項後半）。いずれの場合においても破産手続の開始により、訴訟手続は中断し、破産管財人の受継の問題となる（法44条1項、127条1項）。

⑷ 否認の請求を認容する決定に対する異議の訴えに関する訴訟手続（会社更生法97条1項）

更生手続開始決定に対する即時抗告により開始決定が取り消された場合、ないし更生手続終結決定がなされた場合には、訴訟手続は終了することになる（会社更生法97条6項）。

その他の理由で更生手続が終了した場合は、訴訟手続は中断し（会社更生法52条4項）、破産手続が開始された場合、破産管財人は訴訟手続を受継することができるが（会社更生法256条1項）、1カ月以内に破産手続が開始さ

れなかったとき、訴訟手続は終了する（会社更生法256条4項）。

(5) 役員の損害賠償責任追及のための訴訟手続

役員の損害賠償請求権の査定に対する異議の訴え（会社更生法102条1項）は更生会社であった株式会社が受継する（会社更生法52条4項）が、破産手続開始によって中断し、破産管財人の受継の問題となる（法44条1項・2項）。

Q 14-6　再生手続終結後破産の留意点

再生手続終結後、再生計画履行完了前に破産手続が開始された場合、破産管財人はどのような点に留意すべきですか

小畑 英一＝清水 祐大

1　終結後履行完了前破産事件

再生手続は、再生計画認可決定確定後、監督委員が選任されている場合、再生計画が遂行されたとき、又は再生計画認可決定確定後から3年が経過したときに終結する（民事再生法188条2項）。

一方で、再生計画に基づく再生債権の弁済期間は、再生計画認可決定確定後から原則10年以内とされている（同法155条3項）ことから、再生手続の終結事由が、再生計画認可決定確定後から3年が経過した場合であるときには、再生手続の終結後においても、再生計画を履行しなければならない場合がある。

そのため、再生手続の終結後、再生計画の履行ができなくなり、破産手続開始の申立てがされる事例が存在する。このような事例は「終結後履行完了前破産事件」と呼ばれている。

2 破産管財人が留意すべき事項

(1) 配当調整

a 配当調整とは

終結後履行完了前破産事件において、再生計画によって変更された再生債権は原状に復するが（民事再生法190条1項本文）、再生債権者が再生計画によって得た権利には影響を及ぼさない（同項ただし書）ため、再生計画に基づいて受けた弁済は有効である。この場合、再生債権であった破産債権の額は、従前の再生債権の額から再生計画によって受けた弁済額を控除した額とされる（同条3項）。

したがって、再生計画に基づいて弁済を受けた再生債権者は、原状に復した再生債権額から再生計画によって受けた弁済額を控除した額を破産債権として行使することになる。

他方、再生計画の履行としての弁済を受けていなかった再生債権者は、原状に復した再生債権額を破産債権として、行使することになる。

そのため、このような債権者が存する場合、再生計画に基づいて既に弁済を受けた再生債権者とそうではない債権者を同一に取り扱うことは公平に反する結果となる。

そこで、配当率の算定にあたっては、再生計画に基づいて既に弁済を受けた再生債権者の債権額について、原状に復した再生債権額をもって配当手続に参加できる額とみなし、再生計画に基づいて受けた弁済額を破産財団に加算することとした（同条4項本文）。そのうえで、既に弁済を受けた再生債権者は、他の同順位の債権者が自己の受けた弁済と同一の割合で配当を受けられるまでは、配当を受けることができないとする「配当調整」で行われることとなる（同項ただし書）[1]。

b 配当調整における留意事項

終結後履行完了前破産事件においては、再生計画による弁済が終結後間も

1　詳細な配当調整の計算方法については、『手引』413頁以下、『債権調査・配当』479頁以下〔高尾和一郎〕参照

第14章　手続移行　771

なく履行されていない場合もあれば、再生計画認可決定後、9年間ほど弁済したものの履行完了前に破産に至るような場合もある。特に後者の場合は、再生債務者代理人や再生債権者が過去の弁済額について既に関心が低く、弁済額の把握が困難となることが多い[2]。

そのため、破産管財人は、再生計画によって変更される前の債権額及び弁済額を正確に把握し、配当調整を誤りなく行うよう工夫をしなければならない。

具体的には、従来の再生債権者に債権届出書を送付する際に、注意事項を記載した書面を同封するなどの工夫が必要である。記載事項としては、終結後履行完了前破産事件において、再生計画によって変更された再生債権が原状に復することを説明したうえで、再生計画によって変更される前の債権額を記載するとともに、再生計画により弁済を受けた金額も付記するよう促すことも考えられる[3]。

(2) 先行する再生手続上の共益債権の取扱い

再生手続の終結後、再生計画の履行完了前に、破産手続が申し立てられずに、新たに再生手続開始決定がされた場合には、従前の再生手続上の共益債権は新たな再生手続においても共益債権とみなされる（民事再生法190条9項）。

しかし、同条項は、新たに再生手続が開始された場合に関する規定であり、破産手続が開始された場合に関する規定ではない。

また、民事再生法252条6項は、再生手続から牽連破産に移行した場合に再生手続における共益債権を財団債権として扱う旨を規定しており、終結後履行完了前破産事件には適用されない[4]。

そのため、終結後履行完了前破産事件においては、従前の再生手続上の共益債権は破産債権として扱わざるを得ないことに留意が必要である。

---

2 『債権調査・配当』480頁脚注125〔髙尾和一郎〕
3 『手引』419頁
4 島岡大雄「東京地裁破産再生部（民事第20部）における牽連破産事件の処理の実情等について（下）」判タ1363号36頁

Q 14-7　破産手続から再建型手続への移行

　破産手続から再生手続又は更生手続に移行するのはどのような場合ですか。破産管財人として留意すべき点はありますか

島崎　伸夫

1　破産手続から再生手続又は更生手続に移行する場面

(1)　はじめに

　わが国の倒産法制は単一の倒産手続ではなく、清算型である破産手続と再建型である再生手続及び更生手続が存在する複数型手続がとられているところ、手続が競合した場合の優先順位としては、清算型よりも再建型が優先し、また、緩やかな手続よりも厳格な手続が優先するとされ、最優先が更生手続、次が再生手続、最も劣位にあるのが破産手続とされている（詳細は本書Q14-1を参照）[1]。

　もっとも、いったん破産手続開始の決定を受けた場合でも、その後の事情の変更等により、再生手続又は更生手続を利用すれば事業の再生を図ることが可能になる場合もある[2]。

　例えば、破産手続が進行しているときでも、いまだ事業が継続している場合で、経済情勢の変化や事業内容の見直し、検討により、債務超過状態の解消や事業再建の可能性が生じ、そのまま破産手続を続行させて破産財団を清算、処分するよりも、再生手続又は更生手続により事業を継続させたほうが債権者にとって利益となる場合がある[3]。

　主な事例としては、以下のものがある。

1　松下淳一「倒産処理手続相互の関係」ジュリ1273号106頁
2　破産手続から再生手続又は更生手続への移行は、手続の優劣からすれば、下位の手続から上位の手続への移行ということになる。
3　債務者について、債権者申立てによる破産手続が先行しており、これに対抗するかたちで債務者が再生手続開始の申立てをする事例もある。

第14章　手続移行　773

(2) 破産手続から更生手続へ移行された事例

a 末野興産の事例[4]

主要な債権者にも更生手続開始の申立権限があるところ（会社更生法17条2項1号）、破産手続による清算よりも更生手続により事業を継続したほうが多額の配当が見込まれるような場合には、債権者の申立てにより手続移行がされることがある。

末野興産は、不動産賃貸等を事業内容としていたところ、旧住宅金融専門会社各社から多額の借入れをし、これを原資に多くの不動産を取得してきたが、バブル崩壊に伴う不動産価格の急落により債務超過に陥り、借入れの返済に支障をきたすようになって、上記各社から債権譲渡を受けた旧住宅金融債権管理機構（現整理回収機構）が末野興産の全容解明と隠匿資追及等のため、破産申立てを行い、平成8年に破産宣告がされた。

しかし、①破産宣告後も末野興産は不動産賃貸業を継続していたが、担保物件につき競売申立てと賃料債権の物上代位が頻発し、これを中止する必要があったこと、②不動産の任意売却を進めるうえで、競売手続の進捗度の早い物件に優先順位をつけて任意売却せざるを得ず、そのような制約下では有利な換価が困難な場合もあること、③別除権者は不動産が処分・換価され不足額を疎明しなければ中間配当を受けられず、早期の配当が困難であること、④破産手続では事業内容に制約があったこと等から、旧住宅金融債権管理機構が更生手続の開始を申し立てた。

b 大同コンクリート工業の事例[5]

債権者から破産手続開始の申立てがされたことに対し、現経営陣や主要な株主（会社更生法17条2項2号）らが更生手続開始の申立てをすることもある。

大同コンクリート工業は、資金繰りの見込みが立たなくなったことから、自己破産の申立てをして破産宣告がされたが、破産手続によって清算するよ

---

4 『倒産と訴訟』443、444頁〔小畑英一〕、印藤弘二「破産から会社更生、他の手続への移行をめぐって」債管86号98頁

5 『倒産と訴訟』444頁〔小畑英一〕

りも、会社の従業員、子会社、関連会社、取引先、下請先等に対する影響を最小限に食い止め、また、社会的経済的損失を避けるには、むしろ会社を再建することが望ましく、また、不採算事業のリストラクチャリング及び人員削減、スポンサー候補者の目処も立ったことから、破産開始から1カ月後に、更生手続開始申立てが行われた。

⑶　破産手続から再生手続へ移行された事例

a　東京地方裁判所で破産管財人が再生手続開始の申立てをした事例[6]

　再生債務者（高級化粧品の容器等の製造メーカー）は、中小企業再生支援協議会による支援を仰ぎ、私的整理手続においてリスケジュールによる事業再生計画案を全金融機関の同意を得て成立させたものの、売上高の減少により同案に基づく弁済を一度も実施できず、さらに資金繰りが悪化し、破産手続開始決定がされた。破産手続開始後、債務者の突然の事業停止により取引先の混乱を招くおそれがあったため、破産管財人が、破産裁判所の許可を得て短期間の事業継続を行ったところ、納入先からの受注が継続し、また、破産手続開始に伴い製品ごとの利益率の精査等を行うなどの事業内容の見直しを行ったことから営業利益率の改善がみられ、さらに、運転資金確保のためのDIPファイナンスも得られたことから、再生手続による事業再建の可能性が出てくるに至った。そこで、破産管財人は、以上のような事情を総合勘案し、破産裁判所の許可を得て再生手続開始の申立てを行うに至った。

b　マウントゴックスの事例[7]

　いわゆる仮想通貨であるビットコインの交換所を営むマウントゴックスは、平成26年2月、再生手続開始の申立てを行ったが、同年4月、申立てが棄却され、同月、破産手続開始決定がされた。その後、一部の債権者が、平成29年11月、再生手続開始の申立てを行い、平成30年6月、再生手続開始決定がされている。一部の債権者が再生手続開始の申立てを行ったねらいにつ

6　舘内比佐志ほか編『民事再生の運用指針』（金融財政事情研究会、2018年）135、136頁〔小河原寧〕。東京地方裁判所破産再生部において、破産管財人による再生手続開始の申立て及び再生手続開始決定があった事例は、これまで1件のみとされている。

7　https://www.mtgox.com

いては、破産手続開始決定後、マウントゴックスが保管していたビットコインの価格が上昇し、破産債権に対して配当をすることが見通せる状況となったが、破産手続においては破産手続開始時のレートが配当の上限とされ、また、金銭での配当となりビットコインによる配当を行う余地がないことから、そのような配当の上限がなく、また、ビットコインでの配当が可能となり得る再生手続への移行を求めたものとされている[8]。

2　破産管財人として留意すべき点

（1）破産管財人は、裁判所の許可を得て、当該破産者について再生手続又は更生手続開始の申立てをすることができる（民事再生法246条1項、会社更生法246条1項）。裁判所は、再生手続又は更生手続によることが債権者の一般の利益に適合すると認める場合に限り、上記の許可をすることができ（民事再生法246条2項、会社更生法246条2項）、また、原則として、許可をするか否かの決定をする前に労働組合等の意見を聴かなければならない（民事再生法246条3項、会社更生法246条3項）。なお、破産管財人の申立てには、再生手続又は更生手続開始の原因となる事実の疎明を要しない（民事再生法246条4項、会社更生法246条4項）。

破産手続係属中に再生手続又は更生手続開始の申立てがあった場合において、裁判所は、必要があると認めるときは、利害関係人の申立てにより又は職権で、再生手続又は更生手続開始の申立てにつき決定があるまでの間、破産手続の中止を命ずることができる（民事再生法26条1項本文、会社更生法24条1項本文）。また、再生手続又は更生手続開始の決定があったときは、破産手続は当然に中止する（民事再生法39条1項、会社更生法50条1項）。

（2）破産手続よりも再生手続又は更生手続によるほうが債権者の利益に資することがあり得るものの、債権者による申立てを期待することが事実上困難である場合があることから、破産管財人が債権者の利益を代表する地位にあり、その利益の最大化を図るべく職務を行わなければならない立場に立っ

8　日本経済新聞平成30年6月22日
（https://www.nikkei.com/article/DGXMZO32150840S8A620C1CC1000/）

ていることを考慮して、上記(1)のとおり、破産管財人に再生手続又は更生手続開始の申立権が認められている[9]。

　破産管財人としては、再生手続又は更生手続を利用すれば事業の再生を図ることが可能な場合や、破産手続よりも再生手続又は更生手続によるほうが柔軟で妥当な解決を得られる場合など、債権者の利益に資するか否かを検討し、そのような場合に当たると判断できるときは、再生手続又は更生手続の申立てを行うことが求められる。その判断にあたっては、事例の蓄積が多くないこともあり、前記1の各事例がおおいに参考になるといえよう。

9　『一問一答』408、409頁

事項索引

【あ行】

空き家 ……………………………… 217
按分弁済 …………………………… 602
異議 ………………………………… 400
　――の撤回 ……………………… 402
　――申立預託金 ………………… 598
異議通知の発送 …………………… 401
遺産分割 …………………………… 522
　――協議 ………………………… 526
異時廃止 ………… 348,353,722,731
慰謝料 ……………………………… 525
委託者の破産 ……………………… 259
委託販売 …………………… 170,193
一時停止の要請通知 ……………… 512
違約金条項 ………………… 231,241
医療法人 …………………………… 730
印章 ………………………………… 732
　――の保管期間 ………………… 733
隠匿処分意思 ……………………… 516
ウェブサイト ……………………… 101
売掛金 ……………………………… 166
売主の破産 ………………………… 255
役務提供請求権 …………………… 390
SPC（Special Purpose Company）
　………………………………… 547
延滞金 ……………………………… 669
延滞税 ……………………………… 669
　――の減免 ……………………… 671
オーバーローン …………………… 520
オリジネーター …………………… 547

【か行】

解雇 ………………………………… 279
外国通貨建金銭債権 ……… 333,689
外国倒産処理手続 ………………… 703

外国倒産手続の承認制度 …… 682,686
解雇予告手当 ………… 343,434,441
解散事業年度 ……………………… 633
開始時現存額主義 ………… 365,462
会社分割 ………… 550,609,622,626
会社役員の労働者性 ……………… 387
解除権 ……………………………… 580
　――の制限 ……………………… 229
解除条件付債権 …………… 468,570
改正民法 ………………… 6-10,161
介入権 ……………………………… 269
買主の破産 ………………………… 257
解約金支払債務 …………………… 591
解約返戻金 ………… 139,181,270
　――との相殺 …………………… 271
価額償還 …………………………… 552
　――請求権 ……………………… 561
瑕疵担保責任 … 150,171,174,197,209
合併 ………………………………… 582
仮差押え …………………………… 121
簡易配当 ………… 452,453,475
換価基準 …………………………… 137
換価報酬 …………………………… 533
危機時期 …………………………… 592
期限切れ欠損金 …………………… 637
期限付債権 ………………………… 570
期限の利益喪失条項 ……… 265,587
寄託請求 …………………………… 245
休業手当 …………………………… 442
救済融資 …………………………… 584
求償権 ……………………………… 367
求償債権 …………………………… 581
給料 ………………………………… 433
　――債権差押え ………………… 124
共益債権の取扱い ………………… 759

強制執行	123	債権者破産	106
強迫	277	債権者平等	537
虚偽表示	274	債権譲渡	543
居住制限	37	債権譲渡禁止特約	172
許認可	199	債権譲渡担保	543
銀行取引約定	585	債権譲渡通知	544
金銭給付	560	債権調査期日	401
具体的納期限	432,631	債権届出	324
軽自動車税	647	——の取扱い	760
継続的給付契約	232	——の取下げ	339
継続的供給契約	444	債権届出期間	331
契約者貸付	272	債権届出書の直送	325
原状回復	531,559	債権認否	399
——費用	240	債権の復活	564
現存利益	563	債権の劣後化	370,708
権利濫用	594	債権法改正	6
公共工事の前払金保証事業	574	催告	573
口座管理機関	589	催告権	230,601
公序良俗	595	最後配当	452,481
公租公課	430	財産分与	522,523
公的債権	709,711	財団組入金	153
公認会計士	126	財団債権	352,424,428
交付要求	632	——の按分弁済	428
——の留意点	432	——の弁済終期	429
コールセンター	100	一般の——	424
個人事業主の労働者性	385	特別の——	426
個人情報	223	財団不足	722
固定資産税	215,647	債務整理開始通知	511
雇用契約	130	債務超過	530
雇用の継続	280	債務負担	576
婚姻費用分担請求権	398	債務名義	555
		裁量免責	748
【さ行】		詐害意思	514
サービサー	168,173,220	詐害行為取消権	522
債権者集会	416	詐害行為取消訴訟	727
債権者代位訴訟	727	——の類推適用	314
——の類推適用	313	詐害行為否認	161,502
債権者多数の破産事件	99	詐害的会社分割	553

事項索引　779

詐欺	276	受働債権	568
錯誤	275	受任者の破産	262
差押禁止財産	136	準再審	738
産業廃棄物	220	準自己破産	112
三者間相殺	565	少額管財事件の類型化	23
暫定的異議	400	少額管財手続	22
敷金	239,244	少額配当金	328,465
時期的制限	337	商業帳簿	732
事業継続	604,612	証券化	543,547
事業再生ADR	512	条件付債権	334
事業譲渡	549,609	証拠書類	349
保全管理人による――	757	使用者の破産	278
施設利用権	393	商事留置権	172,194,196,252,588
執行行為否認	504,554	譲渡禁止特約	160
執行停止効	42	消費者被害	99,107
私的整理	509	消費税	639,651,655
自動確定方式	630	商標	211
自働債権	567	消滅時効	600
自動車	139,202,219	将来の請求権	571
自動車税	647	将来の賃料債権の処分	245
支払停止	508,510	除斥期間	361,364
支払能力	509	「除斥期間等の起算日届出書」	
支払不能	509		479,485
支払猶予の申入れ	512	所得税	653
従業員の雇用	128	所有権留保	191,196,204
終結後履行完了前破産事件	770	書類受領事務担当	325
集合債権譲渡担保	159,545	新規融資	539
集合動産譲渡担保	189,196	申告納税方式	630
自由財産	90,136	真正売買	547
充当関係	298	新設分割	551
重要財産開示義務	36	信託財産の破産	119
受益者	541	診療録	734
受継	306	清算事業年度	633
――後の訴訟手続	413	清算人	726,729
異議等のある破産債権に関す		清算法人	725
る訴訟の――	404,408	税務申告	634
出資金	179	税理士	126
出資金払戻請求権	572	責任財産	534

善管注意義務 ······························ 52
　──違反 ····························· 286
専門家補助 ···························· 125
戦略的異議 ···························· 400
相互主義 ······························ 675
相殺 ····················· 249,250,566,701
　──の担保的機能 ················· 572
相殺禁止 ··························· 574,701
相殺権の濫用 ······················ 596,597
相殺合意 ······························ 569
相殺制限の基準時 ···················· 761
相続財産の破産 ························ 116
相続放棄 ··························· 577,598
相対的効力 ···························· 559
相当な対価 ···························· 515
双方未履行双務契約 ······ 226,699,708
即時抗告 ······························ 39
即日面接 ······························ 21
訴訟手続 ······························ 304
　──の受継 ······················ 410,411
　──の中断 ······················ 304,410
租税債権 ··························· 447,666
租税等の請求権 ························ 344
租税の還付 ···························· 656

【た行】
対抗要件 ·············· 152,162,188,203
対抗要件否認 ······················ 161,504
第三者対抗要件 ························ 544
第三者弁済 ···························· 447
第三者予納の予納金 ················· 111
退職金 ································ 434
　──債権 ························· 140,288
滞納処分 ······························ 632
代物弁済 ··························· 503,519
立替払金求償債権 ···················· 583
担保権消滅許可 ····················· 155,192
担保の供与 ···························· 539

知的財産権 ···························· 206
地方税 ····························· 644,654
チャプター15 ·························· 682
中間配当 ····················· 452,459,486
中間利息の控除 ························ 384
中止命令 ······························ 27
超過配当 ······························ 463
調査期間方式 ···················· 354,358,360
調査期日方式 ···················· 354,356,360
著作権 ································ 212
賃貸不動産 ···························· 216
賃料相当損害金 ························ 312
賃料の前払い ·························· 245
追加配当 ········ 452,459,494,495,735
停止条件付債権 ························ 571
　──譲渡担保契約 ················· 546
ディスカバリ（情報開示手続）···· 706
手形買戻請求権 ···················· 383,583
手形債権 ······························ 378
　──と原因債権の関係 ··········· 381
手形不渡り ···························· 511
適正価格売買 ·························· 518
適正売買 ······························ 548
出来高 ································ 248
手続移行 ······························ 752
　更生手続と破産手続との間
　　の── ························· 755,774
　再生手続と破産手続との間
　　の── ························· 752,775
転付命令 ······························ 556
同意廃止 ······························ 724
同意配当 ····················· 452,454,490
同行相殺 ······························ 596
動産 ······························· 187,197
倒産解除特約 ········ 169,232,239,265
動産債権譲渡特例法 ······ 162,190,547
「倒産手続きに関する改正検討
　事項」································ 11

動産売買先取特権 … 157,193,196,519
同時交換取引 …………………… 538
投資信託解約金 ………………… 589
投資信託受益権 …………… 589,590
同時廃止 ………………………… 718
同族会社 ………………………… 529
特殊保全処分 …………………… 507
督促 ……………………………… 632
特段の事情 ……………………… 593
都市計画税 ……………………… 647
土壌汚染 ………………………… 218
届出事項 ………………………… 329
届出事項の変更 ………………… 335
　　──の時期的な制限 ………… 335
届出の追完 ……………………… 286
届出名義の変更 ………………… 338
取締役 …………………………… 262
　　──の報酬 …………………… 436
取立委任手形 …………………… 585
取戻権 …………………… 192,702

【な行】
内外人平等主義 ………… 675,687,691
内部者・関係者の債権 ………… 595
日用品供給の先取特権 ………… 344
入札 …………………… 150,200
納税期限 ………………………… 631
納税保証 ………………………… 529

【は行】
配当調整 ………………………… 771
配当表 …………………………… 460
　　──の更正 …………………… 472
破産管財手続の終了 …………… 78
破産管財人 ……………………… 48
　　──と申立代理人との関係 …… 84
　　──の解任 …………………… 81
　　──の管理処分権 …………… 729

──の源泉徴収義務 ………… 662
──の資格 ………………… 58
──の辞任 ………………… 81
──の情報提供努力義務 …… 56,283
──の善管注意義務 ………… 52
──の選択権 ……………… 227
──の選任 ………………… 57
──の第三者性 …………… 68
──の担保価値維持義務 …… 164
──の任務終了 …………… 77
──の報告義務 …………… 66
──の報酬 ………………… 61
破産管財人代理 ……………… 73
──の報酬 ………………… 63
破産債権 ……………………… 410
──に関しない訴訟 ………… 320
──に関する訴訟 …… 307,318,410
──の確定手続 …………… 403
──の調査 ………………… 350
他人の── ………………… 579
破産債権査定異議の訴え …… 404,407
破産債権査定申立て ………… 403,404
破産債権者 …………………… 324
──に対する情報提供 ……… 417
──の一般の利益 ………… 599
──の「責めに帰することが
　できない事由」…………… 362
破産債権届出期間 …………… 359
破産財団 ……………………… 136
──の散逸防止 …………… 96
破産者 ………………………… 48
──の説明義務 …………… 35
破産手続 ……………………… 2
──から更生手続へ移行 …… 774
──から再生手続へ移行 …… 775
──終了後の財産の発見 …… 735
──の沿革 ………………… 3
──の終結 ………………… 317

届出留保型の―― ……………… 347	並行倒産 ………………… 676,704,706
破産手続開始決定 ………………… 34	別除権 …………………………… 151,214
破産法改正 ………………………… 5	――に係る予定不足額 ………… 337
反対給付 ………………………… 562	別除権付破産債権
PCB廃棄物 ……………………… 221	………………… 353,373,464,469,473
引継予納金 ……………………… 59	――の認否 ……………………… 375
非義務偏頗行為 ………………… 537	弁護士報酬 ……………………… 535
非金銭債権 ……………………… 390	偏頗行為否認 ………………… 161,503
非訟事件 ………………………… 308	包括的禁止命令 ………………… 28
否認 ……………………………… 517	包括的保証 ……………………… 520
――の訴え ……………………… 505	放棄 …………………………… 213,219
――の基準時 ……………… 557,761	法人事業税 ……………………… 646
――の請求 ……………………… 506	法人住民税 ……………………… 645
第三者の行為の―― …………… 558	法人税 …………………………… 649
転得者に対する―― …………… 504	法人代表者 ……………………… 536
否認権 …………………………… 190	法定納期限 …………………… 431,631
――のための保全処分 ………… 29	法定の原因 ……………………… 577
非免責債権 …………………… 740,743	保険金 …………………………… 182
157条報告書 …………………… 419	保険契約者 ……………………… 272
ファイナンシャル・アドバイ	保証行為 ………………………… 528
ザー（FA） ………………… 127	保証債務 ………………………… 368
ファイナンス・リース ………… 264	補助者の報酬 …………………… 63
賦課課税方式 …………………… 630	保全管理人 …………………… 32,756
普及主義 ………… 674,676,680,712	保全管理命令 ………………… 30,614
不正請求の防止 ………………… 297	保全処分 ……………………… 26,507
不足額責任主義 ……………… 156,332	ホッチポット・ルール ……… 684,692
附帯税 …………………………… 431	
物上代位 ………………………… 519	**【ま行】**
物上代位権 …………………… 157,193	前に生じた原因 ………………… 578
不動産 ………………………… 146,213	前渡金 …………………………… 250
――の明渡請求訴訟 …………… 310	未確定債権 ……………………… 466
――の競売 ……………………… 556	未払賃金立替払制度 ………… 290,437
不動産仲介業者 ………………… 148	無償否認 ………………………… 527
不当性 …………………………… 521	無名義債権 ……………………… 414
振替投資信託受益権 …………… 589	無理算段説 ……………………… 510
振り分け基準（同時廃止事件と	メインバンク …………………… 542
管財事件の） ………………… 718	免責 …………………………… 739
フルペイアウト方式 …………… 264	免責許可決定の効力 …………… 739

事項索引　783

免責調査 ……………………… 748
申立代理人の財産散逸防止義務 …· 87
申立代理人の報酬 …………… 86,532

【や行】
役員の財産に対する保全処分 …… 29
有害性 ……………………… 517,518
有償保証請求権 ……………… 394
優先的破産債権 ……… 330,341,345
融通手形 …………………… 382
郵便物等の転送 ……………… 36,91
有名義債権 …………………… 414
　——に関する訴訟手続 …… 404,408
養育費 ……………………… 395,524

要許可行為 ……………………… 65
予定不足額 …………………… 376

【ら行】
ライセンス契約 …………………… 210
リース物件 ……………………… 264
　——の引揚条項 ………… 266,268
離婚 ……………………… 522
廉価売却 …………………… 503,513
連帯債務者 …………………… 583
労働組合 …………………… 610,616
労働債権 ……… 342,384,433,448
　——の範囲 ……………… 389
　——の弁済許可制度 ………… 300

破産管財の実務【第3版】

2019年11月7日　　第1刷発行

2020年7月15日　　第2刷発行

（1992年12月18日　初版発行）
（2010年4月16日　改訂版発行）

編　者　第一東京弁護士会総合法律研究所
　　　　倒産法研究部会

発行者　加　藤　一　浩

〒160-8520　東京都新宿区南元町19

発　行　所　一般社団法人 金融財政事情研究会

企画・制作・販売　株式会社きんざい

出版部　TEL 03(3355)2251　FAX 03(3357)7416

販売受付　TEL 03(3358)2891　FAX 03(3358)0037

URL https://www.kinzai.jp/

校正：株式会社友人社／印刷：三松堂株式会社

・本書の内容の一部あるいは全部を無断で複写・複製・転訳載すること、および
磁気または光記録媒体、コンピュータネットワーク上等へ入力することは、法
律で認められた場合を除き、著作者および出版社の権利の侵害となります。

・落丁・乱丁本はお取替えいたします。定価はカバーに表示してあります。

ISBN978-4-322-13475-9